Bryan Magee
Bekenntnisse eines Philosophen

Bryan Magee

Bekenntnisse eines Philosophen

Aus dem Englischen von
Gabriele Haefs

List

Die Originalausgabe erschien 1997 unter dem Titel
Confessions of a Philosopher
bei Weidenfeld & Nicolson, London

*Der List Verlag ist ein Unternehmen
der Econ & List Verlagsgruppe*

ISBN: 3-471-79372-0

© *1997 by Bryan Magee*
© *der deutschen Ausgabe 1998
by Paul List Verlag GmbH & Co. KG, München
Veröffentlichung der deutschen Ausgabe
in Absprache mit Weidenfeld & Nicolson, London,
part of the Orion Publishing Group Ltd., London
Alle Rechte vorbehalten. Printed in Germany.
Gesetzt aus der Aldus bei Franzis GmbH, München
Druck und Bindung: Bercker, Kevelaer*

Für Jenny, Josefin und Niklas

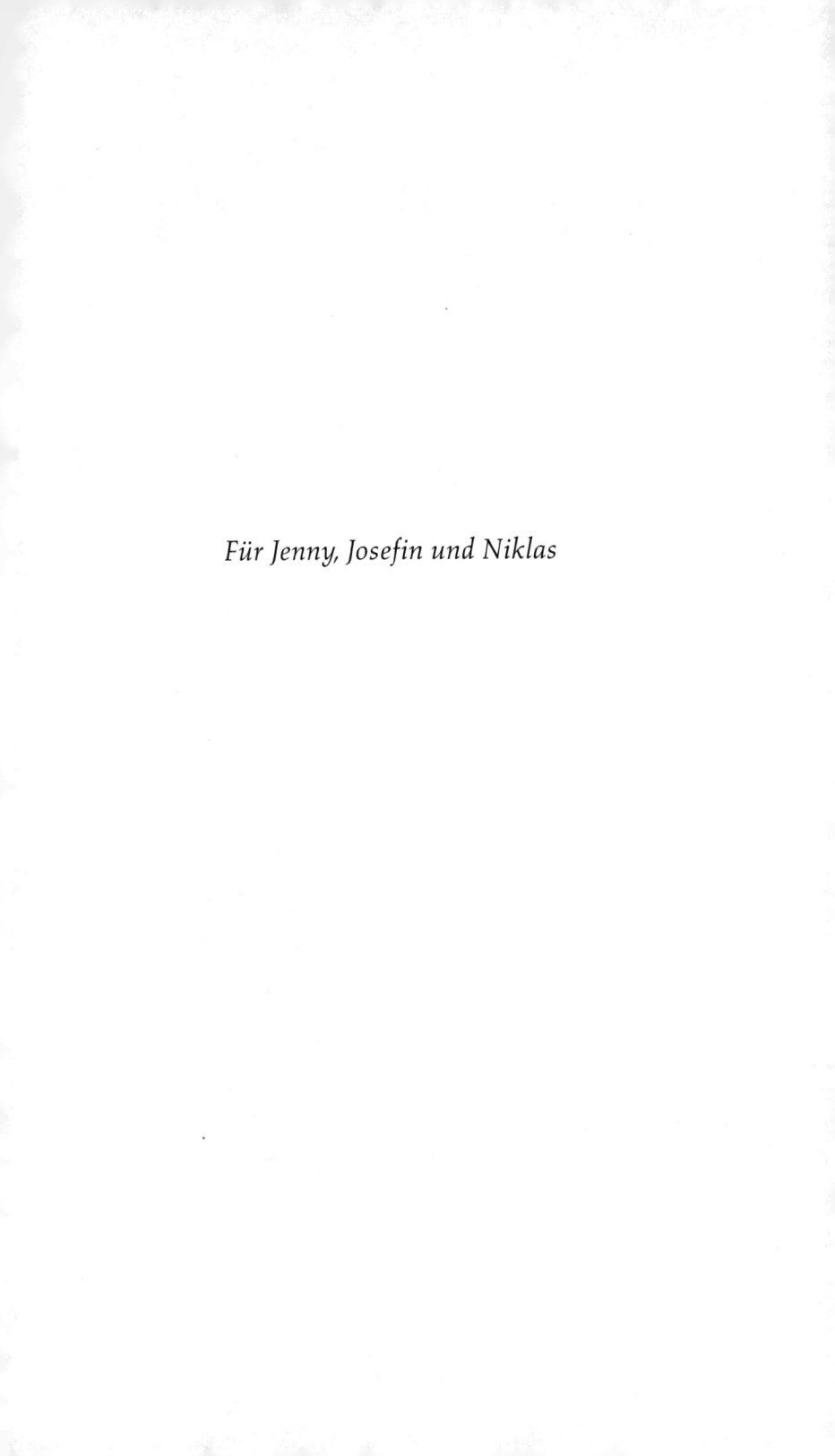

Inhalt

1. Szenen einer Kindheit   9
2. Meine Einführung in die akademische Philosophie   30
3. Der Logische Positivismus und seine Widerlegung   53
4. Sprachanalyse   83
5. Die Unzulänglichkeit der Sprachphilosophie   109
6. Das Problem der Wahrnehmung   133
7. Was gezeigt, aber nicht gesagt werden kann   156
8. Studium in Yale   178
9. Die Entdeckung Kants   199
10. Fach- und Amateurphilosophie   231
11. Gespräche mit Popper   254
12. Begegnungen mit Russell   288
13. Erste Versuche einer politischen Philosophie   301
14. Die Suche nach Sinn   322
15. Midlife-Crisis   355
16. Ein philosophischer Roman   388
17. Die heiligen Haine der akademischen Welt   425
18. Ein Lob der Popularisierung   442
19. Die Grenzen der Philosophie   468
20. Die Entdeckung Schopenhauers   487
21. Die Philosophie Schopenhauers   520
22. Philosophie im Fernsehen   560
23. Die Grenzen der Analytischen Philosophie   571
24. Offene Fragen   597

Register   643

ERSTES KAPITEL

Szenen einer Kindheit

Bis zum Alter von fünf Jahren teilte ich mit meiner dreieinhalb Jahre älteren Schwester ein Bett. Wenn unsere Eltern das Licht ausgeknipst hatten, plauderten wir in der Dunkelheit noch so lange, bis wir eingeschlafen waren. Doch hinterher konnte ich mich an das Einschlafen dann nie mehr erinnern. Es war immer dasselbe: Im einen Moment unterhielt ich mich im Dunkeln mit meiner Schwester, im nächsten erwachte ich in einem von der Sonne erhellten Zimmer und hatte die ganze Nacht durchgeschlafen. Und dennoch mußte es in jeder Nacht einen Augenblick gegeben haben, in dem ich zu reden aufhörte und zu schlafen begann. Ich konnte nicht begreifen, warum ich diesen Augenblick nicht erlebte, und warum ich mich nicht an ihn erinnern konnte.

Als ich mit meiner Schwester über diese verwunderliche Tatsache sprechen wollte, tat sie das lässig ab. »Daran kann niemand sich erinnern«, erklärte sie voller Überzeugung und abschließend, so, als sei mehr darüber nicht zu sagen. Ich jedoch war weiterhin unzufrieden. *Woher will sie das wissen? Das bedeutet doch nur, daß sie sich nicht daran erinnert. Ich wette, sie hat noch nie mit anderen darüber gesprochen.* Danach versuchte ich mich selber zu überwachen, um genau zu wissen, wann ich einschlief, so wie manche Leute sehen möchten, wie das Licht im Kühlschrank in dem Moment ausgeht, in dem sie die Tür schließen. Aber das half alles nichts. Im einen Moment schwatzte ich in der Dunkelheit mit meiner Schwester, an einem Montagabend zum Beispiel, als nächstes wußte ich dann, daß ich am hellichten Tage erwachte, und daß schon seit vielen Stunden Dienstag war. Daß ich jede Nacht einschlief, ohne das jemals bewußt zu erleben, war jahrelang für mich eine Quelle tiefer Verwunderung.

Ich habe eine lebhafte Erinnerung an mich selber, zwei oder drei Jahre später: Ich war sieben oder acht und stand in einem Lichtflecken neben der Hintertür in einer Ecke unserer Küche, zwischen einem vergitterten Fenster und einer grünen Holzwand, und starrte meinen rechten Zeigefinger an, mit dem ich auf mein Gesicht zeigte: *Ich werde jetzt bis drei zählen*, sagte ich mir, *und wenn ich »drei« sage, dann wird sich mein Finger krümmen*. Dann zählte ich: *Eins, zwei, dr–*, und genau: Bei *drei* krümmte sich mein Finger. Wie war das möglich? Ich machte es noch einmal. Und dann dachte ich: *Beim nächsten Mal zähle ich bis vier*. Und bei *vier* krümmte sich mein Finger. Dann zählte ich bis fünf. Mein Finger krümmte sich bei *fünf*. Ich versuchte ganz langsam zu zählen, um meinen Finger zu überlisten: *eins, zwei ... drei ... vier ...* (jetzt aufgepaßt!) *... fünf!* Doch bei *fünf* krümmte sich mein Finger, der durchaus kein Nickerchen eingelegt hatte. Ich konnte meinen Finger krümmen, wann immer ich das wollte. Oder nicht, ganz nach Belieben. Aber so sehr ich mich auch konzentrierte, ich konnte einfach nicht feststellen, wie ich das bewerkstelligte. Wie konnte etwas, das so ganz und gar in meiner Befehlsgewalt lag, das einzig und allein auf meiner bewußten Entscheidung beruhte, für mich ein Nichts sein, in keiner Weise eine Erfahrung bilden und doch stattfinden? Dieses Problem fasziniert mich bis heute.

Als ich als Teenager das Konzept der gewollten Tätigkeit erfaßt hatte und wußte, daß die Entscheidung, meinen Finger zu krümmen, in meinem Kopf fiel, versuchte ich auf jede mögliche Weise in Erfahrung zu bringen, was zwischen meinem Gehirn und meinem Finger ablief. Das Ergebnis war jedesmal ein totaler Mißerfolg. Ich faßte im Kopf den Beschluß, meinen Finger zu krümmen, und mein Finger krümmte sich *im selben Moment*, zwischen meinem Kopf und meinem Finger jedoch war nur Leere. Diese Gleichzeitigkeit bedeutete noch ein zusätzliches Problem: Warum gab es keinen Zeitunterschied? Wie konnte eine Entscheidung einen Prozeß auslösen, der im selben Moment stattfand, in dem die Entscheidung fiel?

Zwischen meinem zehnten und meinem zwölften Lebensjahr war ich wie gebannt vom Rätsel der Zeit. Nachts lag ich in der Dunkelheit wach im Bett und dachte so ungefähr wie folgt: Ich wußte, daß es vor gestern einen Tag gegeben hatte, und davor einen Tag, und davor einen Tag, und so weiter, so weit ich mich zurückerinnern konnte. Aber auch vor dem ersten Tag, an den ich mich erinnern konnte, mußte es einen Tag gegeben haben. Ich wußte, daß ich am 12. April 1930 geboren war, und davor mußte es einen Tag gegeben haben. Und davor. Und so weiter – und so weiter – und so weiter. Vor jedem Tag mußte es einen Tag gegeben haben. Es mußte also möglich sein, auf diese Weise immer und immer und immer weiter zurückzugehen ... Aber war das wirklich machbar? Die Vorstellung zurückzugehen, zurück und *zurück*, war etwas, das ich nicht erfassen konnte: Es kam mir unmöglich vor. Also hatte es vielleicht doch irgendwann einen Anfang gegeben. Aber wenn es einen Anfang gab, was war davor passiert? Nun ja, nichts natürlich – rein gar nichts – sonst wäre es doch kein Anfang. Aber wenn da nichts war, wie hatte dann etwas anfangen können? Woher sollte es gekommen sein? Die Zeit konnte nicht einfach so ins Dasein springen, aus dem *Nichts* heraus, und so ganz von selbst einsetzen. Nichts ist nichts und nicht irgend etwas. Die Vorstellung eines Anfangs war also unvorstellbar, was sie in gewisser Weise auch unmöglich erscheinen ließ. Das Problem war, daß es unvorstellbar schien, daß die Zeit einen Anfang gehabt haben könnte, und ebenso unvorstellbar, daß sie keinen gehabt hatte.

Irgendwas muß ich hier falsch verstanden haben, dachte ich dann. Es gibt nur diese beiden Alternativen, also muß eine von ihnen zutreffen. Sie können nicht beide unmöglich sein. Ich konzentrierte mich deshalb zunächst auf die eine, und dann, wenn ich nicht mehr weiterkam, auf die andere, und versuchte festzustellen, an welchem Punkt ich mich geirrt hatte, aber das gelang mir nie. Ich war zutiefst gefesselt von diesem Problem und verlor mich darin nicht nur nachts im Bett, sondern auch tagsüber. Es gab Erwachsene, von denen ich zuerst annahm, daß sie mir helfen würden, deshalb bat ich um ihren Rat, aber ihre Antworten verwirrten mich noch mehr. Entweder gaben sie offen zu, daß sie das Problem nicht lösen konnten, und wandten sich dann anderen Themen zu, als sei meine Frage nicht einmal interessant genug für eine Diskussion, oder sie taten sie mit herablassendem Lachen und Bemerkungen ab wie: »Ach, du verschwendest nur deine Zeit, wenn du dir über solche Dinge den Kopf zerbrichst.« Ich begriff das nicht. Wenn sie diese Frage doch auch nicht beantworten konnten, warum taten sie dann so überlegen? Warum waren sie nicht beunruhigt, warum fanden sie das Problem nicht einmal interessant? Nach mehreren verwirrenden Abfuhren sprach ich mit niemandem mehr darüber, zerbrach mir aber weiterhin den Kopf.

Es war mir fast sofort klargeworden, daß dieses Problem sowohl vorwärts wie rückwärts galt. Auf den morgigen Tag würde ein weiterer folgen, danach wieder einer, dann noch einer; es war unvorstellbar, daß die Zeit jemals enden würde – denn was sollte sie beenden, wenn nicht die Zeit (vielleicht eine andere Zeit, oder eine andere Art von Zeit), und deshalb würden wir stets fragen können, was danach passierte. Andererseits war es unvorstellbar, daß die Zeit immer und immer und immer weitergehen könnte – denn das würde für diese Welt Ewigkeit bedeuten, genauer gesagt Ewigkeit dieser Welt. Je länger ich darüber nachdachte, desto mehr taten sich nicht mögliche Antworten auf, sondern weitere Probleme. Eines davon bestand darin, daß wir den gegenwärtigen Moment niemals hätten erreichen können, wenn unbegrenzte Zeit vergangen sein mußte, um dorthin zu kommen. Ein anderes lautete: Wenn etwas *existiert*, muß es irgendeine Art von Identität haben, was bedeutet, es muß etwas geben, das es nicht ist, was wiederum bedeutet, daß es Grenzen haben muß; also kann es nicht *sein* und zugleich *endlos sein* oder *sein* und zugleich *anfangslos sein*. Ich kam zu der Überzeugung, eine anfangs- oder endlose Zeit sei unmöglich –, andererseits war ich aber auch dem Verständnis eines möglichen Anfangs oder Endes keinen Schritt näher.

Fast gleichzeitig erkannte ich, daß es für den Raum ein ähnliches Problem geben mußte. Ich weiß noch – ich muß damals zehn oder elf gewesen sein – wie ich nach der Evakuierung Londons in einem Park in Market Harborough auf dem Rücken im Gras lag und versuchte, mit Blicken einen wolkenlosen blauen Himmel zu durchdringen und dabei in etwa dachte: Wenn ich geradewegs zum Himmel hoch und dann immer weiter geradeaus gehen könnte, warum sollte ich nicht immer weiterfliegen können? Aber das ist unmöglich. Warum ist es unmöglich? Ich müßte doch bestimmt irgendwann auf ein Ende stoßen. Aber warum? Wenn ich schließlich gegen irgend etwas stieße, müßte das doch irgend etwas im Raum sein? Und wenn es im Raum wäre, müßte es dann nicht auf seiner anderen Seite auch noch etwas geben, und sei es nur mehr Raum? Andererseits wenn es keine Grenzen gäbe, könnte endloser Raum einfach nicht *sein,* ebensowenig wie endlose Zeit *sein* kann.

Nachdem ich mir über diese Frage ausgiebig den Kopf zerbrochen hatte, überlegte ich mir, mein Hauptfehler sei vielleicht die Annahme, daß es das, was unvorstellbar war, auch nicht geben könne. Vielleicht bestand ein Unterschied zwischen dem, was ich mir vorstellen konnte und dem, was der Fall war. Denn schließlich gab es in einer Hinsicht die Möglichkeit, über etwas nachzudenken, das immer weitergeht, weil ich stets fragen konnte: *Und dann? Und dann? Und dann? Und dann?* Aber für mich schien immer noch auf der Hand zu liegen, daß das lediglich etwas war, das ich zu denken vermochte, aber nichts, das wirklich so sein konnte. Ich konnte die Unendlichkeit denken, aber die Unendlichkeit konnte nicht existieren. Es konnte zum Beispiel keine unendliche Menge von Sternen geben... Oder verfiel ich jetzt wieder in den Fehler, von dem ich mich doch befreien wollte? Auf jeden Fall, wie auch immer die Wahrheit aussehen mochte – selbst, wenn etwas, das ich denken konnte, nicht existieren konnte, und wenn etwas, das ich nicht denken konnte, zu existieren vermochte –, es würde mir nicht helfen, mein reales Problem zu lösen, weil es mir nicht sagte, ob die Zeit nun einen Anfang hatte oder nicht. Welche der beiden Alternativen entsprach nun der Wahrheit?

Je mehr ich über Zeit und Raum nachdachte, um so zahlreicher wurden die Probleme. Eines, das mir sehr viel Kopfzerbrechen bereitete, war die Tatsache, daß die Zukunft festliegt, aber doch unbekannt ist. Diese Überlegung stellte ich erstmals in Zusammenhang mit einem Fußballspiel an. Es war ein Freitagabend, und am nächsten Tag traten meine beiden Lieblingsmannschaften gegeneinander an. Ich war überaus ungeduldig und hätte das Ergebnis am liebsten jetzt schon gewußt, und diese Ungeduld erwies sich fast als unbezwinglich. Zuerst wollte ich mich nur beruhigen, indem ich mir sagte: Morgen um diese Zeit kenne ich das Ergebnis. Es gibt nur drei Möglichkeiten: Entweder gewinnt Arsenal, oder die Spurs gewinnen, oder es endet unentschieden. Und wie immer das Ergebnis aussieht, ich werde es für den Rest meines Lebens wissen. Aber dann ertappte ich mich bei dem Gedanken: Wie immer die Wahrheit aussieht, sie ist auch *jetzt* schon wahr. Wenn die Spurs gewinnen, dann ist es *jetzt* wahr, daß die Spurs gewinnen werden. Und wenn das Spiel 3:2 endet, dann ist es *jetzt* wahr, daß das Spiel 3:2 endet. Das alles ist seit Anbeginn der Zeit wahr. Wenn ein römischer oder ein alttestamentarischer Prophet das vor Jahrtausenden verkündet hätte, dann wäre es damals so wahr gewesen wie heute. Warum kann ich es also nicht einen Tag vorher wissen? Es ist seit Anbeginn der Zeit wahr, und es wird bis zum Ende der Zeit wahr sein, und doch werde ich es erst morgen nachmittag zu einem bestimmten Zeitpunkt erfahren.

Und dann ging mir die unvermeidliche Tatsache auf, daß das für jegliches Ereignis im gesamten Lauf der Zeit galt: was immer daran wahr war, war jetzt wahr, war immer wahr gewesen und würde immer wahr sein. Manche dieser Wahrheiten kannten wir, manche nicht, aber alle waren gleichermaßen wahr. Die Tatsache, daß wir manche davon kannten und andere nicht, war gewissermaßen eine Tatsache über uns, nicht über die Wahrheiten, die allesamt ewig waren. Jene, die wir kannten, nannten wir Vergangenheit, die uns unbekannten Zukunft; aber das schien kaum mehr zu sein als einfach unser Einteilungsverfahren. Wir bildeten überhaupt diese Einteilung: *Wir* waren die sich verschiebende Trennwand zwischen Vergangenheit und Zukunft. Für alle, die in der Vergangenheit gelebt hatten, hatten die Jahre zwischen ihrer und meiner Zeit die Zukunft bedeutet, für mich waren sie Vergangenheit – die die Menschen damals nicht hatten kennen können, die ich jedoch kannte. Meine eigene Zukunft jedoch, die ich nicht kennen konnte, würde irgendwann für Menschen in der Zukunft die bekannte Vergangenheit sein. Und doch schienen diese Wahrheiten alle im selben Boot zu sitzen. Wie war es möglich, daß wir in dieser seltsamen Lage waren, die einen zu kennen, die anderen nicht – und daß unterschiedliche Leute unterschiedliche Teile davon kannten, oder eben nicht? Das schien sehr viel über unsere Situation als Individuen auszusagen.

Je mehr ich darüber nachdachte, um so frustrierter wurde ich. Durch diese Überlegungen kam mir der erschreckende Gedanke:

Wenn alles im jetzigen Moment wahr war, dann konnte nichts, was wir taten, es je ändern. Es war *jetzt* wahr, daß alles, was mir im Laufe meines Lebens passieren würde, mir passieren würde. Es war außerdem *jetzt* wahr, daß mir sonst nichts passieren würde. Und es war *jetzt* wahr, daß ich in meinem ganzen Leben außer diesen Dingen rein gar nichts anderes tun würde. Alles schien *jetzt* bereits festgelegt und unveränderlich zu sein. Aber wenn das der Fall war, dann konnte es auch keine Willensfreiheit geben. Ich war ein dem Schicksal ausgeliefertes hilfloses Objekt. Diese Vorstellung fand ich so beängstigend, daß sie mein Gleichgewicht energisch ins Wanken brachte. Ich war jedesmal, wenn ich daran dachte, außer mir vor Entsetzen und versuchte deshalb, nicht daran zu glauben.

Das war das erste Problem dieser Art in meinen Überlegungen, das mich wirklich verstörte. Die meisten dieser Probleme fand ich ärgerlich, fesselnd, empörend und doch faszinierend und deshalb, obwohl sie mich beunruhigten, doch auf unerklärliche aber tiefgreifende Weise einen angenehmen Gegenstand zum Nachdenken.

Als ich eines Tages mit einem Ball spielte, ging mir auf, daß dieser Ball zu jedem gegebenen Moment irgendwo sein mußte. In jeder einzelnen Sekunde mußte er sich zur Gänze in irgendeiner konkreten Position befinden. Zu keinem Zeitpunkt konnte er an zwei Orten zugleich sein, und seine Position konnte auch an einem Ort niemals zweideutig oder vage sein. Er konnte nur ganz und präzise dort sein, wo er war. Aber in diesem Fall begriff ich nicht, wie er sich bewegen konnte. Andererseits bewegte er sich ja ganz offensichtlich. Wieder schien etwas der Fall zu sein, was nicht der Fall sein konnte, und was immer da passierte, war etwas, das ich einfach nicht erfassen konnte.

In diesen Jahren, zwischen meinem zehnten und meinem zwölften Lebensjahr, wurde das Hören von Grammophonplatten, das schon lange ein Vergnügen gewesen war, zu einer Besessenheit. Als ich einmal Schallplatten hörte, stellte ich mir vor, daß ein Stab, an dem eine seitlich umgedrehte Tasse befestigt war, vom Plattenteller hochragte. Und ich stellte mir einen Golfball vor, der gerade so weit vom Plattenteller entfernt lag, daß die Tasse ihn beim

Drehen einfangen konnte. Dann stellte ich mir vor, daß Ball, Tasse und Stab aus einem wirklich harten Material hergestellt waren – oder, wie ich das heute vielleicht ausdrücken würde: Sie waren ganz und gar unelastisch. Was passierte, wenn der Plattenteller sich so schnell drehte wie möglich und die Tasse den Ball einfing? Wechselte der Ball dann augenblicklich aus seiner Ruhelage in eine Bewegung über, die so schnell war wie die der Tasse, ohne die dazwischenliegenden Schnelligkeitsgrade zu passieren? Das kam mir unmöglich vor, auf dieselbe Weise unmöglich wie die früheren Dinge: Es war unmöglich, sich das vorzustellen, es war *undenkbar*. Andererseits gab es keine Alternative, wenn Tasse, Ball und Stab allesamt hundertprozentig hart waren: Es mußte so kommen, etwas anderes war nicht möglich. Wieder geschah also etwas, von dem ich mir unmöglich vorstellen konnte, daß es passierte – und daß es nicht passierte.

So ging es im Laufe der Jahre weiter. Je mehr ich nachdachte, um so mehr Probleme häufte ich an. Aber niemals schien ich irgendwelche Lösungen aufzuhäufen. Und doch schien mir, mußte es Lösungen geben. Irgend etwas mußte bei allen diesen Fragen der Fall sein, wenn ich nur herausfinden könnte, was. Außerdem, wenn etwas ganz selbstverständlich geschah, wie daß ein Ball sich bewegte, dann mußte jede Sichtweise, die sagte, er bewege sich nicht, falsch sein. Und jedes Argument, das behauptete, er könne sich nicht bewegen, mußte einen Fehler haben. Wenn das aber der Fall war, dann fand ich es höchst merkwürdig, daß ich trotz allen Nachdenkens diese Fehler einfach niemals entdecken konnte. Die ganz normale Welt, in der ich lebte, erschien mir als ein Ort, an dem ich auf allen Seiten von Widersprüchen und Mysterien umgeben war. Egal, worüber ich nachdachte, fast augenblicklich führte es zu Paradoxon und Unvorstellbarkeit. Das erweckte in mir das Verlangen zu verstehen. Dieser Drang wurde fast so stark wie die ausgeprägtesten meiner übrigen Instinkte, wie Durst oder Hunger, und ebenso zwingend. Allgegenwärtige Neugier wurde zu meiner gewöhnlich am stärksten empfundenen Emotion und bisweilen meiner eigentlichen Lebensart.

Vielleicht sollte ich für den Fall, daß es Leser gibt, deren eigene Kindheitserfahrungen oder Überzeugungen ihnen diese Annahme nahelegen, klarstellen, daß meiner Ansicht nach nichts davon irgend etwas mit Religion zu tun hatte. Ich wäre nie auf die Idee gekommen, eine solche Verbindung herzustellen. Alle Probleme, die mich quälten, waren Fragen über meine aktuelle Situation. Manche bezogen sich auf mich, andere auf meine Umwelt, aber sie alle waren praktische Fragen, das heißt Fragen, auf die es eine wahre Antwort geben mußte, das kam mir wenigstens so vor. Die Existenz eines Gottes hätte keine dieser Fragen beantwortet, und ich verspürte nicht einmal als ganz kleines Kind das Bedürfnis, an einen Gott zu glauben. Über G. E. Moore wird gesagt, daß er auf die Frage, warum er sich niemals Fragen über die Existenz Gottes gestellt habe, antwortete, er habe nie irgendeinen Grund gesehen, diese Fragen ernst zu nehmen. Damals galt das auch für mich. Das Postulat eines Gottes erschien mir als Drückebergerei, als Weigerung, ernste Probleme ernst zu nehmen; als bequeme, grundlose und vor allem ausweichende Antwort auf zutiefst verstörende Schwierigkeiten. Sie schuf die tröstliche Illusion, daß wir wissen, was wir nicht wissen, daß wir Antworten haben, und dadurch leugneten wir das wahre Mysterium, ja, das Wunder des Seins. Aus purem Zufall hatte ich das Glück, in einer Familie aufzuwachsen, in der Religion einfach kein Thema war. Ich habe schon gesagt, daß ich niemals in einem Alter war, in dem ich an Gott geglaubt hätte; noch weniger bin ich jemals Christ gewesen. Aber noch wichtiger ist vielleicht, daß ich auch niemals das Bedürfnis verspürt habe, mich gegen solchen Glauben zu wehren. Und dafür bin ich zutiefst dankbar. Als ich zur Schule ging, wurde ziemlich viel über Religion gesprochen, aber ich reagierte auf alles, was mit der Schule zu tun hatte – oder genauer gesagt, auf alles, was von Autoritäten organisiert wurde, wie Unterrichtsstunden oder Gottesdienste – mit Langeweile und Gleichgültigkeit. Nichts davon schien irgend etwas mit dem wirklichen Leben zu tun zu haben, nichts davon spielte für mich jemals eine Rolle, und deshalb verschwendete ich außerhalb des Klassenzimmers daran niemals auch nur einen Gedanken. Außerhalb dieser Mauern dagegen wartete alles, was real und aufregend war, mit offenen Armen, um mich zu empfangen, sowie die Schulglocke den Unterricht beendete. Ich kam auch nie auf die Idee, irgendeins der bisher erwähnten Probleme für abstrakt oder theoretisch oder gar als nicht von dieser Welt zu betrachten. Sie waren reale, wichtige

Probleme, Probleme, die mit der *Wirklichkeit* zu tun hatten, mit der Welt, in der ich lebte, mit dem Leben, das ich lebte, mit mir. Ich *hatte* diese Probleme, ob ich wollte oder nicht. Ich hatte keine Wahl. Ich hatte diese Probleme bekommen.

Obwohl meiner Ansicht nach keine dieser Erfahrungen etwas mit Religion oder religiösen Überlegungen zu tun hatten, kam mir während des Schulgottesdienstes mitten in einem Choral die Erkenntnis, daß der Anblick von Hunderten von Jungen, die mir in diesem riesigen, hohen Gebäude mit seinen umfangreichen Gemälden und Fenstern gegenüberstanden, ganz einfach verschwinden würde, wenn ich die Augen zumachte. *Sie* verschwanden natürlich nicht, aber ihr Anblick, die Szene tat es. Und wenn ich meine Augen wieder öffnete, dann war diese Szene wieder da. Die Jungen waren die ganze Zeit dagewesen, sie wären auch dagewesen, wenn ich die Kirche nie betreten hätte, aber meine einzige Wahrnehmung von ihnen bestand daraus, daß ich sie sah und hörte, und beides fand in meinem Kopf statt. Wenn ich mir Augen und Ohren verstopfte, würden sie für mich keine Existenz mehr haben. Bis zu diesem Moment hatte ich es immer für selbstverständlich gehalten, daß ich in direktem Kontakt zu den Menschen und den Dingen stand, die mich umgaben; jetzt aber ging mir plötzlich auf, daß ihre Existenz und meine Wahrnehmung dieser Existenz zwei auf radikale Weise unterschiedliche Dinge waren. Ihre Existenz fand unabhängig von mir statt, aber alles Bewußtsein, alle Erfahrung, alles Wissen, die ich je im bezug auf diese Existenz haben konnte, steckten in meinem Kopf und konnten jederzeit auftauchen und wieder verschwinden, so lange die existierenden Dinge eben existierten. Ich konnte sie kommen und gehen lassen, wie es mir beliebte, ich brauchte nur die Augen zu öffnen oder zu schließen. Mein Magen krampfte sich schmerzhaft zusammen, als mir aufging, daß es nur natürlich wäre, diese Erkenntnis folgendermaßen auszudrücken: »Sie verschwinden, wenn ich meine Augen zumache.«

Noch heute, so viele Jahre später, kann ich gar nicht beschreiben, wie entsetzlich ich diesen Moment der Erkenntnis fand, wie alptraumhaft. Gewaltige Wellen von Übelkeit, Klaustrophobie und Einsamkeit brachen über mich herein, ich hatte das Gefühl, für immer von allem Existierenden – abgesehen von mir selbst – getrennt und für den Rest meines Lebens in meinem eigenen Kopf eingesperrt zu sein. Ich glaubte, mich erbrechen oder in Ohnmacht fallen zu müssen. Schwankend und nach Halt tastend stolperte ich aus der Bank und rannte unter den Augen der gesamten Schule – zu beiden Seiten des Mittelgangs saßen sich je vierhundert Jungen auf terrassenartig angelegten Bänken gegenüber – völlig verstört aus der Kirche. Hinterher wurde allgemein meine grüne Gesichtsfarbe kommentiert, – deshalb bezweifelte niemand, daß mir schlecht gewesen sei und niemand fragte noch nach, warum ich den Gottesdienst denn verlassen hätte.

Seit jenem Tag hatte ich jeden Tag zumindest einmal mit Dämonen zu kämpfen, vor allem wenn ich allein und nicht anderweitig beschäftigt war, und das bedeutete: nachts im Dunkeln im Bett. Die Vorstellung, in die Kirche zu gehen, versetzte mich in Panik, und oft versteckte ich mich auf der Toilette, wenn uns die Glocke zum Gottesdienst rief. Wenn ich doch hinging, war ich so angespannt, daß ich manchmal sogar zitterte. Oft war schon der bloße Gedanke so entsetzlich, daß ich bereitwillig die Strafe für mein Versäumnis auf mich nahm. Und ich konnte das alles keinem Menschen erklären. Ich spielte mit dem Gedanken, mich dem Schularzt anzuvertrauen und ihn zu bitten, mich vom Gottesdienst zu dispensieren; aber er war ein jovialer extrovertierter Doktor vom alten Public-school-Schlag, der mich nie im Leben verstehen würde. Ich hatte sogar Angst, er würde mich für verrückt halten. Deshalb behielt ich meinen Schrecken für mich.

Bei dieser Gelegenheit glaubte ich selber schon, den Verstand zu verlieren. Eines Nachmittags während der Ferien kam ich aus dem Kino und im Foyer überkam mich plötzlich die Erkenntnis, daß für mich und für mein ganzes Leben absolut alles, dessen ich mir jemals bewußt sein könnte – nicht nur mein eigenes Leben, meine Gedanken und Erinnerungen, sondern auch andere Menschen und die Welt überhaupt, alles, was ich in den Zeitungen las, die ganze Geschichte, jegliche Kunst, der Kosmos überhaupt, *alles* – nur in meinem Kopf existierte; daß es immer schon so gewesen sei und immer so bleiben müsse; und daß ich niemals, niemals irgendein Bewußtsein von Dingen haben würde, die ich nicht im Kopf hatte. Diese Vorstellung war kein Solipsismus – nicht, daß alles nur in meinen Gedanken existierte – sondern das Gegenteil:

Daß alles (abgesehen natürlich von meiner Erfahrung) *außerhalb* meines Denkens existierte und daß ich auf immer und ewig davon abgeschnitten war, unrettbar allein, für den Rest meines Lebens gefangen im kleinen Kerker meines Schädels, daß ich niemals, niemals, *niemals* ausbrechen und ein Teil von allem anderen sein könnte, das es gab. Dieses Gefühl war wiederum eines von totaler, permanenter und unaufhebbarer Isolation von allem und jedem, verbunden mit unerträglicher Klaustrophobie, dem wachen Alptraum, in mir selbst eingeschlossen zu sein. Ich versuchte diesem Terror zu entfliehen, indem ich meine Gedanken mit Gewalt auf andere Themen lenkte, doch damit löste ich nur eine zweite Bombe aus: *Nichts von allem, was du tust, kann dich jemals etwas anderes erfahren lassen als das, was dein eigenes Bewußtsein von sich gibt.* Die einzige Alternative wäre Vergessen. Es kam mir vor, als müsse ich explodieren, um aus mir selbst auszubrechen und meinen eigenen Beschränkungen zu entfliehen, so wie eine Handgranate bei der Detonation ihre eigene Hülle zerstört. In diesem Moment glaubte ich wirklich, den Verstand zu verlieren.

Und das alles kam nur davon, daß ich die Realität auf eine bestimmte Weise sah. Alles, dachte ich, existiert unabhängig von mir in einem Grundgerüst aus Raum und Zeit, die ebenfalls unabhängig existieren. Ich, als eines der Objekte in Raum und Zeit, kann von irgendeinem der anderen Objekte nur dann erfahren, wenn es sich auf einen meiner Sinne auswirkt und dadurch mein Gehirn stimuliert, das diesen Reiz dann in ein sinnlich erfahrbares Bild umsetzt. Ich kann also jeglichen anderen Teil der Realität stets nur als Bild erleben – und ein solches Bild kann sich niemals anderswo befinden als in meinem Kopf – und muß dann von diesen Bildern Rückschlüsse auf die Existenz der Objekte ziehen, die sie darstellen. Und diese Darstellung ist die einzige Auffassung, die ich mir von der *Natur* des Objektes machen kann. Zu den Objekten selbst kann ich keinen unmittelbaren Kontakt aufnehmen. Sie existieren für immer auf der anderen Seite der unüberschreitbaren Grenze, welche die Beschränkungen unseres Wahrnehmungsvermögens bildet.

Die nächste Erkenntnis, die diese Sicht der Dinge mir dann brachte, war, daß die Objekte unmöglich meiner Wahrnehmung entsprechen konnten. Das ging mir mit etwa dreizehn Jahren erstmals im Wohnzimmer meiner Eltern auf. In diesem Zimmer standen sich zwei Sessel gegenüber, dazwischen befand sich auf einer Seite ein Sofa, auf der anderen ein Kamin, und neben einem der Sessel stand eine hohe Stehlampe. Ich saß der Lampe gegenüber im anderen Sessel und betrachtete sie. Da stand sie nun mit einem dunkelbraunen viereckigen Holzfuß, aus dem der Lampenständer aus demselben Material und in derselben Farbe aufragte, der dann in einem kegelförmigen Lampenschirm aus weichem, in hellerem Braun gehaltenen Stoff endete. Da war sie, die Stehlampe, ich konnte sie auf keine andere Weise wahrnehmen. So wäre es auch für einen Beobachter, der sich an einer anderen Stelle des Zimmers befindet, es sei denn – ging mir plötzlich auf –, er befinde sich in einer ganz bestimmten Position, nämlich der der Lampe. Nur wenn man die Stehlampe war, konnte man in diesem Zimmer sein und die Stehlampe doch nicht sehen. Und wenn es keinen Spiegel gäbe, würde man keine Vorstellung vom eigenen Aussehen haben. Mit anderen Worten, wie immer unsere Vorstellung von uns selber aussieht, sie kann unmöglich für uns und für alle anderen eine einzig mögliche Form annehmen. Ich stellte mir vor, was es wohl für ein Gefühl wäre, die Stehlampe zu *sein* – ich versetzte mich gewissermaßen an ihre Stelle. Und meine Überlegungen bestätigten sich. Ich konnte alles im Zimmer sehen, nur die Stehlampe nicht. Egal, wo sie auch stehen mochte, niemals würde sie sich selber sehen können. Das machte mir klar, daß ich nur wußte, wie mein Gesicht aussah, weil ich seine Reflexion in Spiegeln und Fenstern gesehen hatte und weil ich Fotos kannte – mit anderen Worten, Bilder, die anders waren als ich und die außerhalb meiner selbst lagen. Wenn ich in meinem Gesicht steckte, hatte ich keine Möglichkeit zu erfahren, wie mein Gesicht denn aussah. Wenn man also etwas war, dann war man das nicht so, wie alle anderen das wahrnehmen und folglich für gegeben hielten. Und man konnte auch gar nicht so sein. Wenn wir dieselbe Situation aus der anderen Richtung betrachteten, blieb uns überhaupt nichts anderes übrig, als unseren Gegenstand auf eine Weise wahrzunehmen und zu sehen, die für diesen Gegenstand unmöglich war. Die Dinge an sich mußten also auf unvorstellbare Weise anders sein als jegliche Vorstellung, die wir uns davon machen konnten.

Einige Jahre lang versuchte ich immer wieder, mir vorzustellen, wie es wohl sein mochte, ein lebloser Gegenstand zu sein, doch immer kam mir dabei der widersprüchliche Gedanke, daß es unvorstellbar anders sein müsse als das, was ich mir vorstellen konnte... Wie mochte es sein, dieses Gebäude zu *sein*, dieser Rugbystiefel? Sie waren da, sie existierten, sie hatten ein Wesen. Was war dieses Wesen? Nicht *wie*, sondern *was* – einerseits war ich mir sicher, daß es nicht so sein konnte wie irgendein Bild oder irgendeine Vorstellung, die ich mir davon zu machen vermochte. Obwohl ich wußte, daß mein Versuch, mich an die Stelle dieses Buches, dieses Baumes, dieses Möbelstückes zu versetzen, einen Widerspruch an sich darstellte, konnte ich es doch nicht lassen. *Sein*, stellte ich mir vor, sei das absolute Mysterium, das *absolute Unvorstellbare*. Und doch gab es nichts, was nicht war. Alles war. Wie konnte es also ein Mysterium sein? Hier sah ich das allergrößte Paradoxon: Nichts von allem, das existiert, können wir erkennen, und alles, was wir erfahren, ist nur ein Bild, das lediglich in unserer Erfahrung existiert.

Mit etwa fünfzehn fand ich in der Schulbibliothek ein Buch mit dem Titel *Die Bibel der Welt*, das die wichtigsten Schriften der Weltreligionen enthielt. Ich las aus purer Neugier das ganze Buch. Das einzige jedoch, was meine Phantasie wirklich anregte, waren die Upanischaden. Hier fand ich zu meiner Überraschung die Aussage, daß die ganze Welt menschlichen Wissens und menschlicher Erfahrung nur aus Bildern bestehe, die flüchtig und nicht von bleibender Realität sind, während die *reale* Realität mit ihrer permanenten Existenz etwas ist, über das wir keine direkten Kenntnisse haben und von dem wir uns also keine klare, endgültige Vorstellung machen können. Ich war überrascht, als ich meine eigenen Gedanken in diesem Buch wiederfand, noch dazu in Schriften, die mehrere Jahrtausende alt waren. Die Upanischaden boten jedoch eine Erklärung an, auf die ich noch nicht gekommen war. Sie sagten, das, was uns diese endlose Anzahl von buntgemischten Bildern bringe, sei keine entsprechende Anzahl von unerreichbaren Dingen, die diesen unterschiedlichen Bildern entsprächen, sondern nur ein großes Irgendwas. Wir trennen uns davon, wenn wir unsere Existenz als Individuen antreten, und wir lösen uns wieder in ihm auf, wenn wir sterben. Und das sei im Grunde alles, was es gebe. Es gebe nur verstreute, individuelle, getrennte Bilder. Und weil Bilder eben Bilder sind, subjektiv und flüchtig, und vor allem weil wir der natürlichen Neigung erliegen, sie irrtümlicherweise für unabhängig existierende Gegenstände zu halten, müssen wir sie als Illusionen betrachten. Einzelne Dinge sind demnach – und zwar alle einzelnen Dinge, auch Menschen – Illusionen. In Wirklichkeit gibt es nur ein großes Ganzes.

Diese Vorstellung faszinierte mich als Idee, ließ mich jedoch ansonsten kalt. Für mein Gefühl sprach nichts dafür und nichts dagegen, und ich blieb in dieser Hinsicht ein Zweifler. Ich sah keine Möglichkeit herauszufinden, ob diese Erklärung der Wahrheit entsprach, selbst wenn sich das so verhalten sollte. Aber immerhin machte sie mir eine entscheidende Tatsache klar: Ohne mir bewußt zu sein, was ich da tat, hatte ich weiterhin angenommen, die Realität sei in einer grundlegenden Hinsicht »wie« unsere Vorstellung von ihr – nämlich sie bestehe aus den unterschiedlichsten Dingen – doch nun sah ich, daß ich keinen Grund zu dieser Annahme gehabt hatte. Als ich mir die Sache dann genauer überlegte, schien mir, daß ich überhaupt keinen Grund dazu hatte, irgendetwas über die absolute Realität zu glauben.

Doch was da auch immer existieren mochte, so fand ich es über alle Maßen erstaunlich, daß es das eben tat. Es war erstaunlich, daß überhaupt irgend etwas existierte. Warum existierte nicht nichts? Jegliche normale Erwartung – die am wenigsten unwahrscheinliche Sachlage, die ökonomischste Lösung aller Probleme, die einfachste Erklärung – sollte doch nahelegen, daß es nichts gab. Aber das war offensichtlich nicht der Fall. Und doch, obwohl es unmöglich war zu wissen, was existierte, und obwohl es deshalb auch unmöglich war, es zu *beschreiben*, obwohl es deshalb ebenso unmöglich war zu behaupten, es existiere überhaupt irgend etwas, so *fand doch zweifellos irgend etwas statt*. Doch wie konnte irgend etwas stattfinden? In welchem Medium? Im Nichts? Es war unvorstellbar, und doch ging unleugbar etwas vor sich.

Obwohl ich, als ich älter wurde, immer mehr zu Gesprächen und Diskussionen und Debatten neigte, begegnete mir doch jahrelang niemand, der von diesen Fragen ebenso fasziniert gewesen wäre wie ich. Als ich dann erwachsen wurde, hatte ich mich schon an eine Anzahl allgemeiner Auffassungen von Erfahrung gewöhnt, zu denen die meisten Menschen offenbar neigten, zumindest die, mit denen ich zu tun hatte, doch keine dieser Auffassungen entsprach meiner. Es schien drei Hauptgruppen zu geben: Zum ersten die Menschen, die die Welt so, wie sie sie vorgefunden hatten, für selbstverständlich hielten: So ist es eben, es ist doch klar, daß es so ist, darüber zu reden kann auch nichts ändern, deine ewige Fragerei hat also absolut keinen Zweck, Diskussionen wären pure Zeitverschwendung, selbst darüber *nachzudenken* ist Zeitverschwendung; wir müssen uns auf die konkreten Probleme des Lebens konzentrieren, statt uns mit sinnlosen Spekulationen und unergiebigem Gerede zu verzetteln. Diese Ansicht schienen die meisten Menschen mehr oder weniger zu teilen. Dann gab es andere, die diese Haltung aus religiösen Gründen für oberflächlich hielten. Für sie war dieses Leben nur eine Art Ouvertüre, ein Vorspiel zu dem, was wirklich wichtig ist. Es gab einen Gott, der diese Welt erschaffen hatte, uns eingeschlossen, und uns unsterbliche Seelen geschenkt hatte, auf daß diese Seelen in irgendeinem »höheren« Reich auf ewig weiterlebten, wenn unsere Körper nach kurzem Aufenthalt auf Erden starben. Diese Menschen hielten angesichts der Ewigkeit unsere gegenwärtige Welt gewöhnlich für nicht gar so wichtig, und wenn jemand das widersprüchliche Wesen unserer Erfahrung zur Sprache brachte, zuckten sie mit den Schultern und machten die unerforschlichen Ratschlüsse ihres Gottes dafür verantwortlich. Nicht daß sie das als Antwort auf alle Fragen gesehen hätten, denn was diese Leute sagten, beantwortete nur selten irgendeine konkrete Frage – dazu fühlten sie sich einfach nicht gedrängt. Gott wußte alle Antworten auf alle Fragen und sein Wesen war für uns unergründlich, also blieb uns gar nichts anderes übrig, als ihm zu vertrauen und uns nicht den Kopf über Fragen zu zerbrechen, auf die wir die Antworten sowieso erst nach unserem Tod erfahren konnten. Aus dieser Haltung schien mir letztlich ebensowenig Neugier zu sprechen wie aus der ersten, wenn auch aus anderen Gründen; genauso offensichtlich war, daß diese Leute die Probleme nicht wirklich *empfanden*. Ihnen schien nicht bewußt zu sein, wie außerordentlich die Welt doch ist; im Gegenteil, Menschen, die diese Haltung vertraten, schienen sich glücklich mit einer Geschichte in den Schlaf zu lullen, die stimmen mochte oder auch nicht, selbst wenn sie keine ernsthaften Gründe hatten, an das Ganze überhaupt zu glauben. Und dann gab es da noch Leute, die beide Haltungen gleichermaßen aus gewissermaßen rationalistischen Überlegungen heraus als begriffsstutzig und irrig verurteilten. Sie hinterfragten kritisch sowohl die Dinge, wie sie sind, als auch die traditionellen religiösen Auffassungen und verlangten von den Anhängern beider Richtungen Beweise oder zumindest gute Belege, irgendeine Rechtfertigung oder zumindest ein gutes Argument. Sie waren zumeist entweder Kinder der Aufklärung oder des wissenschaftlichen Zeitalters und vertraten damit in jedem Fall Auffassungen, die vor dem siebzehnten Jahrhundert noch nicht existiert hatten. Sie schienen zu glauben, daß im Licht der Vernunft betrachtet alles eine Erklärung findet, daß rationale Untersuchungen auf die Dauer alles nur Wünschenswerte entdecken werden, und daß sich im Prinzip, wenn auch nicht immer in der Praxis, alle Probleme durch Anwendung von Vernunft lösen lassen. Die meisten meiner Freunde und Geistesgenossen schienen zu dieser dritten Kategorie zu gehören, und ich neigte auch dazu, ihrer Kritik an den beiden anderen Kategorien zuzustimmen. Mein Problem war jedoch, daß ihre positiven Überzeugungen mir im Grunde als unhaltbar und ihre Einstellungen – nun, vielleicht als nicht ganz so selbstzufrieden und bequem wie die der Kritisierten erschienen, aber eben doch auf ihre Weise auch selbstzufrieden und bequem. Sie schienen die Welt für einen begreiflichen Ort zu halten, und ich konnte nicht nachvollziehen, wie sie bei diesem Glauben bleiben konnten, wenn sie auch nur für einen Moment darüber nachdachten. Ihr Vertrauen in die Macht der Vernunft erschien mir als fast unglaublich undurchdacht und fehl am Platze, wenn ich bedachte, daß die Anwendung der Vernunft doch immer wieder unlösbare Probleme hervorrief, Probleme, die durch Nachdenken in die Welt gebracht wurden, die dadurch aber nicht gelöst werden konnten. Für viele Menschen dieser Art war der Glaube an die Macht der Vernunft zur Ideologie geworden. Sie glaubten unkritisch und aus Prinzip an diese Macht und hatten für abweichende Auffassungen nur Herablassung übrig. Sie dachten niemals ernsthaft über die engen Grenzen des Bereichs nach, in dem Vernunft anwendbar ist, über ihren Hang zu Widersprüchen oder ihre offenkundige Unfähigkeit, die meisten grundlegenden Fragen über unsere Erfahrungen zu klären. Jeder Versuch meinerseits (oder von irgendeiner anderen Seite), ihre Aufmerksamkeit auf diese Dinge zu lenken, wurde von ihnen als Religion betrachtet, was für sie dasselbe war wie Aberglaube und von ihnen normalerweise verachtet wurde. Für sie lag es auf der Hand, daß diese Welt der Erfahrung alles ist, was es gibt, und daß wir im Laufe der Zeit vernünftigerweise hoffen können, die Erklärungen für alles zu finden, was wir jetzt noch nicht verstehen. Alle Bedeutung und jeglicher Zweck sind von dieser Welt; Werte und Moral sind von Menschen geschaffen, und das bedeutet im Grunde, daß Werte und Moral Produkte von Gesellschaft und Geschichte sind. Die Vorstellung, daß die Realität verborgen sei, war für sie unverständlich, weshalb auch die Vorstellung, die Bedeutung unserer Erfahrung könne außerhalb der Grenzen unseres Begreifens liegen, ihnen wie Geschwafel – und abermals als krypto-religiös – erschien. Was mich vor allem von dieser Haltung trennte, und was ich daran am wenigsten verstehen konnte, war, wie wenig diese Menschen sich über unsere Existenz und über jegliche Existenz überhaupt wunderten – über das pure Wunder, daß alles existiert. Schließlich braucht man nicht besonders tief nachzugrübeln, braucht nicht einmal weiter zu denken als ein Kind es vermag, um zu erkennen, daß unsere Erfahrung in ihrem allgemeinsten und grundlegendsten Wesen für uns unverständlich ist – doch die Art von Menschen, von der ich hier spreche, schien diese Entdeckung nicht gemacht zu haben. Ihnen erschien es als selbstverständlich, daß irgendeine Art, die Dinge mit dem gesunden Menschenverstand zu betrachten, im großen und ganzen zutreffen mußte, während ich es für selbstverständlich hielt, daß der gesunde Menschenverstand unmöglich recht haben konnte, da jegliche logische Argumentation, die ihn als Ausgangspunkt benutzt, uns fast sofort in einen Sumpf von Unverständlichkeit und Widersprüchen führt. Um es kraß, aber wahrheitsgemäß zu sagen, so fanden sie es lächerlich, die Sichtweise des gesunden Menschenverstandes abzulehnen, während ich es lächerlich fand, den gesunden Menschenverstand gelten zu lassen. Ihre ganze Haltung konnte nur so lange überleben, wie sie nicht über ihre Grundlagen nachdachten. Diese Haltung ist nicht nur extrem oberflächlich, sie ist auch abgehoben, hängt sozusagen ohne Halt und unhaltbar in der leeren Luft. Doch wird sie von irgend jemandem grundsätzlich in Frage gestellt, dann wird dieser Einwand als uninteressant und belanglos abgetan. Wenn die Aufmerksamkeit dieser Menschen auf die Tatsache gelenkt wird, daß unsere Vernunft diesen oder jenen grundlegenden Zug der Welt oder unsere Erfahrungen einfach nicht erfassen kann, dann erscheint ihnen das als Grund, diese Frage gar nicht erst zu stellen. Sie möchten ihr Leben auf den Bereich beschränken, in dem sie die Dinge erklären können. Auf diese Weise teilen sie auf nur wenig tieferer und kritischerer Ebene die meisten Ansichten der anderen Gruppen.

Wenn man, wie ich, voller Verwunderung über die Welt zum Erwachsenen wird, wenn man sich in einige der scheinbar unlösbaren Probleme vertieft, die diese Welt uns bietet – vor allem in Probleme, die mit Zeit, Raum, unserer Wahrnehmung materieller Objekte und deren Wesen zu tun haben – dann trennt einen das in mancher Hinsicht von den anderen Menschen. Nicht nur daß ich niemanden fand, mit dem ich diese Fragen diskutieren konnte, ich mußte auch erkennen, daß ich sehr bald als Sonderling galt, wenn ich sie erwähnte. Ich war kein Einzelgänger, denn in anderen Lebensbereichen hatte ich ein sehr geselliges Wesen – ich hatte immer Freunde, und ab siebzehn dann auch Freundinnen; ich ging sehr gern auf Partys und war ein unersättlicher Musikliebhaber und Theaterbesucher – aber ich mußte lernen, es für mich zu behalten, daß ich mich voller Verwunderung in die gesamte metaphysische Dimension der Erfahrung vertiefte, auch wenn ich jeden Tag mit dieser Verwunderung leben mußte. Mehr als alles andere machte ihre alles überschattende Bedeutung diese Probleme zur Quelle der Isolation. Diese Fragen waren für unser Wesen und für das Wesen der Welt, in der wir lebten, von grundlegender Bedeutung, und ich konnte einfach nicht begreifen, warum nicht jedermann von ihnen fasziniert war. Ich fand es bizarr, daß ich immer wieder mit intelligenten Menschen zu tun hatte und doch die Diskussion der wichtigsten und grundlegendsten Fragen von allen mit einem unausgesprochenen Bann belegt zu sein schien.

Ehe ich mein Universitätsstudium aufnahm, war ich nie auf die Idee gekommen, irgendeine dieser Fragen mit dem Wort »Philosophie« zu assoziieren. Ich werde nie vergessen, mit welcher Verblüffung ich feststellte, daß sie genau das waren, und daß sich seit drei Jahrtausenden einige der größten Genies der Menschheit damit befaßt hatten. Jedes in diesem Kapitel beschriebene Problem war in der Geschichte der Philosophie vertraut, wie sich herausstellte. Manche hatten sogar Namen: Meine Verwunderung darüber, daß ein Ball sich bewegen kann, hieß »Zenotischer Pfeil«. Wie ich später feststellte, hat sich Wittgenstein in bezug auf den Tod mit jenem Aspekt befaßt, der mich beim Einschlafen so beschäftigt hatte: Wir erwarten, daß er eine Erfahrung sein wird, aber das ist nicht möglich, sagte er, denn per definitionem sind wir uns der Tatsache nicht bewußt, daß er geschieht, und deshalb sind wir uns auch der Erfahrung nicht bewußt. Vor allem, obwohl es noch länger dauern sollte, bis es so weit war, erwartete mich die Entdeckung, daß ich offenbar als Kantianer auf die Welt gekommen war, angefangen von den Widersprüchen von Zeit und Raum und weiter bis zur Unvorstellbarkeit der Dinge an sich, wie sie unabhängig von unserer Erfahrung sind. Mein unermüdliches Erstaunen über die Tatsache, daß überhaupt irgend etwas existierte, wurde meines Wissens zuerst von Leibniz in Worte gekleidet und dann von Schelling, einem von Kants unmittelbarsten Nachfolgern, in seine dramatischste und zwingendste Form gebracht. Es durchzieht das Werk von Kants illustrestem Nachfolger, Schopenhauer, bei dem ich auch im Grunde dieselben Lehrsätze entdeckte, über die ich in den Upanischaden gestolpert war – nur war Schopenhauer, wie ich selbst ja auch, nicht durch religiöse, sondern durch im Grunde kantianische Überlegungen zu diesen Schlußfolgerungen gekommen, und damit (in Schopenhauers Fall) durch eine Denkweise, die mitten im Zentrum der Hauptrichtung abendländischen Philosophierens angesiedelt ist. Vorher und neben allem gab es das Problem der Willensfreiheit und die Frage, ob ein Willensakt der Grund einer gewollten Handlung ist, oder ob es auf andere Weise zu dieser Handlung kommt; Fragen, mit denen sich auch Schopenhauer ausgiebig befaßt hat.

Hume erwähnt in seinen Schriften den Nervenzusammenbruch, den er als junger Mann erlitten hatte, und dessen Auswirkung auf seine philosophischen Überlegungen. Ich nahm an, daß seine erschreckenden psychischen Erfahrungen einige Ähnlichkeiten mit meinen eigenen aufweisen müßten. Vor allem erscheint mir das als wahrscheinlich, wenn wir das Wesen seiner Philosophie bedenken. (Es ist überhaupt auffällig, wie viele große Philosophen auf Zusammenbrüche in ihrer Jugend zurückblicken können.) Wie der Mann bei Molière, der zu seiner Verwunderung feststellen muß, daß er sein Leben lang Prosa gesprochen hat, stellte ich zu meiner Verwunderung fest, daß ich mich mein Leben lang in philosophische Probleme vertieft hatte. Und ich hatte mich mit denselben Problemen befaßt wie große Philosophen, aus demselben Bedürfnis heraus, die Welt und meine Erfahrung dieser Welt zu verstehen, gefolgt von der Erkenntnis, daß beides mit dem gesunden Menschenverstand nicht zu erklären war – der nämlich lauter Widersprüche lieferte, wenn er nicht überhaupt jegliche Hilfe verweigerte und stumm blieb. Der größte Unterschied zwischen mir und diesen Philosophen war natürlich, daß sie durchaus Lösungsvorschläge für die Probleme anzubieten hatten, während es mir nicht einmal gelungen war, sonderlich wohlklingende oder ausgefeilte Versionen dieser Probleme zu formulieren, ganz zu schweigen davon, vertretbare Lösungen dafür zu erarbeiten. Folglich machte ich mich über ihr Werk her wie ein Verhungernder über eine Mahlzeit, und seither hat dieses Werk mich immer wieder ernährt und erhalten.

Die Fachphilosophie, wie ich sie erstmals zu Beginn der fünfziger Jahre in Oxford kennenlernte, befaßte sich allerdings kaum mit diesen Problemen – abgesehen vielleicht von unserer Wahrnehmung materieller Objekte –, denn man hatte die traditionelle Aufgabe der Philosophie, den Versuch, die Welt zu verstehen, weitgehend aufgegeben und damit der Vergangenheit des Faches mehr oder weniger den Rücken gekehrt. Aber das konnte mich durchaus von nichts abhalten, höchstens davon, ein Fachphilosoph damaliger Prägung zu werden. Im Unterschied zu diesen Leuten hatte ich wirkliche, echte philosophische Probleme, die sich um das Wesen der Wirklichkeit und um mein Verhältnis dazu und sogar um das Wesen meiner selbst drehten. Und das war nicht bloß eine Verwirrung, in die ich durch irgendeinen Sprachmißbrauch geraten wäre.

Zweites Kapitel

Meine Einführung in die akademische Philosophie

Die Tatsache, daß meine metaphysischen Probleme im Zentrum der abendländischen Philosophietradition angesiedelt waren, während die Oxford-Philosophie sich von dieser Tradition gelöst hatte, hatte für mich die unerfreuliche Folge, daß ich erst einige Zeit nach meinem Eintreffen in Oxford überhaupt begriff, daß meine Probleme philosophischer Natur waren; also ließ ich mich auch nicht für das Studium der Philosophie immatrikulieren. Hätte ich es gewußt, dann hätte ich mich von Anfang an auf dieses Fach verlegt, ich hätte es sogar vorher schon getan. Aber so, wie die Dinge standen, brauchte ich drei oder vier Jahre, um zu entdecken, wo meine wahren akademischen Interessen lagen.

An meiner Schule war der begabteste Pädagoge der Geschichtslehrer David Roberts gewesen. Nicht des Faches wegen, sondern um von ihm unterrichtet zu werden, wählte ich Geschichte als Hauptfach; eigentlich interessierte sie mich auch nicht mehr als die meisten anderen Fächer. Obwohl ich mit einem Stipendium von der Schule abging, das es mir ermöglichte, in Oxford Geschichte zu studieren, reichten mir meine beiden Hauptfachjahre an der Schule, und ich verspürte kein großes Bedürfnis, mich in Oxford für weitere drei Jahre auf dieses Gebiet zu spezialisieren.

Damals bestand in Großbritannien noch Wehrpflicht. Meine Einheit wurde in Österreich eingesetzt, deshalb besuchte ich im Urlaub Oxford, um mit dem Leiter meines Colleges zu sprechen.

Ich fragte ihn, ob ich Musik studieren könne, was damals wie mein ganzes Leben lang meine wichtigste Leidenschaft war. Er versuchte, mir diesen Plan auszureden, ich bestand darauf, er machte Ausflüchte, und schließlich bat er mich, mit der endgültigen Entscheidung zu warten, bis ich nach meiner Entlassung mein Studium aufnehmen könne. Als es dann so weit war, wollte das College mir diesen Wechsel jedoch nicht gestatten, da mein Stipendium von seinem Geber testamentarisch für das Geschichtsstudium bestimmt worden war. Bei einem Studienfachwechsel wäre es mir deshalb entzogen worden. Aus diesem Grunde studierte ich während meiner ersten drei Jahre in Oxford gegen meinen ausgesprochenen Willen Geschichte. Ich glaube nicht, daß das heute noch passieren könnte. Die bloße Vorstellung, Studierenden ein unerwünschtes Hauptfach aufzuzwingen, erscheint aus heutiger Sicht als absurd, und das zu Recht. Damals war es jedoch durchaus nicht unüblich.

Während meines Geschichtsstudiums in Oxford machte ich also erstmals die Bekanntschaft der akademischen Philosophie, hauptsächlich, weil ich mit mehreren Philosophiestudenten befreundet war. Es war wie eine Offenbarung für mich, daß eines der Probleme, mit denen sie sich befaßten, eben unsere Wahrnehmung materieller Objekte war. Mit noch größerer Verwunderung entdeckte ich dann, daß Philosophen nicht nur vor Hunderten, sondern schon vor Tausenden von Jahren über dieses Thema Bücher geschrieben hatten, die noch immer als genial galten, Werke, die meine Freunde jetzt studierten, die sie mit ihren Dozenten diskutierten, über die sie miteinander debattierten, über die sie Seminararbeiten schrieben. Ich beneidete sie zutiefst. Ich erfuhr, daß es in der englischen Sprache klassische Werke von Verfassern namens Locke, Berkeley und Hume gab. In der Schule hatten wir David Humes *Geschichte Großbritanniens* durchgenommen. Lesungen seiner Beschreibung des Todes von König Edward II. waren sehr beliebt gewesen, und zu dem massiven Kamin des Raums, der für die Hauptfächler in Geschichte reserviert war, hatte ein gewaltiger Schürhaken gehört, der während dieser Vorträge rituell geschwenkt wurde. Aber ich hatte nicht gewußt, daß Hume auch Betrachtungen über unsere Wahrnehmung materieller Objekte geschrieben hatte.

Bestimmte Werke der politischen Philosophie gehörten zum Pensum des Geschichtskurses: Aristoteles' *Politik*, Hobbes' *Leviathan*, Lockes *Zweite Abhandlung über die Regierung* und sein *Brief über die Toleranz*. Außerdem befaßte ich mich nun auf eigene Faust, auf einigermaßen unsystematische und willkürliche Weise mit dem Kanon der abendländischen Philosophie: Mit Platons *Staat* und seinem *Symposion*, Aristoteles' *Ethik* und *Dichtkunst*, Marxens *Kapital*, Nietzsches *Also sprach Zarathustra*, A. J. Ayers *Language, Truth and Logic* – und, in der Hoffnung, mir dadurch einen Überblick zu verschaffen, Bertrand Russells *Philosophie des Abendlands*.

Als Examensthema suchte ich mir die italienische Renaissance aus, und schon bald wurde die Geschichte von Kunst und Ideen zu einem meiner Hauptinteressen. Unglücklicherweise spielte sie im Pensum nur eine geringe Rolle. Ich fragte meine Geschichtsdozenten, ob sie auch auf die intellektuellen und kulturellen Aspekte der Geschichte, die sie mir beibrachten, eingehen könnten, aber das verwirrte sie nur und sie weigerten sich, von ihren eingefahrenen Wegen abzuweichen. »Geschichte« bedeutete im Oxford jener Jahre vor allem die Geschichte von Politik und Verwaltung. Außerdem war das vorherrschende Bild der Welt und der Vergangenheit in einem heute unglaublichen Grad eurozentrisch: In den meisten Fällen bedeuteten »ausländische Geschichte« und sogar »Weltgeschichte« die Geschichte des europäischen Festlandes im Gegensatz zur britischen. Ich bekam sogar Streit mit meinem Dozenten für englische Geschichte des 17. Jahrhunderts: Ich beklagte mich darüber, daß er Newton nicht einmal erwähnte, wo doch dessen Werk nicht nur das gesamte Weltbild des abendländischen Menschen verändert hatte, sondern durch Wissenschaft und Technologie, die Welt, in der wir selber lebten. Statt dessen hatten wir ausgiebig über die Stuart-Königinnen diskutiert und ich hatte einen Aufsatz über Erzbischof Laud schreiben müssen. Der Dozent erwiderte herablassend, wenn mich so etwas wirklich interessierte, dann hielte mich schließlich nichts davon ab, mich in meiner Freizeit damit zu beschäftigen.

Ich ließ alle Hoffnungen auf meine Lehrer fahren und suchte die Gesellschaft von Philosophiestudenten, um mit ihnen über ihr Fach zu diskutieren. Bald suchten sie auch meine Gesellschaft, denn wir erlebten gerade die Blütezeit der sogenannten »Umgangssprachen-Philosophie«, und sie wollten immer wieder wissen, wie ein Nichtphilosoph auf diese oder jene Frage reagierte oder wie er ganz spontan einen bestimmten Ausdruck interpretierte. Die Folge war, daß ich mich für Philosophie wesentlich mehr interessierte als für Geschichte. Mein Examen in Geschichte war dann auch entsprechend, aber es war doch immerhin gut genug, um mir das weitere Studium zu ermöglichen. Was ich aber lieber als alles andere wollte, war, systematisch Philosophie zu studieren. Statt also ein höheres Examen anzustreben, fing ich mit einem zweiten Grundstudium an, diesmal in Philosophie.

Vernünftigerweise erlaubt Oxford (anders als Cambridge) es Grundfächlern nicht, Philosophie isoliert zu studieren, man braucht ein oder mehrere weitere Fächer. Ich nahm also Politik und Wirtschaft dazu. Weil ich schon ein Grundfachexamen abgelegt hatte, mußte ich das Pensum, das eigentlich für drei Jahre berechnet war, in einem einzigen akademischen Jahr bewältigen.

Mein lebhaftes Interesse für die Philosophie regte mich aber dermaßen an, daß ich ein viel besseres Examen ablegte als in Geschichte.

Auf diese Weise wurde, akademisch gesprochen, die Philosophie zu meinem Fachgebiet. Es sollte sich dann herausstellen, daß ich den wertvollsten Unterricht nicht Oxford zu verdanken hatte. Den erlebte ich in Yale, wohin mich ein Postgraduiertenstipendium führte, zwei Jahre, nachdem ich in Oxford mein zweites Examen abgelegt hatte.

In Oxford hatte ich keine besonders hohe Meinung über akademische Arbeit und das akademische Leben überhaupt. Meine größte Liebe war die Musik, und schon in früher Jugend hatte ich Musik verschlungen und verzehrt – zuerst zu Hause, durch Schallplatten und Radio, dann, noch als Kind, als Konzert- und Opernbesucher in London. Gleich hinter der Musik rangierte in meinen Neigungen das Theater – ich ging noch häufiger ins Theater als ins Konzert, ganz einfach, weil das Angebot viel größer war. Darauf folgte Lyrik, vor allem die der damals lebenden und schreibenden Dichter, ganz besonders T. S. Eliot, W. H. Auden und Dylan Thomas. Danach kamen Romane. Außerdem war ich als Schuljunge ein leidenschaftlicher Sozialist, der politische Gespräche und Diskussionen liebte. Es war also ganz natürlich, daß ich über diese Themen lesen wollte, als ich ernsthaft anfing, Zeitungen zu lesen. Der journalistische Höhepunkt der Woche war für mich die *Sunday Times* mit ihrem glanzvollen Feuilleton. Vom Lesen solcher Artikel war es nur ein kleiner Schritt zum Lesen der Bücher, die darin erwähnt wurden, und der nächste kleine Schritt führte dann zum Lesen anderer Werke zum Thema. Und bei all diesen Aktivitäten lernte ich weitaus mehr als jemals während meiner Schulzeit.

Weil Musik, Theater und Politik mir als die aufregendsten, interessantesten und wichtigsten Dinge im Leben erschienen, und weil ich das Glück gehabt hatte, in einer Familie geboren zu werden, die sich aktiv dafür interessierte und mitten in London lebte, wurden meine Weltsicht und meine Vorstellungen ein wenig eingeschränkt großstadtbezogen. Ein Leben, in dem ich an der Politik teilnehmen und fast täglich professionelle Darbietungen von Musik und Theater besuchen konnte, erschien mir als das einzig lebenswerte; deshalb erschien nur eine Stadt, in der das alles möglich war, als erträglicher Wohnort. Was eine Handvoll der großen Städte der Welt bedeutete. Mit siebzehn wurde ich als Austauschschüler ans Lycée Hôche in Versailles geschickt. Sooft wie möglich fuhr ich dann nach Paris, um die Opéra und die Opéra-Comique, die Comédie Française und die Kunstgalerien zu besuchen. Als ich mit achtzehn meinen Wehrdienst ableisten mußte und für ein Jahr nach Österreich geschickt wurde, reiste ich an jedem dienstfreien Tag nach Wien und ging in die Oper, egal, welches Stück gerade gegeben wurde. Mein Heimaturlaub fiel mit der ersten Nachkriegsaufführung von Wagners *Ring* im Covent Garden zusammen. Und was ich an allen diesen Städten am meisten liebte, war die menschliche Umgebung, in die alle Aktivitäten eingebettet waren: Die geschäftigen Straßen, in denen es von Menschen nur so wimmelte, die Restaurants, die Straßenhändler, die urbanisierten Flüsse, die Plätze und Parks, die Kirchen und Kathedralen, die öffentlichen Gebäude – und die Buchläden, Theater, Konzerthallen, Opernhäuser und Kunstgalerien. Da ich mich ebenso als Londoner wie als Engländer fühlte, und da ich in der Nachbarschaft eines der berühmten Straßenmärkte der Vorkriegszeit aufgewachsen war, hatte ich, ohne auch nur darüber nachzudenken, eine Art Dickens'sches Gespür für das Leben der Großstadtstraßen. (Eine der scharfsinnigsten Bemerkungen, die je über Dickens als Romanautor gefallen ist, sagt, er sehe die meisten seiner Figuren so, wie man Menschen auf der Straße sieht.) Für mich schien das alles keinerlei Zusammenhang mit dem akademischen Leben zu haben, das mir als provinziell, seicht und dünn erschien, als farblose leichtgewichtige Welt, die nichts mit dem wirklichen Leben zu tun hatte. Die Universität erschien mir mehr oder weniger als Fortsetzung der Schule, die Professoren standen nur eine Stufe höher als normale Schullehrer, sie waren Menschen, die ihr Leben in geschlossenen Institutionen verbrachten und ihre Energie denselben Fächern widmeten, die schon in den Klassenzimmern der Schulen gelehrt wurden: Latein, Griechisch, Geschichte, Erdkunde ... Es fiel mir leicht, diese Fächer zu »erledigen«, aber wozu das gut sein sollte, hatte ich nie so recht erkennen können. Was in meinen Augen das Leben bis ins Mark traf – und was damit letztlich, neben Beziehungen zu anderen Menschen, den Sinn des Lebens bedeutete –, war das Schaffen und Betrachten von Kunstwerken. Künstlerische Erfahrung schien mir zu einer völlig anderen Kategorie zu gehören als jegliche andere Erfahrung, abgesehen von sexueller, wenn es um Bedeutung und Ruhm ging. Sie war die destillierte Essenz des Lebens. Wenn wir uns unsere Talente aussuchen könnten, dann würde die Wahl selbstverständlich auf ein Leben als Künstler fallen. Wenn das nicht möglich war, dann war das zweitbeste das Dasein des interpretierenden Künstlers – als Dirigent, als Musiker, als Schauspieler. Wenn man überhaupt kein Künstler sein könnte, dann stand Politik ganz oben, in einer Klasse für sich, auf der Prioritätenliste. Und egal, womit wir uns nun befaßten, dazu gehörte auch noch ein intensives Interesse für die anderen Bereiche, ein umfassender Konsum – zusammen könnte das alles unser Leben fast erfüllen. Ich selber sah mich wohl als zukünftigen Schriftsteller; sollte ich jedoch feststellen, daß mir die schöpferischen Fähigkeiten fehlten, dann wollte ich auf die Politik zurückgreifen. Vielleicht könnte ich mich ja auch mit beidem befassen – ich wäre in dieser Hinsicht wirklich nicht der erste.

Das war so ungefähr mein Standpunkt als Teenager, und aus

dieser Weltsicht heraus konnte ich Menschen, die sich für akademische Aufgaben interessierten, einfach nicht verstehen. Ich hatte das Gefühl, daß solche Leute ziemlich beschränkt sein mußten, denn nur Menschen, die sich nur wenig oder auch gar nicht für Kunst und Politik interessierten, konnten doch auf die Idee kommen, daß sich in Klassenzimmern und Hörsälen das wirkliche Leben abspielte. Ich weiß noch, daß ich fast meine ganzen Teenagerjahre hindurch glaubte, daß jemand, der nur Sachbücher schrieb, das zweifellos nur deshalb tat, weil er nicht begabt genug war, um Romane zu verfassen. Fast alle großen Künstler, über die ich las – und ich las sehr viel über große Künstler – schienen Akademiker offen zu verachten und herabzusetzen, nicht nur in bezug auf ihr eigenes Werk, sondern zur Kunst ganz allgemein.

Heute kommen diese längst vergangenen Ansichten mir arg engstirnig vor. In gewisser Hinsicht und bis zu einem gewissen Punkt hatte ich recht mit meiner Vorstellung von den wichtigen Dingen im Leben, aber die Art, in der ich mich darauf versteifte, hatte doch etwas Scheuklappenhaftes. Es gibt noch andere Dinge, die wichtig sind, die unser Leben bereichern und uns tiefe Befriedigung vermitteln können. Außerdem ist es weder möglich noch wünschenswert, daß wir uns alle für dasselbe interessieren. Der größte der vielen Mängel meiner Überzeugungen war jedoch, daß sie Wert und Bedeutung des geistigen Lebens restlos übersahen. Ich hatte keine Ahnung von der entscheidenden Rolle, die die Wissenschaften im geistigen Abenteuer der Menschheit gespielt hatten, keine Ahnung davon, wie unersetzlich Bildung für jede Kultur oder Zivilisation ist, keine Ahnung von der tiefen Freude, die ein einzelner Mensch erleben kann, wenn er sich damit beschäftigt. Tatsache ist, daß ich noch nicht gelernt hatte, die Begriffe »intellektuell« und »künstlerisch« zu unterscheiden – ich hielt sogar beides für Synonyme. Für mich war ein »Intellektueller« jemand, der sich für die Künste interessiert oder sogar aktiv als Künstler tätig ist, am liebsten als Poet. Ich glaube, so sahen das damals viele: Es war die Rede von »langhaarigen Intellektuellen«, womit hauptsächlich Dichter und Musiker sowie politisch aktive Linke gemeint waren (und ich war das alles, ich hatte sogar lange Haare). Diese Deutung des Begriffes »intellektuell« hatte die bizarre Folge, daß Einstein nicht als Intellektueller galt. Aber es war eben so.

In Oxford wurde ich als erstes von dem Eindruck überwältigt, daß fast alles fehlte, was mir im Leben wichtig war. Ich hatte das Gefühl, davon isoliert zu sein und war mir die ganze Zeit der Tatsache bewußt, daß ich in einer Kleinstadt lebte, einer ländlichen Marktstadt, in der nicht viel los war. Wenn ich richtige Konzerte oder Theaterstücke hören und sehen wollte, mußte ich nach London fahren, und ich blieb noch für lange Zeit London-orientiert. Das alles war eine große Enttäuschung. Was mich ganz besonders schockierte, war, wie gleichgültig den meisten Akademikern Kunst und Ideen überhaupt zu sein schienen. Ihre Weltsicht kam mir dürftig vor. Nur langsam lernte ich das zu schätzen, was Oxford immerhin zu bieten hatte. Die wichtigste intellektuelle Lehre, die ich aus meinen Oxfordjahren zog, war vielleicht die Erkenntnis, daß es auch außerhalb der Kunst intellektuelle Werte gibt und wie diese aussehen, und daß mir schließlich auch diese Werte wichtig wurden. Als ich in meinem ersten Studienjahr feststellte, daß es intelligente und sympathische Menschen gab, die sich für diese Werte mehr engagierten als für alles andere, war das für mich geradezu ein Kulturschock, und ich war noch lange darüber verblüfft: Ich sah ganz deutlich, daß diese Menschen sich so verhielten, aber ich konnte nicht begreifen, wie das möglich war. Nur langsam, durch täglichen Kontakt, fing ich an, das zu erfassen; und erst in meinem dritten Studienjahr lernte ich selber, einige dieser Werte zu schätzen. Es ist mir nie gelungen, sie mit künstlerischen Werten auf eine Stufe zu stellen, und ich bin noch heute überzeugt, daß ich damit recht hatte, aber sie wurden doch ein grundlegender Teil meiner selbst und sollten mein Leben und meine Weltsicht auf Dauer bereichern.

Ich glaube übrigens, daß diese Erfahrung mir zu einem tieferen Verständnis für intelligente Menschen verhalf, die aus irgendeinem Grunde keine akademische Ausbildung haben und deshalb diese Erfahrung nicht machen konnten. Ich glaube zu wissen, was es bedeutet, die Dinge mit ihren Augen zu sehen; ich fühle mit ihnen, denn nur zu leicht hätte ich auch zu ihnen gehören können. Das größte Geschenk, das eine akademische Ausbildung uns geben kann, ist die Erkenntnis, daß die Welt nicht nur eine vergrößerte Ausgabe unserer eigenen Ansichten und Haltungen und Interessen und Vorstellungen ist; und es liegt in der Natur der Sache, daß wir diese Erkenntnis nicht ohne die Hilfe anderer entwickeln können, die nicht unsere Beschränkungen haben. Daraus ergibt sich leider jedoch auch, daß Autodidakten niemals mehr als halbgebildet sein können, eine beklagenswerte, aber unumstößliche Tatsache.

Als ich nach Oxford kam, betraf meine – betrachtet man meine spätere Entwicklung – wohl wichtigste Bildungslücke die Philosophie. Ich hatte keine Vorstellung von Philosophie als intellektueller Disziplin und wußte nichts darüber, wozu sie im Werk eines Denkers wie Kant in der Lage ist. In dieser Hinsicht kommt sie, wie ich heute glaube, unter den wertvollsten und wichtigsten menschlichen Errungenschaften großer Kunst nahe. Aus folgendem Grund: Beide suchen die Wahrheit auf der tiefsten Ebene, zu der menschliche Wesen überhaupt nur durchdringen können. Beide versuchen, das endgültige Wesen der Dinge zu sehen, das endgültige Mysterium des Seins; und wenn es ihnen nicht gelingt, dann liegt das nur an den Grenzen des menschlichen Begreifens. Wie Schopenhauer gesagt hat, tut der Philosoph *in abstracto*, was der Künstler *in concreto* tut. Dem Philosophen bleibt nichts anderes übrig, als seine Erkenntnisse als Auffassungen vorzubringen, und vielleicht liegt es an der unvermeidlichen Allgemeinheit der Auffassungen, daß Philosophie nie so tief greifen kann wie Kunst. Zugleich kann die Philosophie aber Dinge sagen, die der Kunst unmöglich sind. Als Iris Murdoch schrieb: »Im Guten wie im Schlechten greift Kunst tiefer als Philosophie«*, meinte sie damit zu Recht, daß die Philosophie die Kunst in mancher Hinsicht übertrifft, während sie ganz allgemein hinter der Kunst zurückfällt.

Die Geschichte der Philosophie ist ein Teil einer allgemeineren Ideegeschichte, die ihrerseits unter der Überschrift »Kulturgeschichte« zusammengefaßt werden kann, zu der natürlich auch die Kunstgeschichte gehört. Und mein akademisches Feld liegt irgendwo in diesem Territorium. Ich weiß sehr wohl, daß Kunst keine intellektuelle und noch viel weniger eine akademische Tätigkeit ist, aber es lassen sich doch interessante und wichtige Aussa-

---

* Bryan Magee: *Men of Ideas*, S. 277

gen *über* Kunst machen, die nur vor einem kulturgeschichtlichen Hintergrund möglich sind. Deshalb, und weil ich eine Leidenschaft für eine Auffassung von Philosophie entwickelt habe, die ihre Geschichte einbezieht, hat sich mit Verspätung bei mir eine akademische Seite eingestellt und sich dann langsam in mein überwiegend nicht-akademisches Ich integriert. Obwohl ich meine akademischen Interessen erst spät entwickelt habe, haben sie bei mir ein spontanes Verständnis für Menschen erweckt, die in anderen Bereichen von solchen Interessen befeuert werden. Seit ich mit Mitte Zwanzig einige Zeit in Yale studiert habe, bin ich der Meinung, daß ich immer zumindest einen Teil eines Fußes in der akademischen Welt gehabt habe, egal, womit ich mich derweil sonst noch beschäftigt habe.

Von den fünf Jahren, in denen Geschichte mein Hauptfach war (zwei an der Schule, drei an der Universität) sind mir eine allgemeine und zwei spezifische Erbschaften geblieben. Die allgemeine Erbschaft besteht darin, daß ich einen grobumrissenen Überblick über die Geschichte des Abendlandes von den alten Griechen bis heute mit mir herumtrage, der einigermaßen umfassend, wenn auch hier und da vage ist. Die Tatsache, daß wir Jahre brauchen, um dieses Wissen zu erwerben, bedeutet unvermeidlicherweise, daß die meisten Menschen, sogar hochgebildete Menschen, es nicht besitzen. Es beeinflußt meine Auffassungen zutiefst, denn es führt dazu, daß meine Ansichten immer auch eine historische Dimension haben, ob es sich nun um Musik, Theater, Politik, Philosophie oder was auch immer handelt. Ich sehe bei allem zumindest teilweise, wie es zu dem geworden ist, was es ist, und wie es sich vermutlich verändern wird. Ich füge auch Gestalten der Vergangenheit in einen weiteren Rahmen ein – bin mir darüber im klaren, wie die Gesellschaft aussah, in der sie lebten, welche Ereignisse diese Gesellschaft und diese Menschen prägten, was damals noch nicht passiert war, und was sie unmöglich schon wissen konnten. Vor allem bin ich mir der Realität des immerwährenden Wandels bewußt und weiß, daß die Gegenwart nichts Besonderes ist. Ich gehe nicht, wie offenbar so viele andere, davon aus, daß die gesamte Vergangenheit zum Jetzt geführt hat, und daß die heutigen Ereignisse von besonderer Bedeutung sind. Im Gegenteil, mir ist klar, daß die Gegenwart so vergänglich ist wie jeder vergangene Zeitpunkt auch und daß sie bald nur noch ein weiterer Moment in der allgemeinen Vergangenheit sein wird. Alle Menschen – in Vergangenheit, Gegenwart und Zukunft – leben ihre Leben in der Mitte eines reichen, komplexen und endlosen historischen Flusses, der sich immer wieder ändert und auch nach ihrem Tod weiterströmen wird. Kein Punkt in diesem Fluß ist wichtiger als ein anderer, keiner ist mehr oder weniger real als ein anderer. Diese Erkenntnis, die mich zutiefst geprägt hat, schlägt sich in meinen Ansichten über Kunst und Geistesleben nieder.

In der Gesellschaft als Ganzem sind Kunst und Geistesleben zumeist den herrschenden Moden unterworfen. Jede Generation scheint zu glauben, vor allem ihre Leistungen seien von Bedeutung. Mir erscheint das immer als Trugschluß. Fast alles, was irgendeine Generation leistet, wird bald darauf wieder vergessen. Nur ein winziger Anteil, wenn überhaupt, überlebt und geht in den angehäuften Schatz einer immer größer werdenden erinnerten Vergangenheit ein. Fast alles, was einer Generation an bleibenden Werten und Bedeutung zugänglich ist, liegt bereits in der Vergangenheit. Es lohnt nicht, sich um die Belange der jeweiligen Mode zu kümmern, falls sie nicht mit Fragen von dauerhafter Bedeutung zusammenfallen – und dann lohnt sich die Beschäftigung mit ihnen ohnehin, nicht, weil sie gerade in Mode sind, sondern wegen ihrer dauerhaften Bedeutung. Was später von dauerhafter Bedeutung ist, kann zur Zeit seines Entstehens durchaus unmodern gewesen sein, wie Bachs Musik, oder altmodisch, wie die von Brahms. Bei einem Künstler kommt es nicht darauf an, wie sein Werk sich zu seiner Zeit verhält, sondern wie gut es überhaupt ist. Ob es überlebt hängt ganz und gar davon ab, welchen Wert es für andere Zeiten als seine eigene hat. Innovation, Neuheit, Aktualität, Belang für zeitgenössische Fragestellungen, das alles sind Wesenszüge, die nicht von Dauer sein können. Sie sind keine Werte, sie sind qualitativ gesehen unwichtig. Ein Werk kann alle diese Züge aufweisen und doch belanglos sein, es kann keinen davon haben und als Meisterwerk gelten. Es kann natürlich auch alle haben und ein Meisterwerk sein, es kann keinen aufweisen und belanglos sein. Sagt man das aber Menschen, die sich beruflich mit Kunst oder Kultur befassen, dann erscheint ihnen das als einwandfrei falsch, obwohl es ihnen doch als einwandfrei wahr erscheinen sollte. Das liegt daran, daß sie unrettbar in den Fragen ihrer eigenen Zeit verstrickt sind. Ich habe diese Beobachtungen übrigens für Philosophie und Kunst gleichermaßen gemacht. Die Philosophie wie auch die Kunst machen keine »Fortschritte« im alltäglichen Sinn des Wortes. So wie kein Dichter oder Dramatiker seit Shakespeare Shakespeare übertroffen hat, so gilt Platon – zufälligerweise der erste Philosoph, dessen Werke uns überliefert worden sind – noch heute vielen als größter Philosoph aller Zeiten. Whitehead, von dem die berühmte Bemerkung stammt, die gesamte abendländische Philosophie sei nichts anderes als Fußnoten zu Platon, hat auch gesagt, es sei möglich, nicht nur geographisch gesehen provinziell zu sein, sondern auch zeitlich. Die traurige Wahrheit ist, daß höchstens eine Handvoll Menschen zeitlich gesehen nicht als beschränkte Provinzler gelten müssen.

Die eher spezifischen Erbschaften, die ich meinen Jahren als angehender Historiker verdanke, sind zwei oder drei geschichtliche Zeiträume, in denen ich mich besonders gut auskenne, und der Einfluß, den bestimmte Bücher auf mich ausgeübt haben. Vor allem zwei Werke haben mich während meines dreijährigen Geschichtsstudiums in Oxford beeindruckt, und es ist typisch für meine damalige Lage, daß keines davon auf der Pensumliste stand. Diese Bücher waren *Religion and the Rise of Capitalism* von R. H. Tawney und Karl Marxens *Kapital*. Letzteres war bei mir von gewaltiger Wirkung. Während der Osterferien meines zweiten Studienjahres fand ich im Osten Oxfords ein Zimmer, wo ich zwei Wochen ausschließlich damit verbrachte, morgens, mittags und abends das *Kapital* zu durchleben – in meinem eigenen Tempo, ich ließ das Buch sinken, wenn ich das Bedürfnis hatte, eine seiner Aussagen zu durchdenken, ich widmete diesen Überlegungen soviel Zeit, wie ich wollte, dann nahm ich mir das Buch wieder vor, ich machte Spaziergänge, um wichtige Abschnitte erst einmal sinken zu lassen, ich dachte nachts im Bett darüber nach. Es war das erste Buch, das ich je auf diese Weise absorbiert hatte, und im Laufe meines Lebens ist das wohl kaum mehr als einem Dutzend weiterer Titel widerfahren – den Dialogen des Platon, dem Neuen Testament, Humes *Traktat über die menschliche Natur*, Kants *Kritik der reinen Vernunft*, Schopenhauers *Die Welt als Wille und*

Vorstellung, den Upanischaden, Poppers *Die offene Gesellschaft und ihre Feinde*, Einsteins Allgemeiner Relativitätstheorie. Diese Schriften haben mich verändert. Das heißt, ich habe sie zu einem so hohen Grad absorbiert, daß sie meine Weltsicht beeinflussen und daß ich nicht der Mensch wäre, der ich nun einmal bin, wenn ich sie nicht gelesen hätte. Ich nehme an, daß es für jeden von uns ein paar Bücher gibt, von denen er das sagen kann. Es gibt mindestens einen Dramatiker, Shakespeare, bei dem für mich dasselbe gilt, und vielleicht sieben oder acht Komponisten. Offensichtlich sickert alles, was wir lesen, im Theater sehen und im Konzertsaal hören in unser Weltbild und unsere Persönlichkeit weiter und verändert beide in verschwindend kleinen Schritten; aber die Anzahl an einzelnen Urhebern eines Werkes, denen wir eine erkennbare Veränderung in unserem Wesen zuschreiben können, bleibt doch klein. Von den hier erwähnten Büchern stammt die Hälfte der Autoren aus der deutschsprachigen Welt, und diese Tatsache – der wir noch hinzufügen können, daß die meisten Komponisten ebenfalls aus dieser Welt und aus derselben historischen Epoche stammen – verrät einiges über das Wesen meines Innenlebens.

Das Kapital ist vor allem eine Geschichte der Industriellen Revolution in England; aber es ist eine argumentierende Geschichte, eine Darstellung, die etwas unter Beweis stellen soll. Meine Lektüre machte mich damals nicht zum Marxisten: Ich erkannte sofort, daß die Mehrwerttheorie, die Marx seinem System zugrunde legt, ein metaphysisches Konzept ohne jeglichen realen Inhalt ist, und ich wies von Anfang an seinen Glauben an die wissenschaftliche Vorhersagbarkeit historischer Veränderungen zurück. Dennoch wurde mein Denken von Marx stark beeinflußt, und obwohl dieser Einfluß immer mehr zurückging, je mehr ich über Marxens Werk nachdachte, ist er doch nie ganz verschwunden – und das wäre mir auch nicht lieb, denn meiner Meinung nach sind manche seiner Erkenntnisse von dauerhaftem Wert. Außerdem ist er ein hervorragender Autor mit einem ganz eigenen Stil – wenn auch viel zu streng, geradezu Jehovah-ähnlich, wenn er im Zorn sein Urteil fällt. Ich begreife einfach nicht, wie je die Vorstellung aufkommen konnte, das *Kapital* sei ein langweiliger und unverdaulicher Wälzer, es sei denn als Vorwand von

Leuten, die sein Umfang abschreckt und die es deshalb nicht lesen mögen. Es ist ein großartiges Buch. Und es braucht eigentlich gar nicht mehr gesondert erwähnt zu werden, daß es auch eines der einflußreichsten Bücher aller Zeiten ist.

Danach las ich auch die wichtigsten anderen Schriften von Marx. Sie verkörpern ein ganzes Weltbild und ein Bild der Weltgeschichte, in dem wirtschaftlichen und klassenbezogenen Faktoren eine Schlüsselrolle zugeschrieben wird. Obwohl Marx diese Rolle vielleicht falsch sieht und ihre relative Bedeutung übertreibt, so zeigt er sie doch ausgiebig in ganz neuem Licht. Heute fällt es uns schwer zu glauben, daß vor seiner Zeit beide kaum als Träger geschichtlichen Wandels betrachtet wurden. Kein ernsthafter Denker würde sich heutzutage solche Blindheit zuschulden kommen lassen – sonst würde ihn niemand mehr als seriösen Denker betrachten – und daß es so ist, verdanken wir Marx. Auch galten, ehe Marx sich in die Debatte eingeschaltet hatte, wirtschaftliche und klassenbezogene Faktoren als unerheblich für das Schaffen und Interpretieren von Kunstwerken; heutzutage würde niemand mehr ernsthaft einen solchen Standpunkt vertreten. Diese Beispiele zeigen, wie Marx uns alle beeinflußt hat, nicht nur diejenigen unter uns, die sich als Marxisten bezeichnen oder das jemals getan haben. Die Welt hat sich durch ihn verändert, nicht nur rein objektiv, sondern auch in unserer Wahrnehmungsweise.

Drei Bücher, die ich in der Schule gelesen hatte und mir in Oxford nun wieder vornahm, sollten mein Leben lang für mich wichtig werden: Machiavellis *Der Fürst*, Jacob Burckhardts *Die Kultur der Renaissance in Italien* und John Stuart Mills *Über die Freiheit*. Der erste dieser drei Titel ist ebenfalls ein oft falsch dargestelltes Werk. Es erzählt ganz einfach, klar und unverblümt, was Menschen alles tun, um Macht zu erlangen und sie zu behalten, solange Realpolitik an der Tagesordnung ist. Seine Erkenntnisse sind wunderbar scharfsinnig und treffen in den meisten Fällen zu. Große Teile des Buches beschreiben situationsabhängige Logik und sind von universeller Geltung. Machiavelli warnt zum Beispiel, daß jemand, der uns entscheidend hilft, in eine mächtigere Position zu gelangen als er selber innehat, fast immer unzufrieden und damit für uns zu einer Gefahrenquelle werden wird. Diese Person wird die Tatsache nie vergessen, daß wir unsere Position nur mit ihrer Hilfe erlangt haben, und deshalb wird sie das Gefühl haben, so gut zu sein wie wir, von anderen jedoch verkannt zu werden. Weswegen diese Person dann das Gefühl hat, daß wir unserseits *ihr* nach oben helfen, ihr größere Dankbarkeit erweisen, sie besser belohnen, sie und ihre besonderen Interessen und ihre guten Ratschläge stärker beachten sollten. Wenn ihr Groll sich dann noch steigert, wird sie sich von der Überlegung in Versuchung führen lassen, daß sie uns schließlich an die Macht gebracht hat und uns folglich durch jemand anderen ersetzen kann. Also wird sie am Ende wahrscheinlich Verschwörungen gegen uns anzetteln oder zumindest mit unseren Feinden sympathisieren. Aus all diesen Gründen sollten wir, wenn jemand anders uns zur Macht verholfen hat, und wenn uns unsere Sicherheit lieb ist, versuchen, diese Person zu eliminieren, sobald wir sie nicht mehr brauchen. Ich habe immer wieder in allen möglichen Lebensbereichen, nicht nur in der Politik, sondern auch im Büro, an der Universität, sogar bei ehrenamtlichen Hilfsorganisationen, beobachtet, wie Menschen sich entsprechend dieser Erkenntnisse verhalten haben. So kurz das Buch auch sein mag, im *Fürsten* wimmelt es nur so von Erkenntnissen dieses Kalibers. Als Einführung in das Alltagsleben, vor allem, was die brutaleren Realitäten des Lebens angeht, kann kein anderes Buch sich damit messen, ob wir nun vorhaben, uns jemals so zu verhalten wie im Buch beschrieben oder nicht. Ich nehme an, daß Jesus an vollkommen integre Menschen dachte, deren Aufmerksamkeit für solches Verhalten geschärft werden muß, als er sagte: »Seid klug wie die Schlangen und ohne Falsch wie die Tauben.« (Matt. 10:16) Wenn diese Interpretation zutrifft, dann hätte Jesus es begrüßt, daß die Menschen Machiavelli lesen.

John Stuart Mills *Über die Freiheit* ist ein Buch mit Schwächen, aber seine zentrale Aussage – daß der einzelne Mensch so frei leben können sollte, wie er möchte, so lange diese Freiheit andere nicht wirklich schädigt – war mein Leben lang meine grundlegende politische Überzeugung. Was sich an meinen politischen Ansichten geändert hat, sind meine Vorstellungen davon, wie wir diesem Ziel möglichst nahe kommen können. Als die meisten Menschen in Großbritannien arm waren und nur wenige Möglichkeiten hatten, eine Ausbildung zu machen oder sich eine brauchbare Wohnung zu verschaffen, war ich überzeugt, daß nur umfassende Maßnahmen von seiten der Regierung ihre Lage und ihre Aussichten dauerhaft verbessern könnten. Während meines Erwachsenenlebens sind zwei Änderungen eingetreten: Die meisten Menschen in Großbritannien sind nicht mehr arm und ihre Wohnsituation hat sich entschieden verbessert; und ich bin von der Nützlichkeit vieler staatlicher Eingriffe nicht mehr sonderlich überzeugt. Deshalb bin ich kein liberaler Sozialist mehr, sondern ein liberaler Nicht-Sozialist. Aber mein Ziel war immer dasselbe, nämlich persönliche Freiheit. Mills Buch bleibt meiner Ansicht nach die beste kurze Einführung in die grundlegenden Vorstellungen, die damit zusammenhängen, und liefert einige Antworten auf die nächstliegenden Einwände.

Zwei Bücher, die ich in Oxford erstmals las, waren Aristoteles' *Politik* und Alexis de Tocquevilles *L'Ancien Régime et la Révolution*, die beide für das Geschichtsexamen nach dem zweiten Semester auf der Pensumliste standen. Aristoteles war meine Einführung in die antike Philosophie. Und was war es doch für eine Offenbarung! Ich kann mich noch immer an mein naives Erstaunen angesichts der Erkenntnis erinnern, daß jemand, der Jahrhunderte vor Christus gelebt hatte, mich direkt mit einem solchen breiten Spektrum von Wissen und Weitblick, einem solchen Umfang von durchgreifender Analyse und kluger Argumentation anzusprechen vermochte, und daß alles sich in jeder Hinsicht auf die Welt zu beziehen schien, in der ich lebte. Es verblüffte mich, daß ich in diesen Schriften nichts Primitives entdecken konnte; im Gegenteil, sie bewegten sich auf einem höheren intellektuellen Niveau und einem höheren Niveau weltlichen Scharfsinns, als mir in meinem täglichen Umgang normalerweise begegnete. Durch dieses Tor betrat ich die unglaubliche Welt des alten Griechenlands; und noch heute staune ich darüber, wieviel die Mitglieder einer derart kleinen Gesellschaft in so kurzer Zeit erreicht haben, vor allem, wenn man bedenkt, wie wenig eigentlich geschehen war, um den Boden für sie vorzubereiten. Nach und nach kam ich zu der Überzeugung, daß meine tiefsten Wurzeln in einer Kultur stecken, die sie mehr als irgend jemand sonst begründet haben, einer Kultur, die erst zweitausend Jahre später wieder dasselbe Niveau erreichen sollte wie sie, nämlich durch die gleichermaßen unglaubliche Zivilisation der deutschsprachigen Welt in der kurzen Epoche zwischen dem späten 18. und dem frühen 20. Jahrhundert – die Epoche, zu deren Vertretern Gestalten gehören wie Mozart, Kant, Haydn, Beethoven, Schubert, Goethe, Schiller, Schopenhauer, Hegel, Marx, Brahms, Wagner, Nietzsche, Mahler, Freud und Einstein.

Von Tocqueville hatte ich vorher noch nie gehört, und er bedeutete für mich in jeglicher Hinsicht eine Entdeckung. Eine Erkenntnis, die alle, die *L'Ancien Régime* gelesen haben, für den Rest ihres Lebens dieser Lektüre verdanken, ist, daß eine Revolution aller Wahrscheinlichkeit nicht dann ausbricht, wenn die gesellschaftlichen Verhältnisse den Nullpunkt erreicht haben, sondern wenn sie nach einer langen Zeit von Not und Unterdrückung endlich ein wenig besser zu werden beginnen – mit anderen Worten, Revolutionen finden statt, wenn die Verhältnisse sich bessern, nicht, wenn sie sich verschlechtern. Und wirklich handelt es sich bei den von Revolutionen gestürzten Regimen normalerweise um solche, die Programme für schnelle und radikale Reformen gestartet haben. Die Menge von wunderbar kontra-intuitiven Einsichten wie dieser macht Tocqueville zum einzigen wirklich genialen Soziologen, der je gelebt hat, falls wir Marx nicht auch als Soziologen rechnen wollen. Sein Buch *Über die Demokratie in Amerika* erfüllt den heutigen Leser mit sprachloser Bewunderung ob der detaillierten Genauigkeit seiner Vorhersagen darüber, wie die Vereinigten Staaten sich entwickeln würden, einer Genauigkeit, die zeigt, wie tiefgründig sein Verständnis dieser Gesellschaft war, die zu Beginn des 19. Jahrhunderts noch in ihren Kinderschuhen steckte. In den Vereinigten Staaten (schließlich hat niemand die amerikanische Gesellschaft so scharfsinnig analysiert wie er) und in Frankreich (schließlich war er Franzose) wird er ungefähr so hochgeschätzt, wie er es verdient hätte, in Großbritannien ist er noch viel zu wenig bekannt – ich nehme an, nicht nur, weil er über zwei ausländische Gesellschaften geschrieben hat und nicht über Großbritannien, sondern auch weil seine Auffassung von Liberalismus über mehrere Generationen hinweg von den herrschenden politischen Ideologien dort abgelehnt wurde – von Konservatismus und Sozialismus. Wäre jedoch er, und nicht Marx, zur wichtigsten theoretischen Inspiration der links von der Mitte stehenden Briten geworden, dann wäre die Geschichte der demokratischen Linken in diesem Land um etliches glücklicher und erfolgreicher verlaufen als es der Fall war. Es ist eine unbestreitbare Tatsache, daß Marx zwar einflußreicher war, daß sich jedoch in einer Frage nach der anderen herausgestellt hat, daß nicht er recht hatte, sondern Tocqueville – wie etwa mit der oben vorgetragenen Überlegung, wann Revolutionen stattfinden. Tocquevilles *Über die Demokratie in Amerika* ist noch immer das erste Buch, das ich allen empfehlen würde, die mehr als nur eine oberflächliche Vorstellung von den Vereinigten Staaten gewinnen möchten. Gerade die lange Zeit, die vergangen ist, seit dieses Buch geschrieben wurde, zeigt nur um so klarer die tiefgreifende Struktur, die unter der modernen Oberfläche steckt und sie trägt.

Ich will jetzt niemanden damit ermüden, all die Bücher über Ideengeschichte aufzuzählen, die ich als Geschichtsstudent gelesen habe – und dann die Bücher über Philosophie, und sei es nur über den Umweg der politischen oder der soziologischen Philosophie. Die Stärken und Schwächen meiner historischen Kenntnisse sind in vieler Hinsicht willkürlich. Wer zu meiner Zeit in Oxford Geschichte studieren wollte, mußte sich in englische Geschichte von den Anfängen an vertiefen, in der Schule hatten Hauptfächler in Geschichte sich mit dem Mittelalter befassen müssen; auf diese Weise bin ich in englischer Geschichte des Mittelalters gleich zweimal unterwiesen worden. Als andererseits der alte Lehrplan den Schulen die Möglichkeit gab, zwischen englischer und deutscher Geschichte des 19. Jahrhunderts zu wählen, entschied meine Schule sich für uns alle für die deutsche Variante (vermutlich, weil Deutsch die wichtigste moderne Sprache der Schule war), ohne uns auch nur zu fragen; in Oxford ging meinen Dozenten dann um das Jahr 1832 ganz einfach die Zeit aus. Als ich danach die nächsten drei Studienfächer in einem Jahr bewältigen mußte, hatte ich schlicht keine Zeit mehr für zusätzliche Kurse, und auf diese Weise bin ich niemals in englischer Geschichte des 19. Jahrhunderts unterrichtet worden. Natürlich habe ich im Laufe meines Lebens einiges an Wissen über diese Epoche erworben, aber mir fehlt das Basiswissen, das man nur durch ein diszipliniertes und ausgiebiges Studium erwirbt.

In Oxford mußten Geschichtsstudenten sich damals auf eine

Epoche der »allgemeinen Geschichte« spezialisieren, und ich entschied mich für die jüngst vergangene, die den Ersten Weltkrieg, die Oktoberrevolution, den Aufstieg Hitlers und Mussolinis und den Spanischen Bürgerkrieg einbezog und mit Beginn des Zweiten Weltkrieges endete, der nur vier Jahre vor meinem Studienantritt zu Ende gegangen war. So jung ich noch war, ich studierte doch Ereignisse, die während meines eigenen Lebens stattgefunden hatten, und darüber bin ich immer noch froh. Es bereichert das Leben sehr, wenn wir den gesellschaftlichen und geschichtlichen Kontext verstehen, in dem wir unser eigenes Leben verbringen; in meinem Fall konnte mich dieses Wissen noch von einem Gutteil Engstirnigkeit und Illusion befreien.

Meinem Geschichtsstudium verdanke ich ganz allgemein allerlei Erkenntnisse, die in meine politischen Ansichten einflossen. Eines davon ist, daß gewalttätige Revolutionen niemals ihr Ziel erreichen. Das liegt zum Teil daran, daß viel mehr von der alten Gesellschaft in die neue übergeht als den Revolutionären lieb oder auch nur bewußt ist, teilweise an einem anderen Grund. Revolutionen leben von einer gewissen situationsbedingten Logik. Unterschiedliche Gruppen tun sich zusammen, um ein bestehendes Regime zu stürzen, aber wenn ihnen das gelungen ist, dann fehlt das Ziel, das sie zusammengebracht hat, und sie bekämpfen sich gegenseitig, um das von ihnen selbst geschaffene Machtvakuum zu füllen. Diese gewöhnlich mörderischen und brutalen Auseinandersetzungen zwischen ehemaligen Verbündeten verlängern den Zusammenbruch der Gesellschaft weit über den Sturz des alten Regimes hinaus und verzögern den Aufbau einer neuen Ordnung. Die meisten Menschen fühlen sich von dem niemals endenden gesellschaftlichen Chaos bedroht, und in dieser Lage tritt dann ein starker Mann auf, der die streitenden Fraktionen unter Kontrolle bringt und Ordnung schafft, und dem weitreichende Unterstützung oder zumindest Zustimmung entgegengebracht wird. Auf diese Weise wird eine Revolution, die im Namen der Freiheit und der Gleichheit oder um einen Tyrannen zu stürzen ausgerufen wurde, am Ende einen Cromwell, einen Napoleon oder einen Stalin an die Macht bringen. Alle Revolutionen sind unkontrollierbar, alle Revolutionen werden verraten. Das liegt in ihrer Natur. Diese Tatsache macht den Glauben an eine bewaffnete

Revolution als Mittel zur Gesellschaftsveränderung nicht nur irrational und illusorisch, sondern zutiefst unmoralisch.

Verwandt mit dieser neuen Erkenntnis war die Einsicht, daß Gesetze für ein zivilisiertes Leben unerläßlich sind. Ich sah, wie sich in England im Laufe der Jahrhunderte die Gesetzgebung entwickelt hatte, nicht nur von oben nach unten, sondern teilweise auch als einziger effektiver Schutz des Einzelnen vor willkürlicher Autorität. In Gesellschaften, deren Regierung nicht an Gesetze gebunden ist, genießt das Individuum keinen solchen Schutz, und alle Übel totalitärer Gesellschaften werden durch die Tatsache ermöglicht, daß die sie regierenden Parteien über dem Gesetz stehen. Mir ging auf, daß die Angriffe der Marxisten auf die Gesetzgebung, die angeblich nur die Interessen der herrschenden Klasse vertrete, nicht nur auf Mißverständnissen beruhten und unsinnig waren, sondern auch zur Katastrophe führen konnten, da sie im Falle des Erfolges allen, nicht zuletzt den Armen und Machtlosen, ihren wichtigsten Schutz genommen hätten. Ohne Gesetze ist alles eine Frage willkürlicher Macht – und eben das war der Fall in den zeitgenössischen Gesellschaften, die von den damaligen britischen Marxisten verteidigt wurden, Gesellschaften, in denen die Regierung gewohnheitsmäßig ihre Gegner unterdrückte, einkerkerte, ausbürgerte oder ermordete. Es ist eine Ironie der Geschichte, daß in kommunistischen Gesellschaften das Gesetz weit öfter von der herrschenden Klasse auf zynische Weise zur Verteidigung eigener Interessen und als Instrument tyrannischer Herrschaft eingesetzt wurde als irgendwo anders. Von Platon lernte ich, daß der wichtigste Schritt von der Barbarei zur Zivilisation darin besteht, daß jene, die an die Macht gekommen sind, ihre Gegner nicht mehr unterdrücken, sondern sich im Rahmen der Gesetze mit ihnen auseinandersetzen. Platon betont das immer wieder. Er hat recht, und die Gesellschaften, die von den Kommunisten verteidigt wurden, befanden sich genaugenommen in einem Zustand der Barbarei.

Was ich außerdem noch lernte, was sich jedoch nicht so leicht in Worte kleiden läßt, ist, die Realität vor dem Hintergrund der vielen möglichen Alternativen zu respektieren – allgemein verbreitete Annahmen, Meinungen, die gerade in Mode sind, Ideologien, gesellschaftlicher oder persönlicher Ehrgeiz, Ängste, Absichten, Wunschdenken, religiöse Glaubenssätze und dergleichen mehr. Was immer wir schreiben, sagen, wünschen oder glauben – die einzige Realität ist das, was wirklich passiert. T. S. Eliot drückt es so aus: »Was hätte sein können, ist eine Abstraktion, die nur in einer Welt der Spekulation eine stete Möglichkeit bleibt.« Diese Erkenntnis ging mir, was vielleicht nicht überraschend kommt, erstmals im Zusammenhang mit einer meiner eigenen grundlegenden Überzeugungen auf. Seit ich in meiner Jugend zum Sozialisten geworden war, hatte ich, wie das damals bei Sozialisten so üblich war, den Sozialismus für unvermeidlich gehalten. Daran glaubten damals sogar viele Nicht-Sozialisten. Eines Tages, im Alter von zwanzig oder einundzwanzig Jahren, las ich in der Radcliffe Camera (der historischen Bibliothek in Oxford, die sich architektonisch gesehen genau im Mittelpunkt der Universität befindet) ein Buch über Lenin, als mich plötzlich mit beinahe traumatischer Klarheit eine Erkenntnis überwältigte: »Es wird nie passieren. Es wird den Sozialismus ganz einfach niemals geben.« Und als mir diese Erkenntnis erst gekommen war, wußte ich auch, daß es sinnlos war, sich für den Sozialismus einzusetzen, egal, wie attraktiv er als Idee sein mochte, egal, wie gut er in der Praxis funktioniert hätte, denn das hätte nichts mehr mit der Wirklichkeit zu tun gehabt. Wer sich ernsthaft mit Politik befaßt, muß darüber nachdenken, was möglich ist, und dazu ist es unter anderem unabdingbar, kein Sozialist zu sein. Ein Ergebnis dieser neuen Erkenntnis war, daß ich zum ersten Mal die Neigung verspürte, meine Stimme der Labour Party zu geben, die mir bisher immer als pragmatisch und kompromißwillig und deshalb nicht wirklich als sozialistisch erschienen war. Als ich meinen Freunden erzählte, daß ich nun die Labour Party unterstützen würde, weil ich kein Sozialist mehr sei, hielten sie das für einen witzigen Spruch, obwohl es doch der simple Ernst war.

Ich erkannte damals, daß es in der Politik vor allem darum geht, was passiert, und nicht darum, was darüber gesagt wird. Was jedoch passiert, passiert zumeist unabhängig von meinen Wünschen. Vor allem in der Politik neigen die Menschen dazu, ihre Wirklichkeitsauffassung von ihren Wünschen beeinflussen zu lassen und beides sogar in ihrem bewußten Denken zu vermischen. Ich habe zum Beispiel mein Leben lang vor Wahlen immer Wetten abgeschlossen, und mein Leben lang habe ich immer wieder feststellen müssen, daß viele glauben, ich setzte auf die Partei, der ich den Sieg wünsche. Wenn ich zum Beispiel sage: »Ich habe gerade auf einen Sieg der Konservativen gesetzt«, dann kann ich davon ausgehen, daß mindestens einer meiner Gesprächspartner sagte: »Ich wußte gar nicht, daß du ein Konservativer bist.« Manche tragen diesen Irrtum noch weiter und bestehen darauf, daß es für einen Nichtkonservativen falsch ist, auf einen konservativen Sieg zu wetten, falsch im Sinne von moralisch nicht richtig. Andere wiederum bestehen sogar darauf, daß wir, wenn wir eine politische Partei unterstützen, *davon überzeugt sein müssen, daß diese Partei gewinnen wird.* Mit anderen Worten: daß wir unser praktisches Urteil unseren Wünschen anpassen müssen. Leider greift die menschliche Neigung zu diesem Denken schon ins Metaphysische. Ich weiß gar nicht, wie oft mir schon jemand gesagt hat, es wäre unerträglich, wenn die Existenz des Universums auf einem sinnvollen Zufall beruhe, wenn das Leben also keinem tieferen Sinn oder Zweck diente; und deshalb *müsse* alles doch irgendeine Bedeutung haben. Ebenso häufig habe ich gehört, wie der Glaube an einen Gott aus dem Grund empfohlen wurde, daß ein solcher Glaube Trost bringt. Sage ich dann jedoch: »Aber es wäre doch trotz allem möglich, daß es keinen Sinn gibt; schließlich wissen wir, daß es alles mögliche gibt, das uns nicht gefällt oder das wir entsetzlich finden, wie Folter und Tod«, dann kann ich fast mit Sicherheit davon ausgehen, daß irgendwer normalerweise zornig erwidert: »Ja, willst du denn, daß das Leben überhaupt keinen Sinn hat?«

Mein Geschichtsstudium hat sehr viel dazu beigetragen, in mir einen Respekt vor unangenehmen Wahrheiten zu erwecken. Es hat mir ganz klar vor Augen geführt, daß die Wahrheit nichts mit meinen Vorlieben oder meinen Wünschen zu tun hat. Zu behaupten, diese oder jene Gruppe von Menschen hätte unmöglich Millionen von anderen terrorisieren und niedermetzeln können, weil diese Vorstellung einfach zu grauenhaft wäre, ist schlicht falsch, wenn sie es denn nun einmal getan haben, und die Aussage, es sei ein übles Verbrechen gewesen, kann daran auch nichts ändern. Eine Realität mag entsetzlich und grauenhaft sein, aber sie ist trotzdem eine Realität, und, wichtiger noch, nichts kann daraus eine Nichtrealität machen. Wunschdenken läßt sich mit ernsthaftem Denken nicht vereinbaren, und wer sich darauf verlegt, verabschiedet sich aus der Suche nach der Wahrheit. Alles, was ich bisher gesagt habe, zeigt sicher deutlich, daß meine fünf Jahre Geschichtsstudium mich auf Dauer geprägt haben. Für dieses Buch ist es besonders wichtig, daß sie meinen Umgang mit Ideen, auch mit philosophischen Ideen, beeinflußt haben. Doch weil das Fach während meiner Studienjahre in Oxford dermaßen eng umrissen war, habe ich den größten Teil meiner Kenntnisse über Ideengeschichte erst später als leidenschaftlicher Student der Philosophie erworben und verdanke den Großteil meiner Kenntnisse über Kulturgeschichte meiner leidenschaftlichen Liebe zur Kunst. Am lehrreichsten in all diesen Bereichen war für mich jedoch die Notwendigkeit zu schreiben. Lord Acton hat einmal gesagt, wir sollten vom Schreiben ebensoviel lernen wie vom Lesen. Das ist eine tiefgründige Weisheit. Wenn wir über irgendein Thema schreiben, dann müssen wir uns auf strukturierte Weise und mit einem klaren Ziel damit befassen; wir müssen alle wichtige Literatur über dieses Thema lesen, wir müssen seinen ganzen Umfang bearbeiten und dürfen keine Leerstellen lassen, und wir fühlen uns verpflichtet, noch die nebensächlichsten Einzelheiten korrekt darzustellen und zu verhindern, daß sich irgendein Fehler einschleicht. Das Wichtigste ist jedoch, daß wir dabei gezwungen sind, über unser Thema nachzu*denken* und unsere Gedanken und unser Material zu zusammenhängenden Strukturen zu ordnen. Ich habe mehrere meiner Bücher (und Radio- und Fernsehsendungen, die später in Buchform erschienen sind) geschrieben, weil ich mir ein Thema aneignen wollte; ein Buch darüber zu schreiben, war die beste, vielleicht sogar die einzige Methode, um mich zu zwingen, hart und systematisch und für lange Zeit daran zu arbeiten. Ich kann mich hinsetzen und eine Zeitlang nachdenken, aber nicht monatelang – es sei denn, ich schriebe.

DRITTES KAPITEL

*Der Logische Positivismus
und seine Widerlegung*

Die goldene Zeit der Denkschule, die international als »Oxford-Philosophie« bekannt wurde, waren grob gerechnet die anderthalb Jahrzehnte zwischen dem Ende des Zweiten Weltkrieges und dem Tod von J. L. Austin im Jahre 1960. Ich wurde mit dieser Strömung auf ihrem Höhepunkt konfrontiert, da ich von 1949 bis 1953 und dann wieder als Postgraduierter von 1954 bis 1955 in Oxford studierte.

Ich muß von vornherein sagen, daß ich die Oxford-Philosophie zwar studiert habe, mich aber niemals als einen ihrer Anhänger bezeichnen konnte. Ich habe sie offenbar so gut beherrscht wie manche, die sie praktizierten, aber ich habe niemals an ihre Tauglichkeit als Konzeption der Philosophie glauben können – allerdings erschien sie mir immer als eine Form von intellektuellem Training, das durchaus seine Verdienste hatte. Die Studenten lernten, jedes Wort auf die Goldwaage zu legen, sich davon zu überzeugen, daß sie es verstanden und auch meinten; sie lernten haarfeine Bedeutungsunterschiede für wichtig zu halten; und sie versuchten das alles mit Klarsicht und Humor zu schaffen. Auch die Tatsache, daß der persönliche Austausch von Argumenten dabei so wichtig war, machte es zu einem Training für geistige Beweglichkeit und öffentliche Diskussion, was jedoch einen Nachteil für scharfe, aber langsame Denker mit sich brachte: Bei derartigen Debatten zogen die klügeren Teilnehmer oft den kürzeren, während die oberflächlich Geschickteren den Sieg davontrugen. Wann immer ich eine philosophisch interessante Aussage höre, dann ist meine natürliche Reaktion, daß ich erst einmal in Ruhe darüber nachdenken möchte, statt aus dem Stegreif eine Erwiderung zu improvisieren und ausgerechnet von diesem Punkt aus dann die Diskussion fortsetzen zu müssen. Eine philosophische Debatte, die diesen Weg einschlägt, springt einfach nur von einer improvisierten Antwort zur nächsten. Natürlich fußen diese spontanen Antworten auf früheren Überlegungen, aber sie können das, was gerade neu hinzukommt, nicht mit einbeziehen. Und auf just diese Weise verlaufen die meisten philosophischen Diskussionen unter Fachleuten. Mein wichtigster Kritikpunkt besteht darin, daß diese Methode ihre Anhänger darin schult, zwar schnell und klug zu denken, aber eben nicht tiefschürfend. Doch wie dem auch sei – bei aller Nützlichkeit der Oxford-Philosophie als mentalem Training habe ich niemals verstehen können, daß irgend jemand die Ansicht ernst nehmen konnte, das Thema der Philosophie sei rein sprachlicher Natur; aber genau das war die Gemeinsamkeit all der verschiedenen Zweige der Oxford-Philosophie.

Ich spreche hier von »verschiedenen Zweigen«, weil die Bezeichnung »Oxford-Philosophie« in Wirklichkeit nur ein Dachbegriff für mehr als eine Herangehensweise war. Von der Jahrhundertwende bis zum Ende des Zweiten Weltkriegs war Cambridge, wo – umgeben von einer beeindruckenden Anzahl von fähigen, wenn auch nicht ganz so brillanten Kollegen – solch bedeutende Gestalten wie Whitehead, Russell, Moore und Wittgenstein wirkten, das wichtigste Zentrum des Landes für philosophische Aktivitäten gewesen.

Doch nach dem Zweiten Weltkrieg verlagerte der Schwerpunkt sich nach Oxford. Während der ersten Phase der Oxforder Vorherrschaft war der Logische Positivismus der bedeutendste Einfluß und *Language, Truth and Logic* von A. J. Ayer das einflußreichste Buch – es war bereits 1936 erschienen, doch durch den Krieg daran gehindert worden, seine Wirkung voll zu entfalten.[*]

Der Logische Positivismus stammte ursprünglich nicht aus Oxford, sondern aus dem Wien der Zwischenkriegszeit. Ayer, damals ein wissenschaftlicher Assistent von nur dreiundzwanzig, legte in

---

[*] Bryan Magee: *Men of Ideas*, S. 130

seinem berühmtesten Buch keine Grundlagen, sondern führte die neue Richtung damit nur in der englischsprachigen Welt ein. Zunächst war sie in Oxford absolut en vogue; und – zumindest, was Großbritannien angeht – Oxford blieb auch das Zentrum des Logischen Positivismus. Sein Einfluß, der sich durchaus nicht auf die Philosophie beschränkte, erreichte in den Jahren unmittelbar nach dem Zweiten Weltkrieg seinen Höhepunkt. Es war diese intellektuelle Mode, die Oxford in der Philosophie in die erste Reihe rückte.

Dem Logischen Positivismus geht es vor allem darum, Kriterien zur Grenzziehung zwischen Sinn und Un-Sinn zu finden. Die Gründungsmitglieder des sogenannten Wiener Kreises stammten alle aus deutschsprachigen Ländern und orientierten sich natürlich an den intellektuellen und kulturellen Traditionen der deutschsprachigen Welt. Sie waren davon überzeugt, daß die meisten der in dieser Welt bekanntesten Metaphysiker – wie Fichte, Schelling und Hegel und deren spätere Epigonen – hochtrabenden Unsinn geredet hatten. Die britischen Logischen Positivisten sahen das Werk von britischen neuhegelianischen Philosophen des späten 19. und frühen 20. Jahrhunderts wie Bradley und McTaggart ähnlich. Im normalen Leben wissen alle, daß es möglich ist, noch mit den besten Absichten Wörter von sich zu geben und doch rein gar nichts zu sagen – wir sind daran gewöhnt, das bei ehrbaren Männern auf der Kanzel zu erleben, und leeres Gerede steht auch in den Massenmedien auf der Tagesordnung, sogar in der sogenannten seriösen Presse. Wenn wir aber davon ausgehen, daß es sich mit hoher Intelligenz und guten Absichten vereinbaren läßt, zu sprechen und doch nichts zu sagen, wie können wir dann zwischen Aussagen, die wirklich etwas sagen (ob das nun stimmt oder nicht, ist eine andere Frage) und solchen unterscheiden, die gar nichts sagen – und die deshalb weder wahr noch falsch sein können, weil sie eben nichts bedeuten?

Die Logischen Positivisten kamen zu folgender Antwort. Aussagen mit Bedeutung gehören in eine von zwei Kategorien. Die eine davon kann entweder wahr oder unwahr sein, das hängt von den in der Aussage verwendeten Begriffen ab. Wenn ich sage: »Unser Nachbar ist ein Junggeselle mit einer Ehefrau und zwei Kindern«, dann wissen wir, daß diese Aussage nicht zutreffen kann (es sei denn, er heiße mit Nachnamen Junggeselle und ich wolle ein Wortspiel machen). Junggeselle bedeutet »unverheirateter Mann«, mithin kann mein Nachbar nicht unverheiratet sein und zugleich eine Ehefrau haben. Es sind also keine großen Untersuchungen nötig, um festzustellen, ob ich die Wahrheit sage oder nicht, die Begriffe, die ich verwende, verraten das bereits. Wir können sie also für eindeutig falsch erklären, ohne uns auch nur aus dem Lehnstuhl erheben zu müssen. Aussagen, deren Wahrheit oder Unwahrheit auf diese Weise durch Analyse der Aussage selbst festgestellt werden können, werden »analytische Aussagen« genannt. Der Logische Positivismus geht davon aus, daß alle Definitionen sowie alle Aussagen in Logik und Mathematik und alle Aussagen, deren Gültigkeit auf Konventionen beruht, wie Spielregeln oder Wappensymbole, zu dieser Kategorie gehören. In die andere Kategorie fallen Aussagen, deren Wahrheit oder Unwahrheit nicht durch Analyse, sondern allein durch Untersuchung der Tatsachen ermittelt werden kann. Wenn ich sage: »In meinem Dorf leben vierzehn Rothaarige«, dann ist das vielleicht wahr, vielleicht ist es auch falsch. Beides ist möglich, und wir können die Wahrheit nur in Erfahrung bringen, wenn wir alle Dorfbewohner zusammenrufen und die Rothaarigen zählen. Denn Wahrheit oder Unwahrheit von Aussagen dieser Art läßt sich nur ermitteln, wenn wir diese Aussagen mit einer Realität vergleichen, die außerhalb ihrer selbst liegt. Solche Aussagen heißen »synthetische Aussagen«. Die Verneinung einer wahren analytischen Aussage ist ein Widerspruch in sich, die Verneinung einer wahren synthetischen Aussage jedoch nicht: Dabei handelt es sich um eine Aussage, die durchaus zutreffen könnte, das jedoch zufälligerweise nicht tut. In meinem Dorf könnte es sechs Rothaarige geben, oder fünfzehn, oder gar keine. Jede dieser Alternativen ist absolut realistisch, keine enthält einen Widerspruch in sich. Allerdings kann nur eine dieser Aussagen zutreffen, oder alle können falsch sein; also muß ich die Sache genauer untersuchen.

Die Mitglieder des Wiener Kreises hatten alle oder fast alle Naturwissenschaften oder Mathematik studiert, nicht Philosophie, und deswegen war ihnen vielleicht nicht bewußt, daß sich die Unterscheidung zwischen analytischen und synthetischen Aussagen in der Geschichte der Philosophie weit zurückverfolgen läßt. Als erster hatte Leibniz sich ausgiebig und auf überzeugende Weise damit befaßt (allerdings verwendete er nicht die Begriffe analytisch und synthetisch), und nach Leibniz, aber unabhängig von diesem, hatte Hume das Thema aufgegriffen. Hume war mit derselben Radikalität und Rücksichtslosigkeit vorgegangen wie jetzt die Logischen Positivisten. Jegliche Aussage, erklärten sie, muß entweder analytisch oder synthetisch sein. Wenn sie analytisch ist, ermitteln wir durch Analyse, ob sie wahr ist oder nicht. Ist sie synthetisch, dann muß es, zumindest im Prinzip, irgend etwas geben, das wir beobachten oder überprüfen können, das uns sagt, ob die Aussage wahr oder falsch ist. Wenn die Aussage überhaupt einen Inhalt hat, dann muß ihre Wahrheit oder Unwahrheit irgendwo einen Unterschied machen. Und wenn wir über die Welt der möglichen Erfahrungen sprechen, dann muß es dort eine mögliche Erfahrung geben, in der dieser Unterschied sich niederschlägt. Wenn keinerlei vorstellbare Erfahrung unsere Aussage verifizieren oder falsifizieren kann, dann steht die Aussage in keinem Zusammenhang damit, wie die Dinge sind, jedenfalls nicht in der Welt der möglichen Erfahrungen, die die einzige Welt ist, die wir kennen können. Deshalb sagt diese Aussage uns rein gar nichts. Sie kann weder wahr noch falsch sein und ist deshalb bedeutungslos. Der Satz mag grammatikalisch perfekt sein und anderen Sätzen, die uns etwas sagen, zum Verwechseln ähnlich sehen, aber in Wirklichkeit ist er leer.

Auf diese Weise wurde das berühmte Verifizierungsprinzip entwickelt. Nur Behauptungen, die im Prinzip durch Beobachtung oder Erfahrung überprüfbar waren, konnten tatsächliche Information enthalten. Behauptungen, für die es keine denkbare Verifizierungsmöglichkeit gab, mußten entweder analytisch oder sinnlos sein.

Hinter dieser Doktrin versteckte sich das Weltbild der zeitgenössischen Naturwissenschaften. Der Wiener Kreis, der, wie gesagt, aus Mathematikern und Naturwissenschaftlern bestand, sagte das auch ganz offen: Ihrem Manifest gaben sie den Titel: »Wissenschaftliche Weltsicht«. Sie neigten zu der Überzeugung, alle Wahrheiten über die Welt, die sich überhaupt feststellen ließen, könnten durch naturwissenschaftliche Methoden festgestellt werden. Die Beschaffenheit der Welt wurde von der Physik und Chemie, und, was lebendige Organismen betraf, der Biologie und verwandten Sparten, mit immer größerem Erfolg erklärt. Das Wesen des Menschen wurde noch dazu von Psychologie, Sprachwissenschaft, Verhaltenswissenschaften, Sozialwissenschaften, Politischer Wissenschaft und allen anderen erklärt. Wissenschaftliche Methoden wurden mit immer beeindruckenderen Ergebnissen in Fächern wie Wirtschaftswissenschaften, Geschichte, Anthropologie und so weiter angewandt. Die Astronomie berichtete uns immer mehr über das Universum als Ganzes. Es gab keinen Winkel in der Welt der möglichen Erfahrung – eben *weil* sie das Königreich der Erfahrungen ist – der nicht mit irgendeiner wissenschaftlichen Methode hätte untersucht werden können, und das Resultat dieser Untersuchungen war, daß unser Wissen sich in bisher niemals gekannter Weise rapide vervielfachte. Es gab nur einen zuverlässigen Weg zum Wissenserwerb – und dieses Wissen mußte, um wirklich als *Wissen* zu gelten, die Bedingungen irgendeiner Wissenschaft erfüllen, wenn das Objekt synthetisch war, oder die von Mathematik oder Logik, wenn es sich um ein analytisches Objekt handelte. Synthetische Aussagen, die diese Kriterien nicht erfüllten, galten einfach als leere Wissensansprüche – als Ausdruck konventioneller und religiöser Vorstellungen, als Privatansicht, als unbegründete Annahme, Spekulation, Aberglaube, Wunschdenken, Vorurteil, vielleicht als irgendein Gefühl oder irgendeine Empfindung, auf keinen Fall jedoch als Wissen in irgendeiner objektiven oder intellektuell seriösen Bedeutung. Der alles umfassende, herablassende und verächtliche Begriff der Logischen Positivisten für diese Art von Vorstellungen war »Metaphysik« – vor allem, glaube ich, weil sie wild entschlossen waren, mit jeglichem religiösem Denken und aller metaphysischen Philosophie der Hegelschule aufzuräumen und alle anderen davon abzuhalten, auf diese Weise über die Welt zu sprechen. Immer bestanden die Logischen Positivisten darauf, daß die einzige Welt, von der wir etwas *wissen* können, die der tatsächlichen und möglichen Erfahrungen sei.

Das alles führte dazu, daß jegliche Äußerung über die Welt, die überhaupt Sinn enthielt, zur Äußerung über direkte Erfahrungen (gesunder Menschenverstand) oder Äußerung in der damaligen Sprache der Wissenschaft (die die Logischen Positivsten für systematisierten, selbstkritischen gesunden Menschenverstand hielten) assimiliert wurde. Entweder ist etwas wissenschaftlich oder es kann zu einer Wissenschaft werden, oder es ist einfach nur ein Ausdruck von Meinungen oder Empfindungen, und dann ist es subjektiv, nicht sachlich. Diese Weltanschauung herrschte natürlich nicht nur im Wiener Kreis vor, sondern galt während des 19. und 20. Jahrhunderts so ungefähr in der gesamten westlichen Welt. Die Logischen Positivisten jedoch lieferten, wie sie glaubten, das philosophische Fundament für diese Anschauung.

Das jedoch bringt uns zu der Frage, welche Stellung die Philosophie in einer Welt einnimmt, wie der, wie uns die Logischen Positivisten sie zeigen, einer Welt, die überall und gänzlich wissenschaftlicher Untersuchung zugänglich ist. Wenn die Wissenschaften jedes Element dieser Aufgabe übernehmen, dann wird die Philosophie logischerweise überflüssig. Aber nimmt ihr das jeglichen Daseinszweck? Nein, sagten die Logischen Positivsten, das nicht, aber die Philosophie wird sich von nun an mit zweitrangigen Aufgaben beschäftigen. Wir sollten von ihr keine Hilfe mehr für das Verstehen der Welt erwarten, sondern uns an die jeweils zuständigen Wissenschaften wenden. Doch da die Wissenschaften einen Prozeß der niemals endenden Entwicklung durchlaufen sowie Mathematik und Logik, wird auch immer ein Bedürfnis nach Neubewertung und Neuformulierung ihrer Aufgaben und Methoden existieren. Es wird auch immer einen Wunsch nach Erklärung der neuen Vorstellungen geben, die durch die Erweiterung der wissenschaftlichen Kenntnisse entstehen werden. Und immer wird es ein Bedürfnis nach kritischer Aufmerksamkeit auf alle Bereiche unserer Äußerungen geben – was genau meinen wir damit, wie können wir sie rechtfertigen, was sind ihre logischen Konsequenzen? Das alles sind Aufgaben für die Philosophie, und sie umschreiben deren legitimen Wirkungsbereich: Methoden, Logik, Abklärung von Vorstellungen, die Erklärung von Bedeutungen. Der Logische Positivismus ist so gesehen das Vorbild der Philosophie und zeigt, wozu diese fähig ist. Er hat ganze Bibliotheken voller irregeleiteter und fruchtloser Spekulationen weggefegt und ein für allemal die Begriffe geklärt, die für legitime intellektuelle Aktivitäten jeglicher Art zu verwenden sind.

Auf diese Weise war es möglich, daß Menschen, die ihr Weltbild und ihr Wissen für solide von der Wissenschaft untermauert hielten, die Philosophie hochschätzten, sie jedoch gleichzeitig als zweitrangige Aktivität einstuften. Die Philosophie der empirischen Tradition hielt es nun nicht mehr für ihre Aufgabe, die Welt zu verstehen, sondern beschäftigte sich mit der Erklärung sprachlicher Formulierungen – Formulierungen von Vorstellungen, logischen Implikationen von Argumenten, Prämissen, Methoden, Forschungsprogrammen und deren Ergebnissen. Historisch gesehen war das ein Wendepunkt.

Vielleicht wirkt in dieser Darstellung alles etwas zu holzschnitthaft, scheint zu abrupt von seiner eigenen unmittelbaren Vorgeschichte abgeschnitten zu sein. Zwischen Leibniz und Hume einerseits und den Logischen Positivisten andererseits klafft eine von mir bisher unerwähnte geschichtliche Lücke. In der Zwischenzeit fanden durchaus Entwicklungen statt, die für den Logischen Positivismus von großer Bedeutung waren. Zum einen hatten die modernen Naturwissenschaften ihren Siegeszug angetreten. Die von mir beschriebenen intellektuellen Entwicklungen standen in enger Verbindung zum (für sie neuen) logischen und philosophischen Werk von Bertrand Russell und – zumindest in Großbritannien – G. E. Moore. Diese Vorgeschichte wird in einem Buch von A. J. Ayer untersucht, dessen Titel bereits klarstellt, worauf es hinausläuft: *Russell und Moore: Das analytische Erbe*. Russell hatte mehr als irgendein anderer die revolutionären Entwicklungen innerhalb der Logik propagiert, die gegen Ende des 19. und zu Beginn des 20. Jahrhunderts stattgefunden hatten und die neuen Techniken der logischen Analyse nicht nur auf die traditionellen Probleme der Philosophie angewandt, sondern auch auf Äußerungen in der Alltagssprache. Wegen dieser Verdienste wurde er von Logischen Positivisten in aller Welt als eine Art intellektueller Pate verehrt. Ihm selber galt die Anwendung dieser neuen Entwicklungen im Bereich der Logik jedoch nur als zweifelhafte intellektuelle Technik, die der Philosophie bei ihrer traditionellen Aufgabe, die Welt zu verstehen, helfen könnte. Mit dieser Technik könnten vielleicht, meinte er, bisher ungeklärte philosophische Probleme gelöst werden, und aus diesem Grunde betrachtete er sie als von größter Wichtigkeit für das Fach. Philosophie jedoch war diese Technik als solche nicht für ihn, und erst recht nicht konnte sie als Thema der Philosophie gelten. Obwohl er also durchaus Sympathien für viele Unternehmungen der Logischen Positivisten hegte, zählte er sich selber nie zu dieser Zunft, und immer hielt er ihre Gesamtvorstellung von Philosophie für ziemlich simpel und beschränkt. Wenn er seinerseits überhaupt vom Logischen Positivismus beeinflußt worden war, dann kam er später zu der Überzeugung, es sei nicht ausschließlich ein guter Einfluß gewesen.

Russell war ein international bekannter und einflußreicher Gelehrter, Moore dagegen konnte sich außerhalb der englischsprachigen Welt nie groß durchsetzen. Aber innerhalb dieser Welt gelangte er zu weitreichendem Einfluß. Vor allem ist das wohl Russells Einfluß zuzuschreiben. Als junge Männer in Cambridge waren Moore und Russell, die ihr Leben lang befreundet bleiben sollten, Neo-Hegelianer von einer Prägung, die für ihre Zeit und ihre Umwelt typisch waren. Als erster von beiden brach Moore mit dem deutschen Idealismus, Russell folgte seinem Beispiel bald darauf. Gemeinsam wandten sie sich mit dem Enthusiasmus der Frischbekehrten der britischen empiristischen Tradition von Locke, Berkeley, Hume und Mill zu. Moore sollte für den Rest seines Lebens die meisten damals in Großbritannien tätigen Philosophen unmittelbar beeinflussen – ein Einfluß, der in meinen Augen (und später sahen die meisten von ihnen das dann ebenfalls so) in keinem Verhältnis zu seinen Verdiensten als Philosoph mehr steht. Er lieferte die größte intellektuelle Inspiration für das gesamte Ethos der Bloomsbury-Gruppe, die Gestalten hervorbrachte, die in anderen Bereichen Außergewöhnliches leisteten, und nicht selten über weitaus größere Fähigkeiten verfügten als Moore selbst.

Wie die Logischen Positivisten vertrat Moore die Ansicht, wir Menschen verfügten bereits über eine zuverlässige Wissensquelle, mit der wir die Welt verstehen könnten, obwohl für ihn diese Quelle nicht so sehr in der Wissenschaft wie im gesunden Menschenverstand lag. Für ihn war es selbstverständlich, daß der gesunde Menschenverstand mit angemessenen Qualifikationen die Welt richtig sieht, und, mehr noch, daß wir im Grunde allesamt wissen, daß diese Sicht richtig ist: Zum Beispiel, daß wir alle wissen, daß wir einen Körper haben und in einer Welt leben, deren Existenz in den Dimensionen von Raum und Zeit davon unabhängig ist, ob wir selbst existieren oder nicht, und daß es auf dieser Welt eine große Anzahl von weiteren materiellen Körpern gibt, von denen einige Menschen wie wir selbst mit ähnlichen Erfahrungen wie den unseren sind. Wenn Philosophen uns also erzählen, daß Zeit und Raum Formen menschlicher Empfindung sind, und daß wir durch den Akt des Wahrnehmens unbewußt die Synthese materieller Objekte vornehmen, oder daß wir nicht wirklich wissen können, ob es andere Gedanken gibt als unsere eigenen, dann ist das einfach nur hochtrabender Unfug. Wer so etwas behauptet, glaubt es in seinem gelebten Leben in Wirklichkeit selber nicht. Der Philosoph, der Zeit als Illusion bezeichnet, weiß nichts mit größerer Gewißheit, als daß er morgens gefrühstückt hat, nachdem er aufgestanden ist und bevor er sein Haus verlassen hat, und daß es einfach falsch wäre, das abzustreiten. Der Philosoph, der behauptet, wir könnten uns der Existenz einer äußeren Welt nicht wirklich sicher sein, bezweifelt durchaus nicht die Existenz seines Hauses oder seines Autos. Der Philosoph, der behauptet, wir könnten nicht wissen, ob es noch andere denkende Wesen außer uns selbst gibt, würde niemals die unabhängige Existenz seiner Frau bezweifeln. Kurz gesagt, Philosophen erzählen uns alles mögliche, von dem sie selber wissen, daß es nicht zutrifft. Und Moore sah seine Aufgabe darin, diese Art von Unsinn als Unsinn zu entlarven.

Genaugenommen war es also Moore, der als erster der Philosophie, zumindest im englischen Sprachbereich, die Aufgabe zuschrieb, über Sprache zu sprechen. Und sein Einfluß auf Oxforder Philosophen der beiden wichtigsten Schulen, nicht nur auf den Logischen Positivismus, sondern auch die auf sie folgende Sprachanalyse, war enorm. Um nur die Köpfe beider Bewegungen zu zitieren: A. J. Ayer sagte einmal: »Moore und auch die Probleme, für die Moore sich interessierte, haben mich sehr stark beeinflußt – nicht der Moore der *Principia Ethica*, sondern der spätere Moore, der sich sehr für das Problem der Wahrnehmung interessierte, zum Beispiel. Und eines der ungelösten Probleme des Wiener Kreises war der Status von beschreibenden Aussagen. Sie vertraten die Ansicht, daß alles auf beschreibende Aussagen reduziert werden müsse, daß die Wissenschaften sich im Grunde nur mit dem befaßten, was man beobachten kann, aber sie konnten sich nicht darüber einigen, was sich denn nun beobachten läßt. Sie zerfielen in einen von Schlick angeführten Flügel, der alles auf sogenannte Empfindungsäußerungen reduzieren wollte, das heißt auf Aussagen, die tatsächliche und mögliche Empfindungen weitergeben, und in einen zweiten von Carnap und Neurath geführten Flügel, der sich auf Aussagen beschränken wollte, die materielle Objekte beschreiben.«*

Was J. L. Austin betrifft, den Doyen der Schule der Sprachanalyse, die auf den Logischen Positivismus folgte, so habe ich einmal mit einem seiner engsten Mitarbeiter, Geoffrey Warnock, der nach Austins Tod dessen literarischer Testamentsvollstrecker wurde, folgendes Gespräch geführt:

Warnock: Er hat nachweislich einmal gesagt: »Moore ist mein Mann« – und zweifellos hat er damit gemeint, daß Moores Werk ihm gefiel, daß er das Thema so behandelt sehen wollte.
Magee: Was wohl auch bedeutet, daß er es nicht so behandelt sehen wollte, wie Russell das machte.
Warnock: Ich glaube ... ja, bei dieser Gelegenheit – der relevante Kontrast bestand zu Russell.**

In diesem Gespräch faßte Warnock Moores allgemeinen Einfluß auf bewundernswert klare Weise zusammen. »Zum einen bin ich sicher, daß seine Art, Philosophie zu betreiben – die extreme Schlichtheit und Sorgfalt und Klarheit, seine Vorliebe für kleine Schritte und kleine Punkte – großen Einfluß ausübte. Vor allem wurde seine kühle, behutsame Art, philosophisch zu argumentieren, von anderen übernommen. Zum zweiten brachte sein Beispiel viele Philosophen zu der Annahme, Philosophie sei *ganz und gar* Analyse – der Philosoph stelle gewissermaßen nicht von sich aus Behauptungen auf, sondern analysiere *lediglich* die von anderen vorgebrachten Thesen. Moore sagte das nicht selber, das taten andere; und Moores *Praxis* schien sie in ihren Ansichten zu bestätigen. Ich halte aber auch seine Verteidigung des gesunden Men-

---
* Bryan Magee: *Modern British Philosophy*, S. 50
** Bryan Magee: *Modern British Philosophy*, S. 93

schenverstandes für sehr wichtig – damit meine ich sein Beharren darauf, daß es sehr viele Dinge gibt, von denen wir alle genau wissen, daß sie wahr sind, und daß einwandfrei irgend etwas im argen liegen muß, wenn Philosophen diese Dinge leugnen oder anzweifeln ... Das, glaube ich, ist seit Moore zu einer allgemein vertretenen Anschauung geworden, zumindest unter englischsprachigen Philosophen ... Und es hat in hohem Maße dazu beigetragen, glaube ich, die Einstellung von Philosophen zu ihrer eigenen Tätigkeit zu verändern ... Diese wichtige Änderung des philosophischen Blickwinkels ist vor allem Moores Einfluß zuzuschreiben.«*

Wer das erste Kapitel dieses Buches gelesen hat, wird ohne weitere Erklärungen verstehen, daß und warum ich es für eine intellektuelle Katastrophe halte, daß von Moore und anderen der gesunde Menschenverstand auf den Schild gehoben wurde. Abgesehen von allem bereits Gesagten und auch von allen anderen Überlegungen, die als philosophisch beschrieben werden könnten, hat die moderne Naturwissenschaft gezeigt, daß sich hinter unseren fortlaufenden Erfahrungen der Alltagswelt Realitäten verstecken, von denen der gesunde Menschenverstand keine Ahnung hat, die häufig verblüffen, oft kontra-intuitiv und manchmal selbst dann extrem schwer zu erfassen sind, wenn wir wissen, daß es sich dabei um die Wahrheit handelt. Nehmen wir nur die Tatsache, daß jedes materielle Objekt in unserer Umgebung aus einem Wirbel von Molekülen und Atomen besteht, die sich wiederum aus subatomaren Teilchen zusammensetzen, die mit einer Geschwindigkeit, die der des Lichtes nahe kommt, willkürliche Bahnen beschreiben. Daß sich das alles in Energie umwandeln läßt – daß jedes materielle Objekt ein von Kraftfeldern erfüllter leerer Raum ist – entspricht nun wahrhaftig nicht der Betrachtungsweise des gesunden Menschenverstandes. Genausowenig wie die Tatsache, daß die Luft um uns herum von unsichtbaren, informationstragenden Wellen erfüllt ist, zum Beispiel von Fernseh- und Radiowellen, und daß sie noch über viele andere analysierbare Eigenschaften verfügt. Selbst die elementare Tatsache, daß wir auf der Oberfläche einer riesigen Kugel leben, die sich mit einer Geschwindigkeit von rund sechzehn-

---

* Bryan Magee: *Modern British Philosophy*, S. 91–92

hundert Stundenkilometern um ihre eigene Achse dreht, während sie zugleich durch den Weltraum saust, ist (ich bin versucht zu sagen hochgradig) kontra-intuitiv, weder zu sehen noch zu spüren, selbst wenn wir wissen, daß es so ist, und widerspricht dermaßen dem gesunden Menschenverstand, daß die ersten Menschen, die vor wenigen Jahrhunderten diese Ansicht vorbrachten, entweder als alberne Phantasten abgetan oder als gefährliche Lügner angegriffen wurden, deren wüste Unterstellungen, falls sie sich durchsetzten, alle wahre Religion und (damit auch) alle wahre Moral untergraben würden. Wir wissen also ganz genau – das ist keine Ansichtssache – daß der gesunde Menschenverstand nicht im entferntesten dazu fähig ist, uns ein wahrheitsgemäßes oder gar adäquates Bild unserer Situation zu vermitteln. Und alle Folgerungen aus der allgemeinen und der speziellen Relativitätstheorie, alle Erkenntnisse der Quantenphysik zeigen, daß unsere unmittelbare materielle Umgebung weitaus bizarrer ist, als sich das irgend jemand bis vor kurzem auch nur vorzustellen vermochte, und so weit vom gesunden Menschenverstand entfernt, daß alle, die sich mit diesen Fragen befassen, so intelligent diese Leute auch sein mögen, sie doch sehr schwer begreiflich finden. Unter diesen Umständen sind Versuche, das Bild der Welt, das der gesunde Menschenverstand zeigt, zu verteidigen, von Anfang an zum Scheitern verurteilt. Aus ihnen sprechen phantasielosester Anachronismus und Obskurantismus, wir haben es hier mit waschechtem Dinosauriertum zu tun.

Wenn ich den Sachverhalt so höflich wie möglich darstellen will, dann kann ich sagen, daß diese auf gesunden Menschenverstand fußende Weltsicht nur als Metaphysik der unzulänglich ernsthaft Reflektierenden betrachtet werden kann. Russell beschrieb es krasser als ich: als Metaphysik von Barbaren. Seine von mir am häufigsten zitierten Worte sind die letzten Sätze eines Absatzes in seinem Buch *Probleme der Philosophie*:

»...Unser Hausverstand läßt uns daher über das eigentliche Wesen der materiellen Dinge vollkommen im dunkeln, und wenn es gute Gründe gäbe, sie für geistig zu halten, dürften wir diese Ansicht nicht bloß deshalb verwerfen, weil sie uns merkwürdig vorkommt. Die Wahrheit über die materiellen Dinge *muß* merkwürdig sein.«* Die größte Tragödie der englischsprachigen akademischen Philosophie des 20. Jahrhunderts ist, daß sie größtenteils von Menschen entwickelt wurde, für die das alles nicht auf der Hand lag, von Menschen, die selber keine philosophischen Probleme hatten, und die – vielleicht aus diesem Grund – den gesunden Menschenverstand auf den Schild hoben und philosophische Tätigkeit mit Sprachanalyse gleichsetzten. Eine vergleichbare Tragödie bedeutete die Tatsache, daß die bekanntesten alternativen Philosophiemodelle, die damals im Angebot waren, entweder religiöse Elemente enthielten oder in der von Hegel und Nietzsche stammenden orakelhaften Tradition standen, was bedeutete, daß viele Generationen von interessierten Studenten mit dem Thema nur in diesen alternativen Formen konfrontiert wurden. Das hatte unter anderem zur Folge, daß viele der Fähigsten unter ihnen der Philosophie ganz und gar den Rücken kehrten, während andere die Philosophiesicht der konzeptuellen Analyse durch die Alternativen für bestätigt hielten.

Es wäre jedoch unfair, für die ganze Misere G. E. Moore verantwortlich zu machen. Auch ohne ihn wäre es zu einer solchen Entwicklung gekommen. Ich glaube nicht, daß viele Mitglieder des Wiener Kreises mit Moores Werk vertraut waren, falls das überhaupt bei irgendeinem der Fall war. Sein Einfluß im englischen Sprachbereich ist meiner Ansicht nach vor allem einem historischen Zufall zuzuschreiben: Er wurde eben am richtigen Ort zur richtigen Zeit zum führenden Kopf einer besonderen Bewegung. Indirekt zumindest scheint Geoffrey Warnock meine Ansicht zu bestätigen, wenn er Moores Einfluß mit dem von Austin vergleicht: »Es wird heißen, Moores Einfluß sei größer gewesen, aber das ist zumindest teilweise dem historischen Kontext zuzuschreiben, in dem er seine Arbeit aufgenommen hat; Philosophie war sehr viel kauziger und kurioser, als Moore die Bühne betrat, als später bei Austin – er konnte deshalb größere Änderungen in die Wege leiten, und zumindest teilweise aus diesem Grund hat Moore dann auch wirklich mehr verändert.«** Auch die Tatsache, daß das aktive Interesse an Moores Werk inzwischen stark zurückge-

---

* Bertrand Russell: *Probleme der Philosophie*, Frankfurt 1967, S. 35
** Bryan Magee: *Modern British Philosophy*, S. 99

gangen ist, scheint die These zu stärken, daß sein Einfluß einem historischen Zufall zuzuschreiben war. Natürlich gibt es unbeachtete Philosophen, deren Werk eine Renaissance verdient hätte, aber bei Moore scheint mir das nicht der Fall zu sein.

Ich glaube, ich habe Moores Gesamtwerk gelesen, und ich weiß in der gesamten philosophischen Literatur kein schlagendes Beispiel dafür, wie engstirnig, kleinlich und verfehlt hohe Intelligenz arbeiten kann. Diese Kombination von Eigenschaften kennen wir im akademischen Leben zur Genüge, aber die meisten Menschen schaffen es doch, ihrer Arbeit ihr Bestes (eher als alles) zu geben. Moore dagegen war mit einem überdurchschnittlich hohen Maß an Herzenseinfalt, Naivität und mangelnder Selbsterkenntnis gesegnet – alle, die ihn gekannt haben, scheinen in dieser Hinsicht übereinzustimmen –, und das hat zu einer Art krasser Selbstentblößung in seinem Werk geführt. Seine Stimme ist die eines klugen Kleinkindes, das noch nichts von der Welt weiß und nicht wirklich versteht, daß es außer seinen eigenen auch noch andere Ansichten geben kann, und das die Aussagen der Erwachsenen mit bemerkenswerter Intelligenz aber ohne jeglichen Selbstzweifel in Frage stellt, ohne jemals auf die Idee zu kommen, auch seine eigenen Vermutungen auf diese Weise zu hinterfragen. Ich habe einmal etwas in dieser Art zu Russell gesagt, der Moore natürlich sehr gut gekannt hatte. Russell antwortete: »Moores gesamte Annäherung an die Philosophie basierte auf dem unerschütterlichen Glauben, daß alles, was er vor dem Alter von sechs Jahren gehört hatte, auch zutreffen mußte.«*

Aber wenden wir uns wieder dem Logischen Positivismus zu. Wie der Marxismus wirkte er durchaus attraktiv und gewann deshalb viele Anhänger: Er war klar umrissen, leicht erfaßbar und lieferte auf alles eine Antwort. Wie der Marxismus war er außerdem ein griffiges Werkzeug für intellektuellen Terrorismus. Als ich 1949 mein Studium aufnahm, waren viele stolz darauf, wie meisterlich sie ihn dazu einzusetzen vermochten. Was immer irgendwer zu irgendeinem Thema zu ihnen sagte, sie erledigten ihn mit Fragen wie: »Wie würdest du diese Aussage verifizieren?« oder

---

* Bryan Magee: *Modern British Philosophy*, S. 99

»Welche Art Antwort erwartest du auf diese Frage?« Begabte junge Leute waren begeistert von den Erfolgserlebnissen, die die Beherrschung dieser Technik ihnen bescherte. Es kam zu vielen lebhaften Diskussionen – und auf diese Weise wurde wirklich mit sehr viel muffigem Denken aufgeräumt, und alle entwickelten eine ganz neue Aufmerksamkeit für den logischen Wert ihrer Aussagen. Aber je mehr dieses System kritisch untersucht wurde, um so deutlicher zeigten sich seine Schwächen. Das Prinzip der Verifizierung war weder analytisch noch empirisch belegbar, deshalb war es, wurden seine eigenen Kriterien angelegt, ohne Bedeutung. Außerdem neigten philosophische Aussagen ganz allgemein dazu, weder tautologisch noch empirisch verifizierbar zu sein, und damit erklärte das Prinzip der Verifizierung mit Ausnahme der Logik fast die gesamte Philosophie für vogelfrei. Wer sich von der Ehrfurcht der neuen Technik gegenüber befreit hatte, mochte nicht mehr zustimmen, daß ein Werturteil wie »Toscanini war ein besserer Dirigent als Edward Heath« keinerlei kognitive Bedeutung enthält, oder daß Aussagen über Ereignisse in der Vergangenheit sich bei analytischer Betrachtung als Aussagen über die derzeit verfügbaren Beweise dafür herausstellten, daß diese Ereignisse wirklich stattgefunden hatten. Man erkannte, daß dieses funkelnde neue Skalpell bei einer Operation nach der anderen den Patienten ganz einfach umbrachte. Auf jeden Fall zerstörte es zuviel. Es kam eine Phase, in der einige der fähigsten Philosophen sich kaum noch äußern mochten, da so gut wie nichts, was einer Aussage würdig zu sein schien, noch als zulässig galt, es sei denn, es konnte mit Fakten bewiesen werden.

Die Logischen Positivisten akzeptierten die Existenz von anderen Formen des Diskurses außer dem wissenschaftlichen, doch sie neigten dazu oder sie versuchten, diese nach wissenschaftlichen Maßstäben zu bewerten. Und zumindest in Oxford wehrte sich die einflußreichste Rebellion gegen den wissenschaftlichen Positivismus, als es dann endlich so weit war, gegen die Ansicht, daß alle sinnvollen Äußerungen über die Welt wissenschaftlichen Äußerungen ähneln müßten. Statt dessen wurde behauptet, es gebe viele unterschiedliche und brauchbare Möglichkeiten, um über die Welt und unsere Erfahrung dieser Welt zu sprechen, und jede dieser Möglichkeiten habe ihre eigene Daseinsberechtigung. Daraus schien sich zu ergeben, daß sich Sinnloses und Sinnvolles nicht durch Anwendung eines einzigen allgemeingültigen Kriteriums unterscheiden ließen, sondern durch unterschiedliche und behutsame Analysen der Auswirkungen von unterschiedlichen, und oft auch denselben, Vorstellungen in den verschiedenen Bereichen des menschlichen Denkens und Handelns. Auf diese Weise sollte sich dann herausstellen, wie sie in jedem einzelnen Fall angewandt werden konnten und sollten. War man der Meinung, ein Konzept werde in einem bestimmten Zusammenhang auf eine Weise angewandt, die nur in einem anderen zulässig war, dann hatte man es mit einem Beispiel für Begriffsverwirrung zu tun, die sich als durch Sprachanalyse lösbar oder unlösbar erweisen würde. Das wurde die grundlegende Herangehensweise (und überhaupt das gesamte philosophische Konzept) der Sprachphilosophie, die als regierende Orthodoxie zu meiner Zeit in Oxford den Thron des Logischen Positivismus an sich riß, was mich zum Zeugen dieses Herrschaftswechsels werden ließ.

Gilbert Ryles Buch *Der Begriff des Geistes*, das einflußreichste Werk über Sprachanalyse, das je von einem Oxforder Professor veröffentlicht worden ist, erschien in dem Monat, in dem ich mein Studium in Oxford aufnahm, im Oktober 1949. Die meisten Leute in Oxford, die sich damals mit Philosophie beschäftigten, schienen früher oder später unter seinen Einfluß zu geraten und ihr eigenes Denken entsprechend zu verändern; und drei Jahre später war der Logische Positivismus ziemlich weitgehend aus dem Rennen geworfen. Manche jedoch, die vorher einen hartgesottenen Logischen Positivismus entwickelt hatten, standen auch weiterhin unter dem Einfluß dieser Richtung, so, wie noch die antikommunistischsten Exkommunisten in ihrer Denkweise spürbar vom Kommunismus beeinflußt bleiben. Auf jeden Fall lautete bei einer meiner Zwischenprüfungen eine Frage:»Ist vom Einfluß des Logischen Positivismus noch irgend etwas übriggeblieben?«Zweifellos steckte hinter dieser Frage allerlei Aggression unter Kollegen, aber auf jeden Fall war die Aussage klar und brutal.

Was auf fast schon komische Weise typisch für die britische Provinzialität, vor allem jedoch für die von Oxford war, ist die Tatsache, daß noch ehe A. J. Ayer den Logischen Positivismus im englischen Sprachraum eingeführt hatte, bereits eine vollständige Widerlegung dieser Schule veröffentlicht worden war. 1934 war in Wien das Buch *Logik der Forschung* von Karl Popper erschienen. Die englische Übersetzung erschien erst ein Vierteljahrhundert später, 1959, unter dem Titel *The Logic of Scientific Discovery*. In diesem Buch wurden viele Kritikpunkte gegen den Logischen Positivismus vorgebracht, darunter einige der von mir bereits angeführten, sein zentrales und treffendstes Argument war jedoch, daß der Logische Positivismus sich vor allem als (und sogar als *die*) wissenschaftliche Weltsicht ausgab, während sein Angelpunkt, das Prinzip der Verifizierung, die gesamte Wissenschaft doch vom Tisch fegte. Auch wenn diese Kritik zu kurz greift – und nur wenige würden heute leugnen, daß Poppers Buch überhaupt zu kurz greift – kündigte sie den totalen Schiffbruch des Logischen Positivismus an.

Poppers Argumentation läßt sich wie folgt zusammenfassen. Von Newton bis zur Zeit der Logischen Positivisten hatte die Wissenschaft es als ihre Hauptaufgabe angesehen, Naturgesetze zu ermitteln, also allgemeingültige und überall zutreffende Aussagen über die Welt. Beispiele sind: »Jeder Körper im Universum zieht jeden anderen Körper im Universum mit einer Kraft an, die direkt proportional zur Masse der beiden Körper und umgekehrt proportional zum Quadrat ihrer Entfernung ist« *(Newtonsches Gravitationsgesetz)* oder »Bei konstanter Temperatur ist das Volumen einer Gasmenge umgekehrt proportional zu ihrem Druck« *(Boyle-Mariottesches Gesetz)* oder »$E = mc^2$« (eine der Konsequenzen aus Einsteins *Allgemeiner Relativitätstheorie*). Ich habe hier bekannte Exempel angeführt, aber natürlich bestehen die Naturwissenschaften so gut wie gänzlich aus derartigen Gesetzen, Konstanten und Gleichungen, von denen es ungezählte Tausende gibt. Wenn die Frage gestellt wurde, woher wir überhaupt wissen, daß diese Gesetze zutreffen, dann war die Antwort, daß sie zunächst durch praktische Beobachtung ermittelt und dann durch entscheidende Experimente untermauert worden waren, und daß sie richtige Ergebnisse erbracht hatten, wann immer sie seither angewendet worden waren. Man ging davon aus, daß Wissenschaftler im Lauf ihrer Arbeit gewaltige Mengen von Daten anhäuften, in denen dann schließlich allgemeine Muster oder Gemeinsamkeiten zu erkennen waren, die zu guter Letzt die Möglichkeit einer uneingeschränkten allgemeinen Aussage oder Gleichung von gesetzartigem Charakter nahelegten. Irgendein tatkräftiger Naturwissenschaftler erkannte diese Möglichkeit und formulierte eine Hypothese. Danach versuchte er ein Experiment zu entwickeln, um diese Hypothese zu testen. Wenn das Experiment gut aufgebaut war und keine Schlupflöcher ließ, dann ließ sich damit einwandfrei feststellen, ob die Hypothese zutraf oder nicht. Unter diesen Umständen war es unvermeidlicherweise das Schicksal der meisten Hypothesen, widerlegt zu werden; aber wenn das Experiment die Hypothese bestätigte, dann waren ein neues wissenschaftliches Gesetz oder eine neue konstante Gleichung entdeckt worden.

Aussagen wie solche Gesetze sind niemals analytisch, und wenn sie das wären, dann könnten sie uns keinerlei Informationen über die Welt vermitteln. Ihre Wahrheit ergibt sich nicht durch deduktive Logik aus der Definition der in ihnen verwendeten Ausdrücke, und sie abzustreiten wäre auch kein Widerspruch in sich. Im Gegenteil, ihre Entdeckung ist fast immer wie eine Offenbarung. Was sie uns vermitteln können, sind interessante und oft praktisch äußerst wertvolle empirische Informationen über die Beschaffenheit der Welt, Informationen, die nur die Beobachtung nahelegen und das streng wissenschaftliche Experiment untermauern kann. Zum Erstaunen der meisten, die das Buch verstanden, demonstrierte Popper in der *Logik der Forschung*, daß wissenschaftliche Gesetze empirisch nicht überprüfbar sind. Heute neigen wir dazu, diese Erkenntnis Popper selbst zuzuschreiben, aber Tatsache ist, wie er selbst niemals geleugnet hat, daß sie bereits zweieinhalb Jahrhunderte früher von Hume formuliert wurde. Humes Darstellung war zwar klar und unzweideutig, aber ihre Implikationen waren von dermaßen explosiver Natur, daß nur die allergrößten der auf ihn folgenden Denker wie Kant, Schopenhauer und Einstein sich ihnen wirklich stellten. Auf jeden Fall aber war es Hume, der als erster darauf hingewiesen und mit seiner üblichen Klarsicht erklärt hatte, daß keine endliche Anzahl von Beobachtungen, so zahlreich sie auch sein mögen, eine unbegrenzt allgemeine Konklusion ermöglicht, die logisch vertretbar ist. Es ist schon möglich, daß jeder Gegenstand, der mir aus der Hand rutscht, zu Boden fällt, und daß ich dann schließlich daraus folgere, daß *alle* Gegenstände, die keinen festen Halt haben, zu Boden fallen, aber diese Schlußfolgerung habe ich nicht durch einen logischen, sondern durch einen psychologischen Prozeß erzielt. Wenn wir ein A sehen, das die Eigenschaft x besitzt, dann folgt daraus nicht logischerweise, daß das nächste A, das wir zu Gesicht bekommen, ebenfalls über die Eigenschaft x verfügen wird. Das kann, aber es muß nicht der Fall sein – es kann A's mit dieser Eigenschaft geben und andere ohne sie – es sei denn, wir können diese Verbindung durch eine Definition stützen, was bedeutet, daß wir festlegen, daß etwas nur dann als A gilt, wenn es die Eigenschaft x hat. Aber in diesem Fall ist die Aussage: »Jedes A ist x« eine Tautologie und enthält keine empirische Information.

Die nicht-tautologische Schlußfolgerung »Jedes A ist x« ergibt sich nicht aus der einmaligen Beobachtung eines A und auch nicht aus zweitausend Beobachtungen oder aus zwei Milliarden. Das bekannteste Beispiel in dieser Hinsicht hat mit Schwänen zu tun. Ehe Australien entdeckt wurde, hatten die Europäer jahrtausendelang nur weiße Schwäne gesehen, und jedermann schien es für selbstverständlich zu halten, daß Schwäne weiß sind – Ausdrücke wie »schwanenweiß« oder »weiß wie ein Schwan« waren allgemein bekannt, und die Behauptung »alle Schwäne sind weiß« wurde in einem Lehrbuch der Logik, das seit der Reformation in Gebrauch war, immer wieder als Beispiel für eine feststehende Tatsache verwendet. Doch als die Europäer Australien entdeckten, begegneten ihnen dort erstmalig schwarze Schwäne. Sie hätten nun erklären können, diese Vögel seien schwarz und folglich keine Schwäne, sondern eine andere Vogelart, der sie dann einen anderen Namen gegeben hätten. Das hätte der Aussage »alle Schwäne sind weiß« ihren Informationswert geraubt und sie per definitionem zur Wahrheit erklärt. Aber die Europäer akzeptierten, daß diese Vögel tatsächlich Schwäne waren und die Aussage »alle Schwäne sind weiß« folglich nicht zutreffen konnte. Doch das bedeutete, daß es überhaupt keine Rolle spielte, wie viele Schwäne bei wie vielen Gelegenheiten von wie vielen Millionen Menschen im Laufe egal wie vieler Jahrtausende beobachtet worden waren – selbst wenn sie ausnahmslos weiß gewesen waren, so hatte sich daraus doch niemals folgern lassen, daß *alle* Schwäne weiß sind.

Wie Hume es sagte: »So einfach dieser Schritt auch aussehen mag, die Vernunft würde bis in alle Ewigkeit außerstande sein, ihn zu machen.« Was wiederum bedeutet, daß uneingeschränkte allgemeine Aussagen der Art »Jedes A hat die Eigenschaft x« per se nicht empirisch verifizierbar sind. Und unangenehmerweise sind wissenschaftliche Gesetze genau solche Aussagen. Ihre unbegrenzte Allgemeingültigkeit macht es ganz einfach unmöglich, sie empirisch zu verifizieren, egal, wie viele Beobachtungen wir auch anführen mögen. Deshalb, sagte Popper, ergibt sich aus dem Prinzip der Verifizierung, daß wissenschaftliche Gesetze Aussagen ohne Bedeutung sind, die keinerlei Informationswert enthalten. Das Prinzip der Verifizierung führt alle wissenschaftlichen Gesetze ad absurdum – und damit die gesamten Naturwissenschaften.

Um Popper wirklich zu verstehen, müssen wir uns vor Augen halten, daß er kein Denker war, der dieselben Fragen stellte wie die Logischen Positivisten, aber zu einer anderen Antwort gelangte. Er schlug ganz andere Wege ein. Die Logischen Positivisten suchten ein Kriterium für Bedeutung, ein Kriterium, um die Grenze zwischen Sinn und Un-Sinn festzulegen. Popper hielt diese Suche für einen Fehler. Er wies darauf hin, daß ein Großteil unseres nützlichsten Wissens aus den Naturwissenschaften stammt, daß die Wissenschaftler aber durchaus nicht über die Bedeutung ihrer Grundbegriffe debattieren, wobei es sich doch immerhin um so unterschiedliche Begriffe handelt wie *Physik, Beobachtung, Messung, Licht, Masse, Energie,* ganz zu schweigen von den vielen mathematischen Begriffen, die sie verwenden (Was ist eine Zahl? Was ist Mathematik?). Die Wissenschaftler verzichten zumeist auf solche Diskussionen und widmen sich ihrer Wissenschaft. Und, sagte Popper, das ist auch richtig so. Die Vorstellung, daß wir zuerst unsere Begriffe definieren müssen, um eine einträgliche Diskussion führen zu können, ist nachweislich ein Widerspruch in sich. Wenn wir einen Begriff definieren, dann müssen wir mindestens einen weiteren neuen Begriff in diese Definition einführen, sonst würde die Definition zum Zirkelschluß. Doch dann müssen wir auch den neuen Begriff definieren. Und auf diese Weise kann es endlos weitergehen. Der Versuch, unseren gesamten Begriffsvorrat zu definieren, muß und kann nur zu Diskussionen über Wörter und Bedeutungen führen, die nach den Gesetzen der Logik niemals ein Ende finden können. Wenn wir überhaupt diskutieren wollen, müssen wir deshalb notwendigerweise zu undefinierten Begriffen greifen. Und das ist im Grunde die logische Rechtfertigung für das Vorgehen der Wissenschaftler. Ihr Beispiel zeigt deutlich, daß ein Diskussionsverzicht kein Hindernis für rasches, erfolgreiches und kontinuierliches Anwachsen unseres Wissens und unseres Verständnisses der Welt sein muß. Das einzige neue Wissen, das die Diskussion über die Bedeutung von Wörtern uns bringen kann, ist neues Wissen über die Bedeutung von Wörtern: und das hilft uns so gut wie gar nicht dabei, unser Verständnis der nichtsprachlichen Realität zu erweitern.

Aus diesen und aus anderen Gründen wies Popper von Anfang an darauf hin, daß es de facto und auch logisch für einen Philosophen ein katastrophaler Irrtum ist, sich auf die Bedeutung der Wörter zu konzentrieren. Eine solche Einstellung hindert ihn daran, jemals Fragen von wirklicher Substanz zu behandeln. Die schiere Endlosigkeit des Prozesses, den das mit sich bringt, macht sein Vorgehen zunächst unfruchtbar auf Diskussionsebene und in der Folge dann langweilig für alle, die ihn nicht als Ziel an sich sehen. In der Praxis muß es also zu endlosen Wortklaubereien, Haarspaltereien und letztlich zu Scholastik führen. Popper lehnte also nicht nur die Suche nach einem Kriterium für Bedeutung ab, er beobachtete auch, daß jene, die das versuchten, in einen Treibsand gerieten, aus dem sie niemals wieder herauskommen konnten, es sei denn, sie gaben ihr Unterfangen wieder auf.

Poppers eigener Ausgangspunkt hatte wenig mit Sprache zu tun. Ursprünglich war er an einer Wiener Schule Lehrer für Mathematik und Physik gewesen. Und als junger Mann hatte er im damaligen Wien beobachtet, daß die meisten Intellektuellen in seinem Umkreis voll und ganz im Bann von zwei Ideologien standen, die sich beide als wissenschaftlich ausgaben: Marxismus und Psychoanalyse. Im Lauf der Zeit war ihm klargeworden, daß das beides Pseudowissenschaften waren. Das soll nicht heißen, daß es diesen Weltanschauungen an wertvollen Erkenntnissen gefehlt hätte. Im Gegenteil, beide verfügten über einen ungewöhnlichen Reichtum an überzeugenden und originellen Vorstellungen. Aber sie machten für sich selber sehr viel weitergehende Ansprüche geltend: Sie behaupteten ausdrücklich, *Wissenschaften* zu sein, was durchaus nicht dasselbe ist. Die altgriechische Mythologie ist schließlich auch voll von tiefgründigen Ideen und Einsichten, aber das macht sie noch lange nicht zur Wissenschaft. Die schlichte Tatsache ist jedoch, wie Popper erkannte, daß es sich bei Marxismus und Psychoanalyse eben auch nicht um Wissenschaften handelt. Doch warum ist das nicht der Fall? Wie können wir wirkliche Wissenschaften von Richtungen unterscheiden, die keine sind, auch wenn sie viele gute Ideen bringen und sich selber dafür halten? Das war die Frage, die der junge Popper sich stellte. Er suchte ein Kriterium nicht für die Grenze zwischen Sinn und Un-Sinn, sondern für die zwischen Wissenschaft und Nicht-Wissenschaft.

Seine Zeitgenossen, inklusive der Mitglieder des Wiener Kreises, hielten – wie praktisch jeder seit Newton – eine Wissenschaft für ein Bauwerk aus gesichertem und gefestigtem Wissen, das auf der Grundlage von überzeugend verifizierten wissenschaftlichen Gesetzen durch deduktive Argumente errichtet worden ist. Der Hume-Poppersche Nachweis, daß das nicht so sein kann, kommt einem Erdbeben gleich, denn er bedeutet, daß das gesamte vorherrschende Wissenschaftsbild der letzten dreihundert Jahre nicht zutreffen kann. Der elementaren Grundlage des westlichen Denkens der vergangenen Jahrhunderte wird dadurch gewissermaßen der Boden unter den Füßen weggezogen. Wenn wir diese Grundlage verlieren, verlieren wir so viel, daß ich gar nicht erst anfangen kann, das alles aufzuzählen. Auf jeden Fall stellt sich eine naheliegende und wichtige Frage, die Popper aufgriff und die wir auch schon erwähnt haben, nämlich: Wenn die Wissenschaft nicht das ist, was wir bisher geglaubt haben, was ist sie dann? Mit anderen Worten, was ist das Kriterium für die Trennung von Wissenschaft und Nicht-Wissenschaft?

Ein Wendepunkt in Poppers Denken war die Entdeckung einer radikalen Asymmetrie zwischen Verifizierung und Falsifizierung, und das brachte ihn zu seinem modifizierten Bild von Wissenschaft – und nicht nur von Wissenschaft, sondern schließlich auch vom menschlichen Wissen und folglich vom menschlichen Leben überhaupt, so daß seine eine Erkenntnis Konsequenzen für das gesamte Spektrum der Philosophie haben sollte. Er erkannte, daß uneingeschränkte allgemeine empirische Aussagen zwar nicht verifizierbar, aber doch falsifizierbar sind. Obwohl auch die größte

Menge von Beobachtungen nicht beweisen kann, daß eine Aussage wie »Jedes A hat die Eigenschaft x« (zum Beispiel »Alle Schwäne sind weiß«) zutrifft, so beweist doch eine einzige Beobachtung eines A, das die Eigenschaft x nicht besitzt (zum Beispiel eines schwarzen Schwans) das Gegenteil. Das bedeutet, daß wissenschaftliche Gesetze zwar nicht verifizierbar, aber eben doch falsifizierbar sind, *und das bedeutet, daß sie überprüft werden können*. Dieser letzte Schritt ist der ausschlaggebende. Wenn eine Theorie irgend etwas, das geschieht, erklären kann, dann müssen alle möglichen Beobachtungen mit dieser Wahrheit übereinstimmen. In diesem Fall können jedoch niemals tatsächliche Beobachtungen zu ihren Gunsten angeführt werden. Die Theorie kann also nicht nur nicht falsifiziert, sie kann auch nicht belegt werden. Keine derartige Theorie, sagt Popper, kann als wissenschaftlich gelten. Eine wissenschaftliche Theorie muß empirisch überprüfbar sein, und da Falsifizierung die einzig mögliche logische Überprüfungsmethode darstellt, kann nur empirisch falsifizierbaren Aussagen wissenschaftlicher Status zugebilligt werden. Empirische Falsifizierbarkeit, folgert er, ist das Kriterium für die Grenze zwischen Wissenschaft und Nicht-Wissenschaft.

Vor allem die Tatsache, daß Marxismus und Psychoanalyse Erklärungen für alles lieferten, was möglicherweise passieren kann, überzeugte ihre Anhänger davon, daß die jeweilige Weltanschauung der Wahrheit entsprach. Popper jedoch erkannte, daß eben darin bei beiden die entscheidende Schwäche lag. Ihre Wahrheit konnte niemals überprüft werden, und das machte sie buchstäblich zur Glaubenssache; beide Weltanschauungen mußten eher als Ideologien gelten denn als Wissenschaften. Sie standen im klaren Gegensatz zu Theorien der wirklichen Wissenschaften, die durch ausreichend belegte Beobachtungen, die ihnen widersprachen, eliminiert werden konnten. Eines der spektakulärsten Beispiele für diese Tatsache in der Geschichte der Wissenschaften stammt sogar aus Poppers Jugendjahren. Einstein veröffentlichte zuerst seine Spezielle und dann seine Allgemeine Relativitätstheorie. In mancher Hinsicht waren beide nicht mit der Newtonschen Physik vereinbar, die seit mehr als zwei Jahrhunderten in der gesamten westlichen Welt als endgültige und unwiderlegbare Tatsache akzeptiert wurde – Newtons Gesetze wurden als »Naturgesetze«

bezeichnet und in der Schule unter dieser Bezeichnung gelehrt. Aber es lag auf der Hand, daß Einstein und Newton nicht beide recht haben konnten. Ausschlaggebende Experimente wurden entwickelt, die beweisen sollten, welcher von beiden der Wahrheit näher käme, Experimente, in denen Einsteins Theorien sich zur Widerlegung geradezu anboten, da sie Ergebnisse voraussagten, die sich mit Newtons Lehren einfach nicht vereinbaren ließen. Doch in jedem Fall war die empirische Evidenz auf seiten Einsteins. Das bedeutete nicht, daß Einsteins Theorien dadurch als »wahr« erwiesen worden wären, ebensowenig wie Beobachtungen und Experimente jemals Newtons Theorien hatten beweisen können – das ist, wie wir inzwischen eingesehen haben, unmöglich – aber es bedeutete immerhin, daß Einsteins Theorien der Wahrheit, wie immer die aussehen mag, näher kommen als jene Newtons.

Popper war fasziniert von dieser Entwicklung und verdankte ihr mehrere Erkenntnisse, die für die Entwicklung seiner Philosophie von grundlegender Bedeutung waren. Die erste war, daß wir die Newtonsche Wissenschaft nie »gekannt« hatten, gekannt im damals allgemein akzeptierten Wortsinn, nämlich, gewiß und auf unerschütterlicher Grundlage stehend. Humes Aussage, daß uneingeschränkte allgemeine empirische Aussagen sich niemals überzeugend verifizieren lassen, fand hier seine spektakulärste Illustration. Keine Gruppe von Aussagen hätte besser und scheinbar überzeugender belegt werden können als die der Newtonschen Wissenschaft. Jede Maschine verkörperte ihre Prinzipien, die gesamte moderne Technik baute auf ihnen auf – und damit die Industrielle Revolution – und damit in gewisser Hinsicht die gesamte moderne Welt, in der Newtons Gesetze und Gleichungen jeden Tag millionenfach praktisch angewandt wurden. Seine Gesetze hatten uns die natürliche Welt mit einem erstaunlichen Grad an Genauigkeit vorgeführt, sie hatten uns erklärt, wie das Sonnensystem funktioniert, und sie hatten uns befähigt, mit mathematischer Präzision eine Unzahl von natürlichen Phänomenen vorherzusagen, von den Gezeiten bis zu Existenz und Umlaufbahn eines bisher noch gar nicht bekannten Planeten. Wie der so oft zitierte Pope sagt:

Natur und Naturgesetze waren uns verborgen,
Gott sprach, Es werde Newton!, und es kam der lichte Morgen.

Doch trotz dieser unvorstellbaren Menge von scheinbaren Verifizierungen im Laufe von zwei Jahrhunderten – nachdem eine ganze geschichtliche Epoche, das industrielle Zeitalter, erfolgreich darauf aufgebaut hatte – stellte es sich heraus, daß Newtons Wissenschaft nicht überzeugend verifiziert worden war und in mancherlei Hinsicht nicht zutraf. Popper kam dadurch zu der Erkenntnis, daß wir wissenschaftlich gesehen im herkömmlichen Wortsinn überhaupt nichts »wissen« können. Die Suche nach Gewißheit, die seit Descartes die Hauptbeschäftigung der abendländischen Philosophie dargestellt hatte, hatte sich als Irrtum erwiesen, es handelte sich um eine Suche nach etwas, von dem es logisch unmöglich ist, daß wir es jemals finden werden. Das menschliche Wissen ist nicht die Erkenntnis einer objektiven und zeitlosen Wahrheit und kann das auch gar nicht sein, es ist kein feststehendes Erfassen von etwas, das unabhängig von uns »irgendwo dort draußen« existiert. Menschliches Wissen ist das, wofür wir zu irgendeinem gegebenen Zeitpunkt die besten Gründe haben, es zu glauben. Und weil das so ist, stellt es tatsächlich die bestmögliche Grundlage für unsere Annahmen und unser Handeln dar. Aber es bleibt immer *unser* Glaube, *unsere* Schlußfolgerung, *unsere* Hypothese, *unsere* Theorie und ist als solche fehlbar – und, ebenfalls als solche, ein Produkt des menschlichen Geistes. Newtons Gesetze waren keine Naturgesetze, sie waren Newtonsche Gesetze. Sie waren das Produkt eines unvorstellbaren Genies, die größte Einzelleistung in der intellektuellen (und dieser Begriff schließt für mich Kunst und Ethik nicht mit ein) Geschichte der Menschheit. Sie waren kein Wesenszug der Welt, sie lagen nicht irgendwo herum und warteten darauf, von jemandem mit genügend klarem Blick abgelesen und dann vom erstbesten Menschen entschlüsselt zu werden, der dazu klug genug war; sie waren von Newton ersonnen worden. Und sie kamen der Wahrheit, wie immer diese nun aussehen mag, so viel näher als alle früheren Erkenntnisse, daß sie den größten bisher beobachteten intellektuellen Durchbruch bedeuteten. Doch sie konnten noch immer von einer besseren Theorie korrigiert und somit ersetzt werden – und diese bessere Theorie war nun vorgelegt worden. Einstein selbst war das nur zu bewußt, und seine zweite Lebenshälfte widmete er der Suche nach einer Theorie, die seine eigenen Relativitätstheorien relativieren und übertreffen könnten, so, wie er das mit Newtons Theorien gemacht hatte.

Popper sah in dieser Situation das Paradigma des Wissens als solchem, seines Wachsens und des Grundes für dieses Wachsen. Die Welt existiert unabhängig von uns, aber unser Wissen um diese Welt existiert nicht unabhängig von uns und könnte das auch gar nicht, denn es wird von uns geformt. Menschliches Wissen ist menschlich. Es ist von uns gemacht worden. Es ist von Natur aus eine Mutmaßung, und es kann immer in Form von neuen Erfahrungen, neuen Beobachtungen, neuen Entdeckungen widerlegt oder korrigiert und dann von einer zutreffenderen oder informativeren Theorie ersetzt werden. Denn wir können zwar die Wahrheit einer Theorie niemals für endgültig festgelegt halten, doch wir können gute Gründe dafür haben – und oft haben wir solche, und immer wieder handeln wir entsprechend – eine Theorie zu verwerfen, weil wir eine bessere gefunden haben. Natürlich könnten wir es auch nicht wissen, wenn eine solche Theorie vollständig und ohne jegliche Einschränkung wahr wäre, logisch gesehen würde sie immer potentiell falsifizierbar bleiben.

Diese Argumente bedeuteten für die Doktrin des Logischen Positivismus und dessen gesamtes Programm und gesamte Zielsetzung ganz einfach den Bankrott. Doch es dauerte noch lange, bis die Logischen Positivisten das einsahen. Sie verhielten sich so, wie wir uns fast immer verhalten, wenn sich irgendein Standpunkt von unserem eigenen radikal unterscheidet: Sie betrachteten diese Argumente im Licht ihrer bereits existierenden Kategorien und Festlegungen, interpretierten sie damit im Rahmen ihrer praktizierten Philosophie und mißverstanden sie auf diese Weise. Da sie sich die Frage stellten, »Was macht manche Aussagen über die Welt sinnvoll, selbst wenn sie falsch sind, und andere nicht?«, gingen sie davon aus, daß dieser Mann, der sich so hartnäckig mit ihnen anlegte, ihre Antworten darauf zu widerlegen versuchte. Und weil ihnen einige der Schwierigkeiten, die sich beim Versuch ergeben, empirische Verifizierbarkeit als Kriterium für Bedeutung zu verteidigen, immer klarer zu Bewußtsein kamen, sahen sie bei

Popper den raffinierten Versuch, diesen Schwierigkeiten zu begegnen, indem statt verifiziert nun falsifiziert wurde. Mit anderen Worten, sie glaubten, er spiele dasselbe Spiel wie sie, schlüge den Ball aber auf eine ausgefeilt andere Weise. Jahrelang zeugte das, was sie über Popper schrieben (zum Beispiel A. J. Ayers in *Language, Truth and Logic*), von diesem Mißverständnis. Auch der ihm von Neurath verpaßte Spitzname »die offizielle Opposition« ist dafür ein Beispiel. Sie lobten Poppers Raffinesse in einem bestimmten Punkt und erteilten sich auf diese Weise selbst die Absolution. Ihre reflexhafte Reaktion auf den Namen Popper lautete Falsifizierung.

Aber nun kommen wir zum wahren Knackpunkt in der Geschichte dieses Mißverständnisses. Auf Poppers Versuch, den Logischen Positivisten bewußt zu machen, daß er durchaus kein Kriterium für Sinn und Bedeutung liefern wollte, sondern allein schon den Versuch, das zu tun, für einen argen Fehler hielt, und daß er Falsifizierbarkeit als Kriterium für die Unterscheidung zwischen Wissenschaft und Nicht-Wissenschaft vorschlagen wollte, lautete ihre Antwort, das sei schließlich dasselbe. Da sie voraussetzten, daß nur die Wissenschaft (und ihr Erzeuger, der gesunde Menschenverstand) sinnvolle Äußerungen über die Welt machen könne, schlug jeder mit einem Kriterium für die Unterscheidung zwischen Wissenschaft und Un-Wissenschaft damit zugleich auch ein Kriterium zur Unterscheidung von Sinn und Un-Sinn vor. Doch auch hier befanden sie sich im Irrtum, sowohl über sich selber als auch über Poppers Ansichten. Sie irrten sich in ihrer Vorstellung des wissenschaftlichen Charakters aller sinnvollen Äußerungen, einer Vorstellung, die Popper niemals geteilt hatte. Im Gegenteil, er hatte darauf hingewiesen, daß jegliche Wissenschaft sich Schritt für Schritt aus Nicht-Wissenschaften entwickelt habe, aus dem, was Logische Positivisten als »Metaphysik« beschrieben und abtaten; und er hielt die Behauptung, wissenschaftliche Theorien hätten sich aus sinnlosen früheren Theorien heraus entwickelt, weder logisch noch historisch für glaubwürdig. Popper hatte niemals Astrologie, Alchimie, Magie, Mythen, Religion oder metaphysische Annahmen als solche für sinnlos und für Unsinn gehalten. Im Gegenteil, sie galten ihm, wie die Wissenschaft selbst, als Versuche der Menschen, ihre Welt und ihre Erfahrungen dieser Welt zu verstehen und möglicherweise auch bis zu einem gewissen Grad zu beherrschen. Für ihn waren das primitive Vorstellungen, die in den meisten Fällen krasse Irrtümer darstellten, doch oft wichtige Erkenntnisse enthielten, und diese Erkenntnisse hatten sich bisweilen – durch einen jahrhundertelangen und kontinuierlichen gegenseitigen Prozeß der Veränderung, basierend auf Kritik, Eliminierung, Anpassung, Neubewertung, phantasievoller Erweiterung und so weiter – zu unseren Wissenschaften oder Teilen unserer Wissenschaften entwickelt. Popper war der Ansicht, daß wir alle zwangsläufig metaphysische Vorstellungen über die Welt hegen müssen, ob uns das nun paßt oder nicht, und in seiner Boshaftigkeit lieferte er uns mit seinem Glauben an die Existenz von Regelmäßigkeiten in der Natur selber ein Beispiel dafür.

Doch das alles traf auf taube Ohren. Die Logischen Positivisten hielten Poppers Werk weiterhin für eine Weiterentwicklung ihrer Ansichten, obwohl er in seinen bisherigen Veröffentlichungen ihre Wurzeln aus dem Boden gerissen und verbrannt hatte. Und weil sie und ihre Schriften noch für einige Jahre im Zentrum der philosophischen Diskussion standen, fand ihr Popperbild weite Verbreitung. Das machten sich Teilnehmer der abschließenden Marxrenaissance der sechziger Jahre für ihre Polemik nutzbar. Inzwischen hatte Popper seine umfassendste und wirkungsvollste Widerlegung des Marxismus veröffentlicht, nämlich in seinem Buch *Die offene Gesellschaft und ihre Feinde* (1945). In ihrem Drang, Popper zu widerlegen, um ihn danach abtun zu können, bezeichneten die Marxisten ihn konsequent als Positivisten – der Logische Positivismus galt damals weithin als erledigter Fall, und die Bezeichnung »Positivist« deutete an, daß Poppers Ansichten keine ernsthafte Beachtung mehr verdient hätten. Eine allgemeine Folge dieser Vorgehensweise und anderer Entwicklungen ist, daß es noch heute Ende der neunziger Jahre durchaus nicht selten vorkommt, daß Philosophen der unterschiedlichsten und unvereinbarsten Schulen Popper für einen Positivisten halten, dessen Werk in eine Zeit gehört, die ein für allemal vorbei ist. Auch die Marxisten sind mehr oder weniger in dieser Vergangenheit verschwunden, doch Anhänger der Ansicht, die Philosophie widme sich der Sprachanalyse, sind weiterhin ebenso bereit, Popper mißzuverstehen wie damals die Marxisten – und das aus einem ähnlichen Grund: Popper ist ein radikaler Gegner ihres gesamten philosophischen Konzepts, und nur wenn sie ihn in eine Schule einordnen können, deren Zeit unwiderruflich vergangen ist, können sie mit gutem Gewissen ihn und seine Kritikpunkte ignorieren. Doch wenn jemand Popper auf irgendeine Weise als Positivisten darstellt, dann können wir davon ausgehen, daß der Betreffende sich höchstens oberflächlich mit Poppers Werk beschäftigt hat.

Viertes Kapitel

Sprachanalyse

Wir haben gesehen, daß »Oxford-Philosophie« ein Sammelbegriff für mehr als nur eine Herangehensweise war und daß in den verschiedenen Phasen ihrer Epoche unterschiedliche Orthodoxien regierten. Während der späteren Phase herrschte der Logische Positivismus, der jedoch schließlich an, marxistisch gesprochen, seinen inneren Widersprüchen scheiterte. Ihm folgte nach und nach eine Richtung, die unter zwei Namen gleichermaßen bekannt werden sollte: »Sprachanalyse« und »Sprachphilosophie«. Viele einzelne Philosophen in Oxford und anderswo machten diese Entwicklung auf scheinbar natürliche Weise mit: Zuerst warfen sie sich auf den Logischen Positivismus, doch als ihnen dessen unlösbare Probleme immer klarer zu Bewußtsein kamen, wechselten sie zu einer eher sprachanalytischen Herangehensweise. Obwohl ihnen damals die Unterschiede zwischen beiden Richtungen nur zu bewußt waren, fallen uns heute die Parallelen noch stärker auf.

Als erstes distanzierten sie sich beide von der traditionellen Aufgabe der Philosophie, nämlich, die Welt zu verstehen. Beide sahen es als gegeben an, daß die Philosophie vor allem verbalisierte Begriffe und andere sprachliche Formulierungen analysieren sollte. Doch während der Logische Positivismus dafür auch einen Grund sah, hatte die Sprachanalyse diesen nicht. Logische Positivisten glaubten, Philosophie könne nicht direkt zu unserem Verständnis der Welt beitragen – und es könne niemals so etwas wie Philosophie erster Ordnung geben – da diese Aufgabe zu Recht von der Wissenschaft übernommen worden sei, die für die Philosophie keinen Betätigungsbereich mehr übriggelassen habe. Sprachanalytiker wiesen zwar die Behauptung zurück, unser Wissen über die Welt sei die ausschließliche Domäne der Wissenschaften, behielten jedoch das philosophische Konzept bei, mit dem diese Behauptung aufgestellt worden war. Mit anderen Worten, sie lehnten den Grund, Philosophie für Sprechen über das Sprechen zu halten, ab, philosophierten dann aber weiter, als sei Philosophie genau das. Ihrer Hauptaussage über das Wesen ihres Faches fehlte jegliche adäquate Grundlage. Wenn sie überhaupt versuchten, die von der Wissenschaft nicht geschlossenen Lücken in unserem eigentlichen Weltbild zu füllen, dann zogen sie dazu den gesunden Menschenverstand und den damit verbundenen Sprachgebrauch heran. Das sich daraus ergebende Konzept von Philosophie wurde von Peter Strawson so formuliert: »Mir scheint, daß normale Menschen die normale Sprache verwenden – und die Betonung von Sprache ist hier nicht immer so wichtig –, daß normale Menschen, die sich der normalen begrifflichen Ressourcen der Menschheit bedienen, keinen groben Notbehelf zu ihrer Verfügung haben, sondern ein ungeheuer ausgefeiltes Werkzeug zum Denken; und es ist eine unglaublich interessante und niemals zu bewältigende Aufgabe, die verschiedenen Verbindungen zwischen den Begriffen aufzuzeigen, die wir im normalen Leben ohne besondere Schwierigkeiten benutzen. Die *Struktur* dieses gesamten Konzeptes, das wir im normalen Handlungsablauf so gelassen benutzen, wirft ungeheuer komplizierte und interessante Probleme auf. Die Schwierigkeit liegt darin, diese Struktur zu beschreiben, darzulegen, wie unsere Vorstellungen von Wahrnehmung, Handeln, persönlicher Identität, Ethik – also lauter normalen Vorstellungen, mit denen wir problemlos umgehen – miteinander verwandt sind. Ihre Vielfalt und die Faszination der Struktur erscheinen mir als unerschöpflich, und ich nehme an, das ist im Laufe der Geschichte des Faches vielen Philosophen so gegangen.«*

Diese Vorstellung von Philosophie legt meiner Ansicht nach sofort drei schwerwiegende Einwände nahe. Zum ersten geht sie da-

---

* Bryan Magee: *Modern British Philosophy*, S. 126–137

von aus, daß unsere normale Verwendung von Begriffen einer Theorie bedarf. Aber ist das wirklich der Fall? Sollte irgendwer verkünden: »Violine zu spielen gehört zu den tiefgründigsten Erfahrungen, zu denen der Mensch befähigt ist, und deshalb ist es von äußerster Wichtigkeit für uns, das größtmögliche theoretische Verständnis des Violinespielens zu erwerben«, dann würden alle sofort sehen, wie unsinnig diese Äußerung wäre. Violine zu spielen ist von Natur aus eine Tätigkeit, die nicht im Mittelpunkt irgendeiner Theorie stehen kann. Keine Theorie, so flexibel, ausgefeilt und subtil sie auch sein könnte, würde ihr gerecht werden können, sie gehört in einen Bereich, der für Theorien unzugänglich ist. Doch selbst wenn es möglich wäre, dann würde eine Theorie des Violinespielens für den Geiger eher ein Hindernis als eine Hilfe darstellen und könnte den Musikgenuß für den Hörer nicht vergrößern. Sie wäre überflüssig und schädlich. Und das gilt auch für Theorien über die meisten wichtigen menschlichen Aktivitäten: Wir streben, und das ist nur richtig so, kein systematisches theoretisches Verständnis von Ehe oder Elternschaft, von Liebe oder Freundschaft, von Essen oder Trinken oder Schlafen an. Wir können einfach nicht behaupten, daß wir alle wichtigen Tätigkeiten auch theoretisch verstehen müßten. Wer hätte je nach einem theoretischen Verständnis sexueller Liebe gesucht? In den meisten Fällen würde eine solche Theorie keinem Zweck dienen, und, schlimmer noch, sie würde stören oder ablenken. An der gesamten Lebensauffassung eines jeden, der glaubt, daß wir derartige Theorien brauchen, ist etwas krank. Alle, die nicht erkennen, daß es sowieso unmöglich wäre, eine solche Theorie zu formulieren, leiden an irgendeinem Defekt. Das Leben, das wirkliche Leben, ist nicht so – es ist nicht die praktische Anwendung von Theorien. Eines der tragischsten und vertrautesten Beispiele für Inauthentizität sind schließlich Menschen, die in Übereinstimmung mit Theorien zu leben versuchen.

Über das Strawsonsche Projekt läßt sich also sagen, daß es erstens eine Unmöglichkeit verlangt, und daß es zweitens schlimmer als nutzlos wäre, wenn diese Unmöglichkeit sich doch ermöglichen ließe. Ein dritter Kritikpunkt ist, daß es in keinerlei Zusammenhang mit dem Anwachsen von Wissen aus erster Hand steht und den Grund für diesen Mangel weder begreifen noch erklären kann. Es hält die Begriffswelt des gesunden Menschenverstandes für selbstverständlich und betrachtet es als Hauptaufgabe der Philosophie, die Struktur dieser Begriffswelt zu untersuchen. Aber der gesunde Menschenverstand ist ein absolut unzulängliches Instrument, wenn es darum geht, die Welt zu verstehen. Er steht sprachlos vor den grundlegendsten Fragen über unsere Erfahrung. Sollen wir diese Fragen deshalb nicht stellen? Philosophen Strawsonscher Prägung würden antworten: »Nein. Wir können sie nicht beantworten, und deshalb sollten wir sie gar nicht erst stellen. Kümmern wir uns doch lieber um Fragen, die wir in den Griff bekommen können.« Praktisch bedeutet das: Bleiben wir in den Grenzen unserer bisherigen Weltsicht und versuchen wir, unser Verständnis ihrer Strukturen und Konsequenzen zu verbessern. Diese Haltung wäre durchaus vertretbar, wenn die fragliche Struktur von unserer Biologie abhinge und sich nicht ändern ließe, doch das können wir ja wohl nicht ernsthaft behaupten. Von den von Strawson angeführten Beispielen, den Vorstellungen von Wahrnehmung, Handeln, persönlicher Identität, Ethik sind zumindest die drei letzteren bis zu einem gewissen Grad kulturabhängig, vor allem natürlich das letzte, und ich möchte behaupten, daß sie alle, sogar die Vorstellung der Wahrnehmung, in unterschiedlichen Kulturen sehr unterschiedlich aussehen können. Selbst innerhalb unserer eigenen Kultur verstehen manche Wahrnehmung im Sinne Berkeleys, als Gottes Art, mit dem Beobachter zu kommunizieren. Strawson, das muß zugegeben werden, hat seine Untersuchungen auf außergewöhnlich brillante Weise durchgeführt, aber diese Einwände können dadurch nicht entkräftet werden.

Wenn wir dieses Thema weiter behandeln wollen, dann brauchen wir ein detailliertes und breiteres Bild der Sprachanalyse als bisher.

Ich habe bereits erwähnt, daß das einflußreichste Werk über Sprachanalyse, das von einem Oxforder Philosophen stammt, Gilbert Ryles *Der Begriff des Geistes* war. Dieses Buch versucht gar nicht erst, die Tatsache zu verschleiern, daß es unter dem Einfluß der Philosophie des späten Wittgenstein entstanden ist, mit dem Ryle früher befreundet gewesen war – sie hatten sogar eine Reihe von Wandertouren miteinander unternommen. Wittgenstein lebte noch, als *Der Begriff des Geistes* veröffentlicht wurde – er starb achtzehn Monate später, im April 1951 in Cambridge – und er soll Ryle als einen der beiden Menschen bezeichnet haben, die seine Philosophie wirklich verstanden hätten.

Wittgenstein veröffentlichte zeit seines Lebens nur ein Buch und einen Artikel. Das Buch *Tractatus Logico-Philosophicus*, erschien 1921 und erlangte für sich und für seinen Verfasser internationalen Ruhm. Doch gerade in den Jahren, in denen sein Einfluß am größten war, kam Wittgenstein zu der Überzeugung, zutiefst mißverstanden worden zu sein. Zu einem Zeitpunkt, als Philosophen in vielen Ländern sein Buch entdeckten und in manchen Fällen zu glühenden Wittgenstein-Jüngern wurden, lehnte er selber dieses Buch ab und entwickelte eine ihm widersprechende neue Herangehensweise. Es ist vielleicht keine Überraschung, daß der Ausgangspunkt dieses neuen Denkansatzes eben jener Punkt war, an dem seine frühere Philosophie seiner Ansicht nach in die Irre gegangen war, und dieser Punkt wurde dann zum Angelpunkt der Unterschiede zwischen diesen beiden Philosophien. Zeit seines Lebens veröffentlichte Wittgenstein allerdings nichts über seine spätere Philosophie. Im Untergrund waren Gerüchte über seinen Richtungswechsel im Umlauf, aber die einzigen, die mehr darüber wußten, waren jene, die direkten Kontakt zu ihm oder zu seinem engsten Kreis oder zu bestimmten privat zirkulierenden Manuskripten hatten. Deshalb war es möglich, daß das erste vollständige Werk, in dem im Stil des späten Wittgenstein philosophiert wurde, nicht von diesem selber stammte, sondern von Ryle – eine Tatsache, die Wittgenstein angeblich ziemlichen Kummer gemacht hat. Was heute allgemein unter der Bezeichnung »Wittgensteins spätere Philosophie« läuft, wurde für die Öffentlichkeit erst durch die postume Veröffentlichung seines Buches *Philosophische Untersuchungen*, 1953, zugänglich.

Diese beiden Bücher trugen entscheidend dazu bei, daß während der fünfziger Jahre an den großen britischen Universitäten die Hegemonie des Logischen Positivismus durch die der Sprachanalyse ersetzt wurde – obwohl in Oxford J. L. Austin die dominierende Gestalt war, während Ryle zu seinem Unwillen nur die zweite Geige spielte. In Cambridge dagegen regierte Wittgenstein noch aus dem Grab heraus. Die Tatsache, daß Austin, genau wie Wittgenstein, lebenslang durch seine Lehrtätigkeit und durch Diskussionen größeren Einfluß ausübte als durch seine Veröffentlichungen, sorgte dafür, daß sich sein Einfluß recht weitgehend auf Oxford beschränkte. Aber er hatte natürlich wie auch Ryle Schüler, die dann später an anderen Orten unterrichteten; und in Großbritannien gab es damals kaum mehr als zwei Dutzend Universitäten. Ryle galt, was die Verteilung von Lehrstühlen anging, als einflußreichster Königsmacher im ganzen Land. Auf diese Weise war es unvermeidlich, daß dieser Einfluß sich an den meisten Universitäten bemerkbar machte.

Eine der grundlegenden Überzeugungen der Sprachanalytiker war, daß es so etwas wie ein philosophisches System eigentlich gar nicht geben könne. Wenn wir also versuchen, ihre Herangehensweise zu beschreiben, dann stellt sich heraus, daß es keinen zusammenhängenden Schatz an Doktrinen gibt, den wir untersuchen könnten. Austin bestand stets darauf, daß jegliche philosophische Untersuchung nicht auf theoretischen Überlegungen aufbauen dürfe, sondern auf der Wirklichkeit, darauf, was tatsächlich passiert, also auch darauf, was die Menschen nun einmal sagen. Es sei sinnlos, meinte er, wenn wir uns den Kopf darüber zerbrechen, was irgendeine Behauptung bedeuten kann, wenn es keine vorstellbaren Umstände gibt, unter denen irgendwer diese Behauptung aufstellen könnte. Wenn es keine mögliche Verwendung dafür gibt, dann hat sie auch keine mögliche Bedeutung. Derselbe Gedankengang lieferte ihm, andersherum betrachtet, seine Standard-Herangehensweisen. Wenn er mit irgendeinem Ausdruck, einer Behauptung oder irgendeinem anderen Stück sprachlicher Aktivität konfrontiert wurde, dann fragt er sich: »Unter welchen Umständen würde irgend jemand das tatsächlich sagen?« Wenn er dann die mögliche Verwendung dieser sprachlichen Aktivität feststellte, dann stellte er auch, dachte er, ihre Bedeutung fest. Er glaubte, damit einen Fehler sichtbar zu machen, den die Philosophen im Laufe der Zeit immer wieder begangen hatten: Sie hatten eine Behauptung oder ein Argument isoliert als autonome sprachliche Formulierung untersucht, ohne die wirklichen Umstände zu bedenken, unter denen diese Formulierung zur Anwendung kam. Vielleicht war ihm mehr als irgendeinem anderen Philosophen bewußt, daß Sprechen und Denken Dinge sind, die wir *tun*. Sie sind Formen menschlichen Verhaltens – in mancher Hinsicht die wichtigsten Formen menschlichen Verhaltens, jene, die uns am klarsten vom restlichen Tierreich unterscheiden. Wann immer wir etwas sagen, tun wir damit etwas, und unser alltäglicher Wortschatz enthält eine gewaltige Menge an Wörtern für diese verschiedenen Tätigkeiten (inklusive des Benennens selber) – erzählen, fragen, wiederholen, andeuten, erklären, darauf bestehen, beschreiben, wiedergeben, warnen, schelten, befehlen, empfehlen, widersprechen, leugnen und so weiter und so fort. Austin behauptete, es gebe über tausend verbal unterscheidbare Handlungen, die wir ausführen, wenn wir sprechen. Und diese Aussage berücksichtigt noch nicht einmal das Ausmaß von weiteren Nuancen, die jeder Sprachakt aus seiner Einbettung in den Zusammenhang, aus unserer Wortwahl, unserem Tonfall, unserer Körpersprache usw. ziehen kann. Diese Vorstellung von Sprache als Verhalten und der Begriff »Sprechakt« wurden durch Austin in der Philosophie zur gängigen Münze.

Eine Sprachkategorie, die er unterschied, und die ganz besonders die Phantasie anzuregen schien, war das, was er als »performative Äußerungen« bezeichnete. Darunter verstand er Äußerungen, deren Ausführung den Akt ausmachen, den sie bezeichnen. Bekannte Beispiele sind: »Ich danke dir«, »ich verspreche dir«, »herzlichen Glückwunsch« oder im Zusammenhang des Trauungszeremoniells ganz einfach »ja«. Wer eine solche Äußerung macht, beschreibt oder teilt nicht mit, was er tut, er tut es. Austin weist darauf hin, daß die meisten derartigen Äußerungen unbestreitbar vollständige, sinnvolle und brauchbare Äußerungen im Indikativ sind, die sich aber dennoch analytisch-synthetischer Behandlung entziehen und bei denen die Frage, ob sie wahr oder falsch sind, sinnlos wäre. Aus vielen vergleichbaren Überlegungen entwickelte Austin die ersten seiner scharfen gegen die Logischen Positivisten gerichteten Kritikpunkte, nämlich daß es nicht, wie deren Interesse und Praxis es nahelegte, eine vorrangige Verwendung von nicht-analytischen Äußerungen gebe, nämlich das Aufstellen von Aussagen über die Welt, die entweder falsch oder wahr sein müssen; seiner Ansicht nach gibt es buchstäblich Hunderte von unterschiedlichen legitimen Verwendungsmöglichkeiten für indikative Aussagen.

Selbstverständlich besteht überall dort, wo Gebrauch möglich ist, auch die Gefahr von Mißbrauch. Austin ging davon aus, daß es zu philosophischen Rätseln und Verwirrungen kommt, weil wir unsere natürliche Sprache, dieses verfeinerte, subtile Instrument, so unbedacht benutzen, daß sich daraus Probleme ergeben. Die Logischen Positivisten lieferten dafür zahlreiche Beispiele. Da der wissenschaftliche Diskurs ihren Prüfstein für sinnvolle Aussagen darstellte, betrachteten sie Aussagen in Bereichen wie Ethik oder Ästhetik, als seien sie wissenschaftliche Aussagen, für die wir keine ausreichenden Belege haben. Doch es handelt sich dabei um Aussagen ganz anderer Art, die auf andere Weise verstanden werden müssen. Die Logischen Positivisten machten diesen Fehler immer wieder und luden sich damit philosophische Probleme auf, die in Wirklichkeit Pseudo-Probleme waren, das Produkt ihres eigenen Mißbrauchs von Kategorien. Austin hielt es schließlich für die Hauptaufgabe der Philosophie, durch peinlich genaue Sprachanalyse solche begrifflichen Verwirrungen zu klären, um danach das betreffende Problem nicht etwa zu lösen, sondern es aufzulösen, mit anderen Worten, zu zeigen, daß es eigentlich gar nicht existierte. Dieser Denkansatz konnte ganz nebenbei die legitime Anwendung unserer Konzepte deutlich machen. Da diese sich nicht in ein übergeordnetes abstraktes System einpassen oder sich der Einfachheit halber in einer simplifizierenden Formel zusammenfassen lassen, kann man nur stückweise vorgehen, Begriff um Begriff. Das Wort »stückweise« wurde von Austin und seinen Nachfolgern oft als positiver Begriff verwendet, um ihre eigene Herangehensweise zu charakterisieren.

Es gehört in den Zusammenhang dieser Vorstellungswelt, daß Ryles *Der Begriff des Geistes* zu einem solchen Erfolg werden konnte. Dieses brillant geschriebene Buch befaßte sich ausschließlich mit unserem angeblichen Mißbrauch eines einzigen Konzeptes. Es wurde für lange Zeit zum berühmtesten Beispiel einer solchen Einzelanalyse. Ryle griff darin den Kartesianischen Dualismus an. Seit Descartes baut die maßgebliche Tradition des abendländischen Denkens auf der Vorstellung auf, daß Menschen aus zwei auf geheimnisvolle Weise miteinander verbundenen getrennten Einheiten bestehen: aus Körper und Geist. Wir neigen zu der Ansicht, der Geist könne unabhängig vom Körper seine eigenen Erfahrungen machen – wir können über jemanden sagen, sein Körper sei gesund, sein Geist jedoch krank – und wir sehen den Geist gern als immaterielle Ganzheit, die den Körper bewohnt und ihn von innen her lenkt wie ein Auto. Ryle prägte dafür das berühmte Bild vom »Geist in der Maschine«. Aufgrund dieser Unterteilung gehen wir davon aus, daß alle, auch wir selber, ein Innenleben haben, das sich von unserem Außenleben unterscheidet. Wir stellen uns oft vor, daß der Geist irgendwo unsichtbar in unserem Körper sitzt und insgeheim Zugang zu einem Strom von ganz eigenen privaten, nichtkörperlichen Erfahrungen hat. Der Geist, so denken wir, ist ein Wesen, das existiert und alles mögliche unternimmt und über Erfahrungen und eine Geschichte verfügt, das jedoch nicht dasselbe ist wie der Körper, der ebenfalls für sich abgeschlossen existiert und alles mögliche unternimmt und über Erfahrungen und eine Geschichte verfügt.

Dieses allgemeine Bild dessen, was wir sind, nahm Ryle sich zum Angriffsziel. Es kommt vielleicht für manche überraschend, daß meine kurze Skizze den Dualismus so klar Descartes zuschreibt, wo doch der Dualismus oder etwas, das ihm ungeheuer ähnlich sieht, seit den frühesten Zeiten das übliche Selbstbild der Menschheit geprägt hat. Der Mensch ist fast immer davon ausgegangen, daß er aus einem Körper und einer nichtkörperlichen Komponente besteht, die seinen Körper bewohnt, und die zu unterschiedlichen Zeiten als Geist, Seele oder Gemüt bezeichnet worden ist; fast immer hat er dieser Komponente einen gewissen Grad an eigenständiger Existenz oder zumindest der Möglichkeit dazu zugeschrieben. Ich habe Ryle einmal mit dieser Tatsache konfrontiert, und seine Reaktion war: »Niemand würde doch auf die Idee kommen, daß Descartes diesen Irrtum erfunden hat. Es geht darum, daß er klare feine Abgrenzungen und Schubladen dafür entworfen hat und daß es deshalb seither eine Doktrin oder ein Dogma gibt. Descartes hat im Grunde das gesagt, was Shakespeare oder die Bibel verschwiegen hatten, nämlich daß mein Geist aus der einen und mein Körper aus einer anderen Substanz besteht. Shakespeare und die Bibel drücken sich manchmal so aus, als *sei* das der Fall. Descartes sagt, daß es der Fall *ist*.«*

---

* Bryan Magee: *Modern British Philosophy*, S. 110

Ich bin, nebenbei gesagt, nicht dieser Ansicht, aber egal, Ryles zentrale These sagt, der Dualismus sei ein Irrtum, weil es keine abgeschlossene Einheit wie Geist/Seele gebe. Nach ausgiebiger Analyse, die das Buch ausmacht, kommt er zu dem Schluß, daß wir Menschen bestimmte Aspekte unseres eigenen Verhaltens in Kategorien einordnen und als geistige Erfahrungen auffassen, weshalb wir sie einem anderen Subjekt zuschreiben als die anderen Aspekte unseres Verhaltens – und dieses Subjekt nennen wir dann Geist. Er geht davon aus, daß eine sorgfältige Untersuchung unserer Verwendung von geistigen Konzepten zeige, daß diese Ansicht nicht gerechtfertigt ist, daß der Mensch eine einzige Einheit bildet, ein einziges Subjekt von Verhalten und Erfahrungen, mit einer einzigen Identität und einer einzigen Geschichte. Wir bestehen nicht aus zwei auf geheimnisvolle Weise miteinander verbundenen Wesenheiten. Wir haben uns das zuschulden kommen lassen, was er einen Kategorienfehler nennt (ein Begriff, den er in der Philosophie weit verbreitete): Wir richten unsere Vorstellung von Geist auf den falschen Begriff. Wir halten den Geist für eine separate Wesenheit, die handelt und Erfahrungen sammelt, während er doch in Wirklichkeit nur ein Dachbegriff für einige unserer verschiedenen Verhaltensweisen ist – für Auftreten, Veranlagung, Erfahrung und so weiter – die allesamt mit Fug und Recht einem einzigen Subjekt zugeordnet werden müßten. Dieser Kategorienfehler führt zu einer unendlichen Menge von weiteren Fehlern in unserer Vorstellung von uns selbst und in der Art, in der wir über uns selbst denken und sprechen. Er ist ein Musterbeispiel eines philosophischen Fehlers, der große Teile unseres Denkens infiziert. Ryles Buch ist ein paradigmatisches Beispiel dafür, wie ein Begriffsanalytiker zur Problembereinigung schreitet.

In der Glanzzeit der aufeinanderfolgenden Schulen der Oxford-Philosophie gab es wie zu erwarten auch abweichende Gruppen und Einzelgänger mit entscheidenden Widersprüchen wie auch Affinitäten zu den herrschenden Richtungen, und ebenso manche, die sich ganz und gar davon distanzierten. Aber all die verschiedenen und sogar widerstreitenden Herangehensweisen, die unter dem Etikett »Oxford-Philosophie« zusammengefaßt wurden, befaßten sich vor allem mit Sprache und schienen es für selbstverständlich anzusehen, daß wir in Wörtern denken. Also schien es für sie auf der Hand zu liegen, daß sich ein philosophisches Problem am besten angehen läßt, indem man es zunächst einmal klar formuliert und dann diese Formulierung analysiert. Das hatte zur Folge, daß sie sich niemals mit einer direkten Erfahrung beschäftigten, sondern immer nur mit einer sprachlichen Formulierung. Was für mich existentielle Probleme waren, die sich mir durch meine Wahrnehmung materieller Objekte aufdrängten, Probleme, die mitunter so erschreckend waren, daß sie meine geistige Gesundheit in Gefahr zu bringen schienen, wurde von den Oxford-Philosophen in Fragen nach der Natur der Beschreibung dieser Erfahrungen umgewandelt, worauf dann diese Beschreibungen untersucht wurden. Die erste Generation von Oxford-Philosophen stellte Fragen wie: *Was genau sagen wir, wenn wir sagen, daß wir etwas wahrnehmen? Was kann eine solche Aussage rechtfertigen? Liegt es in ihrer Logik, daß sie von grundlegenderen Aussagen über sinnliche Informationen hergeleitet, d. i. unterstellt, worden sind – oder nicht? Ist das logische Objekt, auf das sie sich beziehen, wirklich in uns – oder ist es außerhalb von uns? Wenn ersteres zutrifft, wie können wir daraus Äußerungen über letzteres ableiten? Wie könnten wir den Wert solcher Ableitungen verifizieren? Verfügt ihre Logik über besondere Charakteristika?* Und so weiter und so fort. Die nächste Generation neigte dann eher zu Fragen wie: *Unter welchen Umständen kommt es normalerweise zu Aussagen über Beobachtungen? Wie formulieren normale Menschen diese im normalen Ablauf ihres Alltagslebens? Wenn wir diese Verwendung untersuchen und uns durch spezielle Beispiele hindurcharbeiten und uns fragen, unter welchen Umständen diese oder jene Beobachtung spontan geäußert werden könnte – fällt es uns dann schwer, eines dieser Beispiele zu verstehen? Verstehen wir ihre Logik falsch und behandeln sie wie Aussagen anderer Art? Wenn das alles nicht der Fall ist, was ist dann eigentlich das Problem? Und sind wir uns ganz sicher, daß es überhaupt ein Problem gibt?* Und so weiter.

Philosophen von speziell Austinscher Prägung stellten gern Fragen wie: *Wie unterscheiden wir zwischen sehen, wahrnehmen, beobachten und registrieren?* – so, wie sie auch fragten: *Worin liegt der Unterschied, ob wir eine Handlung widerwillig, ungewollt, versehentlich, aus Zufall, durch einen Unfall, durch einen Fehler oder durch Nachlässigkeit begehen?* Auf die Frage, ob solche Überlegungen überhaupt einen Wert hätten, antworteten sie dann, daß die Zuschreibung von moralischer Verantwortung davon beeinflußt werde, was sogar vor Gericht praktische Konsequenzen nach sich ziehen könne.

Egal, welcher Richtung ein »Oxford-Philosoph« auch anhing, die Probleme, wie sie auch entstanden sein mochten, wurden zuerst in Fragen über Sprache übersetzt, und dann wurden diese Fragen »abgeklärt«. Wer damals in Oxford Philosophie studierte, erlebte fast nur Diskussionen und Untersuchungen über irgendeine sprachliche Äußerung. Diese Diskussionen befaßten sich normalerweise mit einem unvorstellbar engen Bereich der Wesenszüge, die für sprachliche Äußerungen typisch sind: Vor allem Bedeutung, dann aber auch Sinn, Zuordnung, Wahrheit und normale Verwendung. *Was genau meinst du mit...* wurde zur häufigst gestellten Gegenfrage, und *angenommen, wir wollten sagen...* zur üblichsten Einleitung zu einer Idee oder Mutmaßung. In beiden Fällen folgte dann eine Diskussion des so angekündigten Wortes oder der Wortformen. *Ich verstehe nicht, was du meinst* wurde zum gängigen Kürzel für *was du gerade gesagt hast, hat nun wirklich weder Hand noch Fuß* (d. h., es läßt sich nicht ohne inneren Widerspruch formulieren, deshalb ergibt es keinen richtigen Sinn).

Schon 1931 hatte der junge Gilbert Ryle in seiner Schrift *Systematically Misleading Expressions* den Wert einer rein linguistischen Herangehensweise an die Philosophie auf klassische Weise in Worte gefaßt:

»... schließlich gibt es in gewisser Hinsicht eine Möglichkeit für uns, eine Untersuchung durchzuführen und sogar zu sagen: ›In Wirklichkeit bedeutet es dies und jenes.‹ Denn wir können fragen, was die wirkliche Form der fraglichen Tatsache ist, auch wenn diese versteckt oder verkleidet ist und von dem untersuchten Ausdruck nicht ausreichend gezeigt wird. Und oft gelingt es uns, diese Tatsache in einer neuen Form von Worten auszudrücken, die zeigt, was die andere nicht zeigen konnte. Ich neige derzeit zu der Ansicht, daß diese Vorgehensweise das Wesen der philosophischen

Geschichte werfen zu können, zogen sie die intellektuell Ehrgeizigen geradezu magnetisch an. Philosophie war damals für begabte Studienanfänger ganz einfach angesagt. Und weil im Fach vor allem diskutiert und argumentiert wurde, fanden begabte Debattanten eine nie dagewesene Möglichkeit zu glänzen. Das führte dazu, daß sich ungewöhnlich begabte Studenten für dieses Fach entschieden, von denen die Besten über beträchtliche analytische Fähigkeiten und dialektisches Geschick verfügten. Die Tatsache schließlich, daß alle traditionellen philosophischen Probleme durch neue Techniken gelöst werden sollten, bedeutete, daß viele von ihnen keinerlei dringliches Bedürfnis verspürten, sich mit den sogenannten großen Philosophen der Vergangenheit auseinanderzusetzen. Manche protzten geradezu mit ihren fehlenden Kenntnissen über die Philosophie früherer Jahrhunderte (unerhörterweise hatte das auch Wittgenstein getan – dessen Beispiel sie, wie in so vielem, eher nachäfften, als ihm zu folgen).

Das alles, vor allem die Auffassung der Philosophen von ihrer eigenen Tätigkeit, und die zwangsläufig öffentliche Natur von Diskussionen und Auseinandersetzung, führte natürlich zur Entwicklung einer ungeheuren Arroganz. Oxford-Philosophen neigten zu der Auffassung, daß alle, die ihre Ansichten nicht teilten, diese einfach nicht verstanden hätten. Noch 1973 wurde diese Auffassung in einem Artikel, in dem Geoffrey Warnock sich Austins berühmtem »Samstagmorgen« zuwandte, von einem ihrer führenden Vertreter öffentlich vorgetragen und gutgeheißen. Sein Text ist trotz seines ironischen Tonfalles so entlarvend, daß man beim Zitieren bereits mit der Überleitung zum eigentlichen Punkt beginnen sollte:

Wir verglichen und unterschieden Substantive wie »Werkzeug«, »Instrument«, »Gerät«, »Utensil«, »Vorrichtung«, »Ausrüstung«, »Apparat«, »Zubehör«, »Handwerkszeug« – und sogar »Behelf« und »Dingsbums«. Ich erinnere mich noch, daß Austin uns aufforderte, den Begriff *Scheren* einzuordnen. Küchenscheren hielten wir, glaube ich, für Utensilien, Gartenscheren wohl eher für Werkzeuge (oder Geräte?), aber Scheren, die zum Beispiel beim Schneidern benutzt werden, wurden dann zum Problem. (Näh»material« würde vermutlich auch Scheren einbeziehen, aber das ist nicht gerade eine Antwort auf unsere Frage.) Und ich weiß noch, daß Austin fragte, warum wir wohl nervös werden würden, wenn wir vor einer Operation den Chirurgen sagen hörten, »gleich geht's los, ich muß nur schnell noch mein Werkzeug holen«. Einmal, ich weiß nicht mehr genau, warum oder mit welcher Erwartung, führte uns die Verwendung des Logikers für den Begriff »Klasse« zu einer ganzen Kette von Wörtern wie »Gruppe«, »Gemeinschaft«, »Sammlung« (was muß man tun, um ein *Sammler* zu sein?), »Versammlung«, »Reihe«, sogar »Menge« und »Haufen«.

Ich muß zugeben (zweifellos liegt es daran, daß die Zeiten sich geändert haben, daß ich zu dem defensiven Verb »zugeben« greife), daß ich diese Gespräche immer ungemein genossen habe, sie waren genau nach meinem Geschmack. Ich glaubte nicht, daß wir damit zur Lösung der Probleme der Nachkriegswelt beitragen könnten; ich glaubte auch nicht, daß wir zwangsläufig irgendwelche philosophischen Probleme lösen würden. Aber es machte ungeheuren Spaß; es war nicht leicht; es trainierte den Geist; und wer zu wissen meint, dieses Vorgehen könne niemals wissenserweiternden Wert haben, hat es ganz einfach nie versucht oder hat vielleicht darin versagt.*

Die im letzten Satz kraß zum Ausdruck gebrachte Haltung war charakteristisch für die Oxford-Philosophen überhaupt. Die unverhohlene Selbstgefälligkeit, mit der sie allen, die den Wert ihrer Unternehmungen in Frage stellten, zu verstehen gaben, sie seien »ganz einfach« Ignoranten oder Versager, ärgerte ihre Kollegen aus anderen Sparten, von denen sich viele für nicht weniger intelligent als die Oxford-Philosophen und ihre eigene Arbeit für solider und verdienstvoller hielten. Dieser Mangel an kollegialer Umgänglichkeit wurde noch verstärkt durch die Tatsache, daß nicht wenige dieser Philosophen nicht nur passiv blasiert waren, sondern aktiv aggressiv. Sie nutzten ihr dialektisches Geschick zu intellektuellem Terrorismus, zu dem es auch gehörte, ihre Gegner oder auch einfach nur jene, die noch keine Ahnung vom Fach und seinen Gepflogenheiten hatten, in aller Öffentlichkeit gnadenlos

---

* »Saturday Mornings«, G. J. Warnock, in *Essays of J. L. Austin*, S. 38–39

vorzuführen. Wenn man einer solchen Szene beiwohnte (ich habe vielen beigewohnt), dann war es unmöglich, darin eine Folge der Suche nach der Wahrheit zu erkennen. Das Verhalten der Philosophen führte bei vielen fähigen Vertretern anderer Disziplinen zu einer dauerhaften Abneigung gegen die Philosophie; viele sahen oder nahmen an – zu Recht, wie ich finde – daß die Philosophen in die Irre gingen und vor allem oberflächliche und irrelevante Arbeit leisteten; daß es bei all diesen Kapriolen zumeist darum ging, die Öffentlichkeit zu beeindrucken und daß ernsthafte Probleme unberührt blieben. Wir können durchaus behaupten, daß die Philosophen sich damals in Teilen ihrer eigenen Universität verhaßt machten. Noch Jahrzehnte später wurde mir von wirklich überragenden Intellektuellen anvertraut, daß sie noch immer über das damalige Verhalten der Philosophen verbittert waren. Für den Studenten der menschlichen Natur war es ein faszinierendes Phänomen. Das Bemerkenswerteste – und Tragischste – daran war, wie viele überaus fähige Menschen irrtümlicherweise eine unwichtige Aktivität für eine wichtige gehalten und damit ihr Leben vergeudet hatten.

Die nächstliegende Parallele, die mir aus der Ideengeschichte einfällt, ist die dekadente Haarspalterei, die sich innerhalb der mittelalterlichen Philosophie entwickelte und später als Scholastik bekannt wurde. Viele intellektuell brillante Leute haben dieser Wortklauberei ihr Leben gewidmet. Und interessanterweise brachten auch sie die gesamte Philosophie ihrer Zeit in Verruf, worunter auch die Unschuldigen zu leiden hatten. Es ist eine Beleidigung für die mittelalterliche Philosophie, nur die Scholastiker als repräsentativ zu betrachten. Philosophen anderer Schulen haben im Mittelalter durchaus tiefschürfende und eigenständige Philosophie betrieben.

Ich glaube, zwischen dem Mittelalter und dem 20. Jahrhundert wäre kein Philosoph, dessen Name auch nur überlebt hat, auf die Idee gekommen, das Thema der Philosophie sei rein sprachlicher Natur. Sogar Bertrand Russell, der ohne es zu wollen diesen Ansatz aus der Taufe hob, und für dessen Nachfolger sich einige der prominentesten linguistischen Philosophen hielten, distanzierte sich davon. Er schrieb einmal, daß er bis zum Alter von etwa fünfundvierzig, als seine wichtigsten Arbeiten bereits abgeschlossen waren, »die Sprache für eine Art ›durchsichtiges Medium‹ gehalten [habe], für etwas, das man verwendet, ohne ihm weiter Beachtung schenken zu müssen«. Ich bin mir sicher, daß nahezu alle großen Philosophen der Vergangenheit so gedacht hatten. Als Sokrates fragte, »Was ist Gerechtigkeit? Was ist Mut?« und so weiter, verlangte er sicher nicht nach Definitionen dieser Wörter, er glaubte, sich um die wahre Natur von Phänomenen zu kümmern, die unabhängig von Sprache existierten.

Als ich zu den Glanzzeiten der Oxford-Philosophie diese Universität besuchte, schockierte mich der Widerspruch zwischen dem, was meine Lehrer sagten und in ihren Veröffentlichungen vortrugen, und was sie auch mir beibringen wollten, und dem, was tote Philosophen, mit deren Namen sie bei ihrer Arbeit jonglierten und deren Werk sie bisweilen ostentativ abtaten, ihrerseits gesagt hatten. Uns wurde erzählt, daß Berkeley gewisse Lehrsätze auf gewisse Weise analysiert habe, im Gegensatz zu Locke, der ähnliche Lehrsätze auf andere Weise untersuchte; dann wurde das Für und Wider beider Methoden der Lehrsatzanalyse durchgekaut, mit ständigen Hinweisen auf zeitgenössische britische Philosophen, vor allem solche, die in Oxford wohnten. Als ich dann aber selber die Bücher von Locke und Berkeley aufschlug, betrat ich eine Welt, die damit keinerlei Ähnlichkeit hatte. Locke und Berkeley taten absolut nicht das, was meine Dozenten behaupteten; und noch weniger taten sie das, was meine Dozenten taten. Sie versuchten das Wesen der Realität zu verstehen, den Grad, bis zu dem wir Menschen dieses Wesen erkennen können, und das Wesen und die Grenzen dieses Erkennens. Wie groß der Unterschied zwischen beiden Ansätzen wirklich war, versteckte sich für manche hinter der Tatsache, daß beide »Philosophie« genannt wurden, und daß jene, die sich damit beschäftigten, »Philosophen« hießen, obwohl das vor allem auf historischen Zufällen und akademischer Übereinkunft beruhte. Auf der einen Seite hatten wir Menschen, die meisten davon, wenn auch nicht alle, längst tot, die voller Leidenschaft versuchten, unser Verständnis der Welt zu vertiefen, auf der anderen Seite Leute, die sich, wenn auch ebenfalls voller Leidenschaft, in Diskussionen über Bedeutung und feine Unterschiede im Sprachgebrauch verwickelten. Daß beide Seiten nicht dasselbe und auch nicht gleichwertig waren, lag für mich ebenso auf der Hand wie die Tatsache, daß die erste Seite so wichtig war, wie etwas überhaupt nur sein kann, während es sich bei der zweiten um kaum mehr als um eine intellektuelle Übung handelte, vergleichbar der Entwicklung eines komplizierten Kreuzworträtsels. Für mich stand auch fest, was der Vergleich mit dem Kreuzworträtsel ebenfalls belegt: Daß jemand sehr klug sein muß, um eine Aufgabe zu bewältigen, bedeutet noch lange nicht, daß diese Aufgabe wichtig ist. Meine Zeitgenossen amüsierten sich, und oft schloß ich mich ihnen an und amüsierte mich ebenfalls, aber was sie taten, hatte selten, wenn überhaupt, auch nur die leiseste Konsequenz. Wenn ich versuchte, die Diskussion auf wirklich wichtige Themen zu lenken, erlosch ihr Interesse. Sie hielten diese Dinge für »nicht philosophisch«.

Mein Problem war, wenn ich mir selber gegenüber ehrlich war, daß ich eine tiefe intellektuelle Leidenschaft für die traditionelle Philosophie und die von ihr gestellten Fragen empfand, während das, was um mich herum geschah, einen Verrat an dieser Philosophie bedeutete. Bertrand Russell – den ich später, gegen Ende der fünfziger Jahre, dann kennenlernen sollte – war ebenfalls dieser Ansicht. In *Die Entwicklung meines Denkens*, im Original erschienen 1959, schrieb er: »Der für mein Empfinden schwerwiegendste Einwand ist vielmehr, daß diese Philosophen ohne Not jenes schwer zu erreichende aber auch ungeheuer wichtige Ziel aufgegeben haben, das sich die Philosophie seit Thales gesetzt hatte, nämlich die Welt zu verstehen ... Und mit dieser Tradition hat die neue Richtung meinem Eindruck nach gebrochen.«*

Und das hatte sie wirklich getan. Wer das Gegenteil behauptet, erliegt einem Mißverständnis, auf das ich später noch eingehen werde. Die Wahrheit ist, daß die neue Philosophie die Philosophie aufgegeben hatte. Und im Lichte dieser Tatsache erscheint ihre Fähigkeit, den Geist und in vielen Fällen auch das Leben mancher meiner Bekannten zu verhexen und gefangenzuhalten, als klare Lektion über die Macht intellektueller Moden. Erstmals brachte ich in der Öffentlichkeit vor, was ich von Anfang an empfunden hatte, als ich einen Auszug aus Kants Werk vorlesen wollte und

---

* Bertrand Russell: *Die Entwicklung meines Denkens*, Frankfurt 1992, S. 238

hören mußte, die Crux seiner Philosophie sei die Behauptung, es gebe Annahmen *a priori*, und die wichtigste Frage in bezug auf Kant sei deshalb, ob das der Fall sei oder nicht. Es sei nicht möglich, erklärte ich mit einer Überzeugung, die mir noch heute als gerechtfertigt erscheint, daß der Mensch, der weithin als der größte Philosoph seit den alten Griechen gilt, sich seinen Ruf einfach durch die Feststellung erworben haben könne, es gebe bestimmte Arten von Annahmen.

Die Urfrage der Philosophie fast während ihrer gesamten Geschichte lautet: *Was gibt es letztlich?* Das war die grundlegende Frage der Vorsokratiker, und sie hat seit damals einen Großteil der besten Philosophie geprägt, wenn nicht sogar dominiert. Bei ihrer Suche nach einer Antwort haben die Philosophen eine Unzahl von Nebenfragen gestellt, zum Beispiel: *Was ist das Wesen physischer Objekte? Was ist Raum? Was ist eine kausale Verbindung? Was ist Zeit?* Und als natürliche Folge solcher Fragestellungen haben sie sich dann ausgiebig mit den Möglichkeiten menschlichen Erkennens befaßt: *Wie können wir etwas über diese Dinge in Erfahrung bringen? Können wir überhaupt etwas sicher wissen? Und wenn ja, was? Und wie können wir sicher sein, daß wir etwas wissen, wenn wir etwas wissen?* Bis zum 20. Jahrhundert gehörte das alles zu den zentralen philosophischen Fragen. Natürlich gab es auch sehr viele detailliertere und konkretere Fragen, nicht nur im Bereich der Wissenstheorie und Wissenschaftsphilosophie, sondern auch in Ethik, Religion, Geschichte, Soziologie, Jurisprudenz, Erziehung, Mathematik; es gab Fragen zu Logik, Ästhetik und allen anderen Bereichen philosophischer Erkundung – die, als Ganzes betrachtet, deckungsgleich mit der menschlichen Erfahrung zu sein schienen. Das Wesen jeglicher Erfahrung, die wir machen können, so glaubte man, kann in Frage gestellt werden und wir können ein tieferes Verständnis dafür suchen. Zweieinhalb Jahrtausende lang hätten die meisten der Philosophen, die sich mit solchen Fragen befaßten, die Behauptung, alle philosophischen Probleme seien im Grunde sprachliche Probleme, lächerlich, wenn nicht unbegreiflich gefunden. Ein oder zwei von ihnen, Locke zum Beispiel, hielten sprachliche Überlegungen bei philosophischen Untersuchungen durchaus für wichtig, aber sie wären niemals auf die Idee gekommen, diese Überlegungen für das ausschlaggebende Thema der Philosophie zu halten. Die Oxford-Philosophie einerseits und die Philosophie, die wir mit Namen wie Platon und Aristoteles, Descartes, Leibniz, Locke, Hume und Kant andererseits verbinden, sind weder dieselbe Aktivität noch haben sie im Grunde überhaupt irgend etwas miteinander zu tun. Der einzige Beitrag der Oxford-Philosophie zur wirklichen Philosophie war ein indirekter: Wer sich in ihr geübt hatte, verfügte danach über ein größeres kritisches Sprachbewußtsein, was sich bezahlt machte, wenn er sich dann philosophischen Problemen widmete. Wer sich auf Dauer in den Grenzen der Oxford-Philosophie aufhielt, setzte niemals auch nur einen Fuß ins Königreich der wahren Philosophie. Ich erkannte das bereits als Studienanfänger, doch die ganze Tragweite dieser Beschränkung ging mir erst in den Jahren 1955–56 auf, als ich nach dem Examen für ein Jahr nach Yale ging. Dort traf ich Philosophen an, die etwa Einsteins Allgemeine und Spezielle Relativitätstheorie auf ihre Bedeutung für unser Verstehen der Welt hin untersuchten – zum Beispiel, unser Verstehen des Wesens der Zeit, des Raums und des Verhältnisses zwischen beidem; unser Verstehen der Materie, des Wesens physischer Objekte und der Frage, ob es Kausalität gibt oder nicht. Sie fragten, was die Tatsache, daß Einstein inzwischen Newton abgelöst hatte, für unser Bild nicht nur vom Wesen der Welt, sondern vom Wesen des Wissens überhaupt bedeutet. Unabhängig davon verbrachten zwei der brillantesten jungen Logiker der Universität regelmäßig ihre Ferien in Washington, wo sie sich in Regierungsauftrag mit der Entwicklung von Computern beschäftigten, einer Wissenschaft, die damals noch in ihren Kinderschuhen steckte. Überhaupt hatte die Atmosphäre von Yale etwas, das der von Oxford damals fast gänzlich fehlte, nämlich ein lebendiges Bewußtsein der Kontinuität der Philosophie und ihrer eigenen Geschichte. Einer der markantesten Züge der Oxford-Philosophie war die geringe Bedeutung, die sie der Philosophie der Vergangenheit zumaß – der wirkliche Grund, der jedoch nie offen ausgesprochen wurde, war, daß beides im Grunde kaum etwas miteinander zu tun hatte. Menschen, deren Aufgabe es war, Philosophie zu lehren, verkündeten mit sichtlicher Selbstzufriedenheit, daß sie einige der größten Philosophen nie gelesen hatten. Ich selber kannte mehrere, die behaupteten, Kants *Kritik der reinen Vernunft* nicht zu kennen. In Yale wäre das so erschienen, als ob jemand christliche Theologie unterrichten wollte, ohne das Neue Testament gelesen zu haben. Dort bezogen sich sogar die Wissenschaftler, ganz zu schweigen von den Philosophen, auf Kant, wenn Einstein diskutiert wurde. Unter Oxford-Philosophen hatte ich niemals eine Diskussion über Einstein erlebt.

Einer der wertvollsten Aspekte meines Jahres in Yale war, daß ich Oxford von außen und die Oxford-Philosophen vom Standpunkt anderer Strömungen der zeitgenössischen Philosophie aus betrachten konnte. Ich muß zugeben, daß die Oxford-Philosophie mir dabei provinziell, oberflächlich, selbstgefällig und vor allem intellektuell unseriös vorkam. Das zeigt sich auch in der Tatsache, daß damals nur ein Philosoph, der nicht in Großbritannien tätig gewesen war, auf der Pensumliste für Studenten stand, die in Oxford ihr Examen in der Fächerkombination Philosophie, Politik und Wirtschaft ablegen wollten – nämlich Descartes (und, wenn man so wollte, Kant, aber auch nur wegen seines Büchleins über Ethik). Andere konnten freiwillig oder als Spezialgebiete studiert werden, aber es war nicht nur möglich, es war sogar üblich, daß Studenten hervorragende Examensnoten davontrugen, die kein einziges Wort von Spinoza, Leibniz, Kants *Kritik der reinen Vernunft* (die als Wahlthema angeboten wurde), Hegel, Marx, Schopenhauer, Nietzsche, Husserl, Heidegger oder irgendeinem anderen Philosophen gelesen hatte, der nicht auf den Britischen Inseln tätig gewesen war. Die meisten Fragen, die bei den Prüfungen gestellt wurden, bezogen sich auf nur vier Philosophen: Descartes, Locke, Berkeley und Hume. Die einzige Moralphilosophie der Vergangenheit neben der von Kant, mit der die Studenten sich befassen mußten, war der Britische Utilitarismus. Ansonsten wurde das Werk lebender britischer Philosophen plus Moore und Wittgenstein (beides inzwischen verstorbene britische Staatsbürger) studiert. Mir war das immer seltsam vorgekommen, nun fand ich es lächerlich. Als ich einer Gruppe Philosophen aus Yale davon erzählte, stimmte einer von ihnen lachend die erste Strophe des Liedes »There'll always be an England« an.

In dem England, in das ich im Jahre 1956 dann zurückkehrte,

praktizierte nur ein einziger bekannter Philosoph sein Fach so, wie ich es in Yale kennengelernt hatte, nämlich Karl Popper. Was zur Folge hatte, daß er nicht nur isoliert, sondern offen diskriminiert wurde. Oxford und Cambridge lehnten es ab, ihm eine Professur anzubieten, obwohl er an der Universität von London einen Lehrstuhl innehatte und internationalen Ruhm genoß. Die miteinander verbundenen Artikel, die die aufeinanderfolgenden Kapitel seines Buches *Das Elend des Historizismus* (veröffentlicht 1957)*, waren von der führenden philosophischen Zeitschrift Großbritanniens, *Mind*, als dessen Herausgeber damals Gilbert Ryle fungierte, abgelehnt worden – und Ryle spielte auch die entscheidende Rolle, als es darum ging, Popper von Oxford und Cambridge fernzuhalten.** Der skandalöseste Aspekt dieser ohnehin schon skandalösen Situation war, daß einige der fähigsten Philosophen Oxfords unter vier Augen durchaus zugaben, daß Popper derzeit der hervorragendste in Großbritannien tätige Philosoph war. Sie wußten, daß er ihnen überlegen war und wollten ihn deshalb nicht in ihrem Territorium sehen. Sogar Ryle und Ayer betrachteten ihn als ebenbürtig, eine Ehre, die sie weniger als einem halben Dutzend ihrer Zeitgenossen zuteil werden ließen. Aber zum Kollegen wollten sie ihn nicht haben.

Ich lernte Karl Popper Ende 1958 oder Anfang 1959 kennen, und wir blieben für den Rest seines Lebens Freunde, obwohl wir wesensmäßig sehr unterschiedlich waren und ganz andere Interessen hatten, sogar bei unseren gemeinsamen Leidenschaften wie Musik, Philosophie und Ideengeschichte. Wie auch Bertrand Russell gehörte er in eine ganz andere intellektuelle Kategorie als alle anderen, die mir bekannt waren. Und daß ich mich gegen Ende der kargen fünfziger Jahre in seinem nicht weit von Oxford gelegenen Haus wiederfand und mit ihm nach all meinen Jahren in Oxford über Philosophie diskutieren konnte, war für mich so, als hätte ich nach jahrelanger Wüstenwanderung endlich eine Oase gefunden. Ich kann mich noch an die prickelnde Erwartung erin-

---

* Damals schrieb Arthur Koestler in der *Sunday Times*, es sei »vermutlich das einzige in diesem Jahr veröffentlichte Buch, das unser Jahrhundert überleben wird«.
** Ryle hat das mir gegenüber angedeutet, Ayer hat es später in unzweideutigen Worten bestätigt.

nern, mit der ich für meine Fahrten nach Penn, wo er in selbstgewählter Isolation lebte, um sich ganz seiner Arbeit widmen zu können, in St. Marylebone in den Zug stieg. Die langen Jahre der Ablehnung und der Isolation – erst in seiner Heimatstadt Wien, wo er bis zum Alter von vielleicht fünfunddreißig gelebt hatte, ohne eine Dozentenstelle erlangen zu können (er verdiente seinen Lebensunterhalt als Lehrer – und Jahrzehnte später sagte ein Professor aus Oxford, der aus dem Wien der Zwischenkriegszeit stammte, wegwerfend zu mir: »Popper? Der ist doch nur ein Schulmeister.«), dann in Neuseeland, wo er während des Zweiten Weltkrieges von Europa abgeschnitten war (und sein unmittelbarer Vorgesetzter an der Universität es mißbilligte, daß er soviel Zeit mit dem Schreiben von *Die offene Gesellschaft und ihre Feinde* verbrachte, wo er doch fürs Unterrichten bezahlt wurde), und nach dem Krieg schließlich in Großbritannien – hatten ihn dazu gebracht, nichts zu erwarten und sich um sein Werk zu kümmern, ohne auf andere zu achten. Aufgrund seiner Isolation wußte er offenbar nicht, daß in den Vereinigten Staaten Kollegen ähnlich vorgingen wie er – allerdings war er ein besserer und originellerer Denker als jeder von ihnen – und deshalb litt er unter der Illusion, seine Ideen ganz allein zu vertreten. Unsere ersten Diskussionen wurden durch seine Annahme verdorben, daß alle Vorstellungen, die ich erwähnte, und die ich in Yale absorbiert oder in einigen Fällen sogar selbst erarbeitet hatte, aus seinem Werk stammten (von dem ich das meiste damals noch gar nicht gelesen hatte). Er war nicht, wie ihm so oft vorgeworfen wird, ego-zentrisch; er war auf unrealistische Weise Werk-zentriert. Aber seine Hingabe an seine Arbeit, wenn sie ihn auch isolierte, war selbstlos, und das wiederum bildete eine erfrischende Abwechslung von Oxford. Dort traten die Philosophen auf wie eitle Schauspieler. Es gab einen Kult der Brillanz, und man wurde berühmt, wenn man glänzte. Den meisten galt Philosophie als Mittel zum beruflichen Weiterkommen. Popper verkörperte das genaue Gegenteil zu dieser Haltung: Er lebte ganz und gar für seine Arbeit und war bereit, alles andere dafür zu opfern. Daß er dabei brutal alle überfuhr, die ihm im Wege standen, ohne nach ihren Gefühlen oder den Folgen dieses Verhaltens zu fragen, wurde vielfach als Arroganz oder Größenwahn interpretiert. In Wirklichkeit aber behandelte er jedermann so wie sich selber. Sein Beispiel zeigte mir, wie jemand seine kreative Arbeit zu seinem einzigen Lebensinhalt machen und deshalb gesellschaftliche Umgangsformen für belanglos erklären kann. Ein Teil des Vergnügens, mit ihm über Philosophie zu diskutieren, eines damals in Oxford unbekannten Vergnügens, bestand darin, daß ich zusehen konnte, wie ein überdimensionales Ego sich auflöste und im zur Debatte stehenden Problem verschwand. Er war sich seiner selbst nicht mehr bewußt, dachte nicht mehr daran, welchen Eindruck er machte, sondern verschmolz mit dem Thema, über das diskutiert wurde.

In den Sechzigern zeichnete sich dann das Ende der Oxford-Philosophie ab. Ich glaube nicht, daß je wieder irgendwer auf die Idee kommen wird, sich nach Art Austins mit Philosophie zu befassen. Es liegt einfach zu deutlich auf der Hand, daß das in eine Sackgasse führt. Die Straße, von der er abgebogen war, hatte dagegen in fruchtbare Gefilde geführt, doch denen hatte er den Rücken gekehrt. Es war ein ganz besonderer Entwicklungsstrang, ermutigt durch das Werk G. E. Moores, der Art von philosophischer Analyse von Aussagen in der Alltagssprache, die vor allem durch Bertrand Russells Theorie der Beschreibungen von 1903 auf die Tagesordnung gesetzt worden war. Doch Russells Theorie war weitaus ergiebiger als ihre magere Widerspiegelung in Austins Werk, und sie sollte von weitaus weiterreichendem und sogar prägendem Einfluß auf den englischen Sprachraum sein, wo bis heute der verbreitete philosophische Ansatz in einer historisch auf Russells Theorie rückführbare Weise »analytisch« ist. Doch wir sollten uns auch vor Augen halten, was Russell selbst für den Sinn der philosophischen Analyse hielt. Für ihn galt ganz selbstverständlich das Verstehen der Welt als die zentrale Aufgabe der Philosophie. Seiner Ansicht nach bedeutete das, daß wir Überzeugungen haben, die wir rechtfertigen können, was uns wiederum zwei philosophische Notwendigkeiten auferlegt: Erstens, wir müssen unsere wichtigsten Überzeugungen analysieren, wodurch für uns und andere klar wird, was genau damit gemeint ist und welche Folgen sich daraus ergeben, und zweitens, wir müssen angemessene Gründe für diese Überzeugungen haben, was bedeutet, daß wir entweder Beweise oder gute Argumente vorbringen und dagegen vorgebrachte Kritikpunkte effektiv widerlegen können müssen. Im Rahmen eines solchen Programms finden Analyse und Argumentation ihren Platz in Russells Philosophie. Die Sprachphilosophen entwickelten aus seiner Analyse von Aussagen in der Alltagssprache dann später eine Diskussion über häufig verwendete Wörter, die als Selbstzweck geführt wurde und schließlich zum haarspalterischen Sezieren jeder im Alltag gemachten Äußerung wurde.

An anderen Universitäten als Oxford, vor allem in den Vereinigten Staaten, wandten Philosophen Russells Technik zu dem Zweck an, für den er sie entwickelt hatte, nämlich der Untersuchung unserer wichtigsten Vorstellungen über das Wesen der Realität. In ihren Händen erwies sie sich als effektives Instrument, eben weil sie nur ein Instrument war und niemals ein Ziel in sich. Die Folge der Entwicklung in Oxford, wie ich sie hier dargestellt habe, war, daß ein Großteil der im englischen Sprachraum betriebenen Philosophie in irgendeiner Hinsicht analytisch war, wenn sie auch in einigen Fällen seriöser Arbeit Handlangerdienste leisten konnte. Die drei wichtigsten Ausnahmen dieser verallgemeinernden Regel waren eine dauerhafte und feste Liebe zum deutschen Idealismus, die an schottischen Universitäten zu beobachten war, der Korpus an Philosophie, der aus dem neuerwachten Interesse der sechziger Jahre am Marxismus erwuchs, und die Philosophie, die unter dem Einfluß der Entwicklungen innerhalb der deutschen und französischen Philosophie des 20. Jahrhunderts betrieben wurde. Aber selbst deren beste Leistungen zeigen die Einflüsse der analytischen Philosophie, und sie haben von diesem Einfluß umfassend profitiert.

»Analytische« Philosophie in irgendeiner Bedeutung dieses Wortes bleibt also die häufigste Herangehensweise. Während der siebziger und achtziger Jahre begann sie sogar in Oxford, sich aus ihrer sprachlichen Zwangsjacke zu befreien und immer häufiger auf wirklich wichtige Probleme angewandt zu werden. Unter dem Einfluß von Chomsky und später auch anderen bekam dann sogar ihre Anwendung auf die Sprache eine wissenschaftlichere und interessantere Prägung. Und in diesen Jahrzehnten konnte sie erstmals seit den dreißiger Jahren (als sie von Kommunisten und Faschisten gleichermaßen abgelehnt worden war) auch auf dem europäischen Festland Fuß fassen.

Fünftes Kapitel

Die Unzulänglichkeit der Sprachphilosophie

Während der fünfziger und sechziger Jahre gewöhnten die Oxford-Philosophen sich an den Vorwurf, ihr Thema zu trivialisieren. Ihre typische Antwort spiegelt sich in einer Bemerkung wider, die Jahre später mir gegenüber A. J. Ayer machte (*Men of Ideas*, S. 127):

... Ich glaube, die Antwort ist, daß die Trennung zwischen »Über Sprache« und »Über die Welt« sich nicht wirklich scharf ziehen läßt, denn die Welt ist die Welt, wie wir sie beschreiben, die Welt, wie sie sich in unserem System von Vorstellungen widerspiegelt. Ich will ein Beispiel geben. Nehmen wir an, jemand interessiert sich für die Frage der Kausalität. Wir halten Kausalität auf jeden Fall für etwas, das in der Welt passiert: Ich werde von der Anopheles-Mücke gestochen, also bekomme ich Malaria – und so weiter. Eins verursacht das andere. Wir könnten also fragen: Was ist Kausalität? Und das ist eine absolut vernünftige und wichtige und sogar traditionelle philosophische Frage. Aber wir können auch fragen: Wie analysieren wir kausale Aussagen? Was meinen wir damit, daß wir sagen, das eine verursacht das andere? Und obwohl wir nun scheinbar eine rein linguistische Frage stellen, so stellen wir im Grunde doch haargenau dieselbe Frage. Wir haben ihr lediglich eine andere Form gegeben. Und die meisten Philosophen würden diese Form für eine klarere Form halten.

Als ich dann, nachdem Ayer noch einige weitere Sätze dieser Art hinzugefügt hatte, einwandte: »Was Sie da gerade gesagt haben, bedeutet doch im Grunde nur, daß eine Untersuchung unseres Sprachgebrauchs eine Untersuchung der Struktur der Welt ist, *so, wie Menschen sie erleben*«, sagte er ganz einfach nur: »Ja.«

Ich möchte aber energisch abstreiten, daß das der Fall ist. Wenn zwei Menschen sich über Kausalität streiten, dann geht es darum, was auf der Welt passiert oder auch nicht. Diskutieren sie dagegen über die Analyse einer kausalen Aussage, dann geht es darum, wie eine These in einer von Menschen konstruierten Sprache zu verstehen ist. Außerdem finden Diskussionen über die Welt und darüber, was die Menschen über die Welt sagen, auf zwei unterschiedlichen logischen Ebenen statt. In der technischen Sprache der Logik ist die zweite Diskussion höherrangig als die erste. Und das läßt sich nicht leugnen. Es ist keine Ansichtsfrage. Logisch gesehen bilden die von Menschen unabhängige Realität, unsere Erfahrung dieser Realität und unsere Äußerungen über diese Realität drei oder vier unterschiedliche Diskursbereiche. In Popperscher Terminologie haben wir es hier mit Welt eins (einer objektiven Welt materieller Dinge), Welt zwei (einer subjektiven Welt geistiger Zustände) und Welt drei (einer objektiv existierenden, aber abstrakten Welt aus von Menschen geschaffenen Einheiten zu tun: Mathematik, Sprache, Wissen, Wissenschaft, Kunst, dem gesamten kulturellen Erbe). Popper zufolge ist also eine Diskussion über Kausalität eine Diskussion über Welt eins, eine Diskussion über eine kausale Aussage dagegen eine über Welt drei. Wie diese unterschiedlichen Formulierungen deutlich machen, können wir einfach nicht behaupten, eine Diskussion über die Struktur der Welt sei dasselbe wie eine Diskussion über die Struktur der Sprache. Die klassische Behauptung, das sei dennoch der Fall – daß die Tatsache, daß wir über die Welt sprechen können, bedeuten muß, daß die Struktur der Sprache jener der Welt entspricht – findet sich in Wittgensteins *Tractatus Logico-Philosophicus*, dem Text, der vermutlich die ursprünglichen Logischen Positivisten stärker beeinflußt hat als irgendein anderer. Doch Wittgenstein selbst hielt diese Ansicht später für einen Irrtum und distanzierte sich davon.

Dennoch ist die von Ayer zum Ausdruck gebrachte Ansicht typisch für die Generation, deren Sicht der Dinge sich unter dem Einfluß des Logischen Positivismus herausgebildet hatte.* Die folgende Generation, die der vom späten Wittgenstein und von J. L. Austin beeinflußten Denker, stellten sich der Herausforderung, mit der ich Ayer konfrontiert hatte, mit einer um vieles radikaleren und ausgeklügelteren Sicht der Dinge, nämlich der, Sprache sei eine Grundbedingung für Erfahrung. John Searle faßte das in klare Worte (*Men of Ideas*, S. 184):

Ich sage nicht, daß Sprache Realität erschafft. Diese Ansicht liegt mir fern. Ich sage statt dessen, daß das, was als Realität gilt – das, was als ein Glas Wasser oder als Buch oder als Tisch gilt, das, was als dasselbe Glas oder ein anderes Buch oder zwei Tische gilt – Kategorien sind, die wir der Welt aufzwingen, und daß diese Kategorien vor allem sprachlicher Natur sind. Und dazu kommt noch, daß wir die Welt, wenn wir sie erleben, *durch* sprachliche Kategorien erleben, die uns helfen, das Erlebnis selber zu formen. Die Welt kommt nicht fertig aufgeteilt in Objekte und Erfahrungen zu uns; was als Objekt gilt, ist bereits eine Funktion unseres Repräsentationssystems, und wie wir in unseren Erfahrungen die Welt wahrnehmen, wird durch dieses Repräsentationssystem beeinflußt. Es ist ein Fehler anzunehmen, daß die Anwendung von Sprache auf die Welt darin besteht, daß wir Objekten, die gewissermaßen selbstidentifizierend sind, unsere Etiketten aufkleben. Meiner Ansicht nach teilt sich die Welt so, wie wir sie aufteilen, und wir teilen sie vor allem durch Sprache auf. Unsere Vorstellung von Realität ist eine Frage unserer sprachlichen Kategorien.

Diese Ansicht wird weiterhin nicht nur von Philosophen vorgetragen, sondern auch von Fachleuten aus anderen Sparten, vor allem aus Literatur und Sprachwissenschaft und sogar von manchen Soziologen und Anthropologen.

Ich stimme Searle zu, und ich glaube, jedermann muß ihm da zustimmen, wenn er sagt: »Was als Objekt gilt, ist bereits eine

---
* Vergleichen wir beispielsweise, was Quine (der, wie Ayer, zu Beginn der dreißiger Jahre einige Treffen des Wiener Kreises besucht hatte) auf S. 178–79 von *Men of Ideas* zu sagen hat.

Funktion unseres Repräsentationssystems, und wie wir in unseren Erfahrungen die Welt wahrnehmen, wird durch dieses Repräsentationssystem beeinflußt«, aber ich würde das im Sinne Kants interpretieren. Was ich nicht akzeptieren kann, ist die Behauptung, unsere Kategorien für dieses Repräsentationssystem seien in irgendeinem grundlegenden oder primären Sinn sprachlicher Art. Ich kann diese Ansicht verstehen; was ich nicht verstehe und niemals habe verstehen können, ist, wie irgendwer sie vertreten kann. Denn ich finde (und ich glaube nicht, daß ich in dieser Hinsicht sehr viel anders veranlagt bin als andere Menschen), daß sie meiner unmittelbaren Erfahrung ganz einfach widerspricht.

Wenn ich beim Schreiben dieses Satzes aufblicke, dann fällt mein Blick sofort auf ein halbes Zimmer, das Dutzende, wenn nicht Hunderte von bunten Gegenständen und Formen enthält, die allesamt in chaotischen Beziehungen zueinander stehen. Ich sehe das alles klar und deutlich, augenblicklich und mühelos. Es gibt keine vorstellbare Form von Wörtern, in die ich diesen einfachen, einheitlichen Akt des Sehens kleiden könnte. In wachem Zustand ist mein bewußtes Erleben vor allem eine visuelle Erfahrung – oder, um mich an Fichte zu halten, bin ich ein lebendes Sehen –, aber es gibt keine Wörter, mit denen ich die unregelmäßigen Formen der meisten Objekte beschreiben könnte, die ich sehe, wie es auch keine Wörter gibt, um die vielfachen nebeneinander existierenden räumlichen Beziehungen darzustellen, in denen diese Objekte, wie ich auf einen Blick sehen kann, zueinander stehen. Es gibt keine Wörter für die unendlich verschiedenen Schattierungen und Abstufungen der Farben, die ich sehe, oder für die unterschiedliche Dichte von Licht und Schatten. *Wann immer ich auch sehe*, alles, was die Sprache vermag, ist äußerst allgemein und nur im weitesten und gröbsten Sinn anzudeuten, was ich da sehe. Sogar etwas so Schlichtes und Alltägliches wie ein auf den Badezimmerboden gefallenes Handtuch ist für die Sprache unerreichbar – und das in vielfacher Hinsicht zugleich: Es gibt keine Wörter, um die Form zu beschreiben, in der es nun dort liegt, keine Wörter für die Nuancen in seiner Färbung, keine Wörter für die unterschiedlichen Schatten in seinen Falten, keine Wörter für sein räumliches Verhältnis zu den anderen Objekten im Badezimmer. Ich sehe das alles auf einen Blick mit großer Präzision und Endgültigkeit, mit Klarheit und Gewißheit und in seiner ganzen Komplexität. Ich besitze alles ganz und gar und sicher durch unmittelbare Erfahrung, und trotzdem wäre ich so wenig wie wir alle jemals fähig, diese Erfahrung in Worten wiederzugeben. Es stimmt einfach nicht, daß die Welt die Welt sei, so, wie wir sie beschreiben, oder daß ich sie durch sprachliche Kategorien erlebe, die mir helfen, diese Erfahrungen selber zu formen, daß ich die Welt vor allem durch Sprache aufteile, und daß meine Vorstellung von Wirklichkeit eine Frage unserer sprachlichen Kategorien sei.

Das gilt auch für alle direkten sinnlichen Erfahrungen. Wenden wir die eben zitierten Aussagen auf die Erfahrungen an, die ich beim Essen mache. Essen, wie Sehen, gehört zu unserem grundlegendsten alltäglichen Kontakt mit der Welt der Materie und ist für unser Überleben noch wichtiger als das Sehen. Ich kann sofort mühelos und auf angenehme Weise den Geschmack von Fleisch, von Kartoffeln, von unterschiedlichen Gemüsesorten, von Speiseeis, von Wein unterscheiden. Und mehr noch, ich unterscheide sofort und mühelos die unterschiedlichen Fleisch*sorten* (Rindfleisch, Schweinefleisch, Lamm, Kalb usw.), die unterschiedlichen Zubereitungsarten von Kartoffeln (gebraten, gekocht, Pommes Frites, Püree usw.), und ich könnte dafür noch endlose Mengen von Beispielen anführen. Aber würde wirklich irgendwer allen Ernstes behaupten, daß diese Erfahrungen in sprachlichen Kategorien zu mir kommen und daß ich sie vor allem auf sprachliche Weise voneinander unterscheide? Kann irgendwer diese Erfahrungen, wenn er sie erst gemacht hat, mit Wörtern belegen – kann irgendwer den Geschmack von gekochten Kartoffeln, von Lamm, von Pastinake auf eine Weise *beschreiben*, daß jemand, der das alles noch nie gekostet hat, durch diese Beschreibung weiß, wie es schmeckt?

Wir können, wie gesagt, auf diese Weise auch alle anderen Sinne durchgehen. Ich kenne die Stimmen aller meiner Freunde und erkenne sie schon nach wenigen Worten am Telefon, aber ich unterscheide sie nicht nach sprachlichen Kategorien, und die Sprache ist nicht fähig, das Besondere jeder dieser Stimmen zu beschreiben. Das zeigt schon die Tatsache, daß es mir absolut unmöglich wäre, Ihnen diese Stimmen so zu beschreiben, daß Sie sie ebenfalls alle auf Anhieb identifizieren könnten. Es ist eine schlichte Tatsache, daß sich *keine* unserer unmittelbaren Erfahrungen mit Worten beschreiben läßt. Und das gilt nicht nur für unser sinnliches Erleben der Außenwelt. In mir findet ununterbrochen ein komplexer und dynamischer Strom von sich immer wieder verändernder Wahrnehmung, von Stimmungen, Reaktionen, Gefühlen, emotionellen Nuancen, Wahrnehmungen von Zusammenhängen und Unterschieden, Querverweisen, Anspielungen statt, meine Gedanken jagen hin und her, Erinnerungsfetzen wechseln zwischen den verschiedenen miteinander verflochtenen Strängen hin und her, und all das fließt ohne Ende durch eine Resonanzkammer mit reichem Echo, voller Konnotationen und Implikationen. Ich könnte mir vorstellen, daß sich dieses Phänomen in ein Orchesterwerk übersetzen ließe, aber mit Wörtern ist das einfach nicht möglich. Wie bei unseren äußeren Erfahrungen sind noch die einschneidendsten und lebhaftesten unserer privaten Erfahrungen nicht in Worte zu fassen. Wer könnte einen Orgasmus beschreiben? Oder unsere Reaktion auf ein großes Kunstwerk? Oder unser ganz spezielles Entsetzen während eines Alptraums?

Versuchen Sie, irgend jemandem ein Musikstück zu beschreiben. Eine der offenkundigst falschen berühmten Bemerkungen in der jüngeren Philosophiegeschichte, die normalerweise voller Zustimmung zitiert wird, ist Ramsays: »Was wir nicht sagen können, können wir nicht sagen, und wir können es auch nicht pfeifen.« Das ist meiner Ansicht nach typisch für die umwerfende Blindheit (oder vielleicht sollten wir in diesem Fall von Taubheit sprechen) gewisser uns bekannter philosophischer Schulen. *Alles*, was gepfiffen werden kann, ist etwas, das gepfiffen, aber nicht gesagt werden kann. Oder war Ramsay imstande, eine Melodie zu sagen? Er konnte vielleicht die Noten einer Melodie diktieren, aber damit hätte er nicht die Melodie in Sprache gekleidet. Und wenn wir uns die Möglichkeit vorstellen, eine Symphonie von Brahms oder ein Klavierkonzert von Mozart zu sagen... Dasselbe gilt natürlich auch für andere Künste. Wie sagen wir die *Mona Lisa* oder Leonardos *Letztes Abendmahl*? Die Behauptung, alle wichtigen Dinge, die erfahren, gekannt oder kommuniziert werden können, ließen sich mit Wörtern ausdrücken, ist so widersinnig, daß sie keinerlei Aufmerksamkeit verdient hätte, wenn sie nicht während des 20. Jahrhunderts soviel Philosophie und auch einiges an Literaturtheorie geprägt hätte.

Was ich hier sage, hat radikale Implikationen für jede Philosophie, die die Ansicht vertritt, empirisches Wissen müsse aus der Erfahrung stammen. Es bedeutet nämlich, daß diese direkte Erfahrung, die niemals hinreichend durch Wörter kommuniziert werden kann, das einzige Wissen ist, das wir jemals wirklich besitzen werden. Es ist unsere einzige und einzig wahre, unverfälschte, direkte und unmittelbare Form von Wissen um die Welt, jenes, das wirklich uns persönlich gehört. Wer reich an diesem Wissen ist, hat ein reiches Leben. Aber wenn wir es in Worte fassen wollen, dann wird es zweitrangig, übernommen, verwässert, abstrahiert, verallgemeinert, es kann öffentlich geteilt werden. Wer sein inneres oder äußeres Leben vor allem auf eine Weise lebt, die sich durch Sprache ausdrücken läßt – Menschen zum Beispiel, die auf der Ebene von Begriffen oder in einer Welt der Ideen leben – lebt ein Leben, in dem alles vereinfacht und reduziert ist, dem das fehlt, was das wirkliche *Leben* ausmacht, was ihr Leben zu *ihrem eigenen einzigartigen* Leben macht. Doch obwohl der einzigartige Charakter der gelebten Erfahrung nicht durch Vorstellungen kommuniziert werden kann, ist das durch Kunstwerke trotz allem möglich. Das erklärt, warum wir unmöglich sagen können, was ein Kunstwerk »bedeutet« oder »ausdrückt« oder »vermittelt«, selbst, wenn das Kunstwerk selber aus Wörtern besteht.

Ich habe bis jetzt über die Unmöglichkeit gesprochen, direkte Erfahrungen zu verbalisieren, das unmittelbar Gegebene. Aber es trifft auch zu, daß unsere wichtigsten Neigungen und Gestimmtheiten sich ebenfalls nicht in Worte fassen lassen – jemanden zu lieben beispielsweise, oder unsere Gefühle für unsere Freunde, oder das was die Musik uns bedeutet, oder unser Verhältnis zu unseren Kindern, oder unsere Leidenschaft für die Philosophie (für alles und jedes, was das betrifft, sogar fürs Golfspielen). Dann gibt es Dinge wie unser Bewußtsein von uns selbst als Wesen, die eine fortdauernde und zusammenhängende Existenz führen, von der Einheitlichkeit unserer Wahrnehmungen, von unserem Gefühl für Gut und Böse, von unseren Ängsten vor dem Tod. Auf jeder Ebene, so scheint mir, läßt sich keines oder nahezu keines der Dinge, die uns am wichtigsten sind, sprachlich angemessen ausdrücken, so wenig wie unsere direkten Erfahrungen der inneren und äußeren Welt.

Ich kann deshalb nur bestätigen, daß Leben und Welt, so, wie ich sie erfahre, in nichts mit dem übereinstimmen, was sprachorientierte Philosophen und Literaturkritiker gemeinhin sagen oder anzunehmen scheinen: Für mich kann beides weitgehend nicht durch Sprache ausgedrückt werden. Ich denke zwar die ganze Zeit – ich beobachte Situationen und nehme Bewegungen und Veränderungen wahr, ich registriere Kontraste und Verbindungen, ich entwickle Erwartungen, treffe eine Wahl, entscheide mich, bin unsicher, betreue und mache noch tausend andere Dinge – doch größtenteils, ohne Sprache zu verwenden. Und das alles sind für mich unmittelbar gemachte Erfahrungen, die ich mit einer so unmittelbaren Sicherheit weiß, wie ich überhaupt irgend etwas wissen kann. Chomsky hat einmal gesagt (*Men of Ideas*, S. 218): »Ich bin mir sicher, daß jeder, der sein eigenes Denken beobachtet, auf Anhieb erkennen wird, daß ein großer Teil davon nichts mit Sprache zu tun hat«, und ich hätte das für selbstverständlich gehalten, wenn nicht so viele sprachorientierte Akademiker es abstreiten oder sich so verhalten würden, als sei das nicht der Fall.

Der alltägliche Ausdruck, »etwas in Worte fassen« mit all seinen bekannten Varianten – »Ich weiß nicht, wie ich das sagen soll«, »Er drückt sich immer sehr treffend aus« usw. entspricht meiner eigenen unmittelbaren Erfahrung. Normalerweise werde ich in jedem Moment von dem ewig strömenden Mississippi meines Lebens absorbiert, und in dessen Strömung fließt auch ein ununterbrochener Denkprozeß ohne Sprache ein. Ich versuche diesen Prozeß gewöhnlich erst dann in Worte zu kleiden, wenn es unbedingt sein muß, also zumeist dann, wenn ich ihn einem anderen Menschen mitteilen möchte. Ein Teil von mir muß sich dann aus seinem Bad in der unmittelbaren Erfahrung zurückziehen und das öffentliche Medium der Sprache nach Möglichkeiten absuchen, das zu sagen, was ich sagen möchte. Dieser Schritt gehört immer dazu. Manchmal stellt das Ergebnis sich mühelos ein, manchmal finde ich keine Formulierungen, mit denen ich zufrieden wäre, immer jedoch findet ein Akt des »In-Worte-Kleidens« statt, dessen ich mir direkt bewußt bin – von der konkreten Tatsache gelebten Lebens, wahrgenommener Beobachtungen, empfundener Gefühle, gedachter Gedanken in das allgemeine, unpersönliche öffentliche Medium der Sprache. Und diese Wiedergabe ist immer und notwendigerweise unzulänglich, denn ersteres ist einzigartig, letzteres allgemein. Das bedeutet, daß ich auf das, was ich *genau* lebe und fühle – das, was einzigartig hier ist, einzigartig jetzt, was einzigartig mir gehört – verzichten muß, wenn ich überhaupt irgend etwas sagen will. Was wirklich *gelebt*, wirklich *empfunden*, wirklich *gedacht* wird, kann in der Sprache niemals ein Äquivalent finden, weil das unumgänglich allgemeine Wesen der Sprache das verhindert. Wir sind zu über den Daumen gepeilten Annäherungen gezwungen, etwas Besseres ist für uns unerreichbar.

Diese Trennung scheint physisch begründet zu sein. Schon 1970 schrieb ein mit dem Nobelpreis ausgezeichneter Genetiker, Jacques Monod, in seinem Buch *Zufall und Notwendigkeit*, jeder Wissenschaftler müsse bemerkt haben, daß seine mentale Reflexion auf einer tieferen Ebene nonverbal ist; es sei eine *imaginierte Erfahrung*, simuliert mit Hilfe von Formen und Interaktionen, die zusammen nur ein »Bild« im visuellen Sinne des Wortes darstellten. In der Alltagspraxis werde der Prozeß der Simulation vom gesprochenen Wort, das ihm fast unmittelbar folgt und sich scheinbar vom Gedanken nicht trennen lasse, gänzlich verborgen. *Aber wie wir wüßten, bewiesen zahlreiche Beobachtungen, daß beim Menschen selbst die komplexesten kognitiven Prozesse nicht unmittelbar mit der Sprache (oder irgendeiner anderen Form symbolischen Ausdrucks) zusammenhingen.* Ich habe den letzten Satz kursiv geschrieben, weil er, wenn seine Aussage zutrifft, zeigt, daß die von Searle vorgebrachte und noch immer weithin vertretene Ansicht schon vor mehr als einer Generation wissenschaftlich widerlegt wurde.

Die Tatsache, daß wir nicht notwendigerweise in Wörtern denken, zeigt sich in der Öffentlichkeit wie auch privat. Wir alle kennen die Situation, daß wir bisweilen einfach nicht das rechte Wort finden. Wir zögern und stammeln, unsere Gesprächspartner schlagen uns Wörter vor, vielleicht alle, die im Synonymlexikon jenes, nach dem wir suchen, unmittelbar umgeben, aber wir sagen immer wieder »nein, nein«, bis endlich jemand das richtige Wort bringt, worauf wir ausrufen: »Genau! Es lag mir auf der Zunge!« Wenn wir weniger genau gewußt hätten, was wir sagen wollten, dann hätten wir uns schließlich mit einem der Wörter zufriedengegeben, die dem, für das wir uns dann am Ende entschieden haben, ziemlich nahe kamen. Aber das haben wir nicht. Weil wir eben so genau, wie die Sprache es sagen kann, *wußten*, was wir sagen wollten, wenn uns auch das Wort fehlte; wir wußten, daß es ein einziges Wort gab, wir wußten außerdem, daß wir dieses Wort kannten, daß es uns im Moment jedoch nicht einfiel. Das zeigt, daß wir mit der äußersten Präzision, zu der die Sprache überhaupt in der Lage ist, und dennoch ohne die Verwendung von Wörtern selbst, denken können und das auch tun.

In solchem Verhalten ähneln wir in vieler Hinsicht den Tieren, aber niemand nimmt an, daß Tiere in Sprache denken. Ohne daraufhin trainiert worden zu sein, zeigt ein Hund durch sein spontanes Verhalten, daß er weiß, daß jemand anderer als die bereits anwesenden Menschen bald eintreffen und mit ihm spazierengehen wird, und sowie er aus dem Garten ein bestimmtes Geräusch hört, weiß er, daß die betreffende Person in Anmarsch ist, worauf er die Leine holt und damit schon an der Tür wartet, um sie dem Neuankömmling in die Hand zu geben. Dieses Beispiel zeigt, daß eine ganze Verhaltensebene, bei der nicht nur zutreffende Zusammenhänge zwischen einem abwesenden Objekt und einem zweiten erkannt werden, sondern bei dem auch zu bestimmten Momenten, die in einem gemeinsamen zeitlichen Rahmen mit dem Verhalten anderer Wesen genau koordiniert sind, entsprechend der erkannten Zusammenhänge gehandelt werden muß, auch ohne Sprache problemlos zu bewältigen ist – und das, wie gesagt, ist eine Ebene, auf der sich ein Großteil des menschlichen und tierischen Verhaltens abspielt.

Ich hoffe, es ist verzeihlich, wenn ich hier eine persönliche Erinnerung vortrage, die das noch klarer macht. Ich habe mehrere Male für einen Sitz im Parlament kandidiert, die beiden ersten Male in einem abgelegenen ländlichen Wahlkreis. Es war vor einigen Jahrzehnten, und damals war die politische Organisation in solchen Gegenden zwar hilfsbereit, aber ausgesprochen improvisiert; zumeist geschah nur das, worum der Kandidat ausdrücklich gebeten hatte. Eines Abends, gegen Ende eines erschöpfenden Wahlkampfes, wollte ich gerade die Rednerbühne besteigen und die letzte Rede eines langen Tages halten, als mir mitgeteilt wurde, daß eine gesamte Familie, die zu meinen wichtigsten Helfern gehörte, sich eine Lebensmittelvergiftung zugezogen hatte. Das bedeutete, daß alle Aufgaben für den kommenden Tag neu verteilt werden mußten – wer sollte die Ausschußräume besetzen, wer den verschiedenen Treffen vorsitzen, wer mich zu meinen verschiedenen Auftrittsorten fahren und so weiter. Es waren sehr viele kleine Veränderungen nötig, und es war schwer, alles miteinander in Übereinstimmung zu bringen, zumal die Zahl meiner Helfer sehr begrenzt war und alle Betreffenden noch im Laufe des Abends informiert werden mußten – aber da sie ja nichts von meiner Notlage wußten, würden bestimmt viele sofort nach meiner Rede den Raum verlassen. Deshalb trat ich vor das Publikum, hielt meine Wahlkampfrede und ging dabei in Gedanken den Zeitplan des nächsten Tages durch. Wie immer in solchen Fällen machte ich zuerst einen Plan, erkannte dann, daß er nicht durchführbar war, verwarf ihn und machte einen neuen, bis ich schließlich nach mehreren Versuchen alle Aufgaben unter einen Hut bringen konnte. Am Ende meiner Rede bat ich dann meine Helfer, noch ein paar Minuten zu bleiben, damit ich die Aufgaben für den nächsten Tag neu verteilen konnte.

Ich gebe zu, daß rein praktisch gesehen die Tatsache, daß das am Ende des Wahlkampfes passierte, nicht nur wichtig, sondern sogar entscheidend ist: Ich hatte alles, was ich in meiner Rede zur Sprache brachte, schon sehr oft behandelt, und nur deshalb konnte ich es abermals klar und energisch vortragen, während ich zugleich konzentriert über etwas nachdachte, das nichts mit diesen Fragen zu tun hatte. Doch die Tatsache bleibt, daß ich eben genau das tat. Und ich begreife nicht, wie irgendwer behaupten kann, mein Gehirn habe gleichzeitig zwei miteinander nicht verbundene Ströme von Sprache produziert, die beide komplizierte Strukturen von organisiertem Denken aufwiesen. Ich weiß, daß ich meinen Plan für den nächsten Tag neu aufgestellt habe, ohne dabei Wörter zu benutzen.

Ich weiß außerdem, daß es nicht weiter ungewöhnlich ist, daß ich dazu in der Lage war. John Hull, ein Dozent an der Universität von Birmingham, der in der Mitte seiner Laufbahn erblindete, hat das ergreifende Buch *Touching the Rock* über diese Erfahrung geschrieben. Darin erzählt er unter anderem, wie er lernen mußte, lange und durchstrukturierte Vorlesungen zu halten, ohne sich dabei auf Notizen stützen zu können. Sein Bericht endet mit dem folgenden Abschnitt (S. 93):

Ich scheine jetzt eine Methode entwickelt zu haben, mit der ich in Gedanken schon im voraus überblicke, was ich sagen werde. Wir machen das beim Reden alle, sonst würden wir nicht einen einzigen Satz vollenden können. Auf irgendeine Weise und ganz mühelos habe ich eine weitere Perspektive entwickelt und kann jetzt, während ich spreche, aus der Tiefe meiner Gedanken ganze Absätze hervorkommen sehen. Es ist ein bißchen so wie von einem Teleprompter abzulesen. Während ich spreche, stellt ein anderer Teil meines Geistes bereits Absätze zusammen, die ich in einigen Minuten sagen werde, während ein noch weiter entfernter Teil aus einer Art Datenbank alternative Argumente heraussucht. Meine Vorlesungen sind dadurch klarer strukturiert als früher, und die Zuhörer scheinen ihnen leichter folgen zu können.

Wenn Hull sagt, daß wir keinen einzigen Satz vollenden könnten, wenn wir nicht wüßten, was wir noch nicht gesagt haben, ist das ein weiteres gutes Beispiel für die Tatsache, daß Denken und Wissen den Wörtern, in die sie dann gefaßt werden, vorausgehen. Wer das leugnen und dagegenhalten will, daß dieses Vorauswissen verlangt, daß wir die Worte vorher schon haben, wird sich entweder in einen endlosen Regreß verstricken oder die Meinung vertreten müssen, daß wir, ehe wir ein langes, verwickeltes Argument vorzutragen beginnen, bereits augenblicklich alle dabei benötigten Wörter in unserem Kopf zurechtgelegt haben.

Immer wieder werden diese Prozesse von unseren ganz normalen Gesprächen belegt. Während wir uns mit einer Tante ausgiebig über den Zustand ihres Gartens unterhalten, überlegen wir, ob wir unseren Besuch bei ihr am nächsten oder erst am übernächsten Tag beenden wollen, fragen uns dabei, was im Hinblick auf unsere Aufgaben besser wäre und erinnern uns zugleich an die Abfahrtszeiten der Züge – und das alles, ohne in unserem Strom sinnvoller, themenbezogener und zusammenhängender Sätze über ihren Garten auch nur die kleinste Pause einzulegen. Es kann auch passieren, daß ich mich bei dem Verdacht ertappe, daß ein

Fremder, der mir eine Unterhaltung aufgezwungen hat, auf irgend etwas hinauswill. Worum geht es ihm hier eigentlich, frage ich mich. Will er mich einfach nur beeindrucken? Oder will er mir etwas verkaufen? Will er mich anpumpen? Oder hat er etwas ganz anderes vor? Ich gehe die Alternativen durch, forme spekulative Erwartungen, treffe provisorische Entscheidungen, doch in unserer lebhaften Unterhaltung, die sich um Ferien im Ausland oder Immobilienpreise dreht, ist kein Bruch zu vermerken. Das alles ist doch sicher eine unserer allervertrautesten Erfahrungen? Und gewiß nimmt doch niemand an, daß dabei zwei nicht miteinander verbundene Ströme von rational organisierter Sprache in unserem Kopf dahinfließen?

Als Harold Wilson auf dem Höhepunkt seiner Macht stand, war es eine faszinierende Erfahrung, Fernsehinterviews mit ihm zu verfolgen, denn er schien simultan alle möglichen Konsequenzen aller möglichen Antworten auf die ihm gestellten Fragen zu sehen. Er kann sie in Gedanken nicht alle in Sprache gekleidet haben. (*Wenn ich dies und das sage, dann bringt mir das Ärger mit der Gewerkschaft X, sage ich statt dessen jenes, dann ärgere ich den Kabinettskollegen A; andererseits wenn ich versuche, mich aus der Affäre zu ziehen, indem ich das und dies sage, dann läßt sich das nicht mit dem in Übereinstimmung bringen, was ich neulich im Unterhaus gesagt habe ... und so weiter, und so fort.*) Gilbert Ryle hat einmal im Zusammenhang mit Bernard Williams und der philosophischen Diskussion etwas überraschend Ähnliches gesagt: »Er versteht besser, was man sagen wird, als man das selber versteht, und er sieht sämtliche möglichen Gegenargumente, noch ehe man selbst den Satz beendet hat.« Ich glaube, nicht einmal der berühmteste Sprachphilosoph der damaligen Zeit wäre davon ausgegangen, daß Bernard Williams diese langen Ketten von Argumenten und Gegenargumenten während eines einzigen Ryle-Satzes in Worten ausformuliert hätte.

Als Politiker mußte ich mich immer wieder in der Öffentlichkeit allerlei Fangfragen stellen, die nur dem Zweck dienten, mich zu blamieren, und ich habe reagiert wie im Wilson-Beispiel. Die bewußte Erfahrung besteht darin, die meisten Fallen gleichzeitig zu sehen, so, wie wir bei einem normalen visuellen Akt viele Gegenstände gleichzeitig wahrnehmen. Wir machen das aber nicht in Sprache, und es ist eigentlich unvorstellbar, wie es sprachlich überhaupt möglich sein sollte. Und haben wir nicht alle ähnliche Erfahrungen, wenn es, sagen wir, um komplizierte Auseinandersetzungen geht? Wenn unser Gesprächspartner uns eine verschlungene Kette von Argumenten liefert, sehen wir manchmal nicht gleich, worauf er hinauswill, doch dann scheint plötzlich der Groschen zu fallen und die gesamte Argumentation steht uns vollständig klar vor Augen. Wir gehen sie aber nicht in aller Eile und stumm in Gedanken ausformuliert durch. Sie ist ganz einfach da: Alles steht uns vor unserem inneren Auge. Unsere Fähigkeit, lange und komplizierte diskursive Strukturen in einem einzigen Akt zu erfassen, beschränkt sich nicht nur auf Dinge wie Argumentationen. Mozart hat gesagt, daß er manchmal beim Komponieren ganz plötzlich das vollständige Musikstück im Kopf hatte.

Die Erwähnung Mozarts führt uns zu der Tatsache, daß es viele unterschiedliche Arten von organisiertem, kompliziertem und höchst ausgefeiltem Denken gibt, die für manche Menschen – sie brauchen nicht zahlreich zu sein, um das zu belegen – ganz alltäglich sind, und sich einwandfrei nicht in Sprache fassen lassen: Nicht nur der Komponist, der in seinem Kopf Musik produziert, oder ein Musiklehrer, der die Nuancen eines vorgespielten Geigenstückes bewertet, sondern auch ein Rennfahrer, der während des Rennens unerwartete Möglichkeiten erkennt und wahrnimmt und dadurch seine vorbereitende Strategie ändert; ein Fußballtrainer, der ein neues, subtiles Manöver entwickelt, der Choreograph einer Broadway-Show, der für eine neue Tanznummer, an der mehrere Solotänzer und ein großer Chor beteiligt sind, verschiedene Möglichkeiten abwägt; jemand, der aus dem Gesamtwerk eines Künstlers Bilder für eine Ausstellung aussucht. Bei all diesen Aktivitäten geht es entscheidend um Dinge, für die es keine Wörter gibt – Dinge die, selbst wenn die Zeit keine Rolle spielte (wie in einigen meiner Beispiele), sich nicht in Sprache fassen lassen würden.

Ein Grund, warum sich die Beispiele geradezu massenhaft anbieten, ist, daß nur ein kleiner Teil unseres Denkens oder Lebens in Wörtern geschieht. Doch wenn das der Fall ist, wie können dann so viele zweifellos kluge Menschen das Gegenteil behaupten und ganz ehrlich glauben? Das war meine erste Reaktion, als ich als

Student zum ersten Mal auf sprachorientierte Philosophen traf. *Wie können sie denn wirklich glauben, was sie da sagen? Wie sieht es wohl in ihnen aus? Wie mögen sie selber sein?* Ich glaube, das ist der Schlüssel zur einzig möglichen Erklärung. Wenn man sie für ehrlich hält, was ich tue, dann müssen sich ihr Innenleben und ihre Erfahrung dieses Innenlebens von dem von uns anderen unterscheiden. Wer Behauptungen von der Art, wir dächten in Sprache, die Welt und unsere Erfahrung der Welt könnten durch Sprache adäquat beschrieben werden, oder die Kategorien unserer Erfahrung seien sprachlicher Natur, auch nur plausibel findet, muß ein Mensch sein, dessen unmittelbare Erfahrung diese Behauptungen nahelegt, und dann muß es sich um einen abnorm auf Sprache beschränkten Menschen handeln, dessen Innenleben zu diesen Behauptungen nicht in Widerspruch steht, oder um einen Menschen, der sich niemals ausreichend um seine eigene unmittelbare Erfahrung gekümmert und deshalb nicht bemerkt hat, daß diese Behauptungen ihnen widersprechen. Ich glaube, daß ich Beispiele für beide Menschentypen kennengelernt habe. Und natürlich können solche Menschen einen so hohen IQ haben, wie man sich das nur wünschen kann. Wir reden hier nicht von unterschiedlichen intellektuellen Fähigkeiten. Gilbert Ryle war ein intellektuell wirklich brillanter Mann, aber sein Innenleben war nicht der Rede wert. (Das kann ich behaupten, weil ich ihn persönlich gekannt habe, außerdem war es unter seinen Freunden ein stehender Witz; vergleiche Bryan Magee: *Modern British Philosophy*, S. 107).

Ich halte es nicht für einen Zufall, daß die meisten (nicht alle, aber ein überraschend hoher Prozentsatz) großen Philosophen der Vergangenheit über Mathematik und Naturwissenschaften zur Philosophie gelangt waren, während fast alle Oxford-Philosophen von den Sprachen kamen. Bis vor kurzem gingen seit Generationen fast alle der besten englischen Schulen davon aus, daß die intelligentesten Schüler sich auf Latein und Griechisch spezialisieren würden. Wenn diese Jungen dann nach Oxford überwechselten, nahmen sie den »Mods and Greats« genannten Studiengang auf. Der erste und kürzere Teil dieses Studienganges, Mods, widmete sich der griechischen und römischen Literatur, Greats dagegen war eine Kombination von griechischer und römischer Geschichte und griechischer und moderner Philosophie. Auf diese Weise studierten die meisten der intelligentesten Schüler der sogenannten »großen« Schulen in Oxford Philosophie, nicht, *weil sie das selber wollten*, sondern weil es zum selben Studiengang gehörte wie die klassischen Sprachen, auf die sie sich spezialisiert hatten. A. J. Ayer hat einmal zu mir gesagt, er wäre nie auf die Idee gekommen, Philosophie zu studieren, und hätte das bestimmt auch nicht getan, wenn es nicht zum Studienplan für Greats gehört hätte. Ich bin ziemlich überzeugt davon, daß das auf die meisten Greats-Studenten zutrifft, die später zu Fachphilosophen wurden – die meisten der bekannten unter ihnen waren Greats-Absolventen. Ich glaube, daß das wirklich schädliche Folgen für das Fach gehabt hat.

Zum einen bedeutete es, daß die meisten der besten Philosophen in Oxford nach Jahren der ausführlichen Beschäftigung mit toten Sprachen zur Philosophie gekommen waren, einer Beschäftigung, die in den Schulen zumeist ohne Phantasie betrieben wird und in ihrer schlimmsten Form kleinkariert und seelenlos ist. Zum anderen, was viel wichtiger ist, entschieden sie sich nicht freiwillig und aus Interesse für Philosophie, sondern weil es ihnen durch eine Laune des britischen Erziehungssystems vorgeschrieben wurde. Ich habe wirklich den Eindruck, daß die meisten niemals philosophische Probleme im herkömmlichen Sinn gehabt haben, in dem Sinn, in dem sie mir seit meiner frühen Kindheit zu schaffen machten. Ich glaube, das ist ein wichtiger Teil der Erklärung, warum sie sich nicht mit derartigen Problemen befaßt und statt dessen aus der Philosophie ein weiteres und ausgeklügelteres Sprachstudium gemacht haben.

Doch selbst wenn ich ihren Ansatz gutheißen könnte, müßte ich doch einen grundlegenden Vorwurf gegen sie anführen. Es war immer auffällig, daß sie zwar behaupteten, sich vor allem, wenn nicht sogar ganz und gar, mit Sprache zu befassen, daß sie dabei jedoch die erfolgreichsten, informativsten und kommunikativsten Möglichkeiten des Sprachgebrauchs außer acht ließen. Über Lyrik, Theaterstücke und Romane hatten sie nichts zu sagen. Der ernsthafte literarische Künstler, was immer er sonst sein mag oder nicht, ist ein Wahrheitssuchender, der die Welt und unsere Erfahrung dieser Welt, ihre Auswirkungen auf uns und unsere Beziehungen zueinander und unsere Reaktion auf diese Phänomene erforscht, der versucht, tiefere Erkenntnisse über sie zu erlangen und diese Erkenntnisse auf irgendeine Weise durch Sprache weiterzuvermitteln. Den größten von ihnen ist das unvergleichlich gut gelungen. Wir könnten also annehmen, daß Philosophen, die behaupten, sich vor allem mit den kognitiven, deskriptiven und kommunikativen Funktionen von Sprache zu beschäftigen, sich der großen Literatur ganz besonders widmen würden. Aber das taten sie nicht. Eher war das Gegenteil der Fall. Sie neigten dazu, Literatur für belanglos für die Philosophie zu halten. Zeitweise konnte man sogar das Wort »Poesie« als abwertenden Begriff für Sprache hören, die dazu benutzt wird, Emotionen auszudrücken, was vor allem den Logischen Positivisten keine philosophische Analyse wert war. Dazu paßt eine Tatsache, die ich in persönlichen Beziehungen beobachtet habe: Daß die meisten Philosophen der hier behandelten Prägung sich für die Künste wenig oder gar nicht interessieren. Es ist vielleicht keine Überraschung, daß die Ausnahmen von dieser Regel zumeist auch die besseren Philosophen waren.

Die Tatsache, daß so viele Oxford-Philosophen nur deshalb zu Philosophen geworden waren, weil sie von einer Strömung, die sie bereits in ihrer Schulzeit erfaßt hatte, in dieses Fach geschwemmt worden waren, hatte noch zwei weitere schädliche Folgen. Die meisten unter ihnen waren nicht nur der Typ von Jungen, der zum Klassenprimus wird, Preise gewinnt und so weiter; sie waren klüger als ihre Lehrer und wurden von diesen deshalb häufig bewundert. Ihre Erfahrung lehrte sie also in einem äußerst beeinflußbaren Alter, daß sie sich für immer in Ruhm und Ehre sonnen könnten, wenn sie ihren Lehrern klarmachen konnten, wie klug sie waren und so die Achtung und Bewunderung der Autoritätspersonen ihrer Welt errangen. Solche Erfahrungen prägen dann auch das Erwachsenenleben. Unter Fachphilosophen zeigt sich deutlich eine Tendenz, sich mit dem zu beschäftigen, das ihnen die wärmste Zustimmung der von ihnen höchstgeschätzten Kollegen einträgt. Das bedeutet, daß sie zu Sklaven einer Mode werden, wenn auch einer intellektuell hochstehenden Mode; ändert sich diese Mode, dann ändern sich auch ihre Arbeiten – und ihre Interessen. Sie schreiben nicht über ihre eigenen Probleme, sondern über das, worüber ihre am stärksten bewunderten Zeitgenossen gerade schreiben. Sie scheinen aber auch davon auszugehen, unter Beweis stellen zu müssen, daß sie klüger sind als das Gros ihrer Kollegen, wenn sie sich auf Dauer einen Namen machen wollen. Die natürlichste Art, das zu bewerkstelligen, scheint für sie darin zu liegen, daß man sich eines gemeinsamen Themas annimmt und damit etwas tut, das andere nicht können oder zumindest noch nie getan haben. Wenn es sich bei ihnen nicht gerade um Genies handelt, werden sie allerdings die wirklich großen Fragen nicht behandeln können, ohne bereits Gesagtes zu wiederholen. Die Logik ihrer Tradition treibt sie also in die Gegenrichtung, nämlich dazu auf einem Niveau der Subtilität und Verfeinerung zu arbeiten, das andere zu schätzen wissen, aber selber nicht zustande bringen oder jemals zu erreichen versucht haben. So mancher Oxford-Philosoph hat sich einen Namen gemacht, indem er eine Unterscheidung traf, die vor ihm noch niemand aufgefallen war. Eine solche Leistung als notwendigerweise wertlos abzutun, wäre eine Form von intellektuellem Spießertum, doch die Tatsache bleibt bestehen, daß die meisten derartigen Philosophen ihr berufliches Leben damit zugebracht haben, sich ins Kleingedruckte ihres Themas zu vertiefen, statt, wie eben gesagt, sich im großen Stil der großen Themen anzunehmen. Selbst wenn sie über die großen Philosophen der Vergangenheit schrieben, schienen sie gewöhnlich den absurden Zwang zu empfinden, dem Offenkundigen aus dem Weg zu gehen; also schrieben sie eifrig Bücher, die verkündeten, das wirklich Wichtige an Descartes oder Locke oder wem auch immer sei nicht das, was jedermann immer dafür gehalten hatte, sondern etwas ganz anderes. Wenn jemand einwarf, diese Spitzfindigkeiten seien ja schön und gut, aber es gehe doch wohl eher um die ewigen, grundlegenden Fragen und die verschiedenen Beiträge, die die sogenannten großen Philosophen zu dieser Diskussion geliefert haben, seien in erster Linie aus eben jenen Gründen wichtig, die schon immer angeführt worden waren, dann wurde der Kritiker als einfältig, unprofessionell und den vielfältigen Subtilitäten der Frage nicht gewachsen abgetan – kurzum als unfähig, die intellektuelle Verfeinerung der derzeit von ihnen geleisteten Arbeit überhaupt zu würdigen.

Wenn ich in meiner Oxforder Zeit mit einem Philosophen eine Diskussion über den Wert seiner Herangehensweise oder seiner Arbeiten überhaupt führte und die Meinung vertrat, Philosophen sollten versuchen, die Welt zu verstehen, dann brachte ich zumeist die Widersprüche von Raum und Zeit als Beispiel für die verblüffenden Probleme vor, mit denen sie sich beschäftigen sollten. Diese Widersprüche, erklärte ich dann, zeigten, daß die Weltsicht des gesunden Menschenverstandes unhaltbar sei. Ich kann mich nicht erinnern, daß auch nur einer dieser Philosophen anders reagiert hätte als die Erwachsenen, wenn ich sie als Kind um Rat fragte. Sie sagten, diese Fragen könnten nicht beantwortet werden, und deshalb sei es Zeitverschwendung, sich damit zu befassen. Sie zeigten ein umfassendes Desinteresse an solchen Fragen und wechselten das Thema. Es interessierte sie einfach nicht, die Wirklichkeit zu verstehen.

Im Lichte dieser *Ad-hominem*-Beobachtungen ist es für mich nicht weiter überraschend, daß alle Philosophen, die im 20. Jahrhundert in Großbritannien gearbeitet haben, und die ich ohne zu zögern in eine höhere Klasse einordnen würde als die besten Oxford-Philosophen, sich bewußt für die Philosophie entschieden haben und nicht vom Studium toter Sprachen herkamen. Russell und Whitehead kamen von der Mathematik; Wittgenstein von einem Ingenieurstudium, Popper war Mathematik- und Physiklehrer, ehe er zum Fachphilosophen wurde. Darin unterschieden sie sich zwar von den Oxford-Philosophen, aber nicht von den meisten anderen Philosophen der Vergangenheit.

Da ich nun zu *Ad-hominem*-Argumenten gegriffen habe, könnte ein Sprachphilosoph den Spieß umdrehen und sagen: »Wenn du über das Wesen menschlichen Denkens schreibst, dann verallgemeinerst du deine persönlichen Erfahrungen. Das führt dich in die Irre. Wir kommen näher an die allgemeine Erfahrung heran. Deine Erfahrungen sind eine Ausnahme.« Es gibt neben allem bisher Angeführten noch zwei weitere Gründe, warum ich davon überzeugt bin, daß dieser Einwand nicht zutrifft. Erstens bin ich selbst eine ungewöhnlich verbale Person, und ich habe mein Leben lang und auf viele unterschiedliche Weisen mein Brot durch den Gebrauch von Wörtern verdient; ich habe an Schulen und Universitäten unterrichtet, habe Hunderte von politischen Reden gehalten, bin in Hunderten von Radio- und Fernsehprogrammen aufgetreten, habe Dutzende von Artikeln und sechzehn Bücher veröffentlicht. Und mein ganzes Leben lang ist mir unmittelbar bewußt gewesen, daß ich nicht in Wörtern denke. Mir kommt ein Gedanke, den ich *danach* in Worte fasse. Wollte ich aber sagen, daß ich in präverbalen Bildern denke, dann würde der Eindruck entstehen, diese Bilder seien vager als Wörter, während das genaue Gegenteil der Fall ist. Wenn ich mich konzentriere – wenn ich versuche, ein Problem zu lösen, wenn ich schreibe oder eine Vorlesung oder eine Rundfunksendung vorbereite – dann ist mein Denken, wie Musik, klarer fixiert, es ist konkreter und spezifischer als Sprache das je sein könnte; und ich erfahre das auf so unmittelbare Weise, das nichts zwischen mich und diese Erfahrung kommen kann. Sie ist von ihrem Wesen her unmittelbar und augenblicklich. Durch diese Erfahrung ist mein Wissen sicherer und gewisser, als es das in Sprache je sein könnte. Aber leider liegt es auf der Hand, daß ich in Sprache nicht ausdrücken kann, was Denken ist, ehe es in Sprache übersetzt wird.

Mein zweiter Grund ist, daß wir nicht vergessen sollten, daß ein Großteil der Menschheit halb- oder gänzlich analphabetisch ist, und daß viele der übrigen selbst in den bestausgebildeten Gesellschaften sich nur mit großer Mühe klar ausdrücken können. Daß diese Millionen und Abermillionen von Menschen kontinuierlich in Wörtern denken, ist einfach nicht vorstellbar. Ich würde auch auf sie verweisen, wenn jemand zu mir sagte: »Du bist vielleicht ein Schriftsteller und ein Redner, aber ein besonders guter Schriftsteller oder Redner bist du nicht; dein Wortgebrauch ist unsensibel.« Ist er wirklich unsensibler, würde ich dann zu Recht fragen, als der der meisten anderen, wenn wir daran denken, wie viele »die meisten« wirklich sind?

Die meisten Philosophen seit Bertrand Russell haben der Sprache eine absurd übersteigerte Bedeutung für Leben und Erfahrung der Menschen zugebilligt. Diese Ansicht wurde zugleich von vielen sprachorientierten Intellektuellen anderer Fachrichtungen geteilt. Es war typisch für die modernistische Bewegung in der Literatur, daß das was bisher als Medien und Formen gegolten hatte, nun plötzlich als sein eigenes Thema aufgefaßt wurde: Romane, Gedichte und Theaterstücke wurden nicht mehr als Beschreibungen der Welt, ihrer Menschen und deren Beziehungen interpretiert, sondern als etwas, das letztendlich von Sprache handelte

– manchmal tatsächlich von Romanen, Gedichten und Theaterstücken, und nicht selten von sich selbst. Sie wurden weniger von ihren Urhebern selbst so gesehen als von den unterschiedlichen Schulen der Literaturtheorie wie Strukturalismus und Dekonstruktivismus. Wir haben eine Epoche durchlebt, die sich mehr mit Sprache befaßte als nahezu jede vorausgegangene und die Sprache auf eine Weise, wie das vorher nur selten der Fall war, als Objekt des Interesses behandelt hat, als Ziel an sich. Aber ich glaube, daß diese Epoche sowohl in der Literatur wie in der Philosophie jetzt zu Ende geht, und das aus folgendem Grund: In beiden Fällen wurzelt das Verfahren im selben Irrtum. Beide Male wird ein Medium behandelt, als sei es das Thema seiner eigenen Botschaften. Und diesem Denkansatz läßt sich sogar unter gebildeten Menschen nur für eine kleine Minderheit die Illusion der Glaubwürdigkeit verleihen.

Sprachphilosophen sind so oft mit zwei Metaphern kritisiert worden, daß ihre Opfer zu hysterischen Anfällen neigen, wenn sie sie hören. Zum einen werden sie mit einem Zimmermann verglichen, der ununterbrochen mit seinem Werkzeug an seinen Werkzeugen arbeitet – sie immer glänzender poliert, sie immer schärfer und leistungsfähiger macht – damit aber nie irgendeine Arbeit verrichtet. Zum anderen werden sie als jemand beschrieben, der immer wieder seine Brille putzt, sie jedoch nie aufsetzt, um durch sie hindurch die Welt zu betrachten. Ich glaube, daß diese Metaphern zutreffen. Sprache ist zweifellos in vieler Hinsicht problematisch, und ihre Verwendung hat ihre Grenzen, aber vor allem und in allererster Hinsicht ist Sprache ein Medium, in dem wir uns ausdrücken können, ein Medium der Kommunikation, Beschreibung, Erklärung, Erzählung, Diskussion, Aufzeichnung, der Schaffung von Kunstwerken, der Formulierung wissenschaftlicher Theorien und anderer praktischer oder schöpferischer Aufgaben; Sprache existiert, um zu diesen Zwecken genutzt zu werden. In der Philosophie soll sie vor allem Erkenntnisse und Theorien über das endgültige Wesen der Wirklichkeit faßbar machen, über ihren Aufbau und ihren Inhalt (uns selber eingeschlossen), und sie soll alle Fragen formulieren, die ich in diesem Buch als typisch philosophisch angeführt habe. Außerdem soll sie Antworten auf diese Fragen geben, soll diese Antworten kritisieren und dieser Kritik entgegentreten. Sprache ist ein Medium zum Öffentlichmachen einer Tätigkeit, die sich immer auf die Wirklichkeit oder einen Aspekt der Wirklichkeit richten sollte (und wenn Sie so wollen, ist Sprache einer der detailliertesten Aspekte dieser Wirklichkeit).

In diesem Punkt hat Schopenhauer Kant immer wieder und meines Erachtens zu Recht kritisiert. Kant hatte die Philosophie als disziplinierte Untersuchung von Begriffen charakterisiert. Schopenhauer hielt dagegen, daß philosophische Tätigkeit zwar nur in Begriffen vor sich gehen könne und daß irgendwelche dabei gezogenen Schlußfolgerungen sich nur in Begriffen ausdrücken ließen, sie aber eine Wissenschaft *in* Begriffen und nicht eine (oder die) Wissenschaft *der* Begriffe sei.

Die philosophische Untersuchung von Sprache hat durchaus einen Sinn, wie jegliche philosophische Untersuchung einen Sinn hat – eine Untersuchung von Geist, Logik, Wissenschaft, Kunst, Moral, Politik oder Soziologie – aber das ist auch alles. Die philosophische Untersuchung von Sprache für wichtiger zu halten als beispielsweise die philosophische Untersuchung von Musik, erscheint mir als Irrtum. Was eine sprachanalytische Herangehensweise an die Philosophie als solche betrifft (die von der philosophischen Untersuchung von Sprache unterschieden werden muß), so hat diese meiner Ansicht nach nur einen Sinn als geistige Übung zur Vorbereitung auf andere Aufgaben.

Wer es für die eigentliche Aufgabe der Philosophie hält, Äußerungen klar zu umreißen, muß auch glauben, daß die nicht-sprachliche Wirklichkeit uns keine philosophischen Probleme stellt. Und genau das haben Austin, der spätere Wittgenstein und ihre Anhänger geglaubt. Mir ist das immer als klarer Irrtum erschienen, dem jedenfalls bei mir die direkte Erfahrung widerspricht. Im tiefsten Herzen kann ich nicht begreifen, wie irgendwer glauben kann, daß das Wesen von Zeit und Raum, von materiellen Objekten, von kausalen Beziehungen oder der Existenz des freien Willens keine über das rein Sprachliche hinausgehenden philosophischen Probleme aufwirft. Gemeinhin herrscht entweder die Ansicht vor, daß wir mit dem gesunden Menschenverstand diese Dinge einigermaßen richtig auffassen und daß weitergehende Erörterungen deshalb nicht nötig seien – diese Ansicht vertraten die meisten

Sprachphilosophen – oder daß die Entdeckung neuer Wahrheiten über die Welt ins Ressort der Naturwissenschaften fällt, weshalb Philosophie eigentlich vor allem Wissenschaftsphilosophie sein sollte: Diese Ansicht vertraten die meisten Logischen Positivisten. Diese Überzeugungen waren von einer solchen intellektuellen Dürftigkeit, daß sie inzwischen ausreichend geschmäht worden sind; sie weiterhin anzugreifen würde bedeuten, offene Türen einzurennen. Aber obwohl die Schulen, die diese Ansichten entwickelt haben, nicht mehr als klar erkennbare Schulen existieren, bleibt uns doch ihre Vorstellung von Philosophie, eine Vorstellung, die ihre Aufgaben auf das Abklären von Begriffen reduziert, und noch heute von vielen verdienstvollen Fachphilosophen vertreten wird. So soll zum Beispiel Michael Dummett noch in den neunziger Jahren gesagt haben: »Die Philosophie versucht nicht, neue Wahrheiten über die Welt zu entdecken, sondern ein klares Bild dessen zu zeichnen, was wir schon über die Welt wissen und glauben.« Ich könnte eine unendliche Menge von vergleichbaren Zitaten zeitgenössischer Philosophen aus dem Ärmel schütteln. Die erste Definition von »Philosophie« im *Oxford Companion to Philosophy*, 1985, ist: »Über das Denken nachdenken.«

Ich halte diese Einstellung für eine Absage an die Philosophie, und ich möchte ihr meinerseits eine Absage erteilen. Aus Gründen, die ich inzwischen hoffentlich klar zum Ausdruck gebracht habe, glaube ich, daß die nicht-sprachliche Wirklichkeit uns mit philosophischen Problemen konfrontiert, die grundlegend für das Wesen der Welt und unsere Existenz in dieser Welt sind, aber nicht in den Begriffen unseres Sprachgebrauchs erklärt werden können. Und wenn das so ist, dann lassen sich diese Probleme nicht durch Analyse klären. Analyse kann nur das klären, was wir schon besitzen. Natürlich empfiehlt es sich immer, unsere Probleme so klar wie möglich zu formulieren, ehe wir uns an einen Lösungsversuch machen, aber diese Abklärung ist kein Teil der Lösung, sondern ein erster Schritt in ihre Richtung. Die Lösung eines wirklich substantiellen philosophischen Problems muß eine erklärende Theorie sein, eine Idee, die uns die Dinge auf neue Weise und in neuem Licht sehen läßt, die sie illuminiert und dabei selbst mit rationalen Argumenten kritisiert und verteidigt werden kann. Derartige Ideen sind im Grunde kreative Einzelleistungen, und aus ihnen besteht der größte Teil der Philosophie, mit der sich zu befassen lohnt. Erst seit der historisch gesehen recht neuen Professionalisierung des Faches tauchen überall Leute auf, die zwar als Philosophen eingestuft werden, aber unfähig sind, philosophische Ideen zu produzieren, die auch nur der Rede wert wären, weswegen sie sich auf eine andere Hauptbeschäftigung verlegen müssen – die dann, weil die meisten Fachphilosophen eben das tun, als Philosophie gilt. Obwohl diese Art von »Philosophie« zusätzlich zur und neben der traditionellen Philosophie existiert, wird sie inzwischen wohl selbst von den meisten Fachphilosophen für das Wahre gehalten. Im Laufe meines Erwachsenenlebens bin ich außerhalb des Faches auf mehr ehrliches und tiefes Interesse an echter Philosophie gestoßen als innerhalb.

Sechstes Kapitel

Das Problem der Wahrnehmung

Während meines Philosophiestudiums in Oxford war neben der Sprachphilosophie das einzige substantielle Problem, mit dem ich mich laut Studienplan zu befassen hatte, das der Wahrnehmung. Von diesem Problem waren empiristische Philosophen und ihre Erben immer schon besessen, denn auf der Grundlage empirischer Annahmen läßt es sich nicht lösen.

Das Problem läßt sich folgendermaßen formulieren: Wenn die Welt, die aus allen anderen materiellen Objekten außer meinem eigenen Körper besteht, unabhängig von meiner Existenz besteht, und wenn ihre Dimensionen von Zeit und Raum ebenfalls von mir unabhängig sind, und wenn meine Kenntnis dieser Welt aus der Tatsache entsteht, daß diese Objekte die Sinne meines Körpers auf eine Weise berühren, die in meinem Gehirn Wirkungen zeigt, die wir als geistige Verfassung bezeichnen könnten, in der diese Objekte dargestellt sind – wie kann ich je wissen, ob diese Darstellung den Objekten entspricht, mit anderen Worten, ob meine Wahrnehmung der Wirklichkeit entspricht? Wir können die Qualität einer Kopie nur überprüfen, indem wir sie mit dem Original vergleichen, aber in diesem Fall haben wir keinen unabhängigen Zugang zum Original und können diesen Vergleich also nicht durchführen. Wir haben nur Zugang zur Kopie – und nur aufgrund der Kopie können wir überhaupt auf die Existenz des Originals schließen. Das Problem wird noch von unserer Erfahrung verschärft, daß unsere Sinne uns bisweilen täuschen. Wenn ich ein visuelles Bild von einer sechs Schritte von mir entfernten Tür habe, dann gehe ich davon aus, daß sich sechs Schritte von mir entfernt eine Tür befindet, aber ab und zu kann ich mich doch irren – einmal fand ich mich einer brillant angelegten *trompe l'œil*-Darstellung einer auf eine Wand gemalten Tür gegenüber. Es gibt auch andere Gründe, aus denen ich einen solchen Fehler machen könnte: Das Spiel von Licht und Schatten kann mich getäuscht haben, es kann eine Halluzination gewesen sein, vielleicht bin ich auch schlafgewandelt. Tatsache ist, daß wir uns im täglichen Leben dauernd irren – beim Autofahren, beim Spiel, in allen möglichen anderen Zusammenhängen. Dazu kommt, daß jeder Gegenstand in unterschiedlichem Licht und also zu unterschiedlichen Tageszeiten jeweils andere Farbtöne aufweist und daß jeder Gegenstand aus unterschiedlichen Winkeln betrachtet unterschiedlich aussieht. Wir könnten also fragen, welche Farbe hat der Gegenstand wirklich, wie ist er wirklich geformt – und woher sollen wir das eigentlich wissen? Warum sollten wir die Farbe, die er in einem bestimmten Licht annimmt, als seine »wirkliche« Farbe bezeichnen, und alle anderen nicht, warum sollten wir seine Form, aus einem bestimmten Winkel betrachtet, für seine »wirkliche« Form halten? Wir wissen, daß wir uns manchmal irren. Wie können wir in jedem einzelnen Fall sicher sein, daß wir uns gerade jetzt nicht irren?

Dieses Problem läßt sich noch verschärfen. Wenn alle meine Erfahrungen, und alle Erfahrungen, die ich jemals machen *kann*, Geisteszustände sind, warum sollte ich dann glauben, daß es neben Geisteszuständen überhaupt noch etwas anderes geben kann? Welchen Grund habe ich zu der Annahme, daß es neben meinen eigenen noch andere Geisteszustände gibt? Ich kann niemals direkten Zugang zu denen anderer Menschen haben, wie kann ich also sicher sein, daß es neben meinem auch noch andere Geister gibt?

Diese Fragen sind seit Jahrhunderten gestellt, diskutiert und untersucht worden, und inzwischen gibt es zu diesem Thema eine umfangreiche Literatur. Descartes, Locke, Berkeley und Hume gehören zu den Philosophen, die bei ihren Versuchen, einige davon zu beantworten, geniale Werke geschaffen haben; und obwohl die von ihnen vorgeschlagenen Lösungen nicht immer alle spätere Kritik überlebt haben, werfen ihre Schriften doch zumindest Licht auf die Natur der Probleme. Vor allem Hume zeigt tiefschürfend auf, wie schwierig sie wirklich sind, weshalb er für Philosophiestudenten gemeinhin als größter Philosoph gilt, der je auf Englisch geschrieben hat, und das, obwohl seine Werke nie so einflußreich gewesen sind wie die von Locke.

Wenn wir die Schlußfolgerungen dieser Philosophen einfach aufzählen, dann wirken sie mager und enttäuschend. Die Aufklärung, die sie uns liefern können, ist nur durch detaillierte Auseinandersetzung mit ihren Argumenten zu erlangen. Das bedeutet, daß wir weiterhin suchen müssen, daß uns die Suche aber um einiges erleichtert wird, nicht nur durch die Aussagen der Autoren, sondern auch durch unsere eigenen kritischen Reaktionen und Überlegungen, zu denen die Lektüre uns anregt. Descartes glaubte, allein durch den Inhalt seines eigenen Bewußtseins beweisen zu können, daß es ein unendliches, allmächtiges und vollkommenes Wesen geben muß. Er kam zu dieser Überzeugung, weil er glaubte, daß das Größere nicht vom Geringeren ersonnen werden kann. Deshalb würde ich, ein endliches, schwaches und unvollkommenes Wesen, mir keine klare Vorstellung eines unendlichen, allmächtigen und vollkommenen Gottes machen können. Die Tatsache, daß ich diese Vorstellung habe, bedeutet, daß ein entsprechendes Wesen existieren muß, dem ich diese Vorstellung verdanke. Ein vollkommenes Wesen könnte uns nicht betrügen, und deshalb würde es dafür sorgen, daß ich keine Dinge, die gar nicht vorhanden sind, klar und festumrissen wahrnehme; deshalb muß die Welt so sein, wie sie mir erscheint, wenn ich mir wirklich ernsthafte Gedanken darüber mache. Das bedeutet, daß die menschliche Erfahrung die Existenz einer äußeren Welt und noch viel weniger deren Übereinstimmung mit unseren Vorstellungen nicht direkt garantieren kann. Unsere Garantie ist indirekt und liegt in unserem unbestreitbaren Wissen um die Existenz Gottes. Diese Schlußfolgerung folgt auf eine andere von noch weiterreichenden Konsequenzen: Es trifft durchaus nicht zu, daß das Objektive gewiß und das Subjektive ungewiß sei, und nur von der Existenz dessen, was unser Bewußtsein uns unmittelbar mitteilt, können wir wirklich überzeugt sein.

Descartes kam zu diesem letzten Schluß durch die Anwendung

einer Methode, die seither als »Kartesischer Zweifel« bezeichnet worden ist. Diese Methode besteht darin, daß überall dort, wo ein Irrtum denkbar ist, *zum Zweck der Argumentation* mit Zweifel gearbeitet wird. Ich habe vier Wörter kursiv gesetzt, weil es in diesem Zusammenhang unendlich viele Mißverständnisse gegeben hat. Sogar viele ansonsten fähige Autoren scheinen geglaubt zu haben, daß Descartes wirklich zweifelte oder sich und anderen einreden wollte, er zweifele sogar seine grundlegendsten Überzeugungen an, und haben das als Absurdität zurückgewiesen. Das alles war jedoch durchaus nicht der Fall. Wenn ich Descartes' Vorgehen in meine eigenen Worte kleiden darf, dann fällt meine Beschreibung folgendermaßen aus.

In der Mathematik sehen wir das Paradigma unbezweifelbaren und nützlichen Wissens. Das ganze Gebäude der Mathematik ist auf jeder Ebene ungeheuer beeindruckend, vom höchsten Gipfel der Abstraktion bis zur einfachsten alltäglichen Praxis. Wenn wir unser nicht-mathematisches Wissen auf ein ähnlich festes Fundament setzen könnten, dann würden wir die Wirklichkeit praktisch und intellektuell so weit erfassen, wie es für Menschen überhaupt möglich ist. Sehen wir uns also an, was die Mathematik so überzeugend und gewiß macht, und überprüfen wir, ob wir diese Qualität auf unser nicht-mathematisches Wissen übertragen können. Bei genauerem Hinsehen ergibt sich, daß die gesamte Mathematik der unwiderstehlichen Notwendigkeit deduktiver Logik folgt, und daß sie dabei von einer verblüffend kleinen Menge von Prämissen ausgeht, die so kurz, schlicht, grundlegend und offenkundig sind, daß wir sie einfach nicht mehr anzweifeln können. Wenn wir solche unzweifelhaften Prämissen für unser empirisches Wissen entwickeln könnten, dann könnten wir darauf aufbauend gewissermaßen die ganze Welt konstruieren. Wir müssen nun also unsere empirischen Überzeugungen daraufhin untersuchen, ob es auch darunter einige gibt, die unmöglich angezweifelt werden können.

Wir wissen leider, daß die direkten Mitteilungen unserer Sinne angezweifelt werden können, weil wir wissen, daß unsere Sinne uns bisweilen täuschen: Bei Sonnenuntergang sieht der sonst graue Kirchturm golden aus; ein gerader Stock scheint im Wasser geknickt zu sein und so weiter und so fort. Manchmal werden wir zu dem Glauben verleitet, wir nähmen Dinge wahr, wenn das überhaupt nicht der Fall ist. Das passiert, wenn ich träume – ich glaube, in meinem Arbeitszimmer am Werk zu sein, doch dann erwache ich und stelle fest, es war eine Illusion, und ich liege im Bett. Das ist vor allem deshalb beunruhigend, weil ich nicht einmal in diesem Moment hundertprozentig sicher sein kann, daß ich an meinem Schreibtisch sitze und diesen Satz schreibe, und daß ich nicht aufwachen und alles als Illusion erkennen werde. Bei genauerer Überlegung scheint mich also jegliche Erfahrung über ihre wahre Natur täuschen zu können. Aber eines gibt es, das ich unmöglich anzweifeln kann, nämlich daß ich die bewußte Erfahrung habe, die ich im Moment eben habe, auch wenn ich mich über ihre Herkunft durchaus irren kann. So ist die Behauptung zu verstehen, daß das Subjektive auf eine Weise unzweifelhaft ist, wie das Objektive es niemals sein kann. Wenn ich meine Folgerungen also nicht vom mutmaßlichen Ursprung meiner Bewußtseinsäußerungen ableite, sondern nur aus der nackten Tatsache, daß ich diese Bewußtseinsäußerungen erlebe, dann kann ich mich nicht irren. Gibt es aber solche Schlußfolgerungen? Ja, es gibt sie. Beispielsweise folgt aus der Tatsache, daß ich überhaupt über bewußte Wahrnehmungen verfüge, daß ich existieren muß, und, noch wichtiger, daß ich auf jeden Fall als die Art von Geschöpf existiere, der eine solche Erfahrung möglich ist: Ich muß auf jeden Fall ein denkendes Wesen sein.

Ich kann also mit Gewißheit sagen: »Ich denke, also bin ich; oder, um pedantisch genau zu sein, aus der Tatsache, daß ich bewußte Wahrnehmung unmittelbar erlebe, läßt sich zweifelsfrei folgern, daß ich eine Art Wesen bin (wenn auch nicht notwendigerweise die Art Wesen, für die ich mich halte), das bewußte Wahrnehmung erlebt.« Aber ich kann noch weitergehen und sagen, daß die Tatsache, daß ich, bewußt aber begrenzt, die Vorstellung eines Wesens habe, das bewußt, aber grenzenlos ist, ergibt, daß ein solches Wesen existieren und mir diese Vorstellung eingegeben haben muß, denn das Endliche kann aus eigener Kraft nichts Unendliches hervorbringen.

Die weitere Argumentation läuft wie bisher. Ich meine, es gibt nur wenige Philosophen, die attraktiver schreiben als Descartes. Für mich ist er der einzige wirklich große Philosoph, den Frankreich je hervorgebracht hat, und sein Werk zeigt, wie mitreißend die Sprache dieses Landes sein kann: Sein Stil ist klar und doch von seinen höchst eigenen Wesenszügen geprägt; und obwohl seine wichtigsten Werke (die *Abhandlung über die Methode* und die *Meditationen über die Grundlagen der Philosophie*) konsequent in der ersten Person geschrieben sind, haben sie doch nichts befremdend Egozentrisches an sich. Im Gegenteil, der Leser wird sich automatisch mit Descartes' dringlichen Fragen identifizieren: *Können wir uns in irgendeinem Zusammenhang hundertprozentig sicher sein?* Die Klarheit des Ganzen und die Geduld, die für diese schrittweise Suche nach einer felsenfesten, unerschütterlichen Grundlage aufgewandt worden ist, auf der ein allgemeines Weltbild aufgebaut werden kann, machen sein Werk zu einer erstklassigen Einführung in die Philosophie überhaupt. Der hervorragende Stil und die dadurch vermittelte scharfsinnige literarische Persönlichkeit sind so großartig, daß Descartes' Werk, wenn wir es einmal gelesen haben, zu unserem dauerhaften Besitz wird, wie ein großes Kunstwerk. Für den Rest Ihres Lebens ist Descartes jemand, den man kennt. Das unterscheidet ihn ganz klar von beispielsweise Kant, der ein größerer Philosoph ist: Man kann jahrelang Kant studieren, ohne irgendeinen Eindruck von einer literarischen Persönlichkeit zu erhalten. Aus all diesen Gründen – und weil Descartes zu Recht als Gründer der modernen Philosophie gilt – ist er eine der Zentralgestalten der abendländischen Kultur, was sich nicht einmal für einige der größten Philosophen sagen läßt. Eigentlich sollten alle gebildeten Menschen Descartes lesen. In Frankreich haben alle gebildeten Menschen das getan.

Sein unmittelbarer Nachfolger in der zentralen Tradition der abendländischen Philosophie, Locke, war so unverwechselbar englisch wie Descartes unverwechselbar französisch war. In seiner *Untersuchung über den menschlichen Verstand* neigte Locke dazu, gesunden Menschenverstand höher zu setzen als deduktive Logik, und seine eigenen unmittelbaren Schlußfolgerungen erschienen ihm als insgesamt provisorischer, anfechtbarer und weniger selbstverständlich. Er stimmte mit Descartes darin überein, daß ein Mensch nicht daran zweifeln kann, daß die Mitteilungen seines Bewußtseins das sind, was sie eben sind und daß er zumindest das direkt und unzweifelhaft *weiß*. Er stimmte auch darin mit ihm überein, daß die Mitteilungen unseres Bewußtseins uns dazu veranlassen, uns spontan als Subjekte in einer Welt von Objekten zu sehen, die in den Dimensionen von Raum und Zeit außerhalb unserer selbst existiert. Er jedoch hielt es für nachweisbar, daß unsere Sinne uns nicht nur bisweilen über die wahre Natur von materiellen Objekten täuschen können, wie Descartes es beschrieben hat, sondern daß sie uns in sehr wichtiger Hinsicht immer und systematisch täuschen, was Descartes für unvereinbar mit dem Wohlwollen eines allmächtigen Gottes gehalten hatte. Zum Beispiel, so Locke, lassen Gegenstände sich ohne ein beobachtendes Subjekt nicht durch ihre Farbe, ihren Klang, ihren Geruch oder ihren Geschmack charakterisieren. Es gibt eine ganze Palette von solchen Eigenschaften, von denen wir annehmen, daß sie den Gegenstand beschreiben. In Wahrheit können sie jedoch nur im Rahmen einer Interaktion von beobachtetem Objekt und beobachtendem Subjekt existieren. Deshalb können sie ein Objekt nicht so beschreiben, wie es seinem Wesen nach ist, unabhängig von der Beobachtung. Locke spricht in diesem Zusammenhang von sekundären Eigenschaften. Primäre Eigenschaften sind Eigenschaften, die seiner Ansicht nach ein Objekt als solches besitzt, ob es nun von einem Subjekt beobachtet wird oder nicht. Die Naturwissenschaften befassen sich unter diesem zweiten Aspekt mit Gegenständen, die alle unpersönlich meßbar oder klassifizierbar sind – die Position der Objekte, ihre Bewegungen in Raum und Zeit, ihre Dimensionen, ihr Gewicht, ihre Masse, ihre materielle Zusammensetzung und so weiter.

Ein Skeptiker könnte zu Locke sagen: »Sie erzählen uns, daß jedes Objekt seine primären und sekundären Eigenschaften hat; Sie sagen aber auch, daß wir nur diese Eigenschaften erfahren können. Das Objekt, das diese Eigenschaften charakterisieren, die Substanz, der sie innewohnen, das *Ding* dahinter ist, wie Sie sagen, etwas, zu dem wir niemals Zugang erlangen können. Es ist, um Ihre eigenen Worte zu gebrauchen, ›etwas, von dem ich nicht weiß, was es ist‹. Aber wenn wir diese Erfahrung niemals machen können, woher wollen Sie dann überhaupt wissen, daß dieser Gegenstand existiert? Es ist doch ein Widerspruch zum grundlegenden Prinzip des Empirismus, seine Existenz zu behaupten!« Ich glaube, auf diesen Einwand würde Locke ungefähr so antworten: »Daß

Eigenschaften existieren, sagt uns unsere unmittelbare und zweifelsfreie Erfahrung. Und wir können nicht glauben, daß wir es nur mit Abstraktionen zu tun haben, die gewissermaßen in der leeren Luft schweben. Und noch unglaubhafter wäre die Vorstellung, daß sie in den unveränderlichen Kombinationen, in denen wir sie erfahren, frei umherschweben. Ein Beispiel: Wann immer ich das tue, was ich ›einen Apfel essen‹ nenne, habe ich stets ein sehr dichtes Bündel von unterschiedlichen und gleichzeitigen Erfahrungen aus demselben engen Rahmen von Größe, Form, Farbe, Konsistenz, Geschmack, Feuchtigkeitsgrad, Gefühl in Hand und Mund und so weiter ... Und wollen Sie mir jetzt erzählen, daß solche Bündel zu Millionen in zufälliger und doch permanenter Kombination umherschweben, und daß wir ihnen in unserem Irrglauben den Namen ›Apfel‹ geben? Und wollen Sie mir weiterhin erzählen, daß das auch für die zahllosen anderen Dinge auf dieser Welt gilt, die wir für materielle Objekte halten? Das kann doch wohl niemand ernstlich annehmen. Es muß ein kombinierbares Etwas geben, dem die von uns erfahrenen Eigenschaften innewohnen, eine Substanz, die das Substrat jeglichen physischen Objekts bildet.«

Aber für die Logik ist das keine Antwort. Selbst, wenn wir sie akzeptieren, dann hat Locke uns doch nur gezeigt, daß das endgültige Wesen der physischen Realität für uns ein unlösbares Rätsel ist, und davon war er wirklich überzeugt. Außerdem läßt sich aufzeigen, daß das endgültige Wesen unserer Erfahrung der Dinge ebenso mysteriös ist. Wir wissen, wie Gegenstände auf uns wirken – wir verfügen über unmittelbare und unzweifelhafte Erfahrung ihrer visuellen, hörbaren, greifbaren und sonstigen Wirkungen. Aber worauf sie auf diese Weise einwirken – was das unabhängige Wesen des Subjekts ist, das diese Erfahrung macht – können wir niemals erfahren. Deshalb müßte die Logik eigentlich folgendes ergeben: Wenn wir Erfahrungen nur unmittelbar erleben können, dann können wir nicht unabhängig von diesen Erfahrungen direkten Zugang zu dem gewinnen, was diese Erfahrungen erlebt. Wir leben also in einer Welt, die nur aus Auswirkungen und Effekten besteht. Aus denen, die wir unmittelbar erfahren. Aber was diese Auswirkung hat, liegt für immer außerhalb jeglicher möglicher Erfahrung, ebenso wie das, worauf es einwirkt. Auf diese Weise gelangen wir zu einer Sichtweise, die letztlich aus zwei unterschiedlichen Einheiten besteht, aus Gedanken und aus materiellen Objekten, deren inneres Wesen in beiden Fällen gleichermaßen unerfahrbar bleibt. Alles, was wir je erfahren können, sind Interaktionen zwischen beidem.

Viele Leser werden von der Tatsache überrascht sein, daß dieses Bild der totalen Realität dem entspricht, was viele Menschen wirklich glauben. Es gibt viele Lücken darin, aber diese Lücken werden mit gesundem Menschenverstand gestopft – *natürlich* gibt es materielle Objekte, auch wenn wir das nicht beweisen können; *natürlich* sind wir zusammenhängende Wesen, auch wenn wir unser Wesen niemals unmittelbar erfahren können. Es handelt sich um das erste Weltbild, von dem offen gesagt wurde, daß es kein religiöses ist oder zumindest kein religiöses zu sein braucht, und das noch immer weitgehend akzeptiert wird. In dieser Hinsicht können wir Locke als den ersten modernen Menschen bezeichnen. Wenn wir dann noch bedenken, daß der politische Philosoph Locke (zu Recht, wie ich meine) in dem Ruf steht, die Grundlagen der liberalen Demokratie entwickelt zu haben, dann scheint er wirklich Überragendes geleistet zu haben. Wenn er gleichzeitig inzwischen als etwas flacher, vom gesunden Menschenverstand beherrschter und vielleicht sogar als ein wenig hausbackener Denker gilt, dann liegt das daran, daß seine Aussagen uns inzwischen so vertraut sind, daß wir sie fast schon für selbstverständlich halten. Als er sie machte, waren sie jedoch etwas ganz Neues und alles andere als selbstverständlich. Daß sie jetzt anders auf uns wirken, zeigt im Grunde nur, wie groß Lockes Einfluß war und ist. In der Tat könnte man ihn durchaus als den einflußreichsten Philosophen seit Aristoteles bezeichnen.

Lockes Vorstellungen waren das erste nicht-religiöse Weltbild seit Aristoteles, das sich im christlichen Abendland verbreitete und zu allgemeiner Akzeptanz gelangte. Ich brauche in diesem Zusammenhang nicht darauf einzugehen, wie einflußreich dieses Weltbild durch Voltaire, Montesquieu und die französischen Enzyklopädisten auf dem europäischen Festland war, oder wie sehr es durch die Gründerväter und die von ihnen geschaffene Verfassung der USA die amerikanische Gesellschaft beeinflußt hat. Die beiden Philosophen, von denen ich am meisten gelernt habe, Kant und Schopenhauer, haben mehrfach darauf hingewiesen, daß Locke als erster den Weg zu der intellektuellen Entwicklung eingeschlagen hat, die ihr Werk erst ermöglichen sollte. Tatsächlich läßt sich von der normalerweise Kant zugeschriebenen Philosophie bei Locke mehr nachweisen, als ihm zumeist sogar von Fachphilosophen zugebilligt wird. Es ist wirklich zu bedauern, daß seine Schriften von so geringer literarischer Qualität sind, denn das führt dazu, daß sie trotz ihrer Tiefe und Bedeutung fast nur von Akademikern und ihren Schülern gelesen werden. Diese mangelnde literarische Attraktivität ist meiner Ansicht nach auch schuld daran, daß Locke als Philosoph unterschätzt wird. In seinen Qualitäten jedoch kommt er Hume näher, als Studenten der Philosophie das normalerweise einräumen.

Locke zufolge ist jegliche beständige Realität verborgen. Sein unmittelbarer Nachfolger in der großen Tradition jedoch, Berkeley, sagt, daß Realität genau die Form annimmt, die sie für uns anzunehmen scheint, Erfahrung nämlich. Statt wie Locke Skeptikern mit einem Appell an den gesunden Menschenverstand zu begegnen, der in Wirklichkeit bloß die Diskussion abwürgt, nimmt Berkeley ihre Einwände ernst. Und mehr noch, er stimmt ihnen zu. Wir haben keine Berechtigung, so argumentiert er, zwei getrennte aber identische Welten zu postulieren, die Welt der Erfahrung und die Welt der Objekte, die keine Erfahrungen sind, die unseren Erfahrungen aber ähneln wie ein Ei dem anderen, und deren Existenz wir nur aus unseren Erfahrungen ableiten können. Diese ganze angenommene Welt der materiellen Substanz ist, sagt Berkeley, eine überflüssige Hypothese. Wir haben einfach keine hinreichenden Gründe dafür, ihre Existenz zu behaupten. Wenn es sie also doch geben sollte, könnten wir das niemals sicher wissen, denn an unserer Erfahrung würde sich dadurch nichts ändern. Und da wir niemals etwas anderes erleben können als unsere Erfahrungen, können wir uns auch nur der Existenz dieser Erfahrungen sicher sein. Warum sollten wir vor dieser Erkenntnis zurückschrecken, warum sollten wir sie überhaupt für ein Problem halten?

Für den Mann auf der Straße, wie Berkeley ernüchternd ausführt, ist das nämlich durchaus kein Problem. Normale Menschen, die sich nicht mit Philosophie befassen, sehen es als gegeben an, daß ein sogenanntes materielles Objekt die Gesamtsumme seiner beschreibbaren Eigenschaften ist. Wenn Sie jemanden fragen: »Woher wollen Sie wissen, daß ich einen Lederhandschuh in der Hand halte?«, dann lautet vielleicht die ungeduldige Antwort: »Machen Sie sich nicht lächerlich, das kann ich doch *sehen*. Und nun« – er streckt die Hand aus –, »kann ich ihn berühren und befühlen. Und« – nun hebt er ihn hoch und hält ihn sich unter die Nase – »ich rieche doch, daß er aus Leder ist.« Und so weiter und so fort. Und wenn er alle Eigenschaften dieses Handschuhs aufgezählt hat, die für seine Sinne erfahrbar sind, dann geht er davon aus, daß sich zu diesem Thema nichts mehr sagen läßt. Normalerweise würde er nie auf den Gedanken kommen, den wirklichen Handschuh, den Handschuh an sich, für ein unsichtbares, unbeschreibliches Substrat zu halten, das seinen Beobachtungen für alle Zeit unzugänglich ist, obwohl es genau die zufälligen Eigenschaften aufweist, die er beschrieben hat. Im Gegenteil, für ihn *ist* der Handschuh die Summe seiner beobachtbaren Eigenschaften. Und damit, sagt Berkeley, hat er recht. Es ist eine der ungewöhnlichsten Eigenschaften von Berkeleys Philosophie, daß sie auf den ersten Blick dem gesunden Menschenverstand restlos zuwiderzulaufen scheint und ihm bei näherem Hinschauen dann doch entspricht.

Doch für jegliche Art von idealistischer Philosophie muß eine entscheidende Frage beantwortet werden: Wie können wir die Tatsache erklären, daß wir Menschen in einer gemeinsamen Welt leben? Wer auch immer den Raum betritt, in dem ich diese Zeilen gerade schreibe, wird bis ins letzte Detail dasselbe Zimmer wahrnehmen: Er wird mich hier an meinem Schreibtisch sitzen sehen, er wird, wenn er durch das Zimmer wandert, dieselben Gegenstände an denselben Stellen mit denselben beobachtbaren Eigenschaften von Größe, Form, Farbe und so weiter sehen. Wie läßt sich das erklären, wenn es keine unabhängige Welt aus materieller Substanz gibt, sondern nur die Erfahrungen jedes einzelnen Individuums? Berkeley beantwortet diese Frage, indem er sich auf die Existenz Gottes beruft. Die gesamte Welt, sagt er, existiert im Geist Gottes und Gott ist immer und überall gegenwärtig. Das erklärt, warum wir an einem gegebenen Punkt im Raum alle dieselbe Realität erfahren, und auch, warum die Realität durch die

Zeit hindurch stabil bleibt. Weil alles Seiende in den Gedanken Gottes und manchmal auch in unseren existiert, ist es in diesem Sinne mental und hat keine andere Art von Existenz. Es gibt einen unendlichen Geist und es gibt endliche Geister; der unendliche Geist hat die endlichen Geister erschaffen und steht mit ihnen in unablässiger Verbindung. Wir sind die endlichen Geister, und unsere Erfahrung ist Gottes Art, mit uns zu kommunizieren. Eine andere Wirklichkeit gibt es nicht.

Ich bin mir sicher, daß es auch heute noch religiöse Menschen gibt, die etwas Vergleichbares glauben, aber ich nehme an, daß die überwältigende Mehrheit eine derartige Erklärung der Wirklichkeit nicht mehr akzeptieren könnte. Ich kann es jedenfalls nicht, selbst wenn ich sie als kühne und schöne Theorie anerkenne. Berkeleys konsequente Behauptung, daß die Daten unserer Erfahrung die einzig möglichen Objekte für unser Wissen sein können, und seine Widerlegung mancher der scheinbar auf der Hand liegenden Einwände, haben das gesamte abendländische Denken auf Dauer beeinflußt. Viele Jahre nach seinem Tod wurde sie zum zentralen Leitsatz der Wissenschaft und sollte das über mehrere Generationen hinweg bleiben. Eine der bekanntesten Schriften Poppers trägt den Titel: »Eine Notiz zu Berkeley als Vorläufer von Mach und Einstein«. Er zeigt darin, daß mindestens einundzwanzig Thesen der Berkeleyschen Philosophie in das eingeflossen sind, was wir für entschieden moderne Physik halten. Berkeleys Philosophie ist sogar für Menschen, die nicht an Gott glauben, weiterhin von Interesse und Relevanz: Bertrand Russell war Atheist, aber viele sehen in den Ansichten, die er in seinem berühmten, als Einführung in die Philosophie geschriebenen Buch *Probleme der Philosophie* vorbringt, Parallelen zu Berkeley. Berkeleys beträchtlicher Einfluß auf das Denken des 20. Jahrhunderts läßt sich einfach nicht leugnen.

Der letzte im Quartett der »großen« Philosophen, die während meines Studiums in Oxford auf dem Pensum standen, Hume, ist heute der von anderen Philosophen am höchsten geschätzte. In mancher Hinsicht führte er Berkeley und Locke zusammen. Er stimmte mit Berkeley dahingehend überein, daß wir nur zu unserer eigenen Erfahrung direkten Zugang gewinnen können, daß diese Erfahrung auf Dauer in uns liegt, und daß wir mit den aus dieser Erfahrung heraus getroffenen Schlußfolgerungen niemals die Existenz einer von uns getrennten und räumlich außerhalb von uns gelegenen Welt nachweisen können – mit anderen Worten, wir können die Existenz der Außenwelt nicht beweisen. Aber wie Locke sah er den gesunden Menschenverstand anders als Berkeley: Er behauptete, daß wir gar nicht umhin können, an die Existenz einer äußerlichen materiellen Welt zu glauben, solange wir nicht bewußt und krampfhaft versuchen zu Philosophen zu werden, selbst wenn diese sich nicht beweisen läßt. Sein Appell an den gesunden Menschenverstand angesichts dieser Unbeweisbarkeit ist jedoch zugleich praktischer und weniger zuversichtlich als der Lockes. Er läßt keinerlei Gründe dafür gelten, von der Existenz eines Gottes überzeugt zu sein – und damit läßt sich (nichts für ungut, Berkeley und Descartes) Gott auch nicht als Bürge für die Existenz irgendwelcher von unserer Erfahrung unabhängiger Dinge heranziehen. Doch zugleich läßt sich die Tatsache, daß wir ganz selbstverständlich davon ausgehen, in einer Welt von außerhalb unserer selbst gelegenen materiellen Objekten zu leben, nicht (nichts für ungut, Locke) als Begründung dafür nützen, die Existenz einer solchen Welt als *bekannt* vorauszusetzen, solange sie sich weder durch Erfahrung noch durch Logik – und Hume demonstriert, daß beides nicht geht – beweisen läßt. Die Argumente des Skeptikers sind stichhaltig, sagt Hume. Aber nur in der Theorie. Nachdem er ihre Stichhaltigkeit als *Argumente* bestätigt hat, stellt er klar, daß es ganz einfach unmöglich ist, tatsächlich als Skeptiker zu *leben*, denn um unser Leben zu führen, müssen wir beständig irgend etwas tun, und das bedeutet, daß wir immer wieder Entscheidungen zu fällen haben, die notgedrungen auf dem beruhen, was wir über unsere Situation glauben. Zudem steht häufig eine Menge auf dem Spiel, denn unser Verhalten hat praktische Konsequenzen: Tag für Tag haben wir unzählige Möglichkeiten, uns umzubringen, indem wir vor ein Auto laufen, uns in Brand stecken, uns einen elektrischen Schlag oder eine Gasvergiftung holen, eine Überdosis von irgendwelchen Drogen zu uns nehmen oder unseren Körper mit scharfen Instrumenten durchbohren. Also müssen wir unser Leben fortwährend auf der Grundlage wichtiger Vorstellungen über die Wirklichkeit führen, obwohl wir doch niemals hundertprozentig sicher sein können, daß diese

Vorstellungen auch zutreffen. Das bringt Hume dazu, eine »gemäßigte Skepsis« zu propagieren. Es empfiehlt sich, sagt er, jegliche Form von Dogmatismus zu vermeiden und immer bereit zu sein, unsere Erwartungen im Licht unserer Erfahrungen zu revidieren, während wir gleichzeitig so kühn und entschieden handeln, wie das Leben es von uns verlangt. Es wird immer wieder vorkommen, daß wir dabei auf die Nase fallen, aber dann müssen wir uns aufrappeln und von neuem anfangen – und wir müssen versuchen, aus dieser Erfahrung zu lernen. Die Annahme einer solchen Haltung hat weitreichende Folgen. Zum einen führt sie zu massiver humaner Toleranz. Sie verhindert außerdem, daß wir die Entwicklung eines einheitlichen Systems der Erklärungen auch nur für möglich halten – und deshalb totalitäre Religionen, Ideologien und metaphysische Systeme *als solche* ablehnen – denn wenn es kaum etwas gibt, das wir mit Sicherheit sagen können, dann wäre es doch der Gipfel der Absurdität, wenn wir behaupten wollten, die Erklärung für alles und jedes zu haben.

Am beunruhigendsten wird Hume bei seinen detaillierten Widerlegungen. Er liefert sehr starke und ausgefeilte Argumente, um zu beweisen, daß wir die Existenz einer Welt außerhalb unserer selbst nicht belegen können und daß wir überdies in keinem Bereich die Existenz eines kausalen Zusammenhangs nachweisen können; daß es keine induktive Logik gibt, daß wir uns nicht einmal unserer Existenz als zusammenhängende Wesen sicher sein und über die Existenz Gottes erst recht nichts sagen können. Humes Schriften dringen auf fast schon unheimliche Weise in die Nischen und Winkel unserer Gewißheiten vor und pflücken sie auseinander. Es gelingt ihm meiner Ansicht nach wirklich, uns vorzuführen, daß fast alles, was wir glauben oder für selbstverständlich halten, in Wirklichkeit nicht *bekannt* ist, und daß wir es auch niemals kennen können. Er scheint vorzuführen, daß klare Beweise im menschlichen Leben nur in der Mathematik eine Rolle spielen, und Mathematik hält er für interessant, aber zweitrangig. Wir müssen uns jedoch vor Augen führen, daß er nicht behauptet, die Welt des gesunden Menschenverstandes, die wir als gegeben betrachten, existiere nicht. Er sagt nur, daß ihre Existenz nicht durch rationale Beweisführung oder Argumentation nachgewiesen werden kann. Hume bringt hier, und das ist wichtig, eine Kritik unserer menschlichen Begrenzungen und vor allem eine Kritik des menschlichen Wissens – eine Kant vorgreifende Kritik der Vernunft. Er zeigt uns, daß die meisten von der Vernunft aufgestellten Behauptungen ungültig sind. Wir wissen so gut wie nichts. Unsere Gedanken werden zumeist nicht durch Logik, sondern durch Assoziation von Ideen verbunden, unser Verhalten wird nicht von einem echten Verständnis der Wirklichkeit geprägt, sondern von Erwartungshaltungen und Gewohnheit. Man muß dazu anmerken, daß Hume über seine Erkenntnisse durchaus nicht unglücklich war – er hielt sein Bild vom menschlichen Leben keineswegs für trübselig. Im Gegenteil, er war ein ungewöhnlich ausgeglichener und glücklicher Mensch. Er ging sein Leben auf handfeste, offene Weise an. Auf seine gelassene, freundliche Art glaubte er, die Menschen würden glücklicher sein, wenn sie sich von der für Wissen gehaltenen Ignoranz befreien könnten, die soviel Platz in ihren Köpfen einnimmt, ganz zu schweigen von ihren Büchern und ihren Erziehungssystemen. Viele seiner Zeitgenossen fanden, er *müsse* deprimiert oder verängstigt sein und konnten nicht begreifen, warum er das nicht war, aber das war ihr Problem und nicht Humes.

Hume war ein Autor, der von sehr viel mehr Lesern mit Vergnügen und Profit gelesen werden könnte als wirklich der Fall ist; er ist ernst, aber unprätentiös, geht tiefer als die meisten seiner Kollegen und bleibt doch immer klar. Seine Schriften könnten als Vorbild für philosophisches Schreiben überhaupt dienen, und wirklich haben einige der besten späteren Philosophen bewußt versucht, einen ähnlichen Stil zu entwickeln. Ich habe von ihm unter anderem gelernt, daß meine eigenen Probleme tiefer gingen als mir klar war. Wenn man mit einem Problem zu ihm kommt, dann sagt Hume typischerweise: »Es ist schlimmer, als du denkst.« Ich wollte ihm meine Probleme vorlegen und erhielt sie in noch komplizierterer Form zurück. Dadurch hat sich mein eigenes Verständnis um einiges vertieft, wofür ich ihm immer dankbar sein werde.

Ein wichtiger Punkt, in dem ich Hume nicht zustimme, ist seine Doktrin des Selbst. Seiner Meinung nach können wir niemals etwas anderes wahrnehmen als den *Inhalt* unserer inneren Erfahrung: sinnliche Wahrnehmungen, Bilder, Gedanken, Erinnerungen, Stimmungen, Gefühle und was sonst noch alles dazu gehört. Eine andere Einheit, ein Selbst, das diese Dinge *erlebt*, können wir nicht erkennen. Hume sagt, daß Schmerz und Freude, Kummer und Glück, Leidenschaften und Gefühlsschwankungen einander ablösen und niemals gleichzeitig existieren können. Deshalb kann aus diesen oder anderen Empfindungen keine Vorstellung eines Selbst abgeleitet werden, weshalb es eine solche Vorstellung auch nicht gibt. (*Traktat über die menschliche Natur*, Buch 1; unter Vorstellung versteht er hier jegliches bedeutsame mentale Geschehen.) Das setzt voraus, daß alle unmittelbare Erfahrung aus der Wahrnehmung eines abstrakten oder materiellen Objektes besteht. Diese Idee hat durchaus einiges für sich, wenn es um unser Wissen um die äußerliche Welt geht, doch ich glaube nicht, daß sie auch für unsere innere Erfahrung gilt. Sie geht irrtümlicherweise davon aus, was oft passiert, wenn Philosophen sich mit Erkenntnistheorie beschäftigen, daß wir nur wissende Wesen sind, bloße Beobachter. Aber das sind wir nicht, wir nehmen an der Welt auch aktiv teil, beeinflussen sie und werden von ihr beeinflußt. Bei jeder von mir gewollten Handlung ist mir bewußt, daß ich etwas *tue*, und diese bewußte Erfahrung muß sich nicht notwendigerweise auf ein erkenntnistheoretisches Objekt richten. Wenn ich zum Beispiel einen wichtigen Entschluß treffen muß, dann quäle ich mich vielleicht tage- oder wochenlang damit herum, kann deshalb nachts nicht schlafen und bespreche mein Problem mit Freunden. Während dieser Zeit ist mir unmittelbar bewußt, daß ich etwas tue, daß ich damit beschäftigt, daß ich einbezogen bin; aber es ist durchaus möglich, daß ich keine Vorstellung davon habe, wie mein Entschluß schließlich aussehen wird (und vielleicht wird er nie gefaßt, niemals klar formuliert), bis ich das Ende dieses Prozesses erreicht habe. Mit anderen Worten, es gibt eine direkte und unmittelbare Wahrnehmung des Handelns eines Subjekts, und diese Wahrnehmung hält an und dauert. Ich halte sie für die bewußte und unmittelbare Wahrnehmung des Handelns eines Selbst. Damit will ich nicht sagen, daß dieses Selbst mit all seinen Facetten bekannt ist – im Gegenteil, es wäre so leicht zu beweisen, daß das niemals der Fall sein kann, daß ich mich mit dieser Beweisführung hier nicht aufhalten muß – aber meiner Meinung nach zeigt sich hier, daß wir unmittelbar erleben, ein zusammenhängendes Selbst zu sein. Was natürlich nicht heißen soll, daß das Selbst sei eine Art existentieller Einheit; vermutlich ist es eher eine Art Prozeß.

Ein Philosoph, der die gerade vorgetragene Argumentation sehr gut im Griff hatte – obwohl ich noch viele Jahre brauchte, um sein Werk zu entdecken – war Fichte, der viel stärker darauf aufgebaut hat als ich. Er räumt ein (und trägt seine Argumente ziemlich detailliert vor), daß erkenntnistheoretische Analyse oder Argumentation niemals die Existenz einer Welt außerhalb unserer selbst beweisen können; er behauptet aber auch, diese Existenz werde von etwas grundlegend anderem bewiesen, von etwas, das überhaupt kein Argument ist, nämlich unserem Handeln. Wir könnten nicht handeln, wenn außer uns nichts existierte; und da wir unser eigenes Handeln unmittelbar und unzweifelhaft erleben, verfügen wir auch über einen unbestreitbaren Beweis für die Existenz einer Welt außerhalb unserer selbst. Seine schärfste Attacke reitet er an einer noch stärker eingeengten Front. Wie als Echo auf Kants *Kritik der praktischen Vernunft* betont er, daß wir uns unmittelbar und unzweifelhaft als moralische Wesen erfahren. Aber es könnte keine Moral geben, wenn wir niemals anders handeln könnten, das heißt, wenn wir niemals praktische Entscheidungen treffen könnten. Es könnte auch keine Unmoral geben, wenn sich moralisch korrektem Handeln niemals Hindernisse in den Weg stellten; und deshalb muß es einen Bereich von Einheiten geben, die nicht wir selber sind – mit anderen Worten, es muß eine reale Welt außerhalb unserer selbst geben. Fichte geht in einer Argumentation noch weiter, aber wir brauchen ihm nicht den ganzen Weg zu folgen. Er ist ein Philosoph, dessen Werk viele tiefschürfende Erkenntnisse enthält. Unglücklicherweise gehört er aber auch zu den schwerst lesbaren und verständlichen Philosophen; in dieser Hinsicht ist er ebenso schwierig wie Hegel und Heidegger. Folglich wird er, genau wie die beiden anderen, bisweilen sogar von fähigen Philosophen als Scharlatan abgetan, dessen Prosa kaum mehr sei als bloßes Kauderwelsch. In seinem Buch *Die Bestimmung des Menschen* bringt er einen Großteil seiner zentralen Thesen mit ungewöhnlicher Klarheit vor.

Ich glaube nicht, daß zu meiner Zeit in Oxford von irgendeinem Studenten die Lektüre von Fichte verlangt wurde. Die Pensumliste für den Bereich der Erkenntnistheorie machte nach Hume einen großen Sprung, ließ Kant und das 19. Jahrhundert vollständig aus und landete dann im 20. Jahrhundert bei den britischen Philosophen (sowie Wittgenstein), die offenbar noch immer mit denselben Problemen rangen wie Locke, Berkeley und Hume. Aber während die großen Empiristen sich diesen Problemen in erkenntnistheoretischen Begriffen genähert hatten, übertrugen ihre modernen Kollegen sie in Probleme der Aussagelogik und behandelten sie in dieser Form. In bezug auf die Substanz der Probleme lassen sich bei ihnen keine großen Fortschritte beobachten. Wie Bertrand Russell in seiner *Philosophie des Abendlands* schrieb, führte Hume die empirische Philosophie von Locke und Berkeley zu ihrer logischen Konklusion und ließ sie dadurch unglaubwürdig werden. Laut Russell bringt er die Philosophie »gleichsam in eine Sackgasse: in der von ihm eingeschlagenen Richtung kommt man keinen Schritt weiter. Seit er die Feder zur Hand nahm, ist es stets ein beliebter Zeitvertreib der Metaphysiker gewesen, ihn zu widerlegen. Ich für meinen Teil finde keine ihrer Widerlegungen überzeugend, dennoch kann ich nur hoffen, daß sich einmal etwas weniger Skeptisches als Humes System finden läßt.«* Die Tatsache, daß so viele wichtige Denker die Philosophie von Berkeley und Hume nicht akzeptieren und sie doch nicht widerlegen konnten, ist ein Indiz für die philosophische Größe dieser beiden. Sie zeigt, daß Berkeley und Hume uns in der Tat mit grundlegenden Problemen konfrontiert haben.

Bertrand Russells gerade wiedergegebene Aussage scheint mir in gleich mehrfacher Hinsicht aufschlußreich. Zum einen zeigt sie einen überraschenden und seltsamen Zug der von Moore und Russell begründeten analytischen Philosophie, nämlich daß selbst ihre fähigsten Vertreter nicht glaubten, die Philosophie wesentlich über den Punkt hinausgebracht zu haben, an dem sie schon vor zweihundert Jahren gewesen war. Russell zeigte in seiner *Philosophie des Abendlands* auf, was sich seither geändert hatte: »Der moderne analytische, von mir skizzierte Empirismus unterscheidet sich von dem Empirismus Lockes, Berkeleys und Humes dadurch, daß er die Mathematik einbezieht und eine brauchbare lo-

---

* Bertrand Russell: *Philosophie des Abendlands*, Zürich 1950, S. 669

gische Technik entwickelt.«* Russell stellt klar, daß seiner Ansicht nach er und seine Kollegen zwar das Instrumentarium verfeinert, doch die Aufgabe, für die es bestimmt ist, bislang nicht gelöst haben, und schließt, er hege keinerlei Zweifel daran, daß philosophisches Wissen, so weit es denn überhaupt möglich ist, mit derartigen Methoden gesucht werden müsse; er sei außerdem überzeugt, daß sich mit Hilfe dieser Methoden viele alte Probleme vollständig lösen ließen. Ich kann dazu nur sagen, daß wir noch immer, ein halbes Jahrhundert nachdem diese Worte geschrieben wurden, auf Anzeichen irgendeiner derartigen Lösung warten.

Die meisten analytischen Philosophen nach Russell schien die Tatsache, daß seit Hume keine nennenswerten Fortschritte gemacht worden waren, seltsam unberührt zu lassen. Manche hielten es für unmöglich, in der Philosophie weiterzugehen als Hume, weshalb außer einigen Aufräumarbeiten kaum noch etwas zu tun sei. Diese Ansicht wurde beispielsweise von A. J. Ayer vertreten. Auf die Frage nach den zentralen Lehrsätzen in *Language, Truth and Logic* antwortete er: »Die waren ganz einfach. Sie beruhten sehr stark auf Hume. Der Logische Positivismus, das sagt ja schon sein Name, ist genaugenommen eine Mischung aus Humes extremem Empirismus und den modernen logischen Techniken, wie sie unter anderem von Bertrand Russell entwickelt worden sind.«** In seinen Schriften teilt Ayer uns immer wieder mit, daß das, was er jetzt sagen wird oder soeben gesagt hat, im Grunde auch schon bei Hume zu finden ist. Mein Lieblingszitat in diesem Zusammenhang lautet: »Unsere Argumentation in diesem Punkt, wie in so vielen anderen, stimmt mit der von Hume überein.« (*Language, Truth and Logic*, 2. Auflage, S. 126.) Es gab noch andere Philosophen, die das ebenso gelassen eingestanden wie Ayer, wenngleich aus anderen Gründen. Es störte sie nicht weiter, daß die Philosophie seit Hume keine nennenswerten Fortschritte gemacht hatte, denn sie glaubten, durch Philosophie ließen sich nur nebensächliche Probleme lösen. Die berühmteste Aussage in dieser Hinsicht finden wir im Vorwort zu Wittgensteins *Tractatus*, in dem er behauptet, sein Buch löse

---

*   Bertrand Russell: *Philosophie des Abendlands*, S. 843
** Bryan Magee: *Modern British Philosophy*, S. 49

alle grundlegenden Probleme der Philosophie, um dann vorzuführen, wie wenig damit getan ist.

Aus wiederum anderen Gründen neigten auch die Sprachanalytiker zu dieser Ansicht. Sie glaubten nicht einmal an die Existenz von philosophischen Problemen. Ihrer Ansicht nach handelte es sich bei Problemen, die wir irrtümlicherweise für wichtig halten, um bloße Verwirrungen, die auf sprachlichen Mißverständnissen beruhten. Waren diese jedoch erkannt und geklärt, dann waren auch die mutmaßlichen Probleme gelöst. Einerseits meinten sie also – wie ich bereits dargestellt habe – die gesammelten philosophischen Probleme aus zweieinhalb Jahrtausenden in einem Aufwasch erledigen zu können, andererseits glaubten sie, das nur schaffen zu können, weil es eine verhältnismäßig leichte Aufgabe sei. Wie es einer der Jungtürken dieser Bewegung später zum Ausdruck brachte: »Angesichts dieser verfeinerten Untersuchung tatsächlichen Sprachgebrauchs erschien sehr vieles von den traditionellen philosophischen Theorien als außergewöhnlich grob, wie eine Ansammlung von großen, groben Irrtümern. Und wir fanden es natürlich ausgesprochen erheiternd, daß zum Klang dieser ziemlich schlichten Melodie riesige und beeindruckende Gedankengebäude zu Staub zerfielen oder einfach einstürzten.« (Peter Strawson in *Modern British Philosophy*, S. 116.)

Diese Haltung beruht wiederum auf der Akzeptanz des vom gesunden Menschenverstand geprägten Weltbildes. Die Philosophen, die sich mit dem ganz normalen Sprachgebrauch befaßten, nahmen sich ebendiesen als Kriterium dafür, was vertretbarerweise gesagt oder nicht gesagt werden konnte. Um noch einmal Strawson zu zitieren: »Ich stand sehr stark unter dem Einfluß von Austin, und natürlich, teilweise aus denselben Gründen, auch von Ryle. Ihre Methoden hatten damals gewisse Gemeinsamkeiten, obwohl ihr Stil sehr unterschiedlich war. Beide achteten sorgfältig darauf, was *gesagt* werden konnte oder nicht und unter welchen Umständen, was eine natürliche oder nicht absurde Ausdrucksweise war. Und diese Methode war, aus Gründen, die uns als sehr einleuchtend erschienen, eine sehr ertragreiche Quelle zum Sammeln philosophischer Informationen.« (*Modern British Philosophy*, S. 116.) Diese Methode veranlaßte ihre Anhänger, auf eine Behauptung wie »Zeit gibt es nicht« mit blankem Hohn zu reagieren. »Aber Sie wollen doch nicht ernsthaft leugnen«, sagten sie dann mit einem Augenzwinkern, »daß ich mich gestern nach dem Aufstehen aber vor dem Frühstück rasiert habe? Und daß das Mittagessen nach dem Frühstück serviert wurde, aber vor dem Tee? Und daß gestern vor heute kam, aber nach vorgestern?« Wenn man darauf antwortete, nein, natürlich wolle man das alles nicht abstreiten, dann waren sie unglaublicherweise ernsthaft und aufrichtig davon überzeugt, die Vorstellung, Zeit sei irreal, ein für allemal widerlegt zu haben.

Auf diese Weise räumten sie so gut wie alle sogenannten philosophischen Probleme aus dem Weg. Es war wirklich eine schlichte Melodie, die sie da spielten. Man mag sich fragen, warum sie sich überhaupt die Mühe machten, Atem zu holen. Ihr Vorgehen jedoch war einwandfrei antiphilosophisch, denn sie ernannten den vertrauten gesunden Menschenverstand zum Maß aller Dinge – eben jenen gesunden Menschenverstand, den Russell als Metaphysik der Wilden bezeichnet hatte – während sich philosophische Probleme doch vor allem dann ergeben, wenn der gesunde Menschenverstand entweder in Frage gestellt oder bis in seine logischen Konsequenzen hinein weiterverfolgt wird.

Die Annahme, daß der gesunde Menschenverstand im Grunde recht hat, durchzieht die gesamte empirische Philosophie und läßt sich durch die gesamte empiristische Tradition zurückverfolgen – sogar, wie wir gesehen haben, über Hume und Berkeley bis zu Locke, dem Begründer dieser Tradition, obschon all diese Philosophen ihren Appell an den gesunden Menschenverstand auf eine scharfsinnigere und einsichtsvollere Weise formulierten als das bei ihren modernen Kollegen der Fall war. Diese Verhaftung in einer unreflektierenden Metaphysik hat trotz aller Verdienste der empiristischen Tradition die Philosophie zuerst in die Humesche Sackgasse hineingeführt und sie dann darin sitzen lassen. Denn die schlichte Wahrheit ist, daß der gesunde Menschenverstand nicht recht haben kann. Das zeigen allein schon die Widersprüche von Zeit und Raum, denn obwohl sich einwenden läßt, Einstein habe sie gelöst und erledigt, so können wir doch nicht behaupten, sie ließen sich mit Hilfe des gesunden Menschenverstands lösen und erledigen. Im Rahmen eines auf ihm basierenden Weltbilds sind sie absolut unlösbar. Und sie zeigen, daß die Realität, wie immer sie beschaffen sein mag, sich grundlegend von jener Ordnung der Dinge unterscheiden *muß*, die der gesunde Menschenverstand unserem Geist vorspiegelt. Wir haben ja schon im ersten Kapitel gesehen, daß es in der Sicht des gesunden Menschenverstandes von Widersprüchen und Paradoxen nur so wimmelt. Für jeden nachdenklichen Menschen, und sei er noch ein Kind, ist schon sein bloßes Dasein in der Welt eine Erfahrung, die ihn mit zahllosen Problemen philosophisch tiefgründiger, verwirrender und möglicherweise unlösbarer Natur konfrontiert. Schon meine Erfahrungen als Kind und Jugendlicher haben es für mich unverständlich werden lassen, daß irgendein denkender Mensch die Welt für einen Ort halten kann, der sich durch den gesunden Menschenverstand erklären läßt. Auf den Einwand, daß viele unbestreitbar kluge Menschen genau diese Ansicht vertreten, kann ich ehrlicherweise nur sagen, daß deren Kombination von hoher Intelligenz und gedankenlosem Hinnehmen in einer ganz spezifischen und sehr vertrauten Seichtigkeit resultiert: *Kluger* Seichtigkeit – selbstzufrieden und von sich eingenommen, eine Mischung aus intellektuellem Selbstbewußtsein und Vernageltheit. Und ich muß einräumen, daß eben das einer der vorherrschenden Charakterzüge der sogenannten Oxford-Philosophen war. Das gab Jahre später auch Isaiah Berlin zu, der das Ganze am Zentrum des Geschehens miterlebt hatte:

Wir waren ausgesprochen egozentrisch. Die einzigen Menschen, die wir überzeugen wollten, waren unsere bewunderten Kollegen ... Wir hielten es nicht für nötig, unsere Ideen zu veröffentlichen, denn das einzige Publikum, das wir zufriedenstellen wollten, war die Handvoll von Zeitgenossen, die in unserer Nähe lebten und die wir in angenehmer Regelmäßigkeit trafen. Ich glaube nicht, daß wir, wie Moores Schüler zu Beginn des Jahrhunderts, die Keynes in seinen Memoiren erwähnt, meinten, niemand vor uns habe je die Wahrheit über das Wesen des Wissens oder irgendeine andere entdeckt; aber ich glaube, daß wir wie Moores Schüler davon ausgingen, daß niemand außerhalb des Zauberkreises – in unserem Fall Oxford, Cambridge, Wien – uns noch irgend etwas beibringen könnte. Das war arrogant und töricht und für andere zweifellos ein Ärgernis. Aber ich vermute, daß alle, die nie unter den Bann einer solchen Illusion geraten sind, und sei es nur für kurze Zeit, auch niemals wahres intellektuelles Glück erlebt haben.*

---

* »Austin and the Early Beginnings of Oxford Philosophy« von Isaiah Berlin, in *Essays on J. L. Austin*, S. 16

Siebtes Kapitel

Was gezeigt, aber nicht gesagt werden kann

Nachdem ich in Oxford mein Examen in den Fächern Philosophie, Politik und Wirtschaftswissenschaften abgelegt hatte, konnte ich endlich studieren, was ich selber wollte. Sofort machte ich mich auf die Suche nach intellektuell seriöser zeitgenössischer Philosophie. (Damals hatte ich Poppers Theorie des Wissens noch nicht entdeckt.) Die Richtung, in der ich Ausschau hielt, wurde wohl durch die Tatsache entschieden, daß die Oxforder Philosophen nicht nur die grundlegenden metaphysischen Probleme von Raum und Zeit und des Wesens der Materie und ihrer Bewegungen ignoriert hatten, sondern auch die für mich tiefsten, erhellendsten und mitreißendsten menschlichen Erfahrungen, die sich außerhalb der direkten Berührungspunkte unseres Innenlebens, unserer sinnlichen Erfahrungen und unserer persönlichen Beziehungen überhaupt machen lassen: die der Kunst nämlich, jene die in menschliche Erfahrungen und unser Verständnis dieser Erfahrungen vordringt, die Sprache der großen Dramen, der Lyrik und der Romane. Mein dringlichstes Bedürfnis war es deshalb, Philosophen zu finden, die sich mit solchen Themen befaßten, um danach, wenn das möglich wäre, eine Art Brücke zwischen dem, was ich eben noch studiert hatte, und dem, was mir als wichtig erschien, zu bauen – eine Brücke zu bauen und sie dann zu überqueren.

Ohne irgendeine Anleitung und deshalb mit meiner Ansicht nach erstaunlichem Glück geriet ich als erstes an die damals noch lebende Amerikanerin Susanne K. Langer. Ich hatte nie von ihr gehört, doch eines Tages fiel mir in einem Buchladen in Malmö eine Taschenbuchausgabe ihres Werks *Philosophie auf neuem Wege* in die Hände. Ihr Tonfall gefiel mir, und so kaufte ich das Buch. Kurz nachdem ich es gelesen hatte, veröffentlichte sie (wie um mir einen Gefallen zu tun) ein weiteres Werk, *Feeling and Form*, in dem aus dem Kapitel in *Philosophie auf neuem Wege*, das der Musik gewidmet war, eine Theorie des Ästhetischen entwickelt wurde.

Diese beiden Bücher haben meine Gedanken in mehrerlei Hinsicht auf Dauer bereichert. Die erste betrifft Langers Unterscheidung zwischen diskursiver und präsentierender Form. Um sie zu erläutern, könnte man als Beispiel ein philosophisches Argument oder einen mathematischen Beweis anführen. Beides wird in einer Sprache von Symbolen ausgedrückt; in der Philosophie sind das Wörter und Satzzeichen, in der Mathematik arabische Ziffern, griechische und römische Buchstaben sowie Zeichen für logisch konstante Relationen. In beiden Fällen gilt: Um eine stichhaltige Aussage zu machen, müssen die Symbole in einer ganz bestimmten Ordnung arrangiert werden, und diese Ordnung wird durch Regeln festgelegt. Bei einem philosophischen Argument müssen zwei Sätze von Regeln zugleich eingehalten werden, die völlig unterschiedlicher Art sind, sich aber beide fast unbegrenzt komplex und ausgeklügelt einsetzen lassen. Die erste Art von Regeln sind die der Sprache, in der das Argument vorgebracht wird, ob es sich nun um Englisch, Deutsch, Altgriechisch oder was auch immer handelt: Ihr Vokabular, ihre Rechtschreibung, Grammatik, Syntax, besondere Redensarten oder Fachbegriffe und so weiter. Die zweite sind die Regeln der Logik. Sowohl die Sätze wie ihre Beziehung untereinander müssen beides einschließen. Beides sind Beispiele für das, was Langer »diskursive Formen« nennt, Strukturen innerhalb derer Bedeutung geschaffen und vermittelt wird, indem man in einer sinnvollen Weise ein Symbol hinter dem anderen anordnet. Das Entscheidende bei all dem ist die Reihenfolge der Elemente, und deshalb können solche Formen nur sequentiell existieren und aufgenommen werden, mithin in der Dimension der Zeit. Sie können eine Unmenge interessanter Dinge zugleich vermitteln (oder auch nicht) – vor allem natürlich Sinn, Wahrheit und Relevanz, aber auch gefühlsmäßige Einstellungen, unpersönliche Eleganz, Ökonomie, Stil, Überraschung, die unverkennbare Persönlichkeit des Menschen, der sie vorträgt, sogar Hinweise auf seine gesellschaftliche Schicht und die Zeit, in der er gelebt hat; und das ist noch längst nicht alles. Sie können zum Beispiel auch von ästhetischem Wert sein. Wenn aber, so Langer, das philosophische Argument (oder der mathematische Beweis), das auf diese Weise aufgebaut wird, erst einmal vollendet ist, dann steht es als fertige Struktur vor uns und damit als eine ganz andere Art von Form, nämlich als *Gestalt* – als organisches Ganzes, als einheitliches und einzelnes abstraktes Objekt. Und dieses Objekt nennt sie »präsentierende Form«. Weil diese als Einheit als Ganzes wahrgenommen und aufgefaßt wird und werden muß, spielt die Dimension der Zeit bei ihrem Aufbau keine Rolle. Auch sie hat viele unterschiedliche Eigenschaften – ist originell oder konventionell, komplex oder schlicht, ausgeglichen, ökonomisch und so weiter – aber das sind Eigenschaften des ganzen Objektes. Die diskursive Struktur dagegen kann dieselben Eigenschaften aufweisen, nur eben auf andere Weise. Ein philosophisches Argument zum Beispiel kann als solches ausgewogen sein, während die Sätze, aus denen es besteht, durchaus nicht ausgewogen sind – und umgekehrt. Es kann sehr originell sein und doch in plattester Prosa abgefaßt, oder die Sätze können elegant sein, das Argument jedoch grobschlächtig. Eine der folgenreichsten Eigenschaften der präsentierenden Form besteht darin, daß man sie zwar vorführen, aber auf keine andere Weise vermitteln kann. Die präsentierende Form eines philosophischen Arguments haftet dem Argument als Ganzem an; sie ist nichts, was in einem seiner Sätze (oder auch allen, was das betrifft) stehen würde. Ich kann Ihnen letztlich nicht vermitteln, was sie ist, ich kann lediglich das Argument wiederholen. Sie müssen sie selber »sehen«, und wenn Sie das nicht tun, dann kann ich Ihnen im Grund auch nicht weiterhelfen.

Eine der fruchtbarsten Arten, wie Langer diese begriffliche Unterscheidung anwendet, bezieht sich auf die Kunst; nicht nur auf sprachliche Kunstwerke wie Dramen, Gedichte und Romane, sondern auch – und das auf sehr originelle und tiefschürfende Weise – auf die Musik. Eine ihrer zentralen Thesen besagt, daß in sämtlichen Künsten, den bildenden wie den anderen, ein Werk in allererster Linie eine präsentierende Form ist, die Empfindungen symbolisiert, weshalb sich das, was es vermittelt, unmöglich diskursiv in Worte kleiden läßt. Ich stimme ihr darin zu, daß ein Kunstwerk in diesem Sinne eine repräsentierende Form ist und halte ihre Entwicklung dieser Unterscheidung in bezug auf die Kunst für eine bedeutende philosophische Leistung. Ich stimme ihr ebenfalls zu, wenn sie sagt, die *raison d'être* präsentierender Formen in den Künsten sei es, nicht Emotionen zu vermitteln, sondern Verständnis, Einsichten in die Natur irgendeiner Sache; und diese Sache ist für Langer die Empfindung. Ich glaube, es könnte auch etwas anderes sein, aber wir stimmen darin überein, daß Kunst zunächst kognitiv und erst dann expressiv ist: Sie vermittelt uns in allererster Linie etwas über das Wesen der Dinge – und erst danach und auch nur möglicherweise und sekundär einiges über die emotionale Reaktion des Künstlers darauf. Wenn Langer recht hat, dann muß eine Philosophie der Kunst ihren Platz in einer weiteren Philosophie über das Wesen der Dinge finden. Erst viele Jahre später entdeckte ich eine solche Philosophie, die bei all ihren Schwächen doch in die richtige Richtung zu gehen schien, nämlich die Philosophie Schopenhauers.

Zwischen Schopenhauer und Langer besteht eine Verbindung, nämlich die frühe Philosophie Wittgensteins. Keine Einzelperson hat größeren intellektuellen Einfluß auf diese Philosophie ausgeübt, die wiederum Langer die Idee zu ihrer Unterscheidung zwischen präsentierender und diskursiver Form gegeben hat, als Schopenhauer. Ich weiß nicht, ob sie sich der vollen Bedeutung dieser Verbindung bewußt war. In ihren Schriften erwähnt sie, daß sie die grundlegende Unterscheidung zwischen dem, was gesagt werden und dem, was gezeigt-aber-nicht-gesagt werden kann, Wittgensteins *Tractatus Logico-Philosophicus* verdankt, wo diese Unterscheidung im Zentrum seiner berühmtesten Doktrin steht, der Symbol-Theorie der Bedeutung. Ich glaube jedoch nicht, daß ihr bewußt war, wie durchgängig Schopenhauerisch der *Tractatus* ist. Sie erwähnt es jedenfalls nicht, und auch mir ist es erst viele Jahre nach der Lektüre ihrer Werke aufgegangen.

Langer verdanke ich weiterhin die Bekanntschaft mit den Werken ihres Mentors, Ernst Cassirer, vor allem dem *Versuch über den Menschen* und dem dreibändigen Werk *Zur Metaphysik der symbolischen Formen*. Der Mensch erscheint hier als Symbole-schaffendes Tier – es geht nicht nur um die Symbole, die Sprache ergeben, sondern um Symbole in vielfacher Gestalt – und der ganze weite Bereich der Symbole und ihrer Verwendung definiert den Menschen und unterscheidet ihn stärker vom restlichen Tierreich als irgendeine andere Eigenschaft. Wie so viele andere große Ideen klingt das eigentlich wenig aufsehenerregend. Nicht nur alle natürlichen Sprachen, sondern auch Mathematik und Logik, jede Wissenschaft, jede akademische Disziplin, jede Kunstform, jede große Religion, jede große Ideologie, jede große Mythologie zeigt uns eine Welt und eine neue Betrachtungsweise der Dinge. In jedem Fall handelt es sich dabei um eine von Menschen geschaffene und durch Symbole vermittelte Welt; in jedem Fall soll diese Welt uns vor allem helfen, unsere Erfahrung und unsere Umwelt darzustellen, zu verstehen, zu interpretieren, uns damit abzufinden und sie vielleicht sogar beherrschen und mit unseren Mitgeschöpfen darüber zu kommunizieren. Unser Verständnis unserer selbst und unserer Umgebung läßt sich nur erweitern, wenn wir diese Systeme ausdehnen, neue konstruieren oder neue Beziehungen zwischen ihnen aufbauen; wir können unser Verständnis dessen, was wir bereits wissen, bereichern, indem wir die Systeme selber und das, was durch sie und in ihnen vermittelt wird, durchdenken und analysieren. Diese Methode, unser Verständnis der Welt und unsere Versuche, unsere Erfahrung und unser Wissen zu artikulieren, ist ungemein fruchtbar, so reich, daß die gesamte Sprachphilosophie darin gerade eine kleine Nische füllt.

Da Susanne K. Langer ganz besonders in der Schuld von Wittgensteins *Tractatus* steht, habe ich dieses Buch ausgiebig studiert. Obwohl es in Oxford ständig erwähnt wurde, ermunterte man die Studenten nicht zu seiner Lektüre, da sein Verständnis angeblich avancierte technische Beherrschung der Logik erforderte. Logik war jedoch eines meiner beiden Spezialgebiete beim Examen gewesen (politische Theorie war das andere), deshalb fühlte ich mich dieser Aufgabe gewachsen. Ich glaube nicht, daß ich jemals vorher oder nachher über ein Buch dermaßen erstaunt gewesen bin. In Oxford war uns der *Tractatus* immer als grundlegendes Dokument des Logischen Positivismus vorgehalten worden. Als ich es zum ersten Mal richtig las, erschien seine zentrale These mir als grob gesagt das genaue Gegenteil des Logischen Positivismus.

Die Logischen Positivisten hatten versucht, alle Formen der Suche nach Wahrheiten über die Welt nach den Naturwissenschaften auszurichten, weshalb sie alle wahrheitssuchenden Aktivitäten an wissenschaftlichen Kriterien und die Gültigkeit aller Äußerungen an den für wissenschaftliche Aussagen geltenden Regeln maßen. Nur was sich durch Beobachtung oder Erfahrung verifizieren ließ, galt für sie als wirkliches Wissen über die Welt, nur das, wofür sich stichhaltige Begründungen liefern ließen, konnte überhaupt gesagt werden. Aber zumindest im Prinzip ließ sich alles Wichtige sagen. Und was überhaupt gesagt werden konnte, konnte klar gesagt werden. Im *Tractatus* dagegen wurde ganz im Gegenteil behauptet, daß fast alles, was wirklich wichtig ist, entweder gar nicht gesagt oder durch unseren Sprachgebrauch bestenfalls nur angedeutet werden kann. Es kann vielleicht gezeigt, aber nicht gesagt werden. Im *Tractatus* kommt die Wissenschaft nicht besonders gut weg. Mit der aussagenden Sprache können wir nur empirische und analytische Wahrheiten ausdrücken, also Fragen der Faktizität und Logik. Außerhalb dieser Bereiche ist Sprache eher irreführend als nützlich und richtet deshalb eher Schaden an, als daß sie uns weiterhilft. Deshalb liegen all die Dinge, die für uns wirklich wichtig sind und unser Leben beeinflussen, außerhalb ihrer Reichweite. Fragen, die Ethik und Moral und Werte betreffen, den Sinn des Lebens, das Wesen der Dinge, unser Selbst und den Tod und die Existenz der Welt überhaupt lassen sich weder durch Beobachtung noch durch Logik klären. Die aussagende Sprache kann ihnen nicht gerecht werden, und wenn wir doch unser Glück mit ihr versuchen, dann kann es nur Ärger geben. Insgesamt wird im *Tractatus* die Meinung vertreten, daß ein signifikanter sprachlicher Diskurs nur in zwei vergleichsweise unwichtigen Bereichen möglich und darüber hinaus unmöglich ist. Dementsprechend widmet sich fast das ganze Buch diesen beiden Bereichen, dem faktischen Diskurs und der Logik und greift dabei vor allem die Frage auf, was das Wesen solcher Äußerungen ausmacht (d. h. worin ihre Bedeutung liegt) und wo die Grenzen ihrer Anwendung verlaufen. Doch der Bereich, in dem sich solche Fragen überhaupt ergeben, ist so klein, daß wir unser Gefühl für Proportionen nicht verlieren und nicht vergessen dürfen, wie wenig wir erreicht haben, wenn diese Fragen beantwortet worden sind. Das betont Wittgenstein schon am Anfang des Buches im Vorwort.

Es liegt auf der Hand, warum die Logischen Positivisten und die Sprachphilosophen den *Tractatus* zunächst mißverstanden haben, fast unbegreiflich bleibt jedoch, warum sie in diesem Irrtum verharrt sind. Paul Engelmann hat dieses Mißverständnis treffend beschrieben. Er meinte, eine ganze Generation von Jüngern hätte Wittgenstein für einen Positivisten halten können, da er eine sehr wichtige Gemeinsamkeit mit den Positivisten aufweise: Er ziehe eine Grenze zwischen dem, worüber wir sprechen könnten und dem, worüber wir schweigen müßten, genau wie sie. Der Unterschied sei jedoch, daß sie nichts hätten, worüber sie schweigen müßten. Der Positivismus behaupte, und das sei sein grundlegender Charakterzug, daß wir über alles sprechen könnten, was im Leben von Bedeutung sei. *Wohingegen Wittgenstein fest davon überzeugt sei, daß im menschlichen Leben gerade das eine Rolle spiele, worüber wir schweigen müßten.**

Trotzdem ist es fast unglaublich, daß Wittgenstein dermaßen mißverstanden werden konnte, denn im *Tractatus* bringt er seine Position ganz klar und deutlich zum Ausdruck. Ethik läßt sich seiner Ansicht nach nicht in Worte fassen. Ethik ist transzendental. Klarer läßt es sich doch kaum sagen. Und was die Wissenschaften betrifft, so hält er das gesamte moderne Weltbild für auf der Illusion aufbauend, daß die sogenannten Naturgesetze die natürlichen Phänomene erklären könnten, während die Probleme des Lebens noch immer vollkommen unberührt sind, selbst wenn alle überhaupt möglichen wissenschaftlichen Fragen beantwortet worden sind. Wittgensteins Auffassung der grundlegenden Probleme, die von der Wissenschaft niemals berührt werden können, ist zumindest teilweise mystischer Natur, und auch das bringt er klar zum Ausdruck: Nicht, daß die Dinge auf der Welt sind, ist mystisch, sondern die Tatsache, daß diese Welt existiert.

Als ich nur wenige Monate nach meinem Examen in Oxford dieses Buch las, überkam mich ein Gefühl, das ich nur als rückwirkenden Unglauben beschreiben kann. Ich konnte mir nicht vor-

---

* Paul Engelmann, *Letters from Ludwig Wittgenstein*, S. 97, Hervorhebung von ihm.

stellen, daß die vielen Menschen, die über den *Tractatus* schrieben oder sprachen, ihn wirklich gelesen haben sollten. Noch heute finde ich das kaum glaublich. Ein Hinweis auf eine mögliche Erklärung findet sich in der intellektuellen Autobiographie des begabtesten aller Logischen Positivisten, Rudolf Carnap, der, als er im Wiener Kreis Wittgensteins Buch las, zunächst irrtümlich glaubte, dieser vertrete eine ähnliche Auffassung von Metaphysik. Er, Carnap, habe nicht ausreichend auf Wittgensteins Aussagen über das Mystische geachtet, da dessen Gedanken und Empfindungen in dieser Hinsicht zu weit von seinen abwichen. Nur durch seinen persönlichen Kontakt zu ihm konnte er Wittgensteins Haltung dann klarer erkennen.* Wenn diese Erklärung zutrifft, dann hat eine ganze Generation von intelligenten Menschen, von ernsthaften Studenten der Philosophie und von Gelehrten, dieses Buch in höchsten Ehren gehalten, weil sie glaubten, es sage das genaue Gegenteil von dem, was es tatsächlich sagt, und das, weil sie so fest in ihrer vorgefaßten Meinung verharrten, daß sie nicht sehen konnten, was sich unmittelbar vor ihren Augen befand. Das war eine weitere wichtige Lektion, was die hypnotische Macht intellektueller Moden betrifft, und sie sollte mich für den Rest meines Lebens beeinflussen. Von da an habe ich nie mehr angenommen, daß die von Fachphilosophen allgemein und vielleicht sogar ausschließlich vertretene Ansicht über ein Buch oder einen Denker der Wahrheit auch nur einigermaßen nahe kommen könnte. Und als ich, nachdem ich ein Jahr in Lund in Schweden unterrichtet hatte, nach Oxford zurückkehrte und darüber diskutieren wollte, wie der *Tractatus* verstanden werden müsse, brachte mir das eine weitere Lektion ein. Die anderen wollten einfach nicht zu meinen Bedingungen mit mir diskutieren. Wenn ich meine Meinung sagte, gerieten sie sofort in arge Verlegenheit – und verlegen waren sie meinetwegen. Für sie schien auf der Hand zu liegen, daß ich alles falsch verstanden haben mußte. Wie konnte ich recht und ihre Freunde unrecht haben? Die bloße Vorstellung war doch schon absurd. Daß ich andere mit meinen Ansichten belästigte, war grotesk – und eben peinlich. Sie waren nicht gewillt, die Möglichkeit zu bedenken oder auch nur ins Auge zu

---

* Paul Schilpp (Hg.): *The Philosophy of Rudolf Carnap*, S. 27

fassen, daß sie und ihre Kollegen sich geirrt haben könnten. Diese Vorstellung überhaupt erschien ihnen schon als Widerspruch, denn sie arbeiteten mit der Hypothese, daß nur das gültig sei, worauf sie und ihre Kollegen sich geeinigt hatten. Ein Außenseiter konnte diesen Teufelskreis nicht durchbrechen; er ließ sich nur von innen her verändern.

Ich habe den *Tractatus* viele Male gelesen. Es ist ein tiefschürfendes Buch, aber damals hielt ich es irrtümlicherweise auch für ein höchst originelles Werk. Ich sah, daß seine unausgesprochenen Voraussetzungen eine Art zusammenhängenden Ideenrahmen bildeten, und ich gab mir alle Mühe, zu dieser ungeschriebenen Ebene des Buches vorzudringen. Das war der Hauptgrund für mein wiederholtes Lesen. Der vorausgesetzte Rahmen ist de facto die Philosophie Schopenhauers, aber es sollten noch zwanzig Jahre vergehen, bis ich das erkannte. Wittgenstein bezieht sich in seinem Vorwort auf Schopenhauer, wenn er sagt, er wolle nicht beurteilen, inwieweit seine Bemühungen denen anderer Philosophen entsprechen und behaupte auch gar nicht, etwas Neues vorzutragen. Er gibt keine Quellen an, weil es ihm angeblich egal ist, ob irgendwer irgendwann seinen Vorstellungen schon einmal vorgegriffen hat. Wie tief Wittgenstein in Schopenhauers Schuld steht, habe ich dann 1983 in meinem Buch *The Philosophy of Schopenhauer* dargestellt.

Diese Schuld sieht in Kürze folgendermaßen aus: Schopenhauer stimmt Kant darin zu, daß die Wirklichkeit aus Gründen der Erkenntnistheorie aufgeteilt werden muß, und zwar in den Bereich, der uns potentiell durch den uns zufällig zur Verfügung stehenden Apparat zugänglich ist, und in den Rest. Zum Rest können wir per definitionem niemals direkten Zugang gewinnen. Deshalb können wir auch kein direktes, auf persönlicher Erfahrung beruhendes Wissen darüber erwerben – obwohl wir indirekte Rückschlüsse ziehen können, so, wie wir manchmal von dem, was wir sehen können, auf das, was wir nicht sehen können, weil es sich hinter dem Horizont versteckt, rückschließen können. Bei dem, was wir direkt erfahren können, ist es eine unerschütterliche Tatsache, daß dieses Wissen erstens von dem begrenzt wird, was überhaupt existiert, und zweitens von dem Werkzeug, mit dessen Hilfe wir es ergründen können. Nur das, was unser Werkzeug meistert, können wir wissen. Von Descartes bis Kant hatten fast alle Philosophen die Welt als im Grunde erkenntnistheoretische Konstruktion aufgefaßt. Manche von ihnen hatten geglaubt, wir könnten durch Anwendung der Vernunft zu einer direkten Erkenntnis der Welt gelangen, andere, daß alles Material, das der Geist zur Arbeit braucht, ihm erst von den Sinnen geliefert werden muß; doch in beiden Fällen glaubten sie, daß dabei eine in unseren Köpfen zusammengefügte Repräsentation der Wirklichkeit herauskommt und daß diese unsere empirische Realität darstellt. Kant und Schopenhauer gingen diese Welt auf eine radikal neue Weise an, die ich an dieser Stelle noch nicht vorführen möchte – im Moment reicht es zu sagen, daß sie einige ihrer negativen Wesenszüge zu den wichtigsten zählten: zum Beispiel die Tatsache, daß das Subjekt, für das die Welt Objekt ist, sich in dieser Welt nirgendwo finden läßt; daß sich darin auch keine Basis für moralische oder ästhetische Werturteile finden läßt; und daß diese Dinge, wenn sie denn überhaupt über eine authentische Existenz verfügen, ihre Grundlagen also außerhalb haben müssen, in jenem Teil der totalen Wirklichkeit, zu dem wir keinen unmittelbaren Zugang haben.

All das übernahm Wittgenstein von Schopenhauer. Aber er glaubte, daß das (für ihn) neue Werk Freges ihn dazu befähigte, in unserem Verständnis der Welt der Erfahrungen eine ganze Schicht tiefer zu gehen als Schopenhauer. Die Tatsache, daß wir uns die Wirklichkeit vorstellen können, muß bedeuten, daß die Wirklichkeit und unser Bild davon irgend etwas gemeinsam haben. Wittgenstein sah diese Gemeinsamkeit in ihrer logischen Struktur, wie sie sich in Wirklichkeit und Sprache gleichermaßen niederschlägt. Das logisch überhaupt Mögliche zieht Grenzen, welche die Wirklichkeit nicht überschreiten kann, und genauso ziehen logische Zusammenhänge Grenzen, die von sinnvollen Äußerungen nicht überschritten werden können. Nicht alle Tatsachenkombinationen sind möglich (zum Beispiel kann etwas nicht zum selben Zeitpunkt existieren und nicht existieren). In der Sprache spiegelt dieser Umstand sich in der Tatsache wider, daß nicht alle Wörterkombinationen einen Sinn ergeben. Andererseits ist nicht alles, was möglich ist, auch der Fall, und dem entspricht die Tatsache, daß nicht alle sinnvollen Äußerungen wahr sind. Aus diesen Tatsachen ergibt sich eine dreiteilige Klassifizierung empirischer (oder möglicherweise empirischer) Lehrsätze: i) Aussagen, die in der Wirklichkeit unmöglich eine Entsprechung finden können – solche Aussagen sind sinnlos. ii) Aussagen, die in der Wirklichkeit eine Entsprechung finden könnten, aber keine finden – solche Aussagen sind sinnvoll, aber unwahr, iii) Aussagen, denen die Wirklichkeit entspricht – sie sind wahr. Die symbolhafte Beziehung, die zwischen einer sinnvollen Äußerung und einer praktischen Möglichkeit besteht, ist immer dieselbe, ob die Möglichkeit nun ausgeführt wird oder nicht, entspricht jedoch nicht irgendeiner Wahrheit. Sie selbst kann nicht repräsentiert werden. Das gilt übrigens nicht nur für die Darstellung in Worten. Ein Maler kann Bilder malen, die wirklichen Szenen entsprechen, diese Symbolbeziehung jedoch kann er nicht malen. Jedes seiner Werke ist ein Beispiel für diese Beziehung, doch sie selber kann nicht bildlich dargestellt werden. Ähnlich verhält es sich mit sinnvollen empirischen Behauptungen: Die Beziehung zwischen ihnen und den Möglichkeiten, für die sie stehen, steckt zwar in ihnen, aber sie läßt sich nicht in Worte kleiden, d. h., sie läßt sich nicht durch andere Behauptungen darstellen. In diesem Sinne kann sie zwar gezeigt, aber nicht ausgedrückt werden.

Diese seither viel geschmähte, im Grunde aber tiefgreifende Symboltheorie der Bedeutung ist der einzige neue Gedanke im *Tractatus*. Alles andere in diesem Buch stammt aus anderen Quellen, zumeist von Schopenhauer und Frege, ein wenig auch von Russell. Ich habe mich mit dieser Theorie in der von Wittgenstein skizzierten Form nie anfreunden können, denn mir war immer bewußt, daß sogar deskriptive aussagende Sprache im engeren Sinne noch anderen Zwecken dient als Bilder zu zeigen – obwohl ich zugeben muß, daß wir heute nur allzu leicht vergessen, in wie hohem Grad Sprache vertretend benutzt wird. In fast jedem Sprechakt liegt ein vertretendes Element: Wir sehen, fühlen, hoffen, vermuten, fürchten und so weiter, *daß* irgend etwas der Fall sein könnte, und so hilft eine Symboltheorie der Bedeutung uns einen Schritt weiter. Als Theorie ist sie von echter Tiefe. Doch obwohl Wittgenstein diese Theorie entwickelte, hat nicht er sie auf die auf Dauer erhellendste Weise angewandt, sondern Susanne K. Langer. Dennoch schätze ich den *Tractatus* wegen seiner auf geniale Weise zum Ausdruck gebrachten Erkenntnisse und wegen seines klaren Stils, der der spannungsgeladenen Intensität eines Nietzsche nahe kommt. Daß viele dieser Erkenntnisse von Schopenhauer stammen, wußte ich damals noch nicht, und es hätte ihren Wert für mich auch nicht mindern können, weil sie für mich eben noch neu waren. Wittgenstein hatte sie aufgegriffen und zu seinen eigenen gemacht, und er drückte sie in Sätzen aus, die für den Rest unseres Lebens in unserem Denken weiterschwelen können.

Bezeichnenderweise verwarf Wittgenstein in seinem nächsten und einflußreichsten Buch, *Philosophische Untersuchungen* von 1953, diese Theorie dann wieder. Wie *Feeling and Form* veröffentlicht worden war, als ich gerade erst *Philosophie auf neuem Wege* gelesen hatte, so erschienen die *Philosophischen Untersuchungen*, als meine Beschäftigung mit dem *Tractatus* langsam den Sättigungspunkt erreichte. In seinem neuen Werk ersetzt Wittgenstein die Metapher des Bildes durch die eines Werkzeugs: Die Bedeutung eines Wortes liegt darin, was wir damit machen können, und ist deshalb die Summe all seiner möglichen Verwendungen. Es ist nicht mehr die Rede von einer unabhängigen Welt der Tatsachen, denen Sprache entsprechen kann oder auch nicht. Die Verwendung von Sprache wurzelt in den unterschiedlichsten menschlichen Zielen und erwächst deshalb aus unterschiedlichen Lebensformen. Die verschiedenen Arten, auf die Menschen Sprache verwenden, lassen sich nur aus einem solchen Kontext heraus verstehen und haben jede eigene Logik, die vielleicht nur in diesem Zusammenhang Anwendung finden kann. Philosophische Probleme sind konzeptuelle Mißverständnisse oder Unklarheiten, die sich ergeben, wenn wir ein Wort oder eine Kombination von Wörtern falsch verwenden, also in einem Kontext, in dem das Wort oder die Wörter keinen Sinn ergeben. Philosophische Probleme lassen sich lösen, wenn wir geduldig versuchen, solche konzeptuellen Knoten zu entwirren. Dazu sind dieselben scharfen Augen, dieselbe ausdauernde Geduld und Geschicklichkeit und vielleicht auch dieselbe Genialität vonnöten, die wir brauchen, um feste kleine Knoten in einem Zwirnsfaden zu lösen.

Philosophische Untersuchungen führte in den üblichen Sprachgebrauch zuerst der Philosophie und dann etlicher anderer Fächer mehrere neue Begriffe und Vorstellungen ein. Ein solcher Begriff, den ich im letzten Absatz verwendet habe, ist »Lebensformen«. Ein anderer ist »Familienähnlichkeit« in bezug auf die verschiedenen Bedeutungen eines Wortes. Wenn wir über die Mitglieder einer Familie sagen, wir könnten eine gewisse Familienähnlichkeit erkennen, dann meinen wir normalerweise nicht, daß sie alle einen ganz bestimmten Gesichtszug aufweisen. Wir meinen eher, daß sie ihre unterschiedlichen Kombinationen von Gesichtszügen aus einem gemeinsamen Vorrat geholt zu haben scheinen. Wittgenstein weist darauf hin, daß es normalerweise keine bestimmte Eigenschaft gibt, die allen möglichen Verwendungen eines Wortes gegeben ist, sondern eher eine Familienähnlichkeit unter diesen Verwendungen. Und das ist wichtig, weil die Menschen schon immer zu dem Glauben geneigt haben, vielleicht aufgrund einer psychologischen Notwendigkeit, daß Bedeutungen festgelegt sind und dasselbe Wort stets für denselben Gegenstand steht, solange es richtig verwendet wird. Wenn zum Beispiel der berühmteste aller Philosophen, Sokrates, immer wieder Fragen stellte wie »Was ist Mut? Was ist Tugend? Was ist Schönheit?«, dann glaubte er zweifellos, daß diese Wörter tatsächlich Dinge bezeichneten – keine materiellen Objekte, natürlich, aber doch Wesenheiten, die eine wirkliche Existenz besaßen; wir könnten auch von realen Essenzen sprechen. Diese Vorstellung ist noch immer tief im Denken vieler Menschen verwurzelt, und eben dagegen wollte Wittgenstein angehen.

Ein weiteres Argument, das er in Umlauf brachte, war die Behauptung, daß es so etwas wie eine private Sprache nicht geben kann. Bisher waren vor allem zwei Theorien der Bedeutung verbreitet gewesen – einerseits, daß die Bedeutung eines Wortes davon definiert wird, was dieses Wort bezeichnet; andererseits, daß sie durch die Absicht der Person festgelegt wird, die das Wort benutzt. Wittgenstein war entschlossen, sie beide zu entkräften. Seiner Ansicht nach hat die Bedeutung von Wörtern mit dem mentalen Zustand ihrer Benutzer – also ihrer Absicht – ebensowenig zu tun wie mit festgelegten Einheiten außerhalb der Sprache. Wörter haben nur Bedeutung, wenn es Kriterien für ihre Verwendung gibt, und solche Kriterien müssen intersubjektiv sein, das heißt, sie müssen eine gesellschaftliche und deshalb öffentliche Dimension haben. So »innerlich« und »privat« eine Erfahrung, die wir sprachlich zum Ausdruck bringen, auch sein mag – ein Traum, eine von Drogen hervorgerufene Halluzination, ein Schmerz, eine Erinnerung, was auch immer – die Tatsache bleibt, daß die Sprache, mit der wir sie beschreiben, schon lange vor uns existiert hat, und daß wir die Wörter und ihre Verwendung von anderen gelernt haben. Selbst wenn ich einen Traum erzähle, ist mein Sprachgebrauch eine von Regeln gelenkte soziale Aktivität, sonst könnte niemand verstehen, was ich sage. Als er die Bedeutung dieser Tatsache genauer untersucht hatte, schrieb Wittgenstein die ursprüngliche Entstehung von Bedeutung »Lebensformen« zu. Er verglich den Gebrauch von Sprache eingehend mit einer anderen von Regeln gelenkten sozialen Aktivität, Spielen nämlich. Er prägte den unglückseligen Begriff »Sprach-Spiel«, nicht um zu sagen, daß wir mit Wörtern spielen, sondern weil Wörter wie die Züge und Begriffe und Bewegungen in einem Spiel ihre Bedeutung den jeweiligen Spielregeln verdanken, die interpersonal sind. Wörter entnehmen ihre Bedeutung dem Sprach-Spiel, in dem sie verwendet werden – sei es nun philosophisch, wissenschaftlich, künstlerisch, religiös, akademisch oder was auch immer. Was als »Beweis« gilt, ist vor einem Gerichtshof von einer ganz anderen Logik und Struktur als in einem Physiklabor und sieht für einen Geschichtsforscher noch anders aus. Für den Historiker gilt auch Hörensagen als Beweis – oft ist es sogar der einzige, den er hat –, während es für einen Richter gänzlich unzulässig ist, und sich dem Physiker die Frage gar nicht erst stellt. In jedem dieser Zusammenhänge meint das Wort »Beweis« also etwas vollkommen anderes. Wenn wir uns nicht so recht klar darüber werden können, was eigentlich einen Beweis ausmacht und was nicht, kann das also daran liegen, daß wir versucht haben, den Begriff in einem bestimmten Bereich auf eine Art anzuwenden, die in Wirklichkeit nur für einen gänzlich anderen Bereich gültig ist. Aufgrund der Familienähnlichkeit der Bedeutungen ist es sehr einfach, derartige Fehler zu machen, und Wittgenstein glaubt, daß daraus jegliche philosophische Verwirrung resultiert. Die Aufgabe der Philosophen ist, durch geduldige Untersuchungen aufzuzeigen, daß solchen Verwirrungen ein sprachlicher Mißbrauch zugrunde liegt. Wenn er die Ursache ermittelt und ans Licht gebracht hat, verschwindet das Problem von selbst – so, wie ein Psychoanalytiker als Quelle einer Neurose einen Konflikt erkennt, der dem Patienten bislang nicht bewußt war, und dieser – wenn wir Freud glauben wollen – damit geheilt ist.

Ein Kommentar zu den *Philosophischen Untersuchungen* muß notwendigerweise auch darauf eingehen, wie das Buch geschrieben ist. Wie schon der *Tractatus* ist es kein kontinuierlicher Text, sondern besteht aus getrennt gesetzten und durchnumerierten Absätzen, doch es ist weitaus lockerer konstruiert als dieser, und die allermeisten Leser dürften sich bisweilen fragen, worin eigentlich der Zusammenhang zwischen zwei aufeinanderfolgenden Absätzen besteht. Die Sätze sind klar, aber oft ist zunächst schwer zu begreifen, warum sie dastehen. Die Prosa, auch wenn sie fesselnd und stilistisch unverwechselbar ist, hat nichts von der lodernden Intensität des *Tractatus*.

Wittgenstein ist wohl der einzige, der im Laufe seines Lebens zwei unterschiedliche und unvereinbare Philosophien geschaffen hat, die beide eine ganze Generation beeinflussen sollten. Wir kennen inzwischen jede denkbare Möglichkeit, die beiden Philosophien im Verhältnis zueinander zu bewerten. Noch Jahre nach der Veröffentlichung der *Philosophischen Untersuchungen* herrschte im englischen Sprachraum die Ansicht vor, beide Philosophien seien genial. Im Laufe der Zeit jedoch setzte sich die Auffassung durch, die zweite Philosophie habe die erste ersetzt und sei wirklich das Produkt eines Genies, was für die erste nun nicht mehr gelten sollte. Es gab aber auch immer Stimmen, und die von Bertrand Russell war eine der lautesten, die genau die entgegengesetzte Ansicht vertraten. Und schließlich gab es auch stets Philosophen wie Karl Popper – und andere, beispielsweise Anthony Quinton, gelangten im Lauf der Jahre ebenfalls zu dieser Überzeugung – die erklärten, daß keine der beiden Philosophien von wirklich dauerhafter Bedeutung oder Substanz sei.

Ich selbst habe stets zur dritten dieser vier Alternativen geneigt – jener, die ich in Gedanken die Russell-Sicht nenne –, wenn auch mit Einschränkungen. Ich halte Wittgensteins spätere Philosophie für nicht ganz so leer und wertlos, wie Russell sie sah. Mir scheint, daß sich darin schon Denkanstöße und interessante Überlegungen finden – nur stehen sie in einem Zusammenhang, in dem die Rolle der Sprache für Leben und Denken der Menschen aufs Schärfste mißverstanden wird, und müssen deshalb meiner Ansicht nach aus diesem Kontext herausgenommen und mehr für sich betrachtet werden. So genommen sind sie nützlich aber lückenhaft. Beim Übergang von der frühen zur späten Philosophie gingen die wichtigsten Dinge von allen verloren: die direkte Anerkennung einer Welt der nichtsprachlichen Realität; die Vorstellung, daß die schiere Existenz einer derartigen Welt schon etwas Mystisches hat; die Erkenntnis, daß jegliche Bedeutung des Lebens ebenso transzendental ist wie alle Werte, alle Moral und die Wirkung von Kunst; die Einsicht, daß es aus diesen Gründen unmöglich ist, das Wesen dieser Dinge auf befriedigende Weise in Worte zu kleiden – jener Dinge also, die für uns von größter Bedeutung sind. Im *Tractatus* wurden sie in meisterhafter Weise erfaßt und zum Ausdruck gebracht. Doch danach scheint Wittgenstein sein Gefühl für die Authentizität beider Seiten der Wirklichkeit verloren zu haben – die Welt der Tatsachen und das Reich des Transzendentalen – und in einem Meer aus frei flottierender Sprache umherzutreiben. Sein einziger Bezugsrahmen ist jetzt eine Möglichkeit der Kommunikation, die er nahezu behandelt, als existiere sonst nichts anderes, doch ohne darauf einzugehen, worüber da eigentlich kommuniziert wird und zwischen wem. Man hat den Eindruck, daß er herumschwirrt wie ein Insekt, das in eine Fliegenfalle geraten ist und nun nicht mehr herausfinden kann.

Da Wittgensteins spätere Philosophie sich nicht nur nicht mit philosophischen Problemen in irgendeinem herkömmlichen Sinn befaßt, sondern die authentische Existenz solcher Probleme verneint, kann sie auf Dauer nur Menschen ansprechen, die keine philosophischen Probleme haben. Das erklärt zwei Dinge, die sonst schwer unter einen Hut zu bringen wären: Warum diese Philosophie akademische Philosophen und interessierte Laien gleichermaßen begeistert. In dieser Hinsicht ist sie wie jene Arten von Musik, die nur unmusikalische Menschen ansprechen, ob sie nun Berufsmusiker sind oder nicht.

In dem Jahr, in dem ich *Philosophische Untersuchungen* las, 1954–55, las ich auch mein erstes Buch von Karl Popper, *Die offene Gesellschaft und ihre Feinde*. Zum ersten Mal in meinem Leben las ich ein philosophisches Werk eines lebenden Autors, das für mein Empfinden wirklich an Größe heranreichte. Abgesehen von Bertrand Russell und Susanne K. Langer hatten alle lebenden Philosophen, die ich bis dahin gelesen hatte, Begriffsanalyse zur Hauptaufgabe der Philosophie ausgerufen. Popper dagegen erklärte, wir sollten uns und andere nicht nach Konzepten und Vorstellungen befragen, sondern danach, wie die Dinge wirklich sind. Für ihn bedeutet das, daß wir unsere Erkenntniskraft und unsere Phantasie darauf verwenden, Theorien zu bilden, die uns näher an die Wahrheit heranbringen, als jene, die wir schon besitzen, und daß wir bei unserer Suche nach der Wahrheit – sowie die Naturwissenschaftler bei der ihren – unsere Diskussionen so führen sollten, daß die genaue Wortwohl nicht so wichtig ist, denn bedeutsames Wissen über die Welt erlangen wir nicht, indem wir an unserem Gebrauch oder Verständnis von Begriffen herumfeilen. Laut Popper gibt es keinen stichhaltigen Grund, warum in der Philosophie Definitionen als wichtiger gelten sollten als in der Physik. Lange Diskussionen über die Bedeutung von Wörtern sind nicht nur öde, sondern auch schädlich, denn sie führen nur dazu, daß wir uns im Kreis bewegen und bis ins Unendliche Wörter spalten und zerlegen, und eine unfruchtbare Scholastik uns von unserer wirklichen Arbeit abhält. Das alles aber bemerkt er nur so nebenbei. Vor allem geht es in seinem Buch um die Probleme, das zu schaffen und zu erhalten, was Popper als »offene« Gesellschaft bezeichnet – im Gegensatz zur »geschlossenen« – eine Gesellschaft also, in der im Rahmen eines Gesetzeswerkes freie Individuen ihre gegenseitigen Rechte respektieren. Das Buch wurde auf dem Höhepunkt des Zweiten Weltkrieges geschrieben, als der Sieger noch nicht abzusehen war, und die beiden gewaltigsten Armeen, die sich jemals gegenübergestanden sind, die der entsetzlichsten totalitären Systeme waren, die die Welt je gekannt hatte, nämlich jene Nazi-Deutschlands und der Sowjetunion. Offene Gesellschaften waren damals wie heute eine kleine Minderheit unter den Nationen der Welt, und zu diesem Zeitpunkt schien ihre Zukunft gefährdet zu sein. Aus diesen Gründen wurde das Buch mit wütender Leidenschaft von einem Autor geschrieben, der glaubte, daß durchaus ein neues finsteres Zeitalter bevorstehen könnte. Ich halte dieses Werk für das beste Plädoyer für eine freie Gesellschaft, das jemals verfaßt worden ist.

Beim ersten Lesen war ich vor allem von der geistigen Spannweite dieses Buches beeindruckt. Es greift die wichtigsten politischen und sozialen Fragen auf, die es überhaupt gibt, und der historische Kontext, in dem sie pragmatisch und intellektuell behandelt werden, reicht vom vorsokratischen Griechenland bis ins 20. Jahrhundert. Zudem geht Popper fächerübergreifend vor und bezieht auf diese Weise sowohl Natur- wie Gesellschaftswissenschaften in seine Ausführungen ein. Dennoch ist er stets von zwingender Logik und vergeudet seine Energie niemals mit rhetorischen Gesten. Im Gegenteil, ich kenne nur wenige dermaßen konzentrierte Bücher mit so gesättigter Argumentation, aufgebaut auf einer gleichermaßen soliden Basis aus Wissen und Reflexion. Ich war selten auf einen so weiten Horizont gestoßen, und doch blieb alles im richtigen Verhältnis und verzettelte sich nicht in Details. Die gefühlsmäßige Kraft, in der das Buch geschrieben ist, gibt ihm ein Tempo und einen Biß, der an Marxens *Kapital* erinnert. Es ist nicht leicht, nach so langer Zeit die Begeisterung eines Lesers wiederzugeben, der an Philosophen gewöhnt war, die mit hoher Intelligenz und leidenschaftlicher Intensität ausführlich die Unterschiede zwischen den Ausdrücken »nämlich«, »i. e.«, »das ist«, »will sagen« und »das heißt« darlegten. Ich hatte das Gefühl, aus der Gefangenschaft in einem stinkenden Toilettenhäuschen in die prickelnde frische Luft entronnen und auf allen Seiten von hohen prachtvollen Bergen umgeben zu sein.

Eines der Dinge, die mich vor allem beeindruckten und mich seither beeinflußt haben, war Poppers Umgang mit seinen Gegnern. Ich hatte Diskussionen schon immer geliebt, und im Laufe der Jahre eine ziemliche Fähigkeit darin entwickelt, die schwachen Punkte in der Abwehr meines Gegners auszumachen und sie unter konzentrierten Beschuß zu nehmen. So haben sich schon seit der Antike so gut wie alle Polemiker verhalten, sogar die berühmtesten unter ihnen. Popper dagegen tat das Gegenteil. Er suchte sich den stärksten Punkt seines Gegners und griff diesen an. Wenn möglich, dann verbesserte er das gegnerische Argument sogar, ehe er zum Angriff ansetzte – über Seiten hinweg tilgte er vermeidbare Widersprüche oder Schwächen, schloß Schlupflöcher, besserte kleinere Unzulänglichkeiten aus, ließ jeden möglichen Zweifel seinem Gegner zugute kommen und faßte die Stärken der gegnerischen Position zu den strengsten, kraftvollsten und effektivsten Argumenten zusammen, die er nur finden konnte – und ritt dann gegen diese Argumente seine Attacke, zumeist mit vernichtendem Erfolg. Am Ende ließ sich über die gegnerische Position außer den Zugeständnissen, die Popper bereits gemacht hatte, nichts Positives mehr sagen. Intellektuell gesehen war das unglaublich aufregend. Daß er sich mit dieser Methode auch gegen den Marxismus wandte, noch dazu in so großem Stil, war für mich von erheblicher Bedeutung. Als glühender junger Sozialist – ich war zwar nie Marxist, stand aber doch zeitweise stark unter seinem Einfluß – hatte ich den Eindruck gewonnen, daß bestimmte Bereiche meines Denkens durch Reste dieses marxistischen Einflusses an ihrer Entwicklung gehindert wurden, und ich versuchte, diese Reste gerade dingfest zu machen und zu überdenken, als ich an Poppers Buch geriet. Es zeigte die verführerischsten Elemente des Marxismus auf, erklärte, warum sie so anziehend wirkten, formulierte überzeugende Argumente zu ihren Gunsten und machte sich dann daran, sie zu entkräften. Hier ging es auch um mich und mehrere Jahre meines Lebens. Wie im Fall von Susanne K. Langer, wenn auch in einem weiteren Bereich, schrieb hier ein lebender Philosoph über *meine* Probleme, über von mir empfundene Probleme, die das Leben, meine Persönlichkeit, mein Denken, mir mit quälender Schärfe vorhielten. Hier fand ich endlich die echte Ware, zeitgenössische Philosophie, die sich mit dem Leben selber beschäftigte, Philosophie der wirklichen Welt.

Wenn in den folgenden Jahren Oxford-Philosophen ihrem Fach als Hauptaufgabe begriffsanalytische Fragen zuschreiben wollten, lautete meine Standardantwort: »Und was ist mit *Die offene Gesellschaft und ihre Feinde*? Das ist doch unbestreitbar Philosophie. Und es befaßt sich unbestreitbar nicht mit sprachlichen Fragen.« Ich muß zwar zugeben, daß niemals jemand abstritt, daß es sich bei der *Offenen Gesellschaft* um Philosophie handelte und daß niemand behauptete, das Buch befasse sich mit Sprachanalyse. Aber niemand konnte meine Frage jemals auch nur auf halbwegs befriedigende Weise beantworten. Normalerweise erhielt ich überhaupt keine Antwort, mein Gegenüber runzelte in gewollter Zweideutigkeit die Stirn und machte ein nachdenkliches Gesicht, blieb aber stumm – und wechselte dann das Thema oder ging.

Zu Beginn des akademischen Jahres 1954–55 kehrte ich nach einem Jahr in Schweden nach Oxford zurück und begann mit Peter Strawson als Betreuer an einer Dissertation zu arbeiten. Das Problem, mit dem ich mich befaßte und worüber ich meine Arbeit schreiben wollte, hatte mit Metaphern zu tun. Wenn Menschen versuchen, ihre tiefsten Erfahrungen, etwa Liebe oder drohenden Tod, überhaupt zur Sprache zu bringen, dann greifen sie fast immer zur Metapher. Warum? Weil es möglich ist, durch eine Metapher mehr zu sagen als durch eine direkte Äußerung? Die Tatsache, daß die tiefschürfendste und ausdrucksvollste Sprache, die Sprache der Poesie und vor allem des poetischen Dramas, immer wieder zu Bildern greift, scheint diese Annahme zu unterstützen. Aber das Wichtige an einem Bild ist, daß es etwas anderes bedeutet als es zu sagen scheint. Verwirrend ist dabei vor allem, daß die vermittelte Bedeutung nicht die scheinbar ausgesprochene ist, und daß das doch keine Verwirrung hervorruft: Normalerweise verstehen alle sofort, was gemeint ist. Wie ist das möglich? Und warum läßt sich das, was indirekt vermittelt wird, nicht auch direkt ausdrücken? Und wenn das alles so ist, dann ist folgende Frage von grundlegender Bedeutung: Ist es je vertretbar, bei Diskussionen Metaphern als Prämissen oder als Argumente einzusetzen? Wenn nicht, bedeutet das, daß die informativste Verwendung von Sprache in einer rational geführten Diskussion nichts zu suchen hat?

Damals wie heute wurden Doktoranden gefragt, wen sie sich als Betreuer wünschten. Und da niemand zur Betreuung eines bestimmten Studenten gezwungen werden konnte, sollten Studenten noch einen zweiten Namen als Alternative angeben. Das bedeutete für mich ein Dilemma. Damals hatte die professionelle Philosophie so gut wie keine Veröffentlichungen über die semantischen und logischen Probleme, mit denen ich mich befassen wollte, publiziert. Ich kannte nur zwei Artikel in Fachzeitschriften, die von einer jungen und wenig bekannten Oxforder Dozentin namens Iris Murdoch stammten. Wenn ich von einem der großen Namen der Philosophie angeleitet werden wollte, dann mußte ich mich mit jemandem abfinden, der nichts über mein Thema geschrieben hatte. Ich zögerte – aber am Ende nominierte ich als erste Wahl Peter Strawson, den ich damals für den besten Analytiker unter den Philosophen von Oxford hielt, und nannte Iris Murdoch als Alternative. Ich bekam Strawson, und es war ein Privileg, von ihm unterrichtet zu werden; aber manchmal frage ich mich doch, wie es gewesen wäre, bei Iris Murdoch Philosophie zu studieren.

Strawson wandte die Terrortechniken der Oxford-Philosophie als Unterrichtsmethode an; ich nehme an, das hatte er von seinem eigenen Lehrer J. L. Austin übernommen. Kaum hatte ich irgendeine Behauptung aufgestellt, so belanglos sie auch sein mochte, schon fand ich mich mit dem Rücken zur Wand, während die Kugeln mir um die Ohren pfiffen. Und kaum hatte ich mich aus einer Klemme befreit, steckte ich auch schon in der nächsten. Jeder Gesprächstermin mit Strawson war davon geprägt, daß Strawson mich unter Beschuß nahm und ich um mein Leben kämpfte. Am Ende verließ ich dann zitternd vor Anspannung sein Zimmer, überzeugt davon, daß er mich für einen Vollidioten halten mußte. Aber die Wahrheit ist, daß diese Termine mir sehr viel gebracht haben, denn sie machten mir klar, daß alle Vorstellungen, die ich vielleicht über irgendein philosophisches Thema hegte, diese Art von Kritik überleben können mußten – sonst wären sie ganz einfach nicht gut genug.

Nach zwei oder drei dieser unvergeßlichen Gespräche wurde mir für das folgende akademische Jahr ein Postgraduiertenplatz in Yale angeboten, und ich nahm an. Eigentlich hätte ich weiter an meiner Dissertation arbeiten sollen. Zum Glück war mir schon vorher bewußt, daß ich auf diese Weise vieles von dem versäumen würde, was Yale zu bieten hatte. Es gab eine andere Möglichkeit. Meine Erfahrungen mit Strawson, die ich trotz allen Terrors auch erregend und belebend fand, hatten mich davon überzeugt, daß ich noch nicht genug wußte, und deshalb weiteren Unterricht brauchte. Ich wollte ganz einfach auf breiterer Front studieren, nicht nur die Philosophie, die meinen Interessen entsprach, wie das Werk von Langer, Cassirer, Wittgenstein und Popper (in dem ich mich ganz freiwillig suhlte), sondern von einer Position außerhalb meiner Begrenzungen aus. Ich strebte keine Karriere als Fachphilosoph an, und deshalb brauchte ich die Dissertation im Grunde gar nicht. Und nach Yale würde mich nichts daran hindern können, über meine Doktorthese oder irgendein anderes Thema zu schreiben. Ich beschloß also, meine Promotionspläne auf die lange Bank zu schieben und mich für ein Jahr in allgemeine philosophische Studien zu vertiefen. Und das war der beste akademische Entschluß, den ich je getroffen habe.

Achtes Kapitel

Studium in Yale

Das Postgraduiertenstudium in Yale fand auf Seminarbasis statt: Acht oder zehn Teilnehmer saßen zweimal die Woche für zwei Stunden um einen Tisch, ein Professor leitete das Ganze. Die meisten Seminare erstreckten sich über zwei Trimester des akademischen Jahres, manche über alle drei, einige nur über eins. Zu Beginn jeder Sitzung las ein Teilnehmer ein kurzes Papier über irgendein Thema vor, das vorher festgelegt worden war. Während der restlichen Zeit wurde dann über dieses Papier diskutiert, später gingen die Diskussionen in Cafés, Clubs, Kneipen, beim Essen, beim Spaziergehen und in Privatzimmern weiter. Unter den Studenten befanden sich einige der begabtesten Graduierten von anderen amerikanischen Universitäten, und fast ausnahmslos strebten sie alle eine Laufbahn als Fachphilosoph an.

Ich wußte nicht so recht, wofür ich mich entscheiden sollte und schnupperte überall herum, aber schließlich gehörten zu den Themen der von mir regelmäßig besuchten Seminare eine Standortbewertung der Erkenntnistheorie innerhalb der empiristischen Tradition sowie Studien zur Philosophie Kants, zur Wissenschaftsphilosophie, mathematischen Logik, symbolischen Logik, Rechtsphilosophie und (wirklich ein Vergnügen) zur Konzeptanalyse von Außenpolitik. An anderen Seminaren nahm ich einige Male teil und stieg dann aus. Die Seminare über empiristische Tradition und Außenpolitik erforderten von mir keine ausgedehnte Lektüre, denn ich war mit den grundlegenden Werken schon weitgehend vertraut; fast alle Arbeit, die für die beiden Logikseminare vonnöten waren, geschah während der Sitzungen selber; das Lesepensum war also machbar. Auf jeden Fall war es für mich von großem Wert, daß ich außerdem sehr viel Zeit mit Diskussionen über Themen verbringen konnte, über die ich mich schon kundig gemacht hatte.

Brand Blanshard, der das Seminar über empiristische Erkenntnistheorie leitete, verkörperte eine bestimmte Tradition. In seiner Hingabe an rationale Analyse und Diskussion in Formen, die sie nicht sprachlichen Erörterungen unterordneten, erinnerte er an Russell. Wie Russell waren seine Schriften klar, elegant, ausgefeilt und geistreich – eine berühmte Vorlesung von ihm über Stil in der Philosophie war inzwischen als kleines Buch erschienen. Als Mensch war er ein Gentleman der alten Schule. Er betrachtete die amerikanischen Pragmatiker, von denen ich in Oxford kaum je gehört hatte, als die interessantesten und wichtigsten unter seinen unmittelbaren geistigen Vorfahren, und so kam ich in Yale erstmals in Kontakt mit Werken von C. S. Peirce, William James und John Dewey. Blanshard behandelte aber auch fast alle Themen, mit denen ich in Oxford zu tun gehabt hatte, und deshalb brachte mir dieses Seminar eine klarsichtige Bewertung einer ganzen Tradition mit all ihren Stärken und offenen Problemen – einschließlich der Phase der Sprachanalyse, die jedoch als abliegendes und lokales Phänomen galt. Blanshards Unterrichtsstil erschien mir zunächst als ein wenig unterkühlt, doch dann erkannte ich, daß ich hier zum ersten Mal einen Philosophieunterricht erlebte, der nicht sektiererisch und ausschließend war. Wenn Oxford-Philosophen irgendein Thema interpretierten, dann erinnerte das an die Interpretationen von aktuellen Angelegenheiten, wie Mitglieder der Kommunistischen Partei sie lieferten: parteiisch, kriegerisch, propagandistisch, intolerant, offen egozentrisch und einseitig. Blanshard war da ganz anders. Obschon er selbst fest in der Tradition verwurzelt war, die er behandelte, stellte er sie in ihrer Beziehung zu anderen Traditionen doch mit bemerkenswerter Fairness dar. Wir führten lange Diskussionen über die verschiedenen Arten von Philosophie und die verschiedenen Richtungen, aus denen sie sich denselben Problemen genähert hatten. Wir sprachen über Rationalisten und Idealisten und Existentialisten und verglichen immer wieder ihr Vorgehen mit dem der Empiriker. In Oxford waren Philosophie und empiristische Tradition immer wie Synonyme behandelt worden. Als ich einmal eine Frage zur existentialistischen Tradition stellte, wie sie von Philosophen wie Kierkegaard, Nietzsche und Heidegger vertreten wird, lautete die Antwort ganz einfach, das seien keine Philosophen. Blanshards Seminar bedeutete für mich deshalb auch eine Lektion in akademischer Fairness. Ansonsten war es ein informativer und intellektuell bescheidener Einführungskurs in eine Philosophie, in der ich mich auszukennen glaubte.

Die Erkenntnis, daß gewisse grundlegende Probleme sich innerhalb der empiristischen Tradition nicht lösen lassen, bildete den Ausgangspunkt von Kants späterer kritischer Philosophie. Das von George Schrader geleitete Seminar über Kant stellte sich die Aufgabe, alle drei Kantschen Kritiken durchzuarbeiten – *Kritik der reinen Vernunft, Kritik der praktischen Vernunft, Kritik der Urteilskraft* – und das in einem Jahr, pro Semester ein Buch. Von meiner ganzen Zeit in Yale hat dieses Seminar mich auf Dauer am meisten bereichert, und vermutlich war es auch die wertvollste Einzelerfahrung meiner ganzen Ausbildung. Während des ganzen Jahres stand es im Mittelpunkt meines intellektuellen Interesses. Meine erste philosophische Veröffentlichung war ein Seminarreferat über Kants Widerlegung des Idealismus. Seit damals bin ich davon überzeugt, daß Kant nicht unbedingt recht hatte, aber daß er es auf irgendeine Weise schafft, das Pferd von der richtigen Seite her aufzuzäumen. Wie immer die Wahrheit über die Welt, so, wie wir sie erfahren, auch aussehen mag, sie liegt fast sicher in der von Kant gewiesenen Richtung. Ich werde später ausführlicher darauf zurückkommen.

Das Seminar über Wissenschaftsphilosophie wurde von einem brillanten wenn auch intellektuell intoleranten jungen Mann namens Arthur Pap geleitet. Er war ein wiedergeborener Logischer Positivist, der – wie offenbar alle Logischen Positivsten der USA – sich Logischer Empirist nannte, vielleicht um die Tatsache der Wiedergeburt zu betonen. Zu den noch aktiven älteren Philosophen, bei denen er studiert hatte, gehörten Quine und Carnap, die in unterschiedlichen Funktionen Treffen des ursprünglichen Wiener Kreises besucht hatten und nun in den USA lehrten. Quine hatte als junger amerikanischer Student Wien besucht, Carnap war das intellektuell begabteste Mitglied des Wiener Kreises gewesen. Durch sie orientierte Pap sich an einer noch lebendigen Tradition, die auf Mach zurückreichte, eine Tradition, die er nun aktiv zu verbreiten versuchte. Er näherte sich den Problemen, mit denen er sich befaßte, auf streng wissenschaftlicher und mathematischer Grundlage, worin er mit den ursprünglichen Logischen Positivisten übereinstimmte, von denen die meisten Mathematik oder Naturwissenschaften studiert hatten und nicht Philosophie. Die Hälfte der Seminarteilnehmer bestand aus Wissenschaftlern, die sich für die Methodologie ihrer Fächer interessierten. Das alles war ganz anders als in Oxford, wo der Logische Positivismus ausschließlich auf sprachlicher Basis von Leuten untersucht worden war, die ganz einfach keine Ahnung von den Naturwissenschaften hatten. Paps Seminar machte mir erst richtig bewußt, wie paradox die Situation in Oxford gewesen war, als die meisten Philosophen die Meinung vertreten hatten, daß wissenschaftliche Aussagen den Inbegriff von sinnvollen Äußerungen über die Welt darstellten und die Philosophie nur noch als Handlangerin der Naturwissenschaften Zukunft habe, während eben jene Philosophen selbst über keinerlei naturwissenschaftliche Kenntnisse verfügten und auch nicht das geringste Interesse daran hatten, sich welche zu verschaffen. Im privaten Gespräch zeigten nicht wenige von ihnen etwas, das sich nur als intellektuelle Verachtung für die Naturwissenschaften beschreiben läßt, eine Verachtung freilich, die auf Ignoranz basierte. Ihre ganze Lebenssituation war das, was Existentialisten als »inauthentisch« bezeichnen. Wenn sie die Wahrheit dessen, was sie lehrten, wirklich verstanden, geglaubt und gefühlt hätten, dann würden sie ein anderes Leben geführt haben. Ihr Philosophieren geschah im schlechten Glauben.

Zum ersten Mal verstand ich die Probleme der ursprünglichen Logischen Positivisten in den Begriffen, in denen diese sie formuliert hatten. Es ging dabei vor allem um die logischen Grundlagen der Naturwissenschaft und so fundamentale und miteinander verbundene naturwissenschaftliche Aktivitäten wie Beobachten, Messen und Berechnen. Im Rahmen dieser Überlegungen erwiesen sich dann auch scheinbar so unterschiedliche Dinge wie die philosophischen Probleme der Wahrnehmung und die logischen

Grundlagen der Mathematik als durchaus verwandt. Ich glaube aber, daß das Wichtigste an diesem Seminar für mich nicht darin bestand, das Wissenschaftsverständnis der Logischen Positivisten in seiner authentischen und nicht sprachbasierten Form zu übernehmen, sondern darin, mich an ihrer detaillierten Bearbeitung spezifischer Probleme der wissenschaftlichen Methodologie zu orientieren – zum Beispiel der Frage, was genau wir tun, wenn wir eine Messung vornehmen.

Pap machte mich mit vielen fruchtbaren philosophischen Ideen bekannt. Um nur zwei Beispiele zu nennen, so habe ich von ihm erstmals das Argument gehört, daß es unmöglich ist, Raumvorstellungen adäquat zu definieren, ohne dabei auf Zeitvorstellungen zurückzugreifen und umgekehrt, was bedeutet, daß es zwischen den Konzepten von Raum und Zeit einen *logischen* Zusammenhang geben muß, egal, welche anderen Zusammenhänge sonst noch bestehen mögen. Bei ihm lernte ich auch, daß Diskussionen zwangsläufig stets auch auf undefinierte Begriffe zurückgreifen müssen, da der Versuch, alle Termini zu definieren zu einem endlosen Regreß führt. (Die Implikationen dieser Tatsache sind für die Vorstellung von der Philosophie als Sprachanalyse natürlich verheerend.) Er leitete sein Seminar auf eine Weise, die damals, so kurz nach Ende des Zweiten Weltkriegs, als »teutonisch« galt – mit anderen Worten autoritär, aggressiv und vollkommen unduldsam gegenüber abweichenden Meinungen. Doch er quoll vor Energie, Enthusiasmus und Ideen derart über, daß wir anderen das eher belebend fanden und unglaublich viel von ihm lernten, ob wir seine Art nun mochten oder nicht. Es war eine intellektuelle und persönliche Tragödie, daß er bald darauf an einer Blutkrankheit starb. Er war erst Mitte Dreißig und hinterließ eine Frau und mehrere Kinder. (Ich meine, daß es vier waren, und das erinnert mich an eine Geschichte, die Pap selber uns einmal erzählt hat. Er hatte einen betagten Yale-Professor gefragt, wie viele Kinder dieser habe, und zur Antwort bekommen: »Ich glaube, ungefähr fünf.«)

Auch das Seminar über mathematische Logik wurde von einem hervorragenden Philosophen geleitet, der früh an Krebs sterben sollte: Alan Anderson. Er war eine energische und attraktive Persönlichkeit, die Diskussionen liebte und zum Widerspruch anregte. Er war einer der beiden Logiker an der Universität, die ihre Ferien in Washington verbrachten, wo sie für die US-Regierung an der Entwicklung der ersten Computer mitwirkten. Eine seiner verblüffendsten Beweisführungen (ich bin mir allerdings nicht sicher, ob sie ursprünglich von ihm stammt) ist mir bis heute im Gedächtnis geblieben. Sie sieht folgendermaßen aus: Denken wir uns Lotterielose, jedes mit einer anderen Nummer, auf einem beliebig großen Haufen – von mir aus so groß wie das Universum, wenn nicht noch größer; unendlich groß, wenn Sie diese Vorstellung überzeugend finden. Es ist absolut kein Problem damit verbunden, die Hand zwischen diese Lose zu stecken und eines davon herauszuziehen. Nichts könnte einfacher sein. Egal, welches Los ich dabei erwische, es trägt eine Nummer, die im ganzen Haufen nur einmal vorkommt. Wenn ich mir in diesem Moment an den Kopf fasse und rufe: »Mein Gott, das ist doch unvorstellbar und absolut unglaublich! Die Chancen, daß ich gerade diese Nummer erwische, standen eins zu unendlich, und doch habe ich sie gezogen. Totaler Wahnsinn!«, dann bin ich vielleicht wirklich außer mir vor Verblüffung, aber diese Verblüffung ist absolut fehl am Platze, denn ich hätte bei jedem anderen Los genau dasselbe sagen können. Und ein Los zu ziehen, ist nun wirklich kein Problem. Dieses Erlebnis *erscheint* mir also als verblüffend, ist aber eigentlich überhaupt nicht verwunderlich. Es ist gewissermaßen eine konzeptionelle Illusion. Wichtig ist, daß diese Überlegung bei allen Fragen gilt, die sich mit Dingen befassen, die innerhalb eines weiten Rahmens von Möglichkeiten bestehen, egal, wie bedeutsam sie sind – das Gefühl, wie außergewöhnlich es ist, daß eine bestimmte Person existiert, oder sogar, daß gerade dieses Universum existiert. Selbst wenn es eine unbegrenzte Menge von unterschiedlichen möglichen Universen gäbe, dann wäre das noch kein Grund, um darüber zu staunen, daß gerade dieses existiert. Der einzige stichhaltige Grund zur Überraschung ist, daß *überhaupt* irgend etwas existiert, z. B. daß es die Lotterielose überhaupt gibt (denn wenn sie erst einmal vorhanden sind, dann gibt es nichts mehr zu erklären). Ich habe diese faszinierende Argumentation in meinem Roman *Facing Death* verwendet, wo ich sie einer meiner Romanfiguren in den Mund lege.

Durch Alan Andersons Seminar über mathematische Logik und

das von Frederick Fitch über symbolische konnte ich meine Studien in formaler Logik so weit verfolgen, wie ich das überhaupt wollte. In beiden Fällen kam ich an einen Punkt, wo das Fach sich von der Philosophie trennte und zur eigenständigen Disziplin wurde. Die jüngsten Entwicklungen in der Logik, die von unbestreitbarer Bedeutung für ein allgemeines Verständnis von Philosophie sind, werden vor allem mit den Namen Frege, Whitehead, Russell, dem jungen Wittgenstein und vielleicht noch Carnap und Quine gebracht. Seither ist sie zu einem Thema für Spezialisten geworden.

Wir können die konzeptuelle Analyse von Außenpolitik nicht als Zweig der Philosophie bezeichnen, auch wenn ihr Situationslogik zugrunde liegt, ein Konzept, das in einer Anzahl von Werken skizziert worden ist. Arnold Wolfers, der das Seminar leitete, war einer der wichtigsten Auslandsberater der Truman-Regierung gewesen, und es wäre mir töricht vorgekommen, wenn ich mir die Gelegenheit hätte entgehen lassen, etwas von ihm zu lernen, zumal ich ja damit rechnete, eines Tages selbst in die Politik zu gehen.

Wir vergessen heute leicht, wie ungeheuer groß in der Mitte der fünfziger Jahre das Übergewicht der USA war. Die Vereinigten Staaten erwirtschafteten mehr als die Hälfte der gesamten Weltproduktion, und von allem möglichen ließ sich behaupten, daß es davon in den USA mehr gebe als auf der gesamten restlichen Welt – und ich rede hier nicht nur von materiellen Dingen, sondern von Gütern jeglicher Art: Wissenschaft, Forschung, Symphonieorchester... Für den Rest der Welt mußten die Vereinigten Staaten als unvorstellbare Schatzkammer von Gütern und Dienstleistungen erscheinen – unvorstellbar im wörtlichen Sinne, weil die meisten Menschen in anderen Ländern gar nicht wußten, wie groß die Kluft war, die sie von den USA trennte oder es nicht glauben wollten. Die gewaltige Macht Amerikas führte auch dazu, daß dieses Land damals die Weltpolitik stärker dominierte als es irgendein anderer Staat davor oder danach je getan hat.

Wolfers Lehrmethode war ganz offen manipulativ und höchst effektiv. Er äußerte sich fast immer nur abstrakt, die konkrete Bedeutung seiner Äußerungen wurde dadurch jedoch nur noch verstärkt. Ein typisches Seminar lief ungefähr so ab. Er sagte: »Stellen wir uns eine Supermacht auf einer kontinentalen Landmasse vor.« Dann zeichnete er einen groben Kreis auf eine Seite der Tafel. »Und sagen wir nun, auf der anderen Seite des Ozeans liegt eine weitere Macht von vergleichbarer Größe.« Ein weiterer Kreis wurde auf die andere Seite der Tafel gezeichnet. »Und sagen wir nun, die kontinentale Macht ist von vielen kleinen Ländern umgeben, was bei der anderen nicht der Fall ist.« Nun zeichnete er an den Rand des ersten großen Kreises eine Reihe kleiner. Die Zeichnungen sahen nun so aus:

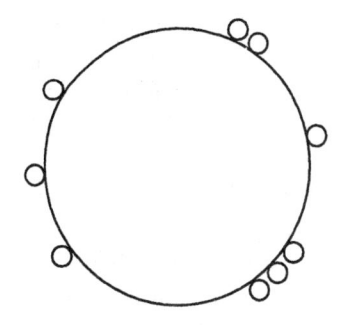

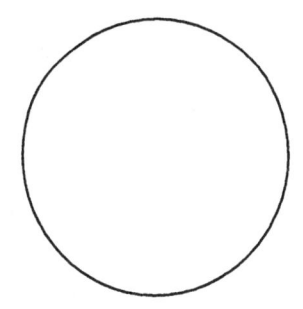

»Nun«, sagte er. »Egal, was das für Gesellschaften sind oder wie sie regiert werden, können Sie sich vorstellen, welche Überlegungen die Außenpolitik dieser beiden Staaten prägen würden?«

Wir alle starrten die Zeichnung an und dachten nach. Dann sagte vielleicht jemand: »Keines dieser kleinen Länder könnte allein einen Krieg gegen diesen riesigen Nachbarn überleben. Es würde annektiert oder zerstört werden. Sein Überleben als eigenständige Nation hängt also davon ab, daß es in keinen solchen Konflikt hineingezogen wird.«

»Richtig«, sagte Wolfers dann zufrieden. »Und können Sie sich vorstellen, wie es das verhindern kann?« Und damit ging es los. Wir diskutierten, und jeder Schritt der Diskussion brachte uns zu einer neuen Überlegung. Nach den zwei Stunden hatten wir alle Arten von Möglichkeiten diskutiert, wie jedes Land sich den anderen gegenüber aufgrund der Logik seiner Situation verhalten würde. Am Ende des Seminars sagte Wolfers dann: »Bitte, überdenken Sie sich bis zur nächsten Sitzung, welche der hier vorgetragenen Überlegungen sich in der Praxis auf China und seine

Nachbarländer und ihre Beziehungen zu den USA übertragen lassen.« Und das taten wir natürlich alle, obwohl wir uns die ganze Zeit in bezug auf die Sowjetunion den Kopf zerbrochen hatten. Plötzlich verstanden wir die Gründe für alle möglichen Entwicklungen im Zusammenhang mit China – daß diese oder jene Regierung sich nicht in erster Linie so oder so verhielt, weil es sich um ein kommunistisches Regime handelte, dessen Denken in marxistischen Kategorien verlief, oder um eine rechtslastige Diktatur, oder die Persönlichkeit des Staatschefs das eben nahelegte, sondern weil die Logik der Situation es erforderte. Wie uns schon die bloße Betrachtung unseres kruden Diagramms gezeigt hatte, mußte die Regierung eines solchen Landes, egal wie ihre Ideologie auch aussehen mochte, eine vergleichbare Politik zumindest in Betracht ziehen, und sei es nur, um sie dann zu verwerfen. Und selbst wenn wir glaubten, daß es eine bessere Alternative gab, verstanden wir nun, unter welchem Druck eine bestimmte Politik zustande kam und welche Hauptüberlegungen sich dabei geltend machten (und was alles geschehen mußte, bis eine Regierung den außenpolitischen Kurs wechselte). Das brachte uns zu der überaus wichtigen Erkenntnis, daß sich Außenpolitik (nicht ausschließlich, aber doch weitgehend) als die Anwendung von Situationslogik auf die eigenen Interessen im Rahmen der real existierenden Umstände verstehen läßt, egal welche Art von Regierung gerade am Ruder ist. Es gibt sehr viele Dinge, die eine Regierung nicht tun kann, ohne erheblichen Schaden für sich selbst zu riskieren, und eine Menge anderer, die sie tun muß, ob ihr das nun paßt oder nicht; dazwischen bleibt ihr nicht viel Luft, um unabhängig und den eigenen Wünschen entsprechend zu handeln. Einen gewissen Spielraum gibt es natürlich immer, und wir diskutierten auch, wie dieser genutzt werden kann.

Dieses Seminar erscheint mir seither als Modell für eine bestimmte Art von fortgeschrittener Lehrmethode: Wir sollten vor allem dazu gebracht werden, intensiv, logisch und methodisch nachzudenken und unser Denken dann auf praktische Situationen anzuwenden. Auf diese Weise verloren Vorurteile und Gefühle einen Teil ihres Einflusses auf unsere Bewertung, und wir erkannten, wie unterschiedlich dieselbe Situation vom Standpunkt unterschiedlicher Länder aus aussehen kann, und weshalb solche

Länder sich in unseren Augen so unpassend verhalten. Für mich war das nicht nur eine Lektion über Außenpolitik, sondern über das Leben überhaupt.

Die Brillanz von Wolfers' Unterricht lag in seiner Methode, nicht darin, was er wirklich sagte. Als Persönlichkeit nahm er sich stark zurück, und er meldete sich fast immer nur in Form von sokratischer Befragung zu Wort. In seinem Seminar redeten vor allem die Studenten. Im Seminar über juristische Philosophie dagegen redete fast nur der Seminarleiter, F. S. C. Northrop. In seinem Fall konnte jedoch kaum behauptet werden, daß er überhaupt eine Methode hatte. Trotzdem ist er einer der beiden Menschen, die mir je begegnet sind, die ich als genialen Lehrer bezeichnen würde (der andere war mein Geschichtslehrer in der Schule, David Roberts). Kein anderer war von Ideen jemals derart begeistert, und er konnte nicht nur die Ideen vermitteln, sondern auch seine Begeisterung. Er redete gewöhnlich schon, wenn er ins Zimmer kam, und von diesem Moment an sprudelte er druckreif formulierte Sätze heraus wie ein Geysir. Das Fragenstellen fiel hier allein den Studenten zu. Er freute sich über Fragen und akzeptierte die Tatsache, daß unsere einzige Möglichkeit, sie zu stellen, darin bestand, ihn zu unterbrechen, aber es brauchte sehr viel Kraft und Entschlossenheit, um bei ihm überhaupt zu Wort zu kommen. Doch dann war es leicht, ihn dazu zu bringen, daß er sich über das von uns gewünschte Thema ausließ und anschließend unseren kritischen Einwänden zuhörte und ausführlich auf unsere Fragen einging, und so war niemand von uns unzufrieden. Ganz im Gegenteil, wir waren von ihm angeregt, wie ich es nie bei einem anderen Dozenten erlebt habe. Die Studenten verließen seine Seminare voller Begeisterung über das, was sie gerade gehört hatten, wild entschlossen, dieses Wissen nun zu vertiefen und liefen in ihrer Lesegier geradewegs in die Bibliothek. Im Laufe der Jahre hatten seine heiße intellektuelle Leidenschaft und seine unvorstellbare Energie ihn in mehreren Fächern nach oben getragen – nicht nur in Philosophie und Geschichte (in beiden Disziplinen hatte er in Yale einen Lehrstuhl), sondern auch in internationaler Politik, Soziologie, Physik und Vergleichender Ideen- und Kulturgeschichte. Als Universalgenie gehörte er in eine Klasse mit Bertrand Russell und Karl Popper. Ihm fehlte ihre kreative Originalität, doch er war geprägt vom Drang nach Kommunikation – er wollte Wissen, Ideen und vor allem fachübergreifende Erkenntnisse weitervermitteln. Einmal setzte er zu einem mitreißenden Vortrag darüber an, wie die Entwicklung der mathematischen Physik seit dem 17. Jahrhundert mit der Entwicklung der empirischen Philosophie während desselben Zeitraums und der Entstehung der liberalen Demokratie zusammenhingen. Darauf hatten zwar auch schon andere hingewiesen, aber er fand immer noch neue Aspekte. Er sprach auch ausführlich und mit echtem Wissen und Verständnis darüber, worin diese Entwicklung im Abendland sich von der in anderen Kulturen, namentlich denen Indiens und Chinas, unterschied, zwischen denen es seinerseits auch wieder Unterschiede gab – und zeigte zu guter Letzt auf, was all das mit dem eigentlichen Thema seines Seminars zu tun hatte.

Dieses Thema läßt sich ziemlich leicht beschreiben. Northrop unterschied in jeder menschlichen Gesellschaft zwischen ihrem positiven Recht und dem, was er »gelebtes Recht« nannte; was ihn daran interessierte, war die komplexe Beziehung zwischen den beiden. Das positive Recht wird von der Regierung erlassen und vom Verwaltungsapparat durchgesetzt. Wenn es sich nicht gerade um eine Willkürherrschaft handelt, dann wird das positive Recht sorgfältig durchdacht, mit oder von den Führungskräften des Staates diskutiert und in einem Wortlaut öffentlich bekanntgemacht, auf den man sich später beziehen kann. Außerdem kann es relativ schnell geändert werden. Doch zugleich werden die Mitglieder einer Gemeinschaft dazu erzogen, in vielerlei Hinsicht auf eine Weise zu handeln, die mit dem positiven Recht nichts zu tun hat: Es gibt einen reichen Vorrat an eingeführten Prozeduren, Sitten, Bräuchen, gegenseitigen Erwartungen, Annahmen, gemeinsamer Sprache, Familienstrukturen, volkstümlichen Überlieferungen, populärer Kunst und Unterhaltung, Rücksichten, Ritualen, möglicherweise auch eine Religion, alles miteinander verwoben zu komplizierten Mustern, die von einer Generation an die andere weitergereicht werden. Das alles ist nicht durch einen Prozeß rationaler Überlegung oder Diskussion entstanden, ist zumeist sprachlich nie weiter ausformuliert worden, läßt sich nicht von einer Einzelperson ändern, und wenn es denn überhaupt geändert werden kann, dann nur sehr langsam. Zusammengenommen ergibt es das, was Northrop das »gelebte Recht« einer Gemeinschaft nannte, und es prägt diese Gemeinschaft weit stärker als alles andere. Seiner Ansicht nach war die Bindung der Menschen an ihr gelebtes Recht stets tiefer, stärker und gefühlsbetonter als ihre Loyalität dem positiven Recht gegenüber. Das führt dazu, daß sie in Konfliktfällen ganz automatisch eher das positive Recht brechen, soweit es sich ungestraft nur machen läßt. Dauert der Konflikt zwischen positivem Recht und gelebtem Recht allzulange an, sind ernsthafte gesellschaftliche Störungen und Aufruhr die Folge. Unsere Analyse des gelebten Rechts führte uns in Bereiche der Sozialpsychologie, der vergleichenden Soziologie, der Anthropologie und der Sozialgeschichte; jene des positiven Rechts in Gebiete der Politik, der Jurisprudenz, der Institutionsgeschichte, der Entwicklung von Wissenschaft und Technik und der Ideengeschichte. Im Laufe eines Jahres hatten unsere Diskussionen im Seminar für mich die außergewöhnliche Nebenwirkung, mir die unter der Oberfläche verborgenen organischen Zusammenhänge zwischen all meinen anderen Seminaren bewußt zu machen. Es war wie ein Mega-Seminar, das all die anderen miteinander verknüpfte.

Ich glaube, Northrop hat mir als erster klargemacht, welch zentrale kulturelle Rolle die Naturwissenschaft spielt. Ich war mir natürlich stets der Bedeutung bewußt gewesen, die der Technik ihrer sozialen Auswirkungen wegen innewohnt, aber Northrop ließ mich noch etwas völlig anderes erkennen, nämlich daß die reine Wissenschaft für das unendliche geistige Abenteuer des abendländischen Menschen in seiner Suche nach Erkenntnis und einem Verständnis seiner selbst und der Welt, in der er lebt, fast so grundlegend ist wie die Kunst; daß die Schatzkammer der bereits vorliegenden naturwissenschaftlichen Erkenntnisse so groß war, daß sie an Wert und Schönheit allein von den Künsten übertroffen wurde; und schließlich, daß die Wissenschaft mit der Kunst eine ganze Menge gemein hat. Beide sind zum Beispiel wahrheitssuchende Tätigkeiten, die Selbstdisziplin erfordern, und die versuchen, das Wesen der Wahrheit, auch der Wahrheit über uns selbst, zu ergründen und diesen Versuch und seine Ergebnisse in eine allgemein verständliche Sprache zu fassen. Beide brauchen die kreative Originalität rarer Individuen, wenn sie Erfolg haben wollen, vor allem mutige und inspirierte Sprünge der Phantasie ins Unbekannte. Die Naturwissenschaften und ihre Geschichte sind in vieler Hinsicht ebenso spannend wie die Künste und deren Geschichte, und beide sind auf vielen verschiedenen Ebenen miteinander verbunden. Es ist unmöglich, mehr als nur ein ganz oberflächliches Verständnis für uns selber und die Welt zu erwerben, wenn wir keine wirklichen Kenntnisse über Wissenschaft und Kunst besitzen.

Von Northrop habe ich weiterhin gelernt, wie und warum die beiden großen Revolutionen innerhalb der Physik des 20. Jahrhunderts – die Relativitätstheorie und die Quantentheorie – uns dazu zwingen, nicht nur unsere Vorstellungen vom Wesen der Naturwissenschaften, sondern vom Wissen der Menschheit überhaupt neu zu bewerten und die Antwort obendrein in Richtung Kant zu suchen, da so vieles, von dem wir immer ganz selbstverständlich angenommen hatten, es existiere unabhängig von uns draußen in der Welt, offenbar aus Erklärungsstrukturen besteht, die wir selber aufbauen und dann für wirklich nehmen. Und hier ist nicht nur die Rede von Erklärungsmodellen in der Naturwissenschaft, sondern auch von der Mathematik, die darinsteckt, von der Logik ihrer Argumente und von den Kategorien der natürlichen Sprachen, in denen sie artikuliert werden.

Ganz allgemein stehe ich in der Schuld Northrops, weil er mir geholfen hat, meine Neigung zur Synthese zu befreien, die in Oxford auf brutale Weise behindert, wenn nicht sogar verfolgt worden war. Ich glaube, Platon hat gesagt, daß zur Urteilsfähigkeit gehört, daß wir gleichermaßen die Unterschiede zwischen Ähnlichem und die Ähnlichkeiten zwischen Unterschiedlichem erkennen. Das sind natürlich die beiden sich ergänzenden Formen der Erklärung, die uns unter den Namen »Analyse« und »Synthese« vertraut sind. Verdummend an Oxford, so, wie ich es erlebte, war nicht zuletzt, daß man sich dort nicht nur ausschließlich auf analytischen Verstandesgebrauch konzentrierte, sondern obendrein der Synthese gegenüber direkt feindlich eingestellt war. Oxfords gesamte Tradition war aggressiv analytisch und kritisch, nichts sonst galt. Während meines Geschichts- und Philosophiestudiums erntete ich nur Hohn und Spott, wenn ich versuchte, irgendeine Parallele zu ziehen. Der Dozent zählte dann jedesmal alle Unterschiede auf – die mir sehr wohl bekannt waren – gleichsam, als ob die Existenz von Unterschieden jegliche Ähnlichkeit unmöglich machte. Diese Reaktion beruhte auf der absurden Annahme, daß jemand, der zwei Dinge in einer bestimmten Hinsicht vergleicht, davon ausgeht, daß sie sich auch in allen anderen Bezügen ähneln. Diese Absurdität schlug sich auch in Privatgesprächen nieder. Einmal wurde ich gefragt, was ich nach dem Examen vorhätte, und ich antwortete, ich hoffte, philosophische Werke und Romane schreiben und mich gleichzeitig politisch engagieren zu können, wie es damals zum Beispiel Jean-Paul Sartre machte. Mein Gesprächspartner schnaubte verächtlich und fragte: »Findest du es nicht ein bißchen lächerlich, dich mit Sartre zu vergleichen?« worauf ich nur antworten konnte: »Ich vergleiche mich nicht mit Sartre. Ich habe nur gesagt, daß ich hoffe, dieselben drei Tätigkeiten kombinieren zu können wie er.«

Ich war immer schon der Ansicht, daß wir im Fach Geschichte nichts Wertvolleres studieren können als das Ausmaß, in dem Situationslogik sich in einzigartigen, konkreten Begriffen in praktischen Situationen und im Leben der einzelnen Menschen auswirkt. Immer wieder sehen wir, daß in Situationen, die einander nicht unähnlich sind, ähnliche Ursachen ähnliche Wirkungen zeitigen. Nur deshalb können wir überhaupt ein allgemeines Verständnis der Welt und der Gesellschaften, der Regierungen und der Menschen entwickeln. Selbstverständlich müssen wir dabei auch immer nach bedeutsamen Unterschieden Ausschau halten. Aber in Oxford »kam ich nie damit durch« (so wurde es immer ausgedrückt, »ach, damit kommst du nicht durch«), daß ich überhaupt irgendeinen Vergleich zog. Wer Vergleiche zog, galt sofort als jemand, der keine Ahnung von den Unterschieden hatte; man ging davon aus, daß er von *ihnen* gesprochen hätte, wenn er sie nur gekannt haben würde. Das führte dazu, daß das Geschichtsstudium nur kritisch und nur analytisch war. Der Versuch, verschiedene Aspekte zueinander in Beziehung zu setzen, war, so glaubte man, zum Scheitern verurteilt, weil zwei Dinge nun einmal nicht dasselbe sein können. Historiker anderswo, die mit vergleichenden Begriffen arbeiteten, galten als unzulängliche Forscher, wenn nicht gar als Schwindler, die über eine Oberfläche von Ähnlichkeiten glitten, ohne die darunterliegenden Unterschiede zu erkennen – immer wieder wurde vorausgesetzt, daß wir, wenn wir uns diese Unterschiede genauer ansehen, feststellen, daß sie so groß sind, daß es nicht gerechtfertigt sein kann, Vergleiche zu ziehen.

Wenn ich in einem Referat zum Beispiel schrieb, daß in London um die Mitte des 18. Jahrhunderts die meisten X ein Y gewesen seien, dann konnte ich mich fast darauf verlassen, daß mich an dieser Stelle der Dozent mit der Frage: »Und was ist mit Soundso?« unterbrechen würde. Danach folgte dann in etwa der folgende Disput.

B. M.: Ja, was ist mit ihm?
D.: Er war ein X, aber kein Y.
B. M.: Weiß ich.
D.: Aber Sie haben doch gerade das Gegenteil angedeutet.
B. M.: Nein, habe ich nicht.
D.: Dann lesen Sie den letzten Satz noch einmal.
B. M.: »Die meisten X waren Y.«
D.: Sehen Sie. Und, wie gesagt, Soundso war ein X, aber kein Y.
B. M.: Das habe ich ja auch nicht behauptet.
D.: Was Sie gerade vorgelesen haben, scheint das aber anzudeuten.
B. M.: Im Gegenteil, die Tatsache, daß ich geschrieben habe, »die *meisten* X waren Y«, weist eindeutig darauf hin, daß das nicht auf alle zutrifft. Und ich weiß sehr wohl, daß Soundso kein Y war.
D.: Ich glaube nicht, daß die Prüfer glauben würden, daß Sie das wissen, wenn Sie diesen Satz in einer Examensarbeit schrieben.
B. M.: Was um Himmels willen ist denn falsch daran, wenn ich es so ausdrücke, wie ich es ausgedrückt habe? Es *stimmt* doch, daß die meisten X Y waren. Oder sind Sie anderer Meinung?
D.: Nun ja, nein, wenn Sie darauf bestehen, es so auszudrücken – ich nehme schon an, daß die meisten Y waren. Aber etliche waren das eben nicht.
B. M.: Ich weiß. Deshalb habe ich ja auch »die meisten« geschrieben und nicht »alle«.
D.: Ich sehe ja, worauf Sie hinauswollen. Aber ich rate Ihnen trotzdem, an dieser Stelle einen Verweis auf Soundso einzubauen, damit allen klar wird, daß er Ihnen bekannt ist.

B. M.: Aber ein Verweis auf Soundso wäre hier gänzlich fehl am Platze – er hat in diesem Zusammenhang wirklich nichts zu suchen. Wie Sie ja selber sagen, ist er ein Beispiel für einen ganz anderen Sachverhalt.

D.: Also, ich kann Ihnen nur sagen, wenn Sie ihn nicht erwähnen, dann werden Ihre Leser annehmen, daß Sie nichts über ihn wissen und hier eine falsche Verallgemeinerung vorbringen.

Als ich in Oxford von der Geschichte zur Philosophie überwechselte, traf ich dort auf dieselbe verwirrte und unlogische Reaktion auf jegliche Verallgemeinerung, auf dieselbe unkritische Besessenheit von der Analyse, die alles andere ausschloß. Die Philosophen verhielten sich, als sei es ihre alleinige Aufgabe, Unterschiede aufzuzeigen. Sie nannten sich ja nicht umsonst »analytische Philosophen« und riefen ihre Auffassung von Philosophie zur einzig angemessenen Herangehensweise an ihr Thema aus – zur »einzigen und ganzen Funktion von Philosophie«, wie Ryle es ausgedrückt hatte. Sie erklärten nicht nur jeglichen Versuch, innerhalb der Philosophie Systeme zu errichten für illegitim und zum Scheitern verurteilt, sondern sie standen auch der Formulierung von Erklärungstheorien feindlich gegenüber, egal auf welchem Niveau. Der immanente Widerspruch dieses Ansatzes liegt darin, daß man Unterschiede nur im bezug auf irgendwelche Kriterien machen kann, wofür zumindest im Hintergrund ein Erklärungsrahmen vonnöten ist. In der Praxis war der Erklärungsrahmen, auf den die Oxford-Philosophen sich bezogen, entweder der »normale Sprachgebrauch« oder der »gesunde Menschenverstand« oder eine konfuse Mischung von beidem; in jedem Fall trat dabei eine außergewöhnliche und nie recht erklärte Kritiklosigkeit zu Tage. Es galt als gegeben, daß wir alle unter »normalem Sprachgebrauch« und »gesundem Menschenverstand« dasselbe verstanden, obwohl man ja eigentlich nicht groß nachzudenken braucht, um zu erkennen, daß es da sehr unterschiedliche Auffassungen gibt. Es galt außerdem als gegeben, daß wir alle diese beiden Kriterien auch akzeptierten. Wenn ich darauf hinwies, wurde ich ganz einfach ignoriert – doch als ich dann nach Yale kam, stellte sich heraus, daß ich eben jene Standard-Einwände gegen die Oxford-Philosophie vertreten hatte, die dort jedermann offensichtlich schienen. Als ich dann wieder in England war und aus dieser Position heraus viel besser und verfeinerter argumentieren konnte, fand ich auch nicht mehr Gehör als zuvor. Jahre später, als selbstkritische Sprachphilosophen dieselben Zweifel vorzubringen begannen, wurde dieser Pioniergeist von ihren Kollegen sehr bewundert. Bernard Williams brachte im folgenden Eingeständnis diese Haltung so ziemlich auf den Punkt (*Men of Ideas*, S. 144):

Alle (philosophischen Revolutionen) werden zumeist recht bald mit den Problemen ihrer eigenen Methoden konfrontiert, und das widerfuhr auch der Sprachanalyse. Ihre größte Schwäche war wohl, daß die Bedeutung von Theorie unterschätzt wurde (im Fall Wittgensteins können wir wohl nicht mehr von Unterschätzung, sondern müssen von völliger Abweisung sprechen). Dazu kam eine Tendenz, Theorie auch in allen anderen Bereichen zu unterschätzen. Ich glaube, wir waren uns nicht einmal der Bedeutung der Theorie in den Naturwissenschaften bewußt ... Ich glaube, wir suchten uns irgendeinen Unterschied, analysierten ihn und seine verschiedenen Aspekte sehr sorgfältig und ordneten oder kategorisierten sie, ohne uns wirklich vor Augen zu führen, vor welchem Hintergrund wir diese Unterschiede festlegten; ... »stückweise« war damals ein Lobeswort. Austin zog eine vielsagende Analogie. Wenn sich jemand über die Unmengen von Unterschieden beklagte, dann wies er darauf hin, daß es Tausende von Arten einer bestimmten Insektengattung gibt und fragte: »Warum können wir nicht auch im bezug auf Sprache so viele Unterschiede erkennen?« Die Antwort lautet natürlich, daß wir Käfergattungen aufgrund einer gewissen theoretischen Vorstellung davon unterscheiden, was die Unterschiede zwischen Käfern eben ausmacht, einer Vorstellung, die wir der Evolutionstheorie verdanken. Aber ohne eine solche theoretische Vorstellung im Hintergrund ist alles so verschieden von allem anderen, wie es uns gerade paßt ... Damals unterschieden sich die Vorstellungen davon, wie weit man Philosophie treiben kann, zwar graduell, aber die Tatsache, daß wir die Probleme nur festschrieben, die Unterschiede nur sahen, weil im Hintergrund ein stärker theoretisches oder systematisches Verständnis stand, wurde wohl mehr oder weniger übersehen.

Damit ist die philosophische Umgebung, in der ich in Oxford studiert hatte, und gegen die ich mich immer wieder auflehnte, sehr präzise beschrieben. Zu meinem Unglück wollte ich mein Wissen durch die Untersuchung von Parallelen zwischen Dingen suchen, auch, wenn diese Dinge bisweilen weit voneinander entfernt lagen, und außerdem suchte ich Lösungen für meine konkreten Probleme. Mir war immer bewußt, daß Unterschiede nur innerhalb eines weitergefaßten Erklärungsrahmens von Bedeutung sind, und deshalb war es mir weit wichtiger, diesen Erklärungsrahmen zu formulieren und kritisch zu untersuchen, als die von ihm umfaßten Unterschiede festzustellen (obwohl die mich natürlich auch interessierten). Doch kaum hatte ich in einem solchen Zusammenhang den Mund aufgemacht, da wurde ich auch schon von irgend jemandem unterbrochen. Der Vorwurf lautete nicht etwa, meine Behauptung treffe nicht zu, sondern ich dürfe solche Behauptungen überhaupt nicht aufstellen – vulgäre Vergleiche galten als intellektuell verwerflich, als minderwertig, unverschämt und geschmacklos (»wie eine Kette von Revolverkinos«, wie jemand meine Diskussionsbeiträge einmal genannt hat); sie schienen die Tatsache zu belegen, daß ich keine Ahnung von Philosophie hatte, auch wenn die anderen ebensowenig dazu beitragen konnten wie ich. Zum Glück verlor ich jedoch niemals meine grundlegende Überzeugung, daß der Fehler bei den anderen lag – daß die Gegenseite intellektuell unseriös vorging und daß ich wußte, was Philosophie ist. Aber ich fühlte mich einsam, weil ich der einzige war, der so dachte. Ich mußte mich unter fremden Prämissen an Diskussionen beteiligen, da das die einzig vorhandenen Prämissen waren, und da zur Philosophie eben auch Diskussionen gehören; aber nie war irgendwer bereit, zu meinen Bedingungen über die Probleme zu sprechen, die mir zu schaffen machten. Diskussionen über Erklärungsrahmen waren tabu, und niemand mochte sich darauf einlassen. Ich konnte meine Mitphilosophen nicht einmal dazu bringen, sich mit Gedankensystemen wie denen von Marx und Freud zu befassen, die damals in der Welt überhaupt und in unserer eigenen Kultur, in der Literatur und im akademischen Universum von so großer Bedeutung waren. Diese Gedankensysteme waren mit rotglühenden Eisen als »nicht philosophisch« gebrandmarkt worden, und damit war der Fall erledigt.

Oxford gegen Yale einzutauschen, kam mir aus allen diesen Gründen so vor, wie aus einem finsteren Keller ins Sonnenlicht zu treten. Zum ersten Mal begegneten mir Gleichaltrige von großen Fähigkeiten, die eine erstklassige philosophische Ausbildung genossen hatten und sich nur zu gern mit grundlegenden Problemen befaßten. Einige meiner intellektuell befriedigendsten Stunden in Yale verbrachte ich nicht in Seminaren, sondern bei solchen Freunden, mit denen ich über alles sprach, was uns gerade als interessant erschien. Doch auch die Seminare boten gewaltige Mengen an geistigem Nährstoff; ich fand es wunderbar, mich in einer Umgebung zu befinden, wo philosophische Probleme von gut ausgebildeten, hochgebildeten Menschen ernstgenommen und nicht bloß als »gewaltiger Haufen grober Denkfehler« betrachtet wurden. Ich fand es auch wunderbar, in einer Umgebung zu leben, in der alle darin übereinstimmten, daß wir als Philosophen uns auch mit den Naturwissenschaften und vor allem mit der Mathematik befassen mußten und daß wir auch zeitgenössische Denksysteme wie Existentialismus, Marxismus und Freudianismus ernst zu nehmen hatten. Northrop war ganz besonders befreiend in seiner klaren Erkenntnis, daß alle, wirklich alle Versuche der Menschen, die Menschheit und ihre Welt zu verstehen, unvermeidlich durch die Tatsache miteinander verbunden sind, daß es sich um unterschiedliche Versuche handelt, dasselbe Ziel zu erreichen. Wenn beispielsweise die freudianischen Erklärungen auch nur annähernd zutreffen, dann kann die Behauptung der Existentialisten, die Menschen verfügten über die Freiheit, ihre eigene Persönlichkeit zu schaffen, ganz einfach nicht stimmen. Wenn andererseits die marxistischen Erklärungen des sozialen Verhaltens wahr sind, dann muß der Freudianismus zutiefst im Irrtum sein. Der Marxismus als Denksystem, das sich als wissenschaftlich bezeichnet und das materialistisch und deterministisch ist, widerspricht seinerseits der Unbestimmtheit, die der Quantenphysik zugrunde liegt. Und so weiter, und so fort. Fast jede Überzeugung, zu der wir in irgendeinem Zusammenhang gelangen, hat Konsequenzen für unsere Beziehungen zu anderen Glaubenssystemen. Wenn wir intellektuell seriös vorgehen wollen, müssen wir solche Überzeugungen in Beziehung zueinander stellen. Das bringt eindeutig die Verpflichtung mit sich, fachübergreifend zu denken: Alles andere ließe sich mit intellektueller Verantwortung nicht vereinbaren. Ob wir das nun wollen oder nicht, wenn wir in einem Zusammenhang eine Behauptung aufstellen, dann sind wir dazu gezwungen, in anderen Zusammenhängen andere Dinge zu akzeptieren oder zurückzuweisen. Wenn wir das nicht sehen, dann sind wir entweder ignorant oder nachlässig. Die Vorstellung, dieses Denken sei auch selber nachlässig, ist uneinsichtig und sogar dumm, denn sie ist intellektuellen Tatsachen gegenüber blind. Natürlich *kann* dieses Denken nachlässig durchgeführt werden, aber das ist auch bei jeder anderen Art von Denken möglich, sogar (weiß Gott!) beim analytischen Denken. In Oxford war ich freilich dazu angehalten worden, diesem Denken nicht nur zu mißtrauen, sondern es überhaupt als prätentiös und falsch zu betrachten. Ich konnte mich damit niemals abfinden, und Northrop half mir, die mir dadurch auferlegten Hemmungen abzuschütteln. Da meine Ausbildung in Oxford mich übervorsichtig der Herstellung von Zusammenhängen gegenüber gemacht hat, ist sie durchaus zum Verständnishindernis geworden.

Ein letztes, für das ich Northrop danken muß – und alles, was ich ihm verdanke, ist wichtig – ist die Erkenntnis, daß alles, was ich in bezug auf ihn bisher zur Sprache gebracht habe, mit einem metaphysischen Problem der Beziehung, wie er es ausdrückte, zwischen dem Einen und dem Vielen zusammenhängt. Nicht nur religiöse Menschen glauben, daß alles, was existiert, Teil eines fundamentalen Ganzen ist, aber man darf wohl sagen, daß alle großen Weltreligionen diese Ansicht vertreten. Im gesamten bekannten Universum gelten dieselben physikalischen Gesetze, und jedes Atom in diesem Universum hat dieselbe grundlegende Struktur. Die subjektive Erfahrung jedes einzelnen von uns läßt sich durch das charakterisieren, was Kant als die transzendentale Einheitlichkeit der Wahrnehmung bezeichnet hat: Obschon es darin von offensichtlich in keinerlei Beziehung zueinander stehenden Elementen unterschiedlichster Art nur so wimmelt, wird die Welt von uns auf gewisse Weise als Einheit empfunden. (Charakteristischerweise hat Kant sehr tiefgründige Dinge darüber zu sagen, worin diese Einheitlichkeit besteht.) Literatur und Alltagserfahrung zeigen, daß viele, wenn nicht die meisten, Menschen davon ausgehen, daß die Gesamtheit all dessen, was existiert, auf irgendeine Weise einheitlich sein muß. Doch bei genauerem Nachdenken erscheinen an einer solchen Einheitlichkeit gleich zwei Dinge mysteriös: Zum einen, daß es sie überhaupt gibt, zum anderen, daß sie aus einer unendlichen Menge von offenkundig unterschiedlichen Dingen besteht. Mich hat das erste dieser beiden Mysterien stets zutiefst fasziniert; Northrop zerbrach sich vor allem über das zweite den Kopf. Ich glaube nicht, daß er, wie es manchmal behauptet wird, sich zunächst spontan für alles mögliche interessierte und erst später nach Zusammenhängen zu suchen begann, um nicht in ein geistiges Chaos zu stürzen. Ich halte es für wahrscheinlicher, daß er von Anfang an gleichsam intuitiv gespürt hatte, daß letztlich alles irgendwie zusammenhängt, und deshalb seine Interessen bis zu dem Punkt weiterverfolgte, wo diese Verbindungen sichtbar wurden. Er war stets begeistert und verblüfft, wenn er einen neuen Zusammenhang entdeckte. Um von seinem Unterricht wirklich zu profitieren, mußte man selber schon eine Menge wissen, aber als Lehrer für Fortgeschrittene konnte ihm niemand das Wasser reichen. Wenn seine Kreativität dasselbe Niveau erreicht hätte wie sein Wissen, wäre er von Einsteinscher Größe gewesen; doch dann wären seine wertvollsten Energien notwendigerweise in die Forschung geflossen und nicht in die Lehre. Nur und gerade weil es ihm an persönlicher Kreativität mangelte, konnte er zum unvergleichlichen Lehrer werden.

NEUNTES KAPITEL

Die Entdeckung Kants

Wie schon gesagt, war meine Einführung in die kritische Philosophie Immanuel Kants die wertvollste Einzelerfahrung während meiner Zeit in Yale. Auch wie diese Einführung vor sich ging, spielte eine Rolle: Nicht durch einsames Studium, obwohl ich auch dem recht viel Zeit widmete, sondern im Rahmen einer kleinen Gruppe von Enthusiasten, die sich während des ganzen Jahres zweimal die Woche zu einer zwei- oder auch mehrstündigen Diskussion traf.

Wer lange genug Philosophie studiert, kommt schließlich an einen Punkt, wo er gewöhnlich selber erkennt, was am Werk eines anderen wirklich wichtig ist. Danach kann er aus Sekundärquellen eine Unmenge von nützlichem Wissen schöpfen, doch die wichtigsten Erfahrungen mit dem Werk eines großen Philosophen sind jene, die wir selber machen. Zu Anfang ist das nicht so; dann tappen wir noch im dunkeln und andere können uns wichtige Dinge aufzeigen, die wir vielleicht übersehen hätten. Das bedeutet, daß Diskussionen in diesem frühen Stadium ein unerläßlicher Bestandteil des philosophischen Trainings sind. Viele große Philosophen haben ihre Werke zwar allein und in Isolation geschaffen, aber die meisten haben vorher diesen notwendigen Lernprozeß durchlaufen.

Es ist sicher ein Fehler, wenn Anfänger glauben, es auf eigene Faust im Studium der Philosophie weit bringen zu können. Eine sehr wichtige Erfahrung für Neulinge ist, daß ihre ehrlichen Überzeugungen – und, und das ist noch wichtiger, ihre bisweilen unbewußten Annahmen – von anderen angezweifelt werden, die ebenso intelligent und gebildet sind wie sie selbst. Sie sollten sich diesen Herausforderungen stellen und ihre eigenen Überzeugungen und Prämissen gegebenenfalls entsprechend verändern oder sie ganz und gar fallen lassen. Doch das kann nicht geschehen, wenn sie alleine studieren, und sei dieses Studium noch so intensiv, denn dann verharren sie zu sehr im Rahmen ihrer eigenen Begrenzungen. Es hilft nicht weiter, zu sagen: »Aber die großen Philosophen, die sie lesen, durchbrechen diese Begrenzungen doch immer wieder und versorgen sie mit neuen und aufregenden Ideen.« Wie der Student diese Philosophen versteht und interpretiert, muß anfangs fast zwangsläufig unzureichend sein, manchmal sogar falsch, doch ohne Kritik kann er nicht wissen, ob er sich vielleicht irrt. Ich weiß aus meiner eigenen Erfahrung als Philosophiedozent, daß selbst überdurchschnittlich begabte Studenten allesamt ernsthafte Fehler machen und obendrein alle dieselben, so daß sie sich ohne Anleitung durch jemanden, der erfahrener (wenn auch nicht notwendigerweise intelligenter) ist als sie selbst, gegenseitig in diesen Irrtümern bestätigen würden. Später, wenn sie – wie Waldläufer, die jahrelang in der Wildnis gelebt haben – ein ganzes Arsenal von intellektuellen Fähigkeiten besitzen, die sich nur durch Erfahrung erwerben lassen, sieht die Sache anders aus. Aber so weit sind sie noch nicht.

Kant zu entdecken, war wie zu entdecken, wo ich lebte. Schon gleich zu Anfang legt er dar, daß unsere Vernunft so beschaffen ist, daß wir gar nicht umhin können, Fragen über die Welt zu stellen, auf die wir, *denn das entspricht dem Wesen unserer Vernunft*, niemals die Antworten finden können. Dann zeigt er die Widersprüche von Raum und Zeit auf und behauptet, es lasse sich sowohl beweisen, daß die Zeit einen Anfang gehabt haben muß, wie daß sie keinen Anfang gehabt haben kann, und gleichermaßen, daß der Raum unbegrenzt sein muß und doch nicht unbegrenzt sein kann. Ich hielt seine Formulierungen dieser Argumente für nicht sonderlich gelungen, aber ich konnte sehen, wie sie sich verbessern ließen, und ihre Schwächen verblichen ohnehin angesichts der Tatsache, daß ich einen Philosophen gefunden hatte, der sich als Ausgangspunkt Probleme nahm, mit denen ich mich schon mein Leben lang herumgeplagt hatte, ohne dafür eine Lösung zu finden. Es war, wie Goethe die Erfahrung, Kant zu lesen, beschrieben hat, als betrete man einen erleuchteten Raum. Endlich war die Suche beendet, die mich überhaupt erst zur Philosophie geführt hatte.

Kant stellt schon zu Beginn seines Werkes fest: Wenn die Vernunft uns in Widersprüche und Sackgassen führt, dann kann die Wirklichkeit dem nicht entsprechen, und deswegen können wir die Wirklichkeit nicht einmal im Prinzip allein mit der Vernunft verstehen. Das zieht dem Programm der vorkantianischen Rationalisten wie Descartes, Spinoza und Leibniz den Boden unter den Füßen weg. Doch Kant geht noch weiter und sagt, daß auch die Erfahrung uns kein Wissen über eine unabhängige Realität vermitteln kann, da wir niemals beweisen können, daß unsere sinnlichen Wahrnehmungen mit Objekten außerhalb unserer selbst übereinstimmen, und obendrein die ganze Vorstellung, unsere sinnlichen Wahrnehmungen seien »wie« Dinge an sich, die unabhängig davon existieren, ob sie überhaupt wahrgenommen werden, sich bei der Analyse als brüchig und unverständlich erweist: Unabhängig von den Kategorien unserer Erfahrung und unseres Denkens können wir uns keine Vorstellung von Objekten machen, und diese Kategorien sind allesamt subjekt-abhängig. Diese letzte Tatsache jedoch verschafft Kant Zugang zu einer ganz neuen Herangehensweise.

Die meisten vorkantianischen Philosophen nahmen offenbar an, daß Objekte mehr oder weniger so existieren, wie wir sie wahrnehmen, und doch von uns unabhängig, und daß sie in Raum und Zeit existieren, die ebenfalls von uns unabhängig sind. Das ist außerdem das, was wir als die Auffassung des gesunden Menschenverstandes bezeichnen könnten. Kant dagegen erkannte, daß das einfach nicht stimmen kann. Alle unsere Möglichkeiten, Objekte wahrzunehmen – durch Sehen, Hören, Berühren, Schmecken, Riechen – sind so beschaffen, daß sie nicht unabhängig von unseren Sinnes- und Nervensystemen existieren können, und all unsere Weisen, über Dinge nachzudenken, sind eben das: Denkweisen, die ohne Gehirn ebensowenig möglich sind wie Sehen ohne Augen. Wenn wir unsere Vorstellung von einem Gegenstand von allem Sinnes- oder Geistesabhängigen befreien, dann bleibt uns höchstens noch ein vages Etwas, ein x, dem wir keine beobachtbaren oder in Begriffe faßbaren Eigenschaften zuordnen können. Eine solche Vorstellung von einem Objekt ist in dem Sinne metaphysisch, daß ein derartiger Gegenstand in unserer Erfahrung per definitionem niemals existieren kann. Kant ging davon aus, daß solche metaphysischen Objekte existieren und die Ursachen unserer Erfahrungen bilden müssen. Dieser Ansicht war auch Locke gewesen, obschon sie kraß gegen das grundlegende Prinzip des Empirismus (nämlich, daß Aussagen über die Welt nur dann vertretbar sind, wenn sie sich anhand der Erfahrung nachprüfen lassen) verstößt. Nebenbei habe ich den Eindruck, daß sehr viele Menschen, die behaupten, die Welt mit dem gesunden Menschenverstand zu sehen, das ebenfalls glauben. Im Falle Kants liegt jedoch eine andere Art von innerem Widerspruch vor als bei Locke.

In jungen und mittleren Jahren verschaffte Kant sich großen Ruhm als Dozent für mathematische Physik. Er leistete auch zu diesem Fach einen wichtigen Beitrag: Mit einunddreißig Jahren veröffentlichte er seine *Theorie des Himmels*, das erste Buch, das die Meinung vertrat, das Universum habe sich entwickelt und nicht während seiner ganzen Existenz mehr oder weniger die gegenwärtige Gestalt besessen (was die aristotelische und thomistische Ansicht gewesen war). Er glaubte, wie damals praktisch jeder, der sie verstehen konnte, die neue Naturwissenschaft des 18. Jahrhunderts habe der Menschheit Tür und Tor zum Verständnis des Universums geöffnet. Er nahm an, wiederum wie viele seiner Zeitgenossen, daß naturwissenschaftliche Erkenntnisse auf einzigartige Weise gesichert seien und daß diese Gewißheit darin begründet war, daß sie durch die Kombination zweier Prozesse gewonnen wurden, bei denen Irrtümer gleichermaßen ausgeschlossen waren. Der erste dieser Prozesse war die direkte Beobachtung, nicht nur bei einer Gelegenheit und durch eine Person, sondern durch Beobachtungen, die diese Person systematisch wiederholte und dann systematisch von anderen überprüfen ließ. Der zweite Prozeß bestand darin, aus den so gesammelten Beobachtungsdaten logische Schlußfolgerungen zu ziehen. Er ging davon aus, daß die gesamte Naturwissenschaft aus Tatsachen bestand, die unbestreitbar wahr sein mußten, entweder weil sie viele Male unter kontrollierten Bedingungen von geübten und kompetenten Experimentatoren unmittelbar beobachtet – und soweit möglich auch gemessen – worden waren, oder weil sie sich mit logischer Notwendigkeit aus diesen Beobachtungen ergaben. Mit anderen Worten, die Naturwissenschaft bestand für ihn ausschließlich aus direkter Beobachtung und logischer Schlußfolgerung, zwei Prozessen, die bei richtiger und sorgfältiger Durchführung den höchsten überhaupt möglichen Grad an Gewißheit erbrachten.

Später beschrieb Kant diese Überzeugung als »dogmatischen Schlummer«. Was ihn daraus aufweckte, war die Lektüre von Humes Schriften, vor allem, sagt er, dessen was Hume über Kausalität geschrieben hatte. Hume lehrte ihn, daß die Existenz von Kausalbeziehungen nicht nur unbeobachtbar ist, sondern auch nicht logisch aus irgendwelchen Beobachtungen abgeleitet werden kann. Wenn wir erklären, daß Ereignis A zu Ereignis B geführt hat, dann wollen wir damit nicht bloß sagen, daß erst A geschehen ist und dann B. Wir meinen damit vielmehr, daß Ereignis B sich zugetragen hat, *weil* Ereignis A sich zugetragen hat. Doch alles, was wir beobachten können, sind diese beiden Ereignisse selbst; wir nehmen keine dritte Einheit in Form einer zwangsläufigen Verbindung zwischen ihnen wahr. Und wir können auch nicht behaupten, eine solche Verbindung sei bekannt, selbst wenn sie sich nicht beobachten läßt, weil auf jedes bislang beobachtete Ereignis vom Typ A unweigerlich eines vom Typ B gefolgt ist. Ganz egal, wie oft wir diese Beobachtung gemacht haben: Sie bedeutet nicht, daß es eine zwangsläufige Verbindung gibt und auch beim nächsten Mal notwendigerweise B auf A folgen muß. Eine solche Verbindung kann also nicht direkt beobachtet werden, und ihre Existenz läßt sich auch nicht logisch aus unseren Beobachtungen ableiten. Zwangsläufige Verbindung, im Unterschied zu konstanter Bindung, gehört jedoch zu unserer Vorstellung von Ursache und Wirkung. Daher hat unser Konzept der Kausalität keine adäquate empirische oder logische Grundlage. Kant erkannte die Stichhaltigkeit dieser Argumente. Er erkannte jedoch auch, daß es ohne kausale Verbindungen keine empirisch erfahrbare Welt geben könnte, ob es sich nun um die Welt unserer alltäglichen Erfahrungen und der naiven Beobachtung handelt oder um die von der

Naturwissenschaft untersuchte und uns vorgeführte Welt. Wir wissen aber, daß es eine solche Welt gibt, und deshalb wissen wir auch, daß es kausale Verbindungen geben muß – und wissen somit, daß die empirisch erfahrbare Welt grundlegende Eigenschaften hat, die sich weder beobachten noch logisch ableiten lassen. Das führt uns zu zwei Fragen: Was sind das für Eigenschaften? Und wie können wir Kenntnisse über sie erwerben, wenn nicht durch Beobachtung oder Logik?

Kant muß mit einem intellektuellen Verständnis, wie es derart umfassend selbst unter den größten Philosophen einzigartig ist, bei der Hume-Lektüre erkannt haben, daß unsere Vorstellungen von Raum, Zeit und wissenschaftlichen Gesetzen im selben Boot sitzen wie das Konzept der Kausalität. Nichts, was unendlich ist, kann in seiner Unendlichkeit innerhalb der Grenzen der menschlichen Erfahrung liegen, und deshalb lassen sich Raum und Zeit, so wie gesunder Menschenverstand und Newtonsche Physik sie uns zeigen – eine gleichförmige, unbegrenzte Zeit, die sich vorwärts wie rückwärts bis in die Ewigkeit erstreckt, ein gleichförmiger Raum, der sich in drei Dimensionen bis ins Unendliche zieht – niemals durch Beobachtung nachweisen oder logisch aus irgendeiner denkbaren Beobachtung oder Erfahrung ableiten. Auf ähnliche Weise hatte Hume demonstriert, daß es nicht möglich ist, allgemeine Aussagen über die Welt – was wissenschaftliche Gesetze schließlich sind – durch eine begrenzte Anzahl von Beobachtungen, egal wie hoch, zu verifizieren oder ihre Wahrheit durch logische Prozesse aus derartigen Beobachtungen abzuleiten. Kurz gesagt, Kant lernte von Hume, daß alles, was als Grundlagen der Wissenschaft betrachtet wurde – wissenschaftliche Gesetze, Kausalbeziehungen, absoluter Raum und absolute Zeit – sich weder empirisch noch logisch nachweisen ließ. Auf diese verblüffende Erkenntnis reagierte er nicht wie manche andere mit dem Schluß, die gesamte Naturwissenschaft sei untauglich. Das wäre seiner Ansicht nach Unsinn gewesen, denn schließlich verdanken wir ihr ja das meiste und nützlichste Wissen, das die Menschheit besitzt. Statt dessen sagte er ungefähr folgendes: Wir wissen, daß wir in einer Welt aus Raum und Zeit leben, in der die Ereignisse kausal verbunden sind und sich präzise voraussagen lassen, wenn wir unsere Beobachtungen mit den Naturgesetzen in Verbindung bringen. Doch Hume hat aufgezeigt, daß wir dieses Wissen unmöglich einer Kombination von Beobachtung und Logik verdanken können. Also müssen wir es auf irgendeine andere Weise erworben haben. Also können Beobachtung und Logik nicht die einzigen Grundlagen eines zuverlässigen Wissens sein.

Was aber gibt es sonst noch? Im Vorwort seiner *Prolegomina zu einer jeden künftigen Metaphysik* schreibt Kant, seine gesamte *Kritik der reinen Vernunft* stelle den Versuch dar, Humes Problem in seinen weitgefaßtesten Implikationen zu lösen. Dieses Unterfangen führt ihn zur radikalsten Neufassung der Theorie des Wissens, die jemals unternommen worden ist. Am Ende verkündet er, daß das Wesen der Welt, *wie wir sie wahrnehmen*, vom Wesen unseres Wahrnehmungsapparats abhängig ist, was unweigerlich dazu führt, daß die Dinge, wie sie uns erscheinen, etwas anderes sind als die Dinge an sich.

Die meisten Inhalte unserer Wahrnehmung sind zufällig: Ein Objekt kann aus diesem oder jenem Material sein, diese oder jene Farbe haben, diese oder jene Ausmaße aufweisen und so weiter, und so fort. Wir finden heraus, worum es sich handelt, indem wir es beobachten und unseren Beobachtungen seine Wesenszüge entnehmen. So gehen wir sowohl im Alltagsleben wie in der Wissenschaft vor. Aber es gibt auch bestimmte Wesenszüge, von denen wir schon *im voraus* mit Gewißheit sagen können, daß jedes Objekt der Erfahrung sie besitzen muß, um überhaupt als solches gelten zu können. Wir können zum Beispiel kein Objekt wahrnehmen, ohne es als *etwas* wahrzunehmen, das von anderen Dingen kausal beeinflußt werden kann und eine bestimmte Position im dreidimensionalen Raum und der eindimensionalen Zeit einnimmt. Es handelt sich hierbei nicht um Wesenszüge der Welt, die wir unserer Erfahrung entnehmen, sondern um Dinge, derer wir uns bereits vor jeder möglichen Erfahrung sicher sind. Sie stellen Voraussetzungen dar, die erfüllt sein müssen, ehe überhaupt irgendeine Erfahrung gemacht werden kann. Und in dieser Tatsache liegt die Lösung von Humes Problem. Physische Identität, Verwurzelung in Raum und Zeit, die Möglichkeit der kausalen Interaktion – das alles sind keine Vorstellungen, die unserer Erfahrung entspringen, und sie sind auch keine logischen Konzepte. Sie gehören zur Erfahrung, weil sie für die Entstehung von Erfahrung benötigt werden und sie überhaupt erst als Erfahrung charakterisieren. Sie bilden die dritte Komponente im menschlichen Wissen, nach der wir gesucht haben: Sie sind das, was notwendigerweise neben empirischer Beobachtbarkeit und logischer Konsequenz noch vorhanden sein muß, um uns zu Wissen über die uns umgebende Welt zu verhelfen. Wenn wir uns an die Metapher halten, daß wir Dinge im Netzwerk unserer Wahrnehmung einfangen, dann bildet diese dritte Komponente die Maschen unserer Netze. Nur was sich in ihnen verfängt, ist uns überhaupt zugänglich. Was unbehindert durchschlüpft oder sich ganz außerhalb des Netzes befindet, können wir nicht erreichen. Nur das, was diese Netze fangen, gehört uns, nur das, was sie fangen *können*, *kann* uns überhaupt gehören. Was sie wirklich fangen, hängt vom Zufall ab, davon, was gerade da ist, doch was sie fangen *können*, hängt von der Beschaffenheit der Netze selbst ab, und wir müssen für immer mit ihren Möglichkeiten und Beschränkungen leben.

Wenn wir nun eine peinlich genaue Untersuchung aller Formen möglicher Erfahrung anstellen, dann stoßen wir sehr bald an die Grenzen dessen, was für uns Erfahrung oder Wissen sein kann; alles, was sich außerhalb dieser Grenzen befindet, kann für uns unmöglich Erfahrung oder Wissen werden. Das heißt nicht, daß außerhalb dieser Grenzen nichts existieren kann, es heißt nur, daß wir es nicht wahrnehmen können.

Die Sprachphilosophen haben diese Überlegungen so verstanden und formuliert, daß vor Kant die philosophische Analyse eine Entwicklungsstufe erreicht hatte, auf der sich zwei Formen sinnvoller Aussagen abzeichneten. Zum einen gab es Aussagen über die empirisch erfaßbare Welt. Dabei handelte es sich um synthetische Aussagen, die allesamt kontingent waren; das heißt, jede derartige These konnte wahr oder falsch sein, weswegen sich über ihre Wahrheit nur *a posteriori* befinden ließ, also nachdem sie durch die Erfahrung bestätigt worden war. Es gab aber auch analytische Aussagen, deren Wahrheit *a priori* feststand, also vor jeder Erfahrung, weil sie notwendigerweise wahr sein mußten und damit der Überprüfung durch die Erfahrung nicht bedurften. Hume ging davon aus, daß alle wichtigen Aussagen entweder i) synthetisch und *a posteriori* oder ii) analytisch und *a priori* sein mußten. Doch Kant bringt eine dritte Kategorie von Aussagen ins Spiel, nämlich die synthetischen *a priori*. Solche Sätze ergeben nur Sinn, wenn wir sie auf die Welt der tatsächlichen oder möglichen Erfahrung anwenden und sind aus diesem Grund synthetisch; andererseits werden sie aber schon vor jeder möglichen Erfahrung als wahr erkannt, und sind demnach *a priori*. Für die Sprachphilosophen schien Kants Philosophie deshalb vor allem eine Frage aufzuwerfen: Kann es synthetische *A-priori*-Aussagen geben? Ihre Überlegungen scheinen sie dann zu dem Schluß gebracht zu haben, daß das unmöglich sei, und das wiederum führte dazu, daß sie Kants gesamte kritische Philosophie als Sackgasse ansahen, in die sich kein Student (oder wer auch immer) zu begeben brauchte. Sie erkannten an, daß Hume in bezug auf das menschliche Wissen grundlegende Probleme zur Sprache gebracht hatte, und sie sahen auch, daß Kant eine Lösung dafür angeboten hatte, aber sie bestritten, daß Kants Lösung funktioniert, weswegen er uns in ihren Augen kein Stück weitergebracht hatte und wir noch immer nach der Antwort auf Humes Probleme suchen mußten.

Wenn wir davon ausgehen, daß Kants Analyse uns in erster Linie etwas über die Welt sagt und nicht über philosophische Lehrsätze, dann ist ihr Kernpunkt, daß wir Menschen körperliche Wesen sind und daß unsere Körper mit einem bestimmten geistigen und sinnlichen Apparat ausgestattet sind, durch den alle Erfahrung zu uns gelangt. Nur das, was dieser Apparat uns mitteilen kann, stellt für uns eine mögliche Erfahrung dar, und deshalb zieht das Wesen dieses Apparates in der Welt der möglichen Erfahrungen unüberschreitbare Grenzen. Das wäre nicht anders, wenn wir über einen anderen Apparat verfügten. Obwohl unser Apparat zufällig ist, ist es kein Zufall, sondern Notwendigkeit, daß er unsere möglichen Erfahrungen eingrenzt. Was er nicht vermitteln kann, kann keine Erfahrung sein. Das, wie gesagt, bedeutet keineswegs, daß nichts existieren kann, was der Apparat nicht vermitteln kann –, doch genau diese Annahme ist der von Wissenschaft, gesundem Menschenverstand und eben auch von empiristischen und realistischen Philosophen am häufigsten gemachte Fehler. Es gibt nicht die geringste Grundlage für eine solche Annahme. Die Wahrheit ist ganz einfach, daß es unseres Wissens keine Grenze dafür gibt, was außerhalb der Möglichkeiten unseres Wissens existieren kann. Und weil es keine Grenzen gibt, besteht natürlich eine der unzähligen Möglichkeiten darin, daß es außerhalb der Möglichkeiten unseres Wissens ganz einfach gar nichts gibt. Aber diese Wahrscheinlichkeit ist unendlich gering. Eine weitere Voraussetzung wäre vonnöten, um diese Vorstellung auch nur in geringstem Maße plausibel werden zu lassen, nämlich, daß die gesamte Realität ein Produkt unseres Geistes ist. Das glaubte Kant nun wirklich nicht. Er war absolut überzeugt davon, daß es außerhalb der Welt aller möglichen Erfahrungen noch eine unabhängige Wirklichkeit gibt. Diese Welt nannte er Noumenon, die Welt der Dinge an sich und der Realität an sich. Die Welt, wie sie uns erscheint – die unmittelbar erlebte Welt der tatsächlichen Erfahrung mit ihrem Halbschatten, der postulierten Welt der möglichen Erfahrung – heißt bei ihm die Welt der Phänomene. Für jene unter uns, die aus der angelsächsischen Tradition herstammen, ist es von ungeheurer Wichtigkeit, niemals zu vergessen, daß Kant und seine Nachfolger die Welt unserer normalen Vorstellung meinen, die tatsächliche Welt, die Welt der materiellen Objekte in Raum und Zeit, die Welt von gesundem Menschenverstand und Wissenschaft, die Welt, die wir als empirisch erfahrbare bezeichnen, wenn sie von der Welt der Phänomene sprechen.

Kant vermachte uns drei, statt bisher zwei Komponenten möglichen Wissens über diese Welt: empirische Beobachtung, logische Ableitung und die Formen, wie sie durch unseren geistigen und sinnlichen Apparat vermittelt werden. Zu den letzteren gehören Zeit, Raum, die Vorstellung von einem Gegenstand, kausale Zusammenhänge und alle empirischen Annahmen von unbegrenzt allgemeinem Charakter. Diese charakterisieren, und etwas anderes könnten sie gar nicht, die Welt der Erfahrung, die empirische Welt, die, das dürfen wir nicht vergessen, auch eine Welt der Erscheinungen ist, keine Welt der Dinge an sich. Wir sprechen hier von den strukturellen Formen der Erfahrung, die ebensowenig unabhängig von der Erfahrung existieren können wie die Gestalt eines Menschen unabhängig von seinem Körper.

Zu den vielen Konsequenzen dieser Erkenntnis gehört, daß Kant nun davon ausgeht, daß Kausalbeziehungen nur zwischen Objekten in der Welt der Phänomene möglich sind, in der Welt der möglichen Erfahrung. Und das wiederum bedeutet, daß niemals eine Kausalbeziehung bestehen kann zwischen einem Objekt der möglichen Erfahrung und etwas, das permanent außerhalb der Möglichkeiten der Erfahrung liegt. Wenn die Objekte unabhängig von uns existieren, dann können sie nicht die Ursache unserer Erfahrung sein. Aber wenn wir das akzeptieren, dann verlieren wir den einzigen Grund, aus dem wir die Existenz von nichtbeobachtbaren metaphysischen Objekten postulieren könnten. Und in diesem Fall müssen zumindest Philosophen fragen: »Welchen Grund hätten wir dann zu der Annahme, daß sie überhaupt existieren?«

Wenn wir die Vorstellung von unabhängig existierenden Objekten aufgeben, dann hat Kants Philosophie große Ähnlichkeit mit der von Berkeley – und diese Möglichkeit hat Kant so zu schaffen gemacht, daß er die zweite Auflage seines Meisterwerkes *Kritik der reinen Vernunft* auf ganz unnötige Weise verstümmelte, um die Unterschiede zwischen sich und Berkeley zu betonen. Immer bestand er darauf, daß die totale Wirklichkeit aus zwei Welten besteht, einer (nichts für ungut, Berkeley) Welt der Dinge an sich und einer Welt der Dinge, wie sie uns erscheinen. Die letztere ist die Welt der Erfahrungsobjekte, die sich in den drei Dimensionen des Raums und der einen der Zeit manifestieren. Raum und Zeit selbst werden lediglich als Wesenszüge einer Welt der Erscheinungen aufgefaßt; ein gänzlich leerer Raum, in dem nichts geschieht oder existiert, und eine gänzlich leere Zeit, für die dasselbe gilt, sind von gar nichts nicht zu unterscheiden. Raum »existiert« nur insoweit, als es räumliche Beziehungen gibt, Zeit nur im Rahmen zeitlicher Relationen. Aber da die Einheiten, die miteinander in Beziehung stehen, nicht unabhängig von Erfahrung existieren können, so ist das auch bei Raum und Zeit unmöglich. Sie sind das, was Kant als Formen unseres sinnlichen Erlebens bezeichnet hat, das wir mit einem Netz verglichen haben; wir könnten sie auch den Rahmen nennen, innerhalb dessen wir das noch unverarbeitete Rohmaterial der Erfahrung zu der geordneten, zusammenhängenden Welt zusammenfassen, die wir ja schließlich erleben. Unabhängig von diesem Prozeß haben sie keine Existenz.

Auf diesem Weg gelangte Kant zu einer eigenständigen Lösung des Problems, auf dem der Empirismus fußt, und das niemals aufgrund von empiristischen Annahmen gelöst werden kann. Wenn die Objekte so, wie wir sie erfahren, unabhängig existieren, dann können wir niemals sicher sein, daß unsere Erfahrungen ihnen entsprechen und uns zutreffende Bilder von ihnen geben. Und – wie offenbar unter den berühmtesten Empirikern nur Berkeley in seiner Gänze erfaßt hat – es ist unmöglich, unsere Beobachtungen für mit den Objekten übereinstimmend zu halten, da die einzigen Vorstellungen, die wir uns überhaupt machen können, in Begriffe von entweder konzeptabhängigen oder sinnabhängigen Kategorien gekleidet werden müssen. Irgendeine unabhängige Existenz läßt sich mit diesen Begriffen nicht fassen, und deshalb sind wir gemäß der Natur der Dinge unfähig, überhaupt irgendeine Vorstellung zu entwickeln. Wann immer ein Philosoph die Frage stellt, warum die Dinge an sich nicht in Formen existieren sollten, die unseren Vorstellungen entsprechen, dann können wir davon ausgehen, daß er seinen Kant nicht verstanden hat. Kant hat hier einen ungeheuer tiefgreifenden philosophischen Beitrag geleistet. Dahinter steckt das, was er selber als seine Kopernikanische Revolution der Philosophie bezeichnet hat.

Jahrtausendelang gingen die meisten Menschen offensichtlich davon aus, daß die Erde den Mittelpunkt des Kosmos bildete und daß die Planeten sie umkreisen. Es ist natürlich kein Problem, das weiter so zu sehen, aber dann sind die Bewegungen der Planeten so ungeheuer kompliziert, daß wir sie kaum erfassen und auch mathematisch nur mit größter Mühe berechnen können. Doch als Kopernikus aufzeigte, daß diese Probleme sich von selber lösen, wenn die Erde nicht mehr als Mittelpunkt gilt, fiel es seinen Zuhörern noch immer schwer, diese Möglichkeit auch nur in Betracht zu ziehen. Die Kirche verwarf die neue Lehre als sündhaft, da sie der Heiligen Schrift widersprach; falls sie stimmte, mußte die Bibel Irrtümer enthalten. Doch trotz aller Widerstände und trotz der aktiven Verfolgung ihres Urhebers setzte sich schließlich die Vorstellung durch, daß der Mond sich um die Erde dreht, und die Erde und die restlichen Planeten um die Sonne. Und sobald man unser Sonnensystem aus dieser Sicht betrachtete, verschwanden die Schwierigkeiten ganz von allein. Alles fügte sich zu einem überzeugenden und sinnvollen Bild: Nun war es kein Problem mehr, sich die Bewegungen der Planeten vorzustellen und sie zu berechnen.

Für die gelebte Erfahrung dagegen änderte das alles gar nichts. Für uns Menschen scheint die Sonne sich weiterhin um die Erde zu drehen, und noch heute können wir nicht *fühlen* (auch wenn wir uns der Tatsache bewußt sind), daß wir mit hoher Geschwindigkeit auf der Oberfläche eines sich drehenden Balls durch das All geschleudert werden. Dieses Wissen, denn es handelt sich um Wissen, bleibt für uns abstrakt, und keine unserer Erfahrungen deutet auch nur an, daß es so sein könnte – nicht umsonst wurden die ersten, die diese Ansicht vertraten, als Irre oder Spinner abgetan. Kant behauptet nun, daß es sich *mutatis mutandis* mit der von ihm entwickelten Herangehensweise an das menschliche Wissen ebenso verhält. Jahrtausendelang waren die Menschen mehr oder weniger davon ausgegangen, daß materielle Objekte eine unabhängige Existenz in Raum und Zeit besaßen, die ihrerseits auch wiederum eine unabhängige Existenz hatten. Doch ausgehend von diesem scheinbar auf der Hand liegenden Ausgangspunkt, hatten sie niemals erklären können, auf welche Weise wir uns Wissen über diese Objekte verschaffen und woher wir überhaupt wissen sollen, daß wir solches Wissen haben. Wenn wir jedoch mit Kant die Sache von der anderen Seite her betrachten und uns vorstellen, daß die Objekte dem Wissen entsprechen, statt anzunehmen, daß das Wissen den Objekten entsprechen muß, dann lösen Unmöglichkeiten und Widersprüche sich auf. Dann fügt sich alles zu einem klaren Bild und ergibt einen Sinn. Doch unseren gelebten Erfahrungen wird es weiterhin widersprechen. Wir werden nicht *fühlen*, daß die Objekte unserem Wissen entsprechen, statt umgekehrt. Aber dieses Gefühl sollte unser Wissen, daß es sich so verhält, nicht trüben.

Schließlich, wie Kant gesagt haben könnte, beginnt Wissen in der Realität – als erlebtes und erfahrenes Wissen – nicht mit dem Objekt, von wo aus es dann zu einer Erfahrung in einem Subjekt wird. Es beginnt als Erfahrung in einem Subjekt. Mit anderen Worten, wir müssen dort anfangen, wo wir sind. Wir fangen mit der Erfahrung an und suchen dann dafür eine Erklärung. Und wenn wir nun, sagt Kant, die Tatsache im Auge behalten, daß wir Objekte immer nur durch den mentalen und sinnlichen Apparat, den wir zu diesem Zweck haben, *und in Begriffen der Formen und Arten und Kategorien, die dieser Apparat uns vermittelt,* erfahren können, dann ergibt sich daraus unwiderlegbar, daß wir Erfahrungen ausschließlich im Rahmen dieser Begriffe machen können. Das meint Kant, wenn er schreibt, daß die Objekte unserem Wissen über sie entsprechen. Ein Autor kann eine Szene in Worten beschreiben, und dann haben wir als Wiedergabe dieser Szene eine verbale Beschreibung. Doch die einzige Wiedergabe derselben Szene, die eine Kamera liefern könnte, bestünde in einem Foto oder einer Fotoserie; etwas anderes wäre ihr nicht möglich, obwohl es im Prinzip eine unendliche Menge vollkommen unterschiedlicher Wiedergabemöglichkeiten gibt. Ein Tonbandgerät dagegen könnte sie allein als Bandaufnahme wiedergeben, weil sich damit kein Foto machen läßt. Und so weiter, und so fort – und so verhält es sich auch mit unserem Gehirn, unserem Nervensystem und unseren Sinnen: Sie alle geben die Realität in Begriffen wieder, die von ihrem eigenen Wesen bestimmt werden. Mehr vermögen sie nicht zu leisten; doch darin besteht die einzige Erfahrung und das einzige Wissen, das wir jemals haben werden. Wenn wir von dieser Überlegung ausgehen, dann können wir das erklären, was der Empirismus nicht zu erklären vermag, nämlich wie es kommt, daß unser Wissen seinen Inhalten entspricht. In Wirklichkeit wird das, was uns als Objekt unserer Erfahrung erscheint von unserem Sinnesapparat für uns in der gleichen Weise hergestellt, wie eine Kamera ein Foto herstellt und ein Tonbandgerät eine Klangaufnahme, und eben dem verdanken sie ihr Wesen. Die Dinge an sich sind nicht so, ebensowenig wie die Dinge an sich Fotos oder Schallaufnahmen sind, doch alle Möglichkeiten, die wir haben, um Dinge wiederzugeben, sind unausweichlich Wiedergaben und nicht die Dinge an sich.

Bei ihrer Reaktion auf diese Art von Erkenntnislehre neigten – und neigen – Empiristen dazu, einen ganz bestimmten Fehler zu machen. Sie verstehen Kant so, als habe er gesagt, daß wir selbst die Wirklichkeit erschaffen, daß wir das Ganze in unseren Köpfen zusammensetzen, daß wir sie erfinden. Aber genau das sagt er ja gerade nicht. Ganz im Gegenteil, er betont immer wieder, daß die Wirklichkeit unabhängig von uns existiert. Was er sagt, ist mit der Interpretation der Empiristen unvereinbar und handelt vom Wesen der Erfahrung – nämlich davon, daß sie durch einen Apparat vermittelt werden muß, der nicht selber das Objekt der Erfahrung ist, und daß diese Vermittlung zwangsläufig die vom Wesen dieses Apparates bestimmten Formen annehmen muß. Deshalb sind die Wiedergaben, die dieser Apparat produziert, kategorisch anders als ihre Objekte. Natürlich »ähneln« *Erfahrungsobjekte* der Erfahrung, aber das liegt daran, daß sie Erfahrung *sind*, das, was wir unter dem Wort »Erfahrung« verstehen. Sie sind jedoch nicht die unabhängig existierenden Objekte, die die Realität an sich bilden, so wenig wie das Foto das fotografierte Objekt ist oder die Schallaufnahme das aufgezeichnete Geräusch. Die Objekte unserer Erfahrung können wir, im Unterschied zur Erfahrung, niemals wahrnehmen, und wir können uns auch keine Vorstellung davon machen. Wir vermögen Objekte nur durch die Vermittlung unseres sinnlichen und mentalen Apparats wahrzunehmen, und angesichts dessen, daß er gewissermaßen zwischen uns und den Dingen liegt, ist das, was er vermittelt, das einzige, was jemals unmittelbar unser Bewußtsein erreichen kann. Obschon wir wissen, sagt Kant, daß die Objekte an sich existieren, liegen sie doch außerhalb unserer Wahrnehmungsmöglichkeiten. Im Zentrum der Kantschen Philosophie steht die Doktrin, daß die Wirklichkeit uns gerade deswegen für immer verborgen bleiben wird, weil sie unabhängig von jeder möglichen Erfahrung existiert.

Wer die grundlegenden Lehrsätze einer der führenden Weltreligionen versteht, wird auch diese Aussage sofort verstehen, obwohl ein solcher Mensch durchaus anderer Meinung sein kann. Der wichtigste Grund, warum so viele Empiriste Kant mißverstanden haben, ist, daß die Identifizierung von unabhängig existierenden Objekten (und damit der Realität) mit den Objekten der Erfahrung ein so grundlegender Bestandteil der von ihnen vertretenen und praktizierten Philosophie ist, daß sie sich von dieser Vorstellung nicht befreien können, und deshalb bringen sie diese Vorstellung auch in ihr Verständnis von Kants Philosophie ein, in der sie eben gerade nicht vorhanden ist. Wie noch deutlich werden wird, stimme ich Kant durchaus nicht in allen Punkten zu; doch wie er bin ich überzeugt, daß das Wesen der unabhängigen Realität, wie immer es aussehen mag, außerhalb jeglicher Erfahrungsmöglichkeit liegen muß und daß alle Formen von Erfahrung zwangsläufig subjekt-abhängig sind. Deshalb erscheint mir, genau wie ihm, der empiristische Ansatz, so wie er normalerweise verstanden wird, als rundweg falsch. Empiristen sagen nun vielleicht: »Aber es ist doch absurd zu behaupten, daß unsere gesamte unmittelbare Erfahrung und damit alles, was wir überhaupt *wissen*, nicht wirklich real ist, während wir das, was wirklich ist, niemals wissen können. Das stellt doch alles auf den Kopf!« Meine Antwort darauf lautet: »Nein, tut es nicht, aus dem einfachen Grund, daß alles, was wir durch unmittelbare Erfahrung jemals erlangen können, eben Erfahrungen sind, und Erfahrungen sind nun einmal subjekt-abhängig. Es ist ein Teil ihrer Logik, daß sie nicht objektiv sind. Aus den wunderbar scharfsinnigen Gründen, die Kant uns geliefert hat, wissen wir, daß Erfahrungen niemals unabhängige Realität sein können, eben *weil* sie Erfahrungen sind. *Erfahrung kann niemals unabhängige Realität sein.* Der grundlegende Irrtum der gesamten empiristischen Tradition ist das, was wir als Mißverständnis der Erfahrung bezeichnen könnten, das Verwechseln von Erfahrung mit Realität, das Verwechseln von Erkenntnistheorie mit Ontologie.«

Auf das Werk einiger bekannter Kant-Nachfolger läßt sich das mißverstandene Bild der Empiristen von seiner Philosophie durchaus anwenden. Fichte, Schelling und Hegel erkannten, daß unabhängig existierende Objekte nicht die Ursache unserer Erfahrung sein können, und sie vertraten die Ansicht, daß es keinen Grund gebe, die Existenz solcher Objekte zu postulieren, da sie in unsere Erfahrung niemals Eingang finden können, was übrigens auch gar nicht nötig sei. Sie versuchten also, jeder auf seine Weise, eine Philosophie zu entwickeln, die von Kant herstammte, ohne Kants augenfälligsten Irrtum zu enthalten. Über ihr Werk läßt sich zutreffend sagen, daß in ihren Augen die totale Realität das Wesen von Erfahrung oder Denken oder Bewußtsein hat und sie entweder in unseren Köpfen oder von einer Art Weltgeist geschaffen wird. Sie sind deshalb Idealisten in einem Sinn, in dem Kant keiner ist. Nach meiner Erfahrung wird allgemein Schopenhauer ebenfalls als ein Philosoph dieser Prägung betrachtet, der Hegels *Geist* durch sein Konzept von *Wille* ersetzt. Aber diese Annahme trifft nicht im geringsten zu. Schopenhauer unterscheidet sich radikal von den drei anderen, nicht zuletzt weil er wie Kant an die Existenz einer unabhängigen Realität glaubte. Da diese Überzeugung seiner Weltsicht zugrunde lag, konnte er von den Empiristen viel lernen, ohne jemals selber einer zu werden – und er lernte gern. Er verehrte Locke und Hume (abermals wie Kant) und versuchte bewußt, Deutsch so zu schreiben wie Hume Englisch geschrieben hatte. Es ist durchaus reizvoll, Schopenhauer wie einen britischen empiristischen Philosophen zu betrachten, der Kant schätzt, aber nicht blind für seine Fehler ist, und der dann weitergeht, statt zu Hume zurückzukehren.

Bisher habe ich mich ausschließlich mit Kants Erkenntnistheorie befaßt. Erfahrung, wie er immer wieder sagt, ist genau das, als was sie uns erscheint: Erfahrung. Wäre sie etwas anderes, dann stünden wir vor einem tiefen und vielleicht unlösbaren Mysterium, denn wie könnte Erfahrung, die wesensgemäß nur in einem Subjekt existieren kann, gleichzeitig auch noch unabhängig von einem Subjekt existieren? Zum Glück brauchen wir uns nicht mit solchen schimärischen Überlegungen zu belasten und können Erfahrungen so auffassen, wie sie uns erscheinen, nicht als etwas, mit dem sie sich nicht vereinbaren lassen.

Die Welt unserer Erfahrungen, die empirisch erfahrbare Welt, ist kein Chaos, sondern geordnet. Jedes Ereignis ist die Kausalfolge von vorausgegangenen Ereignissen, und diese Beziehungen sind so dauerhaft konsistent, daß sehr viele davon, von der Struktur einer Schneeflocke bis zu den Bewegungen ganzer Galaxien, vorhersagbar sind und sich in mathematischen Gleichungen ausdrücken lassen. Auf welchem Niveau wir unser Universum auch untersuchen mögen, immer ist es gesättigt mit Struktur, so sehr, daß wir genau wissen, daß wir eine Struktur finden werden, noch ehe wir mit unserer Untersuchung auch nur angefangen haben. Kant glaubte, daß das, was in seiner Welt geschah, ganz und gar von wissenschaftlichen Gesetzen gelenkt werde; er glaubte sogar, Newton habe das unwiderlegbar bewiesen. Ein Großteil seines Werks befaßt sich mit systematischen und detaillierten Überlegungen, warum das so ist. Aber ihm bleibt ein bestimmtes Problem mit weitreichenden Folgen. Wenn die Bewegungen aller materiellen Objekte in Raum und Zeit wirklich kausal miteinander verbunden sind und von wissenschaftlichen Gesetzen bestimmt werden, bedeutet das dann nicht auch, daß wir Menschen, deren Körper materielle Objekte sind, die sich in Raum und Zeit bewegen, keine Handlungsfreiheit haben? Ist die neue Wissenschaft mit unserer Vorstellung von Willensfreiheit unvereinbar? Diese Ansicht ist durchaus vertreten worden. Kant dagegen glaubte, nachweisen zu können, daß dem nicht so sei.

Seine Argumentation, verwirrend neu in Ausgangspunkt und Richtung, baut auf der seiner Ansicht nach unleugbaren Tatsache auf, daß es moralische Konzepte und Kategorien gibt, die wir für sinnvoll halten. Wenn das aber so ist, dann müssen wir (was immer wir vielleicht zu glauben glauben) an unseren freien Willen glauben. Er meint damit bewiesen zu haben, daß wir einfach glauben müssen, ob uns das nun paßt oder nicht, daß zur totalen Realität mehr gehört als nur die empirisch erfahrbare Welt – daß es einen Bereich geben muß, in dem freie Entscheidungen möglich sind, die die Bewegungen der Materie beeinflussen, selbst aber nicht den Gesetzen der Naturwissenschaft unterworfen sind. Mit anderen Worten, wir Menschen sind nicht nur physikalische Körper, sondern auch noch etwas anderes; und der Bestandteil unseres Wesens, der einige unserer Körperbewegungen lenkt, gehört anders als unsere Körper nicht in die empirisch erfahrbare Welt. Das Argument, das wir nun untersuchen werden, ist, wenn es zutrifft, von tiefster Bedeutung für unser Selbstverständnis. Wichtig ist, daß Kant auf keinerlei religiöse Vorstellungen oder Annahmen zurückgreift und uns damit nicht zu irgendwelchen religiösen Konsequenzen verpflichtet; er argumentiert rein rational und beginnt mit den Tatsachen, wie wir sie kennen. Das ist seine Argumentation:

Es läßt sich nicht leugnen, daß wir moralische Vorstellungen und Kategorien besitzen; wie es sich auch nicht leugnen läßt, daß es Momente gibt, in denen wir sie nicht ignorieren können, so gern wir das auch täten. Wer gegen die eigenen tiefstempfundenen moralischen Überzeugungen verstößt, riskiert einen charakterlichen Zusammenbruch in Form von Trunksucht, Nervenkollaps oder sogar Selbstmord. Das alles sind leider vertraute Formen von Reaktion auf innere Konflikte. Doch wenn unsere moralischen Konzepte und Kategorien irgendeinen Sinn haben sollen, dann müssen Begriffe wie *du sollst/du sollst nicht, richtig/falsch, Pflicht, Wahl, Verpflichtung, Integrität* ein Element von Gültigkeit enthalten. Und das bedeutet wiederum, daß Menschen manchmal – nicht notwendigerweise jedesmal, wenn wir das glauben, aber doch manchmal – wählen können, ob sie etwas tun oder lassen wollen;

denn wenn sie *niemals* ihr Verhalten selber entscheiden könnten, dann ließe keine unserer vertrauten Moralvorstellungen sich jemals auf irgendeine Person oder Handlung anwenden. Wie Kant selbst gesagt hat – und dieser Satz ist in der Philosophie berühmt geworden – impliziert *du sollst est* ein *du kannst*. Wenn es mir unmöglich ist, etwas zu tun, dann ist es nicht bloß sinnlos zu sagen, daß ich es tun solle, es ist falsch. Wenn kein Mensch jemals Handlungsfreiheit hätte, dann wären sämtliche moralischen Lehrsätze falsch.

Natürlich läßt sich jetzt einwenden: »Ganz recht, ich glaube nicht daran, daß irgend jemand jemals Handlungsfreiheit besitzt, und ich halte alle moralischen Lehrsätze für falsch.« Aber wer das sagt, muß logischerweise solche Falschheiten aus seinem eigenen Denken und Verhalten und überhaupt aus seinem gesamten Weltbild ausmerzen – alle Vorstellungen von Fairneß, Gerechtigkeit, gut, böse, richtig, falsch, alle moralisch bewertenden Begriffe, so weit sie jemals auf Menschen und ihre Handlungen, nicht nur als Individuen, sondern auch durch Institutionen, angewandt werden können. Ich habe niemals einen Deterministen gehört oder gelesen, der sich vor Augen gehalten hätte, was das alles mit sich bringen oder wohin es in letzter Konsequenz führen würde, und ganz gewiß kenne ich niemanden, der es versucht hat. Jemand, der das versuchte und dem es gelänge, würde zum Psychopathen werden, zu jemandem ohne jegliche Vorstellung von Recht und Unrecht. Ich bin mir ganz sicher, daß jeder beliebige Determinist, der kein Psychopath ist, so amoralisch er auch leben mag, sich im Brustton der Entrüstung beschweren würde, daß man ihn so nicht behandeln solle, wenn wir ihn einer entwürdigenden und brutalen Mißhandlung unterziehen würden. *Du sollst/du sollst nicht* würden für ihn mit einem Mal zum Leben erwachen, und er würde darauf beharren, daß wir die Fähigkeit besitzen, auch anders zu handeln. Kurzum, ich glaube nicht, daß irgendwer jemals konsequent sämtliche Elemente freien Willens in anderen Menschen leugnet oder leugnen könnte, auch wenn er sie in sich selbst nicht wahrhaben will. Nicht einmal die verworfensten Menschen betrachten sich als bloße Gegenstände wie einen Tisch oder einen Stuhl, die keinerlei Rechte oder moralische Ansprüche haben. Jedermann will mit moralischem Anstand behandelt werden, selbst jene, deren Verhalten anderen gegenüber nichts davon erkennen läßt; und damit das überhaupt möglich ist, müssen die anderen die Wahl haben, zumindest manchmal.

Wer nicht konsequent sich selbst und den anderen sämtliche Rechte und moralischen Ansprüche oder auch nur die Möglichkeit von Lob und Tadel absprechen will, hat nur eine Alternative, nämlich zu akzeptieren, daß moralische Konzepte und Kategorien bisweilen ihre Inhalte haben. Wer das akzeptiert, der akzeptiert, daß Menschen mitunter die freie Wahl haben, was bedeutet, daß sie gelegentlich auch anders handeln könnten; und das wiederum bedeutet, daß die Bewegungen ihrer physischen Körper in Raum und Zeit zumindest manchmal in Übereinstimmung mit ihrem freien Willen geschehen. Unter »frei« verstehe ich hier: nicht ausschließlich von naturwissenschaftlichen Gesetzen gesteuert. Doch wenn alles, was innerhalb der empirisch erfahrbaren Welt geschieht, diesen Gesetzen unterworfen ist – und für Kant galt das als unbestreitbare Wahrheit – dann können diese Willensakte nicht in der empirisch erfahrbaren Welt stattfinden. Das bedeutet, daß jener Teil unseres Wesens, der wählt und entscheidet, und physische Bewegungen hervorruft (zumindest die Bewegungen, die wir Willensakte nennen), auf irgendeine Weise existieren muß, die nicht zur empirisch erfahrbaren Welt gehört. Weil dieses Argument in Kants Philosophie von dermaßen zentraler Bedeutung ist, konnte Schopenhauer später sagen, daß die Erkenntnis, das Wesen der Inhalte des transzendentalen Bereichs, dessen Existenz Kant hier nachweist, sei von willensartiger Natur, wenn nicht gar Wille überhaupt, im Grunde zum Greifen nahe gewesen sei. Und doch hatte er das nicht erkannt, obschon es in seiner eigenen Philosophie angelegt war.

Wenn in der empirisch erfahrbaren Welt eine physische Bewegung erst einmal in Gang gesetzt worden ist, stellen sich ihre von den naturwissenschaftlichen Gesetzen bestimmten Konsequenzen ganz zwangsläufig ein. Wenn ich einen Ball werfe, dann beschreibt er in der Luft eine vom Luftwiderstand leicht modifizierte Parabel, deren genaue Form von der Kombination mehrerer Faktoren abhängt: der Masse des Balles, dem Winkel, in dem ich ihn werfe, der Kraft, die ich in den Wurf lege. Ich kann mich nicht dafür entscheiden, diesen Ball auf ebendiese Art zu werfen, ohne daß er genau diese Parabel beschreibt. Mir bleibt lediglich die Wahl, ob ich ihn überhaupt werfe oder nicht. Sobald ich ihn geworfen habe, übernehmen die Gesetze der Physik alles weitere, und ich kann sie nicht davon abhalten, die Sache zu Ende zu führen. Die Vorstellung, von freien Entscheidungen oder Willensakten, die das, was wir heute wissenschaftliche Gesetze nennen, *beeinflussen*, liegt allem Glauben an Magie und Wunder zugrunde; sie postuliert eine *innerhalb* der empirisch erfahrbaren Welt funktionierende Willensfreiheit. Viele von uns, die nicht an Magie oder Wunder glauben, glauben, daß freie Entscheidungen und Willensakte nicht im selben Bereich angesiedelt sind, in dem die Gesetze der Naturwissenschaft operieren, sondern in einer anderen Sphäre, die mit ihm eine gemeinsame Grenze hat, und wir glauben, daß über diese Grenze hinweg hochwichtige Transaktionen stattfinden.

Die vollständige Argumentationskette sieht deshalb folgendermaßen aus: Wir haben, und wir wissen, daß wir sie haben, moralische Konzepte und Kategorien. In der Praxis ist es unmöglich daran zu zweifeln, daß diese zumindest eine gewisse Bedeutung haben müssen. Doch damit dem so sein kann, müssen die Menschen bei manchen Handlungen ein gewisses Maß an Willensfreiheit besitzen. In der empirisch erfahrbaren Welt können physische Objekte sich jedoch nicht frei, also unabhängig von den wissenschaftlichen Gesetzen, bewegen. Deshalb kann die Ausübung der menschlichen Willensfreiheit, von der wir ja wissen, daß sie zumindest manchmal vorkommt, nicht in der empirisch erfahrbaren Welt geschehen, selbst wenn sie Konsequenzen hat, die sich auch auf diese Welt auswirken. Also gehört nicht jeder Teil eines menschlichen Wesens in die empirisch erfahrbare Welt. Jener Teil, der den freien Willen ausübt, steht außerhalb. Aus diesen Überlegungen ergibt sich, daß es einen Teil der totalen Realität geben muß, der nicht zur empirisch erfahrbaren Welt gehört, und wir wissen auch, daß ein Teil jedes Menschen in diesem Bereich angesiedelt ist. Und wir haben zumindest einen Eindruck davon, woraus er besteht, nämlich aus Entscheidungen, Wahlen, dem was wir ganz allgemein als Willensakte bezeichnen könnten. Und das alles läßt sich durch rationale Argumentation aus der Tatsache herleiten, daß moralische Konzepte existieren und Sinn haben. Dies ist eine erstaunliche und höchst folgenschwere intellektuelle Erkenntnis. Denn auf diese Weise ist laut Kant die Existenz eines transzendentalen Bereichs, eines Teils der totalen Realität, der nicht zur empirisch erfahrbaren Welt gehört, rational nachweisbar und wird damit für uns zur Gewißheit.

Die Inhalte dieses anderen Bereichs, wie immer sie auch beschaffen sein mögen, sind für uns jedoch keine möglichen Objekte der Erkenntnis. Daß sie außerhalb des Reiches angesiedelt sind, in dem die Kausalverbindungen regieren, bedeutet, daß wir sie nicht kausal erklären und damit auch unmöglich »verstehen« können. Es hat keinen Sinn zu fragen, was sie verursacht, warum sie geschehen, weshalb es sie überhaupt gibt, denn sie gehören in einen Bereich, in dem *warum*, *wie* und *weil* ihr Recht verloren haben. Diese Fragen zu stellen, ist das, was Philosophen als Kategorienfehler bezeichnen; genausogut könnten wir fragen, ob grün dreieckig sei und wovon Dreiecke sich ernähren. Diese Wahrheit ist schon aus dem einzigen Zusammenhang vertraut, in dem wir sie bisher untersucht haben, nämlich dem Problem der Willensakte. Für uns ist es eine so unmittelbare und direkte Erfahrung, wie das überhaupt nur möglich ist, daß wir uns für körperliche Bewegungen entscheiden und sie dann durchführen; wir machen das fast die ganze Zeit, in der wir uns in wachem Zustand befinden, und doch haben wir nicht die geringste Ahnung davon, wie wir es bewerkstelligen. Sie scheinen für uns immer wieder aus dem Nichts zu entspringen. So sehr wir auch versuchen, ihren Ursprung durch genaue Beobachtung zu ermitteln, wir finden dabei nichts – keine Erklärung, keinen Kausalzusammenhang mit irgend etwas anderem, nur eine Leere. Es ist so, wie ich es ganz zu Anfang dieses Buches beschrieben habe. Und in der gesamten Geschichte des Denkens hat es die Gemüter erregt. Wie Noam Chomsky sagt:*

»Wie können wir den Entschluß fassen, Dinge zu sagen, die neu, aber nicht willkürlich sind, die der Situation angemessen sind und doch nicht unter der Kontrolle von Stimuli stehen? Wenn wir diese Fragen stellen, betreten wir einen Bereich des Mysteriums, auf

---

* Bryan Magee: *Men of Ideas*, S. 214

den menschliche Wissenschaft zumindest bislang (und vielleicht sogar im Prinzip) keinen Zugriff hat. Wir können zu einem gewissen Verständnis der Prinzipien gelangen, die es uns möglich machen, uns auf normale kreative Weise zu verhalten, doch sobald Fragen nach Willen, Entscheidung, Gründen, Handlungsfreiheit auftauchen, versagt die menschliche Wissenschaft ziemlich kläglich, soweit ich das sehen kann. Diese Fragen bleiben weiter in der Dunkelheit, die sie seit der klassischen Antike umhüllt hat.«

Obwohl bisher niemand erklären konnte, wie diese Dinge vor sich gehen, liefert Kant eine rationale Begründung dafür, warum eine Erklärung nicht möglich ist. Wenn er recht hat, dann werden wir sie nie erklären können: Es gibt kein »wie«. (Deshalb setzt der bewußt in Kantscher Tradition denkende Chomsky eine Klammer.) Für uns Bewohner der empirisch erfahrbaren Welt liegen sie außerhalb aller Erklärungs- oder Verständnismöglichkeiten. Wenn es andere Formen des Begreifens gibt als jene, die menschlichen Wesen zugänglich sind, dann werden wir nicht wissen, worin sie bestehen, solange wir menschliche Wesen sind. Falls wir nach dem Ende unserer menschlichen Existenz in irgendeinem Sinne weiter existieren, der über die Unzerstörbarkeit der Materie hinausgeht, die unsere Körper bildet, dann werden wir vielleicht auch auf eine Weise wahrnehmen und verstehen können, die uns jetzt verschlossen ist; aber wenn dem nicht so ist, dann wird es uns nie möglich sein.

Wir müssen uns dabei eines klar vor Augen halten. Wenn Kant eine Trennlinie zieht zwischen dem, was wir wissen, und dem, was wir nicht wissen können, dann deutet er niemals auch nur an, daß außerhalb des Bereichs des uns möglichen Wissens nichts mehr existiere. Im Gegenteil, er war davon überzeugt, daß es noch mehr geben muß, nur ist dieses Etwas uns nicht zugänglich. Obwohl wir *wissen*, daß es außerhalb der empirisch erfahrbaren Welt noch einen weiteren Teil der totalen Realität gibt, bedeutet die Tatsache, daß dieser Teil eben außerhalb liegt, daß wir ihn niemals direkt erfahren können. Das ist ein integraler Teil des menschlichen Lebens, nichts, das nur zufällig so ist und sich eines Tages auch ändern kann, keine Barriere, die wir vielleicht irgendwann überwinden können. Solange wir Menschen sind, bleibt diese Barriere unbezwinglich. Diese Schlußfolgerung ist historisch die einflußreichste aller von Kant getroffenen. Sie schließt für immer jegliches Wissen um einen transzendentalen Gott oder ein Verständnis eines solchen Wesens aus, genau wie jegliches Wissen darüber, ob wir Seelen besitzen – geschweige denn, daß sie unseren Tod überleben. Sie demonstriert überaus eindrucksvoll, daß es keinerlei spezifisch religiöses oder theologisches Wissen geben *kann*, genaugenommen überhaupt kein echtes Wissen über die Realität, das mit Denkweisen erworben ist, die versuchen, die Möglichkeiten unserer Erfahrung zu überschreiten. Auf diese Weise versetzt Kant vielen der wichtigsten religiösen und theologischen Behauptungen – und einem Großteil der »wichtigsten« Philosophie – der letzten drei Jahrtausende den Todesstoß. Wegen dieser gewaltigen intellektuellen Leistung wurde Kant von einem seiner Zeitgenossen mit dem Spitznamen »Der Alleszermalmer« belegt. In der Geschichte des menschlichen Denkens trifft das auf einzigartige Weise zu – und doch ist Kant zugleich der positivste und kreativste unter allen großen Philosophen, der Systembauer, der Architekt mit der größten Vision. Meiner Ansicht nach hat niemand das philosophische Problem der menschlichen Erfahrung so umfassend verstanden wie er. Obwohl ihm auch einige schwerwiegende Fehler unterlaufen sind, hat er der Philosophie den richtigen Weg gewiesen. Er ist der größte aller Aufklärer – und damit der größte aller Befreier.

Doch Kants Denken war so radikal, daß wir ihn auch fast zweihundert Jahre nach seinem Tod nicht eingeholt haben, genau wie die meisten gebildeten Menschen Einsteins Relativitätstheorie noch immer nicht verstehen, fast hundert Jahre nach deren erstmaliger Veröffentlichung. Wenn ich nicht irre, lehrt die römischkatholische Kirche noch immer ganz offiziell, daß wir die Existenz Gottes nachweisen können. Ich kann durchaus Gründe dafür erkennen, daß sie dieser Doktrin nicht öffentlich abschwören mag, aber ihren Würdenträgern muß bewußt sein, daß sie falsch ist. Kant hat ein für allemal die herkömmlichen »Beweise« für die Existenz Gottes widerlegt. Für Atheisten ist das jedoch kein Trost, denn dieselben Argumente widerlegen auch die intellektuellen Grundlagen des Atheismus. Aus denselben Gründen, aus denen wir niemals wissen können, ob es einen Gott gibt, können wir auch nicht wissen, daß es keinen gibt, und wer zu wissen glaubt, daß es keinen Gott gibt, begeht denselben Fehler wie jemand, der zu wissen glaubt, daß es sehr wohl einen gibt. Es gehört zu den wichtigsten Leistungen von Kants Philosophie, aufgezeigt zu haben, daß jenseits der Reichweite menschlichen Wissens noch ein Reich des Möglichen liegt. Jede beliebige Annahme über dieses Reich (vorausgesetzt sie ist frei von inneren Widersprüchen) kann zutreffen oder auch nicht, doch das werden wir niemals wissen können. Er führt dann aus, daß es zwar einerseits unwissenschaftlich oder gar abergläubisch wäre, Aussagen über die empirische Welt Glauben zu schenken, die nicht durch Erfahrung oder Beobachtung belegt sind, andererseits Aussagen über das Reich des Möglichen, die von ihrem Wesen her nicht überprüfbar sind, aber notwendigerweise eine Glaubensfrage bleiben müssen. Mit anderen Worten: Auf Treu und Glauben Dinge zu akzeptieren, die wir in Erfahrung bringen können, ist eine provisorische Haltung; wir haben andere und bessere Möglichkeiten. Aber auf Treu und Glauben etwas zu akzeptieren, das wahr sein könnte, sich aber nicht nachprüfen läßt, ist schlicht alles, was uns übrigbleibt. Wenn wir also bessere Gründe dafür sehen, es zu glauben, als es nicht zu glauben, dann ist es nicht irrational, ein gewisses Vertrauen darauf zu setzen. Eine solche Haltung ist durchaus nicht unwissenschaftlich, denn es geht eben nicht um eine experimentell nachprüfbare wissenschaftliche Frage. Es ist einfach keine Frage möglichen Wissens. In einer so ungeheuer wichtigen Frage wie der nach der Existenz Gottes ist es uns vielleicht unmöglich, nicht rein glaubensmäßig zu der einen oder anderen Ansicht zu neigen, aber wir sollten dabei nie vergessen, daß wir die Antwort nicht wissen und nicht wissen können. Kant hat den berühmten Ausspruch getan, er habe das Wissen ausgeschlossen, um Platz für den Glauben zu schaffen. Und oft genug wird darauf hingewiesen, daß Kant, der uns doch für immer alle Hoffnung genommen hat, jemals mit Sicherheit zu wissen, ob es Gott gibt oder wir unsterbliche Seelen haben, selber an die Existenz Gottes und der unsterblichen Seele glaubte.

Ich selbst bin ein entschiedenerer Agnostiker als Kant angeblich gewesen ist. Ich neige weniger dazu, eher an die eine Möglichkeit zu glauben als an die andere – zum Teil wahrscheinlich, weil in meiner Kindheit die Religion keine so wichtige Rolle gespielt hat wie in seiner. Wenn ich überhaupt instinktiv in eine Richtung neige, dann in die entgegengesetzte Position Kants, gegen den Glauben an einen Gott. Was ich jedoch klarer und stärker empfinde als irgendeine Tendenz zu Glaube oder Unglaube, ist die Realität der unserem Wissen entzogenen Möglichkeiten. Sie ist mir stets im Bewußtsein. In gewisser Hinsicht erscheint sie mir als wichtigster Charakterzug unseres menschlichen Lebens überhaupt. Nichts von all dem, was für uns von größter Bedeutung ist, können wir sicher wissen – vor allem die Frage, ob wir nach diesem Leben in zeitlose Vergessenheit stürzen werden oder ob wir auf eine Weise weiter existieren, die uns bis dahin (und vielleicht auch noch danach) unvorstellbar bleiben muß. Natürlich ist es *möglich*, daß wir eine unsterbliche Seele haben, auch wenn ich persönlich daran zweifle. Und natürlich ist es *möglich*, daß es einen Gott gibt, auch wenn ich das noch viel stärker bezweifle. Daß wir das alles nicht wissen können, ist für mich eine immer greifbare Realität. Und, selbstsüchtig gesprochen, hängt für mich natürlich ungeheuer viel davon ab: vor allem mein Überleben oder meine Vernichtung, und, wiederum davon abhängig, Sinn oder Sinnlosigkeit meiner Existenz. Es hat mich immer verblüfft, daß so viele Menschen diesen Fragen gegenüber offenbar gleichgültig bleiben. Und es verblüfft mich fast ebensosehr, daß so viele andere glauben, die Antworten zu kennen.

Meine intellektuelle Geduld mit Menschen, die zu wissen glauben, daß es keinen Gott, kein Leben außer diesem und keine Wirklichkeit außerhalb der empirisch erfahrbaren Welt gibt, ist sehr klein. Diese Art von atheistischem Humanismus hat seit der Aufklärung das Weltbild des abendländischen Menschen geprägt und wird vor allem von fähigen und intelligenten Personen vertreten. In fast allen Kreisen, in denen ich mich in meinem Leben bewegt habe, dominiert dieses Weltbild. Ihm fehlt jegliches Gefühl für die Mysterien, die uns umgeben, und die unserem Leben so sehr zu schaffen machen; zumeist leugnet es ihr Vorhandensein ganz einfach ab und befindet sich damit im Irrtum. Ihm fehlt jegliches wahre Verständnis für die Tatsache, daß unsere Beschränkungen drastisch sind und daß unsere physische Beschaffenheit zwangsläufig unsere Erfahrungen beeinflussen und einengen muß –, weshalb unser Weltbild mit ziemlicher Sicherheit unzureichend ist, denn mit Sicherheit liegt fast alles, was existiert, außerhalb unserer Begriffsmöglichkeiten. Diese Weltsicht ist selbstgerecht, denn sie glaubt zu wissen, was wir unmöglich jemals wissen können. Sie ist engstirnig und phantasielos, denn sie mißachtet die dringlichsten Fragen von allen. Ich würde wie Kant sogar behaupten, daß diese Weltsicht definitiv einen Irrtum begeht, wenn sie glaubt, es gebe außerhalb des empirisch erfahrbaren Bereiches keine weitere Wirklichkeit; schließlich wissen wir, daß es eine solche Wirklichkeit geben muß, auch wenn wir sie nicht erfassen können. Es ist in vielfacher Hinsicht eine hoffnungslos unzulängliche Weltsicht; und doch identifiziert sie sich mit der Vernunft an sich und gratuliert sich zu ihrem Scharfsinn. Mein Leben lang habe ich festgestellt, daß die Anhänger dieser Weltsicht zumeist nicht begreifen können, daß wirklich vernünftige Überlegungen zu ganz anderen Ergebnissen führen müssen. Im Gegenteil, ihre Vertreter sehen es als selbstverständlich an, daß alle, die ihre Ansichten nicht teilen, es an angemessen rationaler oder intelligenter Überlegung fehlen lassen – vielleicht behindert durch die Scheuklappen von Konvention, Religion, Aberglaube oder irrationalen Glaubensvorstellungen modernerer Sorte, wenn nicht sogar aus purer Wirrköpfigkeit oder Gedankenlosigkeit. Doch wer so urteilt, vertritt die Haltung, die Schopenhauer als »flachköpfigen Rationalismus« bezeichnet hat. Ich habe immer wieder festgestellt, daß diese Menschen alle Gegenargumente mißverstehen. Weil sie ihre eigene Position mit Rationalität identifizieren – und diese wiederum mit Wahrheit und Aufklärung – scheinen alle Einwände für sie von einem Standpunkt zu kommen, der durch Vernunft weder erlangt noch vertreten werden kann.

Wie Voltaire schon gesagt hat, ist es das Privileg des wahren Genies, vor allem des Genies, das neue Wege aufzeigt, ungestraft große Irrtümer zu begehen. Die von Kant eingeleitete kopernikanische Revolution war meiner Ansicht nach der wichtigste Wendepunkt in der Geschichte der Philosophie. Aus diesem Grund verläuft seither eine scharfe Trennlinie zwischen denen, die sich an Kants Werk orientieren, und denen, die das nicht tun. Viele seiner Lösungsvorschläge haben sich als unzulänglich erwiesen, aber daß er die Probleme überhaupt aufgezeigt hat, muß noch immer als eine der größten philosophischen Leistungen überhaupt gelten. Es handelt sich um grundlegende Probleme, und da Kant sie nicht lösen konnte, bilden sie seither die größte Herausforderung an die Philosophie überhaupt.

Tolstoi – der, wenn auch auf andere Weise als Kant, die Probleme der menschlichen Erfahrung auf fast geniale Weise erkannte – hat einmal von »echter Philosophie gesprochen, deren Aufgabe es ist, die von Kant gestellten Fragen zu beantworten«.* Ich bin ganz seiner Meinung. Und ich sehe für Kant einen Nachfolger, der seine Philosophie durch tiefgreifende Erkenntnisse weitergeführt hat, nämlich Schopenhauer. (Tolstoi war ebenfalls dieser Ansicht.) Von Schopenhauer führt eine direkte Linie zu Nietzsche und von dort zum modernen Existentialismus; eine weitere Linie führt zu Wittgenstein und durch ihn zur modernen analytischen Philosophie; eine dritte zu Popper und durch ihn zu einem vor allem kritischen und wissenschaftsbasierten Rationalismus.** Andere Denkschulen, die auf Kant zurückreichen, jedoch nicht über Schopenhauer gegangen sind, greifen direkt oder durch Marx auf Hegel zurück. Cassirer und Langer waren bewußte Kantianer, und das läßt sich auch von Chomsky sagen. Die einzige Tradition seit Kant, deren Programm nicht in irgendeinem wichtigen Punkt neokantianisch ist, ist der neo-humeanische Empirismus; und dieser hat zwar hervorragend begabte und interessante Einzeldenker wie Mill und Russell hervorgebracht, scheint nun aber im Sande zu verlaufen.

Bis Kants Fragen auf befriedigende Weise behandelt worden sind (ich sage nicht: beantwortet – möglicherweise läßt sich ja eine bessere Betrachtungsweise entwickeln, bei der diese Fragen sich nicht mehr stellen), werden sie unangefochten die Tagesordnung

---

* In einem Brief vom 30. November 1875 an N. N. Strachow – Tolstoi arbeitete damals gerade an seinem Roman *Anna Karenina*.
** Popper war Neo-Kantianer, doch er ist ein weitaus eigenständigerer Denker als diese Charakterisierung andeutet. Er sagte einmal zu mir: »Kant habe ich auf dem Umweg über Schopenhauer verstanden.« Da dasselbe auch für Wittgenstein gilt, muß Schopenhauer als einer der wichtigsten Einflüsse auf die Philosophie des 20. Jahrhunderts gelten, wenngleich er selbst von den meisten Fachphilosophen auch weiterhin nicht gelesen wird.

dominieren. Im Grunde sehe ich nur zwei Alternativen: Entweder betrachten wir die grundlegenden kantianischen Erkenntnisse als zutreffend, und dann müssen wir versuchen, auf ihnen aufbauend weiterzukommen, oder wir müssen sie widerlegen und hoffen, auf der Basis dieser möglichen Widerlegung Fortschritte machen zu können. Auf keinen Fall aber können wir diese Herausforderung ganz einfach ignorieren. Doch genau das haben meiner Ansicht nach die Neo-Humeaner stets getan und tun es bis heute – und deshalb sind selbst ihre hervorragendsten Arbeiten immer ein wenig unbefriedigend; sie stellen sich ganz einfach nicht den Herausforderungen, mit denen wir uns beschäftigen müssen, ehe wir auf wirklichen Fortschritt hoffen können. In vieler Hinsicht ist unser Verständnis des Menschen und seiner Situation bislang über Kant und Schopenhauer nicht hinausgekommen.

Im ersten Kapitel ist sicher bereits deutlich geworden, daß ich schon lange, bevor ich zum ersten Mal von Kant gehört hatte oder mit dem Wort »Philosophie« irgendeine Bedeutung verband, eine Art natürlicher Kantianer war. Meine Neigung zum Kantianismus habe ich also nicht Kant zu verdanken. Doch als ich Kant entdeckte, begegnete mir erstmals ein Philosoph, der sich mit meinen wichtigsten Problemen befaßte. Er akzeptierte sie nicht nur, während andere sie zu verleugnen versuchten, er analysierte sie auch weitaus besser als mir das möglich gewesen wäre, und er schlug Lösungen vor, von denen ich manche überzeugend, andere plausibel und fast alle anregend fand, wenn ich ihnen auch nicht immer zustimmte. Mit anderen Worten, er war jemand, der meine Sprache sprach, der die Dinge so sah, wie ich, jemand, bei dem ich mich zu Hause fühlte. Er sprach nicht nur zu mir, sondern überraschend oft auch für mich. Für mich lag es auf der Hand, daß ich soviel wie möglich von ihm lernen mußte, ehe ich versuchen konnte, über ihn hinauszugelangen. Mit Hilfe anderer Philosophen bin ich seither recht weit gekommen, aber Kant hat mir die Richtung meiner Reise gewiesen, und viele der intellektuellen Grundlagen meiner Weltsicht stammen nachweisbar von ihm. Ich würde hier gern einige davon darstellen.

Ich glaube, daß in der empirisch erfahrbaren Welt, der Welt der materiellen Objekte in Raum und Zeit, die Prinzipien der wissenschaftlichen Erklärung greifen. Sie können nicht alles erklären, aber auf der Ebene ihrer Anwendbarkeit werden ihren Möglichkeiten allein durch die Grenzen dieser Welt selbst Grenzen gesetzt, und wir sollten diese Erklärungen so weit benutzen, wie uns das nur möglich ist. Die empirisch erfahrbare Welt ist jedoch die Welt der tatsächlichen und möglichen Erfahrung und als solche subjekt-abhängig. Die Wirklichkeit an sich ist von uns unabhängig und kann unmöglich den Charakter der Erfahrung besitzen; da aber all unsere Möglichkeiten, sie in den Griff zu bekommen, von Formen der Erfahrung abhängig sind, können wir sie nicht wirklich erfassen oder begreifen. Die unabhängige Realität bleibt uns also verborgen. Und das wiederum bedeutet, daß die empirisch erfaßbare Welt nicht alles sein kann. Wir wissen das noch aus einem anderen, davon unabhängigen Grund, nämlich durch die unmittelbare und unverkennbare Erfahrung, daß wir durch unseren Willen Körperbewegungen verursachen können. Damit wiederum wissen wir ganz sicher, daß sich einige Bewegungen einiger materieller Objekte in der Welt nicht zur Gänze durch physikalische Gesetze erklären lassen, auch wenn uns vollkommen schleierhaft ist, wie wir sie denn sonst erklären sollen. Ich glaube, daß unsere unmittelbare Erfahrung keinen Zweifel daran erlaubt, daß sich das alles so verhält, aber ich muß hinnehmen, daß andere die Vorstellung, wir besäßen einen freien Willen für eine Illusion halten. Wir müssen also klarstellen, daß es eine von unserer unmittelbaren Erfahrung unabhängige Bestätigung für die Existenz der Willensfreiheit gibt: Wenn man Moralvorstellungen oder Wertbegriffen überhaupt irgendeine Bedeutung für das menschliche Verhalten einräumt (und ich glaube, daß es in der Praxis für ein menschliches Wesen unmöglich ist, das nicht zu tun), dann zwingt allein diese Tatsache uns dazu, die Existenz eines freien Willens anzuerkennen. Damit wissen wir gleich aus mehreren Gründen, daß die empirisch erfaßbare Welt nicht die ganze Realität ist. Aus diesem Grund, und vor allem weil ich die Welt in meinem wachen Leben unmittelbar und immer wieder so erlebe, kann ich daran keinerlei ernsthafte Zweifel haben.

In Kants Sicht der Dinge finde ich bis zu diesem Punkt eine klar wiedererkennbare Beschreibung der Wirklichkeit, wie sie meiner unmittelbaren Erfahrung entspricht. Zu dieser unmittelbaren Erfahrung gehört auch die Tatsache, daß wir als Menschen uns teilweise in der empirisch erfahrbaren Welt befinden und teilweise nicht. Unsere Körper als materielle Objekte bewohnen die empirisch erfahrbare Welt. Ein Teil von uns jedoch, der bewußt und unabhängig von den physikalischen Gesetzen (wenn auch nicht im Widerspruch dazu) Körperbewegungen auslösen kann, muß außerhalb der empirisch erfahrbaren Welt angesiedelt sein. Wie das möglich ist, wie die Beziehung zwischen dem wollenden Ich und dem physischen Ich aussieht, ist ein Mysterium, das die Menschheit zu allen Zeiten verblüfft hat. Aber obwohl ich nicht weiß, was ich bin, weiß ich, daß ich nicht nur mein Körper sein kann. Ich erkenne mich als Wesen, das auf irgendeine Weise das Empirische und das Nicht-Empirische verbindet. Ich bin gewissermaßen die leibhaftige Schnittstelle zwischen diesen beiden Bereichen. Irgendwo innerhalb der Ganzheit dessen, was ich bin – was immer das auch sein mag – interagieren diese beiden Wirklichkeiten, übernehmen abwechselnd die Initiative oder gehen Beziehungen miteinander ein. Fragen über das Wesen dieser Verbindung – und darauf aufbauend Fragen über die Natur des Nicht-Empirischen – sind die dringendsten und zwingendsten, vor denen wir am Ende unserer Kant-Studien stehen. Es sind Fragen, die Schopenhauer aufgegriffen und zu beantworten versucht hat. Dieses Unterfangen und das Ausmaß an Originalität und Erfolg, mit dem er es gemeistert hat, machen ihn zu Kants legitimem Erben.

In einigen wichtigen Punkten stimme ich Kant jedoch nicht zu. Ich habe seine Ethik nicht erwähnt, weil ich es nicht einmal für möglich halte, daß Rationalität die Grundlage der Ethik sein könnte, während Kants gesamte Moralphilosophie auf dieser Annahme aufbaut. Seine Ästhetik geht für mich nicht weit genug, um interessant zu werden. Meine Wissenschaftsauffassung unterscheidet sich radikal von seiner. Und während Kant Gott, Unsterblichkeit und Freiheit für die drei mit Abstand wichtigsten Objekte der transzendentalen Metaphysik hält, habe ich mich mit den zwei ersten niemals sonderlich befassen mögen. Ich habe niemals Kants Glauben an einen Gott geteilt, und ich weiß auch nicht, was solch ein Glaube erklären würde, denn dann müßte die Existenz Gottes selbst erklärt werden. Ich würde von Herzen gern glauben, daß ich eine unsterbliche Seele habe, und möglicherweise besitze ich ja wirklich eine, aber es ist mir nie gelungen, mich selbst davon zu überzeugen, daß die Chance dafür auch nur fifty-fifty steht. Gezwungen sehe ich mich dagegen aus den schon dargestellten Gründen, die Existenz eines gewissen Maßes an Freiheit zu akzeptieren. Und ich denke, daß die wichtigste zentrale Einsicht von Kants praktischer Philosophie darin besteht, daß er die metaphysischen Implikationen erfaßt hat, die eine derartige Akzeptanz für uns mit sich bringt. Es erscheint mir als unumstößliche Tatsache, daß ich und andere bisweilen die freie Wahl haben, und schon das allein zwingt mir die Schlußfolgerung auf, daß ein wichtiger Teil der totalen Realität von den Gesetzen der Naturwissenschaft unabhängig ist. Ich muß zugeben, daß ich darüber hinaus schon immer durch meine unmittelbaren Erfahrungen bewußter Wahrnehmung von dieser Tatsache überzeugt war, durch das Treffen von Entschlüssen und Entscheidungen, durch die Auslösung einer gewollten Handlung, durch persönliche Beziehungen (und hierbei denke ich vor allem an die Unmöglichkeit, andere Menschen nur als physische Objekte zu sehen), durch Sex, durch die Kunst, vor allem durch Musik. Für mich liegt es auf der Hand, daß ich in wachem Zustand und vielleicht noch mehr im Schlaf teilweise im Noumenon lebe. Und es ist wirklich unerträglich frustrierend, daß ich so wenig darüber wissen kann.

Zehntes Kapitel

Fach- und Amateurphilosophie

Der September 1956 brachte für mein Leben eine gewaltige Umstellung. In diesem Monat nahm meine verlängerte formale Ausbildung ein Ende, und mein nichtakademisches Leben seinen Anfang. Und ich kam nach London, um dort zum ersten Mal das Leben eines unabhängigen Erwachsenen zu führen. Seit dem Ende meiner Schulzeit hatte ich ein Jahr in Österreich verbracht, eines in Schweden, eines in den USA und fünf in Oxford. Ich war inzwischen sechsundzwanzig. Mein Gefühl, nun endlich ins wirkliche Erwachsenenleben einzutreten, wurde noch von der Tatsache verstärkt, daß nur wenige Wochen nach meiner Rückkehr aus Yale die Suezkrise ausbrach, unmittelbar gefolgt vom sowjetischen Einmarsch in Ungarn. Beide Ereignisse gelten seither als Wendepunkte der Nachkriegsgeschichte, und beide stürzten mich auf der Stelle in höchst emotionsgeladene politische Aktivitäten.

Daß die beiden Invasionen nahezu gleichzeitig stattfanden, ließ innerhalb Großbritanniens deutlich werden, welche politische Position jeder einzelne wirklich bezogen hatte, oder jedenfalls kam mir das so vor: Wer den britischen Einmarsch in Ägypten verteidigte und sich zugleich über den sowjetischen in Ungarn empörte, war ein bigotter Rechter; wer dagegen das sowjetische Vorgehen in Ungarn billigte und das britische in Ägypten verurteilte, war ein ebenso bigotter Linker. Redliche Gemüter waren von beiden Invasionen gleichermaßen entsetzt. Bestürzend viele Sozialisten, die immer eine liberale und demokratische Fassade hochgehalten hatten, weigerten sich nun, diesen klaren Akt von sowjetischer Aggression zu kritisieren. Und schlimmer noch, viele von ihnen verlegten sich auf machiavellistische Taktiken, um linke Organisationen und die Gewerkschaften an einer Verdammung des sowjetischen Verhaltens zu hindern. Ich, als Mitglied der Labour Party, sah mich fast direkt nach meiner Rückkehr aus den USA von einer Flutwelle der politischen Aktivitäten und Leidenschaften erfaßt. Und zweifellos war das mit ein Grund dafür, daß ich rund achtzehn Monate später bei den Parlamentschaftswahlen als Kandidat aufgestellt wurde.

Eine Frage, der ich mich sofort stellen mußte, war, wovon ich mich ernähren sollte. Und hier hatte ich ein schwerwiegendes Problem. Ich war absolut nicht auf eine Karriere im normalen Sinn des Wortes aus. Ich wollte mich mit Schriftstellerei und Politik befassen, doch um ihrer selbst willen; blieb nur zu hoffen, daß ich mit einem davon irgendwann meinen Lebensunterhalt verdienen würde. Doch bis dahin brauchte ich noch eine dritte Beschäftigung. Und dieser dritte Job würde dem, was ich als meine »richtige« Arbeit betrachtete, zweifellos sehr viel Zeit stehlen. Über meine langfristigen Perspektiven in dieser Laufbahn, wie immer sie aussehen mochten, brauchte ich mir nicht weiter den Kopf zu zerbrechen, weil ich sie sowieso aufgeben würde, sobald ich dazu eine Möglichkeit sah. Also landete ich eher nebenbei – ich sage nebenbei, weil ich meine eigentlichen Energien auf die Politik und das Bücherschreiben konzentrierte – auf dem Umweg über Lehraufträge beim Fernsehen, wo ich dann feststellte, daß ich dort mit einer Halbtagsstelle ebensoviel verdienen konnte, wie die meisten meiner Freunde mit ihren Fulltime-Jobs; und das bedeutete, daß ich denselben Lebensstandard hatte wie sie und trotzdem noch die Hälfte meiner Arbeitszeit der Politik und dem Schreiben widmen konnte. Auf dieser Basis entwickelte ich ein Beschäftigungsmuster, das seither dem größten Teil meines Arbeitslebens zugrunde gelegen hat. Nachdem ich beim Fernsehen einen gewissen Erfolg erzielt hatte, versuchte man dort, mich durch Verheißungen von Geld und Ruhm zur Annahme einer vollen Stelle zu bewegen, aber diese Aussichten konnten mich niemals in Versuchung führen. Das Fernsehen bedeutete für mich vor allem eine willkommene Möglichkeit, in der Hälfte der sonst benötigten Zeit ein volles Einkommen zu erwirtschaften, und in meiner restlichen Zeit genau das tun zu können, was mir wirklich am Herzen lag. Wenn ich kein Geld hätte verdienen müssen, dann hätte ich nicht einmal diese Halbtagsstelle angenommen.

Menschen, die so geringe Bedürfnisse hatten, daß sie ein bohèmienhaftes Leben führen und trotzdem glücklich sein konnten, brachte ich einen gewissen Neid entgegen. Ich wäre gern so gewesen wie sie. Aber ich stellte dann doch fest, daß ich in Wirklichkeit lieber behaglich mitten in London leben und unentwegt ins Konzert und ins Theater gehen wollte; ich wollte genug Geld haben, um mir Bücher und Schallplatten kaufen zu können; ich wollte Auslandsreisen machen und alle paar Jahre die Festspiele in Bayreuth und Salzburg besuchen. Und es war mir wichtig, diese Aktivitäten mit der Arbeit verbinden zu können, die ich mir selbst aussuchte. Das Schöne an meiner Teilzeitstelle beim Fernsehen war, daß sie mir diesen Lebensstil ermöglichte – und ich glaube nicht, daß irgendeine andere mir zugängliche Arbeit das gekonnt hätte. Im Lauf der Jahre machten meine Freunde aus der akademischen Welt mir immer nachdrücklicher bewußt, daß ich viel mehr Freiheit genoß als sie, mich meinen intellektuellen Interessen zu widmen. Sie waren nicht nur in den Tretmühlen von Lehre und Verwaltung gefangen; sie konnten nicht einmal selber entscheiden, *was* sie lehren wollten. Sie standen ihren Studenten gegenüber unter moralischer Verpflichtung. Sie hielten es für ihre Pflicht, die Studierenden auf die vorgeschriebenen Examen vorzubereiten, was bedeutete, daß sie sich im Unterricht immer an das vorgeschriebene Pensum halten mußten. Und da meine Freunde in ihrem Unterricht bestimmte Themen behandeln mußten, mußten sie darüber immer auf dem laufenden sein und deshalb nicht nur endlose Mengen von Fachzeitschriften lesen, sondern noch dazu jedes neue Buch zum Thema, das irgendwelches Aufsehen erregt hatte. Also entsprach selbst ihre Lektüre zum großen Teil nicht dem, was sie sich selber ausgesucht hätten. Ich dagegen genoß bei dem, was ich als meine akademische Arbeit bezeichnen könnte, die kostbarste Freiheit von allen, die Freiheit, meine Zeit und meine Energie nicht Dingen widmen zu müssen, die mich eigentlich nicht weiter interessierten. Ich brauchte keine Minute mit Unterrichten oder akademischer Verwaltung zu vergeuden, und ich las nur Bücher, die ich wirklich lesen wollte. Ich konnte meine Arbeitszeit und meine Energie fast für die Hälfte jeden Jahres meinen eigenen Interessen widmen, Interessen, die nicht nur Philosophie und Politik umfaßten, sondern auch Musik, Theater, Reisen und eine ganze Reihe anderer Gebiete, die dadurch natürlich ziemlich schnell expandierten.

Vielleicht hätte eine akademische Position in London mir einen ähnlichen Lebensstil ermöglicht, wenn ich das wirklich gewollt hätte; aber mein Leben hatte zwei Vorteile, die sich nur außerhalb der akademischen Welt aufrecht erhalten ließen: Zum einen wurde die Philosophie für mich nicht zur abgetrennten »Disziplin«, sondern war mit allen anderen Teilen meines Lebens eng verwoben. Zum anderen war ich von intellektuellen Moden unabhängig. Aus dem bisher Geschriebenen geht sicher hervor, warum beides so wichtig für mich war. Was den zweiten Vorteil angeht, so werde ich niemals Geoffrey Warnock vergessen, der sein gesamtes Berufsleben als Philosoph in Oxford verbrachte, zum Vizekanzler der Universität aufstieg und sagte: »Philosophen neigen dazu, ein Thema in dem Zustand aufzugreifen, in dem sie es vorfinden, und sich dann zufrieden weitertreiben zu lassen, egal, welche Richtung es einschlägt.«* Das zu tun, was die anderen tun, ist der auffälligste Zug des akademischen Lebens ganz allgemein.

Zu jedem beliebigen Zeitpunkt, in jeglichem wichtigen Zentrum sind bestimmte Themen oder Probleme oder (in den Geisteswissenschaften) Autoren en vogue, und andere gelten als passé. Unweigerlich gehen die besten freiwerdenden Stellen an Leute, die in dem Ruf stehen, auf den Gebieten gute Arbeit zu leisten, die gerade in Mode sind. So gleichgültig der einzelne Akademiker dieser Tatsache auch gegenüberstehen mag – er kann sie nicht ignorieren, weil er seine Studenten auf ihre Examen vorzubereiten hat, in dem sie nicht von ihm geprüft werden, sondern andere die Fragen stellen und die Antworten bewerten. Und auf jeden Fall werden seine Schüler sich ganz von selbst für die aktuellen Diskussionen und Kontroversen interessieren und daran teilnehmen wollen. Also ist selbst ein Dozent, der die Moden verachtet, gezwungen, sich darüber auf dem laufenden zu halten – und das

---

* Bryan Magee: *Modern British Philosophy*, S. 88

kann eine entmutigende Belastung für jemanden sein, der diese Moden uninteressant und belanglos findet.

Ganz allgemein sind Diskussionen unter Fachkollegen ein unverzichtbarer Teil des Universitätslebens. In dieser Atmosphäre ist es für die meisten Leute, mich eingeschlossen, unmöglich, von den allgemein anerkannten Prioritäten nicht beeinflußt zu werden. So fand ich es zum Beispiel während der ersten aufregenden Zeit meiner Unabhängigkeit noch immer wichtig, den aktuellen Stand der philosophischen Diskussion in Oxford zu verfolgen, die ich doch während meines Studiums so leidenschaftlich kritisiert hatte. Erst nachdem ich mich eine ganze Weile mit der Lektüre offenkundiger Banalitäten angeödet hatte, erkannte ich, wie unsinnig das eigentlich war, und zog guten Gewissens einen Schlußstrich. Meine damalige Entscheidung wurde später durch die Tatsache bestätigt, falls eine Bestätigung überhaupt noch nötig gewesen wäre, daß den allergrößten Teil der Austinschen und Post-Wittgensteinschen Philosophie, die damals fest zum Pensum gehörte, heute kein Mensch mehr liest. Und obschon auch ich eine ganze Menge davon gelesen habe, hat mir das so gut wie keine Erkenntnisse von bleibendem Wert eingebracht.

Statt zu lesen, was mir mehr und mehr als philosophischer Journalismus erschien, begann ich mich der Reihe nach jenen großen Gestalten der Vergangenheit zuzuwenden, mit denen ich mich noch nicht näher befaßt hatte. Und dabei legte ich mir eine Gewohnheit zu, die sich mit den Jahren noch verstärken sollte. Wenn ich ein langes Wochenende ohne weitere Verpflichtungen hatte und in der richtigen Stimmung war, dann ging ich für zwei oder drei Tage mit irgendeinem kurzen philosophischen Meisterwerk in Klausur. Glücklicherweise sind viele philosophische Klassiker nicht sonderlich umfangreich: Platons Dialoge, zum Beispiel, oder einige der wichtigeren Werke von Descartes, Leibniz, Locke, Berkeley, Hume, Marx und Nietzsche. In späteren Jahren nahm ich längere Werke mit auf Reisen, um mich gleich wochenlang darin zu versenken: Kants *Kritik der reinen Vernunft* las ich innerhalb von sechs Wochen im stillen Herzen Mallorcas, in Salzburg studierte ich die gesammelten Dialoge Platons, in Bayreuth Heideggers *Sein und Zeit*, auf Sizilien die *Bekenntnisse* des Augustinus, in Schweden Humes *Enquiries*, am Gardasee die Werke von Leibniz, in Westengland Pascal. Das wurde meine bevorzugte Art, wichtige Bücher zu lesen; ich wollte mich ihnen ganz und gar widmen können, ohne irgendeine Ablenkung den ganzen Morgen über lesen, dann am frühen Nachmittag einen Spaziergang machen, danach noch einige Stunden weiterlesen und abends dann schließlich abschalten und mich amüsieren.

Vor diesem allgemeinen Hintergrund widmete ich mich gegen Ende der fünfziger Jahre noch zwei besonderen Interessen. Zum einen handelte es sich dabei um politische Philosophie. Sie hatte in Oxford zu meinen Spezialgebieten gehört, aber nun, da ich selber politisch aktiv war, verspürte ich das Bedürfnis, mich noch einmal damit zu befassen, um mir Klarheit über die intellektuellen Grundlagen dessen zu verschaffen, was ich da tat. Abgesehen von Poppers Werken – damals las ich *Die offene Gesellschaft* noch einmal und bei seinem Erscheinen im Jahr 1957 dann auch *Das Elend des Historizismus* – waren die neueren Bücher über politische Philosophie, die von akademischen Philosophen stammten, so gut wie wertlos. Nicht umsonst lautete damals ein bekanntes Schlagwort in diesen Kreisen »Die politische Philosophie ist tot!« Dahinter stand die Idee, daß politische Theorien überhaupt inzwischen diskreditiert seien, alle Ideologien ausgespielt hätten und die praktische Politik zur reinen Frage von Problemlösungen innerhalb eines sich ändernden institutionellen Rahmens geworden sei. Abgesehen von einem gewissen Maß an weiterer sprachlicher Analyse der wichtigeren politischen Konzepte gab es angeblich für einen Theoretiker keine Aufgaben mehr. Selbst die »offizielle Meinung«, wenn wir diesen Begriff gelten lassen wollen, hielt die politische Philosophie für belanglos. Unter diesen Umständen ist es natürlich nicht weiter überraschend, daß sich kaum jemand ernsthaft damit beschäftigte und begabte junge Autoren sich zu diesem Thema nicht hingezogen fühlten – ausgenommen jene Unglücklichen, die der Rattenfänger des Marxismus auf seinem letzten Beutezug noch verführen konnte. Einige durchaus intelligente Leute schlossen sich ihm an, und man hat nie wieder von ihnen gehört. Ihr Enthusiasmus trug keine nennenswerten Früchte, aber das wäre im Grund auch gar nicht möglich gewesen.

Die Klassiker der politischen Philosophie jedoch wurden davon nicht berührt. Sie ragten wie großartige Bauwerke vergangener

Zeiten auf, waren so zugänglich wie immer schon, und der billige moderne Tand, der sich zu ihren Füßen angesammelt hatte, ließ sie nur um so beeindruckender wirken. Ich las sie jetzt mit dem Blick des politisch aktiven Menschen, und deshalb brachten sie mir noch mehr als bisher. Vor allem wichtig waren mir Platons *Staat,* Aristoteles' *Politik,* Machiavellis *Fürst,* Hobbes *Leviathan,* Lockes zweite *Abhandlung über die Regierung* und *Brief über die Toleranz,* Rousseaus *Gesellschaftsvertrag,* Burkes *Betrachtungen über die Französische Revolution,* John Stuart Mills *Über die Freiheit,* Marxens *Kapital* und Poppers *Offene Gesellschaft und ihre Feinde.*

Mein anderes Spezialgebiet, was meine Lektüre anging, waren die Werke von Bertrand Russell. Er war damals eine prominente Figur und stand aufgrund seiner politischen Aktivitäten ständig im Scheinwerferlicht. Erst ein knappes Jahrzehnt zuvor, 1948, hatte er sein jüngstes philosophisches Werk *Human Knowledge: Its Scope and Limits* veröffentlicht. Während meines Studiums fiel sein Name immer wieder in philosophischen Diskussionen, doch zum Pensum gehörten seine Bücher nicht – nur jene Studenten, die sich auf Logik spezialisierten, bildeten da eine Ausnahme, aber sie lasen nicht sein allgemeines philosophisches Werk. Er äußerte sich immer wieder geringschätzig über die Oxford-Philosophie und bezeichnete sie ganz offen als trivial und langweilig. Die Oxford-Philosophen ihrerseits erwähnten ihn mit höflicher Herablassung. Seine historische Bedeutung für das Fach konnten sie nicht leugnen, aber sie sprachen über ihn wie über jemanden, dessen ehemals wichtiges Werk nun von Entwicklungen übertroffen worden war, über die er sich nicht ausreichend informiert hatte – ihren eigenen Werken nämlich.

Russells philosophische Karriere läßt sich am besten Schritt für Schritt verstehen. Er begann als Mathematiker. Seine Autobiographie enthält eine reizende und vielsagende Geschichte darüber, wie sein älterer Bruder Frank ihm Geometrie beizubringen versuchte, als er selbst elf war. (Russell wurde bis zu seinem fünfzehnten Lebensjahr zu Hause unterrichtet.) Frank begann wie üblich mit den Axiomen. Der kleine Bertie erkundigte sich sofort, wie diese gerechtfertigt werden könnten. Frank sagte, das gehe nicht, man müsse sie einfach akzeptieren. Doch davon wollte Bertie nichts wissen. Frank erklärte in seiner Verzweiflung, wenn Bertie die Axiome nicht akzeptieren wolle, brauchten sie gar nicht erst anzufangen. Also willigte Bertie schließlich ein, die Axiome *bis auf weiteres* hinzunehmen, aus purer Neugier, nur um zu sehen, was daraus folgte. Und das war, wie er selber schreibt »eines der großen Erlebnisse meines Lebens, atemberaubend wie die erste Liebe. Ich hatte mir nicht vorstellen können, daß es etwas so Köstliches auf der Welt gebe ... Von diesem Augenblick an bis zu dem, da Whitehead und ich die Principia Mathematica beendeten – ich war damals achtunddreißig –, galt mein vornehmlichstes Interesse der Mathematik und war sie für mich die Quelle höchster Beglückung.«* Er legte seine ersten Examen in Cambridge in Mathematik ab, und seine jugendliche Begeisterung verließ ihn auch später nicht. Er sagte sogar, sie habe die Richtung seines späteren Werkes bestimmt. Er war zutiefst – und wenn wir das so sagen dürfen, auf kreative Weise – von den Grundlagen der reinen Mathematik fasziniert. Seinen ersten wirklich großen Beitrag zur Philosophie leistete er ebenfalls in diesem Bereich.

Jedes Argument und jede mathematische Beweisführung muß irgendwo beginnen. Dazu sind nicht nur eine Prämisse oder Prämissen vonnöten, sondern auch eine oder mehrere Verfahrensregeln. Diese Prämissen und Verfahrensregeln selbst können durch die Beweisführung nicht bestätigt werden, denn dann würde sie sich im Kreis drehen – sie würde das als gegeben hinnehmen, was sie doch angeblich zu beweisen versucht. Das bedeutet, daß jedes Argument, jede Beweisführung, jede logische Demonstration, so streng sie auch sein mögen, zumindest eine Prämisse und eine Verfahrensregel akzeptieren müssen, die sie nicht rechtfertigen können. Dagegen ließe sich einwenden: »Sicher, aber diese Prämissen und Verfahrensregeln werden schließlich nicht willkürlich gewählt. Sie werden nicht einfach nach Lust und Laune aus der Luft gegriffen. Bei jeglicher seriösen intellektuellen Tätigkeit sind sie mit selbstkritischer Sorgfalt ausgesucht worden. Natürlich werden sie von *diesem* Argument ganz einfach vorausgesetzt, aber ursprünglich waren sie die Schlußfolgerungen aus anderen, früheren Beweisführungen, bei denen sie mit soliden Argumenten un-

---

* Bertrand Russell: *Mein Leben*, Zürich 1967, S. 43

termauert werden konnten.« Die Antwort auf diesen Einwurf lautet freilich, daß diese anderen, früheren Beweisführungen ebenfalls mit unbewiesenen Prämissen begonnen und durch nichts belegte Verfahrensregeln angewendet haben müssen. Also sehen wir uns einem unendlichen Regreß gegenüber. Es ist unmöglich, jemals zu Argumenten zurückzugelangen, die sich selbst rechtfertigen. Es gibt keinen festen Boden der Gewißheit – jedenfalls nicht auf der Ebene der Argumentation. Das ist mit der Grund, warum empiristische Philosophen immer wieder betont haben, daß jegliches stichhaltige Argument darüber, was der Fall ist, sich auf direkte Erfahrung oder Beobachtung zurückführen lassen muß – das heißt auf etwas, das uns als wahr bekannt ist, weil es unmittelbar erfahren wurde, statt am Ende einer Argumentationskette zu stehen. Aus dieser Sicht schwebt alles, was den Anspruch erhebt, die Realität zu beschreiben und sich doch nicht auf Erfahrung zurückführen läßt, ziemlich in der Luft. Schopenhauer dachte in eine ähnliche Richtung, als er (in *Die Welt als Wille und Vorstellung*) sinngemäß sagte, Konzepte und Abstraktionen, die nicht letztendlich zu Wahrnehmungen zurückführen, seien wie Waldwege, die irgendwo enden, ohne aus dem Forst herauszuführen. Wenn wir diese Darstellung für empirische Aussagen gelten lassen, dann ergibt sich noch eine weitere Frage: Gilt sie auch für die Mathematik? Heißt das, daß auch die Mathematik ganz zuletzt auf Erfahrung zurückgeführt werden kann? Falls das stimmt, dann ist die Frage, was Erfahrung ist oder auch nur sein könnte, wirklich zutiefst verwirrend. Wenn es sich andererseits aber nicht so verhält, worauf beruht dann die Mathematik – immer vorausgesetzt, daß mittels mathematischer Beweisketten oder jeglicher anderer Art von Argumentation keine selbstrechtfertigenden Prämissen oder Verfahrensregeln aufgestellt werden können?

Das war die erste große Frage, der Russell sein Augenmerk schenkte. Er wußte damals noch nicht, daß ein um eine Generation älterer deutscher Mathematiker namens Frege sich seit vielen Jahren an der Universität Jena fast unbeachtet mit ebendiesem Problem beschäftigt hatte. Also verbrachte der junge Russell Jahre anstrengender Arbeit damit, bahnbrechende Entdeckungen zu machen, auf die doch bereits ein anderer gekommen war. Unabhängig voneinander kamen die beiden Denker im Grunde zum selben Schluß, nämlich daß sich die gesamte Mathematik letztendlich auf die fundamentalen Prinzipien der Logik zurückführen läßt. Beide versuchten zunächst, das an der Arithmetik aufzuzeigen und hofften es zu guter Letzt für alle Bereiche der Mathematik demonstrieren zu können. Russell bezeichnete das sogar ganz offen als sein Ziel. Falls sie recht hatten, mußte sich also der gesamte Korpus der Mathematik als eine Sammlung notwendiger Wahrheiten erweisen, die sich Schritt für Schritt unanfechtbar von rein logischen Prämissen herleiten ließen.

Russell legte das Fundament zu dieser Theorie in seinem großartigen Buch *The Principles of Mathematics* von 1903. Inzwischen war er endlich auf Frege gestoßen und zollte ihm in seinem Werk auch Tribut. Dennoch ist es eine Sache zu verkünden, daß sich die gesamte Mathematik auf Logik reduzieren läßt, und eine gänzlich andere, diese Reduzierbarkeit unter Beweis zu stellen, indem man die notwendigen Reduktionen auch tatsächlich durchführt. Russell unternahm diesen Versuch zusammen mit seinem ehemaligen Tutor Alfred North Whitehead in einem mehrbändigen Werk namens *Principia Mathematica*. Sie arbeiteten an die zehn Jahre daran und brachten drei dickleibige Bände zustande. Ein vierter war geplant, wurde aber nie fertig. Doch so unvollendet das Werk auch sein mochte, es war von epochemachender Wirkung und machte im Lauf der Zeit in jedem Bereich der Philosophie seinen Einfluß geltend, nicht nur auf dem Feld der formalen Logik.

Und das in mehrerer Hinsicht. Bis mindestens zum 19. Jahrhundert waren die Grundlagen der Logik mehr oder weniger in dem Zustand geblieben, in den Aristoteles sie mehr als zweitausend Jahre zuvor versetzt hatte. Das Vorwort zur zweiten Auflage von Kants *Kritik der reinen Vernunft* läßt das sehr deutlich erkennen, wenn es in etwa sagt, daß die Logik schon seit frühester Zeit einem sicheren Weg gefolgt sei, zeige sich nicht zuletzt an der Tatsache, daß sie seit Aristoteles keinen einzigen Schritt zurück machen mußte, wenn man nicht den Verzicht auf unnötige Subtilitäten oder die klarere Darstellung ihrer akzeptierten Lehre als Verbesserung gelten lassen wolle, was aber eher eine Frage der Eleganz denn der Gesichertheit dieser Wissenschaft darstelle. Bemerkenswert sei auch, daß diese Logik bis zum aktuellen Moment keinen einzigen Schritt weitergekommen sei, und daß sie deshalb einen geschlossenen und vollendeten Korpus von Lehrsätzen darzustellen scheine. Doch wenn sich nachweisen läßt, daß die gesamte Mathematik zwangsläufig aus den Prinzipien der Logik folgt, dann muß die gesamte Mathematik als Teil der Logik gelten. Und das bedeutete im Grunde, daß die aristotelische Logik, von der man über zwei Jahrtausende lang geglaubt hatte, sie verkörpere das Gebiet in seiner Ganzheit, in Wirklichkeit einen bloßen Teilbereich darstellte. Diese Erkenntnis führte international zu einem ganz neuen Interesse an der Logik, das bis heute anhält. Inzwischen wird an jeder bedeutenden Universität auf der Welt über Logik in dem von Frege und Russell erstmals aufgezeigten Sinn geforscht.

Ich glaube, es war nur natürlich für Russell, daß er seine neuen logischen Techniken dann auf Aussagen in der Alltagssprache anwendete und sich zum Beispiel fragte: »Was sagen wir ganz genau, wenn wir dies und das sagen?« Was zum Beispiel meinen wir, wenn wir sagen: »Der König von Frankreich hat eine Glatze«, es aber gar keinen König von Frankreich gibt? Sagen wir damit überhaupt irgend etwas? Obwohl das ein triviales Beispiel ist, illustriert es doch ein Problem der häufigsten Formen von empirischen Aussagen. Alle Arten von Wissenschaftlern, von Medizinern bis zu Nuklearphysikern möchten über mögliche Einheiten sprechen können, von deren Existenz sie noch nicht sicher wissen. Wenn meine Lösung so aussieht: »Es gibt keinen König von Frankreich, folglich bezieht diese Aussage sich auf gar nichts, folglich ist sie sinnlos«, dann ließe sich dagegen einwenden: »Aber die Aussage, ›Der König von Schweden hat eine Glatze‹ ist falsch und muß deshalb sinnvoll sein. Willst du mir hier wirklich einreden, daß jemand wissen muß, ob Schweden einen König hat (was viele Menschen offenbar nicht wissen), um diese Aussage verstehen zu können, und das heißt, um diese Aussage überhaupt sinnvoll werden zu lassen? Das ist doch purer Unsinn. Tatsache ist, daß wir diese Aussage alle sehr gut verstehen, ob wir nun wissen, ob Schweden einen König hat oder nicht.« Aber wenn ich nun die Aussage »Der König von Frankreich hat eine Glatze« als sinnvoll durchgehen lasse, dann stehe ich vor einem weiteren Dilemma: Ist sie wahr oder falsch? Ich sehe keine Möglichkeit, eine Aussage wie »Der

König von Frankreich hat eine Glatze« als wahr zu akzeptieren, wenn es keinen König von Frankreich gibt. Ich sehe aber auch keine unmittelbare Möglichkeit für das Gegenteil. Werde ich also zu der Erkenntnis gezwungen, daß es sinnvolle Aussagen geben kann, die weder wahr noch falsch sind? Ich schrecke vor der Schlangengrube, die sich durch eine solche Aussage öffnen würde, nun wirklich zurück. Um das alles kurz zu machen, Russell unternahm in einem Artikel namens *On denoting*, den er 1903 veröffentlichte, eine berühmte Analyse aller Aussagen von der Art »Das Soundso ist dies und das«. Er kam zu dem Schluß, daß die verborgene logische Struktur dieser Aussagen ungefähr so dargestellt werden kann: »Es gibt etwas, das dadurch einzigartig ist, daß es der König von Frankreich ist und daß es außerdem eine Glatze hat.« Wenn wir das so ausdrücken, dann entpuppt die Aussage sich als falsch, wenn es keinen König von Frankreich gibt. Russells Analyse zeigt also die wahre logische Struktur einer verbreiteten Ausdrucksform, die zunächst durchaus nicht sichtbar war. Auf diese Weise ermöglicht er es uns, ihre Wahrheit oder Falschheit zu erkennen, wozu wir bisher nicht in der Lage waren.

Diese neue Art der Analyse hatte epochemachende Auswirkungen auf unsere Versuche, wahre Aussagen über die Welt zu formulieren. Sie eröffnete ein ganz neues Spektrum von Möglichkeiten für den Versuch, das, was wir glauben zu definieren und zu bewerten. Sie führte zu einer Entwicklung, die fast das gesamte 20. Jahrhundert hindurch die Philosophie des englischen Sprachraums dominiert hat, nämlich die Analyse von Aussagen, die deren verborgene logische Struktur oder ihre verborgenen Bedeutungsnuancen an die Oberfläche holen sollte. In dieser Hinsicht ist Bertrand Russell der Gründervater der modernen analytischen Philosophie. Selbst wenn jede einzelne philosophische Doktrin, die er je aufgestellt hat, verworfen und vergessen würde, bliebe er schon deshalb auch weiterhin eine wichtige Gestalt in der Geschichte der Philosophie. Doch wir müssen auch zwei Dinge über ihn klarstellen, die ihn von vielen seiner Nachfolger unterscheiden. Zum einen hat er die Analyse nie als Selbstzweck betrachtet. Für ihn war sie eine Methode, eine Möglichkeit, uns vor Augen zu führen, was unsere Aussagen wirklich bedeuten oder wozu es uns verpflichten würde, sie zu akzeptieren, so daß wir sie mit klarerem Bewußtsein annehmen oder ablehnen können. Für ihn stand fest, daß dieses Verfahren nur bei wichtigen Aussagen oder bei solchen, die uns vor ein Rätsel stellen, überhaupt der Mühe wert ist, wobei es stets darum geht, unser Verständnis der Welt, der Wirklichkeit, des Lebens an sich zu schärfen. Nur wenn es für uns einen Unterschied macht, ob eine Aussage wahr oder falsch ist, hat es überhaupt einen Sinn, sie dieser rigorosen Analyse zu unterziehen, und dann muß die Bedeutung der Aussage außerhalb des Analyseprozesses selbst liegen, wenn wir nicht in einen Teufelskreis geraten wollen. Es geht nicht an, daß die Aussage uns bloß wichtig ist, *weil* wir sie analysieren; wir können sie allein deshalb analysieren, weil sie wichtig für uns ist. Eine Analyse kann keine Bedeutung erzeugen, sie kann sie nur aufzeigen. Eine Tätigkeit, die aus Analyse um ihrer selbst willen bestünde, wäre völlig belanglos.

Und das führt zum zweiten Punkt, der im Zusammenhang mit Russell klargestellt werden muß: Er sah niemals irgendeinen Sinn in einer Philosophie, die Analyse als ihren einzigen Zweck betrachtet, und er vermochte niemals zu begreifen, wie irgendein ernstzunehmender Mensch sich dieser Auffassung verschreiben konnte. Bis zum Ende seiner Tage behielt er die traditionelle Ansicht über den Zweck der Philosophie bei, nämlich daß sie dem Verständnis des wahren Wesens der Wirklichkeit und damit auch unserer selbst dienen müsse. Auch die Arbeit in ganz anderen Disziplinen konnte für ihn zu diesem Verständnis beitragen: Naturwissenschaften, Geschichte, Literatur, Psychologie und noch vieles mehr. Aus diesem Grund entwickelte Russell ein spontanes Interesse an diesen und anderen Themen und wurde zum echten Universalgelehrten. In der Tat plagte ihn fast sein ganzes Leben lang der Gedanke, daß er eigentlich besser Wissenschaftler geworden wäre. Als er sah, in welchem Maß das Werk Einsteins unser Verständnis der Realität erweiterte, erschienen ihm seine eigenen Leistungen dagegen unbedeutend. Doch obwohl er mit Leichtigkeit Naturwissenschaftler hätte werden können – er verfügte über profunde Kenntnisse der modernen Physik und beherrschte die Mathematik so virtuos wie nur irgendein Physiker – entschied er sich dagegen. Ich glaube, daß er im Grunde eben doch auf der Suche nach wahrem philosophischem Verständnis war. Als Wissenschaftler wäre er mit der Naturwissenschaft früher oder später so verfahren, wie er es in Wirklichkeit mit der Mathematik getan hatte: Er würde versucht haben, ihre theoretischen Grundlagen zu entdecken und zu erklären. Er hätte ein großer Wissenschaftsphilosoph werden können, aber ich bezweifle, daß er dieselbe Bedeutung wie Einstein gewonnen hätte.

Russell war nur zu bewußt – was noch heute viele nicht begreifen – daß die Naturwissenschaft von sich aus niemals ein bestimmtes Bild vom endgültigen Wesen der Wirklichkeit zeigen kann. Was sie vermag – und das stellt eine der höchsten kulturellen und intellektuellen Leistungen der Menschheit dar –, ist, alles, womit sie sich überhaupt befassen kann, auf ein gewisses grundlegendes Erklärungsniveau zu reduzieren. Die Physik zum Beispiel reduziert die von ihr behandelten Phänomene auf konstante Gleichungen für Energie, Licht, Masse, Geschwindigkeit, Temperatur, Schwerkraft usw. Aber damit ist es dann auch getan. Wenn wir Fragen über dieses grundlegende Niveau stellen wollen, dann kann der Wissenschaftler uns keine Antwort geben. Daran sind weder seine eigenen Unzulänglichkeiten schuld noch die seiner Wissenschaft. Er und sie haben ihr Möglichstes getan. Wenn wir den Physiker bitten: »Nun sag uns doch, was Energie genau ist? Und was sind die Grundlagen dieser Mathematik, die du fortwährend anwendest?«, dann spricht es nicht gegen ihn, daß er uns keine Antwort geben kann. Diese Fragen gehören einfach nicht in seinen Bereich. An diesem Punkt reicht er die Stafette an den Philosophen weiter. Die Naturwissenschaft liefert einen unvergleichlichen Beitrag zu unserem Verständnis dessen, wofür wir die endgültige Erklärung suchen, aber sie kann diese endgültige Erklärung nicht selber sein, da sie Phänomene durch Begriffe erklärt, die im folgenden unerklärt bleiben.

Viele Naturwissenschaftler haben allerdings durchaus den Eindruck, daß ihre Erkenntnisse eine endgültige Erklärung liefern können, nämlich eine materialistische. Doch eine materialistische Sicht der totalen Wirklichkeit ist eine metaphysische Theorie und keine wissenschaftliche. Wir können sie wissenschaftlich weder beweisen noch widerlegen. Daß so viele Naturwissenschaftler davon überzeugt sind, macht sie noch lange nicht zu einer wissenschaftlichen Theorie, ebensowenig wie sie als ökonomische Theorie durchgehen kann, bloß weil sie (zweifellos) auch von vielen Ökonomen vertreten wird. Wissenschaft und die unterschiedlichsten metaphysischen Weltsichten schließen einander keineswegs aus. Einige der einflußreichsten Naturwissenschaftler des 20. Jahrhunderts, darunter auch Einstein selbst, glaubten an Gott. Schrödinger, der Begründer der Quantenphysik, fühlte sich vom Buddhismus angesprochen. Für den einzelnen bedeutet es keinen Konflikt, die Ansprüche der Naturwissenschaft zu akzeptieren und zugleich nicht-materialistische Glaubensvorstellungen zu hegen. Die Erkenntnis dieser Tatsache scheint sich nun endlich auszubreiten, auch wenn sehr viele Menschen noch immer vom Gegenteil überzeugt sind. Für Russell hieß das alles, daß wissenschaftliche Leistungen, egal wie bedeutend, ihn nicht auf das Erkenntnisniveau geführt hätten, das er anstrebte. Eben darum, da bin ich mir sicher, blieb er Philosoph. Und als solcher verbrachte er sein halbes Leben mit dem Versuch, die Ansicht zufriedenstellend zu untermauern, daß die endgültige Ebene philosophischer Erklärung der bekannten Realität mit den Begriffen der Wissenschafts- und Logik-Philosophie ausgedrückt werden muß. Das ist ihm nie gelungen. De facto versagte er sowohl bei der Wissenschaft als auch bei der Logik.

Im Jahre 1931 veröffentlichte Gödel seinen berühmten Beweis, daß es in jedem zusammenhängenden formalen System möglich ist, Aussagen zu formulieren, deren Wahrheit oder Falschheit sich ohne Bezugnahme auf außerhalb dieses Systems liegende Kriterien ganz einfach nicht entscheiden läßt. Damit wurde alle Hoffnung zunichte, jemals eine zusammenhängende und in sich geschlossene Erklärung irgendeines Phänomens, geschweige denn der ganzen Welt, entwickeln zu können. Selbst wenn es Russell und Whitehead gelungen wäre, die gesamte Mathematik auf die Prinzipien der Logik zu reduzieren, hätte der Prüfstein für die Gültigkeit der fraglichen Prinzipien weiterhin außerhalb dieses Systems gelegen. De facto wußten Russell und Whitehead schon lange vor Gödels Veröffentlichung, daß sie ihr Ziel verfehlt hatten. Doch jede große Philosophie ist eine falsche Theorie, die zwar unzulänglich ist, aus der wir aber viel lernen können. Das trifft eindeutig auch auf die in den *Principia Mathematica* enthaltenen Arbeiten zu – und mehr noch auf ihre Anwendung auf die Analyse von Aussagen in natürlicher Sprache.

Weil Russell sich so lange Zeit mit Mathematik und Logik beschäftigte, kam sein erstes Buch über allgemeine Philosophie erst in dem Jahr heraus, in dem er seinen 40. Geburtstag beging. Es handelte sich um ein kurzes Werk mit dem Titel *Probleme der Philosophie*, das 1912 erschien und als populärwissenschaftliche Einführung gedacht war. Das leistet es meiner Ansicht nach vor allem in einer Hinsicht geradezu vorbildlich: Es ist für den Anfänger verständlich und enthält doch zugleich neue Ideen, was es auch für den Spezialisten interessant und wichtig macht. Russells nächstes Buch jedoch, das 1914 unter dem vielversprechenden Titel *Our Knowledge of the External World as a Field for Scientific Method in Philosophy* erschien, ist für mich noch heute sein faszinierendstes Werk über allgemeine Philosophie überhaupt. Danach schrieb er ein Buch nach dem anderen – *The Analysis of Mind*, 1921, ist besonders interessant –, dann folgte eine lange Phase, in der er sich vor allem der Verbreitung von linksgerichteten sozialen und politischen Ideen widmete. Er schrieb während dieser Zeit weiterhin Bücher, aber dabei handelte es sich um engagierten Journalismus. Seine Werke übten enormen Einfluß aus und trugen zur persönlichen Entwicklung einiger der fähigsten Köpfe der jüngeren Generationen bei, doch es liegt in der Natur der Sache, daß sie nicht von bleibendem Interesse sind. Im letzten Teil seiner intellektuellen Karriere kehrte er zur Philosophie zurück und veröffentlichte drei hervorragende Bücher: *An Enquiry into Meaning and Truth*, 1940, *Human Knowledge: Its Scope and Limits*, 1948, und *Meine philosophische Entwicklung*, 1959.

Es ist durchaus üblich, daß Philosophen Bücher über ihre eigenen Bücher schreiben. Das bekannteste Beispiel dafür liefert vielleicht Nietzsche mit seinem *Ecce Homo*, das beste mir bekannte ist jedoch Russells *Meine philosophische Entwicklung*. Ehe ich es gelesen hatte, hielt ich es für ein leichtgewichtiges Werk, einen Versuch, die nachdenklichen Erinnerungen eines sehr alten Mannes zu verbreiten. (Im Jahr seiner Veröffentlichung war Russell 87.) Doch das trifft nicht zu. Es ist ein solide konstruiertes, elegant geschriebenes, gehaltvolles Buch, das sich an den seriösen Studenten der Philosophie richtet, das von Russells legendärer Klarheit geprägt ist und doch keine Zugeständnisse an die möglichen Wissenslücken seiner Leser macht. Russell scheint drei Schritte zurückgetreten zu sein und sein Lebenswerk noch einmal ganz neu ins Auge gefaßt zu haben. Er faßt es nicht nur zusammen, sondern zeigt seine Entwicklungen auf und kommentiert sie mit seltener Klarsicht. Das Buch enthält die Früchte von mehr als sechs Jahrzehnten ungewöhnlich harten Nachdenkens und ist geradezu vollgestopft mit intellektueller Nahrung. Zudem besitzt es den Vorteil privilegierter Autorität: Wenn Russell sagt, er habe in dem und dem Buch vor allem p klarstellen wollen, oder er habe in diesem und jenem Zusammenhang mit q in Wirklichkeit folgendes gemeint, dann muß er das schließlich selbst am besten wissen, und unter normalen Umständen sollte sich jede weitere diesbezügliche Diskussion erübrigen. Das Buch wird unterschätzt, aber ich vermute, daß es im Lauf der Zeit zu weitaus größerer Achtung gelangen wird, als es sie heute genießt.

Russells *Philosophie des Abendlandes*, 1946 erschienen, wird dagegen überschätzt. Selbst wenn wir bedenken, daß der Raum begrenzt war, ist seine Darstellung des Werks der einzelnen wichtigen Philosophen unzulänglich. Der Umgang mit dem Stoff ist oberflächlich, um nicht zu sagen albern – es werden zum Beispiel unzählige Witze gerissen, die zwar durchaus komisch sind, ihrem Objekt aber Unrecht tun. So etwas kann im Alltagsgespräch höchst amüsant sein, aber in einer Einführung für Anfänger ist es absolut fehl am Platze. In diesem Buch setzt Russell sich an keiner Stelle mit Ideen auseinander oder behandelt sie auch nur mit gebührendem intellektuellem und emotionellem Ernst. Und der geniale Denker Russell mißversteht Kant und damit die gesamte philosophische Tradition, die auf Kants Werk aufbaut. Das gesamte Kapitel über Schopenhauer verrät, daß Russell dessen wichtigste Werke niemals gelesen hat. Sicher, dieses Buch konnte nur von jemandem geschrieben werden, der über einen reichen Schatz an historischem und philosophischem Wissen verfügt – aber es ist ein bloßer Mischmasch.

Russell selbst war vom Erfolg dieses Werks überrascht. Er hatte es ganz nebenbei geschrieben und es während der Arbeit daran niemals für ein wichtiges Buch gehalten. Für ihn war es eine Brotarbeit und eine Möglichkeit zur Zweitverwertung der vielen Notizen, die er für seine Vorlesungen zusammengestellt hatte. Während des Zweiten Weltkrieges hielt er sich eine Zeitlang in den USA auf und konnte wegen des Kriegsgeschehens nicht nach England zurückkehren. In den USA jedoch fand er keine Dozentenstelle, da ein Gericht seine allgemein bekannten Ansichten über sexuelles Verhalten für jugendgefährdend und damit ihn als zum Lehrer ungeeignet erklärt hatte. Er mußte jedoch seinen Lebensunterhalt verdienen, und deshalb gab er in Philadelphia Kurse für Erwachsene. Seine *Philosophie des Abendlandes* ist das Produkt dieser Lehrtätigkeit. Meiner Ansicht nach erklärt die Tatsache, daß es ursprünglich als Unterlage für Abendkurse entwickelt worden ist, so ungefähr alles an diesem Buch: Seine intellektuelle Seichtigkeit, sein Zurückschrecken vor Seriosität, sein erbarmungsloser Unterhaltungswille, sein erklärtes Programm (das nicht in die Tat umgesetzt wird, was auch gar nicht möglich wäre), Philosophie zu den gesellschaftlichen und politischen Verhältnissen in Beziehung zu setzen, unter denen sie entwickelt wird; der unverhältnismäßig große Raum, der für christliche Philosophie reserviert ist (was vermutlich mit den gesellschaftlichen Umständen zusammenhängt, unter denen die Notizen für dieses Buch zusammengetragen wurden); und sein weltweiter Verkaufserfolg. Seine fehlende Seriosität und seine Unterhaltsamkeit und Leichtfaßlichkeit empfehlen es vermutlich Hunderttausenden von Lesern, die philosophische Probleme niemals ernst nehmen würden. Für andere kann es vielleicht eine Vermittlerrolle spielen: Es könnte sie an die Philosophie heranführen. Andererseits mag es ebensoviele Leser davon überzeugen, daß die Beschäftigung mit Philosophie die Mühe nicht lohnt oder daß sie nach Lektüre dieses Buches bereits alles wissen. Wenn wir das alles bedenken, dann hat dieses Buch es wirklich nicht verdient, gelesen zu werden.

Russells letztes seriöses philosophisches Werk, ehe er mit *Meine philosophische Entwicklung* seine gesamte Produktion noch einmal unter die Lupe nahm, war *Human Knowledge: Its Scope and Limits*. Ich glaube, daß er in diesem Buch die Position zusammenfassen wollte, die er nach seiner lebenslangen Suche nach sicheren Grundlagen für ein empiristisches Weltbild endlich erreicht hatte. Das Buch gibt zu, daß diese Suche kein Ergebnis erbracht hat. Ob die Anspielung im Titel bewußt geschehen ist oder nicht, weiß ich nicht, aber der Titel zeigt unübersehbare Anklänge an Kant. Nachdem er fast sein ganzes Leben hindurch Kant zurückgewiesen und versucht hatte, philosophische Fragestellungen von dem Punkt an weiterzuentwickeln, an dem Hume aufgehört hatte, fühlt Russell sich am Ende gezwungen, widerwillig zuzugeben, daß Kant recht hatte. Bezeichnenderweise erwähnt er dabei jedoch nicht den Namen Kants, sondern nur Kants grundlegendste Doktrin. Er gibt zu (seine Worte), daß wir nur dann Wissen über diese Welt erwerben können, wenn wir bestimmte »kausale Prinzipien« oder »Postulate« auf sie anwenden, die nicht *a priori* sind, und sich dennoch nicht aus der Erfahrung ableiten lassen. Nur dann können wir ein System der Welt errichten, das ausschließlich und konsequent auf empirischen Prinzipien beruht. Im allerletzten Absatz seines Buches sagt er dann sinngemäß, daß wir unsere Postulate auf diese Art zwar in einen Rahmen einfügen könnten, der eine Art empiristischen »Beigeschmack« habe, daß unser Wissen um und über diese Postulate – soweit wir es besitzen – aber unbestreitbar nicht auf der Erfahrung begründet werden könne, obschon all ihre verifizierbaren Konsequenzen sich durch die Erfahrung bestätigen lassen. So gesehen müßten wir also zugeben, daß sich der Empirismus als Theorie des Wissens als unzugänglich erwiesen habe.

Rund einhundertfünfzig Jahre nach Kants Tod war das der Schluß, zu dem sich ein genialer empiristischer Philosoph nach über einem halben Jahrhundert eigenständigen Nachdenkens und rigoroser Zurückweisung Kantscher Aussagen gezwungen sah. Die eigentliche Tragödie an all dem ist, daß Russell den größten Teil seines Lebens brauchte, um exakt jenen Punkt zu erreichen, an dem Kants kritische Philosophie überhaupt erst angesetzt hatte. Wenn Russell sich Kant schon als junger Mann genähert hätte, dann hätte er seine Karriere als Philosoph an jenem Punkt beginnen können, an dem sie in Wirklichkeit endete. So wie er bei der mathematischen Logik mehrere Jahre angestrengten, unabhängigen und zutiefst eigenständigen Denkens in eine Arbeit investiert hatte, die von Frege bereits geleistet worden war, brauchte er in der allgemeinen Philosophie seine gesamte großartige Karriere, um zu dem Schluß zu gelangen, daß der Empirismus aus Gründen zutiefst unzulänglich ist, die schon Kant angeführt hat.

Noch bitterer ist die Ironie, daß Kant diese Erkenntnis unmittelbar Russells Landsmann Hume verdankt.

Ich glaube, daß diese Katastrophe sich zum Teil aus den geistesgeschichtlichen Gegebenheiten erklären läßt. Kants Philosophie ist in Großbritannien niemals allgemein anerkannt worden. Der deutsche Idealismus, der im späten 19. Jahrhundert in Cambridge die Philosophie dominierte, war hegelianisch, nicht kantianisch, und die bedeutendsten Gestalten dort, wie etwa McTaggart, galten zu Recht als Neo-Hegelianer. Russell und Moore kamen aus dieser Tradition. Wir vergessen nur zu leicht, daß Russells erste Veröffentlichung ein neo-hegelianisches Werk war. Wir müssen uns stets vor Augen halten, daß er und Moore gegen ihren intellektuellen Hintergrund rebellierten und Hegel und den Neo-Hegelianismus verwarfen, ohne sich jemals mit Kant beschäftigt zu haben. Sie glaubten, sich durch den deutschen Idealismus hindurchgefressen zu haben und auf der anderen Seite wieder herausgekommen zu sein, doch in Wirklichkeit hatten sie dabei nicht den kleinsten Bissen Kant in sich aufgenommen. Ihre Einwände gegen den deutschen Idealismus lassen sich auf die hegelianische Philosophie anwenden, auf Kant in entscheidenden Punkten jedoch nicht. Er wurde bei dem ganzen Prozeß also gewissermaßen mit dem Bade ausgeschüttet. Und da der junge Russell nicht gelernt hatte, was Kant ihn hätte lehren können, brauchte er ein ganzes Leben des unabhängigen Denkens, um an Kants Ausgangspunkt anzukommen. Aus diesem Grund bezweifle ich, daß irgendeines von Russells Werken zukünftig noch zur Pflichtlektüre für Philosophiestudenten gehören wird. Selbst seine wegweisende Arbeit auf dem Gebiet der mathematischen Logik ist inzwischen naturgemäß von neueren Entwicklungen überholt worden.

Doch trotz alledem kann man Russell noch immer mit Freude und Gewinn lesen, vor allem weil sein Werk sich weit angenehmer liest als das der meisten anderen Philosophen (seit der klassischen Antike haben vielleicht nur Schopenhauer und Nietzsche einen vergleichbaren Stil entwickelt). Das Thema mag noch so kompliziert sein, Russell bleibt stets klar und verständlich, manchmal in erstaunlichem Maße, ohne jedoch im Interesse dieser Klarheit sein Licht unter den Scheffel zu stellen. Ganz im Gegenteil:

All seine Schriften zeugen von einer ausgeprägten und unverwechselbaren Persönlichkeit. Egal, worüber er auch schreibt, stets wird auch der breitere Hintergrund seiner Ausführungen vermittelt, so daß an jeder Stelle eine ganze Weltanschauung präsent ist. Sein Stil ist durchgängig elegant und schwungvoll, oft witzig – und witzige Philosophie kann es gar nicht genug geben. Kurzum: Russell zu lesen ist fast immer ein Genuß. Jeder, der über ernsthafte Themen schreiben will, sollte bei Russell in die Lehre gehen. Bei ihm erfährt er, wie sich das mit leichter Hand machen läßt, selbst wenn das Gesagte noch so verwickelt oder tiefgründig sein mag.

Zweitens stellt Russell für das 20. Jahrhundert das bemerkenswerteste Beispiel eines hochbegabten Philosophen dar, der versucht, ein funktionierendes empiristisches Programm aufzustellen. Vor dem Hintergrund der großen Leistungen Lockes, Berkeleys, Humes, Mills und der amerikanischen Pragmatiker leistet er Buch für Buch einen heroischen Kampf, verfolgt sein Ziel auf mannigfache Weise und sieht sich am Ende dann doch jedesmal zu der Erkenntnis gezwungen, daß dieser Versuch ihn zu unakzeptablen Standpunkten oder Widersprüchen führt – worauf er im nächsten Buch oder den nächsten Büchern seinen Kurs ändert. Seine intellektuelle Redlichkeit, wenn es darum geht, die Probleme einzugestehen und zu attackieren, die sich aus seinen eigenen Ansichten ergeben, ist beispielhaft. Ihn auf diesen Reisen zu begleiten ist für jeden an der Philosophie Interessierten eine lohnende Erfahrung, zumal es auch noch Spaß macht. Jedes seiner Bücher ist eine Suche, die nicht zum gewünschten Erfolg führt, und vertritt deshalb auch keine haltbare Position, in den meisten Fällen nicht einmal eine, die der Autor selbst gerne beibehalten hätte. Und doch zeigt Russells Werk in vieler Hinsicht exemplarisch auf, wie philosophische Untersuchungen durchgeführt werden sollten – und worin die allgemeinen und besonderen Unhaltbarkeiten des Empirismus bestehen. Jeder, der in der empiristischen Tradition der angelsächsischen Welt erzogen worden ist, sollte schließlich wissen, warum diese Tradition aufgegeben werden muß.

Drittens ist Russell der bislang einflußreichste Philosoph des 20. Jahrhunderts. Er ist der Begründer der analytischen Philosophie. Er »entdeckte« das Werk des bis dahin kaum bekannten Frege und machte es international bekannt. Durch Russells Werk kam Wittgenstein zur Philosophie – der junge Wittgenstein gab sein Studium des Flugzeugbaus an der Universität Manchester auf, um in Cambridge bei Russell Philosophie zu hören. Und wie schon gesagt war Russell auch der intellektuelle Pate des Wiener Kreises, dessen Mitglieder es vor allem ihm zuschrieben, daß sie auf den richtigen Weg geführt worden waren. Ihr fähigster Kopf, Rudolf Carnap, wollte eine Kunstsprache konstruieren, in der rationales Denken möglich sein, die jedoch keine der logischen Unreinheiten der natürlichen Sprachen aufweisen sollte; und dabei war er überzeugt, eine von Russell aufgezeigte Möglichkeit und Notwendigkeit zu erfüllen. Quine begann seine Fachkarriere damit, daß er Carnaps Werk auf phantasievolle Weise weiterführte, wobei seine Verehrung für Carnap und Russell niemals kleiner wurde. Als Karl Popper seine Bücher nicht mehr in seiner deutschen Muttersprache schreiben konnte und auf das Englische überwechseln mußte, nahm er sich Russells Stil zum Vorbild. A. J. Ayer betete Russell geradezu an und ahmte deshalb nicht nur dessen Prosa-, sondern auch dessen Lebensstil nach. Auf irgendeine Weise hat Russell jeden der wichtigsten Philosophen beeinflußt, die nach ihm im englischen Sprachraum zu Bedeutung gelangten.

Schließlich war Russell eine der hervorragendsten Persönlichkeiten seines Zeitalters. Wie Voltaire im Frankreich des 18. Jahrhunderts ist er ein Beispiel dafür, wie wir die Gesellschaft, in der er lebte, zu verstehen haben. Als Enkel eines Premierministers, dessen Adelstitel er erbte, gehörte er von Kindheit an zu den Privilegierten dieser Gesellschaft und war an den Umgang mit Berühmtheiten jeglicher Couleur gewöhnt. Er wurde zum wichtigsten Vertreter einer bestimmten Richtung von radikal-liberalen Einstellungen, die vielleicht am besten in seiner pazifistischen Ablehnung des Ersten Weltkriegs und in seinem Engagement für sexuelle Freizügigkeit und die Abschaffung jeglicher Zensur zum Ausdruck kommen. Diese Ideen setzten sich erst in den sechziger Jahren wirklich durch, und ließen den damals bereits hochbetagten Russell zum Helden der radikalen Jugend avancieren, doch er hatte schon jahrzehntelang aktiv Propaganda dafür gemacht und war damit häufig seiner Zeit so weit voraus gewesen, daß seine Umgebung nicht bloß schockiert war, sondern ihn regelrecht empörend fand. Er hatte sich in der Tat auf jede ihm nur mögliche Weise für seine Anschauungen eingesetzt: Er hatte seinen ungewöhnlich großen Bekanntenkreis, zu dem viele einflußreiche Persönlichkeiten gehörten, mit einem endlosen Strom von Briefen und Memoranden bombardiert; hatte Vorlesungen und Vorträge gehalten; hatte Bücher und Artikel geschrieben; war erst im Radio und später im Fernsehen aufgetreten; hatte fürs Parlament kandidiert, eine Schule gegründet und sich für die Werke aller eingesetzt, die ähnliche Ansichten wie er vertraten. Und bei alldem hatte er nicht nur sein offenbar unerschütterliches Selbstvertrauen bewahrt, sondern auch seinen lebhaften Stil, seine bewundernswerte Klarheit und seinen nie versagenden Humor. Er war der oberste Prophet und der oberste Verkünder einer Weltsicht, die die liberale Gesellschaft Großbritanniens im letzten Drittel des 20. Jahrhunderts prägen sollte. Es ist nur schwer vorstellbar, wie zukünftige Historiker diese Zeit verstehen könnten, ohne sich zuvor mit Bertrand Russell vertraut zu machen.

ELFTES KAPITEL

Gespräche mit Popper

Im Jahr 1959 lernte ich die meiner damaligen Ansicht nach beiden besten lebenden Philosophen des englischen Sprachraums kennen, Bertrand Russell und Karl Popper. Popper war damals fünfundsechzig, Russell war siebenundachtzig, ich war neunundzwanzig. Diese Altersunterschiede ließen natürlich unsere jeweiligen Beziehungen nicht unbeeinflußt. Popper wurde zum lebenslangen Freund, Russell traf ich drei oder vier Jahre lang recht häufig, danach mußte ich wie viele andere erleben, daß Ralph Schoenman jeglichen weiteren Kontakt unterband. Wir hatten schon längst nichts mehr miteinander zu tun, als er 1970 im Alter von siebenundneunzig Jahren starb.

Ich sah Popper zum ersten Mal, als er bei einem Kongreß der Aristotelischen Gesellschaft in London am 13. Oktober 1958 die Eröffnungsrede hielt. Ich hatte in einer philosophischen Zeitschrift von dieser Veranstaltung gelesen und wollte Popper gern einmal leibhaftig erleben. Damals gab es auf Englisch nur zwei Bücher von ihm (inzwischen sind es ein Dutzend): *Die offene Gesellschaft und ihre Feinde* und *Das Elend des Historizismus*. Nach ihrer Lektüre hielt ich ihn für einen politischen Philosophen, wenngleich für einen großen. Ich hatte *Die offene Gesellschaft* zweimal gelesen, und das Buch hatte mein politisches Denken bereits stärker beeinflußt als irgendein Werk eines anderen Autors. Und deshalb war ich neugierig auf den Menschen Popper.

Das Publikum, das sich fast ausschließlich aus zum Teil bekannten Fachphilosophen zusammensetzte, wartete bereits, als Redner und Vorsitzender miteinander durch den langen Mittelgang zum Rednerpult schritten. Und mir ging auf, daß ich nicht wußte, welcher der beiden Popper war. Ich fand es verwirrend, die beiden aus nächster Nähe zu sehen und zu wissen, daß einer von ihnen derjenige war, der mich so sehr beeinflußt hatte – aber welcher? Aber da der eine Mann eine massive, selbstsichere Gestalt war, der andere dagegen klein und unscheinbar, hielt ich den ersten für Popper. Ich brauche wohl kaum zu erwähnen, daß ich mich damit getäuscht hatte. Dem farblosen kleinen Mann fehlte die Ausstrahlung jedoch nur, solange er nicht sprach – und selbst dann zog nicht sein Auftreten die Aufmerksamkeit aller auf sich, sondern das, was er sagte. Ich war hin und weg von seinem Vortrag – und völlig entsetzt von der darauf folgenden Diskussion.

Das Thema des Vortrags lautete *Zurück zu den Vorsokratikern*, und unter diesem Titel wurde er dann auch später in Poppers 1963 erschienenem Werk *Vermutungen und Widerlegungen* veröffentlicht. Es geht darin vor allem darum, daß die einzig brauchbare Art, das menschliche Wissen zu erweitern, in einem stetigen Feedback von Kritik besteht. So ausgedrückt mag sich das selbstverständlich anhören, aber die eigentliche Sprengkraft dieser These liegt in dem, was sie bestreitet – nämlich, daß wir weit kommen können, wenn wir versuchen, die Erweiterung unseres Wissens auf Beobachtung und Experiment zu basieren, Beobachtungen und Experimente, sagt Popper, spielen dieselbe Rolle wie kritische Argumente, wir können mit ihrer Hilfe Theorien überprüfen, in Frage stellen und sogar zurückweisen, aber ihre einzige wirkliche Bedeutung liegt darin, daß sie potentielle Theorie-Kritik darstellen. Wir können unser Wissen erweitern, indem wir uns plausible Erklärungen für bisher unerklärte Phänomene oder mögliche Problemlösungen überlegen und diese dann auf die Probe stellen. Wir unterwerfen sie kritischer Untersuchung, diskutieren sie mit anderen Menschen und warten ab, ob irgend jemand schwache Stellen aufzeigen beziehungsweise Beobachtungen oder Experimente entwickeln kann, die sie widerlegen. Die Logik dieser Situation ist folgende: Wir beginnen mit einem Problem – es kann ein praktisches Problem sein, muß es aber nicht; vielleicht wollen wir nur irgend etwas verstehen oder erklären. Dann benutzen wir unser

Verständnis dieses Problems sowie unseren Intellekt und unsere Phantasie, um eine mögliche Lösung zu finden. An diesem Punkt ist unsere mögliche Lösung eine Theorie, die zutreffen kann oder auch nicht, bisher aber noch nicht überprüft worden ist. Also unterwerfen wir diese Vermutung Tests – in Form von kritischen Diskussionen sowie von Beobachtung und Experiment – die, wenn sie überhaupt als Test durchgehen wollen, die Möglichkeit der Widerlegung in sich tragen müssen. Daher der Titel *Vermutungen und Widerlegungen*, in dem eine komplette Erkenntnistheorie enthalten ist.

Und so kommen dabei die Vorsokratiker ins Spiel: Popper behauptet, daß die Tradition der kritischen Diskussion als bewußtem Versuch, unser Wissen zu erweitern, auf sie zurückgeht. Vor ihnen betrachteten seiner Ansicht nach alle Gesellschaften Wissen als etwas, das unverletzt und unverfälscht von einer Generation an die nächste weitergegeben werden mußte. Zu diesem Zweck entstanden spezielle Institutionen – Mysterienkulte, Kirchen und zu einem fortgeschritteneren Zeitpunkt Schulen. Große Lehrer und ihre Schriften galten als Autoritäten, denen nicht widersprochen werden konnte; schon der bloße Nachweis, daß sie eine bestimmte Aussage gemacht hatten, galt als Beweis für deren Richtigkeit. Abweichende Meinungen wurden in primitiven Gesellschaften normalerweise mit dem Tode bestraft.

Das alles führte dazu, daß die grundlegenden Doktrinen und Wissensinhalte einer Gesellschaft nahezu statisch blieben, vor allem wenn sie in als heilig betrachteten Schriften festgehalten waren. Vor diesem Hintergrund führten die vorsokratischen Philosophen der griechischen Antike etwas gänzlich Neues und Revolutionäres ein: Sie institutionalisierten die Kritik. Seit Thales ermunterte jeder von ihnen seine Schüler zu diskutieren, debattieren, *kritisieren* – und nach Möglichkeit ein besseres Argument oder eine bessere Theorie zu entwickeln. Das waren, so Popper, die historischen Ursprünge der Rationalität und der wissenschaftlichen Methode, und sie waren unmittelbar verantwortlich für das rapide Wachstum des menschlichen Wissens, das nicht nur das antike Griechenland kennzeichnet, sondern die gesamte westliche Kultur, die sich seit der Renaissance als Testamentsvollstreckerin der Antike betrachtet.

Wir haben es hier natürlich mit gleich zwei Thesen zu tun. Die eine befaßt sich mit Methoden, die andere stellt eine historische Behauptung auf – und sie unterscheiden sich extrem in ihrer Bedeutung. Wichtig ist vor allem, ob die von Popper empfohlene Methode wirklich so hilfreich ist, wie er meint. Das Problem, wer sie zuerst verwendet hat, ist im Vergleich dazu nahezu bedeutungslos und steht mit der Hauptfrage nicht einmal in logischem Zusammenhang. Ob die Methode nun von den Vorsokratikern oder einer anderen Schule vor ihnen entwickelt worden ist, sagt nichts darüber aus, ob sie tragfähige Ergebnisse erbringen kann. Wenn sie stichhaltig ist, dann bedeutet das den Todesstoß für eine jahrhundertealte empirische Tradition innerhalb der Philosophie, eine Tradition, deren wichtigster Lehrsatz besagt, daß unser gesamtes Wissen über die Welt mit der Erfahrung beginnen muß. Wir haben es also mit einer höchst radikalen Theorie zu tun, auch wenn es zunächst nicht so scheinen mag – sie ist historisch gesehen revolutionär, und ihre Implikationen sind gewaltig. Sie entwertet, nahezu nebenbei, Jahrhunderte philosophischen Denkens. Und viele der Zuhörer, mich eingeschlossen, wurden an diesem Tag zum ersten Mal mit dieser Theorie konfrontiert. Wir dürfen nicht vergessen, daß die *Logik der Forschung* damals noch nicht auf Englisch vorlag; und obwohl Popper einige dieser Gedanken schon in anderen Vorträgen vorgestellt hatte, waren diese damals auch noch nicht gedruckt. Ich war von seiner Argumentation intellektuell wie verzaubert – ich wußte natürlich nicht sofort, ob ich ihm zustimmen konnte, fand sie aber brillant und durchaus nicht unplausibel. Ich konnte ihre weitreichende Bedeutung ahnen, freute mich auf die Diskussion und konnte es kaum erwarten, daß gerade dieses Publikum sich darüber hermachte, denn schließlich saßen hier etliche der bedeutendsten britischen Philosophen (die meisten rechneten sich zu den Empiristen oder wurden ihnen zugerechnet).

Ich konnte es einfach nicht fassen, als während der Diskussion nicht ein einziger Zuhörer diese Theorie aufgriff oder in Frage stellte. Die gesamte und recht leidenschaftliche Diskussion drehte sich um die Frage, ob Popper diesen oder jenen vorsokratischen Philosophen korrekt dargestellt habe, was wiederum zu der Frage führte, ob dieses oder jenes Fragment anders interpretiert werden müsse, und ob die Mehrdeutigkeiten eines bestimmten griechischen Wortes hier auch wirklich genügend berücksichtigt worden seien. Während all das ablief, schaute ich mich ungläubig im Saal um. Diese Leute kamen mir vor wie Passagiere der *Titanic*, die sich angesichts des herannahenden Eisbergs noch immer um die Deckstühle streiten. Uns war gerade ein möglicher Wendepunkt in der Geschichte der Philosophie überhaupt aufgezeigt worden, eine Theorie, die einige der Grundlagen, auf denen viele von uns ihre wichtigsten Annahmen aufgebaut hatten, zum alten Eisen verwies, und keiner der Anwesenden hatte auch nur die geringste Lust, darüber zu diskutieren. Als es im Lauf des Abends deutlich wurde, daß es zu einer solchen Diskussion auch nicht mehr kommen würde, erwachte mein Zorn. Zu Hause schrieb ich Popper dann einen Brief. Ich sagte darin, die intellektuelle Oberflächlichkeit der Versammlung sei zwar unentschuldbar, aber er selbst trage auch einen Teil der Schuld. Statt seine revolutionäre Theorie klar und deutlich vorzustellen, habe er sie indirekt eingeführt, getarnt als historische Untersuchung über die Vorsokratiker, und das habe das Publikum zu dem Irrglauben geführt, der ganze Vortrag handele vor allem von denen. In *Die offene Gesellschaft*, fuhr ich fort, habe er meiner Ansicht nach einen ähnlichen Fehler mit ähnlichen Konsequenzen begangen. Statt seine wichtigsten Argumente ganz unumwunden zu präsentieren, habe er sie in die Diskussion der Theorien anderer Philosophen, vor allem Platon und Marx, einfließen lassen, weshalb die meisten Akademiker anscheinend glaubten, sein Buch handele von Platon und Marx. Er müsse damit wirklich aufhören, schrieb ich. Seine Ideen seien ungeheuer wichtig, aber er trage sie auf eine Weise vor, die nahezu unausweichlich zu Mißverständnissen führen müsse.

Popper schrieb mir daraufhin, daß er gerade *Die offene Gesellschaft* für eine Neuauflage überarbeite und ausführlichere Kritik meinerseits ihm durchaus willkommen sei. Er wußte sicher so gut wie ich, daß sein gesamtes Buch radikal umgeschrieben werden müßte, wenn er meine grundlegende Kritik daran berücksichtigen wollte, und das war natürlich unmöglich. Also schickte ich ihm mehrere Bögen voller detaillierter Anmerkungen, die dann in der vierten Auflage berücksichtigt wurden. Danach schrieb er mir, daß er mich gerne treffen wolle, und lud mich in sein Arbeitszimmer in der London School of Economics ein, wo er Logik und Methodologie der Wissenschaft lehrte.

Mein Haupteindruck von ihm bei unseren frühen Treffen war der einer intellektuellen Aggressivität, wie sie mir nie zuvor begegnet war. Jeder Streitpunkt wurde von ihm bis ins kleinste ausgelotet, und dabei überschritt er immer wieder die Grenzen der im Gespräch zulässigen Aggressivität. Wie Ernst Gombrich – sein engster Freund, der ihn sehr mochte – einmal zu mir sagte, schien er einfach nicht akzeptieren zu können, daß jemand auf Dauer anderer Meinung war als er, sondern hackte mit einer gewissen Erbarmungslosigkeit so lange auf dem Punkt herum, bis der Dissident sozusagen ein förmliches Geständnis ablegte, daß er unrecht habe und Popper recht. In der Praxis bedeutete das, daß er versuchte, andere zu unterwerfen. Die Energie und Intensität, mit denen er diesen Versuch unternahm, wirkten schon fast wie eine Art Zorn. Seine gnadenlose, grimmige Konzentration auf seinen Brennpunkt ließen mich an eine Lötlampe denken, und dieses Bild von ihm behielt ich viele Jahre hindurch bei, bis er dann im Alter endlich etwas milder wurde.

All das verstieß natürlich aufs gröbste gegen den Geist des Liberalismus, den er in seinen Schriften immer wieder auf den Schild hebt. Jeglichem Liberalismus liegt Freiheit zugrunde, wie das Wort schon sagt, und wenn wir wirklich an Freiheit glauben, dann müssen wir auch das Recht anderer akzeptieren, Dinge zu tun, die wir mißbilligen und Meinungen zu vertreten, die wir nicht teilen. Mit einem Wort, Pluralismus – das Akzeptieren der Koexistenz von eigentlich unvereinbaren Haltungen – ist die Essenz des Liberalismus. Als ein in diesem Sinne Liberaler beanspruche ich für mich selbst das Recht, andere zu kritisieren und mit ihnen zu diskutieren; doch wenn unsere Diskussion an einem Punkt anlangt, wo wir uns bloß noch wiederholen, dann müssen wir es gewöhnlich bei unseren Meinungsverschiedenheiten bewenden lassen. Ich war mein Leben lang ein solcher Liberaler – aufgrund von Veranlagung, Erziehung, persönlicher Entwicklung und des glücklichen Umstands in einem Land aufgewachsen zu sein, in dem es für selbstverständlich gilt, daß jeder Mensch ein Recht auf seine eigene Meinung hat. Rein emotionell konnte Popper das alles, wenn überhaupt, nur schwer verstehen. Er benahm sich, als bestünde die angemessene Vorgehensweise darin, im Lichte rationaler Kriterien sorgsam eine Lösung zu erdenken und diese dann – nachdem man so verantwortungsbewußt und kritisch, wie man nur vermag, zu einer liberalen Ansicht darüber gelangt ist, was richtig sei – anderen durch unbeirrbare Willenskraft aufzuzwingen und dabei nicht zu locker zu lassen, bis man sich durchgesetzt hat. »Der totalitäre Liberale« lautete eine seiner Spitznamen an der London School of Economics, und dieser Name war klug gewählt.

Ich konnte das alles nicht billigen, und das führte dazu, daß Popper bei unseren frühen Diskussionen immer ziemlich wütend war, egal worum es gerade ging. Zum Glück wurde ich um so ruhiger und geistesgegenwärtiger, je wilder er tobte. Ich glaube, daß das der Grund war, warum er sein Verhalten mir gegenüber schließlich änderte – er hatte gemerkt, daß nicht selten ich bei diesen Auseinandersetzungen als Herr der Lage endete, obschon er mir an Wissen und Intelligenz überlegen war. Nur um in dieser Hinsicht nicht den kürzeren zu ziehen, was für ihn unerträglich gewesen wäre, gab er sich schließlich geschlagen und akzeptierte die nackte Tatsache meiner intellektuellen Unabhängigkeit. Danach kam ich besser mit ihm zurecht als die meisten anderen. In späteren Jahren behauptete er, ich sei bei diesen frühen Begegnungen öfters ziemlich rüde geworden, aber das kann ich nicht glauben; nachdem ich meine studentische Unreife abgeschüttelt hatte, griff ich bei Auseinandersetzungen nur noch selten zu persönlichen Grobheiten. Ich glaube eher, daß es ihn verblüffte und verärgerte, daß sich jemand, der nur halb so alt war wie er selbst, seiner intellektuellen Tyrannei widersetzte – und weil ihm das nicht paßte, empfand er mein Verhalten eben als beleidigend.

Aber seine unleugbare Größe brachte mich trotz seines Benehmens immer wieder zu ihm zurück. Wie Ray Monk, der Biograph von Wittgenstein und Russell dreiunddreißig Jahre später nach seiner ersten Begegnung mit Popper mir gegenüber bemerkte: »Man wußte einfach, daß man mit einem großen Philosophen sprach und nicht nur mit einem sehr klugen Mann.« Popper und ich sprachen über Probleme, die uns zu schaffen machten, und weil sie uns zu schaffen machten, griffen wir auch die größten davon unbefangen und unaffektiert auf – von Oxfordschem Dünkel war hier keine Spur zu erkennen. Wir stellten uns jeder Frage und untersuchten sie im Kontext des abendländischen Denkens seit der Zeit der Vorsokratiker, einer lebendigen Tradition, die bei uns im Zimmer anwesend zu sein schien. Jedes Gespräch hatte unsichtbare Teilnehmer: Platon, Hume, Kant und die anderen schienen sich an unserer Diskussion zu beteiligen, alle Aussagen wurden mit ihnen in Verbindung gebracht und dann von uns kritisch und oft abweichend kommentiert. In dieser Situation zeigte Popper sich als unabhängiger Denker; er war einfach in seinem Element. Alles, was er sagte, gehörte wirklich *ihm*, er hatte diese Gedanken entwickelt, weil ihm das Thema wichtig war, und danach hatte er es von allen anderen Seiten her abgeklopft. Etwas Vergleichbares hatte ich noch nie erlebt. Ich fühlte mich wie jemand, der voller Begeisterung Aufnahmen von Brahms' Klavierkonzerten gehört hat und der Brahms besucht, als Brahms gerade an einer neuen Komposition arbeitet und begierig auf eine kritische Reaktion ist. Ein solcher Besucher kann durch seine Reaktion vielleicht sogar einen gewissen Einfluß ausüben. Ein Zitat, auf das ich Popper aufmerksam machte, und das er späteren Ausgaben der *Offenen Gesellschaft* voranstellte, stammte von Burke: »Im Laufe meines Lebens habe ich große Männer gekannt und im Rahmen meiner Fähigkeiten mit ihnen zusammengearbeitet; aber ich habe noch keinen Plan gesehen, der nicht durch die Anmerkungen von Menschen verbessert worden wäre, die ihrem Anführer in dieser Angelegenheit weit unterlegen waren.«

Es erschien mir vorhin als ganz natürlich, ein Beispiel aus der Musik anzuführen, denn die Beziehung zwischen Popper und seinem Werk erschien mir zusehends – und das nicht zuletzt aufgrund von Poppers charakterlichen Schwächen – eher als die eines Künstlers denn als die eines Intellektuellen. Ein künstlerisches Werk ist recht häufig eine gewisse Art von Ausgleich, der das verkörpert, was dem Künstler selber fehlt. Als Wagner zum Beispiel mit der Arbeit an *Tristan und Isolde* begann, schrieb er an Liszt: »Da ich in meinem Leben niemals wahres Liebesglück genossen habe, möchte ich diesem schönsten aller Träume ein Denkmal errichten, in dem diese Liebe ein für allemal gebührend zum Ausdruck kommt.« Er komponierte diese Oper nicht in irgendeinem Liebesrausch, sondern weil dieser Liebesrausch ausgeblieben war. Das zeigt, wie große Kunst häufig entsteht (und zeigt auch, wie sehr die populäre Vorstellung, daß Künstler ihre persönlichen Erfahrungen zum Ausdruck bringen, daneben liegt). Die Beziehung zwischen Popper und seinem Werk läßt sich durchaus in diesem Licht sehen. Sein Werk ist ein Denkmal für seine Schwächen. Im Mittelpunkt seiner Philosophie steht die Überzeugung, daß Kritik mehr als alles andere Wachstum und Verbesserung erbringen kann, eben auch Wachstum und Verbesserung unseres Wissens; doch der Mensch Popper konnte keine Kritik ertragen. Niemand hat je so überzeugend wie er schriftlich die Sache von Freiheit und Toleranz vertreten; der Mensch Popper jedoch war intolerant und hatte kein wirkliches Verständnis von Freiheit. Wir alle bringen sehr viel aus unserem Unbewußten in unser intellektuelles Werk ein, bei Popper jedoch war dieser Anteil geradezu phänomenal. Und dennoch glaubte er, wir sollten auf die Vernunft schwören und sie zu unserem höchsten Ideal ausrufen. Dahinter stecken zweifellos die emotionelle Hochspannung, unter der er stand und die Tatsache, daß er nun einmal ein Genie war. Daß er selbst es nicht schaffte, seinen eigenen Ideen gemäß zu leben, spricht ebensowenig gegen diese, wie das Christentum dadurch entwertet wird, daß kaum ein Christ sich ganz und gar an dessen Gebote hält. Wir dürfen Ideen nur aufgrund ihrer eigenen Schwächen kritisieren, nicht aufgrund der Schwächen ihrer Vertreter. Wie Schopenhauer einmal bemerkte, wäre es schon eine höchst kuriose Doktrin zu fordern, daß niemand eine andere Moral empfehlen solle als jene, die er selbst praktiziert.

Poppers Ideen sind so tiefschürfend und ihre revolutionären Konsequenzen so wenig augenfällig, daß es schwer ist, jemanden zu finden, der sie wirklich ganz erfaßt hat. Er ist ein Denker, der anderen Denkern gewöhnlich eher bekannt ist, als daß sie ihn wirklich kennen würden – ganz offensichtlich haben selbst die meisten Fachphilosophen einen Großteil seiner Bücher nicht gelesen, obschon sie glauben, alles Nötige darüber zu wissen. Gemeinhin werden zwei oder drei Dinge mit seinem Namen in Verbindung gebracht – Falsifizierbarkeit, die These, daß es so etwas wie induktive Logik nicht geben kann, Angriffe auf Platon und Marx – doch mehr ist über sein Werk nur selten bekannt. Er war niemals richtig in Mode; seine Zeit muß erst noch kommen, so berühmt er auch sein mag. Und ich glaube, daß sie kommen wird.

Ein halbes Jahrhundert nach dessen Tod wird Wittgensteins Werk an Universitäten auf der ganzen Welt untersucht und gelehrt, und eben das wird wohl auch mit dem Poppers geschehen. Sein Werk kann einer derartigen Untersuchung gut standhalten, denn schließlich ist es umfassend und weitreichend wie kaum ein anderes. Popper hielt es für Zeitverschwendung, wenn ein Denker sich nur einem einzigen Thema zuwendet. Denn dann ist alles, was immer er darüber sagt, relevant. Am Ende jedoch bleibt häufig ein Gefühl von »na und?«, weil kein wirkliches Problem gelöst und keine Frage beantwortet worden ist. Sein ganzes Vorgehen war willkürlich. Popper schlägt also als allgemeines Prinzip vor, daß Denker sich nicht mit Einzelthemen befassen sollen, sondern mit Problemen, die sie wegen ihrer praktischen Bedeutung oder ihres spezifischen Interesses auswählen, und die sie dann so klar und konsequent wie möglich zu formulieren versuchen. Die Aufgabe liegt dann klar auf der Hand: Der Denker soll das Problem lösen oder zumindest zu dessen besserem Verständnis beitragen. Er erhält dabei Kriterien der Relevanz, die das meiste ausschalten, was ganz allgemein über das Problem gesagt werden könnte, und diese Kriterien ermöglichen es uns schließlich auch zu beurteilen, ob die Diskussion irgendein Ergebnis erbracht hat. Der Denker hat ein Problem zu definieren, das der Mühe wert ist, und dann eine mögliche Lösung vorzuschlagen, die Implikationen seines eigenen Vorschlages auszuleuchten, relevante Einwände zu diskutieren und überzeugende Gegenargumente auf diese Einwände vorzubringen. Da Popper selbst so schreibt, finden wir auf jeder Seite seiner Bücher, zumindest seiner besten Bücher, einen wahren Schatz an Argumenten, und immer sehen wir ein bestimmtes Ziel und eine klare Richtung. Immer schreibt er als Antwort auf eine Herausforderung und fordert selber ebenfalls heraus. Auf diese Weise liefert er nicht nur unterhaltsame, sondern auch zum Denken anregende Lektüre. Er behandelt dabei ein weites Themenspektrum: Erkenntnistheorie, Politik, Soziologie, Geschichte, Ideengeschichte, Physik, Quantenphysik, Wahrscheinlichkeitstheorie, Logik, evolutionäre Biologie, das Leib-Seele-Problem.

Wir können Popper am besten »unterbringen«, wenn wir ihn als eine Art wiedererstandenen Kantianer betrachten. Um diese

Einordnung zu begründen, müßten wir zu langen Erklärungen ansetzen. Doch es gibt in seinen Schriften einen Absatz, wo er selbst seine unmittelbare Herkunft von Kant, aber auch die seiner Ansicht nach wichtigsten Unterschiede zu Kant darstellt. Das war zwar nicht der Sinn dieses Absatzes, und Popper war überrascht, als ich ihn darauf hinwies, aber er stimmte mir dann zu. Die Passage ist zwei Seiten lang, aber es lohnt sich dennoch, sie vollständig wiederzugeben. (Ich sollte vielleicht noch anmerken, daß dieser Text ursprünglich für eine Radiosendung geschrieben wurde, was die ansonsten verwirrende Tatsache erklärt, daß so viele Wörter und Sätze hervorgehoben sind. Popper wollte sich daran erinnern, daß diese Stellen besonders betont werden mußten.)

Um das Rätsel der Erfahrung zu *lösen* und zu erklären, wie Naturwissenschaft und Erfahrung überhaupt möglich sind, konstruierte Kant seine *Theorie der Erfahrung und der Erfahrungswissenschaften*. Aber so sehr ich auch die Theorie als einen wahrhaft heroischen Versuch bewundere, das Paradoxon der Erfahrung zu lösen, so glaube ich doch, daß sie eine falsch gestellte Frage beantwortet und damit *zum Teil* irrelevant wird. Kant, der große Entdecker des Rätsels der Erfahrung, war in einem wichtigen Punkt im Irrtum. Aber ich muß sofort hinzufügen, daß sein Irrtum ganz unvermeidlich war und seiner großartigen Leistung keinerlei Abbruch tut.

Worin bestand der Irrtum? Kant war überzeugt, wie fast alle seine Zeitgenossen und wie fast alle seine Nachfolger bis ins 20. Jahrhundert hinein, daß die Newtonsche Theorie *wahr* ist. Diese Überzeugung war unvermeidlich. Die Theorie hatte die erstaunlichsten und präzisesten Voraussagen gemacht, die sich alle glänzend bewährt hatten. Nur die Unwissenden konnten an der Wahrheit der Theorie zweifeln. Wie wenig man Kant einen Vorwurf daraus machen kann, daß er an die Wahrheit von Newtons Theorie glaubte, wird am besten dadurch illustriert, daß Henri Poincaré, der größte Mathematiker, Physiker und Philosoph seiner Generation, der kurz vor dem Ersten Weltkrieg starb, ebenso wie Kant Newtons Theorie für wahr und unwiderlegbar hielt. Er war einer der wenigen, die die von Kant entdeckte Paradoxie fast so stark empfanden wie Kant selbst; und obwohl er eine Lösung vorschlug, die sich etwas von der Kants unterschied, so war doch sein Lösungsversuch nur eine Variante des Kantischen. Die Hauptsache aber ist, daß er das, was ich Kants Irrtum genannt habe, voll und ganz teilte. Es war ein unvermeidlicher Irrtum – unvermeidlich vor Albert Einstein.

Auch diejenigen, die Einsteins Gravitationstheorie nicht zu akzeptieren bereit sind, sollten zugeben, daß sie eine Leistung von wahrhaft epochaler Bedeutung ist. Denn sie bewies zumindest, daß Newtons Theorie, ob nun wahr oder falsch, jedenfalls *nicht die einzig mögliche* Himmelsmechanik war, die die Erscheinungen in einfacher und überzeugender Weise erklären und voraussagen konnte. Newtons Theorie wurde dann zum ersten Mal seit mehr als zwei Jahrhunderten wieder *problematisch*. Sie war während dieser zweihundert Jahre zu einem gefährlichen *Dogma geworden*, einem Dogma, das alle Kritiker einschüchterte. Ich habe nichts gegen jene, die Einsteins Theorie wissenschaftlich bekämpfen. Aber Einsteins Gegner, ebenso wie seine größten Verehrer, sollten ihm dafür dankbar sein, daß er die Physik von der geradezu lähmenden Zwangsvorstellung von der unwiderlegbaren Wahrheit der Newtonschen Theorie befreit hat. Einstein lehrte uns, sie als Hypothese oder ein Hypothesensystem anzusehen – vielleicht die großartigste und wichtigste Hypothese in der Geschichte der Wissenschaft und sicherlich eine erstaunliche Annäherung an die Wahrheit.

Wenn wir nun aber, im Gegensatz zu Kant, die Newtonsche Theorie als eine Hypothese betrachten, deren Wahrheit durchaus problematisch ist, dann ändert sich für uns das Problem Kants grundsätzlich. Kein Wunder, daß seine Lösung nicht mehr zu der neuen, nach-einsteinschen Fassung des Problems paßt und daß sie entsprechend abgeändert werden muß.

Kants Lösung des Rätsels ist bekannt. Er nahm an, und ich halte das für richtig, daß die Welt, wie wir sie kennen, unsere *Interpretation* des Beobachtbaren ist: *Die Welt, wie sie uns erscheint, ist unsere Interpretation im Lichte unserer von uns selbst erfundenen Theorien.* Oder in Kants eigenen Worten: »Der Verstand schöpft seine Gesetze ... nicht aus der Natur, sondern schreibt sie dieser vor.« Diesen Satz halte ich im wesentlichen für richtig, aber er ist etwas zu radikal. Ich möchte ihn folgendermaßen abschwächen: »Der Verstand schöpft seine Gesetze nicht aus der Natur, sondern er *versucht*, mit mehr oder weniger Erfolg, der Natur die von ihm erfundenen Gesetze aufzudrängen.« Der Unterschied ist dieser: Kants Formulierung behauptet nicht nur, daß unser Verstand versucht, der Natur Gesetze vorzuschreiben, sondern auch, daß er darin erfolgreich ist. Denn Kant glaubte, daß unser Verstand die Gesetze Newtons der Natur aufgedrängt hat, daß wir deshalb zwangsläufig die Natur mit Hilfe dieser Gesetze interpretieren müssen, und er folgerte daraus, daß sie *a priori* wahr sein müssen. So sieht es Kant; und ganz ähnlich sieht es Poincaré.

Doch wir wissen seit Einstein, daß abweichende Theorien und abweichende Interpretationen gleichfalls möglich und vielleicht sogar der Theorie Newtons überlegen sind. Also ist unser Verstand nicht nur einer, sondern mehrerer Interpretationen fähig. Auch hat er nicht die Macht, der Natur jede seiner Interpretationen ein für allemal aufzudrängen. Vielmehr arbeitet er mit Versuch und Irrtum. Wir erfinden unsere Mythen und unsere Theorien und probieren sie aus; wir wollen sehen, wie sie uns weiterhelfen. Und wir verbessern unsere Theorien, wenn wir dazu fähig sind. Die bessere Theorie ist die mit der größeren Erklärungskraft; die, die uns erlaubt, mehr zu erklären, genauer zu erklären und bessere Voraussagen zu machen.

Da Kant seine Aufgabe darin sah, die Einzigartigkeit und Wahrheit der Newtonschen Theorie zu erklären, so mußte er annehmen, daß diese Theorie unvermeidlich und mit logischer Notwendigkeit aus den Gesetzen unseres Verstandes folgt. Die Abänderung der Kantschen Lösung, die ich der Einsteinschen Revolution entsprechend vornehme, befreit uns von diesem Zwang. Damit werden die Theorien zu *freien* Schöpfungen unseres Verstandes, zu dem Ergebnis einer fast dichterischen Intuition, d. h. zu dem Versuch, die Gesetze der Natur intuitiv zu verstehen. Aber wir zwingen unsere Schöpfungen nicht mehr der Natur auf. Ganz im Gegenteil: Wir befragen die Natur, wie es Kant uns lehrte; und wir versuchen die Natur zu einer *negativen* Antwort auf die Frage nach der Wahrheit unserer Theorien zu bewegen; wir versuchen nicht, unsere Theorien zu beweisen oder zu *verifizieren*, sondern wir prüfen sie, indem wir versuchen, sie zu *widerlegen* oder zu *falsifizieren*.

In dieser Weise kann die Freiheit und Kühnheit der Schöpfung unserer Theorien durch Selbstkritik und strengste Prüfungen kontrolliert und eingedämmt werden. Hier, in der Nachprüfung, zieht die wissenschaftliche Strenge und mit ihr die Logik in die Erfahrungswissenschaft ein. (Zitiert nach: Karl Popper, *Vermutungen und Widerlegungen*, Bd. 1. Tübingen, 1994)

Es war die Wissenschaftsphilosophie, von der Popper ausging, als er seine grundlegendsten Ideen erarbeitete. Dazu gehört es, daß wir niemals mit Sicherheit feststellen können, ob irgendeine unbegrenzt allgemeine Aussage über die Welt – und damit jegliches naturwissenschaftliche Gesetz und jegliche naturwissenschaftliche Theorie – wahr ist oder nicht. (Es ist wichtig, sich vor Augen zu halten, daß er hierbei nicht über Einzelaussagen spricht, sondern über unbegrenzt allgemeine; einer unmittelbaren Beobachtung können wir uns bisweilen durchaus sicher sein, doch das gilt nicht für den Erklärungsrahmen, der sie erklärt. Direkte Beobachtungen und Einzelaussagen können stets auf mehr als nur eine Weise interpretiert werden.) Des weiteren sagt Popper, daß aufgrund der logischen Unmöglichkeit, die Wahrheit irgendeiner Theorie nachzuweisen, jeglicher Versuch, das zu tun, einen Versuch darstellt, *das logisch Unmögliche zu leisten*. Deshalb müssen wir nicht nur den Logischen Positivismus wegen seines Verifizierungsprinzips aufgeben, sondern überhaupt alle Philosophie und Naturwissenschaft, die Gewißheit anstrebt, ein Streben das von Descartes bis Russell das abendländische Denken geprägt hat. Weil wir im herkömmlichen Sinne des Wortes niemals »wissen« werden, ob irgendeine unserer naturwissenschaftlichen Vorstellungen der Wahrheit entspricht, ist unser gesamtes naturwissenschaftliches Wissen fehlbar und provisorisch, und das wird sich auch niemals ändern. Unser Wissen wächst nicht, wie es die Menschen jahrhundertelang geglaubt haben, durch die immerwährende Hinzufügung neuer Gewißheiten zum Vorrat der bereits vorhandenen, sondern es wächst, weil wir immer wieder vorhandene Theorien durch bessere ersetzen, also in erster Linie durch Theorien, die mehr erklären oder präzisere Voraussagen liefern. Wir müssen aber davon ausgehen, daß auch diese besseren Theorien eines Tages noch besseren weichen werden und daß dieser

Prozeß nie ein Ende nehmen wird. Was wir als unser »Wissen« bezeichnen, kann folglich niemals etwas anderes sein als Theorien, und unsere Theorien sind die Produkte unseres Geistes. Wir können nach Herzenslust neue Theorien erfinden, doch ehe wir eine solche Theorie als »Wissen« akzeptieren, müssen wir beweisen, daß sie den Theorien, die sie ersetzen soll, wirklich überlegen ist. Diesen Nachweis können wir nur erbringen, indem wir die neue Theorie einer strengen Prüfung unterziehen. Tests können zwar nicht die Wahrheit einer Theorie beweisen, aber sie können aufzeigen, daß sie falsch ist oder gewisse Schwächen hat. Obschon es für uns keinen Grund geben kann, an die Richtigkeit einer Theorie zu glauben, können wir also durchaus bedeutsame Gründe dafür haben, eine bestimmte Theorie einer anderen vorzuziehen. Darum sollten wir unsere Entscheidungen »nach bestem Wissen« treffen und gleichzeitig schon Ausschau nach einer noch besseren Theorie halten. Wenn wir Fortschritte erzielen wollen, dürfen wir nicht mit Klauen und Zähnen für existierende Theorien kämpfen, sondern müssen Kritik annehmen und unsere Theorien sterben lassen, statt uns für sie zu opfern.

Erst nachdem er diese Überlegungen im Hinblick auf die Naturwissenschaften bis ins letzte ausgefeilt hatte, erkannte Popper, daß sie auch für die Sozialwissenschaften von großer Bedeutung waren. Ein politisches oder gesellschaftliches Programm ist ein Rezept, das in hohem Maße auf empirischen Hypothesen basiert – »wenn wir x erreichen wollen, müssen wir A tun, aber wenn uns y lieber ist, dann ist B vonnöten«. Wir können niemals mit Sicherheit wissen, ob derartige Hypothesen richtig sind, und tatsächlich zeigt dann ja auch die Erfahrung, daß sie fast immer ihre Schwächen haben und manchmal völlig falsch sind. Vernünftigerweise sollten wir sie also so streng wie nur möglich einer kritischen Überprüfung unterziehen, ehe wir sie in die Tat umsetzen, und sie anhand der Ergebnisse dieser Kritik nötigenfalls revidieren. Wenn wir uns dann zum Handeln entschlossen haben, sollten wir die praktische Umsetzung unserer Theorie im Auge behalten, um zu sehen, ob sich unerwünschte Nebenwirkungen einstellen, und bereit sein, unsere Hypothese angesichts derartiger negativer Testergebnisse eventuell nochmals zu ändern. Wieder geht es Popper darum, daß wir besser Hypothesen opfern sollten als menschliche Wesen oder wertvolle Ressourcen (einschließlich Zeit). Eine Gesellschaft, die so vorgeht, wird die Ziele ihrer Planer eher erreichen als eine, in der es verboten ist, das politische Programm kritisch zu diskutieren oder sich kritisch zu den praktischen Konsequenzen seiner Umsetzung zu äußern. Unterdrückung von Kritik führt dazu, daß beim Aufstellen der politischen Richtlinien mehr Fehler unentdeckt bleiben, als es sonst der Fall wäre und daß bereits eingeführte falsche Vorgehensweisen länger bestehen bleiben, ehe sie geändert oder aufgegeben werden. Auf dieser Basis errichtet Popper ein massives Gebäude von Argumenten für seine Überzeugung, daß selbst rein praktisch und ohne alle ethischen Erwägungen betrachtet eine freie (oder wie er sagt »offene«) Gesellschaft auf Dauer raschere und bessere Fortschritte erzielt als irgendeine Form von autoritärer Herrschaft. Seiner politischen Philosophie liegt – wie schon seinen erkenntnistheoretischen Überlegungen und seiner Wissenschaftsphilosophie – die Vorstellung zugrunde, daß es zwar einfach ist, sich zu irren, aber unmöglich, jemals mit Sicherheit zu wissen, daß man recht hat, und daß Verbesserungen ohne Kritik nicht möglich sind.

In der Politik (anders als in der Wirtschaft) ist das ein zutiefst neues Argument von unermeßlicher praktischer Bedeutung. Vor Popper glaubte nahezu jedermann, Demokratie müsse notwendigerweise ineffizient und langsam sein, selbst wenn sie trotzdem vorzuziehen sei, weil sie Freiheit bietet und ethisch betrachtet noch andere Dinge für sie sprechen; als effizienteste Regierungsform galt theoretisch irgendeine Form von aufgeklärter Diktatur. Diese Vorstellungen konnte Popper widerlegen. Er liefert uns ein ganz neues und tieferes Verständnis der Tatsache, daß es sich bei den meisten materiell erfolgreichen Gesellschaften der Welt um liberale Demokratien handelt. Sie können sich diesen teuren Luxus namens »Demokratie« nicht etwa deshalb leisten, weil sie wohlhabend sind (auch das war zuvor eine weitverbreitete Ansicht). Ganz im Gegenteil: Die Demokratie hat entscheidend dazu beigetragen, sie aus einer Situation herauszubringen, in der die meisten ihrer Mitglieder arm waren, was in fast allen dieser Gesellschaften der Fall war, als diese Regierungsform dort eingeführt wurde.

Selbst diese kurze Skizze hat hoffentlich einen Eindruck von der Beziehung zwischen Poppers politischem und seinem wissenschaftlichen Denken vermittelt. Zu der Zeit, als ich ihn kennenlernte, wurden diese Zusammenhänge nicht überall verstanden, und auch ich selbst war mir darüber nicht im klaren. Poppers wegweisendes Werk zur Wissenschaftsphilosophie, die *Logik der Forschung*, lag damals nur in einer extrem schwer aufzutreibenden deutschen Vorkriegsausgabe vor und sollte erst später im selben Jahr, 1959, in englischer Übersetzung erscheinen. Das war genau ein Vierteljahrhundert nach der Wiener Erstveröffentlichung, aber erst durch diese englische Ausgabe wurde es den Philosophen der Nachkriegszeit allgemein vertraut.

Die derzeit lieferbare deutsche Ausgabe ist zu mehr als fünfzig Prozent eine Rückübersetzung der englischen Fassung. Dieser unbefriedigende Zustand ist überhaupt typisch für Poppers Werk. Sein erstes Buch, *Die beiden Grundprobleme der Erkenntnistheorie*, wurde erst sechsundvierzig Jahre nach seiner Entstehung auf Deutsch veröffentlicht und liegt bisher nicht in englischer Übersetzung vor, weshalb es im englischen Sprachraum unbekannt ist. Drei Bücher, die er auf dem Höhepunkt seines Schaffens in englischer Sprache schrieb – *Realism and the Aim of Science, The Open Universe: An Argument for Indeterminism*, und *Quantum Theory and the Schism in Physics* – existierten ein Vierteljahrhundert lang nur als Korrekturfahnen. Und manche Bücher sind überhaupt noch nicht veröffentlicht worden. Diese ungewöhnliche Langsamkeit, mit der Poppers Denken sozusagen ans Licht gekrochen ist, steht in Zusammenhang mit der Langsamkeit, mit der sein Werk verstanden und gewürdigt worden ist. Selbst ich, der ich sehr vertraut damit bin, erfuhr von Poppers Wissenschaftsphilosophie erst, nachdem ich ihn persönlich kennengelernt hatte – und erst dann war ich in der Lage, seine politische Philosophie vollständig zu begreifen, obschon ich sie auch vorher schon sehr geschätzt hatte. Was die befriedigende Verbreitung seiner Vorstellungen angeht, war Popper in mehr als einer Hinsicht sein eigener ärgster Feind.

Obwohl ich Popper als großen Philosophen betrachte, stimme ich doch in mancher Hinsicht durchaus nicht mit ihm überein – aber das geht mir bei allen großen Philosophen so. Er selber hielt den Konflikt zwischen Realismus und Idealismus für das wichtigste philosophische Thema überhaupt und war selber durch und durch Realist. Ich dagegen bin wohl eher eine Art transzendentaler Idealist, auch wenn ich nicht weiß, welcher Art. Die wichtigsten Erfahrungen, die wir Menschen im Leben machen – und hier denke ich vor allem an unser Bewußtsein unserer eigenen Existenz, gefolgt von Beziehungen zu anderen Menschen, vor allem an Sexualität und ihre Konsequenzen, und an unser Erleben der Kunst – werden in Poppers Werk kaum behandelt; er schreibt ganz einfach nicht über die Dinge, die mich am meisten interessieren. Wie Kant hält er Vernunft für das Grundprinzip der Ethik, und ich bin da ganz anderer Ansicht. Popper und ich denken also in vielen Bereichen ganz unterschiedlich. Am stärksten stimme ich mit ihm in bezug auf politische und gesellschaftliche Fragen überein; wenn ich behaupte, in dieser Hinsicht unendlich viel von ihm gelernt zu haben, dann ist das durchaus nicht übertrieben. Ich halte ihn für einen genialen politischen Philosophen. Wirklich bedeutend sind auch seine Beiträge zur Theorie des empirischen Wissens und vor allem zur Wissenschaftstheorie – hier stimme ich Peter Medawar zu, der Popper für den besten Wissenschaftsphilosophen aller Zeiten hält. Insgesamt würde ich ihn durchaus als den hervorragendsten Philosophen des 20. Jahrhunderts bezeichnen. Aber gleichzeitig möchte ich auch aufzuzeigen versuchen, wo seine Grenzen liegen.

Kants Unterscheidung zwischen Noumenon und Phänomenon erscheint mir als größte Einzelleistung in der Geschichte der Philosophie. Sie verkörpert ein grundlegend neues und sogar revolutionäres Konzept für unser Verständnis der Grenzen des Verstehbaren. Und wenn dieses Konzept auch nicht ganz zutrifft, so weist es doch in die richtige Richtung. Da es den größten Schritt nach vorn im Verständnis der Situation des Menschen darstellt, der je getan wurde, ist es kein Wunder, daß Kant bei dieser Pionierleistung große Fehler unterliefen. Danach war es die dringlichste Aufgabe der Philosophie, seine wichtigsten Fehler zu korrigieren und die Beziehung zwischen Noumenon und Phänomenon weiter auszuleuchten. Es gibt einen Philosophen, der diese Aufgabe überzeugend meistert, Schopenhauer nämlich, aber dessen Werk entdeckte ich erst viele Jahre später. Bis dahin hatte ich ein völlig falsches Bild von ihm als Philosophen – ich hielt ihn für eine Art

Hegel, und da in Großbritannien so gut wie kein Fachphilosoph Schopenhauer las und er nur selten erwähnt wurde, blieb diese irrige Annahme jahrelang unkorrigiert. Nachdem ich Kant studiert hatte, wußte ich, was ich suchte, mir war jedoch nicht klar, wieviel von dem Gesuchten bereits zur Verfügung stand. Popper konnte es jedenfalls nicht bieten. Er korrigierte einen sehr wichtigen Irrtum Kants, worauf er in dem langen Zitat auf den Seiten 264–267 eingeht. Poppers eigener Beitrag zur Erkenntnistheorie besteht weitgehend aus seiner Erweiterung dieser Erkenntnis, und dieser Tatsache war er sich durchaus bewußt. Es gibt jedoch keinen Anhaltspunkt für die Annahme, daß er auf eine Kant vergleichbare Weise an die Existenz des Noumenon glaubt. Er glaubt durchaus, daß die Realität auf Dauer verborgen bleibt, aber diese verborgene Realität hält er für auf transzendentale Weise real.

Kant war ein empirischer Realist, doch ein transzendentaler Idealist; Popper ist ein empirischer und zugleich ein transzendentaler Realist. Seine Erkenntnistheorie basiert auf der Beziehung zwischen einer für ihn transzendental realen, aber nicht unmittelbar zugänglichen materiellen Welt (die unabhängig von uns existiert) und den Kenntnissen, die wir Menschen über diese Welt besitzen (einer menschlichen Schöpfung also). Auf diese Weise hat er das klassische und unlösbare Grundproblem des Empirismus neu formuliert. Weil ich davon überzeugt bin, daß die empirisch erfahrbare Welt so gut wie sicher transzendental ideal ist, glaube ich nicht, daß Popper wirklich über das geschrieben hat, worüber er selbst zu schreiben glaubte. Was er meiner Ansicht nach getan hat, war eine ganz neue und im Grunde korrekte Analyse der Natur des empirischen Wissens zu liefern, deren wahrer Platz (was ihm aber nicht bewußt war) innerhalb eines weiter gefaßten Bezugsrahmens aus empirischem Realismus und transzendentalem Idealismus zu suchen ist, dessen Notwendigkeit er nicht anerkennt. Mit anderen Worten, ich denke, er hat eine der Aufgaben, die der junge Wittgenstein im *Tractatus* bewältigen wollte, besser gelöst als dieser selbst, selbst wenn sich Wittgenstein des umfassenderen Kontexts, in den diese Aufgabe eingebettet ist, stärker bewußt war. Wittgenstein übernahm ganz bewußt von Schopenhauer die Kantsche *Empirischer-Realismus/transzendentaler-Idealismus*-Sicht der totalen Wirklichkeit und räumte ein, daß fast alles, was für uns wichtig ist, in den transzendental idealen Teil davon gehört, über den wir nichts wissen und über den wir deshalb keine Aussagen machen können. Er versuchte innerhalb dieses Bezugsrahmens das Wissen aufzuzeigen, das die Bewohner der empirisch erfahrbaren Welt aus philosophisch vertretbarer Grundlage erwerben können. Er gab rückhaltlos zu, wie wenig damit erreicht sein würde, und doch konnte er diese Aufgabe nicht lösen, wie er schließlich selbst eingestehen mußte. Popper hatte weit mehr Erfolg damit, glaubte jedoch nicht, daß es sich um dieselbe Aufgabe handelte, weil er den metaphysischen Bezugsrahmen nicht akzeptiert. Er weist Kants Unterscheidung, die ich für dessen größte Leistung halte, nicht so sehr zurück, er ignoriert sie eher.

Poppers Erkenntnistheorie ist trotz der meines Erachtens unzulänglichen und falschen Metaphysik so erfolgreich, weil er, wie schon Kant und Schopenhauer, erkannt hat, daß die endgültige Realität verborgen ist, und wir nichts über sie wissen können. Daß er zu dieser Erkenntnis aus ganz anderen Gründen gelangt als Kant und Schopenhauer spielt dabei keine Rolle. Entscheidend ist die Tatsache, daß er das Wissen nicht als mit der Realität verbunden oder auch nur in direktem Kontakt mit ihr stehend betrachtet, und diese Sicht es möglich macht, sein Wissens-Bild problemlos aus einem Rahmen zu lösen, in dem die ultimative Realität als transzendental real angesehen wird, und in einen einzubetten, in dem sie als transzendental ideal erscheint. Es spielt dafür keine Rolle, daß die endgültige Realität, die wir nach Poppers Überzeugung niemals vollständig kennen können, eine materielle Welt ist, die unabhängig von unserer Erfahrung existiert, wohingegen Kant und Schopenhauer sie beide als eine unerreichbare Ebene nichtmaterieller Realität betrachten, die hinter der materiellen Welt liegt – etwas, das die materielle Welt vor uns verbirgt und abschirmt, während sie zugleich eine Art Manifestation dieser Ebene darstellt. Es genügt, daß Popper die unabhängige Realität als etwas betrachtet, dem sich das menschliche Wissen nur asymptotisch annähern kann, das es aber niemals erfassen und zu dem es keinen unmittelbaren Kontakt aufnehmen kann. Das macht es, wie schon gesagt, möglich, seine Erkenntnistheorie in den Bezugsrahmen aus empirischem Realismus und transzendentalem Idealismus einzupassen, in dem die ultimative Realität, zu der kein Kontakt möglich ist, anders gesehen werden kann, als Popper das tut. In diesem entscheidenden Punkt wird seine Erkenntnistheorie durch den ihr zugrunde liegenden Kantianismus gerettet, der obendrein den Hauptgrund für ihre beeindruckende Macht, Erklärungen zu liefern, darstellt.

Um es in seinen eigenen Begriffen zu sagen, hat Popper eine im Grunde empiristische Sicht der Realität mit einer im Grunde rationalistischen Sicht des Wissens kombiniert – eine empiristische Ontologie mit einer rationalistischen Erkenntnistheorie. Da er jegliches Wissen für ein Produkt unseres Geistes hält, das dann alle Konfrontationen mit einer unabhängig existierenden empirisch erfahrbaren Realität bestehen und überleben muß, hat er für seine eigene Philosophie den Begriff »kritischer Rationalismus« geprägt. Sie ist in derart großem Maßstab und doch so detailliert ausgearbeitet, daß sie eine intellektuelle Leistung allerersten Ranges darstellt. Sie ist die bislang höchstentwickelte Philosophie, die einen Glauben an eine unabhängig existierende materielle Welt, die in einem ebenfalls unabhängig existierenden Gefüge von Raum und Zeit verwurzelt ist, einschließt. Sie stellt einen gewaltigen Fortschritt über Russell hinaus dar und zeigt eine Tiefe von Originalität und Vorstellungskraft, die weit außerhalb Russells Reichweite liegt. Wer entschlossen ist, an der empiristischen Tradition festzuhalten, wird in Poppers Philosophie die reichste und kraftvollste Verkörperung dieser Tradition finden, die in der gesamten Geschichte der abendländischen Philosophie bislang entwickelt wurde. Am Ende des 20. Jahrhunderts muß ein bewußter und scharfsinniger Empirist entweder Popperianer sein oder zumindest kritisch auf dessen Gedankengut aufbauen, und jeder transzendentale Idealist sollte sich an so etwas wie ein Poppersches Bild der empirisch erfahrbaren Realität halten. In beiden Hinsichten ist Popper der wichtigste Philosoph unseres Zeitalters. In der einen repräsentiert sein Werk die Speerspitze des philosophischen Fortschritts, in der anderen mag es ein wenig nebensächlich erscheinen (»wie wenig wird erreicht sein, wenn das erreicht ist«), aber es ist dennoch von Bedeutung und stellt dem *Tractatus* gegenüber einen großen Fortschritt dar.

Ich habe mir die allergrößte Mühe gegeben, Popper dazu zu

bringen, daß er sich Gedanken über die Schnittstelle zwischen Phänomenon und Noumenon macht, vielleicht sogar Spekulationen über das Noumenon anstellt, aber es war alles vergeblich. Ein kreativer Geist läßt sich nun einmal nicht von seinem momentanen Ziel ablenken, es sei denn, er verspürt schon selbst den Impuls, die Richtung zu wechseln. Seine Kreativität ist nicht seinem eigenen Willen unterworfen, geschweige denn einem fremden. Meine Motivation, auch wenn ich damit vielleicht falsch lag, war folgende: Kants Philosophie erschien mir deshalb als so einzigartige Leistung, weil er als erster die Grenzen aller möglichen Erfahrungen umriß und zeigte, daß die Inhalte unserer Erfahrung zwar von dem bestimmt werden, was zufällig existiert und geschieht, ihre Form, ihre Struktur und ihre Beschränkungen aber von der Natur unseres Sinnesapparats festgelegt werden, und daß dies konstante Gegebenheiten sind, die nicht überschritten werden können, solange wir Menschen sind. Daß er sich bei seiner Darstellung, worin diese Faktoren bestehen und wie sie funktionieren, in einigen Fällen geirrt hat, macht zwar eine Revision seiner Philosophie notwendig, ändert aber nichts an seinen grundlegenden Erkenntnissen. Seit Kant gilt die Frage nach der Grenze des Verstehbaren als dringlichstes Thema der Philosophie. Man könnte dafür zahllose Beispiele anführen – sie war das Thema von Wittgensteins *Tractatus*, das Kernproblem der Logischen Positivisten, bildet den Titel von Russells letztem und größtem philosophischen Werk *Human Knowledge: Its Scope and Limits*. Als zentrales Thema der abendländischen Philosophie geht die Frage »Was kann ich wissen?« auf Descartes zurück, doch Kant rückte sie in ein ganz neues, brillantes Licht, dessen Schein seither nicht verblaßt ist. Wenn wir der Philosophie heute überhaupt noch eine wichtigste Einzelaufgabe zuschreiben können, dann ist es meiner Ansicht nach die Aufgabe, diese Grenzen zu untersuchen und unser Verständnis dessen zu bereichern, worin sie bestehen und warum sie überhaupt Grenzen darstellen – vielleicht sogar (und das wäre der größte Erfolg überhaupt) mit Hilfe dieses vertieften Verständnisses in Territorium nahe der Grenze vorzudringen, das derzeit noch unbesiedelt ist, weil wir eben nicht genau wissen, wo die Grenze verläuft, und damit unser philosophisches Wissen auf die höchste mögliche Ebene zu heben. Genau das hat Schopenhauer schließlich getan, und die Tatsache, daß es einmal gelungen ist, berechtigt zu der Hoffnung, daß es auch ein zweites Mal gelingen könnte. Und vielleicht sogar noch häufiger; in der Philosophie sind mehrere große Fortschritte vorstellbar, und jeder davon würde eine derartige Erweiterung bedeuten.

In Popper glaubte ich den einzigen Zeitgenossen zu finden, dem eine solche Leistung vielleicht gelingen könnte. Also versuchte ich ihn dazu zu überreden, daß er sich dieser Aufgabe widmete. Aber es war alles umsonst. Da es ein fundamentaler Grundsatz seiner Philosophie ist, daß wir die Realität nicht kennenlernen können, stimmte er mir darin zu, daß es eine Art Niemandsland geben muß, in dem das, was wir wissen, endet und die Realität beginnt; ob es sich dabei um eine feste Grenze handelt (wie Kant glaubte) oder um eine ständig in Bewegung begriffene (wie er selbst glaubte) ist eine andere Frage. Die Tatsache bleibt, daß all das, was uns besonders wichtig ist und von Kant (wie auch dem Wittgenstein des *Tractatus*) als in der Welt des Unerfahrbaren verwurzelt angesehen wurde – der Sinn des Lebens überhaupt, der Sinn des Todes, Ethik, Werte, die Bedeutung der Kunst – von Popper in seinen Schriften nicht oder kaum behandelt worden ist. Er war sich über die herausragende Bedeutung dieser Dinge sehr wohl im klaren und verachtete sogenannte Philosophen, die ihre Wichtigkeit bestritten. Andere Philosophen, so Popper, mochten dazu durchaus etwas Neues und Wichtiges zu sagen haben; bloß er hatte es eben nicht. Also befaßte er sich auch weiterhin mit den Problemen, zu denen er tatsächlich etwas zu sagen hatte – und das waren eben die Probleme, die ihn faszinierten. Ich glaube, das war letztlich der Grund, warum er nicht zum Philosophen vom Rang eines Kant oder Schopenhauer wurde. Im Gegensatz zu ihnen lieferte er uns keine Sicht einer totalen Realität, in der die empirisch erfahrbare Wirklichkeit nur einen Teil ausmacht und nicht das Ganze. Sein gesamtes Werk wurzelt innerhalb des unerreichbaren Horizonts der empirisch erfahrbaren Welt. Er befaßte sich nicht einmal mit dem Problem, ob es hinter diesem Horizont noch irgend etwas gibt, weil er glaubte, daß diese Frage ohnehin von Natur aus unlösbar sei. Das stellt ihn in die Reihe jener Denker, die so philosophiert haben, als gebe es allein die empirisch erfahrbare Welt. Unter ihnen, muß ich hinzufügen, kann er es meiner Ansicht freilich mit jedem aufnehmen außer den allerbesten (was wohl Hume und Locke waren).

Die Frage, ob es irgend etwas gibt, das für immer außerhalb der Grenzen jeglicher möglichen Erkenntnis liegt, findet für Popper eine ganz klare Antwort: Wir können das ganz einfach nicht wissen, sagt er, und deshalb hat es auch keinen Sinn, sich dazu eine Meinung zu bilden. Möglicherweise gibt es ja etwas, und wer diese Möglichkeit bestreitet, hat von vornherein unrecht; es kann aber auch sein, daß es eben nichts gibt, und wer diese Möglichkeit nicht wahrhaben will, der irrt sich ebenfalls. Und es hat keinen Zweck, darüber Spekulationen anzustellen, weil wir noch nicht einmal die Begriffe haben, die wir zum Spekulieren bräuchten. Begriffe, die irgend etwas darüber aussagen, was tatsächlich der Fall ist oder sein könnte, müssen zwangsläufig, und sei es auch nur indirekt, von der Erfahrung irgendeines Menschen abgeleitet sein, doch bei den Begriffen, die wir für unsere Spekulationen brauchen würden, ist das nicht möglich.

Von diesem Punkt an wird der Unterschied zwischen Popper und mir eine Frage des persönlichen Temperaments. Ich muß mich einfach immer wieder mit diesen unlösbaren Fragen herumschlagen; sie verblüffen und verwirren mich dermaßen, daß ich sie mir schlicht nicht aus dem Kopf schlagen kann, ob mir das nun paßt oder nicht. Und weil ich mich wider Willen damit befassen muß, geradezu in sie verstrickt bin, stehe ich dabei gewissermaßen unter Hochspannung. Bei Popper ist das alles ganz anders. Wenn er erst einmal festgestellt hat, daß bestimmte Fragen sich nicht beantworten lassen, ist er in der Lage, ihnen mit geradezu buddhistischer Gelassenheit den Rücken zuzukehren und nicht weiter darüber nachzudenken. Er arbeitet lieber auf der Basis dessen weiter, was wir wissen können (in seinem spezifischen Sinn des Wortes »wissen«) und so ist er dann vorgegangen, als ob die totale Realität allein daraus bestünde. Zum Beispiel geht er vor, als ob jegliche Ethik und alle Werte von Menschen geschaffen seien – selten erweist er sich als so ausgeprägter Kantianer wie dann, wenn er darauf beharrt, jegliche Moral als Produkt der Vernunft zu betrachten. Und doch gibt er zu und zeigt sogar ausgiebig auf, daß es im Grunde unmöglich ist, die Rationalität selbst auf rationale Fundamente zu stellen. Am Ende aller Analysen bleibt unser Glaube an die Vernunft eben eine Glaubensfrage, und läßt sich, wenn überhaupt, nur damit rechtfertigen, wie erfolgreich er der Kritik standhält und alle Tests übersteht. Er glaubt nicht an letztgültige Grundlagen, weder für die Ethik noch für die Rationalität und das Wissen, und seine Philosophie betont immer wieder, daß es auch nicht notwendig ist, in irgendeinem dieser Bereiche welche zu postulieren. Der Mensch habe neue Welten erschaffen, Welten der Sprache, der Musik, der Poesie, der Wissenschaft, und die wichtigste davon sei die Welt der moralischen Forderungen, heißt es in der *Offenen Gesellschaft*. Mit anderen Worten: Er akzeptiert die Existenz von menschlichen Schöpfungen. De facto glaubt er, daß sie sich genau wie das menschliche Wissen durch einen Prozeß des negativen Feedback entwickeln, in dem immer wieder Haltungen und Erwartungen revidiert, mit der Erfahrung konfrontiert und danach erneut geändert werden. Er glaubt auch, daß dieser Prozeß ebensowenig einen Anfang hat, wie es eine Antwort auf die Frage »Was war zuerst da, die Henne oder das Ei?« gibt, und auch nicht notwendigerweise ein Ende nehmen muß. Obwohl Popper also davon ausgeht, daß Wertvorstellungen menschlichen Entscheidungen entspringen und sich auf rationaler Basis nicht bis ins letzte verteidigen lassen, gibt er sich mit einer schlichten utilitaristischen Analyse nicht zufrieden. So wie er das Verifizierungs-Prinzip der Logischen Positivisten widerlegt und die Falsifizierbarkeit nicht als Alternative, sondern als Prinzip für etwas anderes vorgeschlagen hatte, räumt er auch mit dem utilitaristischen Prinzip »das höchstmögliche Wohlergehen der größtmöglichen Anzahl von Menschen ist die Grundlage der Moral und Gesetzgebung« auf und vertritt statt dessen die Ansicht, man müsse »vermeidbares Leid minimalisieren« – nicht als Grundlage für irgend etwas, weil er an Grundlagen nicht glaubt, sondern als allerwichtigste Daumenregel für den kontinuierlichen Prozeß des Formulierens politischer Programme.

Es gibt einige Dinge, die wir nicht wissen können, über die Popper gewissermaßen negative Glaubensvorstellungen hegt. Ich meine damit, daß es Dinge gibt, die zu glauben er keinen Grund erkennen kann, und die er deshalb auch nicht glaubt. In diesem Sinne glaubt er nicht, daß es einen Gott gibt, und er glaubt auch nicht, daß unser Ich unseren Tod überlebt. Er selbst, sagte er einmal, verspüre keinerlei Verlangen nach einer Existenz über seinen leiblichen Tod hinaus; Leute, die sich nach einer solchen Existenz sehnten, halte er für ziemlich klägliche Egoisten – sozusagen kollektive Egoisten möglicherweise, die es einfach nicht begreifen könnten, daß die Menschheit im kosmischen Plan der Dinge praktisch bedeutungslos sei.

Wenn es überhaupt eine Erkenntnis gibt, die Poppers gesamtes metaphysisches Weltbild prägt, dann ließe sie sich wohl so ausdrücken: »Wir wissen nicht das geringste.« Die spezifische Größe von Sokrates und Denkern wie Xenophanes lag für ihn darin, daß sie das erfaßt hatten. Wer den Grund sucht, warum Popper sich trotz seiner großen Begabung mit einigen der wichtigsten Fragen der gesamten Philosophie nie befaßt hat, findet ihn hier: Er hatte einfach das Gefühl, daß er zu diesen Problemen nichts zu sagen hatte oder zumindest nicht genug und nicht genug Neues. Einmal machte er eine Bemerkung über Moore und die Mathematik, die in vielerlei Hinsicht auch für ihn selbst galt: »Zunächst mal, Moore hat sich ganz gut in der Mathematik ausgekannt. Er hat nicht darüber geschrieben, weil er nicht genug davon wußte und auf diesem Gebiet keine eigenständigen Erkenntnisse hatte. Aber er beherrschte die Mathematik gut genug, um eine ganze Menge von dem zu verstehen, was Russell tat, und er hat sogar einige Kritikpunkte an Russells Logik veröffentlicht ...* (In Poppers Fall war es nebenbei Imre Lakatos, der seine Ideen am fruchtbarsten auf die Mathematik anwendete. Und auf die Frage, warum er so wenig über Kunst geschrieben habe, wo er doch in seiner Autobiographie deutlich gemacht habe, welch entscheidende Rolle Überlegungen zur Musik bei der Entwicklung seiner grundlegenden Ansichten über das Lösen von Problemen gespielt habe, erwiderte er, daß Ernst Gombrich seine Vorstellungen sehr viel phantasievoller und kenntnisreicher auf die Kunst angewendet habe, als ihm selbst das je möglich gewesen wäre.)

Unsere Diskussionen und Auseinandersetzungen über diese Fragen gehörten zu den interessantesten Gesprächen, die ich im Lauf der Jahre mit Popper führen konnte. Nach unseren ersten Begegnungen in seinem Arbeitszimmer in der LSE lud er mich in

---

* Bryan Magee: *Modern British Philosophy*, S. 137

sein Haus in Penn, Buckinghamshire ein, wo wir mehr Zeit und Ruhe für unsere Unterhaltungen hatten. Ich besuchte ihn dort alle drei oder vier Monate, traf unmittelbar vor oder nach dem Mittagessen ein und brach dann am späten Nachmittag oder frühen Abend wieder auf.

Vor meinem ersten Besuch erklärte er mir, ich solle von St. Marylebone aus mit der Bahn nach Havacombe fahren und mir dort ein Taxi nehmen. Ich hatte noch nie von Havacombe gehört, dachte mir aber nichts Böses. Als ich dann eine Fahrkarte kaufen wollte, hieß es dann allerdings, einen Bahnhof namens Havacombe gebe es nicht. Erst nach längerer Diskussion stellte sich schließlich heraus, daß das Problem wohl bei Poppers Akzent lag – er hatte »High Wycombe« gemeint. Das dortige Taxi wurde dann – und noch viele Jahre lang – von einem gebürtigen Griechen gefahren, der ausgerechnet Plato hieß. Er erkundigte sich immer voller Interesse nach dem »Professor«. Einer unserer typischen Dialoge verlief etwa so:

»Was macht der Professor denn gerade?«

»Er schreibt eine Autobiographie?«

»Ach ja? Worüber denn?«

Sobald ich das Haus betrat, packte Popper mich normalerweise beim Arm und stürzte sich voller Enthusiasmus, aber auch mit fast erschreckender Energie, auf das Problem, das ihm gerade zu schaffen machte. Wenn es nicht gerade regnete, führte er mich sofort in den Garten, ohne in seinem Wortschwall auch nur die geringste Pause einzulegen. Dort wanderten wir dann gemächlich umher, und oft brachte er uns beide zum Stehen, in dem er meinen Arm noch fester ergriff und mir grimmig in die Augen starrte, während er mir irgendeinen Punkt ganz besonders vehement auseinandersetzte. Sein emotionelles Engagement bei diesen Erörterungen war wirklich phänomenal; es wäre durchaus nicht übertrieben von »flammender Intensität« zu sprechen. Seine Probleme waren für ihn von existentieller Bedeutung, sie hatten ihn besetzt, er lebte in ihnen und durch sie. Die Art, wie er sie darstellte und darauf beharrte, wie wichtig sie seien, hatte etwas Erfrischendes an sich, doch die Kritik an seinen eigenen ersten Lösungsversuchen konnte auch vernichtend sein. Wenn ich ihn jedoch kritisierte oder anderer Meinung war, geriet er in Wut. Im

Laufe desselben Gesprächs gab er niemals nach, aber es konnte durchaus geschehen, daß er Wochen oder Monate später auf etwas zurückkam, das ich gesagt hatte, und bemerkte, daß es da ein Argument gebe, das durchaus interessant und stichhaltig sein könne, so als hätten wir nie zuvor darüber gesprochen. Manchmal schloß er sich meiner Ansicht dann sogar an. Zumeist allerdings brachte er dann aber (wie in seinen Büchern) eine deutlich verbesserte Version meiner Überlegungen vor, auf die er ganz offensichtlich eine Menge Zeit und Gehirnschmalz verwendet hatte, bloß um sie dann wütend zu attackieren. Wenn das geschah, hatte ich häufig den Eindruck, er sage das, was er eigentlich schon bei unserem ersten Gespräch über dieses Thema gerne gesagt haben würde, wenn es ihm bloß eingefallen wäre – er hatte beim ersten Mal meine Argumente nicht vernichtend genug geschlagen, und diese Scharte wollte er nun auswetzen. Unsere Diskussionen beanspruchten mich aufs äußerste, und ich schreckte schließlich nicht mehr davor zurück, alle Geschütze aufzufahren, die mir überhaupt zur Verfügung standen. Natürlich wurde ich häufiger geschlagen, als daß ich den Sieg davontrug. Bei Wettspielen wissen wir jene Art von Gegner am meisten zu schätzen, der uns zwingt, unser Möglichstes zu geben, den wir aber gewöhnlich schlagen, und ich glaube, für Popper war ich ein solcher Gegner. Ich brachte ihm genau den passenden Grad an Widerstand entgegen: Ich zwang ihn, alles zu geben und konnte ihn doch nur ganz selten wirklich bezwingen. Obwohl er aus jeder Diskussion das verbale Äquivalent eines Boxkampfs machte, seinen Zorn kaum unter Kontrolle zu haben schien und vor Wut zitterte, fand er das alles doch zweifellos sehr befriedigend. Er war immer ganz versessen auf ein neues Treffen und eine neue Auseinandersetzung.

Im Lauf dieser Besuche ging mir auf, daß es sich nicht lohnte, irgendein Thema anzuschneiden, mit dem Popper sich vorher noch nie beschäftigt hatte. Wenn ich erwähnte, was mich neben der Philosophie gerade interessierte – Freunde, Musik, Theater, Reisen, die aktuelle politische Lage – versuchte er erst gar nicht, sein Desinteresse zu verbergen. Wenn ich dann auf meinem Thema beharrte, fand er einen Grund, unser Treffen früher zu beenden als geplant. Er mußte einfach über das sprechen, was ihn unmittelbar betraf, und er konnte nur für Dinge Interesse entwickeln, die er selbst irgendwann einmal getan hatte oder gerade tat. Lange Zeit fand ich das nicht weiter schlimm, denn sein glühendes Engagement ließ seine Themen auch für mich interessant werden, selbst wenn sie mich überhaupt nicht betrafen. Beispielsweise war mein Interesse an der Wissenschaftstheorie in Yale von Pap und Northrop geweckt worden, die mir zumindest eine Grundlage vermittelt hatten, doch zu der Zeit, als ich Popper kennenlernte, befaßte ich mich nicht aktiv damit. Doch unsere Diskussionen im Lauf der Jahre, mein Studium seiner Werke zum Thema und die Quellen, auf die er sich in seinen Schriften bezog, verschafften mir nach und nach eine erstklassige Ausbildung. Schließlich jedoch wurde mir klar, daß ich von Popper zwar sehr viel lernte, für die exklusive Intellektualität unserer Beziehung und die Tatsache, daß sie so sehr von seinen Bedürfnissen geprägt war und so wenig von den meinen, aber einen hohen Preis zahlte. Nach dreißig Jahren solcher Treffen wußte er so gut wie nichts über mein Leben, kannte kaum einen von meinen Freunden und hatte mich niemals bei mir zu Hause besucht. Und so ging es ihm mit fast allen Menschen, ausgenommen nur die Gombrichs, mit denen er ein Leben lang befreundet war. Diese egozentrische Isolation schien ihm allerdings gar nicht bewußt zu sein. Als er meinen Nachruf auf Deryck Cooke las, der in viel zu jungen Jahren gestorben war, nachdem er zuvor Mahlers hinterlassene Skizzen mit unglaublichem Geschick in das eingearbeitet hatte, was heute die meistaufgeführte Version von dessen zehnter (und wohl bedeutendster) Symphonie ist, fragte Popper verwundert: »Dieser Mann war offenbar ein Meister seines Fachs, warum haben Sie ihn denn nie erwähnt?« Tatsache ist, daß Popper stets aufs Verächtlichste über Mahler herzog (»Der ist doch nie erwachsener geworden als ein Sechzehnjähriger«), und Langeweile bekundet und das Thema gewechselt haben würde, wenn ich ihm von Derycks Arbeit erzählt hatte. Das war haargenau das, was die Erfahrung mich zu vermeiden gelehrt hatte.

Popper behauptete mehr als einmal, in all seinen Jahren in England niemals zu irgend jemandem nach Hause eingeladen worden zu sein. Ich weiß aber, daß das nicht stimmt; ich hatte ihn selbst eingeladen und wußte auch von anderen, die das getan hatten. Hennie, seine Frau, erzählte mir einmal, daß sie sogar ziemlich oft eingeladen würden, Karl aber immer absage, weil er lieber arbeiten wolle. Er war der heftigste Workaholic, den ich je gekannt habe. An einem normalen Tag stand er ziemlich früh auf und arbeitete praktisch ohne Unterbrechung bis zur Schlafenszeit durch; die einzigen Pausen, die er sich gönnte, waren ziemlich spartanische Mahlzeiten und eventuell ein kurzer Spaziergang. Ein Plattenspieler oder ein Fernsehgerät kamen ihm nicht ins Haus, weil die ihm bloß die Zeit stehlen würden, und er hielt sich auch keine Zeitung, um nicht vom Denken abgelenkt zu werden. Wenn etwas wirklich Wichtiges passierte, würden ihm das seine Freunde schon erzählen, wußte er, und so war es auch – ich habe ihn selber ziemlich häufig angerufen, um ihm von irgendeinem bedeutsamen Ereignis zu berichten. Noch mit über achtzig Jahren passierte es ihm fast wöchentlich, daß er so fieberhaft in seine Arbeit vertieft war, daß er einfach nicht aufhören und ins Bett gehen konnte. Ich wurde immer wieder morgens früh gegen acht vom Telefon aus tiefem Schlaf gerissen, weil Popper, überschäumend vor Aufregung über das, woran er die ganze Nacht gearbeitet hatte, unbedingt mit jemandem darüber sprechen wollte.

Er gab sich alle Mühe, sich seiner Arbeit zuliebe so weit wie möglich zu isolieren. Sein Haus in Penn lag an einer Privatstraße mit künstlichen Höckern, die den Verkehr zum Abbremsen zwingen und das Autofahren unangenehm machen sollten. Er erzählte mir, daß er ganz bewußt ein paar Meilen außerhalb von London und so abgelegen wie möglich wohnte, um die Leute davon abzuhalten, ihn zu besuchen oder gar spontan vorbeizuschauen. Als seine Kollegen von der LSE ihm bei seiner Emeritierung ein Abschiedsgeschenk überreichten, gab er es mit der Begründung zurück, er sei nicht oft genug im Haus gewesen und habe sich nicht aktiv genug eingebracht, um es verdient zu haben. Als er nach Hennies Tod nach Kenley in Surrey übersiedelte, kaufte er sich abermals ein abgelegenes Haus an einem nur schwer befahrbaren Privatweg. Und auch auf andere Weise machte er es Leuten, die ihn treffen wollten, vorsätzlich so schwer wie möglich. Als er in späten Jahren an der Wiener Universität ein regelmäßiges Seminar abhielt, ließ er es am Wochenende in einem Haus am Stadtrand stattfinden, um, wie er mir sagte, dafür zu sorgen, daß nur wirklich Interessierte daran teilnahmen.

Mehrere Jahrzehnte selbstgewählter Isolation – die dadurch noch verstärkt wurde, daß er sich erst mit Mitte Vierzig in seiner Wahlheimat England niederließ – wirkten sich natürlich verheerend auf Poppers Verständnis der Welt um ihn herum aus. Was die Geselligkeit angeht, so läßt sich kaum ein stärkerer Kontrast denken als der zwischen seinem frühen und seinem späteren Leben. Als junger Mann engagierte er sich in Wien aktiv in der Sozialdemokratischen Partei, arbeitete unter der Anleitung des Psychoanalytikers Alfred Adler ehrenamtlich mit geistesgestörten Kindern, sang in einem Chor und fungierte als Assistent bei den Proben der von Arnold Schönberg gegründeten »Gesellschaft für private Konzerte« (in der er Webern kennenlernte); und all das zusätzlich zu seiner Rolle als eines der enthusiastischsten und prominentesten jungen Mitglieder der damals brodelnden Wiener Philosophenszene. Er umwarb erfolgreich eine für ihre Schönheit bekannte Studentin, und die beiden machten mit ihren Freunden oft Bergwanderungen. Zusammen mit seinen Altersgenossen widmete er sich einem erstaunlich breiten Spektrum von Aktivitäten. Es war eine Vorbereitung auf ein ungewöhnlich reiches Leben, von der er in seiner zweiten Lebenshälfte dann zehren sollte. 1937 gab er das alles auf, um nach Neuseeland zu gehen. Dieser Entschluß rettete ihm das Leben, doch während des gesamten Zweiten Weltkriegs fühlte er sich dort vom Rest der Menschheit abgeschnitten. 1946 siedelte er dann nach England über, wo er so lebte, wie ich es gerade beschrieben habe. Daß er derart weltfremd wurde, ist an sich nicht so verwunderlich, schon gar nicht bei einem so kreativen Menschen. Was zumindest mich überrascht, ist freilich die Tatsache, daß ihm das überhaupt nicht bewußt wurde. *Die offene Gesellschaft* und *Das Elend des Historizismus* waren die Früchte langen und intensiven Nachdenkens über einen Stoff, in den eine Menge gesellschaftlicher Erfahrungen aus den zwanziger und dreißiger Jahren eingeflossen waren. Danach machte er kaum noch welche, und da er sich nun vor allem mit Problemen der Wissenschaftstheorie befaßte, dachte er auch nicht mehr so intensiv wie früher über gesellschaftliche Probleme nach. Die Folge war, daß alles, was er in dieser Hinsicht zu sagen hatte, zunehmend blutleer und dürftig wirkte. Das hielt ihn freilich nicht davon ab, seine Ansichten mit demselben glühenden Selbstvertrauen vorzutragen, das er bei Themen an den Tag legte, bei denen er wußte, wovon er redete. Er neigte außerdem dazu, anderen gute Ratschläge zu ihrer Karriere oder ihrem Privatleben zu erteilen, obwohl er von beidem nur wenig Ahnung hatte. Das alles widersprach natürlich vollkommen seinen erklärten (und wirklich ehrlich gemeinten) philosophischen Überzeugungen und Praktiken.

Karl Popper starb am Samstag, dem 17. September 1994, im Alter von zweiundneunzig Jahren. Am nächsten Tag wurde er in drei der vier führenden britischen Sonntagszeitungen als der hervorragendste Philosoph des 20. Jahrhunderts bezeichnet. Bis zum Monatsende waren überall auf der Welt entsprechende Nachrufe erschienen. Natürlich wird die Frage, wer letztlich als größter Philosoph unseres Jahrhunderts gelten wird, nicht von der Tagespresse entschieden werden. Aber die Liste der möglichen Kandidaten ist wirklich nicht sehr lang: Russell, Wittgenstein, Heidegger, Popper – irgend jemand anders kommt für mich kaum in Frage. Auf jeden Fall wird Poppers Werk noch für lange Zeit ständig wachsendes Interesse entgegengebracht werden, denke ich, weil so viele seiner Ideen zwar radikal eigenständig sind, aber bislang vergleichsweise kaum ausgelotet wurden.

Bislang ist er vor allem als Kritiker betrachtet worden. Das ist an sich kein Wunder, denn er war tatsächlich der fähigste und effektivste Kritiker gleich mehrerer großer Orthodoxien des 20. Jahrhunderts. Zu internationalem Ruhm gelangte er mit seiner beeindruckenden Widerlegung des Marxismus in seinem zweibändigen Meisterwerk *Die offene Gesellschaft und ihre Feinde*, und bekannt ist auch sein Nachweis, daß Sigmund Freuds Theorien keineswegs als Wissenschaft durchgehen können. Innerhalb der Fachphilosophie war er der erste wirklich fähige Kritiker des Logischen Positivismus, dem am Ende Argumente den Garaus machten, die Popper schon immer vorgebracht hatte. Ein Großteil seiner späteren Kritik an der Sprachanalyse und Sprachphilosophie (von ihm selbst weitgehend unveröffentlicht, aber von seinem jungen Kollegen Ernest Gellner in etwas unzulänglicher Form bekanntgemacht), wurde am Ende sogar von Sprachphilosophen selbst akzeptiert. Seiner Meritenliste ließe sich noch sehr viel mehr hinzufügen. Popper und Einstein haben mehr als jeder andere zum Sturz eines Wissenschaftsbilds beigetragen, das zu Beginn des 20. Jahrhunderts nahezu allgemeingültig war, der Vorstellung nämlich, daß naturwissenschaftliche Erkenntnisse auf unmittelbarer Beobachtung und direkter Erfahrung basieren, und deshalb ein für allemal feststehen. Unter Laien scheint diese Ansicht noch immer verbreitet, obwohl sie in den höheren Sphären der Wissenschaft, genau wie in der Philosophie, längst aufgegeben worden ist.

Kein anderer Denker des 20. Jahrhunderts hat so umfassend wie Popper die vorherrschenden Mythen seines Zeitalters demoliert, und schon allein das sichert ihm historische Bedeutung. Doch in jedem dieser Fälle hat er auch eine Alternative zu dem von ihm attackierten Denksystem vorgeschlagen – in der Politik, in der Sprachphilosophie, in der Psychologie, in der Naturwissenschaft, in jedem Bereich, in dem er sich betätigte. Bis zum Ende seines Lebens blieb er ein erstaunlich fruchtbarer Lieferant von Ideen. Seine konstruktiven Überlegungen haben jedoch nur einen Bruchteil der Aufmerksamkeit genossen, die seinen Kritiken zuteil wurde. Und doch sind sie ungewöhnlich kreativ, originell und fruchtbar. Ich denke, daß die eigentliche Zukunft für Poppers Überlegungen in der verspäteten Entdeckung, Entwicklung und Kritik dieser positiven Thesen besteht.

Um nur ein Beispiel anzuführen: Er entwickelte eine Theorie des menschlichen Wissens, in der er die grundlegende Prämisse nahezu aller Erkenntnistheorien im englischsprachigen Raum verwirft, daß unser gesamtes empirisches Wissen letztlich auf unseren Sinneswahrnehmungen basiert. Damit brach er mit einer Tradition, die bis auf Aristoteles zurückgeht, und die bedeutsamere abendländische Philosophie der letzten Jahrhunderte so gut wie dominiert hat. Eine solche Absage erscheint vielen englischschreibenden Philosophen noch immer als undenkbar. Wenn Popper aber recht hatte – und davon gehe ich aus – dann ist das von umstürzender Bedeutung für die abendländische Philosophie. Er selbst hat ein Großteil der Konsequenzen aufgezeigt, die sich daraus ergeben, und eine radikal neue Erkenntnistheorie entwickelt, mit der die Philosophen sich früher oder später befassen werden müssen.

Sehr viele Fachphilosophen halten seit langem die Analyse, das

Abklären unserer Ideen, die Durchleuchtung unserer Begriffe und Methoden für die wahre Aufgabe der Philosophie. Wir können von Philosophen, die diese Ansicht vertreten, wohl kaum weitreichende und konstruktive Ideen erwarten. Und das erklärt auch, warum Poppers Zeitgenossen ihr Augenmerk nahezu ausschließlich auf seine Kritiken gerichtet haben. Doch Popper selbst lehnte dieses ganze Konzept der Philosophie ab. Für ihn stellte die Welt uns vor eine unendliche Menge von Problemen wahrhaft philosophischer Natur, von denen kein einziges, das wirklich von Bedeutung ist, sich analytisch lösen läßt. Worum es geht, sind neue Erklärungen; sie machen den Hauptinhalt aller brauchbaren Philosophie aus, und das war schon immer so. Weil Popper das glaubte und lebte, immer außerhalb der dominierenden Denksysteme seiner Zeit, war er niemals en vogue. Und weil er soviel Zeit und Energie darauf verwendete, Ideen zu attackieren und widerlegen, denen er nicht zustimmte, war er auch nie beliebt. Wichtig jedoch ist allein die Qualität seiner Arbeiten – und an Gehalt und Bedeutung, an Eigenständigkeit und Reichweite kann kein derzeit lebender Philosoph Popper das Wasser reichen.

Zwölftes Kapitel

Begegnungen mit Russell

Die meisten Menschen lernen zeit ihres Lebens kein einziges Genie kennen, und deshalb kann ich mich wirklich glücklich preisen: Ich habe gleich zwei gekannt. Im Jahre 1959 verdiente ich als Programmplaner bei ATV meinen Lebensunterhalt, einer der unabhängigen Fernsehgesellschaften, die sich mit Einführung des Kommerzfunks in Großbritannien (1955) gebildet hatten. Ich trat damals noch nicht selber in meinen Sendungen auf: Meine Berufsbezeichnung war Redakteur, und meine Arbeit bestand darin, mir Themen und Mitwirkende für Features und Dokumentationen zu überlegen, die nötigen Bestandteile zusammenzusuchen und alles an einen Produzenten in einer Form weiterzuleiten, daß er aus meiner Materialsammlung eine Sendung machen konnte, ohne sich weiter mit dem Thema befassen zu müssen. Gegen Ende des Jahres durfte ich, nachdem ich bisher immer nur dreißig Minuten zur Verfügung gehabt hatte, mein erstes einstündiges Programm zusammenstellen. Ich beschloß, die drohende Bevölkerungsexplosion aufzugreifen. Bei einer so langen Sendung schien es mir wichtig, für Abwechslung in Inhalt und Tempo zu sorgen, und so sah ich neben dramatischen und ungewöhnlichen Filmaufnahmen und durch möglichst phantasievoll animierte Grafiken illustrierter Statistiken auch zwei Studiointerviews vor. Als Interviewpartner wünschte ich mir Julian Huxley, damals der bekannteste britische Biologe, und Bertrand Russell.

Im Dezember rief ich Russell in seinem Haus in Nordwales an. Er war selber am Apparat, was mich ein wenig überraschte. Schon zu Beginn des Gesprächs wurde deutlich, daß er mein Projekt interessant fand, doch er wollte sich vor einer eventuellen Zusage erst davon überzeugen, daß mein Vorhaben und ich wirklich seriös waren. Damals empfanden die sogenannten gebildeten Menschen dem kommerziellen Fernsehen gegenüber tiefes Mißtrauen – und die meisten schauten es sich auch nicht an. Heutzutage klingt das absurd, aber Mittel- und Oberschicht sahen damals gewöhnlich BBC, die Arbeiterschaft bevorzugte ITV. Russell sagte schließlich so ungefähr (ich kann mich an den genauen Wortlaut nicht mehr erinnern): »Ich würde das gern persönlich mit Ihnen besprechen, ehe ich mich entscheide.« Das war mir recht, und er meinte, mit siebenundachtzig sei ihm im Winter die Fahrt nach London zu anstrengend, ob ich ihn wohl in Wales aufsuchen würde? Auch das war mir recht, und deshalb setzte ich mich zwischen Weihnachten und Silvester 1959 eines Tages in den Zug, um Russell in seinem Haus in Penrhyndeudraeth zu besuchen.

Wir hatten verabredet, daß ich kurz nach dem Frühstück dort eintreffen sollte. Mein erster physischer Eindruck von Russell war seine Kleinwüchsigkeit. Popper war auch nicht größer, aber er wirkte damals allein schon durch seine langsamen, kräftigen Bewegungen ziemlich stämmig. Russell dagegen erinnerte an einen Vogel; er war schmächtig, zartknochig, lebhaft und immer auf dem Sprung. Seine geistige und körperliche Beweglichkeit war wirklich außergewöhnlich für einen Mann seines Alters.

Er erklärte, seine Frau liege mit Grippe im Bett und lasse sich entschuldigen. Dann bediente er mich mit einer Aufmerksamkeit, die mich für die Abwesenheit seiner Frau entschädigen sollte, wie ich glaubte. Er half mir aus dem Mantel, überlegte sorgfältig, wo und wie er ihn aufhängen wollte, führte mich ins Wohnzimmer, überzeugte sich davon, daß ich auf dem Sofa auch wirklich bequem saß, klopfte die Kissen zurecht. Später erkannte ich dann, daß er die höflichen Manieren des viktorianischen Zeitalters beibehalten hatte und sein Gegenüber unweigerlich als Persönlichkeit von Nabob-hafter Bedeutung behandelte, egal, wen er vor sich hatte. Wir diskutierten zunächst über meine geplante Sendung, und schließlich erklärte er sich bereit, teilzunehmen. Als diese Frage geklärt war, wollte er mehr über mich selbst erfahren und war ganz begeistert, als ich ihm von meinem leidenschaftlichen Interesse an der Philosophie erzählte.

Er fragte mich ausgiebig über Philosophen in Oxford und Yale aus, die mir begegnet waren, von denen er jedoch nur gehört hatte. Dann erkundigte ich mich nach den Philosophen, mit denen er zusammengearbeitet hatte, und die er gut kannte, vor allem nach Wittgenstein, Whitehead und Moore. Geistreiche Kommentare, zumeist boshaft, aber immer voller Zuneigung und immer witzig, strömten nur so aus ihm heraus – tiefschürfende Bemerkungen, wunderbare Anekdoten. Er war keiner von der Sorte, bei denen unser Lächeln erstarrt, weil sie pausenlos witzig sein wollen; bei ihm *war* einfach so gut wie jede Bemerkung witzig und obendrein auch noch informativ. Ich glaube, ich habe niemals jemandem mit größerem Vergnügen zugehört. Er besaß die in meiner Erfahrung einzigartige Gabe, sich in perfekt ausgewogenen und ökonomisch formulierten Sätzen auszudrücken, die so befriedigend waren, daß sie ein Stück eleganter, dichter und nahezu makelloser Prosa ergeben haben würden, wenn er sie niedergeschrieben hätte. Gewiß, viele dieser Sätze und natürlich auch etliche seiner Pointen und Anekdoten sollten mir später in seinen Schriften wieder begegnen, aber schließlich erzählen die meisten von uns ihre besten Geschichten in immer denselben Worten, und das alles stellte ja auch nur einen Teil unserer Gespräche dar. Ich machte viele Bemerkungen, zu denen er seine Antworten unmöglich bereits vorformuliert haben konnte, doch seine Antworten waren in dieselben klaren, kurzen, tadellos konstruierten Sätze gekleidet wie alles, was er sagte. Darauf bildete er sich auch einiges ein. Er erzählte mir, daß er jahrzehntelang seine gesamte Korrespondenz und all seine Veröffentlichungen diktiert hatte. »Seit dem Ersten Weltkrieg habe ich nur noch zur Feder gegriffen, um meine Unterschrift zu leisten.« Genaugenommen fand ich ihn überhaupt ein bißchen eitel, aber auf eine verletzliche und liebenswürdige Weise, wie ein attraktives und begabtes Kind, das sich Zuwendung wünscht.

Wir waren uns in vielen grundlegenden Punkten einig: daß Wittgensteins frühe Philosophie genial sei, seine spätere dagegen bloß eine überaus spitzfindige Art von intellektueller Spielerei; daß die derzeitige orthodoxe Philosophie sich zutiefst im Irrtum befand, wenn sie die Analyse als die einzige und gesamte Aufgabe der Philosophie betrachtete, weil das darauf hinauslief, ein philosophisches Werkzeug zu behandeln, als wäre es selbst die Philosophie, was nicht nur einen Mißbrauch der Philosophie, sondern auch des Werkzeugs darstellte, das bei sinnvollerer Anwendung durchaus wichtige Arbeit hätte leisten können; daß die Hauptaufgabe der Philosophie nach wie vor in dem Versuch bestand, die Welt oder unsere Erfahrung der Welt zu verstehen; daß einige der größten Erfolge in der Geschichte dieses Versuchs bisher die Naturwissenschaften errungen hatten, weshalb sie für jegliche ernsthafte Philosophie von ganz besonderer Bedeutung sein mußten, und es im Grunde unmöglich war, ein seriöser Philosoph zu sein, ohne sich für die Naturwissenschaften zu interessieren. Russell sagte, er habe oft das Gefühl gehabt, es sei ein Irrtum gewesen, sich der Philosophie zu widmen, er hätte es wohl besser als Naturwissenschaftler versuchen sollen.

Unter den zeitgenössischen Philosophen hatte er den engsten Kontakt zu A. J. Ayer. Er sprach voller Freundschaft und Loyalität über Ayer, doch es war deutlich, daß er ihn zwar für einen klugen und raschen, aber nicht für einen eigenständigen Denker hielt. Er mochte Ayer als Person, fand, er stehe in den meisten damaligen Kontroversen auf der richtigen Seite und betrachtete ihn als brillanten Gesprächspartner, Diskussionsteilnehmer, Kritiker und Lehrer, konnte bei ihm aber keine wichtigen eigenständigen Ideen entdecken. Popper, dem er nur flüchtig begegnet war, galt ihm als Original, aber er kannte ihn nur als Autor der *Offenen Gesellschaft*, eines Buches, dem er höchstes Lob zollte. Er hatte nichts von Poppers Wissenschaftsphilosophie gelesen und sah darin eigentlich keinen bedeutsamen Unterschied zur politischen Philosophie. Als ich *Logik der Forschung* erwähnte, das damals erstmals in englischer Sprache veröffentlicht worden war, stellte sich heraus, daß Russell die allgemein verbreitete, unrichtige Ansicht teilte, Popper halte Falsifizierbarkeit für eine Alternative zur Verifizierbarkeit, eine Interpretation, die sich in vielen Büchern findet, zum Beispiel in Ayers *Language, Truth and Logic*. Als wir diesen Teil unseres Gespräch abschlossen, meinte Russell, nun habe er wirklich Lust, Poppers Wissenschaftstheorie zu lesen, ich weiß jedoch nicht, ob er es tatsächlich getan hat.

Nach einigen Stunden wurden wir aus unserer weiterhin überschäumenden Unterhaltung gerissen und zum Mittagessen gerufen. Diese Mahlzeit war von einem Ehepaar vorbereitet worden, das für die Russells arbeitete, das ich jedoch niemals kennenlernte. Das Mittagessen erwartete uns auf dem Küchentisch, ein heißer gekochter Schinken von Dickensschen Ausmaßen, zwei dampfende Schüsseln voll Gemüse und eine geöffnete Rotweinflasche. Russell legte mir die Hand auf die Schulter und drückte mich auf einen Holzstuhl. Dann schnitt er mit ausholenden Armbewegungen den Schinken auf und redete dabei ununterbrochen weiter. Er und die Schüsseln befanden sich auf meiner rechten Seite, und weil er darauf bestand, mich von links zu bedienen – erst den Schinken, dann nacheinander das Gemüse – mußte er immer wieder hinter meinem Stuhl herumtanzen. Als kräftiger junger Mann von neunundzwanzig fand ich es peinlich, von einem Siebenundachtzigjährigen so ausgiebig bedient zu werden. Ich gebe zu, daß unser Statusunterschied dieses Gefühl noch verstärkte: Ich fand es unpassend, daß ein Mensch von historischer Bedeutung in der Philosophie, ein weltberühmter Nobelpreisträger sich dermaßen um jemanden bemühte, der sein Enkel hätte sein können. Ich könnte ihm doch wenigstens helfen, überlegte ich. Deshalb versuchte ich, ihm Gemüse vorzulegen. Was mir einen strengen Tadel eintrug, das sei die Aufgabe des Gastgebers.

»Dann lassen Sie mich wenigstens den Wein einschenken«, sagte ich und griff nach der Flasche.

»Nein, nein«, rief er und zog mir die Flasche vor der Nase fort. »Wenn ein Gastgeber überhaupt eine Hauptaufgabe hat, dann ist das das Weineinschenken.«

Inzwischen war ich schon ziemlich gereizt. Dieser Mann hat einfach kein Taktgefühl, dachte ich. Er muß doch wissen, wie peinlich das alles für mich ist. Wenn meine Gefühle ihm überhaupt etwas bedeuteten, dann würde er sich anders verhalten. So etwas Ähnliches sagte ich dann auch, und er erwiderte ganz gelassen: »Ich weiß, ich weiß. Ein Altersunterschied kann von ziemlich irrationaler Bedeutung sein. Ich mußte mit siebzehn einmal allein mit Gladstone zu Abend essen ...«*

Während des Essens griffen wir andere Themen auf und ich erwähnte meinen Plan, für die Labour Party zu kandidieren. Das ließ Russell wieder aufmerken und wir vertieften uns in ein Gespräch über politische und gesellschaftliche Fragen, das wir dann nach dem Essen und für den Rest des Nachmittags im Wohnzimmer fortsetzten. Um achtzehn Uhr konnten wir dann schließlich auf acht Stunden lebhaftester Diskussion zurückblicken. In dieser Zeit hatte ich allerlei über Russell erfahren, das aus seinen Werken nicht hervorgeht, zum Beispiel daß er sich hervorragend in der deutschen, englischen und französischen Belletristik auskannte und in allen drei Sprachen zahlreiche Gedichte rezitieren konnte. Musik war für ihn ein blinder Fleck (sehr zu seinem Bedauern, wie er sagte), doch ansonsten schien es kein bedeutendes Wissensgebiet zu geben, auf dem er sich nicht so gut auskannte wie mancher, der als Experte durchgeht. Er hatte eine außergewöhnliche Zahl von Personen der Weltgeschichte kennengelernt. Er war im Haus seines Großvaters, eines ehemaligen britischen Premierministers aufgewachsen (seine Eltern waren beide noch vor seinem dritten Lebensjahr gestorben) und war es deswegen seit jeher gewohnt, mit internationalen Berühmtheiten ganz zwanglos zu verkehren; seine eigene Prominenz als Erwachsener hatte daran natürlich nichts geändert. Er erwähnte diese Bekanntschaften ganz spontan, nicht um sich damit zu brüsten, sondern wie man alte Bekannte eben so erwähnt, wenn es sich im Laufe des Gesprächs gerade ergibt. Als ich zum Beispiel einen meiner Ansicht nach unverzeihlichen Fehler in der marxistischen Theorie erwähnte, sagte er: »Genau das habe ich auch zu Lenin gesagt, aber er wollte einfach nicht auf mich hören.« Als ich irgendeine Bemerkung über Joseph Conrad machte, stellte sich heraus, daß dieser der Pate eines der zwei Söhne Russells war und daß sie alle beide nach ihm benannt waren. Und so ging es immer weiter. Russell schien im Lauf seines langen Lebens wirklich »alle Welt« kennengelernt zu haben.

Ich fand es ungeheuer faszinierend, mit jemandem zu sprechen,

---

* Glaubt man seinen Schriften, so war das doch um einiges übertrieben. In Wirklichkeit zogen sich damals die Damen nach dem Essen zurück, weshalb der siebzehnjährige Russell mit Gladstone allein beim Portwein saß.

der so viele Leute, von denen ich in der Schule und auf der Universität gehört hatte, tatsächlich gekannt hatte. Für mich erwachte die Zeitgeschichte damit auf ganz neue Weise zu Leben, und ich hatte das Gefühl, auf irgendeine Weise mit ihr in persönlichem Kontakt zu stehen. Ich konnte Russell nach seiner Meinung über Trotzki, Einstein, T. S. Eliot und die unterschiedlichsten anderen Berühmtheiten fragen; er hatte sie alle wirklich *gekannt* und antwortete aufgrund seiner persönlichen Erfahrung, bisweilen überraschend ausführlich. T. S. Eliot beispielsweise hatte in Harvard Philosophie bei ihm gehört und dann später in England bei ihm gewohnt. Was er mir freilich nicht erzählte (das fand ich erst später heraus), war, daß er eine Affäre mit Eliots Frau gehabt hatte, während die beiden noch seine Gäste waren. Auf die eine oder andere Weise schien sich die gesamte Geschichte der letzten fünfundachtzig Jahre in seinem Privatleben niedergeschlagen zu haben. Dafür hatte meiner Ansicht nach eine einzigartige Kombination von Faktoren gesorgt. Russell war in eine der politisch einflußreichsten Familien Großbritanniens hineingeboren worden, und das zu einem Zeitpunkt, als dieses Land den Höhepunkt seiner Macht erreicht hatte und ein Weltreich beherrschte, das ein Viertel der Menschheit umfaßte, und alle Vorteile genossen, die ein einzelner daraus nur ziehen konnte. Vor allem bedeutete die Tatsache, daß sein Großvater Premierminister gewesen war, daß Regierungschefs aus aller Welt bei ihm ein und aus gingen, und er das ganz selbstverständlich fand. Doch der junge Russell war auch selbst ungewöhnlich fähig, und zwar auf einem nicht-politischen Gebiet. Und so bewegte er sich denn in gleich drei unterschiedlichen Welten auf höchster Ebene: politisch, gesellschaftlich und intellektuell.

Russell war neunundzwanzig, als Königin Viktoria starb, und das macht ihn im wörtlichen Sinne zum Viktorianer. Da die erste Dekade seines Erwachsenenlebens mit den neunziger Jahren des 19. Jahrhunderts zusammenfiel, war er außerdem ein Vertreter des *fin de siècle*. Und weil er nun einmal kein Mensch war, der seine Manieren oder seinen Akzent ändert, um es den anderen recht zu machen, blieb er von seinem ganzen Wesen her ein Aristokrat des 19. Jahrhunderts – schließlich war er ja von Adel, auch wenn das im Vergleich zu seinen überragenden Fähigkeiten so gering wog, daß die meisten es einfach vergaßen. Im Zeitalter der Demokratie und modernen Parteipolitik, der gewerkschaftlichen Macht und der Massenmedien wirkte er trotz seiner Erfolge und seines Ruhms wie ein Besucher von einem anderen Stern, wie jemand, der im Exil seine ursprüngliche Staatsbürgerschaft beibehält und es in seiner Wahlheimat dennoch zu höchsten Ehren bringt. Ich fand, dafür habe er eine Menge Respekt verdient.

Mit am bezeichnendsten war seine Sprechweise. Er verwendete gerne veraltete Ausdrücke (die Familie eines Bekannten bezeichnete er als »seine Leute«, seine Freunde als seinen »Kreis«) und sprach mit einem altmodischen Upper-class-Akzent. In seinem Mund erwachte die robuste Sprache des viktorianischen Romans zu neuem Leben. In der Praxis hörte sich das in seinem Fall ziemlich schrill, nasal und schnarrend an, doch stets lebhaft und ausdrucksvoll. Diese Redeweise wurde damals recht häufig nachgeäfft, um nicht nur Russell zu karikieren, sondern auch das, was man für den archetypischen Philosophen überhaupt hielt, und selbst schlechte Parodien waren sofort zu erkennen.

In Gedanken höre ich noch immer, wie diese Stimme bei unserer ersten Begegnung eine ganze Argumentationskette oder eine Ansicht zu einem einzigen Satz zusammenfaßt. »Religionsunterricht ist immer von Übel, weil Kindern beigebracht wird, Dinge zu glauben, für die es keine Grundlage gibt.« – »Für Aneurin Bevan ist seine Ernennung zum Außenminister wichtiger als das Überleben der gesamten Menschheit.« Als ich ihn nach dem intelligentesten Menschen fragte, der ihm je begegnet war, antwortete er ohne mit der Wimper zu zucken: »Keynes.« Als ich fragte: »Halten Sie ihn denn wirklich für intelligenter als sich selbst?« kannte er ebenfalls kein Zögern: »Ja. Bei jeder Auseinandersetzung mit Keynes hatte ich das Gefühl, mein Leben in meine Hände zu nehmen.« Als ich mein Erstaunen über seine Antwort zum Ausdruck brachte, weil ich eigentlich damit gerechnet hatte, daß er »Einstein« sagen würde, antwortete er, Einstein habe nicht wie Keynes pure Intelligenz ausgestrahlt, sondern eher die Kreativität eines großen Künstlers, sein Werk sei eher den Tiefen seiner Phantasie entsprungen als seinem Intellekt. Als ich ihn nach dem größten Mann fragte, der ihm je begegnet war, brauchte er länger für seine Antwort. Schließlich nannte er Lenin. Als ich den Grund wissen wollte, sagte er, Lenin habe einen brillanten Verstand mit einer fast genialen Tatkraft verbunden, was seine besondere Größe und seinen Erfolg ausgemacht habe. Und er habe wie nur wenige andere den Lauf der gesamten Weltgeschichte umgestürzt. Er fügte jedoch hinzu, daß er Lenin moralisch überhaupt nicht bewundernswert finde; Lenin habe über das unendliche Ausmaß an Tod und Leiden, das er verursachte, fast schon geprahlt und im Gespräch mit Russell darüber gelacht.

Mein erster Tag bei Russell bleibt für mich der unvergeßlichste Gesprächstag meines ganzen Lebens. Im *Reader's Digest* gab es jahrzehntelang die Rubrik »Menschen, die man nicht vergißt«, und dieser Mensch ist und bleibt für mich Russell.

Nach diesem Tag trafen wir uns noch einige weitere Male, gewöhnlich in seinem Londoner Haus in der Hasker Street, wohin er mich (abermals nach viktorianischer Art) zum Tee einlud, weil er abends früh müde wurde und dann schlafen wollte. Doch wo schon von seiner Vitalität die Rede ist: Ich mußte immer wieder nicht nur über seine geistige Energie staunen, sondern auch über seine physische Ausdauer. Wenn er ein Argument mit einem Zitat untermauern wollte, dann sprang er auf, lief zum Bücherregal, stellte sich auf Zehenspitzen, zog ein Buch aus einem hochgelegenen Fach und kehrte damit um das Sofa herum zu seinem Sessel zurück, und das alles in einer einzigen gleitenden Bewegung, ohne sich dabei im geringsten anstrengen zu müssen oder auch nur seinen Redestrom zu verlangsamen. Er war so schnell und leichtfüßig und bewegte sich so grazil, daß ich immer an das Verb »tanzen« denken mußte, wenn ich ihm zusah. Die Antriebskraft für all das lieferten ihm vermutlich seine intellektuelle Energie und seine nie erlahmende Begeisterung für das, was er gerade sagte.

Bei einem meiner Besuche in der Hasker Street warf ich ihm vor, zu einem Atomangriff auf die Sowjetunion geraten zu haben, um die Menschheit für immer vor der Gefahr eines Atomkriegs zu retten. Das stritt er ab. Er sagte, das sei ein Mißverständnis; in Wirklichkeit habe er vorgeschlagen, daß der Westen seine momentane Überlegenheit nutzen solle, um die Russen zur Aufgabe jeglichen Versuchs zu zwingen, ihrerseits welche zu entwickeln. Um das durchzusetzen, sei in der Tat die Drohung mit einem

Atomschlag vonnöten, aber da den Sowjets gar keine andere Wahl bleiben würde, als die westlichen Forderungen zu akzeptieren, werde dieser in Wirklichkeit überhaupt nicht stattfinden. Sein Vorschlag hatte jedoch allgemein den Eindruck erweckt, Russell befürworte einen Bombenangriff auf die Sowjetunion, und das, so sagte er, sei reine Verleumdung. Bei unserer nächsten Begegnung zeigte ich ihm eine Kopie eines Artikels, in dem er dazu geraten hatte, die UdSSR zu bombardieren. Das war das einzige Mal, daß er in meiner Gegenwart in Verwirrung geriet. Er sagte, er habe schlicht und einfach vergessen, das geschrieben zu haben, räumte aber ein, daß es sich mit ziemlicher Sicherheit um einen Fall von Freudscher Verdrängung handeln müsse. Bestimmt aber könne er diesen Vorschlag nur ein einziges Mal gemacht haben, und dann vermutlich in einem unüberlegten Moment, und ansonsten habe er seine sattsam bekannte Meinung vertreten. Ich fürchte aber, daß auch das nicht stimmt. Russell hatte über zwei oder drei Jahre hinweg immer wieder einen Bombenangriff auf die Sowjetunion empfohlen.

Dieses Beispiel zeigt, was letztlich mein größter Vorbehalt gegen ihn wurde. Er befaßte sich mit Worten, Gedanken, Konzepten, ohne wirklich zu verstehen, was sie in Begriffen der nichtsprachlichen Realität bedeuteten. Wenn er mit irgendeinem menschlichen Problem konfrontiert wurde, dann suchte er nach der richtigen Art, darüber nachzudenken, statt sich zu fragen, was man richtigerweise davon halten solle, und deshalb neigte er dazu, Problem und Lösung auf einer rein abstrakten Ebene zu betrachten, statt an die betroffenen Menschen und die Folgen zu denken, die das alles für *sie* haben würde. Das führte dazu, daß er nicht selten ziemlich blödsinnige Vorschläge machte – blödsinnig insofern, als sie keinerlei Bezug zum wirklichen Leben und zu wirklichen Menschen hatten und auch nicht in Betracht zogen, wozu sich Menschen überhaupt bewegen lassen. Diese Tatsache wurde besonders auffällig, als er sich im Alter dann für die atomare Abrüstung einsetzte. (Ich fand es immer passend, daß der einzige mir bekannte Mensch, der je zu einem Atomangriff auf die Sowjetunion geraten hatte, nun zum bekanntesten Befürworter einer einseitigen Abrüstung geworden war.) Viele Beobachter hielten ihn deshalb für senil, aber in Wirklichkeit hatte sein Alter wenig oder nichts mit diesem Engagement zu tun: Er war schon immer so gewesen. Im Ersten Weltkrieg hatte er den Bischöfen, die einen Sitz im Oberhaus einnahmen, vorgeworfen, den Krieg zu unterstützen, weil die anglikanische Kirche Anteile an Rüstungsfabriken besaß. Über die alberne Schule Beacon Hill, die er in der Zwischenkriegszeit gegründet und geleitet hatte, sagte er später, er sei »theorieverblendet« gewesen. Er hatte schon immer dazu geneigt, in praktischen Fragen idiotische Dinge zu sagen und zu tun, und dahinter steckte immer derselbe Grund: Er behandelte praktische Probleme, als seien sie theoretische. Ich möchte sogar behaupten, daß ihm der Unterschied zwischen beidem ganz einfach nicht klar war. (Es war ein Segen für ihn und alle anderen, daß er nie in die Politik ging, wie seine Familie es von ihm erwartet und er selbst es bis zu seinen mittleren Jahren auch vorgehabt hatte – immerhin hatte er ja zwei- oder dreimal für das Parlament kandidiert. Die Tatsache, daß dieser Mann in mancher Hinsicht ein Genie war und in manch anderer ein Narr, läßt sich relativ leicht erklären. Seine ganze Genialität lag in der Lösung theoretischer Probleme, weshalb er – zweifellos nicht zuletzt deshalb – dazu neigte, alle Probleme als theoretisch anzusehen. Wenn sie wirklich theoretisch waren, erwies er sich als Meister, aber wenn es um praktische Probleme des privaten oder gesellschaftlichen Lebens ging, wurde er zum Stümper. Und weil er über so wenig praktische Intelligenz verfügte, lernte er auch so gut wie nichts aus seinen Fehlern. Als Greis war er ein ebenso großer – wenn auch kein größerer – Einfaltspinsel wie er als junger Mann gewesen war.

Bei der Abrüstungskampagne war einer seiner freiwilligen Helfer ein Amerikaner namens Ralph Schoenman, der dann zu Russells persönlichem Assistenten wurde und ihn schließlich ganz und gar vereinnahmte. Ich mußte selbst erleben, wie das vor sich ging. Nach einigen Jahren lockeren und freundschaftlichen Kontakts mit Russell, während derer wir Briefe wechselten, uns manchmal trafen und bisweilen telefonierten, war plötzlich alles ganz anders. Wenn ich an Russell schrieb, dann stammte die Antwort von Schoenman, und offensichtlich wußte Russell nichts von meinem Brief. Wenn ich Russell anrief, dann meldete sich Schoenman, der inzwischen bei ihm wohnte. Schoenman fragte dann, worüber ich mit Russell sprechen wolle. Egal, wie meine Antwort auch lauten mochte, immer war Russell angeblich zu beschäftigt, und ich sollte später noch einmal anrufen oder schreiben. Wenn ich nicht sagen wollte, worum es ging, sondern darauf bestand, zu Russell durchgestellt zu werden, dann erklärte Schoenman, das sei wirklich nur möglich, wenn ich ihm zuerst den Grund meines Anrufes nenne. Wenn ich schrieb, antwortete mir abermals Schoenman. Wenn ich dann anrief, hatte ich wieder Schoenman an der Strippe. Das Ganze war ziemlich kafkaesk. Ich bin Schoenman nie persönlich begegnet – für mich war er nur eine Stimme am Telefon. Doch alle meine Möglichkeiten, mich mit Russell in Verbindung zu setzen, wurden von ihm effektiv blockiert, und das alles geschah ganz offensichtlich hinter Russells Rücken. Ich fragte mich natürlich, ob das persönliche Gründe haben könnte – vielleicht wollte Russell ja nichts mehr mit mir zu tun haben und hatte Schoenman entsprechende Anweisungen erteilt – doch dann hörte ich von anderen Freunden und Bekannten Russells dasselbe. Schließlich gerieten solche Geschichten sogar in die Presse. Und wie alle anderen gab ich dann am Ende auf.

Inzwischen gerieten immer wieder Artikel und Erklärungen in Umlauf, die einfach nicht von Russell stammen konnten (und sei es nur wegen ihrer unbeholfenen Ausdrucksweise), und die auch seine Ansichten nicht korrekt wiedergaben. Alan Ryan beschreibt diese Situation in seinem Buch *Bertrand Russell: A Political Life*. Dort gibt er den Anfang dieser alptraumhaften Entwicklung so wieder (S. 196/97): »Viele englische Leser fragten sich, ob Russell das, worunter er seinen Namen setzte, wirklich gelesen oder gar geschrieben haben konnte; es las sich wie das Gegeifer der studentischen Linken und hatte keinerlei Ähnlichkeit mit Russells makellosem Stil ... stellenweise klang er wie der Ayatollah Khomeini, wenn er den ›großen Satan‹ anprangerte – und allein schon deshalb mußte man sich fragen, was er von diesen unter seinem Namen erscheinenden Artikeln wirklich selber geschrieben haben mochte.« Es war ein entsetzliches Ende für einen dermaßen begabten Philosophen, und die Tatsache, daß die Hauptperson selber für ihren Sturz verantwortlich war, hätte es zum Thema einer griechischen Tragödie qualifiziert.

Schoenman war eine erschreckend finstere Gestalt, wie ein böser Zwerg aus Wagners *Ring*, und zweifellos handelte er berechnend und gerissen. Ob er nun von ganz links oder von ganz rechts herstammte, habe ich nie herausfinden können, aber in der Praxis machte das keinen großen Unterschied, weil es wie üblich mehr oder weniger auf dasselbe hinauslief. Viele glaubten, Schoenman sei von dem angetrieben worden, was man dann später als »linke Spinnereien« bezeichnete, wozu noch ein hemmungsloser Haß auf sein eigenes Land, die USA, kam. Derartige Haltungen charakterisierten auf jeden Fall die Schriften, die unter Russells Namen erschienen, nachdem er in Schoenmans Hände gefallen war. Vielfach wurde aber auch die Ansicht laut, die CIA habe Schoenman auf Russell angesetzt, um den weltbekannten Befürworter einer einseitigen atomaren Abrüstung international in Mißkredit zu bringen – was ihr dann ja auch ganz entschieden gelungen wäre. Wenn ich mein Geld auf eine dieser Alternativen setzen müßte, dann würde ich zur CIA-These neigen, aber im Grunde scheint mir diese Frage heute nicht mehr weiter wichtig.

Dreizehntes Kapitel

Erste Versuche einer politischen Philosophie

Als ich im Spätsommer 1956 aus Yale nach England zurückkehrte, versetzten mich die Suez- und Ungarnkrisen, wie bereits erwähnt, fast augenblicklich in hektische politische Aktivitäten. Zum ersten Mal besuchte ich den alljährlichen Parteikongreß der Labour Party, der damals in Brighton stattfand. Auf dem Kongreß von 1957 hielt Aneurin Bevan dann seine berühmte »Nackt in den Konferenzraum«-Rede. Er war die charismatischste Gestalt, die Labour jemals hervorgebracht hatte; als Minister der ersten Labourregierung nach dem Krieg hatte er das staatliche Gesundheitssystem entwickelt. Er hatte dann, teilweise aus Protest gegen die Einführung von Gebühren für die Gesundheitsversorgung, die seiner Ansicht nach den Sinn des Systems ins Gegenteil verkehrten, seinen Abschied genommen. Ein weiterer Grund war allerdings, daß er das Wiederaufrüstungsprogramm, das nach Ausbruch des Koreakrieges in die Wege geleitet wurde, nicht unterstützen wollte. Als er das Kabinett verlassen hatte, wurde er zum unumstrittenen Führer der abweichenden Labour-Linken und zum brillanten Sprachrohr für deren wichtigstes Anliegen, einseitige atomare Abrüstung. Auf dem Kongreß 1957 distanzierte er sich von diesem Ziel und seinen linksgerichteten Anhängern und ließ sich zum Stellvertreter des neuen Parteivorsitzenden Hugh Gaitskell und zum Außenminister in dessen Schattenkabinett wählen.

Diese Parteikongresse sind der einzige Anlaß, aus dem sich die gesamte Labour Party versammelt. Delegierten aus abgelegeneren

Gebieten bietet er eine einzigartige Möglichkeit, sich für die Interessen ihrer ansonsten vernachlässigten Ortsvereine einzusetzen, und dabei scheuen sie so gut wie keine Mittel – zum Beispiel bitten sie im ganzen Land bekannte Persönlichkeiten, mit denen sie in der Bar zufällig ins Gespräch kommen, in ihren abgelegenen Heimatorten zu sprechen. Ähnliche Pläne hegten die Vertreter des Wahlkreises Mid-Bedfordshire, als sie im Herbst 1957 nach Brighton kamen, um sich nach einem möglichen Kandidaten für die Parlamentswahlen umzusehen. In ihrem Wahlkreis gab es keine einzige größere Stadt, dafür aber auf zweihundertfünfzig Quadratmeilen verteilt insgesamt zweiundsiebzig Dörfer. Sie waren zu dem Schluß gekommen, daß es in ihren eigenen Reihen niemanden gab, der das Zeug zum Parlamentskandidaten hatte, und sie sich deshalb jemanden von außen holen mußten. Mid-Bedfordshire war freilich schon immer eine Hochburg der Konservativen gewesen, und das brachte sie zu der Überlegung, daß der einzige Kandidat, der das nötige Kaliber besaß, ins Parlament einzuziehen, und dennoch bereit war, sich auf ihren Wahlkreis einzulassen, ein ehrgeiziger junger Mensch sein würde, der versessen genug darauf war, sich seine Sporen zu verdienen, um das Risiko einer Niederlage einzugehen. Sie gingen, zweifellos zu Recht, davon aus, daß sie auf dem Parteikongreß eine ganze Reihe von Leuten dieses Schlages finden würden, und deshalb schauten sie sich um. Und entdeckten mich.

Natürlich mußte ich zunächst die Auswahlprozedur über mich ergehen lassen. Als die potentiellen Kandidaten sich Anfang 1958 in Bedford vorstellten, stand mit auf der kurzen Liste, die sechs Namen umfaßte, auch Betty Boothroyd, die dreiundvierzig Jahre später als erste Frau Sprecherin des Unterhauses werden sollte. Die wichtigsten Parteiaktivisten hatten sich jedoch bereits für mich entschieden, und so wurde ich denn aufgestellt.

Von da an bis zu den Wahlen im Herbst 1959 verbrachte ich jedes zweite Wochenende und häufig auch noch einen Abend in der Wochenmitte in meinem Wahlkreis. Gleichzeitig engagierte ich mich weiter in meinem Londoner Ortsverein.* Also lernte ich in

---

* Die führenden Köpfe der Labour Party von St. Marylebone waren ein Ehepaar namens Pat und Kate Lucan. Viele Versammlungen fanden bei ihnen zu Hause statt, und dabei traf ich häufig ihren halbwüchsigen Sohn, den später als Mörder berühmt gewordenen und spurlos verschwundenen Lord Lucan.

dieser Zeit wie höchst unterschiedliche lokale Parteifilialen funktionierten, und erfuhr obendrein, wie das Leben eines Kandidaten aussieht, und wie man einen Wahlkampf führt. Bei der Wahl trug ich dann eine Niederlage davon. Doch kaum ein Jahr später wechselte mein siegreicher Rivale ins Oberhaus über, und deshalb fand im Herbst 1960 eine Nachwahl statt, bei der Labour mich erneut aufstellte. Diese Nachwahl war für mich eine ganz andere Erfahrung als der Parlamentswahlkampf. Geld und Hilfskräfte strömten von allen Seiten zusammen, jeden Tag schauten Parlamentsmitglieder vorbei, wir waren landesweit in den Medien vertreten. Seither betrachte ich die Jahre 1958–60 als meine Lehrlingszeit in der Parteipolitik, als die Jahre, in denen ich politische Arbeit an der Basis kennenlernen konnte.

Es waren sehr lehrreiche und zugleich ernüchternde Jahre. Ich genoß es, mich mit Alltagspolitik zu befassen und mich daran tatkräftig zu beteiligen, aber es enttäuschte mich, daß Ideen und Ideale darin nur eine so winzig kleine Rolle spielten – und daß es sich, wenn das doch einmal der Fall war, um reichlich schäbige Ideen und Ideale handelte. Politisches Engagement diente zumeist dem eigenen Fortkommen, war opportunistisch und situationsgebunden ausgerichtet und orientierte sich im Fall Labour zunächst an den materiellen Interessen der Gewerkschaften und erst danach am ärmeren Fünftel oder Sechstel der Bevölkerung. Fast alle vorgetragenen Ideen waren Rationalisierungen dieses Vorgehens, und sie dienten nicht als Leuchtfeuer und Leitfaden im voraus, sondern als nachträgliche Rechtfertigung. Die meisten dieser Begründungen basierten auf rudimentären Vorstellungen von allgemeiner Menschlichkeit, Gerechtigkeit und Fairneß, und wenn einfache Parteimitglieder sie äußerten, dann hörte sich das an wie eine Art lascher Liberalismus. Zumindest war das bei der Mehrheit der Mitglieder der Fall. Daneben gab es aber auch noch eine bedeutende Minderheit, die in der Praxis härter und in der Theorie stringenter argumentierte, nämlich die Linksabweichler. Ihr Leitstern war der Marxismus. Das galt vor allem für viele Intellektuelle, schlug sich aber auf unartikulierte Weise auch bei vielen Leuten nieder, die nicht in erster Linie Intellektuelle waren – und bei ihren zahlreichen organisierten Grüppchen, die als Apologeten kommunistischer Regime auftraten, zu deren Ruhm auch zu Lügen griffen und zugleich jeden, der die Wahrheit sagte, wütend attackierten.

Ich fand das alles entsetzlich. Nicht daß ich gewollt hätte, daß die Labour Party sich irgendeiner anderen Theorie verschreibt, die mir als die richtige erschien, denn meiner Ansicht nach war es für die Politik in einer freien Gesellschaft weder möglich noch wünschenswert, sich von Theorien leiten zu lassen. Eine solche Politik wird stets und unbestreitbar zum größten Teil daraus bestehen, innerhalb eines größeren Rahmens von Gesetz und Moral unter sich ständig ändernden Gegebenheiten zwischen einander widersprechenden Ansichten und Interessen zu vermitteln, und die Moral, um die es dabei geht, wird stets und durchaus zu Recht die in dieser Gesellschaft allgemein akzeptierte sein. Was ich mir jedoch wünschte, war erstens, daß die Partei diese Tatsachen akzeptieren und den endlosen Strom von leerem Geschwafel eindämmen würde, der aus sozialistischen Quellen strömte. Und zweitens schien mir, daß wir angesichts dessen, daß jegliche Aktivität irgendwelche theoretischen Vorstellungen voraussetzt, eine bessere Theorie als den Marxismus brauchten, um uns mit den unseren zu versorgen.

Ein Gutteil der zu diesem Zweck notwendigen intellektuellen Arbeit war meiner Ansicht nach bereits von Karl Popper geleistet worden. Seine in der *Offenen Gesellschaft* dargestellte politische Philosophie hatte den Marxismus ein für allemal widerlegt, wie ich fand, und statt seiner eine Philosophie zur Problemlösung vorgestellt, die als nicht-ideologische Anleitung zum praktischen Vorgehen für Sozialdemokraten gelten konnte, denen an raschen Reformen gelegen war. Was die Labour Party brauchte, stand also bereits zur Verfügung. Aus meiner Position innerhalb der Partei heraus schrieb ich ein Buch, in dem ich mich kritisch über die derzeitige Theorie und Praxis der Labour Party äußerte und der Partei empfahl, sich – wenn auch nicht ausschließlich daran – in Zukunft an Poppers Überlegungen zu orientieren. Mein Buch *Revolution des Umdenkens: Der neue Radikalismus* wurde 1962 veröffentlicht. Von vielen Akademikern wurde es als mein erstes »seriöses« Buch bezeichnet, wenngleich es bereits mein viertes war. Noch als Student hatte ich einen Gedichtband namens *Cruzifixion and other poems* veröffentlicht, und nach meiner Rückkehr aus den USA hatte ich ein Reisebuch über Amerika geschrieben, das 1958 unter dem Titel *Go West Young Man* erschien. Darauf folgte dann 1960 der Spionagethriller *To Live in Danger*, und nun lag schließlich die *Revolution des Umdenkens* vor.

Als ich dieses Buch schrieb, ging ich erstmals so vor, daß ich die komplette erste Fassung einigen sorgfältig ausgewählten Freunden mit der Bitte in die Hand drückte, sie schonungslos zu kritisieren. Ich machte ihnen klar, daß mir an Lobesworten nicht gelegen sei; ich mußte die Schwächen meines Manuskriptes kennenlernen. Bei seinem Erscheinen würde das Buch ja ohnehin kritisiert werden, und deshalb wollte ich lieber erfahren, welche Irrtümer mir unterlaufen waren oder wo ich noch etwas verbessern könnte, solange Änderungen noch möglich waren. Von dieser Methode habe ich dann auch später oft profitiert. Sie hat mich nicht nur vor vielen Fehlern bewahrt, sondern mir auch gezeigt, welche Stellen in einem Buch zwar nicht unbedingt zutreffend waren, aber doch dazu angetan, auch wohlwollende Leser zu Einwänden und Vorbehalten anzuregen. Ich konnte dann diese Einwände im Buch bereits selbst vorwegnehmen und versuchen, mich ihnen zu stellen. Oft nutzte ich solche Kritikpunkte auf ganz andere Weise als erwartet. Es kam recht häufig vor, daß ein Freund einen Einwand vorbrachte, der auf einem Mißverständnis beruhte. In solchen Fällen ging ich aber nie davon aus, daß die Schuld an diesem Mißverständnis in erster Linie bei ihm lag. Da er ein intelligenter, aufgeschlossener Leser war, sagte ich mir, daß vermutlich auch eine Reihe anderer Leser die betreffende Stelle falsch verstehen würden, und ich sie deshalb besser ändern sollte. Manchmal änderte ich meinen Originaltext, manchmal fügte ich auch nur einen zusätzlichen Absatz ein, der zum Beispiel so beginnen könnte: »An dieser Stelle ließe sich einwenden, daß ...«, oder »doch wir dürfen nicht darüber hinwegsehen, daß ...«. Alles Geschriebene kann mißverstanden werden. Wenn wir im Text die wahrscheinlichsten Mißverständnisse gleich selbst aufgreifen, dann wird er um vieles klarer.

Drei der Freunde, die ich um ihre Kritik an der *Revolution des Umdenkens* bat, waren Fachphilosophen – R. F. (Ron) Atkinson, Ninian Smart und Bernard Williams. Einer der beiden anderen, Anthony Crosland, diente später in einer Labour-Regierung als

Außenminister, der andere, Tyrell Burgess, wurde zum Pionier für die Anwendung von Poppers Analyse im Wirtschaftsleben. Ihre ausgesprochen hilfreiche Kritik war Grund genug für mich, auch bei späteren Büchern so zu verfahren.

Die Kernkapitel von *Revolution des Umdenkens* waren Kapitel 3 und 4. Sie trugen die Überschriften »Die rationale Grundlage meiner Überlegungen« und »Die moralische Grundlage meiner Überlegungen«. Ich schickte Bertrand Russell eine Abschrift vom dritten Kapitel, während ich noch an den übrigen arbeitete. Er war im Grunde meiner Meinung, hatte aber einen wichtigen Einwand: Mein Buch sei, wie er finde, fest verwurzelt in einer Tradition des radikalen Liberalismus, die über Jahrhunderte hinweg über John Stuart Mill zumindest bis zu John Locke zurückreiche, und deshalb nahm er Anstoß an dem Wort »neu« im Untertitel. Ich antwortete darauf, daß ich im Buch doch gerade betone, daß Labour sich an der zentralen Tradition der europäischen Rationalität orientieren müsse, einer Tradition, die sogar bis zu Sokrates zurückreiche, daß die Labour Party sich noch nie in dieser Tradition gesehen habe, daß sie das Erbe des Marxismus und des Sozialismus überhaupt über Bord werfen müsse, und das meines Wissens noch nie jemand vorgeschlagen habe. Im übrigen seien viele meiner Kritikpunkte erstmals von Popper vorgetragen worden, den ich in der Einleitung ausführlich würdigte. Kurzum, ich schlage vor, daß die Labour Party etwas *für sie* gänzlich Neues tun solle. Meiner Ansicht nach sei das, was die britische Politik jetzt brauche, der Liberalismus als aktive, radikale, gesellschaftsverändernde Überzeugung. Die sogenannte Liberale Partei habe nichts dergleichen anzubieten und ohnehin keinerlei Aussicht, jemals an die Macht zu gelangen. Deshalb bleibe nur die Alternative, entweder eine neue Partei zu gründen oder eine der bestehenden auf einen neuen Kurs zu bringen. Im Moment erscheine der Versuch, die Labour Party zu einem radikalen Umdenken zu bewegen, ganz einfach aussichtsreicher, und so setze ich denn auf diese Möglichkeit.

Nachdem ich Russell das alles zurückgeschrieben hatte, und obwohl es alles zutraf, hielt ich seine Einwände dennoch weiterhin für gerechtfertigt. Meinen Titel behielt ich aber nach reiflicher Überlegung trotzdem bei. Wenn eine Partei überhaupt dazu gebracht werden könnte, andere Wege einzuschlagen, dann mußte sie davon überzeugt sein, daß es sich dabei um neue Wege handelte, und wer diesen Versuch unternahm, durfte die Wege nicht selber als »alt« darstellen. Und da ich die Labour Party von den Gedanken eines zeitgenössischen Philosophen überzeugen wollte, von dem ihre meisten Mitglieder noch nie gehört hatten, glaubte ich doch, meinen Vorschlag als »neu« bezeichnen zu dürfen.

Popper, dem ich die Korrekturfahnen des Buches gegeben hatte, schlug einige kleine und eine große Änderung vor. Die große bezog sich auf meine ausführliche Kritik an Hugh Gaitskell, dem damaligen Parteivorsitzenden. Mir erschien Gaitskell als unfähiger Führer, dessen Vorgehen in der Partei nur Zwietracht säen konnte; ich hielt ihn außerdem für viel zu konservativ, um eine radikale Partei leiten zu können, wie ich sie vorschlug. Alles in allem erschien er mir als großes Hindernis für den Weg, den die Partei meiner Ansicht nach einschlagen sollte. Und das alles hatte ich im Buch vorgebracht, wenn auch vielleicht zu heftig und zu persönlich. Popper fand, ich hätte das alles überhaupt nicht erwähnen sollen – aus für seine Verhältnisse ungewöhnlich praktischen Erwägungen. Für ihn war es vor allem wichtig, daß Gaitskell damals seinen Kampf gegen die marxistische Parteilinke ausfocht. Popper riet dazu, Gaitskell in diesem wichtigen Kampf zu unterstützen – und alles, was ihn schwächen könnte, würde natürlich seine Gewinnchancen mindern. Nach einem etwaigen Rücktritt würde ein eher linksstehender Nachfolger gewählt werden, der diesen Kampf auf keinen Fall fortsetzen würde. Deshalb meinte Popper, wenn ich auf Dauer das Beste für die Labour Party erreichen wollte, dürfte ich keine Argumente veröffentlichen, die Gaitskells Position schwächten.

Popper und ich gerieten uns wegen dieser Frage wirklich mehrere Male in die Haare. Meine eigene Position war durch den unerwarteten Tod von Aneurin Bevan beträchtlich geschwächt worden, der während meiner Arbeit an dem Buch gestorben war – Bevan wäre mein Kandidat als Vorsitzender einer neue Wege gehenden Labour Party gewesen. Er war der einzige Politiker in der Geschichte dieser Partei, der als Genie durchgehen konnte, er war ihre größte Persönlichkeit, ihr bester Redner und inzwischen auch ihr stellvertretender Vorsitzender, und deshalb gab es keinen

Grund zu der Annahme, daß er nach Gaitskells Rücktritt nicht in dessen bisherige Position aufgestiegen wäre. Seine Herkunft vom linken Flügel war ein Pluspunkt und zeigte, daß er aus Erfahrungen lernen und sich auch in mittleren Jahren weiterentwickeln konnte. Er verfügte über eine seltene Fähigkeit, die Dinge in neuem Licht zu sehen und seinen eigenen Kopf zu gebrauchen, war die Basis seines radikalen Instinkts. Jetzt, nach seinem unerwarteten Tod, waren alle in ihn gesetzten Hoffnungen zerstört. Einige meiner stärksten Trümpfe in meinen Auseinandersetzungen mit Popper waren mir damit genommen. Es lag auf der Hand, daß nach Gaitskells Rücktritt sein Amt an Harold Wilson fallen würde – den ich verachtete, und von dem kaum etwas Gutes zu erwarten war, schon gar keine Auseinandersetzung mit der Linken, die bei seinem Aufstieg eine tragende Rolle spielen würde. Ich mußte zugeben, daß die Änderungen, die ich mir für die Partei wünschte, eher noch unter der Führung von Hugh Gaitskell denkbar waren, aber ich ging davon aus, daß diese Änderungen dann nicht auf Gaitskells Initiative beruhen würden, sondern auf der Fähigkeit der Partei zu erkennen, was für ihr dauerhaftes Überleben vonnöten wäre.

Nach meinen Diskussionen mit Popper fühlte ich mich gespalten. In seiner unveröffentlichten Form zeigte mein Buch die meiner Ansicht nach unverbrämte Wahrheit und kümmerte sich nicht um etwaige Vor- oder Nachteile für irgendeinen Menschen, mich eingeschlossen. Aus taktischen Gründen auch nur einen einzigen Absatz zu entschärfen, hätte eine gewisse Form von intellektueller Korruption bedeutet. Doch davon war schon die ganze Labour Party durchsetzt; gerade darum ging es mir doch in meinem Buch. Ich konnte Poppers Argumente aber auch nicht auf befriedigende Weise entkräften, was er sagte, war ja durchaus richtig. Am Ende entschärfte ich die Stellen, die sich mit Gaitskell befaßten, wider besseres Wissen dann doch ein wenig. Zum einzigen Mal während meiner Bekanntschaft mit Popper handelte ich damals unter seinem Einfluß gegen meine eigene Einsicht – und ich fühlte mich dabei überhaupt nicht wohl in meiner Haut. Ich fühlte mich geradezu schuldig wie nach einer Schandtat. Und die Strafe folgte auf dem Fuße. Als Gaitskell dann in der Europa-Frage zum Wendehals wurde und beim Labour-Parteitag seine lächerliche »Klein-

England-Rede« hielt, sagte Popper, ich hätte schon die ganze Zeit über recht gehabt und er bedaure, mich zu den Änderungen in meinem Manuskript veranlaßt zu haben. Das war mir jedoch kein Trost – ich hätte mich stundenlang sonstwohin treten können und schwor mir, niemals wieder einen solchen Fehler zu begehen. Natürlich würden Fehler immer unvermeidlich sein, aber es war schlimm genug, wenn es meine eigenen waren, die von anderen brauchte ich nicht auch noch zu machen.

Der Verlag ging davon aus, daß die *Revolution des Umdenkens* großes Aufsehen erregen würde. Daß die Labour Party von ihren eigenen Leuten so energisch kritisiert wurde, würde nicht nur in der Partei selbst, sondern in Politik und Presse ganz allgemein Furore machen. Sie freuten sich schon auf die Welle der Kritik, die über mich hereinbrechen würde, und rieten mir, mich auf eine Zeit der intensiven Auseinandersetzungen vorzubereiten. Aber das alles blieb aus. Das Buch wurde in vielen wichtigen Zeitschriften an hervorgehobener Stelle ausgiebig und wohlwollend besprochen – der Rest war Schweigen. Die Rezensenten machten denselben Fehler wie mein Verlag und gingen davon aus, daß mein Buch einen Stich ins Wespennest bedeuten würde. Die Rezension im *Observer* begann mit den Worten: »Dieses Buch ist ein Mittel, das die Labour Party mit einem Schluck herunterwürgen sollte, um sich von ihrer langjährigen Verstopfung zu befreien.« Der *Economist* beschrieb es als »wunderbar verächtlich und exakt in seinen zahllosen Passagen grausamer Analyse, die zu lesen eine Freude ist, und für die man dem Autor nie vergeben wird«, *New Society* nannte es »unverzichtbare Lektüre«, die *Financial Times* hielt es für die »bisher beste Darstellung der Überzeugungen und Bestrebungen der Männer und Frauen, die die Labour Party von morgen gestalten werden. Und als solche ist es ein Dokument von beträchtlichem Interesse und Gewicht.«

Aber warum irrten sich alle dermaßen bei ihren Prophezeiungen, welche Bedeutung mein Buch erringen würde? Die Ereignisse der kommenden Jahre zeigten, daß meine Kritik größtenteils zutraf, und deshalb – und weil das Buch von den Rezensenten so heiß empfohlen wurde – ist es doch erstaunlich, daß es kein größeres Aufsehen erregt hat. Sicher liegt ein Teil der Erklärung auch in meinem Stil, egal, wie hoch die Kritik ihn gelobt haben mag.

Aber ich fürchte auch, daß die Labour Party selbst ihre eigene Politik nicht ernst genug nahm; ihre meisten Mitglieder hatten einfach kein Interesse an einer irgendwie gearteten Grundlagendiskussion. Die Fußballfan-Haltung der Parteizugehörigkeit gegenüber – die Vorstellung, daß wir unsere eigenen Leute anfeuern und die Gegenseite ausbuhen müssen – wurde von viel mehr und auch von viel mehr intelligenten Menschen geteilt, als ich mir das jemals hätte träumen lassen. Ich wurde oft gefragt, warum in aller Welt ich als aktives Mitglied der Labour Party ein Buch geschrieben habe, das diese Partei kritisierte. Warum hatte ich nicht lieber die Konservativen aufs Korn genommen? Andere wollten wissen, warum ich denn nicht aus der Labour Party austrat, wenn sie so viele Fehler hatte. Die Vorstellung, daß man eine Organisation, die einem wichtig ist, durchaus kritisch unter die Lupe nehmen kann, weil man hofft, daß das zu Verbesserungen führen wird, war diesen Leuten ganz einfach fremd. Mein Buch erschien ihnen als Angriff auf die Labour Party, und damit basta. Ihrer oft öffentlich geäußerten Meinung nach sollte man meine Kritikpunkte am besten völlig ignorieren, und wenn das nicht möglich war, dann mußte man eben zurückschlagen. Nur sehr wenige Leute kamen auf die Idee, man könne ja auch überlegen, ob nicht vielleicht doch ein Körnchen Wahrheit daran sei. Einer von ihnen war der Vorsitzende eines Ortsvereins im Wahlkreis Paddington, der eigens zu einem Diskussionsabend einlud, bei dem ich mich den Fragen des Publikums stellen sollte. Aber niemand kam, wirklich kein einziger Mensch. Ein derart totaler Boykott einer gutangekündigten Veranstaltung mitten in London an einem trockenen Abend muß schon eine Menge organisatorischen Aufwand gekostet haben, zumal ich in dieser Zeit regelmäßig in einem vielbeachteten wöchentlichen Politmagazin im Fernsehen auftrat.

Doch einzelne Menschen und vielleicht sogar eine Generation von Universitätsstudenten ließen sich von der *Revolution des Umdenkens* beeinflussen. Die meisten damaligen und zukünftigen Führer der sozialdemokratischen Richtung innerhalb der Partei lasen es – einer erzählte mir Jahre später, daß es seine politischen Ansichten stärker beeinflußt habe als irgendein anderes Buch. Es wurde ins Deutsche übersetzt und auch in Wien veröffentlicht. In Österreich scheint es einflußreicher gewesen zu sein als in England – dort stritten sich damals innerhalb der SPÖ Marxisten und Liberale, und in diesem Kampf, bei dem mein Buch offenbar eine gewisse Rolle spielte, trugen die Liberalen den Sieg davon.

Eines der Dinge, die sich aus der *Revolution des Umdenkens* ergaben, war mein nächstes Buch *Die demokratische Revolution*, das im englischen Original 1964 veröffentlicht wurde. Kurz nach dem Erscheinen der *Revolution des Umdenkens* kam in einem literarischen Club, dessen Mitglied ich war, ein mir bis dahin unbekannter Mann auf mich zu und machte mir einen Vorschlag. Er war der Herausgeber einer Buchreihe, die vor allem an jenen Universitäten der Dritten Welt gelesen wurde, an denen Englisch die Unterrichtssprache war – sein typischer Leser war seinen Worten nach der »behoste Afrikaner«, ein Ausdruck, der mich noch heute amüsiert – und er wünschte sich ein Buch von mir. In *Die demokratische Revolution* habe ich mich fast ausschließlich mit der britischen Innenpolitik befaßt, drängte er, während doch mein eigentliches Anliegen, nämlich das Eintreten für einen demokratischen Radikalismus im Gegensatz zu Konservativismus einerseits und Marxismus andererseits, gerade für die Dritte Welt von besonderer Brisanz sei. Wolle ich da nicht ein Buch schreiben, das sich in der Behandlung dieses Themas vor allem an Intellektuelle aus der Dritten Welt richte? Dieser Vorschlag reizte mich sehr, und so schrieb ich das Buch denn auch. Die englische Fassung erschien 1964 und kam in zahlreichen Ländern in Umlauf; darüber hinaus wurde es ins Chinesische, Hindi, Urdu, Koreanische, Spanische und Deutsche übersetzt.

In diesem Buch argumentierte ich, der Kommunismus sei im Grunde moralisch, wirtschaftlich und politisch bereits bankrott, und das sei den meisten Bewohnern kommunistischer Länder, einschließlich eines Großteils ihrer politischen Führer, auch bewußt. Für diese Menschen bedeute Fortschritt inzwischen die Angleichung an den Westen. Die alten Denkmuster des Kalten Krieges, die ganze Vorstellung von einem weltweiten Ringen zwischen Kommunismus und Kapitalismus, seien von der Wirklichkeit längst eingeholt. Der Kalte Krieg sei bereits entschieden, und der Westen habe gewonnen. Beide Seiten müßten sich jetzt der Herausforderung stellen, politische Demokratie und soziale Gleichheit in nicht-kommunistischen Gesellschaften herzustellen. Die kommunistischen Länder selbst seien diese Aufgabe bereits angegangen, ohne das jedoch offen zuzugeben, und versuchten, den Weg zu einer Entwicklung einzuschlagen, bei der ihnen der Westen schon ein ganzes Stück voraus sei. Das Ende des Kommunismus habe also bereits begonnen, und die kommunistischen Gesellschaften seien auf dem besten Wege in aller Stille nach westlichem Muster umgestaltet zu werden.

1963 war das alles noch nie öffentlich gesagt worden, soweit mir bekannt war. Ich war zu diesen Schlüssen auf meinen Osteuropa-Reisen als Fernsehreporter gelangt, und damit basierten sie in erster Linie nicht auf Studium oder Lektüre, sondern auf meinen eigenen Beobachtungen. Von ihnen ausgehend argumentierte ich, daß der Kommunismus für die Dritte Welt nur von trügerischer Verlockung sei. Sich ihm zuzuwenden, laufe für diese Länder darauf hinaus, um einen Platz auf einem sinkenden Schiff zu kämpfen. Demokratie sei ein viel effektiveres Mittel zur Veränderung ihrer Gesellschaften als irgendeine Form von autoritärer Herrschaft, ob marxistisch oder nicht, obschon das nur sehr wenigen Intellektuellen aus der Dritten Welt bewußt zu sein scheine. Und diese These machte ich zum Hauptthema meines Buches. Ich riet allen Ländern mit autoritären Regierungen zu liberaler Demokratie als revolutionärem Ziel, sie sollten Diktaturen notfalls mit Gewalt stürzen, um freie Institutionen aufzubauen und ihre Gesellschaft radikal zu verwandeln. Mir erschien das nicht nur deshalb als beste Vorgehensweise, weil der Kommunismus sich als unfähig erwiesen hatte, ich hielt sie ganz einfach für die bessere. Damals war ich nicht nur sehr viel in Osteuropa unterwegs, sondern auch in Schwarzafrika, und deshalb wußte ich, daß meine Vorstellungen sich auf Länder der Dritten Welt ebenso übertragen ließen wie auf kommunistische. Obwohl (oder vielleicht eben weil) *Die demokratische Revolution* ein wenig umfangreiches Buch war und seine Argumente ziemlich grobkörnig vortrug, wird es noch heute in abgelegenen Weltgegenden mir gegenüber erwähnt.

Wir dürfen nicht vergessen, daß damals im Westen selbst bei den meisten Konservativen ein fast zur Gänze falsches Bild von kommunistischen Gesellschaften verbreitet war. Als ich zu Beginn der sechziger Jahre von meiner ersten Reise nach Osteuropa zurückkehrte und Grundwahrheiten äußerte, wie, die kommunistischen Regime seien grausame Diktaturen; sie respektierten die Menschenrechte nicht und zeigten unverhohlene Verachtung für ihre Untertanen; Folter, Einkerkerung Andersdenkender und Justizmord seien dort schon immer an der Tagesordnung gewesen; die meisten dort lebenden Menschen haßten und fürchteten ihre politischen Führer; das Machtgefälle sei dort weitaus größer als irgendwo im Westen; man könne ihnen nicht einmal den mildernden Umstand zubilligen, effektiv zu sein, denn diese Länder stünden kurz vor dem Zusammenbruch und verwendeten gewaltige Summen auf den Versuch, das alles bis in ihre offiziellen Statistiken hinein schönzulügen – als ich das alles vorbrachte, wollte mir so gut wie niemand glauben. Die meisten meiner Freunde aus der Labour Party nahmen an, ich mache gerade eine Art McCarthy-Periode durch. Bemerkungen wie »Rote unterm Bett«, »Kommunistenfresser« und sogar »Reaktionär« waren immer wieder zu hören. Und nicht nur Leute von der Linken reagierten so ablehnend auf meine Kritik. Meine konservativen Freunde fanden sie »reichlich übertrieben«, »zu weitgehend«, »wirklich das letzte«, und auf meine Bemerkungen reagierten sie mit Sätzen, die anfingen mit »also, hör mal«.

Tatsache ist, daß die Menschen im Westen, ganz unabhängig von ihrer politischen Heimat, damals größtenteils davon ausgingen, daß die meisten in kommunistischen Ländern lebenden Menschen Kommunisten seien oder zumindest den Kommunismus bereitwillig akzeptierten, daß diese Gesellschaften die sozialen Gegensätze mehr oder weniger ausgeglichen hätten und daß ihre Regime zwar hart durchgriffen, aber doch effizient, wohlorganisiert und wirtschaftlich erfolgreich seien. Sie mochten ja ein wenig brutal sein und sich nicht sonderlich für Bürgerrechte interessieren, aber sie funktionierten ganz hervorragend und würden den Westen möglicherweise eines Tages in materieller Hinsicht überholen. Sie galten als verheißungsvolleres Vorbild für die Länder der Dritten Welt, die niemals Demokratie gekannt hatten, als die liberalen Demokratien des Westens. Eine mehr oder weniger deutlich ausgeprägte Version dieses Bildes fand sich in sämtlichen Medien und beschämenderweise sogar in den meisten akademischen Werken. Die Linke klagte zwar ständig, der Kommunismus werde falsch oder gar bewußt feindselig dargestellt, aber in Wahrheit war das genaue Gegenteil der Fall: Das Bild des Kommunismus, das die meisten Menschen akzeptierten, und das sich in den Medien niederschlug, war so extrem rosig, daß es mit der Wirklichkeit nichts mehr zu tun hatte. Die Linke glaubte im großen und ganzen, die kommunistischen Regime verfolgten lobenswerte Ziele, auch wenn sie dabei zu Gewalt und Unterdrückung griffen; Vertreter der Mitte und der Rechten mißbilligten diese Ziele zwar, glaubten aber, daß sie erfolgreich in die Praxis umgesetzt würden und fürchteten diesen Erfolg, weil er ihre liberalen und demokratischen Werte zu bedrohen schien. Unsere eigenen Gesellschaftsformen erschienen ihnen zwar als zivilisierter und erträglicher, litten aber angeblich unter einer Art von wohlmeinender politischer, administrativer und wirtschaftlicher Inkompetenz, die den kommunistischen Ländern fehlte, weshalb wir eines Tages von diesen ausgestochen werden würden. Wer dieses Szenario als puren Blödsinn bezeichnete, fand sich in der Situation des Kindes aus dem Märchen von des Kaisers neuen Kleidern wieder. Wenn wir die Möglichkeiten der modernen Kommunikationsmittel in Betracht ziehen, dann ist schon erstaunlich, daß so viele Leute jahrzehntelang ein derart grundfalsches Bild von einem derart großen Teil der Welt haben konnten, und doch war es so. Vielleicht wird das alles besser verständlich, wenn man sich vor Augen hält, welch widersprüchliche Vorstellungen über unsere eigene Gesellschaft sogar von Menschen vorgetragen werden, die ihr ganzes Leben darin verbracht haben.

Weil die eher links Angesiedelten Sympathien für das empfanden, was sie für die Ziele der kommunistischen Regime hielten, und weil sie glaubten, daß dort die sozialen Unterschiede ausgeglichen worden seien, mochten sie diese Regime nicht mehr als nur zaghaft kritisieren. Eigentlich entschuldigten sie sich immerzu für sie. Auf Kritik antworteten sie mit Sätzen, die zum Beispiel so anfingen: »Na ja, aber du darfst doch nicht vergessen, daß ...« Diese Haltung wurde noch verstärkt durch einen tiefverwurzelten Anti-Amerikanismus, der sie beide Supermächte als gleichermaßen verbrecherisch sehen ließ; es kam sogar nicht selten vor, daß die USA als größere Bedrohung für den Frieden galten als die Sowjetunion. Wer die USA trotz all ihrer Fehler doch für im Vergleich mit der UdSSR für das kleinere Übel hielt, galt als hoffnungslos naiv. Vor diesem Hintergrund ist die Tatsache zu sehen, daß viele Menschen im Westen, die in ihrem eigenen Land zweifellos liberal waren, mörderische totalitäre Regime in anderen Weltteilen schweigend duldeten oder gar aktiv unterstützten, oft im Widerspruch zu den liberalen Bewegungen in ihrer eigenen Heimat. Es war eine *trahison des clercs* von gargantuanesken Ausmaßen und die tiefste intellektuelle Tragödie des 20. Jahrhunderts.

Kurz nach Vollenden von *Die demokratische Revolution* machte mir ein weiterer Verleger einen Vorschlag. Diesmal sollte ich in Verbindung einer Fernsehserie mit dem Titel *Towards 2000* ein Buch schreiben. Diese Serie behandelte die Frage, wie stark die Welt, in der wir leben, vom wissenschaftlichen und technischen Fortschritt verändert worden ist und noch immer wird. Ich hatte nichts mit den Sendungen an sich zu tun, die waren bereits ausgestrahlt worden. Wegen ihres großen Erfolgs stand nun die Wiederholung an, und ich sollte dazu ein begleitendes Buch schreiben. Nachdem ich die Textabschriften gelesen hatte, fand ich, daß die Serie zwar sehr viel gutes Material enthielt, aber unter zwei augenfälligen Fehlern litt. Zum ersten wurde dort ein vor-popperianisches Wissenschaftsbild vertreten – von dem ich bisher geglaubt hatte, Popper habe es ins Fegefeuer verbannt. Zweitens wurde mit keinem Wort erwähnt, daß die Freiheit von Forschung und Kritik, die für jede erfolgreiche wissenschaftliche Tätigkeit und damit auch für den Aufbau einer wohlhabenden modernen Gesellschaft essentiell ist, sich unweigerlich auch auf den politischen und sozialen Bereich befreiend auswirkt. Ich sah hier die Möglichkeit, gleich zwei Herzensangelegenheiten zu vertreten, und deshalb willigte ich ein, das Buch zu schreiben – allerdings unter der Bedingung, daß man mir freie Hand ließ und ich nicht nur das in der Sendung verwendete Material benutzen mußte. Das wurde mir zugestanden, und *Towards 2000* erschien dann schließlich im Jahre 1965. Mein Hauptanliegen in diesem Buch war aufzuzeigen, daß die in *Revolution des Umdenkens* und *Die demokratische Revolution* vorgestellten Überlegungen zur Innen- und internationalen Politik einer Tradition der Rationalität entsprangen, die sich auf das kritische Denken und sokratische Fragenstellen der griechischen Antike zurückführen ließ, und die sich seither am erfolgreichsten in den Naturwissenschaften niedergeschlagen hatte. Diese kritische Rationalität erschien mir als grundlegendstes und wichtigstes Merkmal des abendländischen Denkens, und ich wünschte mir eine darin fest verankerte Politik. Ich wußte zwar, daß die drei Bücher ein unterschiedliches Publikum ansprechen würden, aber ich betrachtete *Revolution des Umdenkens*, *Die demokratische Revolution* und *Towards 2000* als nationale, internationale und historische Behandlung derselben Fragestellungen. *Towards 2000* war mein erstes Buch, das sich in die Kategorie »Ideengeschichte« einordnen ließe. Ich versuchte ganz bewußt, mich nicht nur mit Ideen und ihrer Geschichte zu befassen, sondern beides in einen breiter gefaßten historischen Rahmen einzupassen. Doch auch meine historische Darstellung befaßte sich im Grunde mit Ideen, vor allem mit folgender Kausalkette: grundlegende Vorstellungen von der Welt → Naturwissenschaft → Technik → gesellschaftliche und politische Vorstellungen.

Es liegt auf der Hand, daß meine Erfahrungen als Fernsehreporter in diesem Stadium meines Lebens – als *Towards 2000* erschien, war ich vierunddreißig – meine persönlichen Ansichten stark beeinflußten. Ich reiste schließlich mit dem ausdrücklichen Ziel um die Welt, wichtigen – manchmal historischen – Ereignissen auf den Grund zu gehen und die unter ihrer Oberfläche verborgene Wahrheit ans Licht zu bringen. Ich hatte das Gefühl, die Welt kennenzulernen, und das auf ganz andere Weise als durch Bücher oder Fernsehberichte. Anders als Millionen Menschen, die ihre Sicht der Dinge aus Reportagen wie den meinen bezogen, konnte ich mir mein eigenes, auf unmittelbarer Beobachtung und Erfahrung basierendes Bild machen. Das war ein gewaltiger Unterschied, und nicht nur meine Bewertung »großer« Angelegenheiten, des Kommunismus zum Beispiel, wurde davon beeinflußt, sondern auch meine persönliche Einschätzung mancher Prominenter, mit denen ich bei meiner Arbeit in Berührung kam. Meine Freunde und Bekannten neigten dazu, sich eine unverbrüchliche Meinung über Politiker zu bilden, die sie nur aus dem Fernsehen kannten; ich dagegen wußte oft, daß diese Leute in Wirklichkeit ganz anders waren, als sie auf dem Bildschirm wirkten.

Diese unmittelbaren Erfahrungen, die mich sozusagen hinter

die Fassaden und Kulissen blicken ließen, bezogen sich nicht nur auf internationale Angelegenheiten, sondern auch auf die Gesellschaft, in der ich lebte. Im Lauf der Jahre machte ich Sendungen über Themen wie Altersarmut, das Leben der Arbeitslosen, die Zustände in Gefängnissen, psychiatrischen Kliniken und Gesamtschulen, die Kirchen, die Richterschaft, Kleinbauern, die Schiffsbauindustrie und alle möglichen anderen, bisweilen recht ausgefallenen Dinge, und immer gab ich mir alle Mühe, wirklich die Wahrheit darüber herauszufinden – wobei ich dann zumeist feststellte, daß die ganz anders aussah, als allgemein angenommen. Ich entwickelte eine neue, offenere Art, im Fernsehen mit Themen wie Abtreibung, Ehebruch, Prostitution, Homosexualität etc. umzugehen, die bis dahin als tabu gegolten hatten. In dieser Hinsicht war ich einer der vielen Geburtshelfer jenes revolutionären Wandels der gesellschaftlichen Einstellungen, der die sechziger Jahre kennzeichnete. Immer wieder stellte ich fest, daß das soziale Problem, mit dem ich mich gerade beschäftigte, nicht nur verbreiteter war, als die meisten Leute annahmen, sondern auch ganz anders aussah, als sie es sich vorstellten. Daraus ergab sich, daß ich für jede dieser Dokumentationen weit ausführlicher recherchieren mußte, als es sich in der Sendung dann tatsächlich verwerten ließ – ich lernte erheblich mehr über diese Themen, als ich weitergeben konnte. Das war einigermaßen frustrierend, und deshalb begann ich, mein Material auch für ausführliche Artikel in Zeitschriften wie *New Society* zu nutzen.

Es ist bezeichnend für das damalige gesellschaftliche Klima in England, daß die zwei Sendungen, die das meiste Aufsehen erregten, beide das Thema Homosexualität behandelten, die eine die männliche, die andere die weibliche. Am Morgen des Tages, an dem die »lesbische« Sendung ausgestrahlt wurde, forderte eine der meistgelesenen Tageszeitungen des Landes in einem geharnischten Leitartikel, die Bildschirme der Nation von derartigen Schweinereien reinzuhalten, was natürlich die Einschaltquoten in die Höhe trieb. Der *New Statesman* bat mich um eine Sonderbeilage zum Thema Lesbierinnen, und zum ersten Mal war diese Wochenzeitschrift bereits vor elf Uhr morgens an ihrem Erscheinungstag ausverkauft. Ein renommierter Verlag wollte von mir ein Buch über Homosexualität, aber ich lehnte ab, weil ich das Thema inzwischen satt hatte und mich nicht auch noch monatelang auf die Arbeit an einem Buch darüber konzentrieren wollte. David Farrer, der Partner in der Firma, die *Revolution des Umdenkens* veröffentlicht hatte, bat mich, mir meinen Entschluß noch einmal zu überlegen. Er vertraute mir an, daß er selber homosexuell war und erzählte mir auf bewegende – wenn auch nicht selbstmitleidige Weise – von einem Leben, in dem immer wieder Gefängnis und Erpressung drohten. Er glaubte, ein Buch zum damaligen Zeitpunkt könne zur Entkriminalisierung der Homosexualität beitragen. Ich stimmte schließlich zu.

Ich versuchte, mein Zeitproblem dadurch zu lösen, daß ich das Buch diktierte, aber das erwies sich als Fehler. Weil ich jeden Tag und den ganzen Tag lang diktierte, war die erste Fassung innerhalb einer Woche vollendet, mein Material kannte ich inzwischen ja in- und auswendig. Ich war begeistert. Phantastisch, dachte ich. Ich habe innerhalb einer Woche ein ganzes Buch geschrieben! Es war zu schön, um wahr zu sein. Und es war natürlich auch nicht wahr. Als mir die Abschriften gebracht wurden, fand ich meinen Text in nahezu jeder vorstellbaren Hinsicht unbefriedigend. Die Sätze waren vage formuliert und voller Gemeinplätze, die Kapitel hatten keine Struktur, sondern waren einfach willkürlich eingeteilte Prosastücke, das Vokabular war geradezu ärmlich, und es wimmelte nur so von sprachlichen Unsitten aller Art. Ich mußte meinen Text sorgfältig überarbeiten und am Ende blieb nicht ein einziger Satz ungeschoren. Im Grunde schrieb ich das gesamte Buch von Hand am Rand der Typoskripte noch einmal, und das kostete mich drei Monate. Unglücklicherweise lief diese Arbeitsmethode auf die öde Aufgabe heraus, mühsam einen schlecht geschriebenen Text zu redigieren, anstatt mir gleich neue, bessere Sätze auszudenken, was noch relativ interessant gewesen wäre. Unter diesen Umständen kann man sich niemals gänzlich von seinem ursprünglichen Text lösen, weil man daran eben die ganze Zeit arbeitet, und das Endergebnis ist dann doch nur das Beste, was sich noch daraus machen ließ – aus einem Schweineohr kann man eben keine seidene Börse nähen.

Als das Buch 1966 unter dem Titel *Einer von Zwanzig: Eine Untersuchung der Homosexualität bei Mann und Frau* veröffentlicht wurde, erntete es seines Inhalts wegen großes Lob, aber in Wirklichkeit waren weder das Buch als ganzes noch die einzelnen Kapitel gut konstruiert, und sprachlich vermochte es auch nicht zu überzeugen. Als eine Gesetzesänderung eine gründlich überarbeitete Fassung notwendig machte, nutzte ich die Gelegenheit dazu, das gesamte Buch abermals umzuschreiben. Die zweite Ausgabe ist zweifellos die bessere, obschon ich auch damit nie recht glücklich wurde. Immerhin tat mein Buch trotz allem sein Gutes: Allgemein wurde anerkannt, daß es mit zu der Gesetzesänderung beigetragen hatte. Und es mag auch in anderen Gesellschaften etwas ausgerichtet haben, denn es wurde ins Deutsche, Französische, Italienische, Spanische, Niederländische und Dänische übersetzt. Als ich kurz nach seinem Erscheinen in Italien war, stand es dort in jeder Buchhandlung. Als ich dann freilich bei meinem italienischen Verleger anfragte, wo denn die Tantiemen blieben, hieß es, es habe sich so gut wie nicht verkauft.

Ich schrieb nach derselben Methode noch ein weiteres Buch, und das zur gleichen Zeit. Seit dem Erscheinen von *Towards 2000* hatte der Verlag mich um ein weiteres Buch gebeten, und wir beschlossen schließlich, daß ich über die Kunst des Fernsehinterviews und die Entstehung von Sendungen wie den meinen schreiben sollte. Meine Dokumentationen hatten bemerkenswerten Anklang gefunden, doch die meisten Zuschauer hatten kaum eine Vorstellung (und die war dann zumeist auch noch falsch) davon, wie eine solche Sendung gemacht wurde. Also begann ich, während die Tonbänder mit der ersten Fassung von *Einer von Zwanzig* noch abgetippt wurden, die erste Fassung von *The Television Interviewer* zu diktieren, und während die dann abgeschrieben wurde, wandte ich mich wieder dem Manuskript von *Einer von Zwanzig* zu. Auf diese Art sprang ich zwischen den beiden Büchern hin und her und produzierte sie beide innerhalb von sechs Monaten. Alles was ich über *Einer von zwanzig* und meine Verbesserungsversuche gesagt habe, trifft auch auf *The Television Interviewer* zu. Seither habe ich nie mehr einen zur Veröffentlichung bestimmten Text diktiert, egal, wie kurz er auch sein mochte. Briefe, Kurzmitteilungen, Notizen und ähnliches diktiere ich nur zu gern; doch alles, was veröffentlicht werden soll, wird von mir zuerst sorgfältig mit der Hand geschrieben – auch, wenn ich es danach diktiere.

The Television Interviewer kam im Mai 1966 auf den Markt, nur zwei Monate später als *Einer von zwanzig*. Als erstes meiner Bücher wurde es gleichzeitig als Hardcover und als Taschenbuch veröffentlicht. Associated Rediffusion, die Fernsehgesellschaft, für die ich meine meisten Sendungen machte, schickte jedem Parlamentsmitglied ein Exemplar, und noch Jahre später wurde es jedem neuen Mitarbeiter überreicht. Auf diese Weise wurde es zu einer Art Handbuch für Interviewer und Interviewte.

Zwischen 1962 und 1966 veröffentlichte ich fünf Bücher und mußte zugleich im Rahmen meiner Fernseharbeit immer wieder Auslandsreisen antreten. Um diese beiden Dinge unter einen Hut zu bringen, vereinbarte ich mit meinen Fernsehkollegen einen regelmäßigen Turnus: Ich würde jeweils sechs Wochen lang dem Sender zur Verfügung stehen und die nächsten sechs Wochen dann freinehmen. Auf diese Weise gehörte die Hälfte meiner Zeit allein mir, und ich wußte obendrein im voraus, wann diese Perioden der Unabhängigkeit anfielen. Das kam nicht zuletzt auch meinem Privatleben zugute. Während der sechs Wochen, in denen ich beim Fernsehen arbeitete, wußte ich von einer Woche zur anderen nicht, in welchem Erdteil ich als nächstes eingesetzt werden würde, manchmal von einem Tag zum anderen. Eines Morgens kam ich mit gepacktem Koffer in die Redaktion, weil ich nachmittags nach Deutschland fliegen sollte, doch als dieser Nachmittag dann gekommen war, saß ich bereits im Flugzeug nach Zentralafrika. Wer ständig so lebt, kann einfach kein normales Privatleben haben; egal, ob er nun Freunde besuchen will, Theaterkarten bestellt oder irgendein anderes Arrangement trifft – es läuft immer wieder darauf hinaus, daß er im allerletzten Moment absagen muß. Selbst die simpelste Verabredung kann so zum unlösbaren Problem werden. Für Freundschaften ist das eine Belastung, die die meisten auf Dauer nicht überstehen, für Liebesbeziehungen kann es tödlich sein. Ich sah das immer wieder im Bekanntenkreis: Viele meiner Kollegen verloren den Kontakt zu allen bis auf die treusten Freunde, und nicht selten gingen auch ihre Ehen zu Bruch. Ich selbst lebte ein ganzes Jahr lang so und fand es unerträglich. Ich merkte, daß ich auf ein Privatleben, in dessen Mittelpunkt wirkliche Freundschaften und Liebesbeziehungen standen, und nicht allein die Arbeit, nicht verzichten konnte. Ich brauchte ganz einfach Zeit, um meine Erfahrungen zu verarbeiten, nachzudenken, Bücher zu schreiben, Musik zu hören, ins Theater zu gehen – und natürlich auch, um mich der Philosophie zu widmen.

Vierzehntes Kapitel

Die Suche nach Sinn

Wie viele andere Männer machte ich mit Mitte bis Ende Dreißig eine Midlife-Crisis durch, die mein gesamtes Leben umzustürzen drohte. Auf den ersten Blick schien ich alles zu haben, was ich mir nur wünschen konnte – Gesundheit, Energie, ein aufregendes Leben, Freundschaften, die mir viel gaben, prickelnde Liebesaffären, beruflichen Erfolg, abenteuerliche Reisen, dazu Musik, Theater und Literatur, aus denen ich immer wieder neue Kraft gewann – aber mit einem Mal fühlte ich mich von einem Gefühl meiner Sterblichkeit geradezu überwältigt. Die Erkenntnis, daß ich unweigerlich sterben würde, traf mich wie ein Hammerschlag. Das war kein Gefühl wie normale Angst oder Besorgnis, es war überaus lebhaft und unglaublich. Wie in einem Alptraum fühlte ich mich gefangen und unfähig, etwas zu entrinnen, dem ich mich auch nicht stellen konnte. Der Tod, mein Tod, die Zerstörung meiner selbst, war absolut unvermeidlich, und war das schon vom Moment meiner Zeugung an gewesen. Nichts, was ich jemals tun könnte, weder jetzt noch zu irgendeinem anderen Zeitpunkt, vermochte daran etwas zu ändern oder hätte es zu ändern vermocht. Ob ich dem nun mutig und gefaßt ins Auge blickte oder mit sabbernder Feigheit reagierte, würde ebenfalls nicht den geringsten Unterschied machen.* Ich kam mit dieser Tatsache einfach nicht zurande. Die Aussicht, tot und vergessen zu sein, bereitete mir – und ich stelle mir vor, daß das den meisten Leuten so gegangen sein muß, die jemals einem Exekutionskommando gegenübergestanden haben – ein alles Denken lähmendes Entsetzen. Mehrere

Jahre lang war das mein normaler Zustand, ein Alptraum, aus dem ich nicht erwachen konnte, da ich ja schon wach war.

Diese Erfahrung veränderte mein Leben entscheidend. Die erste der vielen grundlegenden Fragen, die sich daraus ergaben, war die dringliche nach dem Sinn. Angesichts des Todes sehnte ich mich danach, meinem Leben irgendeinen Sinn zu verleihen. Die Vorstellung, daß es vielleicht gar keinen haben könnte – und damit auf lange Sicht absolut bedeutungslos wäre –, fand ich zutiefst erschreckend. Deswegen nahm ich aber noch lange nicht an, daß es aus diesem Grund doch irgendwie Sinn machen müsse; ich wußte nur zu genau, daß dem durchaus nicht so sein mußte. Das Ganze konnte rein zufällig sein, willkürlich, ohne Zusammenhang, bedeutungslos. Ich sehnte mich nach einem Sinn, aber aus dieser Sehnsucht folgerte noch nicht, daß es auch tatsächlich einen gab. Es war durchaus möglich, daß überhaupt alles sinnlos war. Angesichts dieser Tatsache empfand ich, was sich nur als existentielles Entsetzen beschreiben läßt, als Horror vor dem Nichts.

In diesem Zustand erscheint einem so gut wie alles menschliche Streben als unsagbar »eitel« im biblischen Sinne. Angesichts der Ewigkeit ist ein Menschenleben nur ein bloßer Funke. Der Tod wird uns einholen, ehe wir noch wissen, wo wir sind, und

---

* Viele Jahre später stieß ich auf die folgenden Zeilen von Philip Larkin:

> Und unsere Tatkraft schrumpft zu einem Nichts.
> Vieles wird nicht geschehn, doch dies wird dauern.
> Und die Erkenntnis läßt in uns entflammen
> Die heiße Angst, daß wir dann nicht zusammen
> Mit Leuten sind und ohne Drink. Mut hilft da nicht:
> Wir müssen niemand ängstigen. Und Tapferkeit
> Hat keinen noch vorm Grab gefeit.
> Ob Jammer oder Trotz – den Tod rührt's nicht.

Das gesamte Gedicht, sein Titel lautet *Aubade*, bringt haargenau meine damalige Todesangst zum Ausdruck. Das ist sicher der Grund, warum ich es für Larkins Bestes halte. Die Tatsache, daß es auch sein letztes wichtiges Gedicht ist – als er es geschrieben hatte, wurde er von der Muse verlassen –, erweckt in mir den Verdacht, daß er sein Leben lang darauf hingeschrieben hatte. (Philip Larkin, *Aubade* aus: Mich ruft nur meiner Glocke grober Klang, S. 173, Berlin 1988)

sind wir erst einmal tot, dann wird das für immer so bleiben. Welchen Unterschied kann irgend etwas, das ich tue oder meine, für mich noch machen, wenn ich erst einmal für den Rest der Ewigkeit ins totale Nichts eingegangen bin? Und welche Rolle kann es noch für irgend jemand anderen spielen, wo sie doch allesamt auch im Nichts gelandet sind? Wenn das Nichts unser aller endgültige Bestimmung ist, dann sind sämtliche Wert- und Bedeutungsmaßstäbe bloß an den Haaren herbeigezogene Erfindungen, die wir brauchen, um unser kleines Menschenspiel zu spielen, so wie Kinder, die sich verkleiden. Wir tun natürlich gern so: Wir können das ewige Nichts nicht akzeptieren, deshalb beschäftigen wir uns mit unserem kleinen Leben und unserem leeren Streben, umgeben von Institutionen, die wir selbst eingerichtet haben und die wir trotzdem als wichtig ausgeben, und die uns helfen sollen, die schwarze und endlose Nacht auszusperren, von der wir umgeben sind. Doch am Ende ist alles nichts – ganz einfach nichts. Ich bin biologisch dazu programmiert, weiterleben zu wollen, deshalb handle ich entsprechend: Ich esse, trinke, schlafe, versuche, Gefahren abzuwehren. Aber die Vorstellung, daß das alles irgend etwas zu bedeuten hat, ist eine jämmerliche kleine Selbsttäuschung.

Wer so denkt, kann eigentlich nur die Suche nach dem Sinn des Lebens für eine menschliche Aktivität von irgendeinem Gewicht halten. Aber wenn diese Suche nicht ehrlich durchgeführt wird, dann muß ihr Ergebnis fast zwangsläufig zur Täuschung werden. Und eine intellektuell aufrichtige Suche kann nicht mit der Frage *Was ist der Sinn des Lebens?* beginnen, denn damit würden wir die Antworten auf gleich drei Fragen für gegeben hinnehmen, die der unseren vorausgehen: *Kann es überhaupt einen »Sinn des Lebens« geben? Wenn ja, haben wir Menschen irgendeine Möglichkeit, herauszufinden, worin er besteht?* und *Wenn das denn möglich ist, wie sollten wir vorgehen?* Nur wenn wir guten Grund zu der Annahme haben, diese drei Fragen eindeutig und präzise beantworten zu können, besteht die Aussicht, uns auch der vierten – *Was ist der Sinn des Lebens?* – mit Erfolg zuzuwenden. Wenn wir irgendwo im Vorfeld eine falsche oder irreführende Antwort akzeptiert haben, dann wird uns der Rest der Suche notwendigerweise in die Irre leiten.

In dieser geistigen Verfassung las ich die zentralen Meisterwerke der großen Philosophen wieder oder zum ersten Mal – schließlich gibt es davon höchstens ein Dutzend bis zwanzig –, und ich las sie, als ob mein Leben davon abhinge. Ich las auch Werke von Autoren, die sich am Rande der Philosophie bewegen, und die sich häufig mit Fragen nach dem »Sinn des Lebens« beschäftigen, Autoren wie Augustinus, Pascal, Kierkegaard, Nietzsche, Tolstoi. Von dort aus war es ein kurzer und natürlicher Schritt zu den Mystikern, unter denen Angelus Silesius mir am meisten zu sagen hatte. Der nächste ebenso kurze Schritt führte mich zu den grundlegenden Texten der Religionen, auf die die Mystiker sich so oft bezogen: Ich las noch einmal die Upanischaden, das Neue Testament und die eher reflektiven Passagen des Alten Testaments. Ich brauchte Jahre dafür, und es war in keiner Hinsicht ein geplantes Leseprogramm. Es war eher eine hektische, verzweifelte Suche, von der mein Überleben abzuhängen schien. Ich verschlang wirklich alles, wovon ich mir Hilfe erhoffte. Es war eher eine praktische, physische und fast tierische als eine intellektuelle Aktivität. Zufälligerweise – das dachte ich damals wie heute – las ich einige der wichtigsten und wertvollsten Schriftwerke überhaupt, aber auch die gefühlsmäßige Gier, mit der ich sie las, ließ sie für mich einzigartige Bedeutung erlangen. Vieles von dem Gelesenen wurde in mein System aufgenommen und ist seither ein Teil von mir. Ein Versuch, es zusammenzufassen oder jemand anderen hindurchzuführen oder zumindest zu sagen, was es mir gebracht hat, wäre zum Scheitern verurteilt, so, wie der Versuch eines Musikliebhabers, eine Symphonie nach der anderen durchzugehen, um zu erklären, was große Musik für ihn bedeutet.

Ich wußte, daß ich von Anfang an bestimmte Schlüsse zog, die ich aber nur mit Mühe akzeptieren konnte. Einer war, daß ich ein Teil von dem bin, was immer existieren mag. Wie immer die Wahrheit über das Wesen der Wirklichkeit aussehen mag, ich bin ein Teil davon, und deshalb muß ich dort irgendwo meinen Platz haben. Ich bin kein neutraler Beobachter, der die Wirklichkeit von außen betrachtet, wie etwas, das getrennt von ihm existiert: Ich bin mit einem Teil meines Wesens oder mit meinem ganzen Wesen eines der materiellen Objekte, die die Welt bewohnen, und mir erscheint es als selbstverständlich, daß ich auch an einer spirituellen Dimension der Wirklichkeit Anteil habe. Aus diesem Grunde war ich von Anfang an zutiefst der Überzeugung, daß Selbstverständnis und Verständnis der Welt und der totalen Realität zueinander gehören. Ich will damit nicht sagen, daß ich mich als Mensch für besonders wichtig gehalten hätte. Durchaus nicht. Mir war nur zu bewußt, daß meine gesamte Existenz nur ein winziges Staubkorn in der finstersten Ecke des abgelegensten Zimmers eines leeren Hauses sein kann, der absoluten Belanglosigkeit so nahe, wie überhaupt irgend etwas nur sein kann. Genau darin bestanden meine Befürchtungen, und ich war auf dem besten Wege, zu der Überzeugung zu gelangen, daß sie zutrafen. Aber auch dann noch gehörte meine Existenz in einen großen Zusammenhang und stand in Beziehung zu einem größeren Plan. Selbst meine Belanglosigkeit war also etwas, dessen Wesen nur in bezug zur übrigen Wirklichkeit und damit zu allem, was sonst noch existierte, verstanden werden konnte. Das mußte ich also wenigstens teilweise verstehen, wenn ich mir irgendeine Erkenntnis über mich und meine Lage erhoffen wollte.

Eine andere Folgerung, die ich einfach treffen mußte, war, daß mein Menschsein von grundlegender Bedeutung für die Wirklichkeit meines Wesens war, wodurch ich metaphysisch im selben Boot saß wie andere Menschen. Die grundlegendsten aller metaphysischen Fragen stellten sich mir ganz spontan nicht in der 1. Person Singular, sondern in der 1. Person Plural. Nicht: »Was bin ich?« und »Was passiert, wenn ich sterbe?«, sondern: »Was sind wir?« und: »Was passiert, wenn wir sterben?« Zuerst wollte ich mir einreden, daß ich bei dieser Fragestellung einen gewaltigen Schritt fort von meinem eigenen Zentrum machte. Zumindest theoretisch konnte ich nur eines sicher wissen, nämlich daß ich selbst existierte. Also hätte ich eigentlich »Was bin *ich*?« und »Was passiert, wenn *ich* sterbe?« fragen müssen. Doch so formuliert fand ich das Ganze nicht mehr so interessant; die Fragen vermochten mich nur in der Pluralform zu fesseln. Als ich versuchte zu analysieren, woran das lag, schien mir, daß die Fragen *an sich* von keinerlei Bedeutung waren, wenn sie sich allein auf mich bezogen – sicher, für mich waren sie wichtig, aber eben für niemanden sonst. In bezug auf andere Menschen konnte ich derartige Fragen dagegen keinesfalls belanglos finden, auch wenn die selbst (was gewöhnlich der Fall war) sich nicht weiter dafür interessierten. Es lag also nicht nur klar auf der Hand, daß ich die Fragen in der 1. Person Plural als überaus wichtig *empfand*, die in der 1. Person Singular dagegen nicht; die Analyse legte auch nahe, daß sie nur in der Pluralform irgendeine überpersönliche Bedeutung erlangen konnten.

Ich möchte betonen, daß diese beiden Grundannahmen – daß meine dringlichsten Fragen keine Fragen über mich als Individuum sind, sondern Fragen über die Situation des Menschen überhaupt und daß jedes philosophische Verständnis dieser Fragen voraussetzt, sie im Kontext einer umfassenderen Realität zu betrachten – keine bewußten Entscheidungen darstellten. Ich konnte ohne sie ganz einfach nicht denken. Das hielt mich nicht davon ab, sie einer Analyse zu unterziehen, doch die Analyse schien meine Sicht der Dinge nur zu bestätigen.

Also fand ich mich wohl oder übel in einer Art gemeinschaftlicher Unternehmung wieder, deren Ziel darin bestand, zu ergründen, wie die Realität beschaffen ist, von der wir Menschen ein Teil sind. Meine Mitstreiter waren höchst unterschiedliche Charaktere, von denen einige schon vor Jahrtausenden gelebt hatten. Ich hatte nicht darum gebeten, in diesen Kreis aufgenommen zu werden, ich war einfach so hineingeraten. Und dieses Gefühl hatte ich mein ganzes Erwachsenenleben über, vor allem in den immer wiederkehrenden Phasen, wenn ich mich in die Werke der größten Philosophen der Vergangenheit vertiefte. Wenn ich Tag für Tag mit, sagen wir einmal, Hume oder Kant verbrachte, dann waren sie mir näher als meine Freunde, und ich hatte das Gefühl, sie besser zu kennen als diese, denn ich kannte ihr Wesen, ihre Seelen, die in ihren Werken zum Ausdruck kamen. Sie gehören zu meinen lebenslangen Gefährten, und ich empfinde ihnen gegenüber persönliche Dankbarkeit für das, was sie für mich bedeutet, was sie für mich getan, wie sie mein Leben verändert haben. Meine Beziehung zu ihnen sieht völlig anders aus als die eines Gelehrten. Kant-Forschern geht es darum, Kant zu verstehen, nehme ich an, und Platon-Forscher wollen Platon ergründen und so weiter. Aber für mich sind diese Autoren auf ganz andere Weise interessant. Ich versuche, die Welt zu verstehen, in der ich mich befinde, und mich selbst obendrein. Ich lese die großen Philosophen, weil sie mir bei diesem Bestreben helfen und mir häufig Einsichten von ungeheurer Tiefe vermitteln, die mir ohne ihre Hilfe verschlossen geblieben wären. Aber letzten Endes geht es mir eben doch nicht darum, was *sie* glauben, sondern um das, was ich glaube. Ihr Werk interessiert mich insofern, als es mich selbst weiterbringt. Ich behandle sie also nicht als um ihrer selbst willen interessante Studienobjekte, sondern als Gefährten und Lotsen, die mir das Leben leichter machen, als erfahrenere Schiffskameraden auf unserer gemeinsamen Entdeckungsreise. Ich respektiere die Arbeit der Gelehrten und habe oft davon profitiert, aber Tatsache ist, daß sie bei der Tafelrunde der Philosophie weder die Köche noch die Gourmets darstellen, sondern lediglich die Kellner, die zwischen beiden hin und her eilen.

Hinter jeder wahren Philosophie steckt letztlich Neugier auf die Welt, nicht Interesse an den Werken der Philosophen. Wir alle verlassen das Vor-Bewußtsein unseres Säuglingsstadiums und finden uns einfach hier, mitten drin in der Welt. Für manche Leute ist allein das eine verblüffende Erfahrung. Was ist das nur alles – was ist die Welt? Und was sind wir? Von Anfang an haben bestimmte Menschen immer wieder diese Frage stellen müssen und nach Antworten verlangt. Und das ist die wirkliche Bedeutung von Schlagworten wie »das menschliche Bedürfnis nach Metaphysik«.

Die frühesten Antworten scheinen mit Geistern operiert zu haben – die Welt galt als Geist oder als von einem Geist erschaffen; jedem Ding und jedem Naturereignis wohnte ein Geist inne, oder eine begrenzte Anzahl von Geistern leitete das Ganze, entweder gemeinsam oder im Kampf gegeneinander. Es wäre weniger überraschend, wenn die Urmenschen die Dinge zunächst einfach als Dinge gesehen hätten, und erst später, in einem sehr viel verfeinerterem Stadium, die Vorstellung entwickelt haben würden, daß die Objekte von unsichtbaren Geistern bewohnt oder gelenkt werden. Doch es verlief genau andersherum. De facto ist die Idee, daß es überhaupt keine Geister gibt, schon höchst avanciert und historisch gesehen noch relativ neu; die Menschheit hat Jahrtausende intellektueller Entwicklung gebraucht, um an diesen Punkt zu gelangen. Wir dürfen uns durch die primitiven Erklärungsmuster des Materialismus nicht zu dem Trugschluß verleiten lassen, den Materialismus selber für historisch, entwicklungsmäßig oder intellektuell primitiv zu halten. Das Gegenteil ist der Fall. Ich vermute, das liegt daran, daß wir uns selbst als materielle Objekte erkennen, die über bewußte Wahrnehmung verfügen und von Willensakten, Gedanken und Leidenschaften gesteuert werden; also bietet es sich uns möglicherweise an, zu glauben, daß auch andere materielle Objekte so beschaffen seien, vor allem, weil wir dann anhand der Analogie mit uns selbst ihre Bewegungen verstehen können. Noch heute neigen Kinder dazu, höchst abergläubisch zu sein und alle möglichen Märchen und Zaubergeschichten für wahr zu halten; nur langsam, wenn sie älter werden, lassen sie sich vom Gegenteil überzeugen.

Unsere Orientierung in der Welt hängt zwangsläufig von der Sicht ab, die wir von ihr hegen; als noch jedermann überall Geister am Werk glaubte, orientierten sich alle auf eine Weise, die wir heute als religiös bezeichnen würden. Diese Orientierungsformen bildeten zwangsläufig die Grundlage für sich nun entwickelnde Formen gesellschaftlicher Organisation – die Menschen müssen sich entsprechend ihrer jeweiligen Sicht der Wirklichkeit und im Versuch, mit dieser effizient umzugehen, sie vielleicht teilweise sogar beherrschen zu können, in unterschiedlichen Gruppen organisiert haben. Und da jeder, der die Geister verärgerte, es riskierte, deren Zorn auf seinen Stamm herabzubeschwören – es sei denn, der Stamm stieß ihn aus und distanzierte sich damit ausdrücklich von diesem Frevel – muß es in derartigen Glaubenssystemen nahezu natürlich erschienen sein, alle Abweichler drakonisch zu bestrafen.

Wie schon erwähnt, setzt das, was wir heute Philosophie nennen, an einem Zeitpunkt ein, wo erstmals abweichende Meinungen erlaubt waren. Wer die vorherrschenden Ansichten kritisieren und seine Kritik begründen und damit zu Diskussionen und Debatten aufrufen darf, begeht eine erste philosophische Tat. Obwohl das unseres Wissens erstmals im vorsokratischen Griechenland passiert ist, finde ich es philosophisch betrachtet (vom Standpunkt des Historikers sieht das natürlich anders aus) unwichtig, wo es stattgefunden hat. Wo immer das gewesen sein mag, es bedeutete einen Wendepunkt in der Entwicklung der Menschheit, daß die Menschen anfingen, kritisch zu denken, ihre Kritik in Worte zu fassen und miteinander zu diskutieren. Die Praxis der Diskussion führt zur Entwicklung von Vernunft. Wir entdecken dabei, daß manche Argumente der Kritik besser widerstehen können als andere; also versuchen wir unsere eigenen Argumente zu verbessern und die Schwächen der Gegenargumente zu erkennen. Wir achten immer genauer darauf, was sich woraus folgern läßt und was nicht. Zu den Kriterien dafür, was wir glauben können, gehört nun die Frage: Hält es der Kritik stand? Aus solchen Anfängen entwickelten sich Seite an Seite und in ständigem Zusammenspiel das menschliche Verständnis der Welt und die menschliche Vernunft.

Anfänglich und über gut zwei Jahrtausende hinweg wurde kein Unterschied gemacht zwischen dem, was wir heute Philosophie nennen, und dem, was jetzt Naturwissenschaft heißt. Die Menschen versuchten ganz einfach, die Welt zu verstehen – und lernten durch diesen Prozeß auch ihre eigenen Lernprozesse kennen. Ebenfalls von Anfang an beschäftigten sich Philosophen mit Fragen über die Welt als Ganzes. Thales, dessen Wirken um das Jahr 580 v. Chr. seinen Höhepunkt erreichte, und der traditionell als der erste Philosoph angesehen wird, lehrte, daß die Welt auf dem Wasser schwimme. Offenbar setzte er also Welt mit Erde gleich und Erde mit festem Land; auf jeden Fall war das eine intelligente und phantasievolle Theorie, die – und das ist noch wichtiger – eine Antwort auf die interessante und grundlegende Frage *Was sorgt dafür, daß die Welt an Ort und Stelle bleibt?* bot und zugleich zur kritischen Diskussion über diese Antwort einlud. Einer der Schüler des Thales, ein Mann namens Anaximander, der ein fast unglaubliches Einsichtsvermögen besaß, lehnte diese Theorie ab und schlug statt ihrer eine atemberaubend andere vor: Die Erde wird von überhaupt nichts festgehalten, aber sie bleibt stationär, weil sie von allen anderen Dingen gleich weit entfernt ist. Für ihn ist sie wie eine Trommel geformt, und wir bewegen uns auf einer ihrer beiden flachen Oberflächen; die andere befindet sich auf der gegenüberliegenden Seite. Einer seiner Schüler wiederum, Anaximenes, lehnte diese Vorstellung ab und brachte eine eigene Theorie vor, die jedoch deutlich unterlegen war – de facto beruhte sie auf einem Mißverständnis der Anaximanderschen und wirkt im Vergleich mit dieser geradezu ärmlich – nämlich, daß die Erde flach sei, und diese Flachheit für ihre Stabilität verantwortlich sei, weil sie die darunterliegende Luft bedecke wie ein Deckel. Das war ein Rückschritt in Richtung Thales, der zwar eine Verbesserung von dessen Theorie darstellte, jedoch nicht berücksichtigte, daß inzwischen Besseres vorgetragen worden war. Es sollte Jahrhunderte dauern, bis die Theorie des Anaximander ihrerseits verbessert wurde, und in dieser Zeit versuchten selbst die fähigsten Denker, Theorien aus einer Position heraus zu entwickeln, über die dieser längst hinausgegangen war. Dieses »Zwei Schritte vor, einen zurück«-Muster der Entwicklung findet sich in der Geschichte der Philosophie immer wieder. Neulinge sollten es niemals für gegeben ansehen, daß die philosophischen Annahmen ihrer eigenen Zeit einen Fortschritt gegenüber denen früherer Jahrhunderte darstellen; die älteren Vorstellungen können durchaus um einiges überlegen sein. Ich glaube, dieses Muster zeigt sich auch in unserem Verhältnis zur Kantianisch-Schopenhauerianischen Philosophie: Wir leben in einer Einen-Schritt-zurück-Periode.

Spätere vorsokratische Philosophen brachten eine ganze Anzahl Ideen von dauerhafter Bedeutung vor. Heraklit lehrte, daß das, was wir für Dinge halten, korrekter als Prozesse gesehen werden sollte: Sie beginnen (treten in die Existenz ein) und befinden sich während dieser Existenz in einem Zustand der unablässigen Veränderung und damit Aktivität; ihre Form mag konstant sein, doch ihre Materie ist es nicht, und irgendwann geht ihre Existenz zu Ende. Sie sind also keine stabilen materiellen Objekte, sondern ein Geschehnisverlauf. Demokrit entwickelte eine Atomtheorie der Materie und lehrte, daß uns die wahre Basis der Realität verborgen ist. Xenophanes postulierte, daß wir über nichts jemals die endgültige Wahrheit kennen werden, es uns aber immerhin möglich ist, dieser Wahrheit im Laufe der Zeit immer näher zu kommen. Pythagoras lehrte, daß uns Zahlen – heute würden wir wohl von mathematischen Gleichungen sprechen – ein tieferes Verständnis für alle Dinge in der Natur geben können als unsere Sinne. Parmenides ging davon aus, daß sich hinter der Welt der unterschiedlichen Phänomene eine einheitliche Wirklichkeit verbirgt. Das alles sind geniale Ideen, deren Einfluß auf das abendländische Denken sich kaum überschätzen läßt, und die noch zweitausend Jahre später zu den unserer Ansicht nach avanciertesten Vorstellungen in Wissenschaft und Religion gehören.

Die besten Gedanken der Vorsokratiker waren nicht nur sehr tiefschürfend, sie hatten auch einen ästhetischen Wert. Es gab noch keine Prosa im heutigen Sinne, und so schrieben sie alle in Versen, von denen einige wirklich großartig sind, beispielsweise die folgenden des Xenophanes:

[Der] Äthiopier Götter [sind] plattnasig und schwarz,
die [der] Thraker blauäugig und rötlich.
Doch wenn Ochsen oder Löwen Hände hätten
oder vielmehr malen könnten mit ihren Händen [...],
dann würden Pferde pferdeähnlich, Ochsen ochsenähnlich
der Götter Gestalten malen und solche Körper bilden
wie jeder selbst gestaltet ist.*

Feuerbach begründete seinen Ruhm, indem er über zweitausend Jahre später so ungefähr dasselbe sagte.

Ein Grund, aus dem die Vorsokratiker Vorsokratiker genannt werden, ist, daß Sokrates sich ganz bewußt gegen sie auflehnte. Ihn störten weniger ihre Lehrsätze als die Fragen, mit denen sie sich befaßten. Ihm ging es nicht um unpersönliche Wahrheiten über die Welt, sondern darum, wie wir unser Leben gestalten sollten. Für ihn waren die wichtigsten Fragen keine der Naturwissenschaft, sondern solche der Ethik und Moral. Immer wieder stellte er Fragen wie: *Was ist Gerechtigkeit? Was ist Mut? Was ist Freundschaft? Was ist Mitleid?* Soweit wir wissen, hat er nie etwas aufgeschrieben; all seine Lehren wurden rein mündlich in einer Form übermittelt, die als »sokratischer Dialog« berühmt geworden ist. Er brüstete sich gern in falscher Bescheidenheit damit, er habe keine Weisheiten anzubieten, er könne lediglich Fragen stellen. Gewöhnlich begann er damit, seinen Gesprächspartner nach der Bedeutung irgendeines wichtigen Begriffes wie etwa »Gerechtigkeit« zu befragen. Wie immer die Antwort auch lauten mochte, stellte Sokrates dann so lange weiterführende Fragen, die deutlich machten, daß die genannte Definition ihre Schwächen hatte oder in sich widersprüchlich war – und Gerechtigkeit des-

---

* Xenophanes, *Die Fragmente*, Fragment 15 u. 16, S. 43 u. 45, München/Zürich 1983

halb nicht das sein konnte, was der andere behauptete – bis das Opfer schließlich total verwirrt zwischen den Trümmern seiner bisherigen Annahmen stand und nicht mehr wußte, was ein für sein Leben grundlegender Begriff denn nun wirklich bedeutete. Viele Leute ärgerten sich natürlich über dieses Vorgehen, anderen erschien es als gesellschaftsbedrohend. Am Ende wurde Sokrates unter dem Vorwand, er verderbe die Jugend, vor Gericht gestellt. Im Jahre 399 v. Chr. wurde er dann zum Tode verurteilt und leerte selbst den Schierlingsbecher. Inzwischen hatte sich seine Art des philosophischen Fragenstellens jedoch durchgesetzt, und sie ist bis heute unlösbar mit unserem Bild der abendländischen Zivilisation verbunden.

Sein fähigster Schüler, Platon, war um die Dreißig, als Sokrates starb. Er wollte nicht nur den guten Ruf seines Meisters wiederherstellen, sondern auch dessen Arbeit weiterführen, und so schrieb und verbreitete er denn Dialoge, in denen Sokrates als eine Art Star-Redner auftritt, der am Ende immer recht behält. Es steht so gut wie fest, daß in den frühesten dieser Dialoge die tatsächlichen Fragen und Argumente des Sokrates wiedergegeben werden. Doch Platon war ein wahrer Schüler seines Meisters und erkannte, daß ein Philosoph nicht nur die Gedanken eines anderen reproduzieren darf, sondern selber denken und dabei die eigenen Ideen ebenso kritisch betrachten muß wie die anderer; er muß allgemein verbreitete Überzeugungen in Frage stellen. Also begann er seine eigene Philosophie zu entwickeln, nachdem er dafür gesorgt hatte, die wichtigsten Gedanken des Sokrates allgemein zu verbreiten, und er tat das in eben jener Form, für die er so erfolgreich eine öffentliche Nachfrage geschaffen hatte, nämlich in Gestalt von Dialogen mit Sokrates in der Hauptrolle.

Daraus erklärt sich die Tatsache, daß in Platons frühen Dialogen die »Sokrates«-Gestalt durch die Ausrichtung ihrer Fragen weitgehend – wenn auch nicht ausschließlich – immer denselben philosophischen Standpunkt zum Ausdruck bringt, und dann in den mittleren und späten zu einem ganz anderen gelangt. De facto handelt es sich um die unterschiedlichen Philosophien zweier unterschiedlicher Philosophen, nämlich die des historischen Sokrates und die des Platon. Der eine ist fast ausschließlich auf Fragen moralischer und persönlicher Natur fixiert; der andere befaßt sich mit dem gesamten Spektrum der menschlichen Erfahrung, mit Kosmologie und Naturwissenschaft, Mathematik, Kunst, Politik und Gesellschaft und persönlicher Moral. Platon steckt damit das Terrain, in dem spätere Denker operieren sollten, so genau und umfassend ab, daß der Philosoph Whitehead im 20. Jahrhundert seine berühmte Bemerkung machen konnte, die gesamte abendländische Philosophie bestehe im Grunde aus Fußnoten zu Platon. Platon greift nicht nur die von Sokrates verworfenen Fragen der Kosmologie wieder auf, er stellt auch die mathematische Physik in den Mittelpunkt seiner Darstellung der empirisch erfahrbaren Welt. Er glaubt jedoch keineswegs, daß es außer dieser Welt sonst nichts gebe. Im Gegenteil, diese Welt erscheint ihm als Welt des Scheins, der flüchtigen Phänomene, die keine dauerhafte Realität besitzen. »Dahinter« versteckt sich eine Welt der zeitlosen, nicht-materiellen Wesenheiten, die die einzig dauerhafte Realität darstellt. Über die Beziehung zwischen dieser Welt und der Welt unserer Erfahrung und darüber, wie der Mensch Kenntnisse über das Ewige erlangen kann, hat er allerhand zu sagen. Diese Aspekte seiner Philosophie sollten später von unermeßlicher Bedeutung für die frühe Entwicklung des Christentums werden – eine Reihe von Ideen, die allgemein als typisch christlich betrachtet werden, gehen de facto auf Platon zurück.

Die Schriften Platons sind die ersten Werke eines abendländischen Philosophen, die in ihrer Originalform überlebt haben. Sokrates hat, wie gesagt, nichts geschrieben – fast alles, was wir über ihn und seine Vorstellungen wissen, stammt aus Platons Dialogen. Kein einziges Werk eines Vorsokratikers ist vollständig erhalten geblieben; wir kennen sie ausschließlich aus Zitaten, Zusammenfassungen und Erwähnungen in den Schriften anderer, von denen einige allerdings recht ausführlich sind. Platon ist der erste Philosoph, bei dem wir Grund zu der Annahme haben, sein Gesamtwerk zu kennen. Kein Denker vor oder nach ihm hat einen derartigen Einfluß ausgeübt, ausgenommen vielleicht Aristoteles, doch da Aristoteles ein Schüler Platons war, kommt diesem auch dafür ein Teil des Verdienstes zu.

Es ist schon erstaunlich, daß der erste Philosoph, dessen Werk wir besitzen, noch heute so vielen als der größte gilt. Unter Fachphilosophen werden gemeinhin Platon, Aristoteles und Kant als eine Klasse für sich betrachtet, und ein anderes Urteil wäre auch kaum vorstellbar. Ich würde dem gewiß nicht widersprechen, wennschon ich, so ich nur einen einzigen Preis zu verleihen hätte, diesen Kant zusprechen würde. Dennoch hat Platons Leistung etwas einzigartig Ehrfurchtgebietendes an sich, weil es auf geniale Weise das gesamte Spektrum des philosophischen Denkens während der ersten Hälfte des 4. Jahrhunderts v. Chr. abdeckt, was damals keinem anderen auch nur in Ansätzen gelungen war, und viele seiner Ideen seither mehr oder weniger im Zentrum des abendländischen Denkens standen.

Doch Platon war nicht nur ein großer Philosoph, er war auch ein großer Schriftsteller. Altphilologen gilt er seit langem als bester griechischer Stilist aller Zeiten. Seine Dialoge beweisen literarische Meisterschaft: sparsame und doch effektive Charakterisierungen, ein raffinierter Einsatz dramatischer Ironie und viele weitere Qualitäten. Es gibt ungefähr zwei Dutzend davon, die zwischen zwanzig und dreihundert Druckseiten umfassen. Besonders bewegend sind jene, die sich mit Prozeß und Tod des Sokrates befassen, nämlich der *Kriton*, der *Phaidon* und die *Apologie*. Die berühmtesten und einflußreichsten sind *Der Staat* und das *Symposion*. Es ist nicht schwer, sich gute Übersetzungen zu verschaffen, und nahezu alle sind sie lesenswert.

Die meisten Fachphilosophen, denen Platon nicht als größter Philosoph aller Zeit gilt, enthalten ihm diesen Ehrentitel vor, weil sie ihn lieber Aristoteles zuerkennen möchten. Unmittelbar am Beginn der aufgezeichneten Geschichte der Philosophie symbolisieren diese beiden Gestalten zwei unterschiedliche Denkansätze, die im Laufe der Zeit auf die eine oder andere Art immer wieder miteinander konfrontiert wurden. Einerseits haben wir jene Philosophen, die glauben, daß die Welt der tatsächlichen und möglichen menschlichen Erfahrungen nicht von Dauer oder jedenfalls nicht auf Dauer wichtig ist, weswegen wir versuchen sollten, sie auf irgendeine Weise geistig zu transzendieren, oder wenn uns das nicht gelingt, uns zumindest zu der Grenze zwischen unserer Welt und der Welt des wirklich Bedeutsamen vorzutasten. Selbst wenn wir diese Grenze nicht zu überschreiten vermögen, können wir zumindest festlegen, wo sie verläuft – und dabei vielleicht sogar von unserer Seite her die *Form* des uns unzugänglichen Territoriums entdecken. (In diesem Sinne schreibt Wittgenstein im *Tractatus*, daß die Philosophie das Undenkbare eingrenzen muß, indem sie sich durch das Denkbare hindurcharbeitet. Die klare Darstellung dessen, was gesagt werden kann, werde dann erkennen lassen, was sich alles nicht sagen läßt.) Andererseits haben wir Philosophen, die davon ausgehen, daß wir allein die empirisch erfahrbare Welt kennen können, ob es nun noch eine andere gibt oder nicht. Wenn wir versuchen, diese Welt auf den Schwingen haltloser Spekulationen zu überschreiten, dann reden wir während des Fluges Unsinn und machen unfehlbar eine Bruchlandung. Außerdem besteht auch gar keine Notwendigkeit, diese Welt der Erfahrung zu verlassen, um ein lohnendes Thema zum Philosophieren zu finden, da sie selbst schon eine unerschöpfliche Quelle von Rätseln, Wundern, Pracht und Schönheit darstellt. Der Versuch, diese Welt zu verstehen, wird uns für ein ganzes Leben bereichern. Der Unterschied zwischen diesen beiden Anschauungen liegt den meisten großen Kontroversen in der Geschichte der Philosophie zugrunde – Rationalismus gegen Empirismus, Idealismus gegen Realismus (oder, auf andere Weise, Idealismus gegen Materialismus), und so weiter. Die meisten Philosophen haben sich in dieser Frage zu einer der beiden Seiten hingezogen gefühlt; entweder sind sie aufgrund irgendeiner Veranlagung geborene Platoniker oder sie sind geborene Aristoteliker. Kants einzigartige Größe besteht darin, daß er die beiden Richtungen verschmolz und damit der Philosophie den richtigen Weg wies.

Aristoteles war der erste und größte Philosoph der zweiten Richtung, der größte aller geborenen Empiriker. Die Erfahrung ging ihm über alles, und er widmete sein Leben der Aufgabe, unser Verständnis der Erfahrung zu vertiefen und bereichern. Dabei ging er stets von innen heraus vor und versuchte niemals, einer Erfahrung von außen her eine abstrakte Erklärung aufzupfropfen. Im Laufe seines arbeitsreichen Lebens wurde er zu einer Art wandelndem Lexikon. Er steckte erstmals die Arbeitsbereiche der grundlegenden Naturwissenschaften ab und führte in jeder davon einige der ersten Forschungsarbeiten durch (nebenbei gab er einer Reihe dieser Disziplinen Namen, die wir noch heute verwenden). Er suchte nicht nur nach wissenschaftlichen Erklärungen, er stellte auch grundlegende Fragen dazu, was eine wissenschaftliche Erklärung überhaupt ist, und wie wir vorgehen sollten, wenn wir eine formulieren wollen. Er faßte alle bekannte Logik zu Prinzipien zusammen, die über zweitausend Jahre lang in Gebrauch bleiben sollten. Er studierte Pflanzen, Tiere, die Menschen und ihre höchst unterschiedlichen politischen Organisationen und lieferte dauerhafte Beiträge zur Ethik und zur Ästhetik. Er befaßte sich ausgiebig mit einigen der grundlegendsten metaphysischen Fragen zu Geist, Identität, Form, Substanz, Kontinuität, Wandel und der Natur der Kausalbeziehungen, und machte zu jeder davon Aussagen von bleibender Bedeutung. Viel später stellte sein Werk über Jahrhunderte hinweg den größten systematisch zusammengefaßten Wissensschatz des Abendlandes dar. Als im Mittelalter die ersten Universitäten entstanden, machten sie Aristoteles zur Grundlage ihres Pensums – weswegen ihn Dante als den »Lehrer der Wissenden« bezeichnete. Als sich im 17. Jahrhundert die moderne Naturwissenschaft herauszubilden begann, war das vorherrschende Weltbild – zweitausend Jahre nach dessen Tod – noch immer aristotelisch, und ebendiese Sicht der Dinge war es, die die Wissenschaft bekämpfen mußte, um überhaupt Fuß fassen zu können. Wer den Lauf der Geschichte verstehen will, kommt an Aristoteles und seinen Lehren nicht vorbei. Und noch immer ist vieles davon gültig oder zumindest interessant.

Die Schriften des Aristoteles wurden in der Antike ihres überaus eleganten Stils wegen gepriesen. Cicero bezeichnete sie als »goldenen Fluß«. Tragischerweise ist nichts davon im Originaltext erhalten geblieben. Alles, was wir von ihm besitzen, wurde entweder von ihm selbst oder von seinen Schülern auf der Basis seiner Vorlesungsnotizen zusammengestellt. In der antiken Literatur werden seine Werke so häufig erwähnt, daß wir recht gut wissen, was wir alles verloren haben; man kann davon ausgehen, daß nur etwa ein Fünftel seiner Gesamtproduktion überlebt hat. Das bekannte Werk des Aristoteles füllt zwölf Bände und befaßt sich mit allen Bereichen des damaligen Wissens, wobei vielfach bestimmte Themen dort erstmals behandelt werden. Da es sich dabei aber um zusammengetragene Vorlesungsnotizen handelt, ist es keine leichte Lektüre, und deshalb werden diese Schriften fast ausschließlich von Studenten und Forschern gelesen. Man kann sich zwar durchaus vorstellen, daß ein intelligenter Mensch Platon zum Vergnügen liest, aber bei Aristoteles (oder Kant, was das betrifft) will das nicht gelingen. Die beiden sind schwer verdaulich, und man muß sich schon Mühe geben, eine ganze Menge Mühe, wenn die Lektüre etwas bringen soll. Studenten lesen Aristoteles oder Kant, wenn das sein muß, weil es auf dem Pensum steht, oder im Rahmen irgendwelcher Seminare, aber ansonsten greifen wohl nur hartgesottene Philosophieliebhaber zu ihren Werken. Und das finde ich entmutigend, denn es bedeutet, daß zwei der vier oder fünf größten Philosophen aller Zeiten von den meisten intelligenten und gebildeten Menschen nie gelesen und damit auch nie zu einem Teil ihres geistigen Rüstzeugs werden. Ich denke realistisch genug, um in dieser Hinsicht keine Änderungen zu erwarten, aber es stimmt mich trotzdem traurig.

Aus Gründen, die ich nicht einmal mir selbst ganz zufriedenstellend erklären kann, vermag die Darstellung eines großen philosophischen Werks aus zweiter Hand niemals gänzlich die Lektüre des Originaltexts zu ersetzen. Es gibt weniger als zwei Dutzend unbestreitbar große abendländische Philosophen, und somit ist es durchaus möglich, innerhalb eines überschaubaren Zeitraums ihre wichtigsten Werke zu lesen. Die Literatur *über* diese Werke beläuft sich allerdings auf Tausende von Bänden. Fast alle Fachphilosophen beschäftigen sich ihr Leben lang weit mehr mit dieser Sekundärliteratur als mit den Originaltexten. Es liegt auf der Hand, daß sie gewöhnlich nicht einmal im entferntesten vom gleichen Kaliber ist, aber immerhin finden sich darin gelegentlich tiefschürfende Kommentare oder Kritiken, und mitunter gibt es eine wirklich klare und hellsichtige Einführung in die betreffende Philosophie und ihre Argumente, die dann präzise erläutert und auf einfühlsame Weise kritisiert und bewertet werden. Warum also kann nicht einmal eine hochkarätige Monographie über ein Werk uns alles Wichtige über das Original vermitteln? Andersherum gestellt ist diese Frage noch schwieriger zu beantworten: Was fehlt einer wirklich guten und umfassenden Darstellung aus zweiter Hand? Natürlich kann sie dem Leser den literarischen Stil und die Persönlichkeit des Philosophen selbst allenfalls unvollkommen vermitteln, aber was hat das im Grunde mit Philosophie zu tun? Aristoteles und Kant sind zwei der größten Philosophen, die je gelebt haben – von manchen werden sie sogar für die größten überhaupt gehalten – aber was wir von ihnen kennen, ist in beiden Fällen rein stilistisch betrachtet, ziemlich grauenhaft, und zumindest Kant ist in seinen Werken als Persönlichkeit so gut wie nicht präsent. Wenn ich also anderen erläutern will, wie diese beiden gedacht, mit welchen Problemen sie sich befaßt, welche Lösungen sie dafür vorgeschlagen und welche potentiellen Einwände sie dabei berücksichtigt haben – warum kann ich ihnen dann nicht all das vermitteln, was die Lektüre des Originals ihnen gebracht hätte?

Ich habe diese Frage mit vielen befreundeten Philosophen diskutiert, und ich muß sagen, daß keiner von uns sie auf befriedigende Weise beantworten kann. Und doch sind wir uns alle einig, daß das Lesen eines Originaltexts eine gänzlich andere Erfahrung ist als die Lektüre einer Sekundärabhandlung, so gut diese auch sein mag. Ich kann dafür nur Ansätze zu einer Erklärung anbieten. Die Philosophie scheint von Natur aus zutiefst interaktiv zu sein – nicht nur, was eine Person und ein Problem betrifft, sondern auch zwischen zwei Menschen. Fragen zu stellen und Argumente vorzubringen, Dialoge, Diskussionen, Debatten –, das alles scheint auf ganz zentrale Art unabdingbar zu ihrem Wesen zu gehören. Also können wir einen Philosophen und sein Werk nur dann wirklich »in den Griff bekommen«, wenn wir mit ihnen in unmittelbare Interaktion treten. Obendrein beschreiben keine zwei Menschen jemals dasselbe Werk auf die gleiche Weise. Wenn wir also Dr. A's Text über Mr. X lesen, dann lernen wir im Grunde nicht Mr. X kennen, sondern Dr. A; auch wenn er sich zugegebenermaßen mit Mr. X befaßt, ist es eben immer noch Dr. A., den wir da vor uns haben und nicht Mr. X. So zutreffend und überzeugend diese Darstellung auch sein mag, Tatsache bleibt, daß wir erfahren, was Dr. A an der Philosophie von Mr. X wichtig findet, und das obendrein auch noch in den Begriffen, in denen Dr. A. das zum Ausdruck bringen möchte. Wenn ich Platon lese, dann stehe ich in direktem Kontakt zu Platon; lese ich Dr. A's Buch über Platon, stehe ich in direktem Kontakt zu Dr. A. Im ersten Fall nehme ich Verbindung zu einem der größten Denker aller Zeiten auf, im zweiten (bei allem Respekt vor Dr. A.) zu einem ziemlich durchschnittlichen. Und wenn ich mich statt dessen entscheide, lieber nachzulesen, was denn Professor B. zum selben Thema anzumerken hat, erhalte ich wiederum ein gänzlich anderes Bild, weil Professor B. eben nicht Dr. A. ist. Mit anderen Worten: Nur wenn ich Mr. X selbst lese, weiß ich danach, was Mr. X wirklich gesagt hat. Nur dann weiß ich: Das sind seine Worte, das ist seine Stimme, das ist sein Tonfall. Alles andere ist ein schlechter Ersatz. Nur wenn wir einen Philosophen selber lesen, können wir wirklich wissen, wie wir auf ihn reagieren, wie wir über ihn denken sollen, und welche seiner Gedanken, wenn überhaupt, wir wichtig finden.

Der unmittelbare Kontakt zu eigenständigem Denken ist eine Erfahrung, die sich nicht beschreiben läßt, so wenig wie das Hören von guter Musik oder das Lesen großer Poesie. Da es schließlich der Philosoph selbst war, der diese Gedanken entwickelt und in Worte gekleidet hat, durchziehen Spuren dieser Prozesse sein gesamtes Werk. Wenn wir solche Autoren lesen, dann lernen wir bis zu einem gewissen Grad auch ihre Denkprozesse kennen, nicht bloß die Endprodukte. Ihre Ausführungen mögen aus diesem Grund bisweilen ein wenig ungeschickt formuliert und damit unsicher wirken, fehlerhafter oder verschwommener als die nachträgliche Zusammenfassung eines Autors, der das alles fertig vorgefunden hat, und nun bloß noch versuchen muß, diese Gedanken möglichst klar darzustellen, ohne daß er sie selbst zu entwickeln bräuchte.

Und es gibt noch weitere Gründe. Alle bisherigen Philosophen schrieben unter ganz bestimmten historischen und gesellschaftlichen Umständen und benutzten ihre Sprache in einem ganz bestimmten Stadium deren Entwicklung. Und – und das ist noch wichtiger – auch ihre intellektuelle Ausrichtung war zeitgebunden. Es fällt schwer sich vorzustellen, wie Aristoteles gedacht und geschrieben haben könnte, ohne auf dem Werk Platons aufzubauen, und genausowenig ist ein Platon ohne Sokrates vorstellbar. In der gleichen Weise ist die Philosophie Schopenhauers undenkbar ohne die Kants, und Kant wiederum undenkbar ohne die Überlegungen von Hume. Kants Philosophie ist erst rund zweihundert Jahre alt; die meiste »große« Philosophie geht ihr voraus und konnte seine Erkenntnisse deshalb nicht berücksichtigen. Alle eigenständige Philosophie trägt ihren gesamten historischen Kontext mit sich, einschließlich des momentanen Standes der

Sprache, in der sie niedergeschrieben wurde, doch all das geht in der Sekundärliteratur verloren.

Das alles trennt also den ursprünglichen Denker noch von seinen fähigsten Kommentatoren und Vermittlern; doch es erklärt noch nicht, warum auch die Kraft rationaler Argumente darunter leidet, und seien sie noch so klar vorgebracht. An dieser Stelle muß ich etwas einschieben, was zunächst wie eine Einschränkung aussehen mag. Mit manchen Philosophen, die ich beim ersten Lesen nicht verstehen konnte, habe ich mich wirklich abgemüht – Hegel und Heidegger sind wohl die prominentesten Beispiele. Beim ersten Anlauf kam mir das alles eigentlich bloß vor wie hochtrabendes Gefasel. Ich blieb am Ball, kam aber trotzdem nicht weiter, und gab schließlich entmutigt auf. Dann aber versuchte ich es mit Kommentaren. Und siehe da, bald darauf konnte ich mir sagen: »Ach, darauf wollen die also hinaus!« oder »Darum geht es da also!« Am Ende wandte ich mich dann wieder den betreffenden Philosophen zu – und stellte zu meiner Überraschung fest, daß ich sie nun verstehen konnte, auch wenn ich bisweilen ganz anderer Ansicht war als ihre Kommentatoren. Das bedeutet, daß es sich in manchen Fällen durchaus empfiehlt, die Kommentatoren zu lesen – und am besten zuerst. Doch auch in diesen Fällen war die Beschäftigung mit dem Originaltext dann eine gänzlich andere Erfahrung – zumal ich in diesen Fällen das Gefühl hatte, taubem Gestein seine Goldadern abzuringen.

Aus all diesen Gründen habe ich mich nie groß um die philosophische Sekundärliteratur gekümmert und mich lieber damit beschäftigt, wieder und wieder die Philosophen selbst zu lesen. Wer sein Verständnis des Werks eines Philosophen, der ihm bereits vertraut ist, vertiefen möchte, tut meiner Erfahrung nach weitaus besser daran, es noch einmal durchzugehen, als sich irgendwelchen Sekundärtexten zuzuwenden. Kommentare machen einen zwar auf unzählige Details aufmerksam, die man bislang übersehen hatte oder ganz einfach nicht wissen konnte, aber das sind gewöhnlich nicht die Punkte, auf die es wirklich ankommt. Wenn uns das Thema wirklich fesselt, werden wir natürlich auch diese Details faszinierend finden, und wer eine Studie verfassen oder ein Buch schreiben will, muß sie notwendigerweise im Griff haben. Unter derartigen Umständen habe ich mich gelegentlich in die Sekundärliteratur geradezu hineingewühlt. Aber die Philosophie ist das beste Beispiel für einen Bereich, in dem große Themen und große Fragen ein solches Übergewicht haben, daß der Rest im Vergleich dazu kaum noch wichtig erscheint. Mit Sekundärliteratur verbrachte Zeit ist im seichten Wasser verbrachte Zeit; seine Zeit mit den großen Philosophen selbst zu verbringen, heißt, sich in den grenzenlosen Tiefen des Ozeans zu bewegen.

Ich fürchte, nur Menschen, die sich nicht wirklich für die eigentlich bedeutsamen Fragen interessieren, geben sich mit der Beschäftigung mit Details zufrieden. Und eben diese Leute irren sich gewöhnlich immer dann, wenn es um große Fragen geht. Natürlich irren wir uns alle bisweilen. Dann brauchen wir Korrektur von außen, und ein gewisses Maß an Selbstkritik muß auch sein, wenn wir uns vor schwerwiegenden Fehlern schützen wollen. Wenn man nicht allzu selbstgefällig ist, stellt das weiter kein Problem dar. Es gibt mehrere große Philosophen, die ich wieder und wieder gelesen habe, *über* deren Werk ich aber bloß ein einziges Buch kenne, häufig das allgemein als »bestes Buch über X« bezeichnete. Gewöhnlich reicht dieses eine Buch, um mir ein klares Bild von diesem Philosophen zu machen und sicherzustellen, daß ich in der Abgeschiedenheit meines Kopfes nicht hinter irgendwelchen Schimären herlaufe. Wenn die Sekundärliteratur den fraglichen Philosophen jedoch selbst gründlich mißversteht – wie das so viele Jahre lang mit dem frühen Wittgenstein der Fall war – bleibt nichts anderes übrig, als sich am Denker selbst zu orientieren.

Einer der größten Nachteile der Beschäftigung mit Sekundärliteratur besteht darin, daß wir durch sie die Irrtümer von anderen absorbieren, wo es doch schon schlimm genug ist, daß uns unvermeidlicherweise selber welche unterlaufen. Ich denke, daß die meisten Fehlinterpretationen von Philosophen, die sich in der Literatur finden, eben darauf zurückzuführen sind: Der Autor hat aus anderen Sekundärquellen ein falsches Bild von einem Philosophen gewonnen, den er selbst noch gar nicht gelesen hatte, und dessen Werk dann am Ende durch die Brille dieser vorgefaßten Meinungen interpretiert, weil er ja schließlich glaubte, »anerkannte Autoritäten« hinter sich zu haben. Ich habe als Beispiel bereits Wittgensteins *Tractatus* angeführt und erzählt, wie ich beim ersten Lesen entdeckte, daß das Buch sich gänzlich anders ausnahm, als es in der damaligen Literatur gemeinhin dargestellt wurde. Damals gab es einen derart umfangreichen Fundus an irreführender Sekundärliteratur, daß ich noch jahrelang hätte weiterlesen können, ohne jemals die Wahrheit über dieses Werk zu erkennen. Ich glaube nicht, daß all diese Autoren beim Lesen des *Tractatus* unabhängig voneinander den gleichen Mißverständnissen aufgesessen sind; ich denke vielmehr, daß so gut wie alle ihre vorgefaßte Meinung denselben Sekundärquellen verdankten, die sie dann beim Lesen des Buches bestätigt zu finden meinten. Später stellte ich dann fest, daß Ähnliches für Schopenhauer galt, obschon sozusagen auf dem umgekehrten Weg. Ich fand erst spät und in einem Zustand ziemlicher Ignoranz zu Schopenhauer. Mir schien er seine Ansichten mit außergewöhnlicher Klarheit vorzutragen und dabei wenig Platz für Zweifel oder Mißverständnisse zu lassen. Als ich mich dann aus purem Interesse der Sekundärliteratur zuwandte, stellte ich fest, daß fast alle Autoren einen seiner grundlegenden Lehrsätze (immer denselben) und als Resultat seine Philosophie überhaupt mißverstanden hatten. Und ich glaube auch in diesem Fall nicht, daß all diese Autoren Schopenhauer rein zufällig an derselben Stelle mißverstanden haben. Bei jemandem, der so klar schreibt – und sich ganz besondere Mühe gibt, just den fraglichen Punkt nur ja deutlich zu machen –, ist das nicht vorstellbar. Also müssen die Sekundärautoren meines Erachtens schon vor der Schopenhauer-Lektüre geglaubt haben, seine Vorstellungen zu kennen, und diese vorgefaßte Meinung haben sie dann eben in den Text hineingelesen.

Bei einigen Philosophen gehen die Ansichten ihrer Kommentare so weit auseinander, daß wir sie unbedingt selber lesen müssen, um uns ein Bild von ihrem Werk zu machen. Viele Hegel-Leser halten sein Werk für eine Anhäufung von Banalitäten, gekleidet in eine pompöse Sprache, die sie bedeutsam erscheinen lassen soll – vergleichbar einem schwachen, inkompetenten Kaiser, der seine Untertanen mit kostbaren Gewändern und grandiosen Zeremonien zu beeindrucken sucht. Diese Ansicht wird auch von einer Anzahl hochbegabter Philosophen – beispielsweise Schopenhauer, Russell und Popper – vertreten, weswegen wir davon ausgehen können, daß sie nicht so einfach abzutun ist. Doch andere, ebenso fähige Denker halten Hegel für einen tiefgründigen und eigenständigen Denker – Karl Marx, Kierkegaard (der Hegel leidenschaftlich ablehnt und ihn doch für den bedeutendsten Philosophen seiner Zeit hält), Heidegger und Sartre. Falls Sie, so wie ich, der zweiten Gruppe zustimmen, wäre es schon eine interessante Frage, warum Philosophen vom Format Schopenhauers, Russells und Poppers so blind für Hegels Verdienste waren. Aber das ist natürlich keine philosophische Frage.

Von unserer Position in der Geschichte der abendländischen Zivilisation aus liegt es nahe, diese Geschichte grob in drei Phasen einzuteilen: Antike, Mittelalter und Neuzeit. Wie lange diese Einteilung noch überleben wird, ist schwer zu sagen, aber im Moment ist sie tief im allgemeinen Denken verwurzelt, und das schon seit Generationen. Entsprechend wird die Geschichte der Philosophie zumeist nach diesen Kategorien eingeteilt: antike, mittelalterliche und neuzeitliche Philosophie. Die antike Philosophie wird dermaßen von Platon und Aristoteles dominiert, daß diese in manchen Studiengängen zum Thema als einzige auf der Pensumliste erscheinen. Für Anfänger mag das ganz vernünftig sein, aber jeder wirklich interessierte Student der Philosophie möchte früher oder später mehr über andere Denker der Antike erfahren. Und dann sieht er sich mehreren Jahrhunderten philosophischer Erkenntnis gegenüber, von den Vorsokratikern bis zum Neo-Platoniker Plotin.

Die mittelalterliche Philosophie unterscheidet sich in einem Punkt von der antiken und der modernen gleichermaßen, nämlich durch ihre symbiotische Bindung an die etablierte Religion. Während des gesamten Mittelalters – des Jahrtausends zwischen dem Untergang des Römischen Reichs und der Renaissance – waren praktisch alle abendländischen Gelehrten zugleich auch Geistliche. Das galt sogar für die kleine jüdische Minderheit in Europa. Und natürlich konnte damals niemand öffentlich eingestehen, selbst überhaupt nicht religiös zu sein, ohne strenge Strafen und möglicherweise sogar den Tod zu riskieren. Während dieser langen historischen Periode – so lang wie die griechische und römische Geschichte zusammengenommen und doppelt so lang wie der Zeitraum zwischen der Renaissance und der Gegenwart – fanden alles Studieren und jegliche geordnete intellektuelle Aktivität so gut wie ausschließlich innerhalb eines festgefügten religiösen Rahmens statt, zumeist sogar innerhalb der Mauern einer religiösen Institution. Und da der Mensch die uns von Gott geoffenbarten letzten Wahrheiten nicht anzweifeln durfte, gingen philosophische Fragestellungen vor allem in zwei Richtungen: Wie weit lassen sich religiöse Wahrheiten allein durch die Vernunft belegen, und wie lassen sich die großen Werke von Platon und Aristoteles mit dem Alten und Neuen Testament in Verbindung bringen?

Man könnte natürlich fragen, warum solche Überlegungen überhaupt angestellt wurden. Erstens: Wenn Gott uns die Wahrheit offenbart hat, dann sind wir auf unsere eigene Vernunft nicht mehr angewiesen; was spielt es also für eine Rolle, wie weit sie uns helfen kann? Und zweitens: Gottes Wort, das uns im Alten und Neuen Testament unmittelbar überliefert ist, übertrifft doch wohl alle anderen Quellen der Weisheit und macht sie überflüssig? Ernsthafte Denker des Mittelalters hatten auf beides eine Antwort. Zur ersten Frage wiesen sie darauf hin, daß die Christenheit von Völkern umzingelt war, die ihre Religion ablehnten und eine permanente Bedrohung darstellten. Es war die dringliche Pflicht der Christen, diese Völker von der christlichen Wahrheit zu überzeugen, doch dafür war der Verweis auf Autoritäten, die sie ablehnten, oder eine Offenbarung, an die sie nicht glaubten, natürlich nicht genug. Die einzige Hoffnung bestand darin, ihnen Argumente zu liefern, die frei von christlichen Prämissen waren und doch einwandfrei überzeugten. Mit diesem Ziel vor Augen gaben sich die mittelalterlichen Denker unendliche Mühe, rein rationale Begründungen für religiöse Überzeugungen zu entwickeln. Und die besten von ihnen zeigten große intellektuelle Redlichkeit und anerkannten die Stärke ihrer Gegner und die Kraft mancher gegen das Christentum gerichteten Argumente.

Auf die Frage nach Platon und Aristoteles antworteten sie, daß ein Teil ihrer Gedanken durchaus mit der Heiligen Schrift übereinstimme, anderes eindeutig im Widerspruch dazu stehe, das meiste aber auf den ersten Blick in keine der beiden Kategorien zu fallen scheine. Deswegen gebe es auf den ersten Blick keinen Grund, warum wir diese Lehren nicht übernehmen sollten. Doch ehe wir irgend etwas davon in unser Denken und unsere Kultur übernähmen, müßten wir zunächst überprüfen, ob es auf lange Sicht nicht doch der Religion zuwiderlaufen würde; wenn ja, dann müsse es sofort zurückgewiesen werden. Ehe man also etwas vom Gedankengut der beiden antiken Philosophen akzeptieren konnte, war intensives Studium angesagt; Konsequenzen und Implikationen mußten gründlich durchdacht und verfolgt werden. Mit diesem Ziel vor Augen wurde in den verschiedenen Wissenschaften und Disziplinen eine enorme Arbeit geleistet – weitaus mehr, als man sich heute allgemein vorstellt – die insgesamt bewirkte, daß in den (wie wir heute sagen würden) Naturwissenschaften das aristotelische Weltbild seine Verbreitung fand. Diese umfassende und tatkräftige intellektuelle Bewegung gipfelte etwa im 13. Jahrhundert in einer Blüte des geistigen Schaffens, die in mancher Hinsicht der Renaissance vorgriff – die deshalb auch keinen so klaren Bruch mit der Vergangenheit darstellte, wie bisweilen behauptet worden ist. Doch obschon die intellektuellen Leistungen des Mittelalters unterschätzt worden sind, müssen wir auch zugeben, daß das Streben nach Erkenntnis erst dann wieder ähnliche Dimensionen wie im antiken Griechenland annehmen konnte, als es sich aus dem Griff der Kirche befreit hatte.

Wer sich heute an der Schule oder Universität mit Philosophie befaßt, beginnt zumeist entweder mit Platon und Aristoteles, um dann (außer in katholischen Institutionen) die Philosophie des Mittelalters zu überspringen und bei Descartes zu landen, dessen Werk in die erste Hälfte des 17. Jahrhunderts fällt; manchmal wird auch gleich bei Descartes eingesetzt. In beiden Fällen fällt die mittelalterliche Philosophie unter den Tisch.

Obschon ich die mittelalterliche Philosophie attraktiv, interessant und in vieler Hinsicht beeindruckend finde, halte auch ich sie nicht für unverzichtbare Lektüre. Wie bei der antiken Philosophie gibt es auch hier zwei alles andere überragende Gestalten: Augustinus (354–430) und Thomas von Aquin (1225–1227). Thomas von Aquins Werk dürfte – wie das des Aristoteles, mit dem er sich ausgiebig befaßte – wohl nur für Spezialisten und engagierte Studenten von Interesse sein; in der Tat findet sich das Beste daraus in zwei Abhandlungen, die als Unterrichtsmaterial für Studenten konzipiert waren. Bei Augustinus sieht die Sache schon anders aus.

Seine beiden wichtigsten Bücher, *Bekenntnisse* und *Vom Gottesstaat* sind noch immer zugänglich und in jeder guten Buchhandlung zu finden. Die *Bekenntnisse* sind ganz einfach eines der großen Werke der Weltliteratur. Dieses Buch, im Prinzip die erste Autobiographie überhaupt, verbindet einen äußerst selbstkritischen Lebensbericht des Autors (daher der Titel), der ein beeindruckendes Porträt seiner Mutter enthält, mit tiefschürfenden philosophischen Überlegungen, die auch heute noch von Interesse und Bedeutung sind, vor allem dann, wenn sie sich mit dem Wesen der Zeit befassen.

Mein eigenes Philosophiestudium begann, wie ich schon erzählt habe, mit Descartes. Mit Mitte bis Ende Dreißig las ich jene großen Philosophen, die ich als Student gelesen hatte, noch einmal; mit anderen befaßte ich mich zum ersten Mal. Dazu gehörten nicht nur neuzeitliche Werke wie etwa das von Spinoza, sondern auch das meiste von Platon und Aristoteles. Zum zweiten Mal Kants *Kritik der reinen Vernunft* zu lesen, stellte – wie schon das erste Mal, aber eben anders – eine der nach wie vor bedeutendsten intellektuellen Erfahrungen meines Lebens dar. Freunde von mir wohnten damals fern von allen Touristenströmen mitten auf Mallorca und luden mich zu einem ausgedehnten Besuch ein. Ich nahm die *Kritik der reinen Vernunft* mit und lebte sechs Wochen lang mit diesem Buch. Manchmal las ich an einem Tag nur zwanzig Seiten, manchmal hielt ich es den ganzen Tag in der Hand, ohne über die Seite hinauszukommen, mit der ich am Vortag aufgehört hatte. Ich glaube, Kant betrachtet in diesem Buch jedes einzelne der philosophischen Probleme, die ich als Kind gehabt hatte, und diese Probleme sind immer noch die wichtigsten, die es überhaupt gibt. Er geht so klug und umfassend darauf ein, daß keine kurze Darstellung dem gerecht werden könnte. Weiter oben habe ich beispielsweise Kants Theorie der Wahrnehmung skizziert, aber um mich einigermaßen kurz fassen zu können, mußte ich weglassen, was Kant über die Rolle der Vorstellungskraft bei der Wahrnehmung zu sagen hat. Als warnendes Beispiel dafür, wie eine klare, präzise Darstellung trotz allem unzulänglich sein kann, ohne uns jedoch ein falsches Bild zu geben, möchte ich noch einmal darauf zurückkommen und aufzeigen, was die Vorstellungskraft mit der ganzen Sache zu tun hat.

Unsere normale Erfahrung richtet sich auf Ereignisse, die gewöhnlich vor dem Hintergrund anderer Ereignisse stattfinden. Bei beiden gibt es eine unverzichtbare zeitliche Dimension. Ich halte es für unmöglich, unmittelbare Erfahrungen ohne jegliche Dauer zu machen, denn in diesem Fall könnten wir nicht wissen, daß wir sie überhaupt gemacht haben. Ich glaube, daß Kant aus diesem Grund das Zeitgefühl für einen unerläßlichen Bestandteil unseres Sinnessystems hält und davon ausgeht, daß alle Erfahrungen sich in dieser Dimension abspielen müssen. Und doch: Wenn ich zusehe, wie jemand aus einem Sessel aufsteht oder durch ein Zimmer geht, wenn ich beobachte, wie Blumen sich im leichten Wind wiegen oder wie überhaupt *irgend etwas* passiert, dann können alle Objekte meiner Beobachtung sich in einem bestimmten Moment nur in einer einzigen Position befinden. Alle anderen Positionen, die zusammen die Bewegung oder das Ereignis ergeben, müssen entweder bereits eingenommen worden sein und gehören damit der Vergangenheit an, oder sie wollen erst noch erreicht sein, und liegen damit in der Zukunft. Obschon es mir beim Zusehen erscheint, als würde ich die vergangenen und gegenwärtigen Positionen der Objekte in einer einzigen Beobachtung wahrnehmen, kann das also in Wirklichkeit nicht der Fall sein. Wenn ich also beispielsweise sehe, wie jemand eine Gabel zum Mund führt, erscheint mir diese Erfahrung zwar wie aus einem Guß, aber damit das möglich ist, muß ich Erfahrungen, die ich Sekundenbruchteile zuvor gemacht habe, noch vor dem inneren Auge haben und sie mit der augenblicklichen verschmelzen. Und obendrein muß ich diese vergangenen Erfahrungen so lebhaft in mir spüren, als mache ich sie gerade jetzt, sonst könnte meine Erfahrung, zu sehen, wie sich die Gabel zum Mund bewegt, nicht so einheitlich und nahtlos sein. Was in Wirklichkeit die Erfahrung eines vergangenen Augenblicks war, ist also fast ebenso klar und lebhaft wie die des jetzigen, so daß mir in der Praxis kaum ein Unterschied in der sinnlichen Qualität dieser Wahrnehmungen bewußt wird.

Ähnlich verhält es sich mit den Erfahrungen unserer anderen Sinne. Wenn ich einen gesprochenen Satz oder eine Melodie höre, dann kann meine eigentliche sinnliche Erfahrung zu jedem gegebenen Zeitpunkt nur aus einem Teil einer einzigen Note oder

Pause, eines Konsonanten oder Vokals bestehen. Um den Satz als Satz oder die Melodie als Melodie zu hören, muß ich alle Klänge, die vorangegangen sind, sozusagen im inneren Ohr haben und sie miteinander und mit meiner momentanen akustischen Wahrnehmung zu etwas verbinden, das mir dann als Ganzes erscheint. Das alles ist sogar dann nötig, wenn ich nur ein einzelnes Wort hören will. Der permanente Gebrauch der Vorstellungskraft – und darunter versteht Kant das anhaltende geistige Erleben sinnlicher Vorstellungen, die kein unmittelbares Produkt der momentanen sinnlichen Wahrnehmung sind, und doch dieselbe oder fast dieselbe Kraft und Lebendigkeit besitzen – ist also für jegliche Erfahrung ganz einfach unerläßlich. Bei näherer Betrachtung ergibt sich, daß folgendes notwendig ist, wenn ich überhaupt irgendeine Erfahrung der Welt außerhalb meiner selbst haben will: 1) Ich brauche einen Zustrom von Sinneseindrücken aus dieser Welt; 2) ich muß getreue Abbilder dieser Eindrücke in meinem Kopf abspeichern; 3) die so gespeicherten Vorstellungen muß ich miteinander und mit neu hinzukommenden Sinneseindrücken verbinden; 4) ich muß die auf diese Weise entstehenden Ketten als Ganzheit erfassen. Und wenn all das geschehen ist, dann mache ich eine Erfahrung. Dabei stellt nur 4) die bewußte Erfahrung dar – das Hören eines Wortes, eines Satzes oder einer Melodie, das Wahrnehmen eines Ereignisses oder eines Vorgangs. Doch ehe 4) eintreten kann, müssen 1), 2) und 3) bereits stattgefunden haben, auch wenn sie in ihren separaten Erscheinungsformen niemals selbst in die Erfahrung einfließen können. Aus der Tatsache, daß alle Erfahrung ihrem Wesen nach eine Synthese ist, ergibt sich, daß die für diese Synthese notwendigen Elemente keine unabhängigen Objekte einer Erfahrung sein können, in der die anderen Elemente keine Rolle spielen.

Kant verfolgt diese Analyse so weit wie nur möglich. Auf seine wunderbar tiefschürfende und detaillierte Weise zeigt er den Prozeß auf, durch den wir Erfahrungen bestehenden Begriffen zuordnen, was für ihn die Funktion des Verstehens darstellt, und wendet sich dann unserer Fähigkeit zu, Begriffe anzuwenden, was er als die Funktion der Vernunft betrachtet. Zu untersuchen, was die Vernunft ist und was sie erreichen kann, gehört zu seinen wichtigsten Zielen. Er möchte zeigen, welches Material der Vernunft zur Verfügung steht, und wie sie daran gelangt, damit wir ganz klar erkennen, wo ihre Grenzen liegen, was wir alles nicht wissen können, und was wir nicht einmal zu denken oder verstehen vermögen. Als intellektuelle Leistung ist das geradezu ehrfurchtgebietend, und es hat bis ins Detail das Programm des größten Teils aller seither betriebenen Philosophie bestimmt, mit der es sich zu beschäftigen lohnt; so wie Platon seinerzeit mehr oder weniger die Tagesordnung für die nächsten zweitausend Jahre festgelegt hat. Es liegt in der Natur der Sache, daß Kant extrem schwer zu lesen und zu verstehen ist. Selbst wenn er weitaus klarer geschrieben hätte, wäre es noch immer schwierig, seine Ideen zu erfassen und seinen Argumenten zu folgen. Doch der Lohn der Mühe ist unvergleichlich. Da es höchst unwahrscheinlich ist, daß irgend jemand, der sich nicht ernsthaft mit Philosophie beschäftigt hat, die *Kritik der reinen Vernunft* zur Hand nehmen oder gar verstehen dürfte, halte ich es ganz im Ernst für gerechtfertigt, Philosophie zu studieren, nur um dann dieses eine Buch lesen zu können. Schopenhauer schrieb in *Die Welt als Wille und Vorstellung*, Kants Lehren bewirkten bei jedem, der sie erst einmal erfaßt hat, einen derart fundamentalen Wandel, daß man schon von einer intellektuellen Wiedergeburt sprechen könne. Nur durch Kant könnten wir uns von unserem angeborenen Realismus befreien, der unserer eigentlichen Veranlagung entstamme, und damit werde der Geist ent-täuscht und sehe danach alles in einem ganz neuen Licht.

Als ich die *Kritik der reinen Vernunft* zum zweiten Mal las, war ich in einem nicht-religiösen Sinne auf der Suche nach etwas, das mein Seelenheil retten konnte. Fast überwältigt vor Entsetzen angesichts des unvermeidlichen Todes suchte ich nach einem Schimmer von Hoffnung, daß ich nicht vollständig und für immer ausgelöscht werden würde und daß die Welt und meine Existenz in dieser Welt doch noch einen Sinn haben könnten. Kants Doktrin der Idealität von Raum und Zeit schien mir diesen Hoffnungsschimmer anzubieten, denn sie besagte, daß die Kategorien von Raum und Zeit untrennbar mit unserer Erfahrung verbunden sind, und dort ihre Gültigkeit verlieren, wo diese nicht möglich ist. Daraus folgt, daß die von der Erfahrung unabhängigen Dinge an sich nicht in Raum und Zeit angesiedelt sein können. Ohne Erfahrung kann es keine empirisch erfahrbare Welt geben.

Wenn die gesamte Menschheit sterben würde, und alle Geschöpfe mit ähnlichen Erfahrungen wie den unseren auch, dann könnte unsere Welt nicht einfach ohne uns weiterbestehen, sondern würde ebenfalls zu existieren aufhören. Kant schreibt in der *Kritik der reinen Vernunft* ganz explizit, daß in diesem Falle nicht bloß alle räumlichen und zeitlichen Beziehungen verschwinden würden, sondern buchstäblich Raum und Zeit selbst.

Was ich an dieser Doktrin immer höchst bemerkenswert fand, ist die Tatsache, daß sie wichtige Bestandteile eines Glaubens stützt, den er schon lange, bevor er zum Philosophen wurde, geteilt hatte, nämlich des christlichen. Es gehört zu den Standardvorstellungen des christlichen Glaubens, daß Raum und Zeit und materielle Objekte zwar charakteristische Merkmale dieser, unserer Welt darstellen, aber eben auch nur dieser Welt; sie sind keineswegs charakteristisch für die Realität als solche. Gewissermaßen »außerhalb« der menschlichen Welt (»außerhalb« ist ein räumlicher Begriff, und deshalb können wir ihn in bezug auf etwas, wo es keinen Raum gibt, natürlich nur rein metaphorisch verwenden) liegt eine zeitlose Realität, in der Gott und die unsterblichen Seelen der Menschen aus der Menschenwelt leben. Gott und die unsterblichen Seelen befinden sich nicht in Zeit oder Raum, bestehen nicht aus Materie und leben auch nicht in einer Welt materieller Objekte, doch sie sind alles, was ewig ist. Und da in der Menschenwelt nichts ewigen Bestand hat, stellen sie das dar, was man die im Gegensatz zur flüchtigen Welt von Raum und Zeit, in der nichts von Dauer ist, »wirkliche« Realität nennen könnte. Wenn man die religiösen Bezüge in den letzten drei Sätzen ignoriert, dann laufen sie, zumindest im Prinzip, ganz eindeutig auf Kants Thesen über Raum, Zeit und materielle Objekte hinaus. Tatsache ist, daß Kant solchen Überzeugungen schon seit frühester Kindheit anhing, weil er unter Pietisten aufwuchs, deren Glaubenseifer ihn auf Dauer zutiefst prägte. Im vorgerückten Erwachsenenalter entwickelte er ein wunderbar gedankenreiches System rationaler Argumente, das bestimmte pietistische Glaubenssätze stützen sollte, aber er hing diesen Vorstellungen nicht aufgrund der Argumente an, oder weil die Argumente ihn dazu gebracht hatten; er hatte das alles schon immer geglaubt. Das entwertet natürlich in keinster Weise seine Philosophie, denn die steht und fällt im Lichte rationaler Argumentation und Kritik. Aber immerhin hat er ganz unzweifelhaft (was zu meiner steten Überraschung so gut wie nie bemerkt oder gar kommentiert wird) rationale Begründungen für viele Aspekte des religiösen Glaubenssystems entwickelt, mit dem er aufgewachsen war.

Lassen Sie es mich einmal so sagen: Wir wissen, daß Kant schon lange bevor er sich der Philosophie zuwandte, ganz auf christlicher Basis davon überzeugt war, daß die empirisch erfahrbare Welt von Raum und Zeit und materiellen Objekten, in der alles flüchtig ist und vergehen muß, nur für uns Sterbliche in unserem derzeitigen Leben existiert und daß es »außerhalb« dieser Welt noch einen anderen, gewissermaßen unendlich viel wichtigeren Existenzbereich gibt, der raum- und zeitlos ist, und in dem die Wesen keine materiellen Objekte sind. Und nun scheint es, als ob er sich gefragt hätte: »Wie ist das möglich? Wie kann das Wesen von Raum und Zeit und materiellen Objekten beschaffen sein, wenn es sie nur in der Welt der Menschen gibt? Wäre es angesichts dessen, daß sie doch nur die Welt der Erfahrung kennzeichnen, möglich, daß sie typische Bestandteile der oder Voraussetzungen für Erfahrung sind, und sonst gar nichts?« Mit anderen Worten: Kants Philosophie ist eine voll ausgearbeitete Analyse der Voraussetzungen für das, was er ohnehin schon für die Wahrheit hielt. Doch das tut, wie gesagt, seiner Leistung keinen Abbruch. Eine der wichtigsten aller philosophischen Aktivitäten ist das Untersuchen von Voraussetzungen. *Wenn ich p behaupte, worauf habe ich mich dann bereits festgelegt?* ist eine Frage, derer sich jeder, der philosophisch denken möchte, permanent bewußt sein sollte. Selbst bei ganz simplen Aussagen kann einem diese Art des Hinterfragens häufig total den Boden unter den Füßen wegziehen. Die meisten von uns sind beispielsweise spätestens seit dem ersten Schuljahr felsenfest überzeugt, daß zwei und zwei vier ergibt, doch kaum jemand wäre dazu imstande, die Wahrheit dieser Behauptung zu beweisen; dazu braucht es fortgeschrittene Kenntnisse der mathematischen Logik. Tatsache ist, daß das meiste, was wir für selbstverständlich halten, sich nur mit viel Mühe beweisen läßt, und vieles davon überhaupt nicht.

Was mich neben der Tatsache, daß die Übereinstimmung zwischen einigen grundlegenden Lehrsätzen Kants und altvertrauten christlichen Glaubensvorstellungen nicht häufiger erwähnt und diskutiert wird, auch stets überrascht, ist, daß die meisten Studenten, die sich damit beschäftigen, sie so schwer- oder gar unverständlich finden. Ich spreche jetzt nicht von seinen Argumenten oder den Analysen, auf denen diese Argumente aufbauen – die sind wirklich schwierig und manchmal geradezu undurchdringlich – sondern von seinen Schlußfolgerungen, die dieser gesamte Apparat bloß bestätigen soll, und die sich eigentlich in ziemlich schlichten Worten ausdrücken lassen. Es überrascht mich vor allem deshalb, weil die Studenten diese Lehrsätze aus einem anderen Bereich, nämlich dem der Religion, bereits sehr gut kennen. Selbst wenn sie selber nicht religiös sind, müssen sie schließlich wissen, daß Millionen von Gläubigen davon überzeugt sind, daß es jenseits von Raum und Zeit eine eigenständige Existenz gibt, die nicht die Form materieller Objekte annimmt und daß all diese Dinge ausschließlich in die empirisch erfahrbare Welt gehören und in dem raum- und zeitlosen Reich, das allein von Dauer ist, nicht anzutreffen sind. Wenn diese Vorstellungen in religiösem Zusammenhang so vertraut sind, warum haben dann eigentlich so viele Studenten derartige Verständnisschwierigkeiten, wenn sie ihnen bei Kant begegnen? Mag sein, daß sie diese Doktrinen so ausschließlich mit religiösem Denken assoziieren, daß sie gar nicht erst auf die Idee kommen, ein großer Philosoph könne es für möglich halten, sie durch rationale Argumente zu untermauern.

Es ist natürlich eine Sache, die nötigen Vorbedingungen für einen Glauben darzulegen, und eine gänzlich andere, seine (oder ihre) Richtigkeit zu beweisen. Wenn ich in einem bestimmten Fall die Vorbedingungen eingegrenzt habe, dann habe ich damit bewiesen, daß diese Bedingungen herrschen müssen, *falls* die fragliche Überzeugung zutrifft; aber da ist eben dieses »falls«, und es bleibt immer noch etwas zu beweisen. Ein seriöser Denker sollte sich das immer vor Augen halten, denn es trifft für jedes beliebige Argument zu. Für manche Leute bedeutet es einen Schock, das zu hören, aber Tatsache ist, daß ein Argument niemals die Richtigkeit einer daraus gezogenen Schlußfolgerung beweist. Zu sagen, ein Argument sei stichhaltig, heißt keineswegs, die sich daraus ergebende Schlußfolgerung für wahr zu erklären; es bedeutet lediglich, daß die Schlußfolgerung sich logisch aus den Prämissen ergibt: *wenn p dann q* und somit *wenn nicht q dann nicht p* und so weiter. Kein Argument kann die Richtigkeit seiner eigenen Prämissen beweisen, denn dann würde es sich im Kreis drehen, und deshalb kann auch kein Argument die Wahrheit der daraus folgenden Schlüsse beweisen. Wenden wir diese Erkenntnis auf Kant an: Ein Großteil seiner Analysen und Argumente gehört zu den bedeutendsten, die ein Mensch je ersonnen hat – aber stimmen die Schlußfolgerungen und die Prämissen? Das ist eine gänzlich andere Frage. Eines allerdings glaube ich ganz sicher zu wissen. Kant hat die grundlegenden Probleme der Erfahrung klarer definiert als jeder andere; wenn wir seine Lösungsvorschläge nicht akzeptieren, stehen wir also in der Pflicht, selbst bessere zu machen. Schopenhauer verdankt seine einzigartige Stellung in der nachkantianischen Philosophie der Tatsache, daß ihm diese Herausforderung bewußter war als irgend jemand sonst, und er ihr auch besser gerecht wurde. Die Konsequenz daraus war, daß er jene Haltung zu Kant einnahm, die ich für die richtige halte: Einerseits verehrte er ihn als den größten Philosophen unter seinen Vorgängern, andererseits besteht ein Großteil seines eigenen Werks darin, mit großer geistiger Unabhängigkeit Kants Irrtümer und die sich daraus ergebenden Konsequenzen herauszuarbeiten. Und natürlich sollten wir alle uns in dieser Hinsicht an Schopenhauers Beispiel orientieren.

Fünfzehntes Kapitel

Midlife-Crisis

Ich möchte nicht den Eindruck erwecken, daß ich in meiner Angst, vergessen zu werden, meinen Blick ausschließlich auf Bücher gerichtet hätte. Ich glaubte wirklich nicht, mich aus meinem Todesurteil herauslesen zu können. Ganz im Gegenteil. Die meiste Zeit quälten mich unliterarische und unintellektuelle Grübeleien über die unmittelbaren Tatsachen meiner Situation: Daß mein Tod unvermeidlich war, daß das zu allen Zeiten so gewesen war, daß der Tod durchaus die totale Auslöschung bedeuten könnte, ewiges und zeitloses Nichts, daß ich dies zwar nicht sicher wissen konnte, daß es mir aber wahrscheinlicher vorkam als jegliche andere Alternative, daß im Vergleich mit der Ewigkeit des Nichts ein Menschenleben kaum ein Augenzwinkern ausmachte, und wenn ich von einem niemals endenden Vakuum verschlungen werden sollte, dann spielte es nicht die geringste Rolle, was immer ich machte, ob ich großartige Bücher schrieb, es zum Außenminister brachte, glücklich oder unglücklich verheiratet war oder in jeder Hinsicht versagte –, das alles spielte weder für mich noch für irgendeinen anderen Menschen eine Rolle, wenn wir alle nichts waren, wenn wir alle zu nichts werden würden, einschließlich aller noch Ungeborenen. Und deshalb spielte es auch keine Rolle, wann ich starb, und es hätte auch keine Rolle gespielt, wenn ich niemals geboren worden wäre; das alles hatte keinen Sinn, nichts war von irgendeiner Bedeutung, und am Ende war alles eben nichts.

Zweifellos gibt es kontemplative Gemüter, die dem eben Gesagten in jedem Punkt zustimmen und dennoch ruhig und gelassen bleiben. Ich hatte noch nie ein solches Gemüt. Ich geriet vor Entsetzen außer mir, wenn mir diese Gedanken kamen. Ich fühlte mich wie jemand, dem schon die Schlinge um den Hals liegt, und der darauf wartet, daß sich die Luke unter ihm öffnet, oder wie jemand, der vor ein Exekutionskommando geführt wird. Ich sollte in ewige Nacht geschleudert werden. Wütend und mit aller Kraft wehrte ich mich dagegen. Und die Ausweglosigkeit meiner Lage brachte mich fast um den Verstand vor lauter Frustration und Panik.

Ich sah zu, wie andere Leute mit alltäglicher Fröhlichkeit ihr ganz normales Leben führten und fragte mich: Wie ist das möglich? Und wieso bilden sie sich ein, daß es irgendeine Rolle spielt, was sie tun? Sie sind wie die Fahrgäste der *Titanic*, nur daß sie schon wissen, daß ihnen ein totaler und unwiderruflicher Schiffbruch bevorsteht. Bald werden sie allesamt tot sein, entweder ein Haufen grauer Asche in einer Urne oder eine Leiche, die in der Erde verwest, und in deren Augenhöhlen Würmer herumwimmeln. Und diese Situation wird genauso wirklich sein wie ihre jetzige Situation, nur wird sie sehr viel länger andauern. Warum sind sie vor Entsetzen nicht außer sich? Warum scheint sie das alles nicht einmal zu interessieren? In meinem Londoner Club – dessen Mitglieder, anders als bei vielen anderen Clubs, eine Art Familie bildeten –, betrachtete ich Mitglieder mittleren oder auch fortgeschrittenen Alters und dachte: Wie können sie ihr Essen genießen, Witze erzählen, lachen, wieso funkeln ihre Augen vor Vergnügen? In kurzer Zeit werden sie alle tot sein, und zu allem Überfluß wissen sie das ganz genau. Sie stehen vor dem totalen Nichts. Ist ihnen das denn total egal? Ich konnte nicht fassen, daß fast alle Menschen wußten, was ihnen bevorstand und daß sie trotzdem so lebten, als sei das nicht der Fall – oder als seien sie restlos zufrieden mit diesen Zukunftsaussichten. Und noch verblüffender fand ich, daß die Menschen mittleren Alters, die dem Tod schon so nahe waren, zumeist noch fröhlicher waren als die jungen. Manchmal kamen sie mir vor wie eine Bande von Irren, die schwachsinnig vor sich hin kicherten, während ihre Anstalt abbrannte und sie in Asche verwandelt wurden.

Unter dem Einfluß dieser Überlegungen wandelte sich meine

Sicht der Dinge gewaltig. Alles, was sich auf dieses Leben und diese Welt beschränkte, kam mir nun belanglos vor. Nur das, was vielleicht darüber hinausreichte oder in anderen Sphären verankert war – Schönheit, Kunst, Sex, Moral, Integrität, metaphysisches Verstehen – mochte vielleicht irgendeinen Wert haben. Natürlich besteht ein Zusammenhang mit dem, was die Philosophie in der Tradition Kants, Schopenhauers und des frühen Wittgenstein sagt, aber als mich diese Erkenntnis auf so direkte Weise überwältigte, kam sie nicht als theoretische Schlußfolgerung, sondern als etwas Gefühltes, Gelebtes, Gehandeltes. Nur in intimen Beziehungen, in unserem eigenen Selbst, in Kunsterlebnissen und den Versuchen, etwas zu verstehen, konnte ein Wert liegen. Erfolg und Ruhm waren schlimmer als nichts, denn wer danach strebte, vergeudete damit sein Leben. Ganz abgesehen von Dingen, die das Selbst betrafen: Politik, Geschäfte und Berufe an sich waren nichts, das tägliche Leben der Welt nur sinnlose Eitelkeit. Die Menschen machten sich in Büros und Fabriken zu schaffen, sie rannten zwischen ihren Arbeitsstätten und ihren Wohnungen hin und her, auf Märkten und Rennplätzen wimmelte es nur so von Menschen, die Autos verstopften die Straßen, Busse und Eisenbahnen fuhren, Flugzeuge flogen, Telefone klingelten; überall Geschäftigkeit und Lärm, Mühe und Anstrengungen, die Menschen mühten sich ab, machten sich Sorgen, wurden krank, und so hektisch, wie sie arbeiteten, strebten sie auch nach Muße, Vergnügen und Besitztümern. Und was kam am Ende dabei heraus? Nichts. Ob sie es nun erkannten oder nicht, sie taten das alles wieder und wieder um ihrer selbst willen, und sie würden damit weitermachen, bis sie und alles andere in der totalen Finsternis verschwanden. Und das alles war absurd im ernstesten Sinne dieses Wortes.

Selbst wenn sie mit ihren eigenen Maßstäben gemessen wurden, wirkten Politik und Geschäfte dieser Welt auf geradezu absurde Weise flüchtig. In einer Woche brachte eine Finanzkrise Politiker, Leute, die in der City arbeiteten, und andere, deren Aufgabe es wiederum war, über die Aktivitäten dieser Leute zu berichten, um den Schlaf, von der sechs Monate später kaum noch die Rede sein würde. Inzwischen redete vielleicht alle Welt über einen Eisenbahnerstreik, auf den dann ein Korruptionsskandal in einer wichtigen Provinzbehörde folgte, bis die Öffentlichkeit über das Ansteigen der Verbrechensraten aufschrie, was sie aber sogleich vergaß, um sich über eine geplante neue Steuer zu echauffieren, und so ging es immer weiter. Das alles schien eine Zeitlang wichtig zu sein, dann geriet es in Vergessenheit und interessierte höchstens noch die Historiker. Tatsache ist, daß die Mehrheit dieser Ereignisse auch im täglichen Leben der meisten Menschen, die sie erlebt haben, keine weitere Rolle spielt. Diejenigen, die sich in diesen Strom von immer neuen Ereignissen versenkten, beschäftigten sich mit Dingen, die auch nach ihren eigenen Maßstäben als belanglos und trivial galten, leeres Geräusch, wie es in der Elektronikbranche heißt.

Und es gibt durchaus Alternativen. Die Zeit, die wir mit dem Hören von großartiger Musik verbringen, in der wir uns Meisterwerke der Bühnenkunst ansehen, oder in der wir über Fragen von bleibender Bedeutung nachdenken, fällt in eine andere Kategorie. In diesen Fällen bleibt das Objekt unserer Hinwendung bis an unser Lebensende für uns wichtig und interessant. Wenn ich mir an einem Abend Mahlers Dritte Symphonie anhörte, dann war das für mich auch sechs Monate, zehn Jahre, dreißig Jahre später noch wichtig; es war für immer ein Teil meines Lebens. Oft werden solche Dinge mit der Zeit sogar noch interessanter und wertvoller. Wenn ich mich zum Beispiel drei oder vier Monate lang in Aufnahmen von Mozarts Klavierkonzerten vertiefte und mich erst vier Jahre später erneut damit befaßte, dann stellte ich doch fest, daß sie mich tiefer berührten als zuvor. Und das gilt eigentlich für fast die gesamte große Kunst. Immer wieder besuchte ich die Stücke von Shakespeare, Tschechow, Ibsen und anderen, und nahm immer mehr Besitz von ihnen. Ich suhlte mich in musikalischen Standardwerken, sah immer wieder die zwei oder drei Dutzend wirklich großer Opern, und ich nahm das alles in mich auf, es wurde zu einem festen Teil von mir, der mich mit jedem Jahr, das verging, noch mehr bereicherte. Und während ich meine Beziehung zum Vertrauten vertiefte, entdeckte ich auch Neues, ich hörte und sah viele große Werke zum ersten Mal. Ich hatte das Gefühl, ununterbrochen auf einem Ozean der Entdeckung unterwegs zu sein, ich hörte zum ersten Mal die Symphonien von Mahler und Schostakowitsch, ich erlebte Strawinsky, der seine eigenen Kompositionen dirigierte, ich sah mir bisher unbekannte

Theaterstücke von Ben Jonson, Molière, Strindberg und Pirandello an, ich besuchte Opern von Verdi und Richard Strauß, ich begegnete zum ersten Mal Namen wie Feydeau und Janáček. Das alles war aufregend und wunderbar. Manchmal hatte ich dennoch das Gefühl, im Angesicht des Todes mein Leben voll auszukosten. Viele Männer der Tat, die auch schriftstellerisch tätig waren, haben das Glücksgefühl beschrieben, das sie empfanden, wenn die Kugeln an ihren Ohren vorbeipfiffen, es habe ihr Bewußtsein, daß sie am Leben waren, auf berauschende Weise verstärkt. Als mir vollständig klar wurde, daß ich dem Tod gegenüberstand, bescherten mir am ehesten meine Liebesbeziehungen und Freundschaften, die Philosophie und die Künste dieses Gefühl. Ich habe auf das alles nie so intensiv reagiert wie mit etwa vierzig Jahren. Shakespeare und Mozart schienen mich persönlich anzusprechen. Manchmal sah ich mir wieder und wieder eine einzige Inszenierung an. Ich ertappte mich dabei, daß ich jede freie Minute dafür opferte. Ohne die Notwendigkeit, meinen Lebensunterhalt zu verdienen, wäre ich ganz und gar in diesen Dingen versunken.

Dieser Wandel führte auch dazu, daß sich meine Haltung verschiedenen Denksystemen gegenüber enorm veränderte. Systeme, die politische, soziale oder historische Erklärungsebenen für grundlegend hielten, schienen mir nun Äußerlichkeiten und Oberflächlichkeiten als Grundlagen zu behandeln, was sie unzulänglich und verfehlt wirken ließ. In der damaligen Welt war der Marxismus das augenfälligste Beispiel für diese Art von Unzulänglichkeit, es gab aber auch andere Beispiele. Der Marxismus erklärte die Künste allein mit Begriffen politischer Macht, wirtschaftlichen Interessen und der Klassengesellschaft, und mir kam das wie ein grotesker Versuch vor, das Größere durch das Geringere zu erklären. Damals war jede Menge marxistischer Kunstkritik im Umlauf, es gab außerdem zahllose marxistisch beeinflußte Theaterinszenierungen, die die aufgeführten Werke trivialisierten, eben weil gesellschaftliche und politische Äußerlichkeiten als grundlegend behandelt wurden, während wirklich grundsätzliche Fragen außer acht gelassen wurden. Eine Diskussion mit Menschen, die solche Aufführungen inszenierten oder unterstützten, war eine verwirrende Erfahrung, denn für diese Menschen war es selbstverständlich, daß die metaphysischen, persönlichen und zwischenmenschlichen Dimensionen im Vergleich mit den politischen und gesellschaftlichen Aspekten der angesprochenen Fragen nur zweitrangig sein konnten. Oft stritten sie sogar ab, daß es überhaupt eine metaphysische Dimension geben könne, egal, ob nun von der Wirklichkeit die Rede war oder von Kunstwerken.

Im Freundes- und Bekanntenkreis habe ich beobachtet, daß sehr viele Menschen oder zumindest Männer mittleren Alters ähnliche Erfahrungen machen wie ich. Ein Beweis hierfür ist u. a. die Existenz von Begriffen wie »Metanoia«, »Midlife-Crisis«, »männliche Wechseljahre«, die alle ein vergleichbares Phänomen bezeichnen. Wir sehen es auch in vielen Kunstwerken – die Anfangszeilen von Dantes *Inferno* beziehen sich darauf. Auch die Leben der Künstler selber dienen als Beispiel. In jungen Jahren streben sie oft nach weltlichem Erfolg und Ruhm, vielleicht sind sie häufig unterwegs, treten auf, wollen ihr Werk vorführen, sich zeigen; das Werk selber ist zu diesem Zeitpunkt gesellschaftlich engagiert, sucht Akzeptanz, möchte beeindrucken und greift oft konkrete soziale Fragen auf. Später, wenn eine Art Wendepunkt in der Mitte des Lebens erreicht ist, ändert ein solcher Künstler oft seine Meinung und betrachtet Erfolg, Ruhm, gesellschaftlichen Ehrgeiz, überhaupt weltliche Angelegenheiten als unwichtig. Er geht in sich, wendet sich vielleicht einer Religion zu, zieht sich auf jeden Fall bis zu einem gewissen Grad aus der Welt zurück, während seine Werke zugleich weniger weltlich ausfallen. Ich behaupte nicht, daß dieses Entwicklungsmuster überall und gleichermaßen zutrifft, ich sage nur, daß eine auffällig große Anzahl von Künstlern einen ähnlichen Prozeß durchmacht. Beobachter, denen eine vergleichbare Erfahrung fehlt, halten diesen Prozeß manchmal für ein Zeichen von Schwäche oder Feigheit. Wer selbst nur den weltlichen Werten verhaftet ist, neigt zu der Ansicht, ein solcher Künstler wolle sich in Zukunft vor sozialem Engagement »drücken« oder erkläre damit gar seinen moralischen Bankrott. Wer bei Kunstwerken vor allem auf gesellschaftliche Relevanz achtet, kann nicht verstehen, daß solche Künstler sich darüber hinaus entwickelt haben – und eine Rückkehr, wenn sie überhaupt möglich wäre, würde ihre Werke kleiner und seichter werden lassen, was die wirkliche Bankrotterklärung bedeutete.

Ich selbst empfand dies nicht nur in meinen verschiedenen Berufen so, sondern auch als Konsument. Ich konnte mich mit der Seichtigkeit der meisten künstlerischen Leistungen oder dem Großteil der gesellschaftlichen Kunstkritik nicht mehr abfinden, ob diese Kritik nun von prominenten Intellektuellen, Journalisten oder Akademikern stammte, oder sogar, was damals immer häufiger der Fall war, von den Künstlern selbst. Um so viel von meiner Zeit wie möglich Dingen widmen zu können, die mir jetzt wichtiger waren als alles andere, verlagerte ich den Schwerpunkt meiner Lohnarbeit. Meine Fernsehprogramme behandelten nun nicht mehr aktuelle politische Entwicklungen oder Krisen, sondern Probleme, die eher ins Privatleben eingriffen – Ehebruch, Abtreibung, Alkoholismus, Selbstmord, Prostitution, Verbrechen. Dann bezog ich auch Kunst ein, startete das erste regelmäßig ausgestrahlte Kunstmagazin des kommerziellen Fernsehens und ließ darauf im BBC-Radio eine vergleichbare Serie folgen. Gleichzeitig wurde ich vom *Listener* als Theaterkritiker eingestellt und rezensierte für die *Musical Times* Schallplatten. Ich versuchte weitestgehend, meinen Lebensunterhalt so zu verdienen, wie ich ohnehin leben wollte: Ich wollte Musik hören, das Theater besuchen, mich mit meinen und den persönlichen Problemen anderer beschäftigen. Ich glaubte, bis zu einem bestimmten Grad zu wissen, daß wir dem, was vielleicht außerhalb von Zeit und Raum existiert, in der privaten Welt von persönlichen Beziehungen, von Kunst und Reflexion am nächsten kommen, und daß wir in der öffentlichen Welt von gesellschaftlichen Organisationen und Politik so weit davon entfernt sind, wie das nur möglich ist. Ich gab, oder glaubte das zumindest, alle Pläne bezüglich einer parlamentarischen Karriere auf und wollte von nun an bei Wahlen nicht mehr kandidieren. In jeder Hinsicht verlagerte sich also der Schwerpunkt meines Lebens von der öffentlichen in die private Sphäre, vom Unpersönlichen zum Persönlichen, von den aktuellen Entwicklungen in der Welt zu Dingen von mehr individueller und abstrakter Natur und von dauerhafterem Interesse. Ich wußte, daß viele meiner Freunde und Bekannten glaubten, ich sei auf so drastische Weise aus meinem bisherigen Leben ausgestiegen, daß es für mich katastrophale Folgen haben müsse. Einige von ihnen machten mir dann auch den Vorwurf, meine erfolgreiche Karriere törichterweise in den Wind zu schießen. Doch inzwischen erschien mir keiner ihrer Einwände mehr als stichhaltig.

Vielleicht sollte ich betonen, daß es sich bei meinem Wandel nicht in erster Linie um eine intellektuelle Erfahrung handelte und er in keiner Hinsicht durch ein Leseerlebnis motiviert war. Es war nicht so, daß ich die Werke bestimmter Autoren studiert hätte, um mich von ihren Gedanken beeinflussen zu lassen. Bücher und Studien hatten nichts mit den Gründen für meine Entwicklung zu tun. Es war eine existentielle Erfahrung, eine lange, dauerhafte, mentale und emotionale Krise, die mich viele Male sehr nah an einen Zusammenbruch brachte. Dieser Zustand bestand aus quälend direkten Erfahrungen, gefühlten Empfindungen, gedachten Gedanken. Und in dieser Verfassung griff ich zu den Büchern. Überreizt, wie ich war, kam ich mir nach mancher Lektüre wirklich wie geschunden vor. Da gab es zum Beispiel einen gewissen Fundus an Lehrsätzen, der allen großen Religionen und ihren berühmten Weisen, Moralisten und Propheten gleichermaßen zu eigen war, und der mir selbstverständlich (und in dieser Hinsicht auch fast banal) als wahr und auf der Hand liegend erschien, der mich zutiefst beeindruckte und den die Welt dennoch außer acht ließ. Vielleicht könnte ich das so ausdrücken:

Die Welt wird von falschen Werten regiert. In allen Gesellschaften scheinen die Menschen unbedingt das tun zu wollen, was sich gehört, nichts fürchten sie so sehr wie gesellschaftliche Mißbilligung. Sie möchten es in ihrer Gesellschaft zu etwas bringen, sie möchten von ihresgleichen geachtet werden, sehnen sich nach Macht, Geld und Besitz und nach der Bekanntschaft »wichtiger« Leute. Sie bewundern die Menschen, die einflußreich sind, reich, berühmt, aus guter Familie, Menschen von Rang und Stand eben. Aber nichts davon sagt irgend etwas über wirkliche Verdienste aus: Sehr oft haben die bewunderten Menschen ihre Reichtümer und ihre Macht nicht auf ehrliche Weise errungen, fast immer hat ihnen zumindest teilweise der Zufall geholfen. Und Reichtum und Macht können niemanden vor ernsthafter Krankheit, persönlichen Tragödien oder gar dem Tod bewahren. Nichts können wir aus dieser Welt mit hinausnehmen. Solche irdischen Güter sind kein Teil unseres Wesens, sie sind nur äußerliche Dekorationen, mit denen wir uns gewissermaßen behängen. Sie sind glitzernder, aber wertloser Tand. Was für Menschen wirklich wichtig ist, sind die Dinge, die wichtiger sind als das Leben selber: Lieben und geliebt werden, Wahrheitsliebe, Integrität, Mut, Mitleid und andere nicht-materielle Eigenschaften. Doch immer wieder opfern Menschen diese wahren Werte für falsche, sie gehen Kompromisse ein, um nach oben zu kommen, sie verdrehen die Wahrheit, um sich zu bereichern, sie erniedrigen sich, um Macht zu erlangen. Und dieses Verhalten bedeutet einfach nur, daß sie sich selber mit Schmutz übergießen. Wenn sie aufhörten, sich auf diese Weise zu demütigen und sich statt dessen an wahren Werten orientierten, dann würde ihr Leben sehr viel mehr Sinn haben und viel befriedigender verlaufen. Sie wären dann, um es ganz oberflächlich auszudrücken, einfach glücklicher.

In den Schriften der Hindus und der Buddhisten, im Alten und Neuen Testament und fast überall in den mir bekannten Werken von Propheten und Mystikern, von Weisen und Lehrern – egal, aus welchem Jahrhundert und welcher Gesellschaft diese Werke auch stammen –, läßt sich eine vergleichbare Botschaft finden. Offenbar haben aufmerksame Menschen sich in dieser Hinsicht geäußert, seit überhaupt geschrieben und gelehrt wird. Und was die Künstler betrifft: Die großen Künstler predigen nur selten, und wenn, dann leidet ihre Kunst darunter, aber wir können diese Werte zwischen den Zeilen ihrer Werke finden. In den größten Opern und Dramen der Welt ist der Konflikt zwischen privaten und gesellschaftlichen Werten das wichtigste Thema überhaupt, und immer wieder gewinnt der Künstler die Sympathien des Publikums für die privaten Werte. Wenn das Publikum im Theater sitzt oder das Buch liest, reagiert es fast weltweit auf dieselbe Weise. Doch wenn es dann das Theater verläßt oder das Buch zuklappt, dann wendet es sich wieder den Talmiwerten zu. In Tempeln, Moscheen, Synagogen und Kirchen wird den wahren Werten gehuldigt, und danach fühlen die Betenden sich besser; manchmal werden diese Werte sogar in den Schulen gelehrt, doch sobald wir diese Stätten der Lehre verlassen, fallen wir in unsere alten Gewohnheiten zurück. Und, schlimmer noch: Wer das nicht tut, – wer seine Interessen denen eines anderen opfert, wer zum eigenen Nachteil die Wahrheit sagt, wer sich bei den Reichen und Mächtigen nicht einschmeicheln will – wird von den anderen getadelt und ermahnt, sich nicht wie ein Narr aufzuführen. Wenn er nicht auf sie hört, verlieren sie ihre Achtung vor ihm: Sie halten ihn für einen Trottel, für jemanden, der sein Leben nicht in den Griff bekommt, für einen Versager. Das bedeutet, daß die Werte, die öffentlich akzeptiert und propagiert werden, in Wirklichkeit Werte sind, die die Allgemeinheit nicht nur ablehnt, sondern sogar aktiv verachtet. Ich habe lange gebraucht, um zu dieser Erkenntnis zu gelangen, doch dann sah ich die Frustration und sogar die Verzweiflung so vieler Propheten und Lehrer in ganz neuem Licht, ihre Isolation und ihre heftigen Angriffe gegen Menschen, von denen sie genau wissen, daß diese sich nicht weiter um ihre Worte scheren werden.

Andere Bücher, auf die ich damals mit ungewohnter Aufnahmebereitschaft reagierte, waren die Schriften des humanistischen Existentialismus. Auf dem europäischen Festland hatte diese philosophische Richtung in den Jahren nach Ende des Zweiten Weltkrieges im Mittelpunkt des Interesses gestanden. Als ich mit siebzehn Jahren, zwei Jahre nach Kriegsende, als Austauschschüler in Versailles war, erlebte ich dort die lebhaftesten Diskussionen über die neue Denkschule. Die damals berühmtesten Philosophen des französischen und deutschen Sprachraums, Jean-Paul Sartre und Martin Heidegger, bekannten sich zu dieser Richtung. Aber der humanistische Existentialismus war von der angelsächsischen Vorliebe für Empirismus und Sprachanalyse hoffnungslos weit entfernt. In den philosophischen Kreisen, in denen ich meine Ausbildung erhalten hatte, wurde er zumeist als überspannter Unsinn abgetan, mit dem sich seriöse Studenten der Philosophie gar nicht erst befaßten.

Nun aber fand ich drei Aspekte des humanistischen Existentialismus besonders attraktiv. Zum einen war ich immer davon überzeugt gewesen, daß sich die wichtigsten philosophischen Fragen nicht mit Wissen beschäftigen, sondern mit Existenz. Läßt sich – und wenn ja, wie – auf irgendeine Weise erklären, daß überhaupt irgend etwas existiert? Was *ist* Existenz? Was ist das Wesen *unserer* Existenz? Sind wir ausschließlich materielle Objekte? Und wenn ja, was bedeutet es, ein materielles Objekt zu sein? Oder haben wir vielleicht auch noch einen nicht-materiellen Wesenszug, der wichtiger ist als unsere Körper? Und wenn ja, wie könnte dieser Wesenszug beschaffen sein? Erlischt seine Existenz mit unserem Tod, oder ist es auf irgendeine Weise vorstellbar, daß er danach noch vorhanden ist? Und wenn das der Fall ist, woraus könnte diese Weise oder diese fortgesetzte Existenz bestehen? Das sind für uns die allerwichtigsten Fragen, das ist zumindest meine Meinung. Und erst in diesem Zusammenhang stellen sich dann die wichtigsten Fragen über unser Wissen. Gibt es irgendeine Möglichkeit, Antworten auf diese Fragen zu finden? Wenn ja, wie sieht diese Möglichkeit aus? Oder gibt es unterschiedliche Fragen, die auch auf unterschiedliche Weise beantwortet werden müssen? Wenn ja, welche möglichen Antworten gehören zu welchen Fragen? Oder ist es auch möglich, daß sich manche Fragen beantworten lassen und andere nicht? Wenn das der Fall ist, wie sollen wir sie voneinander unterscheiden? Das sind die wichtigsten Wissensfragen, soweit es um uns als Menschen geht. Und das Dilemma ist, daß sie sich nicht auf unser sinnliches Wissen über materielle Objekte beziehen – es sei denn, wir sind selbst materielle Objekte und stellen Fragen nach unserem inneren Wissen von uns selbst. Die analytische Philosophie hat solche Fragen nie gestellt. Und schlimmer noch, sie hat allerlei beschwichtigende Gründe ersonnen, weshalb diese Fragen nicht erlaubt seien. Wer sie stellte, wurde als unseriöser Philosoph belächelt. Die Tatsache, daß der Existentialismus diese Fragen für grundlegend hielt – und damit auch darauf hinwies, welche Bedeutung mögliche Antworten für unser ganzes Leben haben würden – sorgte damals dafür, daß diese Denkschule auf mich überzeugend wirkte.

Wenn wir uns dann mit diesen Fragen beschäftigen, dann drängt sich der folgende Gedankengang förmlich auf: Ich weiß nicht, was ich bin, aber ich weiß, egal, was ich auch sein mag, daß ich existiere. Alle anderen existierenden Einheiten liegen auf irgendeine Weise außerhalb meiner selbst, und das, was ich über sie weiß, erscheint mir als Wissen von außen, also als indirektes Wissen. Über mich selber dagegen habe ich eine Form von direktem Wissen, das von innen stammt. Und ich bin offenbar das einzige existierende Ding, über das ich ein solches Wissen habe. Wenn ich also das Wesen von Existenz *an sich* untersuchen will, dann sollte ich da anfangen, wo ich mich am besten auskenne, nämlich mit dem Wesen meiner eigenen Existenz. Also will ich als erstes diese unmittelbare Erfahrung meiner eigenen Existenz analysieren und erst dann weitersehen. – Auf diese Weise haben viele existentialistische Denker ihre bewußte Selbst-Erfahrung beeindruckend analysiert. Da ich etwas Ähnliches schon in meiner Kindheit getan hatte, wenn auch nicht systematisch, erschien mir ihre Vorgehensweise vertraut.

Man könnte meinen, daß es eigentlich nichts mehr hinzuzufügen gebe, wenn wir unser bewußtes Selbsterleben direkt und unmittelbar erfahren. Aber Heidegger führt in seinem Meisterwerk *Sein und Zeit* vor, daß dem durchaus nicht so ist. In langen, ausführlichen und oft kleinkarierten Ausführungen zeigt Heidegger auf, daß diese Erfahrung, die aus einem Guß zu sein scheint, in Wirklichkeit aus einer Anzahl von trennbaren Bestandteilen zusammengesetzt sein muß. Damit es überhaupt irgendein Bewußtsein gebe, muß irgend etwas als Geschehendes wahrgenommen werden; es muß irgendeinen Aktionsbereich geben, ein wenn auch vages Ereignisfeld, sei es nun sinnlich, mental, emotional, imaginativ, physisch oder noch anders beschaffen. Es muß ein Empfinden geben, so begrenzt und primitiv das auch sein mag, von einer Art Ereignissphäre, einer »Welt« der Wahrnehmung, selbst wenn es sich dabei nur um eine Art mentalen Bildschirm handelt. »Weltlichkeit« ist in dieser Hinsicht dann ein unverzichtbarer Bestandteil. Wenn sich aber irgend etwas auf irgendeine Weise zuträgt, muß es auch eine Dimension von Zeit geben. Ohne Zeit wäre jegliche Form des Sich-Ereignens unmöglich, das können wir so feststellen und dennoch in jeder anderen Hinsicht offenlassen, wie das Wesen der Zeit beschaffen ist. Wenn wir dann schließlich irgend etwas wahrnehmen, machen wir damit eine Erfahrung. Ohne also Schlüsse über das ziehen zu wollen, was sich zuträgt, oder wie das Wesen der Zeit beschaffen ist, kann ich doch mit Sicherheit sagen, daß ich auf gewisse Weise wahrnehme, daß mich das, was sich ereignet, beeinflußt, daß es sich in mir oder für mich oder mit mir ereignet, und daß es mich in dieser Hinsicht betrifft. Denn wenn es mich gar nicht beträfe, wäre es einfach nichts. Wir verfügen nun also bereits über drei unabdingbare Bestandteile bewußter Wahrnehmung: Weltlichkeit, Zeit und Betroffenheit. Heideggers Analyse ist im ganzen zu detailversessen, zu lang und zu langsam, um hier wiederholt werden zu können, aber das bisher Gesagte gibt doch schon Anhaltspunkte. Er zerlegt das, was als schlichte und einförmige Erfahrung erscheint, in unterschiedliche Stränge und durchdringt damit das, was zuvor als Grundebene der Erfahrung betrachtet wurde – so wie auch Kant, nur auf andere Weise.

Heideggers Schriften sind eine abschreckend schwierige Lektüre – so obskur wie beispielsweise auch Hegel – aber ich bin ganz sicher, daß *Sein und Zeit* ein Werk von dauerhafter Bedeutung ist. Oder, vielleicht richtiger, daß sein Inhalt für die Philosophie von dauerhafter Bedeutung ist, denn möglicherweise wird dieser eines Tages von einem anderen Autor auf klarere, interessantere Weise formuliert werden, und dann wird vielleicht niemand mehr *Sein und Zeit* lesen. Bisher ist das noch nicht passiert. Jean-Paul Sartre hat, obwohl er ein Möchtegernverbreiter von Heideggers Werk war, es zugleich mißverstanden und entstellt und mit falsch aufgefaßten Anleihen bei Descartes und Marx sowie seinen eigenen Überlegungen vermischt. Sartres Schriften sind ungewöhnlich intelligent und lesbar geschrieben, aber sie sind oberflächlich und unzulänglich, eher brillanter Journalismus als Philosophie. Mehr als irgendein anderer hat er zur Verbreitung des Existentialismus beigetragen, ohne zu dessen zufriedenstellenden Vertretern zu zählen. Seine besten Romane und Stücke sind besser als sein gesamtes philosophisches Werk: Wenn er als Autor überlebt, dann zweifellos wegen seines kreativen und nicht wegen seines philosophischen Schaffens.

Der dritte für mich attraktive Aspekt des humanistischen Existentialismus war, daß mich die Beschäftigung mit dieser Philosophie zu ihrem Urquell zurückführte, zu Nietzsche nämlich. Als Student in Oxford war mir von höchster Warte aus erklärt worden, Nietzsche sei »kein Philosoph«. Erst jetzt, rund fünfzehn Jahre später, wurde mir klar, daß er außerhalb des englischen Sprachraums als einflußreichster Philosoph seit Marx betrachtet wurde. So wie Kant auf bisher beispiellos herausfordernde Weise das grundlegende Problem des Seins identifiziert und formuliert hatte, so war Nietzsche mit Moral und Werten verfahren. Und wie für Kant gilt für Nietzsche, daß manche der Lösungen, die er für die von ihm behandelten Probleme vorschlug, von späteren Generationen abgewiesen wurden, doch daß seine Bedeutung für uns weniger von seinen positiven Doktrinen herrührt, als von der Tatsache, daß er das grundlegende Problem auf eine so radikale und effektive Weise umschrieben hat, daß wir es niemals wieder ignorieren können, und daß er damit eine Herausforderung für jegliches zukünftige Denken darstellt. Diese Herausforderung läßt sich ungefähr so darstellen:

Historisch gesehen hat sich die menschliche Moral vor allem in Beziehung zum Glauben an Geister oder einen Geist, vielleicht an Gottheiten oder einen Gott entwickelt. In allen menschlichen Gemeinschaften ging man davon aus, daß gewisse Dinge getan und andere gelassen werden mußten, um die spirituellen Mächte zu besänftigen und sie von Racheakten abzuhalten. Geschichtlich gesehen liegt darin der Anfang der Moral, und so wurde Moral gelehrt. Das Abendland ist da kein Einzelfall, obwohl hier im Laufe der letzten zweitausend Jahre die Überlegungen über die Beziehung zwischen den Menschen und diesen Mächten ungeheuer verfeinert und ausgefeilt worden sind. Das Alte und Neue Testament, eine einigermaßen primitive Grundlage für das später Erreichte, wimmeln nur so von Anweisungen, wie wir leben sollten, die Zehn Gebote sind genau das, von Gott erlassene Gebote. Sogar der sanfte, milde Jesus hat uns in vielen Fällen klar und eindeutig gesagt, was wir zu tun und zu lassen haben, wenn wir nicht dem höllischen Feuer anheimfallen wollen.

Nach dem tausend Jahre andauernden Mittelalter, in dem die christlichen Kirchen überall in Übereinstimmung mit den weltlichen Autoritäten regiert hatten, war die gesamte abendländische Kultur durchtränkt von jüdisch-christlichen Werten und Moralvorstellungen, angereichert mit ähnlichen Vorstellungen der alten Griechen wie Sokrates, Platon und Aristoteles, die ihrerseits an einen Gott oder Götter geglaubt hatten. Doch gegen Ende des 19. Jahrhunderts hatte, wie Nietzsche unverschämterweise konstatiert, fast das ganze gebildete Abendland aufgehört, an die Existenz von Göttern oder Geistern zu glauben. An die Stelle des Glaubens trat nun ein scheinbar wissenschaftliches Weltbild, das für Gottheiten oder Geister keinen Platz bot. Und trotzdem galten die herkömmlichen Moralvorstellungen unangefochten weiter und beeinflußten öffentliche und private Werturteile. Individuen fühlten sich dieser Moral weiterhin ebenso leidenschaftlich verpflichtet wie Institutionen und ganze Gesellschaften.

Diese Situation, sagt Nietzsche, ist nicht authentisch und daher unhaltbar. Wir glauben nicht mehr an die Grundlagen unseres eigenen Wertesystems. Wir lehnen die Glaubensvorstellungen ab, auf denen dieses System beruht, doch an das System selbst klammern wir uns weiterhin. Das geht nicht. Wir können das Festhalten an diesem System nur rechtfertigen, wenn wir dafür eine ganz andere Begründung liefern können, eine Begründung, von der wir wirklich überzeugt sind. Das müssen wir uns überlegen. Wenn es keinen Gott und keinen Bereich des Transzendentalen gibt, wenn es außer dieser hier keine andere Welt gibt, dann können unsere Moral und unsere Werte aus keiner jenseitigen Quelle entsprungen sein. Sie sind unsere Schöpfung. Wir – nicht wir als Individuen, sondern die Menschen innerhalb der Gesellschaft und im Laufe der Zeit – entscheiden, wie sie aussehen sollen, wir führen sie ein und verändern sie. Tatsache ist also, daß die Menschen für ihre eigenen Wertesysteme verantwortlich sind. Wenn das aber so ist und wenn diejenigen Glaubensvorstellungen zusammengebrochen sind, die die Grundlage unserer derzeitigen Werte bilden, dann bleibt uns nichts anderes übrig, als diese Werte neu zu durchdenken und das Wertesystem zu rekonstruieren. Wir müssen unsere Werte um-bewerten, das heißt, wir müssen unsere Werte und unsere Moral von Grund auf neu erschaffen, müssen ihnen neue und solide Grundlagen geben, an die wir ehrlich glauben, und wir müssen die volle Verantwortung für diese Grundlagen als *unsere* Schöpfung übernehmen.

Gegen Ende seines schriftstellerischen Lebens begann Nietzsche mit den Arbeiten an einem Buch, das sein gesamtes Denken zusammenfassen sollte, und das auf vier Bände angelegt war. Diesem Werk wollte er den Titel *Der Wille zur Macht – Versuch einer Umbewertung aller Werte* geben. Im Januar 1889 erlitt er seinen unheilbaren geistigen Zusammenbruch. Das Buch blieb unvollendet. Doch die umfangreiche Stoffsammlung für das Vorhaben, und seine vorher veröffentlichten Werke zeigen, wie die Antwort auf die von ihm gestellte Herausforderung aussehen sollte. Er wollte der herkömmlichen Moral keine neue Basis geben, im Gegenteil, er wollte sie fast gänzlich verwerfen. Er hielt das Leben selber für den Prüfstein der wahren Werte – die selbstbewußte Wirklichkeit, in der etwas oder jemand spontan es oder er selbst ist. Diese Überlegung wandte er auf alle Lebewesen an. Ein Fuchs, der ein Huhn verschlingt, ist ein normaler Fuchs. Hunde, die diesen Fuchs in Stücke reißen, benehmen sich nach Hundemaßstäben völlig normal. So ist es eben, und wenn wir das Leben so bejahen, wie es ist, und uns an keine nicht-existierende Phantasie klammern, dann müssen wir das Leben und alles, was existiert, nach seinen eigenen Prämissen, nach seinem eigenen Wesen akzeptieren. Wenn wir das für moralisch inakzeptabel halten, können wir genausogut schlechtes Wetter für moralisch inakzeptabel halten.

Das alles gilt auch für Menschen. Die Geschichte ist eine Abfolge von tödlichen Konflikten und Kämpfen, deren Anfang unbekannt ist und aus denen sich Kultur und Zivilisation entwickelt haben. Nicht trotz dieser Konflikte haben sie sich entwickelt, sondern durch sie, durch die Prozesse, durch die die Starken, Klugen, Mutigen, Überzeugten, Phantasievollen, Kreativen immer wieder die anderen unterdrücken oder ausschalten. Für den Fortschritt der Zivilisation ist es immer wichtig gewesen, daß sich solche Menschen ungehindert entfalten konnten. Wer sich ihnen in den Weg stellt, hemmt die kulturelle Entwicklung. Doch während der letzten zweitausend Jahre hat die große unbegabte Masse ein Wertesystem gepflegt, das genau das zur Folge hat: Die Schwachen, Sanften (mit anderen Worten, Leute wie sie selber) werden gefördert auf Kosten der Starken, Selbstbewußten (vor denen sie sich fürchteten), von den Mächtigen und Kühnen wird verlangt, sich den Gesetzen zu unterwerfen, statt zu tun, was ihnen beliebt. Ein solches Wertesystem dient nur dem Zweck, die Starken in Knechtschaft zu halten, überlegene Geister unschädlich zu machen, indem man sie an der Entfaltung hindert, in dem sie um ihre Vorteile und Spontaneität gebracht werden, in dem sie auf das Niveau der breiten Masse hinabgezogen werden. Nietzsche bezeichnete diese Haltung als »Sklavenmoral« und behauptete, es sei kein Zufall, daß das Christentum sich zuerst unter den Sklavenvölkern der antiken Welt ausgebreitet habe. Er bezeichnet das Christentum oft als eine oder als die Religion der Sklaven und meint damit auch eine Religion der Unterwürfigkeit.

Darwins Evolutionstheorie, die Nietzsche dankbar übernommen hatte, beschreibt, wie sich durch den Kampf aller gegen alle in einer natürlichen Welt, in der Zähne und Klauen regieren, immer höhere Lebensformen entwickeln und bezeichnet diesen Prozeß als natürliche Auslese. Nietzsche vertritt die Ansicht, daß die Menschen seit ihrem Auftreten zu einem bestimmten Zeitpunkt der Evolution einen ähnlichen Prozeß durchlaufen, das heißt, die Starken eliminieren die Schwachen, die Fähigen die Unfähigen, die Mutigen die Feiglinge, die Klugen die Dummen. Auf diese Weise konnte die Menschheit sich mit heroischen Anstrengungen auf zivilisiertes Niveau erheben. Erst unter den alten Griechen traten in Gestalt des Sokrates und nach ihm im Christentum die sogenannten Moralisten ins Rampenlicht, die den Prozeß der Evolution und der Entwicklung von Menschheit und Zivilisation als unmoralisch, gewalttätig, grausam und egoistisch brandmarkten, was Nietzsche alles für Unsinn hielt. Diese Mahner wollten die wahren Werte durch ihr Gegenteil ersetzen, eben durch eine Sklavenmoral, doch wenn die Sklavenmoral von Anfang an triumphiert hätte, dann hätte sich die Zivilisation niemals entwickeln können. Mit solchen Argumenten weist Nietzsche nicht nur die Grundlagen der abendländischen Moral zurück, sondern er verwirft überhaupt das herkömmliche Konzept von Moral. Seine Schriften dienen dem Ziel, diese Moral auszumerzen, an ihre Stelle eine Moral zu setzen, die auf ungehemmter Lebensbehauptung basiert, auf dem Triumph des Überlegenen.

Ich glaube nicht, daß Nietzsche an irgendeiner Stelle von Hitlers *Mein Kampf* erwähnt ist, meines Wissens gibt es auch keinen Hinweis darauf, daß Hitler jemals Nietzsche gelesen hat, doch es läßt sich nicht leugnen, daß Hitler augenfällig ähnliche Lehrsätze vorgetragen hat, wenn er seine Argumentation auch auf Rassentheorien aufbaute. Es liegt auf der Hand, warum Nietzsches Philosophie für die Nazis so attraktiv war, weshalb sie sich diese Philosophie aneigneten und Nietzsche zum philosophischen Paten ihrer Bewegung erkoren. Doch es gibt andere Gründe, und damit meine ich nicht nur sein anspruchsvolles und tiefgreifendes Denken, die die Vermutung nahelegen, daß Nietzsche die Nazis nicht gebilligt hätte. Zum ersten hatten seine Lehrsätze überhaupt nichts mit Rasse oder mit Nationalismus zu tun. Er als Deutscher äußerte sich voller Verachtung über die Deutschen allgemein, er hielt sie für ein ungebildetes, humorloses und plumpes Volk, das in Fragen von Kultur und Zivilisation den Franzosen nicht das Wasser reichen konnte. Immer wieder machte er sich auf Kosten seiner Landsleute lustig, wie er überhaupt den deutschen Nationalismus für einen Witz hielt. Zu den vielen Dingen, die er daran auszusetzen hatte, gehörte der Antisemitismus, den er ausgesprochen verachtete und den er immer wieder lächerlich machte. Sein allerletzter veröffentlichter Satz, der typisch für seine diesbezüglichen Empfindungen war, enthielt den Wunsch, alle Antisemiten erschießen zu lassen.* Vermutlich hätte er es vorgezogen, die Nazis vernichtet zu sehen, statt sie die Vernichtung anderer übernehmen zu lassen.

Nietzsche war ein erstklassiger Schriftsteller, einer der größten Philosophen der Welt – ein Sprachkünstler wie Platon. Seine Schriften über irgendein Thema (und darin ähnelt er Wittgenstein, dessen Stil eindeutig von Nietzsche beeinflußt war) bestehen nicht aus Argumenten, sondern aus Erkenntnissen, in ihrer Verwendung von Metaphern und Gleichnissen sind sie fast schon poetisch, oft sind sie nicht in kontinuierlichen Passagen gehalten, sondern aphoristisch, die einzelnen Beobachtungen sind optisch durch Leerstellen voneinander getrennt. Es kommt durchaus vor, daß deutsche Muttersprachler Nietzsches Schriften zu den Höhepunkten der deutschen Literatur zählen. Zweifellos aus diesem Grund lesen ihn so viele Menschen, die sich ansonsten nicht weiter mit Philosophie befassen, und sicher erklärt das auch einen Teil seines großen Einflusses auf kreative Künstler.

Doch wir müssen zugeben, daß dieser Einfluß bisweilen auch üble Folgen hatte. Zu Beginn des 20. Jahrhunderts kam es durchaus vor, daß Autoren, die damals oder später zu internationalem Ruhm gelangten, Massenausrottungen von gewöhnlichen Menschen befürworteten, um auf diese Weise das Niveau der übrigen zu erhöhen. D. H. Lawrence läßt in *Women in Love*, das er für

---

* Postskriptum eines vom 6. Januar 1889 datierten Briefes – der Brief ist allerdings am 5. Januar abgestempelt. Nietzsches geistiger Zusammenbruch hatte am 3. Januar eingesetzt. Von Ende Januar ab bis zu seinem Tod im Jahre 1900 war er unheilbar geisteskrank.

seinen besten Roman hielt, die Hauptfigur Birkin die Meinung äußern, daß viele Menschen einfach nicht viel hermachen. Sie klirren und kichern nur. Es wäre besser, wenn sie ausgemerzt würden. Im Grunde existieren sie doch auch jetzt schon nicht. Birkin war, nach eigener Aussage des Autors, eine Art literarisches alter ego seines Schöpfers. Ich habe mich einmal einen Vormittag lang bitter mit Robert Graves gestritten, weil er im Grunde ähnliche Ansichten vertrat. Auch bei George Bernard Shaw und bei H. G. Wells lassen sich vergleichbare Äußerungen finden. Wir haben es hier gewissermaßen mit der düsteren Seite von Darwins Lehren und ihren Folgen zu tun, weswegen diese Anschauungen auch als Sozialdarwinismus bezeichnet worden sind. Nietzsche dagegen hatte seine Ansicht unabhängig von irgendwelchen Vorbildern entwickelt und übte in vielen Fällen einen direkten Einfluß auf Autoren aus, bei denen später sozialdarwinistisches Gedankengut zu finden ist, wie eben Shaw und D. H. Lawrence. Auffällig ist, daß zwar offen dem Massenmord das Wort geredet wurde, daß der Begriff »Mord« aber nicht fiel. Das war übrigens auch nicht bei den Nazis der Fall, als diese das Programm schließlich in die Tat umsetzten und nicht nur so gut wie sämtliche europäischen Juden ausrotteten, sondern auch einen Großteil der Polen. Seither sind wir zutiefst schockiert, wenn ähnliche Ansichten vertreten werden, und das zu Recht; denn ehe damals den Ansichten Taten gefolgt waren, schien das Publikum das alles nicht weiter schlimm zu finden. Obwohl Nietzsche gern die Antisemiten liquidiert hätte, nicht die Juden, hat der Holocaust dafür gesorgt, daß dieser Aspekt seiner Philosophie heute vor allem Entsetzen erregt. Heutzutage ist es kein Problem, Argumente gegen diesen Aspekt vorzubringen, die allgemein akzeptiert werden – wiederum zu Recht, wie ich finde. Doch damit sind wir Nietzsche noch längst nicht los. Er fordert uns dazu heraus, unsere Werte neu zu sichten und eine Grundlage für unsere Werte zu finden, an die wir wirklich glauben. Dieser Herausforderung müssen wir uns weiterhin stellen. Und wie Schopenhauer gesagt hat: Es ist leicht, Moral zu predigen – viel schwerer ist es, ihr eine Grundlage zu geben.

Vielleicht ist es kein Wunder, daß Philosophen unser Denken oft grundlegend in Frage stellen, dann aber auf eine Weise beantworten, die allgemein keinen großen Widerhall findet. Wenn die positiven Lehrsätze eines solchen Denkers widerlegt worden sind, dann gibt es immer Menschen, die glauben, damit sei sein ganzes Werk abgetan, aber selbstverständlich kann davon in der Regel nicht die Rede sein. Was große Philosophen auf unvergeßliche Weise für uns formulieren, sind die dauerhaften Fragen, nicht ihre dauerhaften Antworten. Wenn ein Philosoph, so wie Nietzsche, uns vor eine grundlegende Herausforderung stellt und ihr dann selbst auf eine Weise begegnet, die die Kritik nicht überlebt, dann vergrößert das seine Herausforderung, statt sie zu entschärfen. Daß er sie selber nicht beantworten konnte, bedeutet, daß dies immer noch aussteht. Und Nietzsches Herausforderung wird uns noch so lange beschäftigen, bis jemand sich ihr mit mehr Erfolg stellt als ihm beschieden war.

In der Gegenwart haben wir durchaus Beispiele für denselben Fehler beobachten können. Noam Chomsky zum Beispiel hat eine vernichtende Kritik gegen die herkömmliche Auffassung über den Sprachlernprozeß vorgebracht. Seine alternative positive Theorie konnte sich gegen die Kritik nicht behaupten, was nicht weiter verwunderte, aber danach glaubte eine überraschende Anzahl von Fachkollegen, Chomsky von nun an ignorieren zu können. Tatsache ist jedoch, daß er bewiesen hat, daß eine bisher allgemein akzeptierte Theorie nicht greift, und das ist eine intellektuelle Leistung ersten Ranges. Der Umstand, daß seine eigene alternative Theorie auch nicht besser war, stellt uns um so mehr vor die Aufgabe, eine stichhaltige Erklärung zu finden. Die Tatsache, daß Chomsky das nicht gelungen ist, tut seiner eigentlichen Leistung keinen Abbruch. Wir können es kurz erwähnen, aber das ist auch alles.

Über einen langen Zeitraum hinweg ging man davon aus, daß Kinder ihre Sprache durch Nachahmung erwerben, sie geben das wieder, was sie von den Sprachbenutzern in ihrer Umgebung hören. Chomsky zeigte auf, daß Spracherwerb bedeutet, eine große Anzahl von komplexen und sich gegenseitig beeinflussenden Regeln zu meistern, die Grammatik und Syntax bestimmen. Diese Regeln sind dann in Situationen anzuwenden, die sich immer wieder ändern, wodurch eine endlose Möglichkeit von unterschiedlichen Sätzen besteht, die der Sprecher in den meisten Fällen noch nie gehört hat, zumindest nicht bewußt. Chomsky wies weiter auf, daß die Hälfte aller Elternpaare auf der Welt keine Ahnung von diesen Regeln haben und eigentlich gar nicht in der Lage sind, diese zu vermitteln; daß ihr Sprachrepertoire noch dazu sehr beschränkt ist, daß ihre Kinder von ihnen also vor allem fragmentarische, grobe, schlichte Wort- und Satzfetzen hören; daß diese linguistische Zufuhr oft bei jedem Kind unterschiedlich aussieht, je nachdem, wie es aufwächst, ob es mit Menschen zusammen ist, die die ganze Zeit reden oder ob es nur wenige gesprochene Sätze hört, daß bei näherer Untersuchung diese ganze linguistische Zufuhr einfach nicht erklären kann, wieso fast alle kleinen Kinder die Regeln von Grammatik und Syntax doch erlernen, noch dazu in überraschend frühem Alter, in überraschend kurzer Zeit, und zumeist in ungefähr derselben Zeit, egal, wie sich diese Zufuhr unterscheidet und wie unterschiedlich die sonstigen Fähigkeiten der Kinder aussehen mögen. Chomsky hat einwandfrei gezeigt, daß unsere herkömmlichen Vorstellungen von Spracherwerb diesem Prozeß nicht gerecht werden. Damit hat er uns vor eine Herausforderung gestellt, die wir nicht ignorieren können. Wenn uns deshalb seine Erklärungsversuche nicht befriedigen, dann müssen wir bessere bringen.

Meine Midlife-Crisis war für mich eine Art Kernschmelze. Die mit der Krise einhergehende existentielle Herausforderung brachte Teile meines Inneren näher zusammen, zwischen denen bislang nur eine lockere Verbindung bestanden hatte. Denn wenn die einzige individuelle Tätigkeit, die wirklich von Bedeutung war, aus der Suche nach dem Sinn des Lebens bestand, dann gehörte alles, was zu dieser Suche beitrug, zusammen, während ich alles, was keine Hilfe war, getrost als Ballast abwerfen konnte. Philosophie und Kunst, meine Freundschaften und mein Sexualleben empfand ich nun als gemeinsame Bestandteile meines ganzheitlichen Lebens. Das war nicht in jeder Hinsicht etwas Neues, auf eine als selbstverständlich erscheinende Weise war es immer schon so gewesen – immer hatte ich das Gefühl gehabt, daß meine Einzelexistenz in dieser Welt aus vielen Elementen bestand, die allesamt Teile eines Ganzen waren – doch nun verschmolzen sie erstmals miteinander und richteten sich auf einen einzigen Punkt. Auf sehr greifbare und unmittelbare Weise schienen große Musik, großes Theater und große Philosophie etwas zum Ausdruck zu bringen, das mit dem Sinn des Lebens zu tun hatte, und ähnlich fühlte ich mich von allen tief empfundenen Beziehungen angesprochen (wie von einer inneren Stimme, die sagt: »Darum geht es doch in Wirklichkeit«), vor allem sexuellen, mit ihrer wunderbaren Fähigkeit, neue Menschen hervorzubringen. Diese Erkenntnis, die mich während einer entsetzlich aufwühlenden Phase meines Lebens überwältigte, nicht als theoretische Entdeckung, sondern als etwas Gelebtes, erwies sich später als eine von vielen Erkenntnissen, die Schopenhauer so lässig vorträgt, als seien sie ihm ganz einfach zugeflogen. Der folgende Absatz geht in diese Richtung: »Nicht bloß die Philosophie, sondern auch die schönen Künste arbeiten im Grunde darauf hin, das Problem des Daseyns zu lösen. Denn in jedem Geiste, der sich ein Mal der rein objektiven Betrachtung der Welt hingiebt, ist, wie versteckt und unbewußt es auch sein mag, ein Streben rege geworden, das wahre Wesen der Dinge, des Lebens, des Daseyns, zu erfassen. Denn dieses allein hat Interesse für den Intellekt als solchen, d. h. für das von den Zwecken des Willens frei gewordene, also reine Subjekt des Erkennens; wie für das als bloßes Individuum erkennende Subjekt die Zwecke des Willens allein Interesse haben. – Dieser ist das Ergebniß jeder rein objektiven, also auch jeder künstlerischen Auffassung der Dinge ein Ausdruck mehr vom Wesen des Lebens und Daseyns, eine Antwort mehr auf die Frage: ›Was ist das Leben?‹«[*] Einer der Gründe, weshalb Schopenhauers Philosophie für mich so wichtig wurde, ist, daß ich sie zu einem Zeitpunkt entdeckte, als ich selber bereits durch meine Lebenswahrnehmung zu vielen (wenn auch längst nicht allen) ihrer Erkenntnisse gelangt war und viele davon aber nur in grober, ungeordneter und nur halbverstandener Form besaß. Ohne Hilfe hätte ich sie niemals so klar formulieren können wie Schopenhauer das getan hatte. Er zeigte mir Dinge, die unerfaßt und unerkannt in meiner eigenen Erfahrung enthalten waren.

Die Einsicht, daß Kunst, Philosophie und mein eigenes Leben

---

[*] Arthur Schopenhauer: *Die Welt als Wille und Vorstellung*, in: Arthur Schopenhauers Werk in fünf Bänden, Zürich, Bd. II, S. 471

alle Aspekte einer Einheit waren, erlebte ich nicht nur als diffuse allgemeine Wahrnehmung, sondern ganz konkret. Zum Beispiel gelangte ich zu der Überzeugung, daß die charakteristischste Ausformung existentialistischer Erfahrung und Empfindung nicht in den Schriften irgendeines Philosophen oder in Dramen und Romanen (ein naheliegendes Beispiel wären doch die von Jean-Paul Sartre gewesen) zu finden sei, sondern in Mahlers Symphonien. Diese Symphonien sprachen meine eigenen Ängste und Erkenntnisse so stark und präzise an, daß ich das Gefühl hatte, von Mahler persönlich zur Rede gestellt zu werden. Nach dem Hören einer Symphonie war ich restlos erschöpft, weil ich wirklich eine starke emotionale Erfahrung gemacht hatte, die mir alles abverlangte. Ich hatte nicht nur eine solche Erfahrung durchgemacht, sondern ich hatte auch die existentielle Tiefe einer Persönlichkeit geteilt, hatte ein Leben gelebt. Sogar die manchmal unerträgliche Schönheit der Musik, die vom Hörer mehr verlangte als er ertragen konnte, erzählte unmittelbar von Leben, Welt und Erfahrung, wie ich sie kannte.

Mahlers Musik fand erst ein halbes Jahrhundert nach seinem Tod ein breites Publikum. Im deutschen Sprachraum mag die Tatsache, daß er Jude war und daß die Nazis von Juden stammende Musik verboten hatten, dazu beigetragen haben. Nach dem Ende der Nazizeit war Mahlers Musik einem jüngeren Publikum unbekannt, und vielleicht war es den Dirigenten, die sich den Vorgaben der Nazis angepaßt hatten, peinlich, diese Musik nun wieder aufzuführen. Doch auch in Großbritannien fand die erste wirklich professionelle öffentliche Aufführung von Mahlers Dritter Symphonie erst im Jahre 1961 statt. Ich war dabei, und dieses Erlebnis sollte mein Leben ändern. Die sechziger Jahre waren ein Jahrzehnt, in dem ich mit unstillbarem Appetit das Beste an Musik und Theater verschlang, das London überhaupt anzubieten hatte, aber selbst in diesem Erlebniswirbel bedeutete die Entdeckung von Mahler und die Vertiefung in sein Werk etwas ganz besonderes. Unter anderem führte diese Erfahrung mich zu Schostakowitsch, ein weniger bedeutendes, aber immer noch großartiges Erlebnis einer von existentieller Gelassenheit erfüllten Musik. Als ich viele Jahre später mit Mitte Fünfzig eine fünfzehnteilige Fernsehserie über die Geschichte der abendländischen Philosophie produzierte, nahm ich als Erkennungsmelodie einen Auszug aus Schostakowitschs Achter Symphonie.

Auch im Theater offenbarte sich mir die Metaphysik des Dramas auf neue Weise. Shakespeares bedeutendste Stücke, Komödien wie Tragödien befassen sich auf einer bestimmten Ebene mit dem Sinn des Lebens an sich, und das berührte mich nun mit fast schmerzhafter Direktheit – weniger durch den Text als durch das innere Universum des Stückes, durch etwas hinter oder in ihm Liegendes, das durch das Stück zu uns vordringt. Drama ist nicht Literatur, sondern darstellende Kunst, und die Worte sind nur eins von mehreren Elementen, die miteinander verschmelzen müssen, um ein Theaterstück zu ergeben; ein fähiger Dramatiker sieht das vollständige Endprodukt vor sich, nicht nur den verbalen Beitrag. Ich erkannte nun, daß hierin Shakespeares eigentliche Größe lag: nicht im genialen Text selber, sondern im gesamten Universum von ausgesprochenen und nicht ausgesprochenen Erkenntnissen, die ein Drama uns vermitteln kann, auch wenn sie nicht in Worten auszudrücken sind. Die Worte sind Zaubersprüche, die uns helfen, diese Magie heraufzubeschwören, sie sind nicht die Magie selber. Und die gelassene Genialität, mit der Shakespeare sie verwendet, zeigt, daß er – zumindest bis zu einem beträchtlichen Grad – sehr wohl wußte, was er tat. Bei einer gelungenen Inszenierung überkommt das Publikum eine magische Stille, wenn der Schleier phänomenaler Existenz von den Ereignissen auf der Bühne gelüftet wird. Das, was sich in einem solchen Moment vollzieht, läßt sich unmöglich in Worte fassen, wird jedoch von allen Anwesenden erfaßt. Obwohl sich in dieser Hinsicht kein anderer Autor mit Shakespeare messen kann, gibt es zwei oder drei Dramatiker aus späterer Zeit, die ebenfalls diese unverbalisierbare Essenz des inszenierten Dramas vermitteln können: Ibsen, Tschechow und Pirandello. Sie vermitteln uns das Gefühl, das Leben als Ganzes von außen zu sehen, und aus dieser Perspektive entwickeln sich tieferes Verständnis und Mitgefühl.

Meine stärkste Leidenschaft innerhalb der Kunst war immer schon meine Liebe zu Wagner. Sie allein ist noch stärker als meine Liebe zu Shakespeare. Wagner und Shakespeare haben schon meine Phantasie und meine Gefühle entzündet, als ich noch ein Kind war – und das verdanke ich meinem Vater, der ebenfalls beide schätzte und klug genug war, mich mit ihnen bekanntzumachen. Als ich mit dreißig zum zweiten Mal Bayreuth besuchte, ging mir auf, daß es sich bei Wagners reifen Werken im Grunde um Psychodramen handelt. Bisher hatte ich nur emotional auf sie reagiert und mich fast ausschließlich auf die Musik konzentriert, nun aber dachte ich auch über ihren Inhalt nach und konzentrierte mich auf das, was sich auf der Bühne abspielte. In den nächsten Jahren besuchte ich seine Opern immer wieder, es kam durchaus vor, daß ich in einem Jahr zweimal den gesamten *Ring* sah. Ich legte mir den gesamten Zyklus auch auf Schallplatte zu, las Sekundärliteratur und diskutierte mit Freunden. Schließlich kam ich zu der Überzeugung, daß die bisher erschienene Sekundärliteratur etwas Wesentliches aus Wagners Werk nicht ansprach – etwas, das seinem Herzen sehr nahekommt, in Worten aber nur angedeutet werden kann – genauer gesagt handelte es sich bei diesem Etwas um zwei Dinge. Zum einen beruht die besondere emotionale Bedeutung, die alle, sogar Leute, die die Musik nicht mögen, diesen Werken zuerkennen, teilweise auf der Tatsache, daß es hier um verbotene Gefühle geht: Um die Gier nach hemmungsloser Selbstbehauptung, um inzestuöse sexuelle Leidenschaft, um das Streben nach Macht und Beherrschung, um mörderischen Haß. Wagners Stücke halten uns das vor Augen, was in uns mit aller Gewalt unterdrückt worden ist, und vermitteln uns bewußtseinsverändernde Botschaften unseres Unterbewußtseins. Und das verleitet zu folgender Überlegung: Die Tatsache, daß diese Werke das Verbotene zur Sprache bringen, befähigt sie, die emotionale Realität in ihrer ganzen Fülle auszudrücken, und zwar auf eine Weise, die keiner anderen Kunst möglich ist. Nicht nur kommen Liebe, Lebensfreude, Humor, Mitleid, Zärtlichkeit, Selbstaufopferung, Andeutungen von Sterblichkeit und Unsterblichkeit, die Schönheit der Welt, die Hingabe an Ideale kraftvoll zum Ausdruck; auch Grausamkeit und Übel, Brutalität, sadistisches Vergnügen, Herrschsucht, Lust, Entfremdung und brutaler Terror werden dargestellt. Was Wagner und Shakespeare von allen anderen Künstlern unterscheidet ist die Tatsache, daß sie sich mit allen Aspekten des Lebens befassen. Ihre Werke handeln von der Totalität menschlicher Erfahrung und führen uns unser Gefühlsleben so vor, wie es ist, in seiner Gänze. Selbst die größten Kunstwerke befassen sich oft mit Idealen, streben zu Idealen. Bach behauptete, seine Musik zu Ehren Gottes zu komponieren; Beethoven wollte das höchste menschliche Streben zum Ausdruck bringen; und wir könnten durch ähnliche Zitate der größten Künstler diese Zielsetzungen immer wieder belegen. Kunst, die solchen Motiven entspringt, kann wunderbar sein, sie kann aber die Wirklichkeit menschlichen Empfindens nur teilweise wiedergeben. Wagners Werk dagegen strebt nicht, es erkennt, erzählt die Wahrheit, so wie sie ist, inklusive der Gefühle, zu denen wir uns nicht bekennen wollen. Shakespeare leistet dasselbe mit noch größerer Bandbreite. Wenn Wagner tiefer gehen kann, dann nur, weil sein Hauptmedium die Musik ist, und nicht die Worte.

In einem meiner Bücher habe ich über diese Überlegungen geschrieben und auch einige andere Aspekte Wagners aufgegriffen – weshalb ich das Buch *Aspects of Wagner* nannte, es erschien 1968. Im Grunde ging es darin eher um Ideen als um Musik: Um Wagners Operntheorie, seinen Antisemitismus, seinen Einfluß auf Künstler anderer Sparten, darüber, wie seine Werke inszeniert werden sollten und wie nicht. Ich versuchte auch zu erklären, warum seine Musik leidenschaftlicher geliebt oder gehaßt wird als die irgendeines anderen Komponisten. Weil das Buch nicht sehr umfangreich ist und sich vielleicht nur an einen engeren Interessentenkreis richtet – vom geringen Bekanntheitsgrad seines Verlegers, Alan Ross, ganz zu schweigen – ging ich davon aus, daß es kaum Aufsehen erregen würde. Zu meiner Überraschung wurde es umfassend rezensiert und vom leitenden Musikkritiker der *Times* zum Buch des Jahres erwählt. Es wurde zu einer Art Kultbuch, was mir die seither eingehenden enthusiastischen Briefe immer wieder bestätigen. Vor allem interessant sind die Briefe von jüdischen Lesern, die sich mit der Stellung der Juden in der modernen Kultur befassen.

Das Buch erlebte viele Auflagen und Übersetzungen ins Italienische (von einem jüdischen Wagner-Verehrer) und Niederländische. Fast zwanzig Jahre nach der Erstveröffentlichung wurde es von der Oxford University Press übernommen und 1988 in überarbeiteter Form neu herausgebracht. Schon kurz nach seinem Erscheinen brachte es mich in den Ruf eines Wagner-Experten, und in dieser Eigenschaft werde ich seither zu Kongressen und Vorträgen eingeladen. Ich bin sicher, daß sein Erfolg sich dem geringen Umfang des Buches verdankt, die überarbeitete Fassung ist keine hundert Seiten lang.

Typisch für das, was ich als Kernschmelze meines Innenlebens bezeichnet habe, ist, daß ich damals eine enge Beziehung zu jemandem einging, der sich im Grunde für Ideen kaum interessierte und in dieser Hinsicht nicht als Intellektueller bezeichnet werden konnte, wenn er auch zu den begabtesten Menschen gehörte, die mir je begegnet sind. Es handelte sich um den ungeheuer kenntnisreichen Wagnerianer Deryck Cooke. Unsere gemeinsame Liebe zu Mahler führte uns zusammen. Bei seinem Tod im Jahre 1911 hatte Mahler an seiner Zehnten Symphonie gearbeitet, er hatte jedoch nur zwei der geplanten fünf Sätze vollendet. Nach seinem Tod gerieten seine Skizzen der restlichen drei in die Hände verschiedener Besitzer in verschiedenen Ländern, seine Erben nahmen sie an sich, behielten sie, verkauften sie oder vermachten sie ihrerseits anderen Erben. Zwei Weltkriege und die Vertreibung der mitteleuropäischen Juden durch die Nazis machten die Sache auch nicht besser. Deryck konnte schließlich trotzdem alle Skizzen ausfindig machen und gelangte danach zu einer erstaunlichen und einer weniger erstaunlichen Entdeckung. Die weniger erstaunliche war, daß sich in den Skizzen einiges von der schönsten Musik versteckte, die Mahler je komponiert hatte, vor allem im letzten Satz. Die erstaunliche war, daß die Skizzen zusammengefügt eine ungebrochene Leitlinie für eine Symphonie von über einer Stunde Dauer darstellten, es fehlte nicht ein einziger Takt. Für Deryck war es unvorstellbar, daß diese wundervolle Musik, Mahlers bewußtes Lebewohl an diese Welt, für alle, ausgenommen die Musikforscher, unbekannt bleiben sollte. Doch wenn Musikliebhaber diese Musik kennenlernen sollten, dann mußten sie die Gelegenheit finden, sie zu hören, und um gespielt zu werden, mußte sie aufführbar gemacht werden. In manchen Passagen bestanden die Skizzen nur aus einfachen Noten ohne Hinweis auf Tonlage, Orchestrierung oder Tempo. Es waren also weitreichende Entscheidungen nötig, wenn die Musik jemals gespielt werden sollte.

Nach sorgfältiger Überlegung stellte Deryck sich selber die Aufgabe, aus Mahlers Skizzen ein aufführbares Orchesterwerk zu machen. Nie wäre er auf die Idee gekommen, daß er Mahlers Zehnte Symphonie »komponierte«, er wollte anderen einfach nur die Möglichkeit geben, diese wunderbare Musik kennenzulernen, und er wollte die unerwartete Richtung aufzeigen, die Mahler nach Vollendung seiner Neunten Symphonie eingeschlagen hatte. Er brauchte keinen einzigen Takt selber zu komponieren, er mußte nur die von Mahlers eigener Hand bereits vorhandenen Andeutungen ausbauen. Natürlich gab Deryck sich alle Mühe, Mahlers authentischem Geist treu zu bleiben. Er machte sich mit tiefer Liebe und gründlichem Wissen nicht nur um Mahlers übriges Werk, sondern auch um Mahlers Arbeitsmethoden und seine kompositorischen Techniken an diese Aufgabe. Aber er hätte als erster zugegeben, daß Mahler mit der Unvorhersagbarkeit des Genies und mit vollständiger Freiheit, jede gewünschte Änderung vorzunehmen, zweifellos ein anderes Werk vorgelegt hätte, wenn er seine Skizzen selber hätte ausarbeiten können. Deryck war sich auch darüber im klaren, daß Mahler immer dort, wo seine Andeutungen in der Skizze am dürftigsten waren, genau gewußt hatte, was er dort vornehmen wollte, weshalb er weniger Gedächtnisstützen brauchte als bei den Passagen, wo er sich noch unsicher war. Um allen genau zeigen zu können, was er selber gemacht hatte, ließ Deryck Mahlers vollständige Skizze in kleinerem Satz unten auf die Seiten drucken. Darüber stand, in normaler Größe, sein Vorschlag einer Version für ein komplettes Orchester.

Wenn ich Deryck die Worte in den Mund legen darf, dann war das, was er uns allen sagte: »Ihr bekommt von mir nicht Mahlers Zehnte Symphonie. Dazu wäre nur ein Mensch in der Lage gewesen, nämlich Mahler selbst, aber der Tod hat ihn daran gehindert. Er hat ein Großteil dieses Werkes unvollendet hinterlassen, und deshalb werden wir seine Zehnte Symphonie niemals besitzen. Doch die Skizzen für diese Symphonie enthalten einiges vom schönsten musikalischen Material, das jemals von Mahler oder einem anderen Komponisten hergestellt worden ist. Ist das nicht eine unglaubliche Entdeckung? Und möchten wir diese Musik nicht auf irgendeine Weise auch hören können? Ist es nicht immerhin besser, wenigstens eine Vorstellung davon zu haben, wie das Werk als Ganzes vielleicht ausgesehen hätte – seine Länge, seine Proportionen, Länge und Proportionen jedes Satzes, das wichtigste thematische Material für jeden Satz und die leitende Stimme des gesamten Werkes? Das alles hat Mahler uns hinterlassen, und hier ist es. Wie ihr seht, ist vieles davon wundervoll. Und will denn wirklich noch jemand ernsthaft behaupten, es sei nicht richtig, daß wir eine Möglichkeit suchen, dieses Werk aufzuführen? Eine solche Haltung wäre doch unvertretbar puritanisch und unseriös! Wie kann jemand, der Mahler wirklich liebt, diese Meinung vertreten? Ich möchte eine Möglichkeit vorschlagen, die Symphonie aufzuführen, die Skizze aufführbar zu machen. Wie klingt das hier zum Beispiel? Ich lege alles offen vor, und ihr könnt bis ins Einzelne sehen, wie ich vorgegangen bin. Und vielleicht könnt ihr Verbesserungen vorschlagen.« Er war immer offen für Kritik und Verbesserungsvorschläge, und er nahm sehr viele Vorschläge von verschiedenen Seiten in die veröffentlichte Form auf. Auf diese Weise legte er die Skizze vor. Und folgendes ließ er auf Einband und Titelblatt der Partitur drucken, die 1976 von Faber & Faber veröffentlicht wurde: »Gustav Mahler, eine aufführbare Version seines Entwurfs für die Zehnte Symphonie, vorbereitet von Deryck Cooke.« Größer schätzte er seine Leistung nicht ein. Die Vorstellung, er habe sich als Mahlers Mitarbeiter an der Zehnten Symphonie oder als Geburtshelfer des vollständigen Werkes betrachtet, muß auf alle, die ihn gekannt haben, einfach lächerlich wirken. Im Gegenteil. Deryck Cooke war geradezu von neurotischer Bescheidenheit.

Seither haben bedeutende Symphonieorchester aus verschiedenen Ländern seine aufführbare Version eingespielt, und sie scheint sich im internationalen Repertoire als bestmögliche Annäherung an ein großes, aber unerreichbares Werk zu etablieren. Deryck hat damit eine wirklich wundervolle Leistung erbracht. Er hat der Welt eine, auch in dieser stark bearbeiteten Form, wundervolle Symphonie gegeben, die sie sonst niemals kennengelernt hätte. Es ist nicht Mahlers Zehnte Symphonie, so, wie Mahler sie der Welt hinterlassen hätte – Mahlers Fassung wäre zweifellos anders und besser gewesen – aber es ist dennoch eine große Symphonie. Sollten wir denn auf diese Symphonie verzichten, weil nicht nur Mahler daran beteiligt war, sondern auch Deryck? Wer diese Forderung stellt, verwechselt Forschungs- mit künstlerischen Interessen, denn er behauptet, wir dürften bestimmte Werke niemals aufführen, weil wir sie nicht ausnahmslos ihrem ursprünglichen Komponisten zuschreiben können. Musikliebhabern, denen es in erster Linie um die Musik geht und nicht darum, was sich über Musik sagen läßt, muß diese Haltung im Gegensatz zu Musikforschern doch geradezu absurd erscheinen.

Der Grund für meine Verteidigungshaltung liegt in dem Umstand, daß einige, wenn nicht alle der besten Mahler-Dirigenten der letzten Jahrzehnte aus puristischen Gründen die Aufführung dieser Skizze abgelehnt haben: Bernard Haitink, Herbert von Karajan, Leonard Bernstein, Georg Solti. Ich habe einmal ein Gespräch mit Haitink zu dem offen zugegeben Zweck arrangiert, ihn zu diesem Experiment zu überreden, was mir jedoch nicht gelungen ist. Wenn ich ebenso offen meinen Verdacht aussprechen darf, dann vermute ich, daß diese hervorragenden Künstler Derycks Leistung durchaus zu schätzen wußten – im persönlichen Gespräch haben manche durchaus ihre offenbar ehrliche Bewunderung zum Ausdruck gebracht –, doch daß sie fürchten, ihr guter Ruf in Gelehrtenkreisen könne darunter leiden, daß sie Derycks aufführbare Version so behandeln, als handele es sich dabei um Mahlers Zehnte Symphonie. Paradox ist in diesem Zusammenhang, daß international bekannte Werke aufgeführt werden, ohne daß irgendwer dagegen Einspruch erhebt, obwohl sie doch lange Passagen enthalten, die nicht von ihrem ursprünglichen Komponisten stammen – was, wie gesagt, von der aufführbaren Version der Zehnten Symphonie ja nicht behauptet werden kann. Als nach Mozarts Tod sein *Requiem* unvollendet war, wurde es von seinem Schüler Süßmeyr vervollständigt, das Werk wird in Süßmeyrs Version aufgeführt, doch die Rede ist immer nur von »Mozarts *Requiem*«. Puccinis Oper *Turandot* – die manche für sein Meisterwerk halten – wurde nach seinem Tod von seinem Schüler Alfano vollendet. Die Namen Süßmeyr und Alfano werden den meisten Musikliebhabern nichts sagen, auch denen nicht, die die teilweise von ihnen komponierten Werke schätzen. Meines Wissens hat jedoch niemand je verlangt, Mozarts *Requiem* oder Puccinis *Turandot* nicht mehr aufzuführen, da diese Werke von anderen vervollständigt wurden. Auch wird nie behauptet, das *Requiem* sei »nicht wirklich« von Mozart, *Turandot* stamme »nicht wirklich« von Puccini.

Aber was soll das lange Reden. Ich bin davon überzeugt, daß die Zukunft auf Derycks Seite steht. Seine Version ist schon mehrere Male auf Schallplatte eingespielt worden, unter den Dirigenten finden wir Namen wie James Levine, Eugene Ormandy und Simon Rattle (die beiden ersteren mit dem Philadelphia Orchestra, der letztere in einer besonders gelungenen Aufführung). Ich glaube, die Qualität der Partitur garantiert, daß diese Version neue Anhänger finden wird. Ich hoffe, daß sie als Mahlers Zehnte Symphonie neben Mozarts *Requiem* und Puccinis *Turandot* ins internationale Repertoire eingeht, und daß Deryck in die Gesellschaft von Süßmeyr und Alfano aufgenommen wird.

Deryck Cookes Kenntnisse und sein Verständnis Wagners waren womöglich noch umfangreicher als seine Kenntnisse und sein Verständnis Mahlers. Er kannte die Partituren bis ins winzigste Detail, und er hatte Woche für Woche und für manche Phasen sogar Tag für Tag die Biographie Wagners im Kopf. »Ja, das war in der ersten Aprilwoche. Später in diesem Monat hat er dann …« Und sogar: »Er sah sie am Dienstagnachmittag und dann wieder am Mittwochmorgen …« Ich glaube nicht, daß Wagner seine Partituren so genau kannte, und ich bezweifele auch, daß er die Chronologie seines Lebens so detailliert und sicher im Griff hatte. Außerdem war Derycks Wissen erstaunlich lebendig; er hatte es nicht einfach wie einen Nibelungenhort im Kopf, sondern er war immer an der Arbeit und wandte es ununterbrochen an. Immer wieder verband er weitreichend ein Detail mit dem anderen. Er wies darauf hin, daß an einer bestimmten Stelle in einer der *Ring*-Opern eine Person einen bestimmten Satz sagt, und daß dabei einer der fast unhörbaren inneren Teile des Orchesters, die zweite Posaune zum Beispiel, eine bestimmte Notenfolge spielt, und daß zwei Opern später, wenn der Sohn dieser Person eine hoffnungslos klingende Variante desselben Satzes ausspricht, die zweite Posaune eine hoffnungslos klingende Variante dieser Tonfolge bringt. Diese hartnäckige Einfügung von kaum auffälligen Details in ein dichtes Gewebe aus weiträumigen und oft scheinbar unvereinbaren Strukturen hat Wagner übrigens mit Shakespeare gemeinsam. Wenn Deryck ein solches Beispiel brachte, dann ließen sich eigentlich niemals Einwände dagegen finden. Er hatte ganz einfach recht. Und in Wagners Partituren häufen sich vergleichbare Beispiele. Welche Bedeutung diesen Beispielen jeweils zukommt, ist vielleicht eine Frage der Interpretation, die Tatsache an sich läßt sich normalerweise nicht leugnen.

Deryck verfügte zudem über die damit verbundene Fähigkeit, zu hören, daß zwei Musikstücke, die bisher niemand als verwandt betrachtet hatte, wirklich verwandt waren, und wenn er dabei auf Skepsis stieß, gelang es ihm immer, die Verwandtschaft zu zeigen und zu erklären, wie das eine Stück auf dem anderen fußte. Wenn es dabei um eine Wagner-Oper ging, konnte er belegen, wie diese Beziehung die musikdramaturgische Artikulierung einer Veränderung in der Beziehung zwischen zwei Personen auf der Bühne, in den Stimmungen einer Person oder in den Ereignissen darstellte – oder daß sie sich auf den Text selber bezog. Diese Fähigkeiten verhalfen ihm zu einem meines Wissens einzigartigen Einblick in Wagners Werk. Wagner verfügte über eine grenzenlose Fähigkeit zur musikalischen Metamorphose, doch seine größte Leistung lag darin, daß er sie in eine in bezug auf psychologische und dramatische Erkenntnisse unendlich reiche Theatersprache umwandeln konnte. Und Deryck war der einzige Mensch, der mir je begegnet ist, der genau zu wissen schien, was Wagner in jedem Moment gerade machte – und wie er es machte. Deryck selber hat das als seine wichtigste Begabung betrachtet, und er sah sein Lebensziel darin, seine Erkenntnisse über den *Ring* weiterzureichen.

Er plante zu diesem Zweck ein vierbändiges Werk. Die ersten zwei Bände sollten sich mit nicht-musikalischen Dingen befassen – den Texten, den Mythen, der Handlung, den Personen, den Inszenierungen. Band 3 und 4, das eigentliche Herz der Abhandlung, sollten diese Dinge mit der Musik in Verbindung bringen und die Musik an sich analysieren. Im Laufe der Jahre stieß ich in unseren Gesprächen bei Deryck auf unendliche Tiefen des Verständnisses, ich nahm deshalb an, daß er, als wir uns kennenlernten, bereits einen Großteil des Materials im Kopf hatte. Was ihn damals am Schreiben hinderte, war allein seine Beschäftigung mit Mahlers Zehnter Symphonie, er wollte die Arbeit daran erst beenden, ehe er sich an die gewaltige Aufgabe des *Ring*-Werkes setzte. Doch es sollte nicht sein. Er hatte gerade erst mit der Arbeit angefangen, als er im Alter von siebenundfünfzig Jahren an einem Schlaganfall starb und nur ein Anfangsfragment hinterließ, das unter dem Titel *I Saw the World End* als Buch veröffentlicht wurde. Neben der Tatsache, daß Wagner selber nicht mehr lange genug lebte, um die Symphonien zu komponieren, die er für die Zeit nach der Vollendung seines *Parsifal* geplant hatte, ist Derycks Tod zweifellos der größte Verlust, den die Wagner-Liebhaber jemals erlitten haben.

In Anbetracht von Derycks überragenden Fähigkeiten mag es seltsam klingen, daß ich ihn als Nicht-Intellektuellen bezeichnet habe. Das ist so, weil er auf der Ebene des begrifflichen Denkens sehr viel weniger leistete. Er war nicht dumm, aber begriffliches Denken war nicht seine Stärke. Es fiel ihm schwer, einer philosophischen Diskussion zu folgen oder logische Unterscheidungen zu erfassen. Im Umgang mit verbalisierbaren Vorstellungen war er nicht geschickter als irgendein kleiner Mann von der Straße. Er war, wie viele andere auch, einfach keine verbale Person. Seine Redeweise hatte etwas Durchschnittliches, und »durchschnittlich« ist hier durchaus negativ gemeint. Er war vor allem musikalisch. Das gesamte Universum, in dem er lebte, sich zu Hause fühlte, durch das er sich mit sicherem Schritt und voller Selbstvertrauen in hohem Tempo bewegte –, und wo er so gut wie alles in sich aufzunehmen und zu verstehen schien, wo er gewaltige Wissensmengen nicht nur insgesamt, sondern in ihren vielgestaltigen Details erfaßte, wo er auch jede Ebene der Beziehung zwischen den Details und dem Ganzen überblickte und miteinander verbinden konnte, in allen Bereichen, die über den der Sprache hinausgehen, Bereichen, die wir mit Wörtern höchstens aus der Ferne aufzeigen können und wo wir den Reisenden dann sich selber überlassen müssen – sein Universum war ein musikalisches. Er war ein großartiges Beispiel für die Bereiche des Denkens ohne Sprache.

Sechzehntes Kapitel

Ein philosophischer Roman

Seit ich als Kind gelernt habe, daß ein Menschenleben siebzig Jahre währt, kommt es mir immer so vor, daß jemand, der vor seinem siebzigsten Geburtstag stirbt, betrogen wurde, lebt er jedoch länger, so ist das wie eine Extrazulage. Mit meinem fünfunddreißigsten Geburtstag begann also meine zweite Lebenshälfte. Damals hatte ich, wie gesagt, die meiste Zeit das Gefühl, dieses Leben sei sinn- und zwecklos. In den Phasen, in denen es doch einen Sinn zu haben schien, war ich zutiefst unzufrieden damit, was ich bisher mit meinem Leben angefangen hatte. Nach herkömmlichen Maßstäben hatte ich meine Zeit durchaus nicht vergeudet. Ich hatte acht Bücher veröffentlicht, zweimal für das Parlament kandidiert und jahrelang regelmäßig an einem zur Hauptsendezeit ausgestrahlten Fernsehprogramm mitgewirkt. Ich genoß eine gewisse Prominenz. Auf der Straße wurde ich von Fremden erkannt, in Geschäften und Restaurants mit meinem Namen angesprochen, gelegentlich bat man mich um Autogramme. Aber nichts davon war für mich von irgendeinem Wert. Erkannt zu werden machte mich verlegen, und ich gab mir Mühe, es zu vermeiden. Ich betrachtete meine letzten beiden Bücher als journalistische Arbeiten, die ich nicht einmal selbst geschrieben, sondern diktiert hatte. Das Fernsehen war mir immer als ein oberflächliches und im Grunde belangloses Medium erschienen. Ich wußte die Auslandsreisen, die mir meine Fernseharbeit bescherte, und mein sicheres Einkommen zu schätzen, denn dieses Einkommen erlaubte es mir, meine Freunde einzuladen und soviel Musik und Theater zu genießen, wie ich wollte und konnte. Aber ich leistete nichts, was für mich selber von Wert gewesen wäre. Ich begann mich wie ein Hochstapler zu fühlen: Mein bißchen Ruhm basierte nicht auf solider Leistung, sondern auf öffentlicher Darstellung. Ich war bekannt dafür, daß ich bekannt war. Die Überzeugung, daß ich nicht nur meine Begabungen vergeudete, sondern mein Leben überhaupt, wurde immer stärker.

Nachdem ich versuchte hatte, die Lage dadurch zu verbessern, daß ich mich auch beruflich sinnvolleren Themen widmete, kam ich zu der Erkenntnis, daß ich meine Medientätigkeiten allesamt aufgeben und mich mit etwas beschäftigen sollte, woran ich glaubte. Ich hatte genug Geld auf der Bank, um mindestens ein Jahr zu überleben. Also kehrte ich der Welt der Medien den Rücken zu – wie ich glaubte, für immer.

Ich wollte schreiben, und ich wollte einen Roman schreiben, aber ich wußte nicht, was für einen Roman. Ich glaubte, meinen Geist erst einmal lüften zu müssen, und ich war davon überzeugt, daß sich das Thema für meinen Roman dabei schon einstellen würde. Also beschäftigte ich mich zunächst mit anderen Dingen. Ich bereiste sechs Wochen lang einen Teil des Mittleren Ostens: Beirut, die Kreuzritterburgen, Jerusalem, Baalbeck, Damaskus, Jerusalem, das Tote Meer, Kairo. In dieser Zeit las ich das Neue Testament in einer neuen englischen Übersetzung, die es mir ermöglichte, es fast so zu lesen wie jedes beliebige andere Buch.

Dabei fiel mir vor allem der radikal »andere« Charakter der Morallehre Jesu auf. Sie ist derartig »anders«, daß sie fast unverständlich scheint. Andere Moralisten stellen Verhaltensregeln auf; Revolutionäre versuchen, die bestehenden Regeln umzustürzen und durch andere zu ersetzen. Jesus dagegen sagt, daß Moral nichts mit Regeln zu tun hat. Gott, sagt er, verteilt keine Preise an Menschen, die sich an Moralregeln halten. Wir können uns nicht bei ihm einschmeicheln, indem wir ein tugendhaftes Leben führen, sondern wir werden aller Wahrscheinlichkeit feststellen müssen – zweifellos zu unserem Kummer und unserem Unverständnis – daß er Sünder genauso liebt wie uns. Wenn das unser Gerechtigkeitsgefühl verletzt, dann haben wir alles mißverstanden. Es hat keinen Zweck, gut zu sein, weil wir auf eine Belohnung von Gott hoffen: Das wäre pure Selbstsucht und stünde damit in krassem Widerspruch zu moralisch bewundernswertem Verhalten. Nur wenn wir gut sind, ohne mit einer Belohnung rechnen zu können, verhalten wir uns auf moralisch bewundernswerte Weise. Doch dann gibt es eben keine Belohnung, wir müssen gut sein um der Güte willen, ohne Rücksicht auf die Konsequenzen. Gottes Liebe fragt nicht danach, ob wir sie verdienen oder nicht. Er liebt alle, auch diejenigen, die es am wenigsten verdient haben, und diese liebt er ebenso wie uns. So, wie er diejenigen liebt, die es nicht verdienen, sollten auch wir diejenigen lieben, die unsere Liebe nicht verdienen, auch diejenigen, die sie am wenigsten verdienen, unsere Feinde nämlich. Wichtig ist allein Liebe, nicht die Verdienste, geschweige denn die Regeln. Liebe ist überhaupt wichtiger als alles andere. Sie ist die endgültige Wirklichkeit, das wahre Wesen des Seins, Gott. Vollkommene Liebe stellt keine Bedingungen, und für vollkommene Liebe spielen Verdienste keinerlei Rolle. Jesus hat nichts dagegen, daß wir uns im Leben an Regeln halten. Im Gegenteil, er erkennt an, daß Regeln notwendig sind, wenn Menschen zusammenleben, und er glaubt, daß wir diese Regeln einhalten sollten, aber sie gelten ihm als willkürliche, oberflächliche Dinge, die den menschlichen Bedürfnissen untergeordnet und nicht übergeordnet sein sollten. Wenn wir füreinander Liebe und Fürsorge genug aufbrächten, dann brauchten wir auch keine Regeln. Wir brauchen sie nur, weil wir selbstsüchtig sind. Aber Regeln sind nicht gut an sich.

Das ist natürlich nur ein kleiner Teil der Lehre Jesu, steht aber im Mittelpunkt seiner Botschaft, und die Tatsache, daß vor zweitausend Jahren jemand durch die Wüsten des Mittleren Ostens zog, um diese Lehre zu predigen, ist gelinde gesagt überraschend. Die Gelehrten streiten sich, bis zu welchem Grad die Lehre allein von Jesus stammt, und ich weiß nicht genug über diese Fragen, um mir eine Meinung zu bilden; daß die Lehre an sich nicht selbstverständlich ist und von tiefen Einsichten zeugt, liegt auf der Hand. Jesus war außerdem, was so gut wie nie erwähnt wird, ein äußerst fähiger Psychologe. Wenn wir dann noch die Kühnheit, mit der er seine Ansichten zum Ausdruck bringt, und die poetische Überzeugungskraft vieler seiner Gleichnisse betrachten, dann erscheint er als vielleicht der bemerkenswerteste Moralist aller Zeiten – als genialer Moralist, wie Sokrates, der vielleicht auch etwas von einem kreativen Künstler in sich hat, wie Platon. Wie der historische Sokrates und anders als Platon beschränkte Jesus seine Predigten auf die Behandlung moralischer Fragen. Das Wesen der Welt und unser Wissen um dieses Wesen schienen ihn nicht weiter zu interessieren. Folglich hat er nichts den erkenntnistheoretischen Überlegungen von Buddhismus und Hinduismus Entsprechendes zu bieten, in dieser Hinsicht mag seine Lehre zweitrangig und begrenzt wirken. Doch innerhalb der Grenzen der Morallehre greift er tiefer, als es anderen in den folgenden zweitausend Jahren gelingen sollte. Wenn es um moralische Erkenntnisse geht, dann ist seine Frage: »Was hülfe es dem Menschen, wenn er die ganze Welt gewönne und dabei seine Seele verlöre?«, unübertroffen.

Nach meiner Rückkehr aus dem Mittleren Osten beschloß ich, für einige, wenn auch kurze Zeit, etwas zu tun, was ich noch nie getan hatte, nämlich, mich ganz und gar der Musik zu widmen, die immer meine größte Leidenschaft gewesen war, mit der ich mich jedoch nur in meiner Freizeit befaßt hatte. Diese Zeit dauerte nur drei Monate an, aber es waren drei unvergeßliche Monate. Im Alter von dreißig Jahren hatte ich begonnen, beim Komponisten Anthony Milner Unterricht in Harmonielehre und Kontrapunkt zu nehmen, nun suchte ich ihn jede Woche auf, um in meiner Hauptbeschäftigung nicht ganz auf mich allein gestellt zu sein. Doch wenn ich mich nicht gerade auf den Unterricht vorbereitete, was nur einen kleinen Teil meines Tages in Anspruch nahm, dann komponierte ich frei darauf los. In der Regel waren es Lieder. Das bestätigte eine Ahnung, die ich schon seit meiner Jugend gehegt hatte, nämlich daß ich durchaus zum Liederschreiben in der Lage war – es waren leider keine großartigen, aber immerhin pfeifbare Lieder. Mir war meine kleine Begabung u. a. auf meinen Spaziergängen aufgefallen, da ich, wenn ich allein war, vor mich hinpfeifend Melodien improvisierte, die ich dann weiterentwickelte und ausfeilte. Ich könnte mir vorstellen, daß ich, wenn ich frühzeitig diese Fähigkeit ausgebaut hätte, als Verfasser von Schlagern mein Brot hätte verdienen können. Für Höheres hätte es aber nicht gereicht. Ich fürchte, nicht einmal meine besten Leistungen hätten sich mit den Werken von George Gershwin oder

Jerome Kern messen können. Und doch hätte ich vielleicht das Niveau einiger ihrer weniger bekannten Feld-, Wald- und Wiesenstücke erreicht.

Die Lieder, die ich während dieser drei Monate komponierte, waren in dieser Hinsicht nicht »populär«, sondern »seriös«. Dennoch hatten sie ihre Schwäche: Sie waren sentimental – klangvoll, ja, manchmal wirklich bemerkenswert, aber sie neigten zur Gefühlsduselei. Die besten hörten sich an wie Richard Strauß an einem schlechten Tag. Ich versuchte sie von dieser Sentimentalität zu befreien, doch es war aussichtslos. Tilgte ich die Sentimentalität, schwand die Musik, auf der Seite blieb nur noch eine leblose Übung übrig. Meine Musik war sentimental in sich. Entweder waren meine Kompositionen sentimental und melodisch, oder sie waren keine Musik, eine andere Alternative gab es nicht.

Ich habe nur selten den Arbeitsprozeß an sich als so erfüllend und so befriedigend empfunden wie in diesen drei Monaten. Morgens stand ich zitternd vor Erregung bei der Aussicht auf die Arbeit auf. Ich lernte überraschend viel über Musik. Ich lernte jedoch auch, daß ich nicht zu einem Komponisten geschaffen war, der seine Selbstachtung behalten will. Meine Achtung vor anderen, vor allem vor guten, aber leichtgewichtigen Komponisten wuchs – vor Menschen, die mit Eleganz und handwerklichem Geschick leicht genießbare Musik produzieren, Menschen, die ich bisher eher herablassend behandelt hatte, von denen ich nun aber wußte, daß ich mich nicht mit ihnen messen konnte. Ich entwickelte eine neue Art von Vergnügen an ihrer Musik, mir gefielen ihr Handwerk, ihre technischen Leistungen und ihre elegant versteckten Tricks, manchmal ihre reine Professionalität und auf jeden Fall die klare musikalische Attraktivität ihrer Werke. Darin steckte soviel mehr als mir bisher bewußt gewesen war. Und was die wirklich großen Meister betraf, so erfüllte mein erweitertes Verständnis für ihre Arbeit mich angesichts ihrer Leistungen mit tiefer Ehrfurcht.

Während meiner Wanderungen durch den Mittleren Osten und während meiner Kompositionsversuche nahm im dunklen Winkel meines Bewußtseins ein Roman langsam Form an. Was im nachhinein seltsam an diesem Prozeß erscheint, ist, daß das fertige Buch dann das genaue Gegenteil von dem wurde, was ich eigentlich vorgehabt hatte. Eigentlich wollte ich eine Liebesgeschichte schreiben. Mein Sexualleben war eine unendliche Suche nach gegenseitiger Liebe, die ich nie erlebt hatte. Der Grund dafür war nicht, daß ich nie geliebt worden wäre, sondern, daß ich nicht liebte. Ein Stausee von richtungslosen und mächtigen Empfindungen hatte sich in mir angesammelt, war blockiert, fand keinen Ausdruck, konnte nicht frei strömen, nicht einmal dann, wenn ich geliebt wurde. Das frustrierte mich dermaßen, daß ich mich nach einem Ventil für diese angestauten Emotionen sehnte. Ich war davon überzeugt, daß es mir helfen würde, einen Roman zu schreiben, in dem diese ozeanischen Gefühle überlaufen und doch gemildert werden könnten, was mir zumindest eine Art von Erfüllung bringen würde, nicht nur in der Phantasie, sondern ganz real, etwas, das außerhalb meiner selbst existierte. Ich wollte das Buch *Love Story* nennen, ein Titel, der damals noch nie benutzt worden war, jedenfalls kannte ich kein Buch, das so hieß.

Ich würde mindestens zwei Hauptpersonen benötigen, eine Frau und einen Mann, das lag auf der Hand. Aber was sollte ich mit ihnen anfangen? Einfach sagen, daß sie sich liebten, und versuchen, diese Liebe darzustellen? Sollte ich zwei- oder dreihundert Seiten lang drauflos schwärmen? Nicht daß ich mir nicht vorstellen konnte, daß das durchaus möglich war; doch das würde sicher nur ein ganz anderer Autor als ich selber schaffen – ein gigantisches Prosagedicht, eine zurückhaltende Feier der Liebe. Aber um bei einem solchen Projekt den Schwung beizubehalten, war ein nicht nur mächtiger, sondern auch poetischer Impuls nötig, und ich wußte, daß mein Impuls zwar die nötige Kraft hatte, aber nicht die Poesie. Mein Anstoß zu diesem Buch war doch vor allem ein emotionaler: Ich suchte eine Möglichkeit, meine Libido zu kanalisieren. Und ich hatte das Gefühl, daß ein für mich natürlicher Ausweg eher dramatisch als lyrisch sein müsse – ereignisreich und (hoffentlich) mächtig. Das bedeutete jedoch, daß im Buch etwas passieren mußte. Und wenn dieses Etwas im Buch zentral sein sollte, dann mußte es die Liebesbeziehung beeinflussen. Um nicht trivial zu sein, mußte es wichtig sein. Und es mußte ohnehin wichtig sein, wenn es von dramatischer Wirkung sein sollte. Je mehr ich darüber nachdachte, um so klarer erkannte ich, daß irgendein Hindernis der Liebe der beiden Hauptpersonen im Wege stehen mußte. Ich bedachte so viele Formen des ewigen Dreiecks, wie ich nur finden konnte; doch wenn eine davon den Leser wirklich fesseln sollte, dann mußte sie im Mittelpunkt des Buches stehen, und das wollte ich nicht. Also versuchte ich, mir eine gewaltige, wirkliche, beunruhigende Bedrohung für die bedingungslose Liebe der beiden zu überlegen, die nicht von einem anderen Menschen ausging. Das brachte mich auf die Idee, eine lebensgefährliche Krankheit oder einen Unfall einzusetzen. Bei weiterem Nachdenken ging mir auf, daß es das pure Klischee sein würde, Drama, Stummfilm, wenn das Buch damit endete, daß nach einer aufwühlenden Zeit die Gefahr besiegt wäre; es würde ein »Und wenn sie nicht gestorben sind, dann leben sie noch heute«-Gefühl hinterlassen und bestenfalls zum Märchen werden, schlimmstenfalls zum romantischen Kitsch. Doch was, wenn die Bedrohung nicht besiegt werden könnte? Wenn eine der Hauptpersonen starb? Dann ließen sich Realität und Seriosität des Buches retten. Als ich so weit gekommen war, wußte ich, daß ich mich in die richtige Richtung bewegte. Aber ich hatte noch immer nur eine Situation, keine Geschichte und schon gar keinen Plot. Ich brauchte etwas, das *passierte,* ich brauchte Spannung, Herausforderungen, Wendungen zum Besseren, Konflikte, Mißverständnisse, Widersprüche, Täuschungen, Entdeckungen, Enthüllungen. Vielleicht mußte eine der beiden Personen sterben und wußte das, teilte das der anderen jedoch nicht mit. In Oxford hatte ich einen Studenten aus den USA gekannt, einen begabten Dichter, der sich in dieser Lage befunden hatte. In den USA hatte er erfahren, daß er an Leukämie litt und nur noch einige Jahre zu leben hatte. Deshalb erfüllte er sich einen langgehegten Wunsch und kam nach Oxford, ohne dort jedoch irgend jemanden in sein Geheimnis einzuweihen. In Oxford genoß er das Leben in vollen Zügen und versuchte alles zu tun, wovon er immer geträumt hatte. Er beeindruckte die anderen Studenten sehr, alle waren davon überzeugt, daß er später erfolgreich und berühmt und vielleicht sogar zu einem großen Dichter werden würde. Dann verliebte er sich in eine Kommilitonin und mußte ihr die Wahrheit sagen. Sie behielt diese Wahrheit bis nach seinem Tod für sich, dann erst wurde sie bekannt. Den anderen war bis dahin nur aufgefallen, daß die Beziehung zwischen den beiden ungeheuer intensiv war, es wurde viel geredet, aber niemand kam auf die Wahrheit.

Ich spielte zunächst mit dem Gedanken, meiner Geschichte diese Situation zugrunde zu legen, ich wollte sie meinen eigenen Bedürfnissen anpassen, und dachte mir allerlei Variationen aus. Doch dann fiel mir eine sehr wirkungsvolle Abwandlung ein. Es war durchaus möglich, daß die Person, die sterben mußte, das nicht wußte, die andere jedoch war sich darüber im klaren. Das war einem weiteren meiner Freunde aus Oxford passiert, er war mit Ende Zwanzig an der Hodgkinschen Krankheit gestorben. Seine Ärzte hatten seine Mutter eingeweiht, aber die hatte ihm nichts gesagt. Als er sich verliebte und heiraten wollte, hatte die Mutter sich der jungen Frau anvertraut. Mutter und Frau mußten sich der Tatsache stellen, daß er sterben würde, jede zu einem anderen Zeitpunkt, jede auf ihre Weise, er dagegen wußte von all dem nichts. Ich fand hier eine Menge möglicher Entwicklungen und Wendungen, die sich alle als Basis für einen Plot eigneten, deshalb entschied ich mich für diese Herangehensweise. Da meine Absichten sich nur schrittweise geändert hatten, erkannte ich erst nach einer Weile, daß mein eigentlicher Plan, ein Buch über erwiderte Liebe zu schreiben, durch meinen Drang zunichte gemacht worden war, mich mit tödlicher Bedrohung zu befassen. Als ich endlich zu dieser Erkenntnis gekommen war, schrieb ich das Buch, zu dem meine Idee nun geworden war, nicht den Roman, den ich anfänglich geplant hatte. Und bei seiner Veröffentlichung nannte ich es nicht *Love Story*, sondern *Facing Death*, ein Titel, der zweifellos seinen Leserkreis verkleinert hat.

Ich konstruierte mein Plot nun so, daß jede der Hauptpersonen sich irgendwann und unter unterschiedlichen Bedingungen mit dem Tode des jungen Mannes abfinden mußte, zum Schluß kam die Reihe an den jungen Mann selber, und ich ließ jede Person auf ihre eigene Weise damit umgehen. Das Paar, das im Mittelpunkt der Handlung stand, hatte keinerlei Ähnlichkeit mit dem Paar, das ich gekannt hatte, und ich wäre auch nie auf die Idee gekommen, daß eine solche Ähnlichkeit notwendig wäre. Die Einzelheiten, aus denen der Plot sich ergab, erfand ich so, wie ich sie gerade brauchte. Da Personen und Handlung meiner Phantasie entsprungen waren, überraschte es mich zutiefst, daß viele Leute, die das wußten und es also besser hätten wissen sollen, in der Wirklichkeit Vorbilder für den Roman sahen. Sie gingen davon aus, daß ich die wahre Geschichte dieser Menschen in einen Roman verwandelt hatte. Natürlich hatte ich die wirkliche Mutter meiner Romanmutter zugrunde gelegt, aber ansonsten war die einzige Romanperson, die zumindest teilweise ein wirkliches Vorbild gehabt hatte, eine Person, die im Buch nichts mit dem Plot zu tun hatte, und der das Paar im wirklichen Leben unbekannt gewesen war – ein Arzt, der im Buch in alles eingeweiht war und gleichzeitig als kühler Beobachter fungierte, und der während des gesamten Romans eine Art griechischen Chor bildete. Ich fiel aus allen Wolken, wenn ich allen Ernstes gefragt wurde, was »wirklich« passiert war, und wer die »Originale« nicht nur der Personen, sondern auch aller anderen im Buch erwähnten Dinge seien. Basierte meine Sonntagszeitung auf der *Sunday Times* oder dem *Observer*? Oder war sie eine Kombination aus beiden? Und in welcher Kneipe hatte diese oder jene Unterhaltung »wirklich« stattgefunden? Für diese Leute war alles wirklich, es mußte wirklichen Menschen an wirklichen Orten passiert sein, und sie wollten einfach nicht hinnehmen, daß dem nicht so war. Wenn ich sagte, daß ich alles erfunden hatte, daß nur zwei Personen im Buch überhaupt Züge von wirklich existierenden Menschen aufwiesen, daß keines der Ereignisse oder Gespräche im Buch wirklich stattgefunden hatte, daß es für die fiktiven Schauplätze keine ›Originale‹ gab, wollten sie mir einfach nicht glauben. Offenbar können viele Menschen nicht einsehen, daß Fiktion nicht auf Tatsache beruhen muß, daß sie das auch nicht darf, wenn sie selber wahr sein will, auch wenn sie Tatsachen ebenso verwenden darf wie alles andere.

Ich war in etwa so vorgegangen. Ich sah von Anfang an, daß jede Person im Buch auf verschiedene Weise konstruiert werden konnte, daß jede jedoch bestimmte Eigenschaften aufweisen mußte, wenn der Plot funktionieren und damit das Buch glaubhaft sein sollte. Und sie durften nicht nur diese Eigenschaften haben, sonst wären sie nicht ausgeprägt genug, würden zu Maschinenteilen, zu manipulierten Marionetten. Aber diese Eigenschaften mußten sie haben, und alle weiteren Eigenschaften mußten sich damit vereinbaren lassen. Deshalb fing ich mit den jeweils spezifischen Grundeigenschaften an und arbeitete mich weiter vor, ich veränderte in Gedanken meine Personen immer wieder, versuchte, ihnen mehr und mehr Leben einzuhauchen, ich versuchte, mir ihre Vergangenheit vorzustellen und ihre Zukunft zu erraten. Ich stellte mir fragen wie: Was erwartet diese Person wirklich vom Leben? Was fürchtet dieser Mensch mehr als alles andere? Was liebt er am meisten? Worüber lacht er? Was macht er, wenn er nicht bei der Arbeit ist? Wo verbringt er seinen Urlaub? Was hatte er für eine Kindheit? Bei der Beantwortung solcher Fragen ließ ich meiner Phantasie freien Lauf und ergänzte meine Charaktere immer mehr, bis ich sehr viel mehr über sie wußte, als in mein Buch überhaupt Eingang fand.

Nehmen wir uns doch John vor, eine der Hauptpersonen, den jungen Mann, der sterben muß. Zu Beginn des Buches sollte er in seinen Alltag vertieft sein. Und dann sollte er, sehr langsam und Schritt für Schritt, wie beim Zwiebelschälen, die Reise von der äußeren Welt bis zur Entdeckung seines inneren Selbst machen. Auf den unterschiedlichen Stationen seiner Reise in sein Inneres sollte er auf immer tieferliegenden Ebenen nach einem Sinn des Lebens suchen, zum Beispiel in reflektierendem Nachdenken, gefolgt von künstlerischer Erfahrung, gefolgt von persönlichen Beziehungen. Auf der Basis solcher Überlegungen setzte ich zur Konstruktion meiner Charaktere an. Um seine Hingabe an sein Alltagsleben glaubhaft zu machen, machte ich ihn zu einem leidenschaftlichen Journalisten. Um ihm ein für das, was noch kommen sollte, ausreichend großes Spektrum zu geben, machte ich aus ihm die Sorte von Journalisten, die so ungefähr über alles schreiben kann, die Theaterstücke und Konzerte ebenso interessant rezensiert wie sie informativ auf Politik eingeht, und die noch dazu weltgewandt ist. Um viel Spielraum für dramatische Ironie zu haben, prophezeite ich ihm eine große Zukunft. Da er später im Buch ernsthaft darüber nachdenken sollte, ob das Leben einen Sinn haben kann und, wenn ja, wie dieser Sinn aussehen kann, ließ ich ihn einige Semester Philosophie studieren. Doch weil ich glaubte, daß der Roman zu ernst und sachlich ausfallen würde, wenn mein Held lange Erörterungen der Lehren großer Philosophen von sich gab, verpaßte ich ihm die Sorte von philosophischer Ausbildung, die ein breiteres Wissen so gut wie ausschloß – ich ließ ihn meine Oxforder Studienfächer belegen. Das wiederum führte zu der Notwendigkeit, ihn später im Buch erkennen zu lassen, wie unzulänglich diese Ausbildung gewesen war (eine meiner Besessenheiten, könnte man sagen). Auf diese Weise wurde die Person von den Bedürfnissen des Buches selber geschaffen. Jede Eigenschaft, die ich ihr zuschrieb, wurde zu irgendeinem Zeitpunkt im Buch wichtig.

Etwas, das weitreichende Konsequenzen haben sollte, war sein Name. Soweit wir das wissen, ist die grundlegendste und allgemeingültigste Wahrheit über das Menschenleben, daß wir sterben werden; und mein Buch sollte klarstellen, daß der junge Mann sich im Angesicht des Todes durchaus nicht in einer sonderlich tragischen oder traumatischen Lage befand, sondern in derselben wie jeder andere auch, einschließlich der Leser. Abgesehen von den Charaktereigenschaften und Ereignissen, in die die Personen des Romans involviert wurden, war die Geschichte im Grunde die Geschichte aller. Deshalb wollte ich meiner Hauptperson einen Namen geben, der der englischen Entsprechung von »Jedermann« so nah wie möglich kam. Ich beschloß, ihn John Smith zu nennen. Aber glücklich war ich mit dieser Entscheidung nicht. Es war ein zu vager, nichtssagender Name für einen Romanhelden – natürlich gibt es jede Menge Menschen von Fleisch und Blut, die den Namen John Smith tragen, ich habe selber mehrere gekannt, aber dennoch ... Und, wichtiger noch: Obwohl jeder von uns eine Art Jedermann ist, ist jeder auch ein einzigartiges Menschenwesen, ganz anders als alle anderen, die je existiert haben oder jemals existieren werden – eine eigenständige Persönlichkeit, komplex, voller Widersprüche, unberechenbar. Die Einzigartigkeit der Persönlichkeit ist ein tiefes Mysterium, vielleicht ebenso tief, wie der Tod selber eines ist. Mein John Smith war also Jedermann und zugleich ein unergründliches und undurchschaubares Individuum. Deshalb sollte er seinen eigenen spezifischen Namen haben, einen Namen, der nichts symbolisierte, sondern der einfach nur er war, sein Name. Wie schade, dachte ich, daß er nicht zwei Namen haben kann – Jedermann und einen ganz individuellen. Dann ging mir auf: Ein Brite kann durchaus zwei Namen haben, dann nämlich, wenn er von Adel ist. Wenn Joe Bloggs zugleich Lord Snookfish ist, dann ist er auch Joe Snookfish. Alle drei Namen sind seine, und alle drei werden vielleicht gleich oft verwendet. Wenn ich John Smith in den Adelsstand erhob, konnte ich ihm einen weiteren Namen geben und hätte dann nicht zwei, sondern drei. Da er noch so jung war, mußte er schon als Adeliger geboren worden sein, man konnte ihn noch nicht wegen seiner Verdienste geadelt haben. Manchen Lesern mag es vielleicht ein wenig verkrampft vorkommen, daß ich einen jungen, arbeitenden Journalisten zum Adeligen machte, aber auf Anhieb fielen mir gleich mehrere professionelle Journalisten ein, die dem Erbadel angehörten: Wayland Young, John Griff, Nicholas Bethell – an Beispielen fehlte es wirklich nicht. Mein Plan war also sehr realistisch, deshalb wollte ich ihn beibehalten, und John Smith wurde zugleich John Winterborne. Doch das hatte weite Nebenwirkungen. Es bedeutete, daß er aus einer gesellschaftlich privilegierten Familie stammte und zumindest mit einem Fuß in ihrer Welt stand, die deshalb im Buch auch eine Rolle spielen mußte. Ich konnte natürlich Gründe erfinden, aus denen das nicht der Fall war, aber bei näherem Nachdenken erkannte ich, daß ich ihm jeglichen möglichen persönlichen und gesellschaftlichen Vorteil schenken konnte, um ihn dann angesichts des Todes erkennen zu lassen, wie wertlos diese Vorteile waren, ohne daß das willkürlich oder aufgesetzt wirken würde. Auf diese Weise gab ich den Möglichkeiten des Buches ein weiteres Spektrum – vielleicht nicht auf tiefster Ebene, aber in einem Roman spielt die gesellschaftliche Oberfläche ja auch eine Rolle. Deshalb gab ich John einen Oberklassenhintergrund, über den er in gewisser Hinsicht hinauswuchs, und gegen den er aufbegehrte. Und auch das hatte wieder Nebenwirkungen – für seinen Charakter, für die Schauplätze des Romans und für den Plot ganz allgemein.

Bisher habe ich allein über die Entwicklung von Johns Charakter gesprochen. Aber vermutlich möchte fast jeder Romanautor eine Romanperson mit einer anderen konfrontieren, eine Szene mit der nächsten, deshalb gab ich einer Person oft eine bestimmte Eigenschaft, weil diese Eigenschaft einer anderen fehlte, und weil ich nun gerade etwas über diese andere Person aussagen wollte. Personenzeichnungen werden nicht nur durch Thema und Plot bedingt, sondern auch durch alle anderen Elemente des Buches. In hohem Grad machen wir aus jeder Person alles das, was das Buch an irgendeinem Punkt und aus irgendeinem Grund von ihr verlangt, doch wir wollen auch vermeiden, daß die Person die gewünschte Eigenschaft zum passenden Zeitpunkt einfach aus dem Ärmel schüttelt. Dazu sind Planung und Weitsicht nötig, immer wieder müssen wir die Personen einander anpassen und in das Universum des Romans einfügen. Der große Vorteil dabei ist, daß wir alle Freiheiten genießen, wir können alles erfinden, was wir brauchen, um das Buch nach seinen eigenen Prämissen funktionieren zu lassen – das Buch lebensecht und glaubhaft zu machen ist ein sehr wichtiger Teil der Arbeit. Ich war in der Entstehungsphase meines Buches lange davon überzeugt, daß die Personen zu willkürlich aufgebaut waren, aber zu einem bestimmten Zeitpunkt nahmen sie dann ihr eigenes Leben an. Gleichzeitig fing ich dann auch an, häufig von ihnen zu träumen. Ich deutete das dahingehend, daß sie sich nun der Kontrolle durch mein Bewußtsein entzogen hatten und unterbewußte Eigenschaften erwarben. Ich fing an, über sie als Menschen zu denken, und das tue ich noch immer.

Ein Plot wird, wie die Personen, ausgehend von den inneren Bedürfnissen des Buches entwickelt. In *Facing Death* dominieren die Entwicklung von Johns Krankheit und seiner Behandlung – die meiner Ansicht nach (eine Ansicht, die sicher nicht alle Autoren teilen) dem damaligen Stand der medizinischen Forschung entsprechen mußte. Die Dauer der Phasen, in denen er sich wohl fühlte, die Art, in der diese guten Zeiten ein Ende fanden, die Dauer der Phasen, die er im Krankenhaus verbringen mußte, seine Behandlung und wie er darauf reagierte, das alles wurde zu einem detaillierten Rahmenwerk, in das sich jedes Element der Geschichte auf natürliche Weise einfügen mußte. Zu diesen Elementen gehörte auch eine Schwangerschaft, mit deren Zeitplan ich nicht willkürlich schalten und walten konnte. Befreundete Ärzte brachten mich in Kontakt zu einem Fachmann für die Hodgkinsche Krankheit. Er arbeitete an einem Londoner Krankenhaus, und war bereit, beim Entstehen meines Romans als medizinischer Ratgeber zu fungieren. Zu jeder Stufe von Johns Krankheit fragte ich ihn nach der zu erwartenden nächsten Stufe, und er antwortete dann zum Beispiel: »Na ja, damals hätte ich nur zwei Möglichkeiten gehabt. Ich hätte entweder dies gemacht, und dann hätte er für eine Woche oder zehn Tage im Krankenhaus bleiben müssen. Oder ich hätte jenes vorgezogen, dann hätte er dreimal die Woche zur ambulanten Behandlung kommen und sich eine Spritze geben lassen müssen.« Er beschrieb auf meine Fragen hin in allen Einzelheiten, wie die möglichen Alternativen ausgesehen hätten und wie Patienten auf die verschiedenen Behandlungsmethoden reagierten. Ich entschied mich dann für die Möglichkeit, die zu meiner Geschichte und den sich entwickelnden Beziehungen zwischen den Romanpersonen am besten paßte. Manchmal richtete ich auch Wünsche an meinen Ratgeber: »Ich möchte John für ein paar Tage aus dem Weg räumen, damit die anderen Personen sich hinter seinem Rücken treffen können; gibt es im Moment irgendeinen Grund, aus dem er für kurze Zeit ins Krankenhaus gesteckt werden kann?« Wenn es einen solchen Grund gab, dann nutzte ich das aus, wenn nicht, erfand ich einen anderen Grund für Johns benötigte Abwesenheit, vielleicht wurde er dann auf Reportagereise geschickt. Auf diese Weise ergab sich die Abfolge der fiktiven Ereignisse, fügte sich alles zusammen und bildete eine Einheit. Wenn mich deshalb nach Erscheinen des Buches ein Leser fragte: »Wem ist das eigentlich wirklich passiert?«, dann konnte ich ihn nur ungläubig anstarren. Wenn ich erklären wollte, daß ich »das« wirklich erfunden hatte, daß meine Geschichte nicht auf tatsächlichen Ereignissen beruhte, sondern auf meiner Phantasie, daß ich mir das alles ausgedacht hatte, dann kam fast immer folgender Widerspruch: »Aber man merkt doch beim Lesen, daß es wirklich passiert sein muß – es ist alles so echt, wie aus dem Leben gegriffen. Nun sag schon, wer es war!« Und ich konnte nur denken oder vielleicht auch sagen: »Danke für das Kompliment. Ich habe mir große Mühe gegeben, um alles überzeugend wirken zu lassen, und dich zumindest scheine ich ja überzeugt zu haben.«

Am ehesten neigen übrigens Menschen, von denen wir es am allerwenigsten erwarten, zu der Annahme, daß ein Roman auf wirklichen Personen und wirklichen Ereignissen basiert, nämlich unsere Freunde, die uns und unser Leben doch recht gut kennen und es eigentlich besser wissen sollten. Doch hier spielt sich ein interessanter psychischer Prozeß ab. Da gerade diese Freunde, anders als alle anderen Leser, den Autor persönlich kennen und doch die verbreitete Ansicht teilen, daß Fiktion auf Tatsachen basiert, ertappen sie sich beim Lesen bei dem Gedanken: Wer kann wohl das Vorbild für diese Person gewesen sein? Mal überlegen, welche Malerinnen kennt Bryan denn so ... Und sie beschließen: Bestimmt hat er sich an Maria orientiert. Dann stellen sie sich die wirkliche Maria in der Rolle der fiktiven Malerin vor, sie hören Marias Tonfall, wenn die Person im Buch spricht. In Wirklichkeit machen solche Leser in Gedanken aus der Buchgestalt ein Porträt von Maria. Nach der Lektüre sagen sie dann: »Das war typisch Maria, er hat sie wirklich genau getroffen – jedes Wort und jede Geste«, weil ihnen beim Lesen die ganze Zeit Maria lebhaft vor Augen gestanden hat. Andere Freunde werden dieselben Eigenschaften jedoch anderen Modellen zuschreiben, und es wird im Freundeskreis zu Diskussionen darüber kommen, wer denn nun recht hat. Schließlich wird dann der Autor gebeten, die Frage zu klären. Es kommt auch vor, daß ein Freund sich beklagt, weil eine Darstellung angeblich nicht stimmt.»Du bist aber ein bißchen hart mit Maria umgesprungen, weißt du – so egozentrisch wie in deiner Darstellung ist sie doch nun auch wieder nicht.« Wenn der Autor dann antwortet:»Aber wenn du selber schon sagst, daß Maria nicht so ist wie diese Romanperson, wie kommst du dann auf die Idee, daß Maria gemeint sein könnte?«, ist die Antwort normalerweise:»Aber wenn nicht Maria, wer soll es denn dann sein?« Die Vorstellung, daß Fiktion auf wirklichen Menschen und wirklichen Ereignissen aufbaut, lebt in den meisten Lesern unerschütterlich weiter. Darin zeigt sich meiner Ansicht nach ein völliges Unverständnis für das Wesen von Fiktion, wozu sie dient, und warum sie geschrieben wird. Aber ich habe längst aufgegeben, in bezug auf meine eigenen Romane mit diesem Irrtum aufräumen zu wollen.

An dieser Stelle könnte ich nun wieder mit Einwänden von seiten der Leser rechnen. Ein Leser könnte sagen: »Aber Sie haben doch selbst gesagt, daß Sie einen Bekannten hatten, der in jungen Jahren an der Hodgkinschen Krankheit gestorben ist, daß die Ärzte seiner Mutter die Wahrheit sagten, ihm jedoch nicht, daß er sich verliebte und heiraten wollte, und daß die Mutter der jungen Frau reinen Wein einschenkte, ihm jedoch nicht; daß die Frau dann entscheiden mußte, ob sie ihn trotzdem heiraten wollte, und ob sie dem jungen Mann die Wahrheit sagen sollte. Und ich habe gehört, sie hätte sich dagegen entschieden, genau wie in Ihrem Buch. Und zu allem Überfluß haben Sie auch zugegeben, daß sie ihre fiktive Mutter nach dem Modell der wirklichen Mutter des jungen Mannes geformt haben. Wie können Sie dann leugnen, die Geschichte dieser Menschen erzählt zu haben? Es läßt sich doch nicht vermeiden, daß Ihr ganzer Bekanntenkreis genau davon ausgehen muß?«

Dazu habe ich folgendes zu sagen: Niemand, der den jungen Mann oder seine Verlobte gekannt hat, könnte auf die Idee kommen, daß die Personen im Buch Porträts dieser beiden sein sollen; sie haben nicht die geringste Ähnlichkeit mit ihnen. Und mit Ausnahme der Mutter und eines der Ärzte stehen auch die anderen Personen im Buch nicht einmal in entferntem Zusammenhang zu Bekannten von mir – und dieser Arzt hat, darauf habe ich auch schon hingewiesen, den jungen Mann und seine Familie niemals kennengelernt. Diese Aussage läßt sich in einem Punkt zwar einschränken, aber es ist ein Punkt, den meine Kritiker nie erwähnen, obwohl er von größter psychologischer und künstlerischer Bedeutung ist. Weil ich meine Personen erfinde und alle Möglichkeiten meiner Phantasie und meiner Menschenkenntnis aufwende, um Zugang zu ihrem Inneren zu erlangen, um zu fühlen, was sie fühlen, zu denken, was sie denken, die Welt durch ihre Augen zu sehen, enthalten sie alle wichtigen Elemente meiner selbst. Zweifellos enthalten sie sogar mehr von mir als mir bewußt ist, und das aus zwei Gründen: Zum einen könnte ich niemals in einer solchen Person, ob bewußt oder unbewußt, einen Gedanken, ein Gefühl oder eine Erkenntnis lebendig werden lassen, die ich nicht selber auch haben könnte, und deshalb sind meine Personen im Grunde von meinen Begrenzungen eingeschränkt, was bei wirklich lebenden Menschen natürlich nicht der Fall sein kann. Zum anderen müssen sie alle viel mehr von meinem Unterbewußtsein enthalten, als mir bewußt sein kann. Wenn ich gefragt werde: »Ist John du?«, oder »Ist Keir du?«, dann antworte ich spontan: »Alle Romanfiguren sind ich.« Das ganze Buch ist meine Schöpfung, alles darin, nicht nur die Personen, sondern auch alle Dinge, die ich selber gar nicht erkenne, sind ein Ausdruck meiner selbst. Aber das gilt nur für das Buch als Ganzes, nur für das Buch als *Ganzes* spreche ich gewissermaßen mit eigenem Mund. Nichts *innerhalb* des Buches muß zwangsläufig ich selber sein, keine Ansicht, die irgendeine Person ausspricht, muß meine sein, kein Gefühl, keine Erfahrung muß ich selber teilen. Bei allem braucht es sich nur um Dinge zu handeln, die ich wahrnehme, und sei es nur in meiner Phantasie oder unbewußt, zu denen ich mich verhalten möchte, ob ich sie nun akzeptiere, abweise oder abwandele.

Ich glaube, ich verhalte mich wie die meisten seriösen belletristischen Autoren und benutze das gesamte Materialspektrum, das mir zur Verfügung steht, egal, woher es stammt. Und die Tatsache, daß mich der Ursprung des Materials nicht interessiert, bedeutet, daß zu den Quellen auch meine Bekannten, meine Erfahrungen und alles, was ich mir überhaupt nur ausdenken kann, gehören. Daß das Material aus dem wirklichen Leben stammt, ist jedoch immer nur ein Zufall: Es geht mir nicht darum, und es kann niemals zum Thema meiner Bücher werden. Ich habe durchaus nicht vor, etwas über wirkliche Menschen und wirkliche Ereignisse zu vermitteln. Niemals nehme ich einen Bekannten oder ein tatsächliches Ereignis zum *Ausgangspunkt*, um daraus dann Fiktion zu formen. Genau das Gegenteil ist der Fall: Mein Ausgangspunkt ist, daß ich einen Roman schreibe, und um ihn so wachsen zu lassen, wie er wachsen soll, lasse ich ihm die Nahrung aus allen möglichen Quellen in der Form zufließen, die dem Roman selber am bekömmlichsten ist.

Vielleicht wird das alles verständlicher, wenn ich ein anderes Beispiel dafür anführe, wie ich tatsächliche Erlebnisse in einem Roman auf eine Weise verwenden könnte, die sogar meine Freunde verwirrt. Angenommen ich möchte über eine Liebesbeziehung zwischen einem Jungen und einer viel älteren Frau schreiben. Für seine psychische Entwicklung ist es wichtig, daß er nur diese einzige Frau kennt. Also werde ich vermutlich meine Geschichte in einer rein männlichen Welt spielen lassen. Welche rein männlichen Welt käme für meinen Jungen in Frage? Schulschiffe, Erziehungsheime, Internate, manche Krankenhäuser. Und wie gerät eine reife Frau in eine solche Welt? Weil ihr Mann dort einen Posten bekleidet, als Offizier, Wärter, Lehrer, Arzt (langsam nimmt mein Plan schon Form an). Wenn ich Risiko und Spannung auf die Spitze treiben will, dann verheirate ich die Frau mit der höchsten Autoritätsperson – dem Kapitän, Heimleiter oder Rektor. Der Ehemann könnte dann ein Mann mittleren Alters mit einer sehr viel jüngeren Frau sein, so daß der Altersunterschied zwischen ihr und dem Jungen nicht größer, oder vielleicht sogar kleiner ist als der zwischen ihr und ihrem Mann. Ihr Mann könnte ein interessanter Charakter sein, der nur für seine Arbeit lebt, vielleicht aber auch jemand, der zum Zeitpunkt der beschriebenen Ereignisse durch eine Krise innerhalb seiner Institution auf besondere Weise herausgefordert wird – und der Junge könnte auf irgendeine Art etwas mit der Krise zu tun haben, was die im Buch vorherrschende Atmosphäre von Spannung und Gefahr noch erhöht. Jetzt schält sich auch schon ein Entwurf zu meiner Geschichte aus dem Nichts heraus. Und so geht es weiter. Irgendwann im Laufe meiner Überlegungen, und zwar recht bald, muß ich mich für die »Welt« entscheiden, in der sich das alles zutragen soll. Eine der möglichen Welten wäre sehr viel vorteilhafter als die anderen, schließlich habe ich selber fast sieben Jahre in einem Internat verbracht und kenne das Internatsleben aus eigener Anschauung. Ich kenne es nicht nur, ich habe auch ein Gefühl für seine Feinheiten und Zwischentöne. Ich bin jedoch nicht gezwungen, meine Geschichte in einem Internat spielen zu lassen, ich traue mir durchaus zu, ein Schulschiff oder ein Erziehungsheim überzeugend zu schildern. Aber ich könnte dem Hintergrund größere Authentizität und Tiefe geben und mit umfassenderem Verständnis schreiben, wenn ich mich für ein Internat entschiede. Und so würde meine Entscheidung dann vermutlich auch ausfallen.

Wenn ich dann weiter an meiner Geschichte arbeitete, würde ich vermutlich feststellen, daß sie komplizierte, geheimgehaltene Unternehmungen erfordert, Treffen in der Dunkelheit oder so. Außerdem müßte die Erwähnung von Gebäuden, Entfernungen, Winkeln und ähnlichem immer gleich und immer plausibel sein. Auch die Frage, was sich von welchem Fenster aus beobachten läßt, könnte für den Plot von Bedeutung sein. An einem solchen Punkt in der Entwicklung einer Geschichte setzen viele Autoren sich dann hin und erfinden ihre Schule. Sie entwerfen eine Kartenskizze, die normalerweise nicht im Buch erscheint, um die Bewegungen ihrer Charaktere zu überprüfen. (Bernard Shaw benutzte ein Schachbrett und Papierschnipsel, auf denen die Namen seiner Personen vermerkt waren.) Ich würde sicher auch so vorgehen, wenn meine Geschichte das verlangte, zum Beispiel, wenn der Grundriß der Schule auf eine bestimmte Weise angelegt sein müßte, um den Plot überzeugend werden zu lassen. Aber wenn das nicht unbedingt nötig wäre, würde ich wohl denken: Ich sehe meine alte Schule viel lebhafter und detaillierter vor mir als irgendeine Schule, die ich mir ausdenken könnte, und es wäre weniger anstrengend, sie beim Schreiben immer vor mir zu sehen. Ich kenne jeden Winkel und jede Ecke, und ich würde mich dort auch im Dunkeln zurechtfinden. Ich werde also folgendes tun: Ich werde der Schule im Buch einen anderen Namen geben, aber beim Schreiben werde ich Christ's Hospital vor Augen haben, so, wie es damals ausgesehen hat. Das bürgt für Einheit und Übereinstimmung des Schauplatzes und läßt die Bewegungen meiner Personen glaubhaft werden; wenn meine tiefverwurzelten Gefühle für diese Schule auf mein Schreiben einwirken, was nicht unbedingt bewußt geschehen muß, dann gewinnt dadurch die »Welt«, in der meine Geschichte sich abspielt, an eigenem Leben und ist kein zweidimensionaler Hintergrund mehr.

Es geht mir hier darum, daß ich zu dieser Entscheidung nicht gezwungen wäre, es wäre kein Problem, sie nicht zu treffen. Es würde sich einfach nur um ein Hilfsmittel handeln, das dazu beitrüge, bestimmte innere Bedürfnisse des Buches zu erfüllen, die in der Wirklichkeit nicht aufgetreten sind. Es könnte auch ein fauler Ausweg sein, um mir die zum Erfinden nötige Konzentration und Energie und auch Zeit zu ersparen. Aber wenn ich diese Entscheidung erst getroffen hätte, dann könnte ich auf jegliches Material aus meiner Schulzeit zurückgreifen, das meinen Zwecken dient. Wenn ich den Hintergrund noch weiter anreichern wollte, könnte ich Menschen und Ereignisse heranziehen, die einen lebenslangen Eindruck auf mich gemacht haben; wenn mein Buch zu trocken zu werden drohte, könnte ich einen verschrobenen Lehrer einführen, über den damals viele Anekdoten im Umlauf waren; wenn mein Plot zu irgendeinem Punkt einen dramatischen Zwischenfall benötigte, der die gesamte Schule gleichzeitig träfe, wie ein Brand oder eine Bombe, würde ich mich zweifellos an die Fliegerbombe erinnern, von der meine Schule im Krieg getroffen wurde, und ich würde meine Erinnerungen in meinem Roman verwenden.

Ich bin ganz sicher, daß nach Veröffentlichung des Buches viele langjährige Bekannte die Hauptgeschichte als authentische Geschichte auffassen würden, vermutlich sogar als meine authentische Geschichte. Sie würden annehmen, daß ich damals eine Liebschaft hatte, und wenn nicht mit der Frau des Direktors, dann mit der irgendeines anderen Lehrers. Und wenn ich nicht eine eigene Erfahrung beschrieb, dann handelte mein Buch bestimmt von einem Jungen, den ich gekannt oder von dem ich gehört hatte. Leser, die meine Schule besucht hatten, würden sagen: »Aber das ist doch Christ's Hospital, wie es leibt und lebt. Sogar dieser exzentrische alte Schularzt tritt auf, der Kommunist war und nach dem Gottesdienst atheistische Pamphlete verteilte.« Und wenn andere Leser das hörten, würde es ihre Annahme bestätigen, daß mein Buch auf echten Menschen und Ereignissen basierte – worauf die interessanteste Frage natürlich wäre: Wer waren die Originale? War ich wirklich der Junge? Und war die Frau wirklich die Frau des Direktors? (Und an dieser Stelle fällt mir ein, daß zu meiner Schulzeit der Direktor wirklich ein Mann mittleren Alters mit einer jüngeren Frau war.) Wenn mich dann jemand fragen würde (und solche Fragen werden seltsamerweise durchaus gestellt): »Also, wenn die Hauptgeschichte gar nicht wahr ist, warum haben Sie sie dann geschrieben?«, dann könnte ich nur antworten: »Ich wollte das eben. Ich hatte das Bedürfnis, diese spezielle Situation zu beschreiben und zu erforschen. Wenn Sie wirklich wissen wollen, warum, dann kann das vermutlich nur ein Analytiker beantworten. Und der sagt dann vielleicht, weil ich ein ungeliebtes Kind war, das sich auf dieser Welt nichts so sehnlich wünschte wie die Liebe einer älteren Frau, der einzigen Frau, die ich als Kind kannte, meiner Mutter. Aber der wirkliche Grund könnte auch ein ganz anderer sein. Ich weiß es nicht.«

Meine Hauptpersonen und die Ereignisse in meinen Romanen stehen auf einer Art unterirdischen Ebene in Kontakt mit mir und meiner Erfahrung. Sie sind nicht Autobiographie, dieses Wort wäre wirklich ganz und gar fehl am Platze: Sie entspringen einem tiefverwurzelten Bedürfnis, etwas zu erfahren, es zu verstehen, mich damit abzufinden, es zu exorzieren – oder alles zusammen. Doch auch auf dieser Ebene trifft das Gegenteil davon zu, was viele Leute annehmen: Es ist nicht so, daß ich etwas wahrnehme oder erlebe und dann einen Roman darüber schreibe; ich schreibe Romane, um Erkenntnis und Verständnis zu erlangen. Das Schreiben bringt mich dazu, nicht das, worüber ich schreibe. Die Kräfte hinter diesem Drang sind von emotionaler Natur und zumeist unbewußt. Im Fall von *Facing Death* – so, wie das Buch nachher ausfiel, ganz anders eben als ursprünglich geplant – schrieb ich aus der Tiefe meines Bedürfnisses, mich mit dem Tod abzufinden. Ich mußte mich ihm ganz und gar stellen, mußte den Prozeß des Sterbens so unausweichlich durchleben, wie das in der Phantasie nur möglich ist, und während ich mich in diese Erfahrung vertiefte, mußte ich mich fragen: Wenn das alles so unausweichlich ist, welchen Sinn hat dann das Leben?

Der bisher einzige Roman, den ich danach geschrieben habe, *To Live in Danger*, diente einem anderen Zweck, der mich sehr viel weniger beschäftigte, doch meine Personen und Ereignisse entwickelte ich ungefähr auf dieselbe Weise. Ich wollte zeigen, daß geheimdienstliche Tätigkeit selbst die anständigsten Menschen, die sich damit befassen, und sei es auch nur auf unterster Ebene, zwangsläufig korrumpieren muß. Ich nehme an, diese Erkenntnis machte mir in zweifacher Hinsicht zu schaffen: Weil ich selber mit dieser Korruption konfrontiert worden war, und weil ihre Realität so ganz anders aussah als in den Büchern, die ich voller Vergnügen verschlungen hatte. Ich verdankte diese Erkenntnis der Tatsache, daß ich meine Militärzeit beim Nachrichtendienst verbracht hatte. Das war das autobiographische Element in meinem Buch. Ich griff auf persönliche Erfahrungen zurück, um meiner Geschichte einen authentischen Hintergrund zu geben und um die Arbeitsabläufe korrekt darzustellen. Wieder entlieh ich Aspekte meiner Nebengestalten aus dem wirklichen Leben. Die Hauptperson dagegen hatte keinerlei Ähnlichkeit mit mir oder mit meinen Kollegen. Nach Erscheinen des Buches hielten viele meiner Freunde die Geschichte für eine nur leicht getarnte Autobiographie und ließen sich von meinen ablehnenden Beteuerungen nicht beeindrucken. Ihre Reaktion hatte so wenig mit der Wahrheit zu tun, daß ich zunächst gar nicht darauf aufmerksam wurde, doch als ich ihrer gewahr wurde, konnte ich es nicht fassen.

Natürlich haben verschiedene Autoren ganz unterschiedliche Arbeitsmethoden, ich kann in dieser Hinsicht nur für mich selber sprechen. Aber im Laufe der Jahre habe ich sehr viele Schriftsteller getroffen, die mir von ähnlichen Erfahrungen und Eindrücken wie den meinen erzählten. Wir können diese Tatsachen noch so klar formulieren, geglaubt wird uns nicht. Diese Weigerung uns Glauben zu schenken ist derartig unumstößlich und unbeirrt, daß es zumindest mich nur noch verblüfft. Nicht einmal dem größten aller Romanciers, Tolstoi, bleibt diese Behandlung erspart. Aylmer Maude gilt für viele als bester Übersetzer und zugleich bester Biograph Tolstois. Seine englische Übersetzung von *Krieg und Frieden* enthält im Anhang »Einige Bemerkungen über *Krieg und Frieden*« von Tolstoi, erstmals veröffentlicht 1868, in denen der Russe schreibt: »Es würde mich sehr betrüben, wenn die Ähnlichkeit zwischen erfundenen und wirklichen Namen den Eindruck erweckte, daß ich diese oder jene wirkliche Person beschreiben wollte, vor allem, da der literarische Vorgang des Beschreibens von wirklichen Menschen, die existieren oder existiert haben, nichts mit meinem eigenen Vorgehen zu tun hat ... Alle anderen Personen sind pure Erfindung und haben keine Vorbilder in Tradition oder Realität.« Maude fügt eine Fußnote hinzu, die das Gegenteil behauptet. Vor den Roman setzt er eine Personenliste, die in etwa so gehalten ist: »Gräfin Vera Rostowa, ihre ältere Tochter (vermutlich nach Liza Behrs, der älteren von Tolstois Schwägerinnen).« Ich würde das für eine unglaubliche Frechheit halten, hätte ich nicht ähnliches mit eigenen Freunden erlebt, die mir schließlich um einiges näher standen als Maude Tolstoi. Es ist wirklich besorgniserregend, daß viele Leser, die nicht weniger intelligent, begabt und gebildet sind als Maude, nicht begreifen, was kreatives Schreiben bedeutet oder wie es vor sich geht. Man könnte unterstellen, daß sie auch nicht wissen, was Kunst ist. Sie verhalten sich wie Gemäldeliebhaber, die jedes Porträt einer Madonna mit Kind für ein Bildnis des Modells des Künstlers, zumeist seiner Geliebten, und ihres kleinen Sohnes halten, und die sich auch von den Galeristen keines Besseren belehren lassen, nicht einmal dann, wenn der Ausstellungskatalog uns mitteilt, wer für die jeweilige Madonna Modell gestanden hat, und daß das Kind in Wirklichkeit ein Mädchen war, kein Junge.

Vier Jahre lang beschäftigte ich mich immer wieder mit dem Schreiben von *Facing Death*. Emotional gesehen war es die größte Herausforderung meines Lebens. Sie bildete den Höhepunkt meines langen Kampfes gegen die Midlife-Crisis, meines Versuchs, mich nicht vom Tod und meiner Todesangst überwältigen zu lassen, meines Befreiungskrieges gegen diese Dinge. Danach war ich total erschöpft, aber ich hatte überlebt. Ähnlich wie zwei oder drei meiner Bekannten, die dem Tode ins Auge geblickt hatten (sie wurden allerdings nicht durch einen anderen Menschen bedroht) und dadurch für immer von ihrer Todesangst geheilt wurden, weil sie sich zu ihrem Erstaunen angesichts des Todes nicht gefürchtet hatten, – hatte ich diese Erfahrung im Geiste nachvollzogen. Ich kann zwar nicht behaupten, seither von Todesängsten frei zu sein, aber ich habe mich diesem Schrecken so ehrlich gestellt, wie ich nur konnte, und bisher habe ich überlebt. Ich fürchte mich jetzt weniger als damals. Und meine Angst lähmt mich nicht mehr. Ich nehme an, daß ich mein Buch in erster Linie geschrieben habe, um genau das zu erreichen.

Während ich an diesem Roman arbeitete, ging ich an die Grenzen meiner Fähigkeiten, um den endgültigen Sinn des Lebens zu ergründen, ob dieser nun in den erfahrenen Realitäten des Bewußtseins liegt, in dem einzigartigen Selbstbewußtsein des Individuums, in zwischenmenschlichen Beziehungen, in familiärer Bindung oder in der Zugehörigkeit zu einer größeren Gruppe, in befriedigender Arbeit, im Schaffen und Konsumieren von Kunst oder im kontemplativen Denken. In keinem dieser Bereiche kam ich weit genug; jeder dieser Entdeckungspfade endete, so aufregend er anfangs auch gewirkt haben mußte, in Frustration. Keiner von ihnen wurde mein Sesam-öffne-dich, durch das sich mir der Schlüssel zum Rätsel des Lebens dargeboten hätte. Das Rätsel wurde auf diesen Wegen nur immer unerreichbarer. Keiner von ihnen versprach auch nur, dem Leben zumindest ansatzweise einen Sinn zu geben, der im Angesicht des Todes ausreichen würde. Als ich mein Buch beendete, hatte ich das Gefühl, die Suche so weit gebracht zu haben wie nur möglich, und doch war ich weiterhin frustriert und verwirrt. In diesem Gesamtkontext läßt sich sagen, daß sich *Facing Death* auch mit den Grenzen der Philosophie befaßte. Die beiden männlichen Hauptpersonen haben in Oxford studiert, wo sie sich auch kennenlernten, doch ihr Studium hilft ihnen nicht weiter, als sie mit den grundlegenden Fragen des Lebens konfrontiert werden. John braucht länger als Keir, um das zu erkennen. Eine Zeitlang finden beide, daß die Form von Philosophie, in der sie unterrichtet worden sind, nicht ausreicht, sie können sich jedoch nicht über die Gründe dieser Unzulänglichkeit einigen. Keir kleidet seine Meinungsverschiedenheit mit John in folgende Worte: »Du hast die Methoden der Oxford-Philosophie für einen phantastischen Werkzeugkasten gehalten, der von den Philosophen jedoch nur für belanglose Zielsetzungen verwendet wurde. Ich habe das Werkzeug an sich für falsch gehalten, mit dem sich die wichtige Arbeit einfach nicht bewältigen läßt.«

Daß die Oxford-Philosophie ihr Werkzeug vor allem für Belanglosigkeiten verwendet hatte, traf zweifellos zu, aber ich wußte nicht so recht, ob es nicht doch eine sinnvollere Verwendung dafür gab. Als ich die erste Fassung von *Facing Death* beendet hatte, wollte ich unbedingt mit meinem inzwischen erreichten Erkenntnisstand noch einmal die philosophischen Werke lesen, die ich zwanzig Jahre zuvor in Oxford studiert hatte, vielleicht konnten sie mir ja doch ein wenig weiterhelfen. Ich überschlug, daß ich zwischen sechs Monaten und einem Jahr dafür brauchen würde, wenn ich diese Lektüre zu meiner Hauptaufgabe machte. Aber ich hatte finanzielle Probleme: Um *Facing Death* schreiben zu können, hatte ich auf meine Ersparnisse zurückgegriffen, und die waren nun aufgezehrt. Wie sollte ich mich nun ein Jahr lang auf die Philosophie konzentrieren, ohne immer wieder von der Notwendigkeit, Geld zu verdienen, davon abgehalten zu werden? Indem ich für das Lesen bezahlt wurde. Und so entwickelte ich die Idee zu einer langen Rundfunkserie über britische Philosophie um die Mitte des 20. Jahrhunderts. Die BBC mußte mir zweifellos darin zustimmen, daß ich sehr viel lesen müßte, um die Serie vorzubereiten und entsprechende Spesen in mein Honorar einkalkulieren. Damals, gegen Ende der sechziger Jahre, bestand so gut wie keine Möglichkeit, eine solche Serie ins Fernsehen zu bringen, im Radio sah es dagegen besser aus. Ich hatte schon viele Sendungen für Radio 3 gemacht, hatte sogar meine eigene Kunstserie moderiert. Deshalb ging ich mit meiner Idee zum Leiter des Radio 3 Network, Howard Newby (dem Romancier P. H. Newby, dem ersten Gewinner des Booker Prize), und er war davon angetan. Auf diese Weise nahmen meine Rundfunksendungen über Philosophie ihren Anfang, die, was ich damals nicht ahnen konnte, mich noch viele Jahre beschäftigen und meinen Namen in vielen Ländern bekannt machen sollten. Nebenbei und unbeabsichtigt bedeutete das auch meine Rückkehr zur regelmäßigen Rundfunkarbeit als Hauptbroterwerb.

Die erste Radioserie lief unter dem Titel *Conversations with Philosophers*, das dazugehörige Buch erschien später als *Modern British Philosophy*, und unter diesem Titel ist es noch heute bekannt. Mir wäre *British Philosophy in Mid-Century* lieber gewesen, aber es gab bereits ein Buch mit diesem Titel. Ich schlug *Contemporary British Philosophy* vor, was mein Verleger, Fred Warburg von *Secker & Warburg* mir dann wieder ausredete. »Contemporary«, als zeitgenössisch, meinte er, sei ein blödsinniges, lustfeindliches Wort, »modern« dagegen erschien ihm als fröhliches, attraktives Wort, das ungefähr dasselbe bedeutete. Ich ließ mich überreden. Wie den meisten jungen Leuten war mir nicht klar, wie flüchtig die mir bekannte Welt war, wie schnell beide Adjektive, zeitgenössisch und modern, mein Buch als überholt erscheinen lassen würden. Ich fürchte, daß *Modern British Philosophy* inzwischen ein irreführender Titel ist.

Die Rundfunkserie bestand aus dreizehn Sendungen à 45 Minuten, die eher in Form von Interviews gehalten waren als von Gesprächen. In jeder Sendung wurde ein anderer im Fach allgemein respektierter Philosoph interviewt. Ich wollte den Hörern die neuere britische Philosophie präsentieren – sie sollten erfahren, welche Denkschulen es derzeit gab, und sie sollten die jeweils führenden Vertreter vorgestellt bekommen. Ich wußte, daß das nur möglich wäre, wenn ich den Hörern auch einiges an Hintergrundwissen vermittelte, vor allem in bezug auf Russell, Moore, Austin und Wittgenstein. Einige Sendungen sollten deshalb das zum Verständnis der anderen nötige Wissen liefern. Hierzu führte ein Philosoph, der sich damit befaßte, in die derzeitige Diskussion eines wichtigen Bereiches der Philosophie ein – Bernard Williams in die Ethik, Alasdair MacIntyre in Politologie und Sozialphilosophie, Ninian Smart in die Religionsphilosophie, Richard Wollheim in die Ästhetik. Und schließlich wollte ich die größten Denker einladen, deren Arbeiten eigene Studienzweige begründet haben – A. J. Ayer, Gilbert Ryle, Peter Strawson und Karl Popper –, damit sie persönlich ihre Vorstellungen erläuterten und auf Kritik eingingen.

Ich bat die BBC um die vollständige Kontrolle über die Serie, was mir gewährt wurde, und ich übernahm alle Aufgaben des Produzenten selbst – ich legte die Länge der Sendungen, die behandelten Themen und die Gäste fest, ich führte das jeweilige Interview, schnitt die Bänder zusammen, regelte alles bis ins kleinste Detail. Ich schrieb sogar die dreizehn Programmtexte für die *Radio Times*. Der offizielle Produzent der Sendung, George MacBeth, den ich bereits seit meiner Zeit in Oxford kannte und der inzwischen als Lyriker zu Ruhm und Ehren gelangt war, überließ mir nur zu gern alle Entscheidungen und die ganze Arbeit, während er ein Jahr fast vollständiger Freiheit genoß und sich seiner Poesie widmen konnte. MacBeth freute sich noch mehr, als die Serie zu einem Erfolg wurde, der ihm als Produzenten alle Ehre machte. Er hatte selbst die Mühle der Oxford-Philosophie durchlaufen und war damals zum »Produzenten« der Serie wie geschaffen, wir sprachen jedoch nicht ein einziges Mal über Inhalte oder Mitwirkende der einzelnen Sendungen. Sein Büro, genauer gesagt, seine Sekretärin Drusilla Montgomerie, organisierte Studios und die technische Ausrüstung, um die ich bat, lotste Verträge und Kostenrechnungen durch die Bürokratie und übernahm ganz allgemeine Organisationsaufgaben. Diese Arbeitsteilung setzte ich bei meiner darauf folgenden Fernsehserie über Philosophie fort: Ich machte es immer zur Bedingung, daß die vollständige Entscheidungsgewalt über die ganze Serie bei mir lag, ich erhob jedoch niemals Ansprüche auf den Titel eines Produzenten.

Als alle Folgen der Radioserie eingespielt worden waren, sollte daraus ein Buch werden. Ein Blick auf die Abschriften zeigte jedoch, daß sie in dieser Form einfach nicht veröffentlicht werden konnten. Wir alle sprechen spontan, improvisiert, so gut wir uns unsere einzelnen Sätze auch überlegen mögen, und deshalb sind diese weniger präzise und treffend konstruiert als geschriebene. Außerdem sind sie in der Regel zu lang, denn wir hängen immer noch Nebensätze an oder fügen Bemerkungen hinzu. Außerdem neigen wir zu Gemeinplätzen, Redensarten, Wiederholungen und anderen Gewohnheiten der Alltagssprache, die auf einer Druckseite sehr schwerfällig wirken. In der schriftlichen Version wird eine unbefriedigende Formulierung oft verbessert, so daß die erste Fassung dann entfernt werden kann. Manchmal stellen wir eine Behauptung auf und widerlegen sie dann, wieder ist also die erste Formulierung überflüssig. Im nachhinein fällt uns all das ein, was wir gern gesagt hätten, und das wollen wir dann in die geschriebene Fassung einfließen lassen. Aus diesen und vielen anderen Gründen ist die mündliche Rede, so gut durchdacht sie auch sein mag, niemals gut genug für ein Buch. Ich mußte meine Gäste also bitten, ihre Beiträge für das Buch noch einmal zu überarbeiten. Deshalb konnte ich sie auch gleich dazu auffordern, ihre Texte in die bestmögliche Form zu bringen. Ich bat sie, sich an die ursprüngliche Länge zu halten, um im Buch kein Ungleichgewicht aufkommen zu lassen, und ihren Gesprächston zu wahren, weil das die Verständlichkeit vergrößerte und sich einfach besser las. Ich wußte, daß die meisten Leser die Sendungen nicht gehört haben würden, deshalb wollte ich aus dem Buch das bestmögliche unabhängige Produkt machen, ohne mich allzusehr darum zu kümmern, was im Radio gesagt worden war – obwohl die Sendungen natürlich für die Grundstruktur und den Tonfall der Beiträge und eigentlich für ihre Existenz überhaupt die Voraussetzung waren.

Während dieser Arbeit versuchte ich, durch Raubzüge in die Fachwelt meiner Beitragsgeber mein Wissen zu erweitern. Ich trat zwei Fachorganisationen bei, der *Aristotelian Society* und dem *Royal Institute of Philosophy*, besuchte deren Veranstaltungen und las ihre Zeitschriften. Außerdem nahm ich an Diskussionskreisen der Postgraduierten an der *London School of Economics* teil. Ab und zu nahm ich auch an einem Philosophenkongreß teil – ich besuchte beispielsweise die *Joint Sessions*. Das sind gemeinsam abgehaltene Treffen von der *Aristotelian Society* und der *Mind Association*, zu denen jährlich alle britischen Fachphilosophen zusammentreffen (wenn sie wollen). Diese Treffen finden jedes Jahr an einer anderen Universität statt. Ich nahm erstmals 1970 oder 71 teil und versuche seither, jedes Jahr dabeizusein.

Wichtig war und ist vor allem meine direkte Zusammenarbeit mit den Philosophen. Unsere ausgiebigen Gespräche waren für mich von unschätzbarem Wert. Ich las nicht nur zum ersten oder zum wiederholten Mal die Werke der führenden britischen Philosophen, ich konnte ihre Thesen nun auch mit ihnen persönlich diskutieren; konnte ihre Argumente auf die Probe stellen und sie um genauere Erläuterungen bitten, konnte sie fragen, wie genau ein Absatz oder ein Begriff zu verstehen sei, wie sie den am häufigsten vorgebrachten Kritikpunkten an ihrem Werk begegneten, wie sie die Werke eines Kollegen beurteilten. Wenn sie meine Interpretation ihrer Aussagen für korrekt befanden, dann konnte ich mich von nun an viel entschiedener dazu äußern – ich sagte natürlich nicht, es sei die Wahrheit, ich sagte, es sei so oder so gemeint – und das war von unschätzbarem Wert in einer Branche, in der sich alle Welt immer wieder darüber streitet, was X meint, wenn er Y sagt. Wenn sie meine Interpretation für falsch hielten und mir meinen Irrtum erklärten, konnte ich ihn nicht mehr anderen als korrekte Ansicht unter die Nase halten. Auf diese Weise erwarb ich ein tieferes und komplexeres Verständnis ihres Denkens, als es bei einem normalen Studium mit gelegentlichen Diskussionen unter Studenten möglich gewesen wäre. Und das alles bestärkte mich schließlich in meiner Überzeugung, daß sie – mit Ausnahme von Popper – allesamt vor dem fachlichen Bankrott standen.

Der inzwischen tote Zweig hatte meiner Ansicht nach sein Schicksal besiegelt, als sich seine Vertreter von Russell und Moore, und damit vom Hauptzweig, abwandten, um sich in die falsche Richtung zu entwickeln. Sie krempelten die von diesen beiden eingeführte Methode der logischen Analyse der Alltagssprache zum Thema ihres Faches um, womit die beiden Gründerväter übrigens überhaupt nicht einverstanden waren. Russell widersprach energisch, der eher phlegmatische Moore beschränkte sich auf Verständnislosigkeit. Dieser katastrophale Wechsel wurde, was wenig bekannt ist, zuerst von Wittgenstein vollzogen, der danach in Cambridge die Philosophie dominierte, gefolgt vom in Oxford dominierenden Austin. Bei Strawson, einem Austin-Schüler, der in frühen Jahren zu den Formalisten gezählt hatte, lagen die Einflüsse von Russell und Austin miteinander in einem gewissen Konflikt, ich glaube aber, daß Austin schließlich den Sieg davontrug. In späteren Zeiten entfernte Strawson sich immer weiter vom Kernland der Philosophie und steuerte deren Grenze zur Linguistik an (wie vor ihm auch Austin: Wenn er nicht bereits im Alter von neunundvierzig Jahren gestorben wäre, dann hätte er vermutlich die Philosophie schließlich verlassen). Ayer blieb Russell auf geradezu excessive Weise treu, entwickelte aber niemals eigenständige Ideen. Während fast der gesamten Phase der sogenannten Oxford-Philosophie war er nicht in Oxford, während des Zweiten Weltkrieges diente er zunächst in der Armee, zwischen 1946 und 1959 hatte er am *University College London* einen Lehrstuhl für Philosophie. Er kehrte erst 1959 nach Oxford zurück – doch wie er viele Jahre später zu mir sagte: »Ich bin nur nach Oxford gegangen, um Austin vom Sockel zu stoßen, doch kaum war ich angekommen, da war er auch schon tot.« Neben Russell war Ayer der dem britischen Publikum bekannteste Philosoph*, doch unmittelbar nach dem Zweiten Weltkrieg wurde sein Ruhm in

---

* In den vierziger Jahren gab es am *Birkbeck College*, London, einen Dozenten namens C. E. M. Joad, den seine wöchentliche BBC-Radiosendung *Brains Trust* im ganzen Land bekannt machte. Er war leidenschaftlich bei der Sache, aber ein ziemlicher Absahner. Seine populärwissenschaftlichen Bücher über Philosophie bezogen sich hemmungslos auf Russells Werk, ohne das je explizit zu erwähnen; als er einmal um eine Empfehlung für ein Buch von Joad gebeten wurde, lehnte Russell ab: »Ich werde mich hüten!« Joad, der niemals eine Professur bekleidete, nannte sich immer Professor Joad. Seine Karriere endete mit einem Skandal, als herauskam, daß er die Bahn regelmäßig über seine Fahrtkosten falsch informiert hatte. Er war wirklich eine Art Defraudant, der sich als seriöser Philosoph niemals einen Namen machen konnte, doch er sollte jahrelang der bekannteste britische Philosoph bleiben. Meiner Ansicht nach hat er eine ungeheuer wertvolle Leistung erbracht: Er hat der Allgemeinheit klargemacht, daß es in wichtigen Dingen um die richtige Fragestellung ging. Wenn jemand also fragte: »Sind Sie für Filmzensur oder nicht?«, dann fing seine Antwort fast immer so an: »Es kommt darauf an, was Sie unter Zensur verstehen.« Dann erklärte er einige grundlegende Unterschiede und sagte schließlich in etwa (aber diese Antwort habe ich jetzt gerade frei erfunden): »Wenn Sie das System meinen, durch das wir jeden Spielfilm, der in den populären Kinos läuft, in sittlich einwandfreie Form bringen – nein, dann bin ich dagegen. Aber wenn Sie mich fragen, ob es erlaubt sein sollte, Kinder für Pornofilme oder Fotos zu benutzen – nein, das sollte es nicht.« Woche für Woche führte er das an einem breiten Fragenspektrum durch, und ich glaube, die meisten erlebten damals zum ersten Mal, wie solche routinemäßigen Abklärungen so gelassen und geschickt vorgenommen wurden. Wie wichtig das war, zeigt sich an der Tatsache, daß sein Markensatz, »Es kommt darauf an, was Sie darunter verstehen«, im ganzen Land zu einer beliebten Redensart wurde, die noch heute unter der älteren Generation verbreitet ist und mit Joads Namen in Verbindung gebracht wird. Das Publikum hatte also seine Lektion gelernt, und ich halte das für ein nahezu unschätzbares Verdienst.

Oxford und Cambridge von Wittgenstein, Austin, Ryle und, seit Ende der fünfziger Jahre, Strawson überstrahlt.

Ryles Karriere verlief recht seltsam. Seine ersten Veröffentlichungen waren Artikel über Heidegger und Husserl, mit denen er in der Philosophie des englischen Sprachraums neue Wege beschritt. Er sah in den Werken dieser beiden etwas Neues, das Bedeutung und Substanz hatte, und wahrscheinlich noch beträchtlich entwicklungsfähig war. Voller Begeisterung schrieb der junge Ryle an Husserl und bat darum, ihn in Deutschland besuchen zu dürfen. Husserl sagte zu. Doch plötzlich kehrte Ryle dieser gesamten philosophischen Methode den Rücken und ignorierte sie offenbar für den Rest seines Lebens. Statt dessen wurde er zum Propheten der Sprachanalyse. Um Opportunismus hat es sich dabei wohl kaum gehandelt, Ryle war so furchtlos, wie er ehrlich war. Doch er war auch leicht zu beeinflussen, was darin zum Ausdruck kommt, wie sehr er später von Wittgenstein dominiert wurde, auch dann noch, als er Wittgenstein intensiv ablehnte.

Vielleicht kann man sich nur schwer vorstellen, daß Ryle zu grundlegenden Erkenntnissen gekommen sein und diese dann wieder verloren haben soll, aber ich glaube, genau das war der Fall. Für eine solche Entwicklung gibt es in seinem späteren Leben ein weiteres und viel wichtigeres Beispiel. Als Student hatte er Schopenhauer gelesen. Dann, 1949, mit fünfzig Jahren, als er glaubte, Schopenhauer restlos vergessen zu haben, veröffentlichte er das Buch, das ihn bekanntmachen sollte, *Concepts of Mind (Der Begriff des Geistes)*. Nicht nur die zentrale These dieses Buches, sondern auch alle Nebenlehrsätze, stammen direkt von Schopenhauer, und doch war Ryle davon überzeugt, seine eigenen Erkenntnisse vorzutragen. Erst als er nach der Veröffentlichung seines Buches von anderen darauf aufmerksam gemacht wurde, ging ihm auf, daß er Schopenhauer recycelt hatte. Schopenhauer war auch der einzige Philosoph der Vergangenheit, von dem Wittgenstein sich beeinflussen ließ, ich glaube jedoch nicht, daß Ryle sich darüber im klaren war.

Ryles Karriere war auch in anderer Hinsicht paradox. Er war der erste, der das Programm der Sprachphilosophie in der Öffentlichkeit bekanntmachte. Er war ein hervorragender Lehrer, dessen Schüler A. J. Ayer noch berühmter werden sollte als er und als alle seiner Kollegen. In Oxford bekleidete er den angesehensten Lehrstuhl für Philosophie. Er gab jahrelang *Mind* heraus, damals die seit Generationen führende Philosophiezeitschrift des englischen Sprachraums. Sein Buch *The Concept of Mind (Der Begriff des Geistes)* wurde äußerst positiv aufgenommen und galt einige Jahre lang als das meistgelesene philosophische Werk seiner Zeit. Er führte den »Oxford B. Phil.« als akademischen Grad für Philosophen ein und fungierte lange Zeit als wichtigster akademischer Königsmacher nicht nur in Oxford, sondern an den Universitäten des ganzen Landes. Eine noch erfolgreichere Karriere ist kaum vorstellbar, es sei denn, er wäre auch noch ein hervorragender Philosoph gewesen. Und doch konnte er sich niemals aus dem Schatten Austins lösen, obwohl Austin kein einziges Buch veröffentlichte und auch Ryles anderen Leistungen nur wenig entgegensetzen konnte. Sicher ist Austins persönliches Durchsetzungsvermögen, das übrigens durchaus nicht alle sympathisch fanden, für diesen Umstand verantwortlich. Ich glaube, Ryle ärgerte sich über diese Situation und konnte sie nicht so recht verstehen, ich weiß, daß er sich übergangen fühlte und Austin deshalb haßte. Während seiner Nachkriegskarriere in Oxford mußte Ryle zumeist hinter Austin die zweite Geige spielen, und mit dieser Tatsache konnte er sich niemals abfinden.

In späteren Jahren hatte ich recht viel mit Ryle zu tun. Eine Nebenwirkung der zeitaufwendigen Arbeitsprozesse an der Serie *Conversations with Philosophers* und der späteren Bearbeitung der Sendefolgen für das Buch *Modern British Philosophy* war die Entstehung von dauerhaften Freundschaften zwischen mir und einigen Mitwirkenden – wie A. J. Ayer, Anthony Quinton und David Pears. Zu anderen hatten bereits vorher freundschaftliche Kontakte bestanden – Ninian Smart, Karl Popper, Bernard Williams. Peter Strawson war auf der Universität mein Betreuer gewesen. Die anderen wie Alan Montefiore, Alasdair MacIntyre, Geoffrey Warnock, Richard Wollheim, Stuart Hampshire wurden immerhin zu guten Bekannten. Meine Arbeit an der Serie brachte mich der persönlichen und gesellschaftlichen Welt der führenden britischen Philosophen wesentlich näher. Seit damals stehe ich mit einem Fuß in jener Welt und fühle mich als Verbindungsglied zwischen ihr und der Außenwelt. Oder, um einen sportlichen Vergleich heranzuziehen: Ich war eher Kommentator als Spieler, aber der Kommentator hat zumeist einen besseren Überblick über das Spiel.

Als das *Balliol College* in Oxford für einige Trimester einen Vertretungsdozenten brauchte, wandten sie sich wegen meiner ungewöhnlichen Situation an mich. Ich nahm diese Einladung nur zu gern an und unterrichtete das letzte Trimester des Jahres 1970 und das erste des Jahres 1971 in Oxford Philosophie. In diese Zeit fielen die ersten drei Monate, in denen Radio 3 meine Sendung *Conversations with Philosophers* ausstrahlte. Die BBC freute sich sehr darüber, daß ich zu diesem Zeitpunkt in *Balliol* unterrichtete, weil es in der Öffentlichkeit mein fachliches Gewicht zu vergrößern schien. Während der Produktion der Serie jedoch hätten wir allesamt nicht an die Möglichkeit gedacht, einen solchen Posten für mich aufzutun.

Alle dreizehn Programme waren bereits einige Zeit vor dem Sendetermin aufgezeichnet worden. Als sie dann ausgestrahlt wurden, hatte ich meine bei der Produktion gemachten Erfahrungen bereits verarbeitet und war, wie gesagt, inzwischen in Oxford tätig, weshalb ich mich mit einer gewissen Distanz vor das Radio setzen konnte. Im Grunde war ich recht zufrieden mit den Sendungen, fand jedoch, daß sie für das allgemeine Publikum nicht zugänglich genug seien. Immer wieder dachte ich beim Zuhören: »Nicht alle werden verstehen, warum diese Frage gerade jetzt behandelt wird; ich hätte sie besser einführen müssen«, oder: »Ich hätte dieses Argument viel klarer formulieren können als er das gerade macht, warum sagt er es nicht soundso?« Im Grunde zeigten solche Reaktionen, daß ich die Vermittlung der behandelten Themen zu sehr Menschen mit wenig oder keiner Erfahrung mit Nichtfachleuten überlassen hatte. Die meisten meiner Gesprächspartner diskutierten Philosophie nur mit ihren Studenten und waren alles andere als erfahrene Rundfunkleute. Ich dagegen verfügte in dieser Hinsicht über jahrelange Erfahrung, nicht nur im Rundfunk, sondern auch in der Politik. In diesen Sendungen jedoch hielt ich vor allem den Mund – ich übertrug meinen Gesprächspartnern Aufgaben, die ich ehrlich gesagt selber besser hätte lösen können. Und wenn ich diese Aufgaben übernommen hätte, dann wären die Sendungen nicht nur verständlicher und damit für die Hörer zugänglicher geworden, sondern es hätte sich bei ihnen auch eher um Diskussionen und weniger um Interviews gehandelt, und das hätte sie lebhafter und (wie ich hoffe) interessanter und gehaltvoller gemacht. Die Sendungen waren zwar erfolgreich genug, um ihre Existenz zu rechtfertigen, aber sie hätten doch in vieler Hinsicht noch besser ausfallen können. Deshalb änderte ich bei künftigen Projekten meine Herangehensweise.

Es überraschte mich wirklich, wie gut die Sendungen ankamen. Ich war davon ausgegangen, daß sich nur wenige Hörer für eine so lange Serie über analytische Philosophie interessieren würden und daß sie bei abbröckelnden Einschaltquoten in immer weniger attraktive Sendezeiten abgeschoben werden würde. Doch die Presse rief die Serie zu einem Meilenstein in der Rundfunkgeschichte aus, und wirklich erreichte sie ein außergewöhnlich breites Publikum. *The Listener*, die vielgelesene, wöchentlich erscheinende Programmzeitschrift der BBC, brachte drei Monate lang in jeder Nummer einen über mehrere Seiten reichenden Auszug aus jeder Folge. Der Chefredakteur, Karl Miller, ließ mich diese Auszüge selber aussuchen und bearbeiten. Er räumte mir jede Woche unterschiedlich viel Platz ein, je nachdem, wie interessant er das jeweilige Thema fand. Bei ihm mußte jedes Detail stimmen – Gerüchte behaupteten, er sei imstande, ein transatlantisches Ferngespräch zu führen, um ein einziges Komma zu ändern, und das sprach mich sehr an, weil ich das auch getan hätte. Deshalb arbeiteten wir sehr gut zusammen.

Die Reaktionen der philosophischen Fachwelt waren dann fast schon ein Aha-Erlebnis. Radio 3 hatte schon häufiger philosophische Diskussionen gebracht, doch nichts bisher ließ sich mit diesem großflächigen Versuch vergleichen, über mehrere Monate hinweg einem allgemeinen Publikum den derzeitigen Diskussionsstand im Fach nahezubringen. Die Fachphilosophen waren zumeist angetan von unserem Projekt, der Inhalt der Programme interessierte (und begeisterte) sie, aber das waren die weniger wichtigen Reaktionen: Viel leidenschaftlicher diskutierten sie nämlich die Frage, wer zur Mitarbeit aufgefordert worden war und welche Folgen das für das berufliche Ansehen der Betreffenden haben würde. Die meisten von ihnen wußten so wenig über Rundfunkarbeit (heute ist soviel Unwissenheit nur noch selten anzutreffen), daß sie glaubten, die Sendungen würden Woche für Woche live aus dem Studio ausgestrahlt, und an den Abendbrottischen in Nord-Oxford redete man sich die Köpfe heiß über die Frage: Wen werden sie einladen? Darf X sich Hoffnungen machen, oder werden sie ihn übergehen, weil sie Y vorziehen? Immer wieder wurde ziemlich gelästert, wenn einer offenbar ausgewählt worden war, doch unvergleichlich größer war die Schadenfreude, wenn jemand übergangen worden war – die Kollegen riefen sich tatsächlich gegenseitig an, um die in der soeben aufgeschlagenen neuen Nummer der *Radio Times* entdeckten Informationen weiterzureichen. Immer wieder hörte ich von Augen- und Ohrenzeugen über solche Unterhaltungen und Zwischenfälle. Die philosophische Gemeinde in Oxford stand fast schon Kopf. Viele gingen davon aus, daß ich mich in der Macht suhlte, die von mir Erwählten ins Studio bitten zu können. Wenn ich zu erklären versuchte, daß das durchaus nicht der Fall war, daß ich nur auszusuchen versuchte, wer für das Thema jedes Programms der passende Gesprächspartner war, ohne auch nur daran zu denken, daß das den Ruhm des Betreffenden vergrößern könnte, widersprachen meine Beteuerungen den Erwartungen meines Gegenübers oft so kraß, daß sie nur auf unverhohlenen Unglauben stießen. Schließlich gab ich überhaupt keine Erklärungen mehr ab, sondern versuchte diese Unterstellungen zu ignorieren. Immerhin ging mir auf, daß die Philosophie ihre damalige Misere zumindest teilweise dem Umstand verdankte, daß die Philosophen so waren, wie sie eben waren.

Weil die Serie so gut angekommen war, wurde sie von der BBC umgehend wiederholt, im Sommer 1971 nämlich. *Secker & Warburg* brachten das dazugehörige Buch fast gleichzeitig auf den Markt, deshalb konnten viele Hörer der Serie nun mit dem Buch in der Hand folgen. Da ich ihnen meine Überzeugung vermitteln wollte, daß der entscheidende Riß, der im 20. Jahrhundert durch die britische Philosophie verlief, durch zwei miteinander unvereinbare Versuche entstanden war, das von Russell hinterlassene Erbe zu verwalten, schob ich eine Diskussion in das Buch ein, die getrennt von der eigentlichen Serie ebenfalls von Radio 3 ausgestrahlt worden war. Darin ging es vor allem um Russells Ablehnung der Oxford-Philosophie. Diskussionsteilnehmer waren einerseits Peter Strawson und Geoffrey Warnock (zwei der begabtesten Austin-Schüler), andererseits der Oxford-Kritiker Karl Popper. Trotz der Übermacht von zwei gegen einen trug Popper mit Leichtigkeit den Sieg davon, fand ich. (Als Diskussionsleiter gab ich mir alle Mühe, meine Parteilichkeit zu verbergen, was mir eigentlich auch immer gelang. Ich vollführte geradezu einen Eiertanz, um nicht unfair zu sein und spielte oft genug den Advocatus Diaboli.) Es war schade, daß Wittgenstein nicht mehr lebte, ich hätte gern eine Diskussion zwischen ihm und Popper arrangiert, schließlich sind sie die beiden einzigen Widersacher in dieser Debatte, deren Werke von bleibendem Interesse sein werden.

Die Tatsache, daß zwei der wichtigsten Philosophen, die nach Russell in Großbritannien gelebt und gearbeitet haben, nicht in diesem Land geboren oder aufgewachsen waren, sondern beide aus Wien stammten, wo sie sich als junge Männer am Rand des Wiener Kreises herumgedrückt hatten, während ihre eigenen Ansichten sich mit dem Logischen Positivismus durchaus nicht vereinbaren ließen, konnte für mich kein Zufall sein. Beide kamen von der Mathematik (wie auch Russell) und den Naturwissenschaften her, beide hatten sich als Jugendliche ausgiebig mit Schopenhauer beschäftigt und sollten bis an ihr Lebensende unter seinem Einfluß stehen. Ihre existentielle Beschäftigung mit Philosophie war von anderer Art als die der Kollegen, die ein von Naturwissenschaftsfeindlichkeit geprägtes und auf eine rein humanistische und geisteswissenschaftliche Schulbildung ausgerichtetes System wie dem britischen durchlaufen hatten. Beide wären niemals auf die Idee gekommen, daß die aktive Beschäftigung mit Philosophie vor allem aus Bücherlesen bestehen und wissenschaftliche Versuche, die Welt zu verstehen, außer acht lassen könnte.

In einer bestimmten Hinsicht stellte der Erfolg der Serie mich in ein falsches Licht. Ich hatte den besten Vertretern der Analytischen Philosophen eine lockere Leine gewährt, und sie hatten sich aufgehängt. Bis zum 20. Jahrhundert war Philosophie immer der Versuch gewesen, Welt, Erfahrung, Leben und uns selber zu verstehen; doch die Analytische Philosophie lachte nur darüber und kehrte diesen Versuchen den Rücken zu. Ihre Vertreter interessierten sich eher für die Analyse von Lehrsätzen, vor allem der grundlegenden Vorstellungen, auf die wir zurückgreifen, wenn wir sprechen – und sie neigten dazu, diese Analyse als den Versuch eines tieferen Verständnisses der Erfahrung oder gar der Wirklichkeit selber auszugeben (als ob es sich bei Erfahrung oder Wirklichkeit um vor allem linguistische Phänomene handeln könnte!). Ich glaubte, meine Serie zeige auf, wie zweitrangig diese Forschung doch sei – durchaus interessant, natürlich und natürlich auch recht anspruchsvoll und deshalb eine Herausforderung für Scharfsinn und Brillanz; im Grunde aber belanglos. In meiner Serie wurde dieser Herangehensweise die viel substantiellere Arbeit von Russell, dem frühen Wittgenstein und Popper gegenübergestellt, und die Hörer erfuhren, daß in fast allen anderen Ländern eine völlig andere Philosophie betrieben wurde als bei uns. Ich glaubte danach, meine Serie habe Oberflächlichkeit und Zukunftslosigkeit der Analytischen Philosophie aufgezeigt und andere Richtungen gewiesen, in denen wirkliche Fortschritte möglich sein konnten. Aber so kam meine Aussage beim allgemeinen Publikum nicht an. Die Zuhörer waren entzückt von dem Geschick und der scheinbaren Leichtigkeit, mit denen Philosophen wie Alfred Ayer und Bernard Williams zwischen den Klippen des abstrakten Denkens lavierten; von ihrer eleganten Art, eigene Argumente vorzubringen und die der Gegenseite zu kritisieren, von ihrer Fähigkeit, winzige Unterschiede klar herauszuarbeiten, von ihrer bündigen Ausdrucksweise und ihrem intellektuellen Selbstvertrauen. Und je intelligenter der Hörer war, um so wahrscheinlicher ließ er sich von dieser Brillanz beeindrucken und unterhalten. Die Auftritte der hervorragenden Analytiker erschienen vielen als der Sinn der Sendungen überhaupt. Diese intellektuell amüsante Vorführung philosophischer Brillanz war ganz anders als das, was normalerweise im Radio zu hören war, und für die meisten Hörer intellektuell sehr befriedigend. Der Inhalt der Diskussionen – ihr Zweck und ihr Ziel – wurden dabei außer acht gelassen: Die Hörer genossen das Feuerwerk und hielten alles andere für zu hoch, zu klug für sie. Ich wurde oft für mein Auftreten als Ringrichter bei diesem Match mit Staraufgebot gelobt. Wenn ich meine Sicht der Dinge vortrug, wurde das dann als falsche Bescheidenheit abgetan. Wenn mir ein seltenes Mal jedoch geglaubt wurde, dann hagelte es danach gleich Vorwürfe: »Wenn das wirk-

lich deine Ansicht ist, warum zum Teufel hast du das dann nicht klar gesagt, sondern hast das Publikum dermaßen glatt in die Falle laufen lassen? Was soll das denn für einen Sinn gehabt haben?«
Ich glaube, es ging den Hörern damals um dasselbe wie den Oxford-Philosophen und ihren gescheitesten Schülern: Es ging ihnen um Brillanz, um einen guten Auftritt, sie wollten sich einen Namen machen und sich nicht allzusehr den Kopf über wirkliche philosophische Probleme zerbrechen müssen. Bei Erscheinen des Buches teilte allein die Rezensentin Kathleen Nott meine Sicht der Dinge. Die übrigen Kritiken lobten es in genau den Begriffen falscher Werte, die die Sendung doch entlarven sollte.

Secker & Warburg brachten *Modern British Philosophy* als Hardcover und als Paperback zugleich heraus. Später erschien noch bei *Paladin* eine billigere Ausgabe, fünfzehn Jahre nach Ersterscheinen wurde es von der *Oxford University Press* übernommen. Es gab eine Sonderausgabe für die USA und eine Übersetzung ins Italienische. Das Buch war also von einiger Lebensdauer. Die Studenten nutzten es ausgiebig – ich habe in Universitätsbibliotheken Exemplare gesehen, die sich bereits in ihre Bestandteile auflösten – da die Gesprächsform den Inhalt leichter zugänglich machte und die führenden Philosophen ihre Erkenntnisse mündlich besser vermitteln konnten als schriftlich. Viele Studenten griffen deshalb gar nicht erst zu den Originalbüchern, was die Professoren natürlich ärgerte; für andere wiederum bildete es lediglich eine Einführung in die Primärtexte. Es war mein zehntes Buch, aber das erste, das als »Philosophie« galt. Überhaupt waren es erst diese Radio- und Fernsehsendungen sowie das Buch, die meinen Namen in der Welt der Philosophie und der Philosophen bekanntmachten.

Siebzehntes Kapitel

Die heiligen Haine
der akademischen Welt

Yale hatte ich im Alter von sechsundzwanzig Jahren verlassen, mit vierzig lehrte ich am *Balliol* Philosophie, und dazwischen hatte ich keinen direkten Kontakt mit der akademischen Welt, obwohl ich natürlich mit einigen Akademikern eng befreundet war. Als ich dann mit meinem Lehrauftrag nach Oxford zurückkehrte, begegnete ich immer wieder Bekannten aus den Studentenzeiten, die eine universitäre Laufbahn anstrebten. Als ich Alfred Ayer gegenüber die Bemerkung fallen ließ, daß solche Begegnungen mich in der Überzeugung bestärkten, bei meiner Abkehr von der akademischen Laufbahn die richtige Entscheidung gefällt zu haben, meinte er, daß jeder vernünftige Mensch meine Ansicht teilen müsse. Diese Antwort verblüffte mich, schließlich hatte er, außer während der Kriegsjahre, immer an der Universität gearbeitet. Aber als ich meinen alten Freunden dann wieder näher kam, erkannte ich, daß es sich bei ihrer vermeintlichen Selbstzufriedenheit oft nur um eine Art Tarnung handelte, unter der sich einiges an Selbstzweifeln verbarg. Vor allem war das Gefühl weit verbreitet, daß sich die »wirkliche Welt« außerhalb der Universität befand; und weil sie sich dort nicht auskannten, kamen sie sich in gewisser Hinsicht als unzulänglich vor. Einige fürchteten sogar, dort niemals überleben zu können, wo sie doch ihr gesamtes Erwachsenenleben hinter den Mauern der Universität verbracht hatten.

Ich hatte diese Befürchtungen bei meinem Ausstieg aus der akademischen Welt zwar geteilt, aber jetzt war das nicht mehr der Fall. Die Welt der Universität erschien mir als ebenso »wirklich« wie die Welt der Politik, Geschäfte, der Medien oder irgendeine andere Welt, die ich kennengelernt hatte, und die Arbeit in dieser Welt erschien mir als mindestens so verdienstvoll wie die in vielen anderen Bereichen. Was die Akademiker von anderen unterschied, war ihr eng gezogener Horizont. Das große Problem der akademischen Welt ist nicht ihre Unwirklichkeit, an die glaube ich nicht, sondern ihre Größe; auf irgendeine Weise erinnerte sie an Liliput. Aus Gründen, die ich selber nicht ganz erfassen kann, scheinen Akademiker zumeist in einer reduzierten Welt zu leben. Sie nehmen es auch selbst so wahr, und das erweckt in ihnen das soeben beschriebene Gefühl von Unzulänglichkeit, das Gefühl, daß das wirkliche Leben sich anderswo abspielt und daß sie nicht daran teilnehmen. Doch diese Entfremdung haben sie sich selbst zuzuschreiben. Noch heute stehen fast alle, die ich auf den Festen in Oxford oder Cambridge antreffe, auf irgendeine Weise mit der Universität in Verbindung, besuche ich in London eine Party, dann treffe ich Politiker, Geschäftsleute, Juristen, Diplomaten, Banker, Schriftsteller, Verleger, Architekten, Schauspieler, Musiker, Rundfunkmitarbeiter – und natürlich auch Universitätsangehörige. In Oxford und Cambridge wimmelt es zwar auch von interessanten Leuten aus allen diesen Branchen, doch nur wenige sind in Universitätskreisen willkommen; Dozenten fühlen sich in ihrer Gesellschaft bisweilen eher unwohl. Es wäre aber wirklich zu begrüßen, wenn eine bunte Mischung aus allerlei Berufen nicht nur das gesellschaftliche Leben der Universität bereicherten, sondern auch ihre kulturelle und intellektuelle Welt.

Schnell fiel mir auf, daß einige wenige Dozenten, unter ihnen die fähigsten und interessantesten, in ihrem Leben solche Trennschranken überschritten. Sie nahmen aktiv am Londoner Gesellschaftsleben teil (manchmal wohnten sie sogar in London, obwohl das schon fast als Verstoß gegen den guten Ton galt), sie saßen im Aufsichtsrat nationaler Kunsteinrichtungen oder privater Gesellschaften, waren Mitglieder von Regierungsausschüssen, arbeiteten als Berater, schrieben in Zeitungen, machten Radiosendungen, engagierten sich politisch. Aber es waren nur wenige – und statt sie für dieses erweiterte Spektrum von Aktivitäten zu loben, kritisierten ihre Kollegen sie und bedachten sie mit gehässigen Kommentaren. Zumeist hieß es dann, die aktiven Dozenten »verzettelten sich« oder »suchten Publicity«. In Wirklichkeit waren ihre akademischen Arbeiten zumeist so solide wie die ihrer Kollegen, und Geltungssucht konnte ich nur in ganz wenigen Fällen als Motiv ausmachen. Viel wichtiger war zumeist der Wunsch nach einem interessanteren Leben.

Es verblüffte mich, wie oft alternde und alte Akademiker damals, zumeist ziemlich verlegen eingestanden, keine Phase ihres Lebens so genossen zu haben wie den Zweiten Weltkrieg. In ihren Worten erschien dieser Krieg wie eine Befreiung. Und insgeheim träumten viele von einer ganz anderen Laufbahn. Alfred Ayer sagte einmal ganz unvermittelt zu mir: »Meinst du, ich hätte lieber Richter werden sollen?« Auf meine verdutzte Gegenfrage hin gab er dann zu, daß er sich oft überlegte, ob das nicht eine bessere Entscheidung gewesen wäre. Peter Strawson wäre gern Dichter gewesen. Iris Murdoch gab nach fünfzehn Jahren ihre Dozentur für Philosophie auf, um nur noch Romane zu schreiben. Mary Warnock gab öffentlich zu, daß sie sich für Marketing oder Werbung entscheiden würde, wenn sie noch einmal die Wahl hätte, und nicht für das akademische Leben.

Viele Philosophiedozenten erwähnten mir gegenüber, daß ihre besten Studenten nicht-akademische Laufbahnen eingeschlagen hatten, und wenn sie davon erzählten, dann klang ein gewisser Neid durch. Wenn die akademische Sagenbildung recht hatte, dann waren die beiden Männer mit den hervorragendsten Examen seit Menschengedenken in die Politik gegangen – Harold Wilson und Quintin Hogg.

Wer sich mit der Geschichte der Philosophie auskennt, muß an dieser Stelle daran denken, daß Spinoza und Leibniz sich ebenfalls der akademischen Laufbahn verweigert und ihnen angebotene Lehrstühle abgelehnt hatten, während Nietzsche seinen aufgegeben und die Universität verlassen hatte, um sich der Philosophie widmen zu können; daß Descartes sich als Mann von Welt betrachtete und lieber mit Geschäftsleuten zusammen war als mit Gelehrten; daß Locke sich mit Politik und Medizin befaßt hatte; daß Berkeley seine Arbeit für die Kirche und das Erziehungswesen der Philosophie am Ende vorgezogen hatte, und daß Hume sich lieber als Historiker versucht hatte, um dann in den diplomatischen Dienst einzutreten; daß John Stuart Mill im Parlament gesessen hatte; daß Russell sich die erste Hälfte seines Lebens mit der Überzeugung vergällt hatte, er gehöre eigentlich in die Politik, während er in der zweiten lieber ein guter Wissenschaftler gewesen wäre; daß Wittgenstein zuerst die Philosophie ganz aufgeben wollte und sie später nur widerstrebend und unvollständig wieder aufgriff. Das akademische Leben schien für die besten Philosophen offenbar nicht attraktiv oder befriedigend genug zu sein. Und alles, was ich über andere Fachbereiche weiß, deutet in dieselbe Richtung.

Ich konnte mich schließlich von dieser Haltung auch selber nicht mehr befreien. Ein ganz und gar in akademischen Zusammenhängen gelebtes Leben erschien mir als unangenehm beengt. Das galt sogar für so überaus eigenständige und kreative Denker wie Karl Popper. Gerade Popper ist vielleicht ein gutes Beispiel; ich hatte den Eindruck, daß seine Persönlichkeit seiner ungeheuren Begabung zum Trotz doch sehr reduziert war, seit er die vielen Aktivitäten seiner Jugendzeit aufgegeben hatte. Das hatte sein Denken, vor allem in bezug auf gesellschaftliche Probleme, negativ beeinflußt. Ich rede jetzt nicht von der *Offenen Gesellschaft und ihren Feinden*, die seinem aktiven politischen Engagement und seinen Überzeugungen entspringt, sondern von seinen Reaktionen nach Vollendung dieses Buches.

Wenn ich – ganz behutsam, und voller Sorge, jemanden verletzen zu können – solche Überlegungen meinen Kollegen gegenüber erwähnte, dann überraschte mich häufig die Leidenschaft, mit der sie mir zustimmten und mich oft sogar in meinem Urteil übertrafen. Fast alle schienen so zu empfinden oder dieses Phänomen zumindest bei anderen zu sehen. Es handelte sich also nicht um mein subjektives Empfinden, sondern um ein Stück Realität. Was mich natürlich in meiner Entscheidung, niemals zum Vollberufsakademiker werden zu wollen, nur noch bestärkte. Doch seit meinem Examen hatte ich durchaus seriöse akademische Interessen entwickelt, denen ich mich nun widmen, und die ich wenigstens zum Teil mit anderen diskutieren wollte. Einen Fuß in der akademischen Welt zu haben, bedeutete in dieser Hinsicht für mich eine willkommene Bereicherung. Und so empfinde ich es noch heute. Ich habe langjährige Beziehungen zu Universitäten, ohne ihnen jemals fest angehört zu haben, ich besuche nur die Treffen, Diskussionen, Seminare oder Vorträge, zu denen ich Lust habe, und wenn ich gelegentlich unterrichte, dann suche ich mir meine Themen selbst aus. Immer wenn ich einen Vollzeit-Lehrauftrag an irgendeiner Universität innehatte, widmete ich mich zusätzlich der Arbeit an einem Buch, das war auch bei dem vorliegenden Buch der Fall. Auch wenn ich, wie derzeit, in einem College in Oxford lebe, verbringe ich einen Teil meines Lebens doch anderswo, vor allem in London.

Damals am *Balliol* jedoch mußte ich unterrichten, was gerade auf dem Lehrplan stand, und dazu gehörten Wissenschaftstheorie, »Philosophie des Geistes«, Logik, zwei vorgeschriebene Bücher (John Stuart Mills *Utilitarismus* und Bertrand Russells *Probleme der Philosophie* sowie eine »Geschichte der Philosophie«), die in dieser Lesart aus Descartes, Locke, Berkeley und Hume bestand. Immerhin hatte ich auf diese Weise Gelegenheit, die Philosophie, die ich lehrte, zu lesen oder noch einmal zu lesen. Ich las auch sehr viel Sekundärliteratur, was ich nie gern getan hatte. Doch die Studienpläne zwangen die Studenten, sich über eine Anzahl von unwichtigen Büchern zu informieren, und ich hatte mir die Regel gesetzt, niemals einen Studenten ein Buch lesen zu lassen, das ich nicht mit ihm diskutieren oder zu dem ich keine Fragen beantworten konnte. Das konnte bedeuten, daß ich dem Studenten zuerst ein Buch auf die Pensumliste setzte und es dann in aller Eile selber lesen mußte. Bei unserem nächsten Treffen hatte ich dann das schöne Gefühl, daß wir dieses Buch gemeinsam erforschten. Doch Sekundärliteratur liegt zumeist dermaßen weit unter dem Niveau der behandelten Primärliteratur, daß ich mich zusehends ärgerte, und ich lehnte schließlich ein Unterrichtssystem ab, das die Studenten zwingt, dem Sekundären mehr Zeit zu widmen als dem Primären.

Wieder machte ich die Erfahrung, das Sekundärautoren sich nicht mit demselben Sujet befaßten wie die Primärautoren beschäftigt sind, wenn auch auf niedrigerem Niveau, sondern mit etwas ganz anderem. Die großen Philosophen schrieben, wenn überhaupt, dann nur äußerst selten über die Bücher von anderen. Sie machten sich gleich über die grundlegenden Probleme der Welt und unser Verständnis dieser Welt her. »Nehme ich wirklich physische Objekte wahr? Was könnte das bedeuten?« Sie hatten diese Probleme, quälten sich mit ihnen herum, rangen mit ihnen. Sekundärautoren sind in einer anderen Situation, und ihre Abhandlungen sind für Menschen mit philosophischen Problemen zumeist nicht weiter interessant. Der Unterschied wird jedoch durch die Tatsache verwischt, daß die Bücher beider Richtungen gemeinhin dieselbe literarische Form annehmen: Bücher voller Philosophie und Bücher über Philosophie sind in beiden Fällen philosophische Bücher, sie können gleich lang sein, können Kapitel mit ähnlichen Überschriften enthalten und in derselben Terminologie geschrieben sein. In Büchereien und Buchläden finden wir sie beide unter der Rubrik Philosophie. Der Vergleich mit einem anderen Fach macht den Unterschied noch deutlicher. Gelehrte, die sich mit englischer Literatur beschäftigen, behandeln die Werke der großen Autoren oft genauso wie die Fachphilosophen die Werke der großen Philosophen. Aber akademische Abhandlungen über Theaterstücke, Romane und Gedichte sind selber keine Theaterstücke, Romane oder Gedichte. Und diese Tatsache zeigt den Unterschied zwischen beiden Sparten. So hervorragend, einflußreich und international bekannt ein Literaturkritiker auch sein mag, nie im Leben kann er der Illusion erliegen, dasselbe zu tun wie Shakespeare, Milton oder Dickens. Er macht etwas durch und durch anderes und sehr viel weniger Wichtiges. Derselbe Unterschied besteht zwischen den Werken von kreativen Philosophen und denen der akademischen Fachphilosophen, die darüber schreiben. Wenn es um Philosophie geht, dann bilden Akademiker sich jedoch leichter ein, dasselbe zu tun wie die Menschen, über die sie schreiben.

Das akademische Leben leidet, zumindest in manchen Bereichen der Geisteswissenschaften, unter einer Besessenheit von häufig sehr nebensächlicher Sekundärliteratur. Diese Art von Sekundärliteratur ist in jeder Hinsicht beschränkt. Studenten in Oxford müssen sich immer wieder mit dem Werk von lokalen Akademikern befassen, die an einer bedeutenden Universität in den USA, wo das Gegenteil der Fall ist, kaum Beachtung fänden. Das ist eine Art Betrug an den Studenten. Statt sich in die unvergänglichen Meisterwerke ihres Faches zu versenken und ihre

Fähigkeiten zu selbständigem Denken, zu Beurteilung und Bewertung zu entwickeln, verbringen sie die Hälfte ihrer Studienzeit mit Büchern, die dreißig Jahre später kaum noch jemand anrühren wird und die an anderen Universitäten jetzt schon als unwichtig gelten. Doch Menschen, deren einziges intellektuelles Besitztum aus überflüssiger und immer wieder neuer Sekundärliteratur besteht, halten dieses oft für das Gütesiegel der Professionalität.

Im Rahmen dieses Lehrauftrages erkannte ich außerdem, welch ein Widerspruch es ist, der Philosophie einen Lehrplan aufzwingen zu wollen. Nur wer selber philosophische Probleme hat, kann überhaupt ein Verständnis für deren Wesen entwickeln und will und muß dann ausgehend von diesen Problemen arbeiten. Nichts kann solche Menschen daran hindern. Allen anderen muß Philosophie als etwas anderes erscheinen. Doch diese Menschen haben das Wesen dessen, womit sie sich befassen, mißverstanden, und sie werden es nie verstehen, solange sie die Probleme nicht haben. Nur meine intelligenteren Studenten fanden Philosophie schwierig. Die weniger Intelligenten schienen kaum Schwierigkeiten zu haben, meine Hauptaufgabe bestand darin, ihnen klarzumachen, daß es sich um echte und schwierige Probleme handelte. Sie gingen davon aus, daß alles wirklich Wichtige, was sich für oder gegen den Utilitarismus sagen ließ, innerhalb einer Dreiviertelstunde vorgetragen werden könne, danach müsse dann der einzelne entscheiden, welches Argument ihn am meisten überzeugt hatte.

Beim Unterrichten kam es mir zunehmend darauf an, dem Studenten in seiner inneren Entwicklung zu helfen, statt ihn einfach nur mit belanglosem Ballast zu überhäufen, doch hierzu muß man dort anfangen, wo der Student sich befindet, oder wo das Thema liegt. 1968 war das Jahr der internationalen Studentenunruhen, und ich nahm meinen Lehrauftrag im Jahre 1970 auf, meine Studenten befanden sich deshalb häufig noch im marxistischen Vollrausch. Oft hatten sie sich für Philosophie entschieden, weil sie dachten, daß in diesem Fach ernsthafte Marx-Studien betrieben – und daß vielleicht auch Freudianismus und andere »Große Ideen der modernen Welt« zur Sprache kommen würden. Zu spät erkannten sie dann, daß Marx es nicht geschafft hatte, in die Pensumliste des Studiengangs Philosophie, Politik und Wirtschaftswissenschaften aufgenommen zu werden, und daß sie, selbst wenn sie sich für Philosophie, Psychologie und Physiologie immatrikuliert hätten, trotzdem nichts über Freud hören würden. Daß sie sich im Alter von achtzehn Jahren plötzlich mit formaler Logik und Sprachanalyse befassen sollten, kam ihnen vor, als habe man sie mit einem Eimer eiskalten Wassers übergossen; in vielen Fällen waren sie schrecklich enttäuscht und ließen kein gutes Haar mehr an Oxford. Es bestand die Gefahr, vielen von ihnen die Philosophie ganz und gar zu verleiden. Deshalb setzte ich bei ihrer Marx-Begeisterung an und ließ sie stundenlang darüber diskutieren, was weiter nicht schwierig war. Oft wurden sie von mir zum ersten Mal mit vielen grundlegenden Einwänden gegen die Marxschen Thesen konfrontiert. Ich konnte die Engagierteren unter ihnen dazu überreden, seine zentralen Argumente den analytischen Methoden zu unterziehen, die sie in anderen Seminaren lernten; sie sollten jedes Argument sorgfältig durchgehen und sich bei jedem Schritt fragen, ob er sich wirklich aus dem vorhergehenden ergab, oder ob Marx das lediglich behauptete; sie sollten sich zu jedem Begriff fragen, wie Marx diesen verstand, und sie sollten überprüfen, ob er den Begriff wirklich konsequent benutzte. Mit anderen Worten, ich ließ sie Marx so intensiv studieren, wie jeden anderen Denker. Mir machte das alles nichts aus, denn Marx erschien mir als Genie, dessen Werk mich sehr faszinierte, da sein Einfluß in der modernen Geschichte unvergleichlich ist. Und ich stellte fest, daß ich auf diese Weise sehr viel besser die Methoden von Sprachanalyse und der logischen Argumentation vermitteln konnte, als durch John Stuart Mills *Utilitarismus* oder Bertrand Russells *Probleme der Philosophie*, Werke, für die die Studenten sich nicht mit solcher Leidenschaft interessierten.

Die sich dabei unweigerlich ergebende Marx-Kritik brachte für neue Impulse offene Studenten dann dazu, andere Denkweisen zu untersuchen und voller Neugier Autoren zu lesen, denen sie bisher nur Vorurteile entgegengebracht hatten. Auf diese Weise konnte ich in vielen ein Interesse für Philosophie ganz allgemein erwecken – zu einem Zeitpunkt in ihrem Leben, wo sonst doch nur Marx für sie von Geltung gewesen wäre! Und das war von mir nicht einmal als Trick gedacht: Ich fand ja auch, daß Marx unbedingt auf die Pensumliste gehört hätte. Ich wollte ja auch niemanden zur Beschäftigung mit Marx zwingen, aber in einer Welt, in der die Regierungen eines Drittels aller Länder sich als marxistisch ausgaben und sich zum Ziel gesetzt hatten, auch die übrigen beiden Drittel der Welt dem Marxismus zu unterwerfen, waren seriöse Marx-Kenntnisse einfach unerläßlich für alle, die sich für Politik oder philosophisches Gedankengut interessierten. Ich fand sogar, daß jeder gebildete Mensch über solide Marx-Kenntnisse verfügen sollte.

Meine Einstellung zur Philosophie ganz allgemein ist in dieser Hinsicht immer existentiell gewesen. Wenn es nicht um Probleme geht, die für uns wirklich sind oder werden könnten, um Probleme, die wir haben oder haben könnten, über Denkweisen, die wir schon kennen oder die uns offen stehen, ist Philosophie im Grunde leer, denn sie hat nichts mit unserem Verständnis unserer Selbst oder der Welt zu tun. Sie wird zum geistigen Spiel, zur abstrakten Begriffsuntersuchung oder bestenfalls zum Versuch, das Denken anderer zu verstehen. Im letzten Fall verschwimmt Philosophie bisweilen mit Soziologie, Ethnologie, Geschichte, Biographie, Kulturwissenschaft oder Sozialpsychologie. Das alles ist natürlich interessant und wertvoll, und ich habe mich selbst jahrelang damit befaßt. Aber jemand, dessen Verständnis von philosophischen Fragen sich auf die Beschäftigung mit den genannten Disziplinen beschränkt, gleicht einem China-Experten, der dieses Land niemals besucht hat.

Meine zwanglose Beziehung zu meinen Studenten war gut, doch den Unterricht nach Plan hatte ich bald satt. Und das hatte mehrere Gründe. Zum einen müssen wir den Studenten das beibringen, wonach sie im Examen gefragt werden, so unsinnig uns der Stoff auch erscheinen mag. Wir haben den Studienplan ja schließlich nicht selbst festgelegt. Natürlich können wir im Unterricht auch über den Studienplan hinausgehen, aber die Studenten müssen lernen, was vorgeschrieben ist, alles andere ist nur eine nette Beigabe. Zum anderen müssen wir in der Sekundärliteratur unserer Fächer auf dem laufenden bleiben, was bedeutet, daß wir uns immer wieder mit Belanglosigkeiten befassen müssen. Und drittens können wir beim besten Willen nicht vermeiden, uns zu wiederholen. Das ist im Lehrplan, nach dem wir die Studenten unterrichten, eben so vorgegeben. Ich hatte mir anfangs vorgenommen, es nie so zu machen wie gewisse berüchtigte Tutoren meiner Jugend, die jedem dasselbe gesagt hatten, aber dieses Versprechen brach ich dann nur zu bald. Wenn wir die Philosophie von Descartes unterrichten, dann müssen wir dafür sorgen, daß jeder Student dessen grundlegende Lehrsätze kennt; deshalb läßt es sich nicht vermeiden, daß wir immer wieder dasselbe erzählen. Dazu kommt noch die Tatsache, daß viele Studenten die gleichen Fehler machen oder den gleichen Mißverständnissen unterliegen, aus denen wir ihnen dann wieder heraushelfen müssen. Eine meiner größten Enttäuschungen war, daß ich aus meinen eigenen Unterrichtsstunden so wenig lernte – ich meine jetzt die Tutorien, die Stunden mit einem einzigen Studenten. Ich hatte durchaus begabte Studenten, einige wurden später Fachphilosophen, und ich hoffte immer, einer würde eine interessante Frage stellen, auf die ich noch nicht gekommen war, würde eine spannende Beobachtung machen, die ich bisher außer acht gelassen hatte, aber so weit kam es nie. Alle ihre Bemerkungen waren mir bereits vertraut. Ich lernte sehr viel, wenn ich mich auf Lehrveranstaltungen vorbereitete, in den Veranstaltungen selber aber nicht – vielleicht weil viele Studenten, vor allem die intelligenteren, sich ganz einfach kaum für das interessierten, was der Lehrplan ihnen vorschrieb.

Die wertvollste Lehre, die ich an meine Studenten weiterreichen konnte, war vermutlich, daß kritische Analyse kein Ziel an sich sein kann, sondern immer nur ein Anfang. Ich hatte einen Studenten, der zwei sehr gescheite Essays über Descartes einreichte, in denen er das *Cogito, ergo sum* einer kritischen und vernichtenden Kritik unterzog, die Schwächen der sogenannten Beweise für die Existenz Gottes aufzeigte und nachwies, daß sich an diesen Stellen die Argumentation im Kreis dreht. Er hatte sehr klar und richtig erkannt, wo Descartes sich geirrt hatte, und seine Essays waren elegant formuliert und solide aufgebaut. Er rechnete nun damit, den nächsten Philosophen auf dieselbe Weise untersuchen zu können. Solche Aufgaben wurden damals den Studenten sehr häufig gestellt und galten in Oxford als höchstentwickeltes intellektuelles Training. Aber ich sagte ihm: »Wenn alles zutrifft, was Sie Descartes vorwerfen – und ich glaube, es trifft zumeist zu – warum diskutieren wir ihn dann überhaupt? Warum haben Sie soeben zwei Wochen Ihres Lebens damit verbracht, seine wichtigsten Werke zu lesen und zwei Essays darüber zu schreiben? Und, was noch wichtiger ist: Wenn er sich dermaßen oft irrt – und ich glaube, das tut er – warum ist sein Name noch heute, dreieinhalb Jahrhunderte nach seinem Tod, jedem gebildeten Menschen im Abendland bekannt? Warum werden seine Werke an jeder wichtigen Universität auf der ganzen Welt studiert, so, wie Sie und ich sie hier studieren? Warum widmen intelligente Menschen Jahre ihres Lebens der Aufgabe, Bücher über ihn zu schreiben?«

Der Student erkannte sofort, worauf ich hinauswollte, er wußte jedoch nicht, was er darauf antworten sollte. Offensichtlich mußte sich über Descartes sehr viel mehr sagen lassen, als er sich bisher überlegt hatte, sonst würden wir nicht über Descartes diskutieren, er konnte sich jedoch nicht vorstellen, was, denn er hatte Descartes' bekannteste Argumente einer kritischen Analyse unterzogen und wußte nicht, was jetzt noch zu tun sein könnte. Ich machte ihn darauf aufmerksam, daß Descartes' programmatische Unterteilung der totalen Wirklichkeit in Beobachter und Beobachteten, in Subjekt und Objekt, in Geist und Materie seit Jahrhunderten die Sichtweise, vor allem die wissenschaftliche Sichtweise, des abendländischen Menschen präge, daß Descartes in der Morgendämmerung der modernen Naturwissenschaften das eigenständige, von jeglicher Autorität unabhängige Denken zu einer systematischen Ermittlungsmethode entwickelt habe, daß er einer der größten Mathematiker aller Zeiten gewesen sei, daß er Mathematik als Teil der Struktur der materiellen Realität betrachtet habe, daß diese Ideen praktisch die Erforschung von physisch meßbaren Phänomenen wie Materie und Weite bedeuteten, was die Entwicklung einer so grundlegenden Wissenschaft wie auf Physik basierender Mathematik zur Folge gehabt habe, daß Descartes glaubte, den Beweis für die Möglichkeit einer solchen Mathematik geführt zu haben, da beides im Bereich der menschlichen Fähigkeiten liegt und mit der Realität übereinstimmt; daß er zusammen mit Männern wie Francis Bacon und Galilei den abendländischen Menschen von der Wichtigkeit einer solchen Wissenschaft überzeugt habe, daß er glaubte, diese Wissenschaft werde über dieselben Gewißheiten verfügen wie die Mathematik, auf der sie fußte, und daß sie sogar aus der Suche nach diesem besonderen und einzigartigen Wissen bestehen würde, und daß er damit, mehr als irgendein anderer Mensch die Suche nach Gewißheit ins Zentrum der abendländischen Wissenschaft und Philosophie gerückt habe, wo sie dann dreihundert Jahre lang verblieb. Nachdem ich das alles angedeutet hatte, bat ich meinen Studenten, darüber nachzudenken, daß es sich bei allen Aspekten meiner Aufzählung um bedeutende Entwicklungen innerhalb des abendländischen Denkens handele. Doch kaum etwas davon ließ sich durch die Analyse des Kartesianischen Denkens oder durch die Anwendung seiner Vorstellungen lernen, obwohl dort seine wirkliche Bedeutung lag. Ergo: Eine Herangehensweise, die sich auf kritische Analyse beschränkte, hatte ihm eigentlich kaum etwas über Descartes beibringen können.

Ich machte es mir zum bewußten Prinzip, meinen Schülern zuerst das nötige Wissen zu vermitteln und sie die unabdingbaren kritischen Analysen durchführen zu lassen, ehe Fragen wie: »Ja, aber was soll das Ganze – warum machen wir das überhaupt?« gestellt wurden. Und den Studenten ging fast immer erst in diesem Stadium auf, wie aufregend und interessant ihr Thema im Grunde sein konnte. Viele sagten mir später, ich sei der einzige Tutor, der so vorging; und mein wichtigster Kritikpunkt gegen die Oxforder Ausbildungstradition – nicht nur in Philosophie, sondern in den Geisteswissenschaften ganz allgemein – ist, daß sie an diesem Punkt versagt: Sie behandelt Analyse und Kritik und deshalb das Einüben dieser Tätigkeiten als Ziel an sich, ohne nach einem tieferen Sinn zu fragen. Im Laufe der Jahre habe ich immer wieder gehört, vor allem von Zuschauern meiner späteren Fernsehsendungen, daß sie in Oxford Philosophie studiert hatten, ohne je zu begreifen, worum es in diesem Fach überhaupt ging. Sie zerbrachen sich den Kopf darüber, warum sie die Autoren, über die sie ihre Referate schrieben, überhaupt lesen sollten – warum lasen sie Locke oder Hume, wenn nicht einmal ihre Eltern je von ihnen gehört hatten, und wenn der Tutor selber die Argumente jedes Philosophen mit scheinbar gewaltiger intellektueller Überlegenheit zerpflückte und als unhaltbar darstellte? Wozu sollte das alles denn eigentlich gut sein? Doch sie hielten den Mund und gingen davon aus, daß alle anderen mehr verstanden hatten als sie selbst. Sie hofften, daß auch ihnen irgendwann ein Licht aufgehen würde und taten das, was von ihnen erwartet wurde; die Intelligentesten unter ihnen legten erstklassige Examina ab und hatten doch nie begriffen, worum es in ihrem Fach überhaupt ging.

Unter diesen Umständen ist es vielleicht kein Wunder, daß die Tutoren sich weitestgehend darüber einig waren, daß die besten Studenten bei den Examen nicht unbedingt am besten abschnitten. Das lag nicht nur an den auf der Hand liegenden Gründen: Niemand wußte genau, welche Fragen gestellt werden würden, private Krisen des Studenten, die unterschiedlichen Reaktionen auf eine Prüfungssituation (manche werden davon angeregt, andere geraten in Panik) und die unterschiedlichen Bewertungsmaßstäbe der einzelnen Prüfer. Ein interessanterer Grund jedoch reichte tiefer: Die besten Noten bekamen die Examenskandidaten, die das taten, was von ihnen erwartet wurde – die die gewünschten Bücher lasen und darüber auf die gewünschte Weise diskutierten – aber das waren meistens die weniger eigenständigen Denker. Geistig eher unabhängige Studenten verhielten sich in der Regel anders, und je prägnanter ihre intellektuelle Persönlichkeit war, um so weniger wahrscheinlich war ein solches Verhalten. Sie vertieften sich mit ungewöhnlicher Intensität in die Themen, die sie interessierten, ließen die anderen links liegen und achteten oft nicht einmal sonderlich auf ihre Prüfungsergebnisse. Das führte dazu, daß Studenten mit der Mentalität und dem Temperament von Beamten die besten Noten einheimsten, während diejenigen, die selbständig dachten und Phantasie und eigene Persönlichkeit einbrachten, schlechter abschnitten. Die beiden Studenten meines eigenen Colleges, die vermutlich später vielleicht die größten akademischen Leistungen erbrachten, hatten nur mittelmäßige Zeugnisse vorzuweisen: John Hicks, der mit dem Nobelpreis für Wirtschaft ausgezeichnet wurde, und Peter Strawson. Ein Dozent sagte, seine besten Studenten schnitten immer nur zweitklassig ab. Jemand von der Englischen Fakultät wies darauf hin, daß unter den hervorragenden englischen Autoren, die in Oxford studiert hatten – W. H. Auden, Graham Greene, Evelyn Waugh, Robert Graves, Anthony Powell, William Golding (ebenfalls ein späterer

Nobelpreisträger) – kein einziger ein erstklassiges und viele ein drittklassiges Examen abgelegt hatten. Um einen Collegedirektor zu zitieren: »Ich verstehe ja, weshalb wir die Studenten unterrichten, aber ich verstehe nicht, warum wir sie prüfen.«

Die größte Befriedigung in meiner Tätigkeit als Tutor brachte mir jedoch die seelsorgerische Seite. Einige Studenten hatten ernsthafte und unangenehme persönliche Probleme. Nur selten jedoch brachten sie diese freiwillig zur Sprache. Zumeist erkannte ich an ihren Arbeiten oder an ihrem Verhalten, daß irgend etwas sie belastete, und einige freundliche Fragen brachten die Sache dann zumeist ans Licht. Manchmal brauchten sie meinen Rat in Studienfragen, und den erteilte ich ihnen natürlich gern. Manchmal half es ihnen auch, sich einem mitfühlenden älteren Menschen anvertrauen zu können, der nichts weitersagen würde, und der ihnen vernünftige Ratschläge gab, die sie danach nach Belieben in den Wind schlagen konnten. Für zwei oder drei unter ihnen konnte ich auf diese Weise mehr tun, als mir das als Lehrer möglich gewesen wäre. Und das war dann nicht nur sinnvoller als mein Unterricht, ich fand es auch befriedigender.

Mich interessierten vor allem die sehr fähigen und die unfähigen Studenten. Beide brauchten besondere Behandlung und stellten eine Herausforderung dar. Hier – dieses Gefühl hatte ich jedesmal – war jemand, dem ich auf eine Weise helfen konnte, die vielleicht für sein Leben richtungweisend sein würde. Die anderen, die ich hier die Feld-, Wald- und Wiesenstudenten nennen möchte (wenn ich auch nie so über sie gedacht hatte, da ich zu jedem eine eigenständige Beziehung hatte), konnten von meinen zusätzlichen Bemühungen nicht profitieren und litten auch keinen Schaden, wenn diese Bemühungen unterblieben. Bei ihnen stellte ich schließlich fest, daß ihre philosophische Begabung nicht direkt mit ihrer Intelligenz zusammenhing. Wir könnten das mit der Musikalität vergleichen: Manche der intelligentesten Studenten hatten einfach kein philosophisches Gehör, und ihnen war auch unangenehm bewußt, daß sie nicht alles aufnahmen, was sich abspielte; andere, die weniger intelligent waren, fingen eine Melodie auf und freuten sich darüber. Daraus lernte ich, es niemals für gegeben zu nehmen, daß ein intelligenter Mensch auch ein philosophisches Problem erfassen kann und auch nicht zu verzweifeln, wenn dieser Mensch von seiner Unfähigkeit dazu verführt wird, Philosophie nicht weiter ernst zu nehmen.

Neben meiner Beziehung zu den Studenten genoß ich den Kontakt mit Kollegen, den das Dozentenzimmer bot. Das liegt mir einfach im Blut. Aus demselben Grund mag ich Londoner Clubs und gehöre mehreren an, wie ich auch mehreren Colleges angehört habe. Was mir gefällt ist die Tatsache, daß sie uns persönliche Freiheit ermöglichen, ohne daß daraus Isolation entspringt. Wer in Ruhe gelassen werden will, wird in Ruhe gelassen und kann doch immer wieder auf ein weitreichendes nützliches Serviceangebot zurückgreifen. Alle respektieren dein Privatleben, niemand belästigt dich, und wenn jemand monatelang kein Wort mit einem anderen Menschen wechseln möchte, wird das auch nicht weiter übelgenommen. Doch immer gibt es Geistesverwandte: Wir können gesellig sein, wann immer wir wollen und so lange wir wollen, aber wir können genausogut ungesellig sein, wenn uns das paßt. Das Familienleben ist da anders, normale Freundschaft ebenfalls, und doch haben viele Menschen eben das Bedürfnis nach dieser anderen Form von Zusammenleben, was sich daran zeigt, daß im Laufe der Geschichte der Zivilisation immer wieder andere Institutionen die Möglichkeiten dazu geboten haben. Vielleicht ist dieses Bedürfnis unter Männern eher verbreitet als unter Frauen, das weiß ich nicht. Aber ich weiß, daß es bei mir sehr stark ist.

In einem Dozentenzimmer verkehren immer Fachleute für die wichtigsten Fächer, die am College unterrichtet werden, und obwohl viele darunter kaum mehr sind als Lehrer für Erwachsene, gibt es doch fast immer jemanden, dessen Horizont weiter ist, und deshalb gibt es immer anregende Gesellschaft – interessante Unterhaltungen beim Essen oder beim Kaffee, Trinkgefährten bis spät in die Nacht hinein. Plötzlich diskutierst du mit jemandem über russische Romane, der Slawistik unterrichtet und sie natürlich auf Russisch gelesen hat, du sprichst mit einem Wirtschaftswissenschaftler über die Wirtschaftskrise, mit einem Mediziner über die letzten Horrormeldungen, die die Zeitungen über AIDS gebracht haben, oder über ein Theaterstück mit jemandem, der gerade ein Buch über den Autor geschrieben hat. Und manchmal diskutierst du auch über dein eigenes Fach mit jemandem, der seinerseits relevantes Wissen beisteuern kann – in meinem Fall vielleicht mit einem Naturwissenschaftler über Metaphysik, mit einem Historiker über Politologie oder mit einem Mathematiker über Logik. Wenn das so tagein, tagaus seinen Lauf nimmt, bereichert es dein Geistesleben ungemein. Für mich ist das sehr wichtig: Es vermittelt mir tiefgreifende Befriedigung, es nährt nicht nur meinen Geist, sondern auch mein Gemüt. Ich kann also nur sagen, daß ich das Leben im Dozentenzimmer von *Balliol* sehr genossen habe, und daß ich dort Freunde gewonnen habe, die ich noch heute schätze.

Studenten sehen ihre Universität zumeist durch die Brille ihrer eigenen Bedürfnisse und hegen dann ganz falsche Vorstellungen. Sie glauben, daß vor allem sie sie ausmachen, mit einer Art Dressing aus Dozenten angereichert, die sie unterrichten sollen, und vielleicht noch einigen Forschungsbeauftragten. Und weil sie während ihres Studiums zu dieser Ansicht gelangen, bleibt sie ihnen zumeist bis an ihr Lebensende erhalten. Ein Universitätsprofessor dagegen sieht das alles etwas anders. Man ist von Kollegen umgeben, von Tausenden von Kollegen, die Bücher schreiben und Forschung betreiben, viele von ihnen genießen internationalen Ruf. Gleichzeitig müssen sie breitgefächerte Institutionen leiten, Colleges und Institute und Labors, mit vielen Angestellten und einem Jahresetat von vielen Millionen Pfund. Außerdem haben sie natürlich auch ein Privatleben, ein Zuhause, Kinder. Und zu allem kommt dann noch die Lehre dazu. Die Studenten befinden sich ganz unten in einer riesigen Organisationspyramide. Nur wenige von ihnen bleiben länger als drei oder vier Jahre an der Universität, und deshalb besteht unten in der Pyramide eine dauernde Fluktuation, die sich mit scheinbar steigendem Tempo immer wieder ändert. Diese Flüchtigkeit der Studenten als Individuen läßt ihre Gruppenpräsenz an der Universität unwichtig werden. In Oxford verstärkt sich das noch dadurch, daß die drei Trimester des akademischen Jahres weniger als ein halbes Zeitjahr in Anspruch nehmen, daß die Studenten also über die Hälfte der Zeit gar nicht vorhanden sind. Die Arbeit der Dozenten dagegen nimmt sie das ganze Jahr über in Anspruch, und normalerweise sind sie um so kreativer, um so mehr Zeit sie sich auf ihre eigene Arbeit konzentrieren können und um so weniger die Lehre sie in Anspruch nimmt. Nach Möglichkeit delegieren sie deshalb einen Teil des Unterrichtes gern an ihre fähigsten Studenten. Die meisten guten Akademiker unterrichten gern ein bißchen, denn das, wie sie es ausdrücken, nimmt sie an die Kandare – sie sind gezwungen, sich in ihrem Fach auf breiterer Basis auf dem laufenden zu halten, als das sonst der Fall wäre. Und es bringt sie in Kontakt mit jungen, und, wichtiger noch, intelligenten jungen Leuten, was ihnen aus allen möglichen Gründen zusagt. Doch alles, was über ein wenig Lehre hinausgeht, stört sie bei dem, was sie für ihre »wirkliche« Arbeit halten. Die bedeutendsten Forscher unterrichten deshalb nur die oberen Semester – worüber sich die fähigen Anfänger und deren Eltern immer wieder beklagen.

Einige dieser Verallgemeinerungen gelten ganz besonders für Oxford. Obwohl Studienanfänger immer schon zu der Ansicht neigten, daß die Universität allein dazu da ist, um sie zu unterrichten, trifft diese Annahme nicht zu, und das war noch nie der Fall. Die Universität war ursprünglich eine Gemeinschaft von Gelehrten, von denen jeder seine eigene Arbeit tat; erst später schlossen Studenten sich ihnen an, um sich unterrichten zu lassen. Heute gibt es in Oxford sieben Graduierten-Colleges, in denen jeder seine eigenen Forschungen treibt, ob nun innerhalb der Geistes- oder der Naturwissenschaften; in den übrigen Colleges wächst der Anteil an Postgraduierten stetig an. Viele Beobachter glauben, daß die Universität sich langsam aber stetig zu einer Forschungsinstitution entwickelt, zu der nur derjenige Zugang findet, der bereits ein Examen abgelegt hat. Ich halte es nicht für unwahrscheinlich, daß es irgendwann im Laufe des 21. Jahrhunderts so weit sein wird.

Achtzehntes Kapitel

Ein Lob der Popularisierung

Meine Zeit als Philosophiedozent in Oxford fiel in eine Epoche, als es in der Gesellschaft ziemlich heftig gärte. Fortschritte innerhalb der Kosmologie stürzten althergebrachte Vorstellungen über das Universum um. Die Unvereinbarkeit von Relativitätstheorie und Quantentheorie, die beide weiterhin präzise Ergebnisse erzielten, blieb ein Rätsel, das die bisherigen Theorien über die empirisch erfahrbare Welt bis ins Mark traf. Die Gesellschaftswissenschaften machten einen Wandel durch. Historiker rebellierten gegen die seit Jahrtausenden übliche Form der Geschichtsschreibung, die immer nur die Geschichte der Mächtigen und Herrscher darstellte, und schrieben die Vergangenheit um. In Soziologie und Anthropologie wimmelte es von neuen Ideen – damals war die Soziologie zweifellos die am schnellsten wachsende akademische Disziplin in Großbritannien. Eine vollständig neue literaturwissenschaftliche Methode (die meiner Ansicht nach in die Irre lief) faßte an den Universitäten Fuß; währenddessen machte sich im Bewußtsein von Menschen in aller Welt, die sich bisher als Linke betrachtet hatten, die erste große Welle der Enttäuschung über herkömmliche linke Vorstellungen breit, wie die ersten Anzeichen der hereinströmenden Flut. Die Keynesianische Wirtschaftslehre, die seit Ende des Zweiten Weltkrieges die westlichen Staaten zu nie gesehenem wirtschaftlichen Erfolg geführt hatte, war in eine Krise geraten. Internationale Angst um die Umwelt und Ökosphäre führte erstmals zur Gründung von Umweltschutz-Organisationen. In Großbritannien hatten Literatur und Drama sich erst kürzlich von den uralten Fesseln der Zensur befreit, und eine neue permissive Haltung erfaßte nicht nur die Kunst, sondern das Leben überhaupt, die jungen Leute verhielten sich wie ein befreites Volk. Zum ersten Mal nahm die gesamte Gesellschaft die Gleichberechtigung von Frauen und bestimmten Minderheiten ernst, während die alten Klassenunterschiede sichtbar zerbröckelten. Das Land beendete seine uralte Isolation vom europäischen Festland. Überhaupt waren die Jahre um 1970 eine außergewöhnliche Epoche, in der grundlegende Vorstellungen, von denen viele seit Generationen die Gesellschaft geprägt hatten, hinterfragt, umgestürzt und ausgetauscht wurden. Doch die meisten Philosophiedozenten in Oxford interessierten sich damals ganz und gar nicht für diese Entwicklung.

Seltsamerweise wurden diese neuen Wellen von Vorstellungen außerhalb der Universitäten viel stärker wahrgenommen als von den Philosophen. Das zeigte sich auch an einer neuen Nachfrage nach intellektuell seriösen, aber leicht verständlichen Darstellungen und Diskussionen. Immer hatten leitende Fachleute über ihre Sparten auch populärwissenschaftliche Werke veröffentlicht, doch zumeist hatten Journalisten diese Aufgabe übernommen. Das änderte sich jetzt, und leichtverständlich gehaltene Werke von bedeutenden Wissenschaftlern wurden zu einem anerkannten Literaturbereich, einem, der seither stetig anwächst und viele verdienstvolle Werke hervorgebracht hat. Interkulturelle Zeitschriften wie *New York Review of Books* erlebten eine Blütezeit und bildeten für viele gebildete Menschen einen intellektuellen Bezugsrahmen. Eine Taschenbuchserie namens *Modern Masters* wurde gegründet und sollte in das Werk zeitgenössischer Denker einführen, die das moderne Leben beeinflußt hatten. Überall war intellektuell anregende Bewegung auszumachen – und meines Erachtens war es eine Bewegung von gesellschaftlicher, politischer, intellektueller und kultureller Bedeutung.

Meine Radioserie *Conversations with Philosophers* und das dazugehörige Buch können durchaus zu dieser Bewegung hinzugerechnet werden. Ihre ganz neue intellektuelle Ernsthaftigkeit und ihre Bandbreite entsprachen dem damaligen Zeitgeist. Sie brachten mich auch in den Ruf, aus abstrakten Ideen erfolgreiche Sendungen machen zu können. Und das sollte meine unmittelbare Zukunft beeinflussen. Als erstes entwickelte ich, nachdem ich Oxford wieder verlassen hatte, für das Fernsehen eine lange Serie von Diskussionen, die ich noch immer für meine beste Leistung in diesem Medium halte.

Damals hatte es im britischen Fernsehen noch niemals eine seriöse Diskussion über Weltanschauungen gegeben. In Programmen wie *Brains Trust* sprachen drei oder vier Teilnehmer jeweils über mehrere voneinander unabhängige Themen, im Durchschnitt standen für jedes Thema also nur wenige Minuten zur Verfügung. Selbst wenn eine Sendung sich einem einzigen Thema widmete, dann machte es die Teilnehmerzahl doch immer unmöglich, ein einziges Argument über längere Zeit zu verfolgen. Intellektuell seriöse Erörterungen waren unter diesen Umständen einfach nicht möglich. Die Interviews in den Nachrichtenmagazinen waren kurz, selbst wenn eine der mächtigsten Persönlichkeiten der Welt vor der Kamera saß. Niemals wurden Menschen oder ihre Vorstellungen wirklich auf die Probe gestellt. Weil alle Diskussionen so kurz waren, blieb alles immer an der Oberfläche. Und deshalb wurden sie zumeist von Journalisten geführt, die nur oberflächliche Dinge attraktiv gestalten konnten. Man hätte ja annehmen können, daß nach Einführung des Fernsehens Persönlichkeiten wie Karl Popper oder Isaiah Berlin um regelmäßiges Erscheinen gebeten worden wären, schließlich war es nun zum ersten Mal in der Geschichte möglich, allen Mitgliedern einer komplexen Gesellschaft ihre größten Denker und ihre brillantesten Rhetoriker vorzustellen. Doch dem war durchaus nicht so; und weil das Medium sich so albern verhielt, fühlten diejenigen, die am meisten hätten dazu beitragen können, sich davon abgestoßen; die führenden Intellektuellen unserer Gesellschaft waren nur selten oder gar nicht im Fernsehen zu finden. Dafür verantwortlich war natürlich die Einschätzung der Zuschauer durch die Programmgestalter: Angeblich konnte das Publikum sich nicht konzentrieren, war nicht sonderlich intelligent oder informiert, und würde auf einen anderen Sender umschalten, wenn man ihm eine längere seriöse Diskussion zumutete.

Ich forderte diese Einschätzung durch eine Serie heraus, die ich *Something to Say* nannte, und bei der in jeder Folge eine Stunde lang zwei hochqualifizierte Gegner ein einziges Thema diskutierten, ich machte dabei den zurückhaltenden Moderator. Jedes Thema mußte die Zuschauer wirklich fesseln und ihre Aufmerksamkeit dauerhaft auf sich lenken, und während der ganzen Stunde mußten die Teilnehmer nicht nur mitreißende Ideen versprühen, sondern auch durch ihre Energie überzeugen. Das schlichte Format der Sendungen schien einen Mißerfolg geradezu zu beschwören. Bei normalen Diskussionsprogrammen wird das Thema gewechselt, wenn eine gewisse Erschlaffung eintritt; wenn einer der Teilnehmer enttäuscht, wird die Diskussion eben ohne ihn fortgesetzt. Aber wenn in dieser Serie ein Thema kein Interesse erregte, dann mußte die Folge in sich zusammensinken wie ein kaltes Soufflé, und ein einziger unzulänglicher Teilnehmer verurteilte das gesamte Projekt zum unvermeidlichen Schiffbruch. Alles mußte jederzeit glücken.

Aber die Serie hatte Erfolg. Zum ersten Mal wurden im Fernsehen wirklich wichtige Themen von bedeutenden Intellektuellen ausgiebig diskutiert. Die international bekanntesten Vertreter marxistischen und liberalen Denkens jener Zeit, Herbert Marcuse und Robert Aron, diskutierten die Frage, ob Kommunismus und Demokratie miteinander vereinbar seien oder nicht. Aron tauchte später in der Serie noch einmal auf, um sich mit Roy Jenkins darüber auseinanderzusetzen, ob ein vereintes Europa wünschenswert sei. Hayek debattierte mit Bernard Crick, dem Biographen George Orwells, über die Verdienste des Sozialismus. John Kenneth Galbraith stritt sich mit Anthony Crosland über die Frage, ob die westlichen Staaten weiterhin wirtschaftliches Wachstum anstreben sollten. Isaiah Berlin stritt sich mit Stuart Hampshire darüber, ob Nationalismus nicht im Grunde positiv zu sehen sei. John Hume befragte Conor Cruise O'Brien über die Zukunft Nordirlands. Der bekannteste Vertreter des Behaviorismus, B. F. Skinner, sprach über die Möglichkeiten der Willensfreiheit. Zwei mit dem Nobelpreis ausgezeichnete Biologen, Jacques Monod und John Eccles, konnten sich nicht darüber einigen, ob die Existenz einer menschlichen Seele wirklich glaubhaft sei. Alfred Ayer und ein römisch-katholischer Bischof stritten über die Existenz Gottes.

Ich machte zwischen Februar 1972 und August 1973 neununddreißig Sendungen dieser Art. Da ich darin als Moderator fungierte, heimste ich das meiste Lob ein, aber hinter den Kulissen leistete der Produzent Udi Eichler ebensoviel wie ich. Zu den Mitwirkenden gehörten der Erfinder des Transistors, William Shockley (er war nicht der einzige Nobelpreisträger, der in dieser Serie zu Wort kam), der Umweltpionier Barry Commoner, Herman Kahn, Margaret Meade, James Baldwin, Barbara Wootton, C. V. Wedgwood, Denis Healey, Enoch Powell, Alan Walters, Keith Joseph, Lord Devlin, Raymond Williams, Anthony Quinton und Bernard Williams. Daß *Thames Television* mir nicht erlauben wollte, aus den besten Teilen dieser Sendungen ein Buch zu machen, stimmte mich allerdings sehr traurig. Ein solches Buch wäre vielleicht nicht zum Bestseller geworden, doch das finanzielle Risiko hätte der Verlag getragen, nicht *Thames*, und in Anbetracht der Bedeutung der Mitwirkenden und der diskutierten Probleme glaubte ich schon, daß das Material von historischem Interesse gewesen wäre: Einige der führenden Intellektuellen und Politiker unserer Zeit diskutierten über Fragen, die damals die Gemüter erregten. Leider sind die Bänder inzwischen gelöscht worden, nur eine Handvoll hat überlebt, und diese enthält nicht immer das beste Material.

Das ist typisch dafür, wie beim Fernsehen organisiert, oder besser gesagt, desorganisiert wird. Für mich liegt auf der Hand, daß man viele Stunden von Interviews mit den wichtigsten Vertretern unserer Zeit aufnehmen sollte, nicht, um sie sofort zu senden, sondern um sie zu archivieren, obwohl es wirklich kein Problem wäre, Sendungen daraus zusammenzustellen, die die Kosten der Herstellung wieder einfahren würden. Inzwischen sind wir schon seit geraumer Zeit in der Lage, unsere eigene Zeit auf diese Weise zu archivieren und haben noch nicht einmal damit angefangen, von dieser Möglichkeit Gebrauch zu machen. Im Gegenteil, wir vernichten die meisten Aufnahmen mit historischen Personen unserer eigenen Zeit.

Um Sendungen wie *Something to Say* interessant zu machen und als Moderator gute Arbeit zu leisten, muß man die richtigen Fragen in der richtigen Reihenfolge stellen. Doch ehe wir wissen können, was die interessantesten, herausforderndsten oder wichtigsten Fragen zu irgendeinem Thema sind, müssen wir uns mit diesem Thema vertraut machen. Ich ging deshalb so vor: Ich informierte mich über ein Thema, sprach mit den anerkannten Experten, ließ mir Bücher nennen, las und diskutierte das Gelesene dann mit den Experten. (Bis zu diesem Punkt entsprach das meinem Vorgehen beim Unterrichten.) Auf diese Weise wußte ich dann in etwa, was unbedingt zur Sprache kommen mußte. Dann überlegte ich mir, wer sich im Fernsehen am überzeugendsten dazu äußern könnte. Wenn ich diese Person dann gefunden hatte, suchte ich sie auf und holte ihre Meinung ein. Im Studio stellte ich ihr dann Fragen, die es ihr ermöglichten, das zu sagen, was unbedingt gesagt werden mußte, und zwar so effektiv und klar wie nur möglich. Ich überlegte mir die Reihenfolge meiner Fragen sehr genau, denn sie entschied über Form und Struktur der Sendung. Die Antwort auf eine Frage sollte ganz spontan zur nächsten Frage führen, so daß das Thema sich spontan und nach seinen eigenen Prämissen zu entfalten schien. Diese Arbeitsweise ließ mich nur selten eine Frage stellen, auf die ich noch keine Antwort kannte. Wenn ich Thema und Mitwirkende ausgesucht hatte, dann wußte ich zumindest ansatzweise vor Aufnahmebeginn, wer was wie und in welcher Reihenfolge sagen würde.

In *Something to Say* arbeitete ich wie gesagt mit Udi Eichler zusammen. Bei meinen folgenden zwei Fernsehserien über Philosophie war ich allein. Eichler ist noch heute ein fähiger Fernsehproduzent, der noch immer nicht die Anerkennung genießt, die er verdient hat, vor allem weil die Fernsehgesellschaften ihn nicht richtig zum Zuge kommen lassen. Er ist einfach zu gut für sie. Sie unterschätzen das Publikum weiterhin. *Something to Say* fand einen ungewöhnlich enthusiastischen Zuschauerkreis, und noch ein Vierteljahrhundert später werde ich bisweilen von Fremden angesprochen, die mir erzählen, daß sie es für eine der intellektuell anregendsten Fernsehserien halten, die sie je gesehen haben.

Udi und ich ließen uns endlos viel Zeit, um Themen zu finden, die sofort Interesse erregen und das Publikum dann für eine volle Stunde fesseln würden, und zwar das Interesse eines Publikums, das groß genug wäre, um unseren Platz im Programm zu rechtfertigen. Und ebenso sorgfältig suchten wir die Mitwirkenden aus, es ging uns dabei nicht nur um ihre Fähigkeit, ihre Vorstellungen vorzutragen, sondern auch um ihre Darstellungskraft, darum, ob sie einem Nicht-Fachpublikum ihr Fach vermitteln konnten, ob sie interessante Persönlichkeiten waren, ob sie eine lange Diskussion lebhaft bis zu Ende führen konnten. Udi legte mehr Gewicht als ich darauf (obwohl ich mich dann später an sein Vorbild halten sollte), daß unsere Gesprächspartner wirklich existentiell zu dem standen, was sie sagten, und sich nicht nur klar, aber distanziert darüber äußerten, wie ein geschickter Reporter oder ein Universitätsdozent. Er sprach gern über die »psychologische Wärme« einer Diskussion, was etwas anderes war als deren verbalisierter Inhalt. Er glaubte, auf diese Weise das Publikum einbeziehen zu können. Und damit hatte er sicherlich recht. Wir lieferten also psychologische Wärme und alle Qualitäts- und Quantitäts-Indizes zeigten, daß wir beim Publikum auf außergewöhnliches Interesse stießen.

Da jede Sendung ausführliche Vorbereitungen erforderte und da die Herstellung der Serie sich über anderthalb Jahre hinzog, konnte ich mich ausgiebig über viele der damals wichtigsten gesellschaftlichen und intellektuellen Fragen informieren. Ich kam, wenn man so will, in den Fragen auf den neuesten Stand, mit denen sich die intelligenten Menschen außerhalb der Universitäten befaßten. Es war die einzige Zeit in meinem Leben, in der ich so umfassend und systematisch gelesen habe. Ich las (bisweilen zum wiederholten Mal) die einflußreichsten Bücher der damaligen Zeit und diskutierte sie mit Fachleuten in den verschiedenen davon betroffenen Bereichen – und in vielen Fällen auch mit den Autoren: *Die solidarische Gesellschaft* mit Galbraith, *Die Verfassung der Freiheit* mit Hayek, Marcuses wichtigste Werke mit Marcuse, Nationalismus mit Isaiah Berlin. Wenn Mitwirkende aus dem Ausland kamen, was in vielen Fällen so war, dann mußte ich ihre Besuche in London organisieren und mich während ihres Aufenthaltes um sie kümmern. Daraus ergaben sich bisweilen Freundschaften, die hielten. Zu genau dem Zeitpunkt in meinem Leben, als ich das brauchte, führte mich diese Erfahrung von der akademischen Philosophie in andere Welten, in denen die Anschauungen voller Leidenschaft ausgelebt wurden.

Natürlich gab es bei den meisten gesellschaftlichen Fragen, die in *Something to Say* diskutiert wurden, viele verschiedene mögliche Standpunkte. Aber langsam ging mir auf, daß die Ansichten der intelligenten Menschen sich grob gesehen in vier Kategorien einteilen ließen. Sehr viele verteidigten zu jeder Zeit den Status quo. Andere wollten ihn im Konsens mit der Mehrheit der Bevölkerung liberalisieren, mit einer unzufriedenen Minderheit konnten sie jedoch leben. Wieder andere wollten das bestehende System vom Tisch fegen, »wenn nötig« auch mit Gewalt, und es durch etwas absolut anderes ersetzen – und sie waren davon überzeugt, daß dieses andere notwendigerweise besser sein würde. Im Großbritannien der frühen siebziger Jahre konnte man die meisten Vertreter dieser drei Standpunkte mit einigem Recht (wenn wir diese Bezeichnungen im herkömmlichen, nicht im parteipolitischen Sinn verwenden) den Konservativen, den Liberalen und den marxistischen Sympathisanten zuordnen. In den meisten Fällen neigte ich zum liberalen Standpunkt. Intellektuell gesehen war meine Haltung den beiden anderen Kategorien gegenüber recht konsequent, ich sah sie gewissermaßen neben mir stehen, die einen rechts, die anderen links. Ich war mein Leben lang mit ihnen vertraut gewesen und glaubte, sie zu verstehen. Dinge so zu akzeptieren, wie sie waren, erschien mir als natürliche und sogar normale menschliche Haltung. Obwohl ich immer die Sache der persönlichen Freiheit vertreten hatte, hatte ich in meiner frühen Jugend geglaubt, persönliche Freiheit und Marxismus ließen sich miteinander vereinbaren, und das bedeutete, daß ich zwar nie selbst Marxist gewesen war, aber nicht weit entfernt vom Marxismus lebte und mich nicht vor ihm fürchtete. Ich hatte also ziemliches Vertrauen in meine Fähigkeit, mich in Diskussionen mit Marxisten zu behaupten, darin verfügte ich über beträchtliche Erfahrung. Ich glaubte auch, Diskussionen mit Konservativen bestehen zu können – zumindest soweit ich die dort vorgetragenen Argumente überhaupt stichhaltig fand, auch wenn meine Gesprächspartner zweifelsohne nicht immer gleicher Auffassung waren. Ich hielt mich nicht für klüger als sie, ich war nur davon überzeugt, die bessere Sache zu vertreten. Wenn ich merkte, daß ich den kürzeren zog, dann machte ich die Unzulänglichkeit meiner Argumentationsweise dafür verantwortlich. Vielleicht dachte ich auch einfach nur, ich hätte einen Stich verloren und würde die Partie am Ende doch gewinnen.

Doch nun mußte ich mich zum ersten Mal in meinem Leben

einer vierten Position stellen, nämlich der der radikalen Rechten, von deren Existenz ich natürlich schon gewußt hatte, nur hatte ich ihr eben immer nur Verachtung entgegengebracht. Ich hatte sie als halb-faschistisch abgetan und mich nie weiter damit befaßt. In einigen Folgen von *Something to Say* wurden ihre Ansichten zur Sprache gebracht, und zwar von Hayek, Alan Walters, Keith Joseph, Enoch Powell, Brian Cox (über Ausbildung), John Sparrow (über Zensur), Anthony Flew (über Ursachen von Verbrechen), Peter Bauer (über Entwicklungshilfe), Peregrine Worsthorne (über Rassismus). Grob gesagt herrschte rechts die Meinung vor, der Status quo sei unerträglich und müsse geändert werden, doch nicht in liberaler oder sozialistischer Richtung, weil das alles nur noch schlimmer machen würde. Seit Generationen, hieß es, mische sich in den westlichen Ländern die Regierung immer heftiger auf Kosten der individuellen Freiheit ein, und wenn es dafür in der Vergangenheit auch Gründe gegeben haben mochte, so sei es heute nur noch die Ursache von gesellschaftlichen Problemen und Verfallserscheinungen. Liberale und Sozialisten wollten diese Übel durch noch weitergehende Eingriffe von Regierungsseite kurieren, doch das würde alles nur noch schlimmer machen. Benötigt wurden weniger Vorschriften, nicht mehr, weniger staatliche Eingriffe, mehr Freiheit für den einzelnen – und das auf jedem Niveau: im Wirtschaftsleben durch Privatbesitz, freie Marktwirtschaft und Unternehmensfreiheit; auch im gesellschaftlichen Leben sollten alle Möglichkeiten offenstehen, damit die einzelnen Menschen ihren Lebensweg suchen konnten und entsprechend ihrer Leistungen dabei Erfolg hatten oder nicht. Das sollte auch für Bereiche gelten wie Ausbildung, Gesundheitsfürsorge und Altersversorgung, durch individuelle Verantwortung und private Vorsorge. Das Ganze beruhte auf dem Grundsatz: gleiche Möglichkeiten, ungleiche Resultate. So ausgedrückt erinnert das Ganze natürlich an die USA und könnte deshalb sogar vertraut und sympathisch klingen, aber in Großbritannien konnte diese Haltung erst um 1970 größere Anhängerscharen um sich versammeln. Der Hauptgrund für das damalige Wiederaufleben solcher Haltungen lag im deutlich wahrnehmbaren Versagen der Alternativen.

Im nachhinein wird natürlich offenbar, daß die Labour-Regierungen der Nachkriegszeit einen massiven Fehler nach dem anderen begingen. Sie hätten, wie die Regierungen Frankreichs und der Bundesrepublik Deutschlands, in erster Linie versuchen sollen, die durch den Krieg zerstörte Wirtschaft wieder aufzubauen und zu modernisieren. Statt dessen gaben sie Geld für Ziele aus, die entweder unerreichbar oder irrelevant waren – wie der Schutz des Pfund Sterling als Leitwährung, die Beibehaltung von Großbritanniens Vorkriegsstellung als militärischer Weltmacht mit weltweit präsenten Truppen oder die unabhängige britische atomare Aufrüstung. Die Wirtschaftspolitik strebte vor allem Vollbeschäftigung an, was zu Inflation, übermäßiger Machtentfaltung der Gewerkschaften und zu einem hohen Anstellungsgrad bei den einzelnen Betrieben führte. Ergebnisse waren künstlich niedrig gehaltene Produktivität und stetige Verarmung der Nation. Die meisten grundlegenden Industrien wurden verstaatlicht und arbeiteten dann mit unvorstellbarer Ineffektivität, viele fuhren horrende Verluste ein, die in regelmäßigen Abständen vom Steuerzahler ausgeglichen werden mußten. Und zu allem Überfluß wurde auch noch ein dauernd expandierender Wohlfahrtsstaat geschaffen, der mit den Erträgen aus dem Produktionsbereich bei weitem nicht finanzierbar war. Das alles geschah natürlich mit den besten Absichten, hatte aber katastrophale Folgen. Und der große Fehler der konservativen Regierungen der Nachkriegszeit, ehe Margaret Thatcher einschritt, war, daß sie nichts gegen diese Entwicklung unternahmen. Sobald die Konservativen die Macht zurückgewannen, verwalteten sie den geerbten Status quo und flickten nur hier und dort ein bißchen daran herum. Jede Labour-Regierung schob das Land ein Stück weiter in die falsche Richtung, und jede konservative Regierung fand sich mit diesem Stand der Dinge ab und betätigte sich, wie Keith Joseph das genannt hat, höchstens als Riegel vor der Tür zum nationalen Niedergang. Der Aufschwung der radikalen Rechten bedeutete im Grunde eine Revolte gegen diese Situation, basierend auf dem Wunsch, das Ruder herumzureißen.

Weder damals noch heute konnte mich ihr Standpunkt wirklich überzeugen. Vor allem weil ich die positiven Vorschläge nicht akzeptieren konnte, aber darauf werde ich gleich noch zurückkommen. Die rechte Kritik an den herkömmlichen Alternativen fand ich erschreckend und beeindruckend. Im Klartext geäußert war ihre Kritik an Sozialismus und Kommunismus fast schon vernichtend. Und ihre Kritik an meiner eigenen Position war unangenehm effektiv. Wieder und wieder traf ich hier auf eine Herausforderung, der ich kaum etwas entgegenzusetzen hatte. Den Status-quo-Konservativen konnte ich die passenden Antworten geben, den Marxisten auch, doch nach einer Diskussion mit jemandem von der radikalen Rechten hatte ich immer das Gefühl, nicht alle Einwände entkräftet zu haben. Ich zog in der Diskussion nicht den kürzeren – doch steckte so viele Hiebe ein, wie ich ausgeteilt hatte und spürte entsprechend meine blauen Flecken. Schließlich erschien die radikale Rechte mir als stärkste Alternative zu meiner eigenen Position. Ihr mußte ich antworten, ihren wichtigsten Argumenten mußte ich mich stellen, ihre Kritikpunkte waren am schwersten zu widerlegen. Meiner Ansicht nach wies ihre Argumentation vor allem drei Stärken auf. Die eine war ihre intellektuelle Ehrlichkeit, ihr bodenständiger gesunder Verstand, der sich so erfrischend von der Ideologie und dem verlogenen Moralismus der Linken abhob. Die zweite, die sich aus der ersten ergab, war ihr greifbarer Populismus, ihre Nähe zu den Ansichten, Werten, Gefühlen und Bestrebungen der sogenannten einfachen Menschen, etwas, nach dem die Sozialisten sich immer gesehnt hatten. Oft hatten sie auch geglaubt, es zu besitzen, sich dabei aber immer geirrt. (Viele Linke fielen aus allen Wolken, als sich die Dock-Arbeiter aus dem Londoner East End an einer Solidaritätskundgebung für Enoch Powell beteiligten, und darin zeigte sich ihr totales Unverständnis für die Einstellungen solcher Menschen.) Die dritte war ihre Fähigkeit, überzeugende Beispiele für die Richtigkeit ihre Ansichten aufzuzeigen, nämlich die USA – ein Land, das ich liebte, bewunderte, in dem ich mich zu Hause fühle. Seit meinem Yale-Jahr glaubte ich, daß ein Außerirdischer, der auf der Erde landete und sich seinen Wohnort selber aussuchen könnte, selbstverständlich die USA wählen würde – und die meisten internationalen Migranten scheinen diese Ansicht zu teilen.

Der Hauptgrund, aus dem ich das positive Programm der radikalen Rechten nicht unterstützen konnte, war, daß der Grad an wirtschaftlichem Liberalismus, den sie befürworten, dem Wettbewerb allzu freie Zügel ließe. In einer ohnehin schon avancierten technologischen Gesellschaft geht es den meisten recht gut, manchen geht es sehr gut, aber viele kommen zu kurz. Menschen mit ernsthaften physischen oder psychischen Problemen, seien es nun die eigenen oder die der Angehörigen, die für den Dschungelkrieg ganz einfach ungeeignet sind, die Sanften, Demütigen, diejenigen, die zu keinen großen Leistungen imstande sind; die Unintelligenten, die Alten, die Einsamen, alleinstehende Mütter, Einwanderer ohne Ausbildung, alle, die einfach Pech haben – von solchen und anderen benachteiligten Menschen gibt es in einem Land wie Großbritannien mehrere Millionen; und aus ihnen wird dann eine Unterklasse entstehen, in der Verbrechen, Drogensucht, Krankheiten und Slumbildung grassieren. Ein freier Markt kann Menschen mit schwacher (und in vielen Fällen hoffnungslos schwacher) Kaufkraft einfach nicht das nötige Angebot an Ausbildung, Gesundheitsfürsorge und Altersversorgung bieten. Auch in anderen grundlegenden Bereichen können die Kräfte des freien Marktes nicht weiterhelfen. Ein solcher Bereich ist die nationale Verteidigung, ein anderer intellektuelles und künstlerisches Leben – würde man die großen Theater, die Ballett- und Opernensembles, die Kunstmuseen und Bibliotheken und die Universitäten (ganz zu schweigen von der dort betriebenen Forschung) dem freien Markt überlassen, dann wären bald davon nur noch Trümmer übrig. Ein wirklich freies Spiel der Kräfte würde einige der wichtigsten Bindungen zerstören, die Gemeinschaft, Kultur und Kontinuität zusammenhalten. Ich glaube fest an das Prinzip der Kosten-Nutzen-Rechnung, wenn es um die Ausgaben der öffentlichen Hand geht, und ich glaube auch, daß private Anbieter von Gütern und Dienstleistungen zumeist günstiger liegen als staatliche, aber ich glaube nicht, daß sich dieses Prinzip auf die erwähnten Bereiche übertragen läßt.

Doch dennoch muß akzeptiert werden, daß die radikale Rechte in ihrer Kritik an zentraler Planung und anderen Regierungsaktivitäten nicht einfach falsch liegt. Als mir diese Erkenntnis damals kam, bedeutete sie geradezu einen Erdrutsch in meinen Anschauungen, schließlich hatte ich bisher zwar nicht staatlichen Besitz, aber immerhin Transparenz im öffentlichen Management gefordert, das heißt, eine demokratisch gewählte Regierung sollte eine zumeist in Privatbesitz befindliche Wirtschaft verwalten –

also die Art von »demokratischem Sozialismus«, für den Schweden damals als Vorbild galt. Meine Erfahrung aus *Something to Say* trug dazu bei, daß meine politische Einstellung schließlich eher in Richtung »soziale Marktwirtschaft« ging. Ich kam zu der Überzeugung, daß makro-ökonomische Entscheidungen entweder vom Markt selber, von einem Indikationsanzeiger oder von einem Planungsgremium getroffen werden müssen und daß die erste Lösung in vieler Hinsicht die demokratischste ist. Daraus ergab sich die Notwendigkeit einer marktgebundenen Wirtschaft, selbst wenn diese von der öffentlichen Hand subventioniert wurde. Ich wollte nun eine Möglichkeit finden, diese marktgebundene Wirtschaft mit der Unterstützung von Ausbildung, Kunst und Wissenschaften und einem akzeptablen Lebensstandard für die Benachteiligten in der Gesellschaft zu verbinden. Als die radikale Rechte schließlich in Gestalt von Margaret Thatcher an die Macht kam, glaubte ich schon längst an ›Thatcherismus plus Sozialstaat‹. Das Problem, beides zu vereinbaren, ist zum innenpolitischen Hauptproblem vieler westlicher Staaten geworden.

Mein politischer Umdenkungsprozeß wurde nicht nur durch meine Arbeit an *Something to Say* ausgelöst, sondern auch dadurch, daß ich damals ganz konzentriert Poppers Werk noch einmal las. Als *Conversations with Philosophers* veröffentlicht worden war, bat Frank Kermode, der Herausgeber der Serie *Modern Masters*, um ein Buch über irgendeinen Denker, der noch nicht vergeben war. Aus meiner ersten Reaktion heraus behauptete ich, es gebe keinen Menschen, über den ich genug wüßte, um ein Buch zu schreiben, und sei es auch nur ein ganz kurzes. Dann überlegte ich mir, daß es durchaus ein oder zwei geben könnte, deren Werk mich genug interessierte, um ein sehr kurzes Buch zu schreiben. Ich schlug Freud oder Marx vor. Doch Frank hatte beide bereits in Auftrag gegeben. Mir fiel einfach kein anderer ein, doch Frank bat mich, darüber nachzudenken. Ich behielt seine Bitte im Hinterkopf und nach zwei oder drei Monaten kam mir die Idee, ein kurzes Buch über die Philosophie von Karl Popper zu schreiben. Damals war selbst sein Name den meisten gebildeten Menschen unbekannt, und ich konnte mir nicht vorstellen, daß mein Buch ein großes Publikum finden könnte; doch inzwischen fand ich die Idee eines solchen Buches so reizvoll, daß ich Popper vorschlug. Frank nahm an und drängte mich, mit der Arbeit anzufangen. Wenn wir den Werdegang des Buches betrachten, wirkt es wie eine Ironie der Geschichte, daß es fast zu einer Totgeburt geworden wäre.

Die *Modern Masters* wurden von *Collins* herausgegeben, und bald stellte sich heraus, daß niemand in diesem Verlag je von Popper gehört hatte. Die Verlagsvertreter sollten sich in den Buchläden umhören und konnten berichten, daß dieser Name auch in den nicht-spezialisierten Buchhandlungen unbekannt sei und daß die Buchhändler kaum Lust zu haben schienen, ein Buch über ihn einzukaufen. *Collins* beriet sich mit *Viking*, die die Serie in den USA vertrieben und dieselbe Reaktion zeigten. Die beiden Verlage kamen dann überein, daß sie dieses Buch nicht wollten und teilten das Frank Kermode mit. Da die Autorenverträge mit dem Verlag abgeschlossen wurden und nicht mit dem Herausgeber, versetzte diese Ablehnung ihn in eine peinliche Lage. Ich glaube nicht, daß es für ihn wirklich wichtig war, ob in seiner Serie nun ein Buch über Popper erschien oder nicht, aber er sah seine Autorität als Herausgeber in Gefahr gebracht. Er hatte mich um ein Buch gebeten, und sein Wort hatte mir ausgereicht, um mit der Arbeit zu beginnen. Wenn er mir den Auftrag nun entzog, so fürchtete er wohl, daß die Verleger ihm auch in Zukunft die Entscheidungen aus der Hand nehmen und die Auswahl von Titeln nur noch auf kommerziellen Überlegungen basieren würden, was zum Schaden der Serie sein mußte. Deshalb widersprach er und argumentierte, die Serie sei inzwischen erfolgreich genug, um zwei oder drei Titel mitzuziehen, die nicht zum Bestseller geeignet seien – und daß die Serie nur erfolgreich bleiben könnte, wenn weiterhin sein eigenes Urteil ausschlaggebend bliebe. Ich vermute sogar, daß er durchblicken ließ, er werde sich überhaupt als Herausgeber der Serie zurückziehen, wenn sein Widerspruch übergangen würde. Auf jeden Fall gaben die beiden Verlage nach, und ich schrieb das Buch. *Viking* machte bei der letzten Fassung noch Schwierigkeiten, denn sie schrieben alles, ohne Rücksprache mit mir, noch einmal in eine Art *Time*-Journalismusstil um, in der Hoffnung, es damit marktgerechter zu machen: Ich bestand jedoch darauf, daß alle Änderungen rückgängig gemacht würden, und die Auseinandersetzung wiederholte sich mit demselben Ergebnis. Endlich kam das Buch so auf den Markt, wie ich es geschrieben hatte.

Ich schrieb das Buch zu der Zeit, in der auch die Serie *Something to Say* entstand. Wenn das Fernsehen mich nicht in Anspruch nahm, setzte ich mich an das Popper-Buch. Als es dann im April 1973 endlich erschien, wurde es sofort zum zweitbestverkauften Titel der Serie, nur John Lyons' Buch über Chomsky ging noch besser. Innerhalb der nächsten Jahre überholte es das Chomsky-Buch und konnte danach seine Spitzenposition beibehalten. Als die *Viking*-Ausgabe vergriffen war und nicht nachgedruckt wurde, fielen die Rechte an einen anderen US-Verlag, bei dem es noch heute erscheint. Es gab Übersetzungen ins Deutsche, Niederländische, Dänische, Schwedische, Italienische, Spanische, Portugiesische, Farsi, Japanische und Chinesische. In Osteuropa waren *samisdat*-Übersetzungen im Umlauf, in einigen Fällen zwei unterschiedliche im selben Land. In einigen dieser Sprachen wurden neue Wörter geprägt, um Poppersche Schlüsselbegriffe wie »Falsifizierbarkeit«, »Wissenschaftlichkeit«, »Historizismus« usw. wiederzugeben. In manchen Fällen zog das Erscheinen meines Buches eine Übersetzung von Poppers Werken nach sich, was die beste Wirkung war, die ich mir hätte wünschen können. Ganz allgemein war dieses Buch mein bisher bestverkauftes. Und ich muß zugeben, daß meine Verleger und ich von diesem Umstand gleichermaßen verblüfft waren.

Wir erfuhren dadurch vor allem, daß es außerhalb der Universitäten ein großes und begeistertes Publikum für einige der umfassendsten und fruchtbarsten Ideen eines zeitgenössischen Philosophen gab. Das widerlegte die Annahmen vieler akademischer (und auch fähiger) Philosophen, Philosophie sei im Laufe des 20. Jahrhunderts so spezialisiert und technisch geworden, daß man von Nicht-Fachleuten nicht länger Interesse erwarten konnte –, weshalb man sich auch nicht mehr die Mühe zu machen brauchte, so zu schreiben, daß Nicht-Fachleute es verstehen konnten. Dementsprechend richtete fast alle Philosophie sich jetzt an ein akademisches Publikum und rechnete nicht damit, ein anderes zu finden: Philosophen schrieben und sprachen füreinander und für ihre Studenten. Popper hatte dieses Verhalten immer schon mißbilligt. Er hielt es für die moralische Pflicht der Philosophen, sich nicht nur mit wichtigen Problemen zu befassen, sondern das so weit wie möglich auf eine Weise zu tun, die jeder intelligente

Mensch verstehen konnte, wenn er sich nur ein bißchen konzentrierte. Für Popper galt das Streben nach maximaler Klarheit als Frage der Berufsethik, und er lehnte Philosophen strikt ab, die ihre Werke komplizierter ausfallen ließen als unbedingt nötig, oder sie dermaßen mit Anspielungen spickten, daß nur Eingeweihte sie verstehen konnten. Poppers Verachtung ergoß sich vor allem über alle, die sich um Kompliziertheit oder Anspielungen bemühten, in der Hoffnung, dadurch ihren eigenen Status zu erhöhen. Er sagte es zwar nie, aber auch ihm war folgendes bewußt: Wenn jemand von seinem Rang, der innovative und historisch wichtige Vorstellungen über Erkenntnis- und Wissenschaftstheorie machen und diese so klar wie er in einer Sprache formulieren kann, die nicht seine Muttersprache ist, dann können Autoren von geringerem Gewicht nicht behaupten, ihre Gedanken seien so tief und komplex, daß ihnen nichts anderes übrigbleibt, als sie unverständlich auszudrücken. Erstklassige Philosophie muß also nicht zwangsläufig so kompliziert sein, daß das normale Publikum sie nicht verstehen kann.

Diese Haltung brachte Popper natürlich die Mißbilligung mancher Fachphilosophen ein, denn er hinderte sie an ihren Bestrebungen, eine Art Prophetenstatus zu erreichen. Die meisten wollten überhaupt nicht über Probleme schreiben, die intelligente Menschen so ganz allgemein beschäftigen, und deshalb wollten sie auch nicht für diese Menschen schreiben. Aber diese Tatsache sagt eigentlich mehr über diese Fachphilosophen aus als über die Philosophie selber. Wenn Freunde, die Philosophie studiert hatten, dann aber eine andere Laufbahn einschlugen und den Kontakt zu ihrem alten Fach verloren, mich fragten, ob sie das Buch von X oder Y lesen sollten, das angeblich in akademischen Kreisen gerade soviel Staub aufwirbelte, dann lautete die einzige ehrliche Antwort, die ich ihnen in den meisten Fällen geben konnte: »Es spielt keine Rolle. Lies es, wenn du meinst, daß dir das Spaß machen wird. Wenn nicht, dann wird es dein Leben nicht weiter beeinflussen.« Diese Art von Philosophie kann für jemanden, für den sie nicht zum Beruf geworden ist, höchstens einen intellektuellen Zeitvertreib darstellen. Ganz bewußt stellte ich zu Anfang meines Buches über Popper das genaue Gegenteil dar und äußerte mich zu der Tatsache, daß seine Philosophie

Leben und Werk einiger der begabtesten Menschen verändert hatte.

Der unerwartete Erfolg meines Buches erteilte mir eine wichtige persönliche Lektion: Es rieb mir gewissermaßen unter die Nase, daß etwas, das wir mit unserem Herzblut geschrieben haben, viel größere Aussichten auf Erfolg hat als ein Buch über ein Thema, das wir für aussichtsreich halten, bei dem wir uns aber nicht gleichermaßen engagieren. Sechs Jahre zuvor hatte ich *One in Twenty* und *The Television Interviewer* diktiert in der Erwartung, damit einiges Geld zu verdienen. Ich hatte sie nicht zu diesem Zweck geschrieben, aber ich rechnete damit, einfach, weil sie die Themen »Homosexualität« und »Fernsehen« behandelten. Aber *The Television Interviewer* brachte niemals mehr ein als die vorher gezahlte Vorschußsumme. Noch ehe ich das erste Wort diktiert hatte, hatte ich also jeden Penny erhalten, den ich dafür jemals zu erwarten hatte. Obwohl *One in Twenty* sich besser verkauft hatte, wurde es von *Popper* um einiges übertroffen. Und doch hatte ich beim Schreiben von *Popper* überhaupt nicht mit weiterer Beachtung gerechnet, es war ein Liebesdienst gewesen, ich hatte es wichtig gefunden, einer Handvoll von Menschen diesen Dienst zu leisten, weil Poppers Ideen eben so wichtig waren. Damals erkannte ich, daß ein Autor, der Verkaufserfolge und finanziellen Erfolg ersehnt, größere Chancen hat, wenn er sich von Impuls und Überzeugung leiten läßt, als wenn er nach reiflichem Überlegen das produziert, was ihm am verkäuflichsten erscheint.

Als ich mit den Vorarbeiten zu *Popper* anfing, waren erst vier seiner Bücher veröffentlicht worden: *Logik der Forschung, Die offene Gesellschaft und ihre Feinde, Das Elend des Historizismus* und *Vermutungen und Widerlegungen*. Ein fünftes, *Objektive Erkenntnis: Ein evolutionärer Entwurf* erschien, als mein Buch gerade in der Produktion war. Da er nur sehr widerstrebend seine Werke zur Veröffentlichung freigab – ein Widerstreben, dem zum Teil sein Perfektionismus zugrunde lag, das aber gleichzeitig schon an Neurose grenzte – war vieles von dem zu diesem Buch verwendeten Material schon an anderer Stelle in irgendeiner Form zugänglich. Er stellte es mir bereitwillig zur Verfügung, und deshalb konnte ich es beim Schreiben berücksichtigen. Die fünf erwähnten Bücher indes waren die einzigen seiner Werke, die jemand, der ihm nicht nahestand, schon gelesen haben konnte, als mein Buch erschien. Bis 1983 sollte seine Veröffentlichungsliste sich dann verdoppeln. Doch wenn ich versuchte, mit anderen über diese Bücher zu diskutieren, stellte sich heraus – was übrigens auch die Reaktionen auf mein eigenes Buch nahelegten – daß ihre Titel viel bekannter waren als ihr Inhalt, vor allem unter Fachphilosophen. Viele, die behaupteten, die *Logik der Forschung* gelesen zu haben, brachten mir gegenüber grundlegende Mißverständnisse der dort vorgebrachten Vorschläge zur »Falsifizierung« zum Ausdruck und schienen sich nicht darüber im klaren zu sein, daß Popper diese Mißverständnisse vorausgesehen hatte und in seinem Buch darauf eingegangen war. Auch andere Einwände wurden geltend gemacht, und wieder schienen meine Gesprächspartner nicht zu wissen, daß diese Einwände im Buch dargestellt und widerlegt worden waren. Sie hätten eigentlich also Argumente gegen Poppers Widerlegungen oder neue Einwände gebraucht. Viele, die die *Offene Gesellschaft und ihre Feinde* gelesen haben wollten, schienen die zentralen Aussagen dieses Buches überhaupt nicht zu kennen und waren offenbar nur an der dort vorgetragenen Kritik an Platon, Hegel und Marx interessiert, oft schienen sie das Buch sogar für eine Kritik dieser Philosophen zu halten. Und natürlich hatten sie allerlei Einwände gegen Poppers Kritikmethoden vorzubringen.

Popper war lange schon berüchtigt für seine gereizten Reaktionen auf Kritik an seinem Werk; doch als ich selbst die Erfahrung machen mußte, daß die meisten Kritikpunkte auf einem so niedrigen intellektuellen Niveau lagen und keinerlei ernsthafte Diskussion verdienten, entwickelte ich ein gewisses Verständnis für ihn. Wie sollte er denn auch reagieren, wenn seine Fachkollegen ihm immer wieder Ansichten unterstellten, die er gar nicht teilte, wenn sie Kritikpunkte vortrugen, zu denen er sich längst geäußert hatte, was sie jedoch ignorierten? Er konnte daraus nur schließen, daß sie sein Werk nicht ernst genug nahmen, um es sorgfältig zu lesen, und er wollte seine Zeit nicht mit solcher »Kritik« vergeuden. Ich sehe die damalige Situation ungefähr so: Sein Werk, wie das der meisten sogenannten großen Philosophen, basierte zu einem hohen Grad auf den Naturwissenschaften. Die meisten seiner Kollegen im englischen Sprachraum jedoch hatten keine Ahnung von den Naturwissenschaften und konnten deshalb nicht auf seinem Niveau argumentieren. Sie verspürten allerdings auch gar nicht den Drang dazu. Poppers feindselige Einstellung den aufeinanderfolgenden Moden des Logischen Positivismus und der Sprachanalyse gegenüber zeigte, daß er hartnäckig unmodern blieb, und er galt deshalb als Autor, dessen neue Veröffentlichungen man nicht unbedingt lesen mußte. Außerdem schrieb er nicht über die Themen, die den anderen wichtig waren und schien ihr Werk zu ignorieren; und da ihrer Ansicht nach kein wahrer Philosoph sich so aufführen würde, bestätigte sich ihre Ansicht, daß er den Kontakt zum Fach verloren hatte, nicht mehr mitzählte, daß seine Bücher nicht mehr gelesen werden mußten. Seine offene Abkehr von ihrer gesamten Herangehensweise an die Philosophie schließlich wurde als Arroganz gebrandmarkt und veranlaßte sie ihrerseits dazu, seiner Philosophie den Rücken zu kehren. Sie mußten Poppers Ansichten einfach abweisen, wenn sie nicht den Eindruck erwecken wollten, daß doch etwas Wahres daran sein könnte. Alles in allem entwickelten die übrigen Leute vom Fach eine Art gegen Popper gerichteten Korpsgeist. Er galt als jemand, der vor langer Zeit einen wichtigen Beitrag zur Philosophie geleistet hatte, über den die Geschichte des Faches jedoch inzwischen hinweggeschritten war. Auf diese Weise konnten sie ihn als wichtigen Philosophen anerkennen, ohne sein Werk beachten zu müssen. Da sein Beitrag zur Geschichte des Faches gehörte, bildete es einen natürlichen Teil des philosophischen Bildungshintergrundes, etwas, das allen durch eine Art Osmose bekannt war, ohne daß sie das Werk selber gelesen hätten: Alle wußten, daß Popper für bestimmte Dinge stand – »Falsifizierbarkeit«, gegen die Methode der Induktion, seine lärmende Abkehr von Platon und Marx – und alle wußten, in welcher Hinsicht er sich dabei geirrt hatte. Und natürlich konnte das, was alle wußten, mit großer Selbstsicherheit vorgetragen werden, alle wußten es ja schließlich. Immer wieder war ich verblüfft über die Selbstsicherheit, mit der Leute, die seine Bücher offensichtlich nicht gelesen hatten, sich dazu äußerten, einer Sicherheit, die auf der fast immer zutreffenden Überzeugung beruhte, daß keiner der Kollegen Einspruch erheben würde. Wenn eine solche Haltung sich wirklich verfestigt hat, läßt sie sich nur schwer wieder ins Wanken bringen, denn es liegt im Interesse derer, die sie vertreten, daß alles bleibt, wie es war. Ständige Wiederholung läßt die damit verbundenen Behauptungen so vertraut klingen, daß die Behauptungen schließlich von der Wahrheit kaum noch zu unterscheiden sind. Solche Gruppeneinschätzungen ändern sich nur über verhältnismäßig lange Zeiträume hinweg, zumeist wenn sich zwischen einer Generation und der nächsten auch ein Wechsel der intellektuellen Moden ankündigt.

Ich gehe davon aus, daß Poppers Werk noch gelesen werden wird, wenn nur noch eine geringe Anzahl von anderen Philosophen des 20. Jahrhunderts überhaupt bekannt sind. Denn anders als die meisten anderen Denker sucht er sich niemals ein Diskussionsthema und trägt dann, wie er hofft, interessante Beobachtungen dazu vor. Er wendet sich immer einem Problem, keinem Thema, zu, einem Problem, das ihn brennend interessiert und das er wichtig findet. Er analysiert es auf eine Weise, die auch die Anschauung seiner Leser erweitert, dann geht er die Lösungsvorschläge durch, die andere Denker gemacht haben. In den meisten Fällen kritisiert er diese Vorschläge, indem er zuerst ihre guten Seiten lobt und sich davon anregen läßt. Dann trägt er seine eigene Lösung vor. Diese Methode führt dazu, daß er beim Schreiben immer ein Ziel vor Augen hat, daß er vielseitig argumentiert und Vergleiche zieht und daß er über die interessantesten Arbeiten, die andere in derselben Hinsicht geleistet haben, hinausgeht oder das zumindest versucht. Normalerweise sieht er Probleme recht großzügig und holt seine Vergleiche aus einem ungeheuer umfassenden Wissensschatz. Er veröffentlicht seine Betrachtungen über ein Problem erst dann, wenn er glaubt, daß er den Diskussionsstand voranbringen kann, deshalb enthalten seine veröffentlichten Arbeiten allesamt neue Überlegungen über die behandelten Probleme, darunter viele der grundlegenden Probleme der Philosophie überhaupt. Er hielt es darüber hinaus jedoch für die gesellschaftliche Verpflichtung eines jeden Philosophen, sich mit den wichtigsten Problemen seiner eigenen Zeit zu befassen und seine Diskussionsbeiträge so klar verständlich wie möglich zu formulieren. Folglich behandelt er ein reiches Themenspektrum von der Wahrscheinlichkeitstheorie bis zu moderner Kriegführung, er befaßt sich mit Demokratie, Sozialismus, Sprache, Musik, Soziologie, Geschichte, dem Leib-Seele-Problem, den Ursprüngen des Lebens, der Darwinistischen Evolutionstheorie, der Quantentheorie, mit Einsteins Relativitätstheorie, wissenschaftlichen Methoden, Wissenstheorie, Mathematik, Logik oder auch der Bewertung der Werke anderer Autoren. Über alles bringt er neue, interessante und oft eigenständige Überlegungen. Wenn ich Poppers Werk mit einem einzigen Wort beschreiben müßte, dann würde ich es »reich« nennen. Es ist reich an Themen, Stoffen, Ideen, Argumenten, Vorschlägen, Bezügen und Wissen. Und es ist in klarer, lebhafter Sprache geschrieben, die das Lesen zum Vergnügen macht.

Doch um die Mitte der neunziger Jahre des 20. Jahrhunderts, zum Zeitpunkt, zu dem ich das hier schreibe, sind diese Werke den meisten Fachphilosophen des englischen Sprachraums zum großen Teil unbekannt, und inzwischen geben sie nicht einmal mehr vor, sie gelesen zu haben. Sie assoziieren Popper weiterhin ausschließlich mit einigen Ideen aus seinen frühen Büchern. Seltsamerweise rechtfertigen diese Leute die Tatsache, daß sie Poppers späteres Werk nicht gelesen haben, mit der Behauptung, er wiederhole sich ja nur noch und habe nichts Neues mehr zu sagen – ein faszinierendes Beispiel für die menschliche Fähigkeit zu glauben, daß es außer dem, was man sich zu wissen einbildet, wirklich nichts mehr gibt.

Bedenklich dabei ist weniger der Umstand, daß hier einem großen Denker nicht die Ehre zukommt, die ihm gebührt, sondern der damit verbundene intellektuelle Verlust. Auf dem Werk des größten Philosophen der letzten Jahrzehnte wird nicht aufgebaut: Der Fortschritt, der möglich wäre, findet nicht statt. Heutzutage werden hemmungslos Veröffentlichungen über das Leib-Seele-Problem oder Wittgenstein auf den Markt geworfen, ohne daß die Verfasser wüßten, was Popper dazu geschrieben hat. Es ist also unvermeidbar, daß sie entweder grundlegende Aussagen aus seinem Werk wiederholen, Behauptungen aufstellen, die er bereits kritisch widerlegt hat, ohne seine Kritik zu berücksichtigen, oder ein Thema behandeln, ohne sich auf die besten Ausführungen zu diesem Thema zu beziehen, die in jüngerer Zeit veröffentlicht worden sind. Nur ein geringer Teil von seinem Werk ist bisher der Kritik und der Entwicklung unterzogen worden, die es verdient.

Zwar enthielt das erste wichtige Buch über Popper, das nach meinem erschien – ein massives zweibändiges Kompendium namens *The Philosophy of Karl Popper*, das ein Jahr später in der *Library of Living Philosophers* veröffentlicht wurde – unter anderem auch dreiunddreißig kritische Artikel über sein Werk und seine Antworten darauf. Aber das ist inzwischen über zwanzig Jahre her. Und man muß auch zugeben, daß vieles von dieser Kritik nicht besonders tiefschürfend war.

The Philosophy of Karl Popper enthält auch eine intellektuelle Autobiographie in Buchlänge, die zwei Jahre darauf unter dem Titel *Unended Quest (Ausgangspunkte)* als Einzelband herausgebracht wurde. In dieser Biographie findet sich hochinteressantes Material über die Entwicklung von Poppers Vorstellungen. Im Mittelpunkt stehen überraschenderweise einige Kommentare zur Musik, die für ihn offenbar von einer intellektuellen Bedeutung war, die nur wenige erwartet hätten. Popper stellt Kunst ganz allgemein, und also auch Musik, nicht vorrangig als eine expressive, sondern als problemlösende Handlung dar, und er beschreibt, wie er diese Vorstellung, die zu einem Eckstein in seiner Philosophie werden sollte, während seines Studiums der Musikgeschichte entwickelte.

Poppers nächste wichtige Veröffentlichung war *Das Ich und sein Gehirn*, eine Untersuchung des Leib-Seele-Problems, das in Zusammenarbeit mit dem Nobelpreisträger und Neurologen John Eccles entstanden war. Popper stellt darin die Geschichte des Konfliktes zwischen materialistischen und dualistischen Vorstellungen vom menschlichen Individuum dar und bricht eine Lanze für den Dualismus. Danach kamen drei Bücher, die sich aus der *Logik der Forschung* ergeben hatten, und zwar in der Reihenfolge, in der sie gelesen werden sollten: *Der Realismus und das Ziel der Wissenschaft; Das offene Universum* und *Die Quantentheorie und das Schisma der Physik*. Der wichtigste Text in *Realismus und das Ziel der Wissenschaft* ist der trockenste aller Popper-Schriften, sein einziges Buch, in dem sich eine beträchtliche Anzahl von Wiederholungen feststellen läßt. Teilweise klingt er darin wie jemand, der nicht richtig verstanden worden ist, und der sich in der Hoffnung wiederholt, daß er seine Botschaft diesmal an den Mann bringen wird. In anderen Teilen sagt er das, was ein intelligenter Leser seiner früheren Werke an dieser Stelle erwartet. Nur ab und zu erleben wir den Schock von Überraschung und Entdeckung, das verwirrend Neue an seinem Denken, das ansonsten sein Werk kennzeichnet. Doch im Vergleich zur breiten Masse der Veröffentlichungen ist das immer noch eine ziemliche Leistung. Und was das Buch sagt, ist von großer Bedeutung, weshalb man es trotz allem lesen sollte.

Der Titel des nächsten Buches, *Das offene Universum* ist, wie viele Titel Poppers, im Grunde schon eine Programmerklärung. Popper hatte viele Jahre zuvor in einer Schrift namens *Indeterminism in Quantum Physics and in Classical Physics* veröffentlicht im *British Journal for the Philosophy of Science*, argumentiert, wissenschaftlich vertretbare Zukunftsvorhersagen seien unmöglich. Danach hatte er seine Argumentation auf die Sozialwissenschaften angewandt, um die Unmöglichkeit einer wissenschaftlich vorhersagbaren Soziologie nachzuweisen. Seine Argumentation wurde als Teil seiner Widerlegung des Marxismus bekannt, in dem der Anspruch auf wissenschaftliche Vorhersagbarkeit schließlich im Mittelpunkt steht. Für die meisten Leser war deshalb diese Argumentation inzwischen mit der *Offenen Gesellschaft* assoziiert. Doch Popper wollte sie in dem Kontext, in dem er sie erstmals formuliert hatte, noch einmal in voller Länge ausarbeiten. Das geschah im *Offenen Universum*. Auf diese Weise deutet der Titel nicht nur das Programm an, sondern verweist auch auf die Tatsache, daß das Buch in gewisser Weise ein Pendant zur *Offenen Gesellschaft* darstellt.

Der Titel *Die Quantentheorie und das Schisma der Physik* bezieht sich auf eine Schlacht zwischen den großen Physikern des 20. Jahrhunderts, bei der es um die »Bedeutung« der Quantentheorie geht. Auf der einen Seite standen Einstein, de Broglie und Schrödinger, auf der anderen Heisenberg, Niels Bohr und Max Born. Die folgenden Generationen neigen dazu, der zweiten Gruppe den Sieg zuzusprechen, Popper aber hält das für einen Irrtum. Diese Entscheidung bedeutet, sagt er, ohne Not eine Interpretation der Quantentheorie zu akzeptieren, die die Welt für unsinnig erklärt.

Eines der vielen Probleme der Quantentheorie ist, daß sie voller Widersprüche steckt und dennoch Resultate von nie zuvor erlebter Präzision erbringt. Manche Wissenschaftler reagieren darauf in der Tat mit dem Ausruf: »Es funktioniert, aber stimmen kann es nicht.«

Andere, scheinbar radikalere, sagen: »Die Tatsache, daß es funktioniert, zeigt, daß es stimmen muß, was beweist, daß die Wirklichkeit widersprüchlich ist, wenn wir die herkömmlichen Maßstäbe für Zusammenhang und Konsequenz anlegen. Die Wirklichkeit ist auf eine Weise bizarr, die wir uns niemals hätten träumen lassen. Unsere früheren Maßstäbe für Zusammenhang und Konsequenz waren also unbrauchbar und haben uns in die Irre geführt.« Noch andere wiederum versuchen beide Positionen zu verbinden, zum Beispiel Hilary Putnam, und meinen, wir sollten unsere Maßstäbe für Verständlichkeit aufgeben und sagen: »Die Quantenmechanik funktioniert, und diese Tatsache bedeutet, daß an ihr etwas grundlegend richtig ist.« Und dann könnten wir ihrer Meinung nach sagen, daß wir vielleicht die falschen Maßstäbe für Verständlichkeit haben und sie ändern sollten. Trotzdem gebe es wirkliche Widersprüche in dieser Theorie, und es sei wichtig, diese Widersprüche befriedigend zu klären.

In *Die Quantentheorie und das Schisma der Physik* bringt Popper eine Interpretation, die es uns seiner Ansicht nach ermöglicht, den Erfolg der Quantentheorie auszunutzen und doch unser vom gesunden Menschenverstand abgeleitetes Wirklichkeitsbild nicht aufgeben zu müssen.

Ich fühle mich nicht kompetent genug, um in dieser Frage eine eigene Meinung abzugeben, aber ich muß sagen, daß ich Poppers hohe Meinung vom gesunden Menschenverstand nicht teile – ich bin sogar sicher, daß ein vom gesunden Menschenverstand hergeleitetes Wirklichkeitsbild nicht zutreffen kann – und deshalb stellt die Unvereinbarkeit dieses Wirklichkeitsbildes mit der Quantentheorie für mich nicht dasselbe Problem dar wie für ihn. Im Gegenteil, ich bin eigentlich davon überzeugt, daß die Realität wesentlich bizarrer sein muß, als wir das je erfassen können werden. Es wird mich also nicht überraschen, wenn die Zukunft irgendwann die Aussage seines Buches verwirft. Doch solange die Frage nicht geklärt ist, ist Poppers Buch eine einleuchtende Einführung in das Problem und stellt sich auf beeindruckende Weise der Herausforderung, zwei unvereinbare Denksysteme miteinander in Einklang zu bringen. Sein metaphysischer Epilog schließlich macht es zu einer unverzichtbaren Lektüre für alle Popper-Interessenten. Dieser Epilog ist einzigartig, denn er stellt den Versuch dar, in Worte zu fassen, wie seine metaphysischen Überzeugungen aussahen, als er auf seinem geistigen Höhepunkt stand. Ich will nicht versuchen, diese Überzeugungen zusammenzufassen, sondern nur einen Hinweis auf die Richtung geben, in die sie sich bewegen.

Popper ist in allererster Linie Realist. Er hält die Realität nicht für ein mentales Phänomen, glaubt, daß der Kosmos unabhängig von den Menschen existiert und daß er unter anderem uns, unseren Geist und unser Wissen enthält. Er glaubt, daß das Anwachsen des menschlichen Wissens ein unendlicher Prozeß ist, in dem sich unser Verständnis dieser unabhängigen Realität, in der wir uns befinden, erweitert und die früher beschriebene Form annimmt: Wir bilden Hypothesen, die wir dann auf die Probe stellen, bis wir sie durch bessere Hypothesen ersetzen können. In dieser Lesart besteht unser Wissen einzig und allein aus unseren Theorien, und unsere Theorien sind unsere geistigen Produkte. (Nicht die Welt ist unser geistiges Produkt, sondern unser Wissen.) Nach den zwei großen Revolutionen in der Physik des 20. Jahrhunderts, Relativitätstheorie und Quantentheorie, wissen wir, daß Materie nicht, wie vorher von so vielen angenommen worden war, der grundlegende Baustein des Universums sein kann, denn Elementarteilchen bestehen aus Energie. Wir haben auch allen Grund zu der Annahme, daß das Universum indeterministisch ist. Popper bezieht diese beiden Erweiterungen unseres wissenschaftlichen Verständnisses in seine Ansicht ein, daß endgültige Erklärungen zwangsläufig probabilistisch sein müssen und daß die grundlegenden Elemente, von denen unsere probabilistischen Theorien vor allem »handeln«, »Propensitäten« sind, Verwirklichungstendenzen also. *Die Welt der Propensitäten* ist der Titel einer seiner letzten Abhandlungen. In *Die Quantentheorie und das Schisma der Physik* nimmt er für einen Moment einen aristotelischen Standpunkt ein, wenn er sagt, daß Sein die Verwirklichung einer früheren Propensität zum Werden bedeute, die zugleich eine weitere Propensität in sich birgt.* In diesem Buch dehnt Popper zeitweise sein Weltbild bis an die äußersten Grenzen der Verständlichkeit aus. Aber, wie gesagt, ist er ja davon überzeugt, daß unser Wissen auf eine Weise anwächst, daß wir irgendwann in der Zukunft ein viel größeres Verständnis erreicht haben werden als es heute der Fall ist.

---

* Bryan Magee: *Men of Ideas*, S. 205

Neunzehntes Kapitel

Die Grenzen der Philosophie

Als ich mein Buch über Popper beendet und die Fernsehserie *Something to Say* ausgelaufen war, hatte ich das Gefühl, in eine Art Sackgasse geraten zu sein. Die Arbeit an *Facing Death* hatte meine Midlife-Crisis zumindest gemildert und mir so weite Einsichten in das Menschenleben gebracht, daß ich einen Weg vor mir sah. Aber das Dasein verblüffte mich noch immer, und ich sah keine Möglichkeit zum Erwerb weiterer Erkenntnisse. Ich wußte nicht, in welche Richtung ich mich bewegen oder was ich überhaupt tun sollte. Und ich fand diesen Zustand an sich schon fast unerträglich frustrierend.

Ich war nun schon vierzig, und ich glaube, diese Tatsache verstärkte meine Frustration noch. Die Jahre zwischen vierzig und fünfzig sollten die glücklichsten und fruchtbarsten meines Lebens werden, aber das wußte ich zu diesem Zeitpunkt noch nicht. Mir war vor allem bewußt, daß ich kein junger Mann mehr war, daß vor mir meine mittleren Jahre lagen, auf die dann das Alter folgen würde, und daß ich diesen Punkt erreicht hatte, ohne zu dem Verständnis des Lebens gelangt zu sein, das ich mir erhoffte, nach dem ich mich sehnte, das ich suchte. Oberflächlich betrachtet war ich weiterhin recht erfolgreich: Ich hatte mehrere von der Kritik gelobte Bücher veröffentlicht, meine Arbeit für Rundfunk und Fernsehen brachte mir ein brauchbares Einkommen ein. Aber unter dieser Oberfläche fühlte ich mich hohl und unzufrieden. Ich wußte einfach nicht, wohin ich unterwegs war. Ich wollte durchaus nicht mein Leben beim Rundfunk verbringen, obwohl mir diese Arbeit durch finanzielle Verlockungen schmackhaft gemacht werden sollte. Als ich schließlich Bilanz zog, glaubte ich, in jeder Hinsicht in einer Sackgasse zu stecken.

Facing Death war noch immer nicht erschienen. An die fünfzehn Verlage hatten es abgelehnt, und jeder hatte Monate gebraucht, um das Manuskript zu lesen und zu einer Entscheidung zu kommen. Das machte mir jedoch keine Sorgen: Ich wußte, daß es ein guter Roman war, und deshalb hegte ich die irrationale Überzeugung, daß es früher oder später den richtigen Verleger finden würde. Außerdem hatte ich es nicht im Hinblick auf eine Veröffentlichung geschrieben, sondern weil ich den Drang verspürt hatte, es zu schreiben; und soweit wie überhaupt möglich hatte es die Bedürfnisse gestillt, denen es seine Existenz verdankte. Ich hätte auch gern einen weiteren Roman verfaßt, aber mir fehlte dazu der wahre Drang; ich machte einen Versuch, aber es war ein Fehlstart.

Auch in der Philosophie schien ich in mehr als nur einer Hinsicht steckengeblieben zu sein. Kant hatte mir die Grenzen des möglichen Wissens aufgezeigt, und auf diesem Wissen beruhte nun meine gesamte Weltsicht. Kant hatte viele und in manchen Fällen auch schwerwiegende Fehler gemacht, aber ich hielt eine Art von korrigierter Version seiner Analyse der grundlegenden Probleme der Erfahrung für zutreffend; die bloße Tatsache, daß viele der von ihm vorgeschlagenen Lösungen mich nicht überzeugen konnten, bedeutete nur, daß ich noch immer mit diesen Problemen, so, wie er sie formuliert hatte, konfrontiert war. Wenn er die Probleme jedoch falsch formuliert hatte, dann mußte ich feststellen, wo der Irrtum lag. Ich habe schon erwähnt, daß mir Tolstois Ausspruch, es sei die Aufgabe der echten Philosophie, Kants Fragen zu beantworten, als zutreffend erschien. Ich hatte noch keinen Philosophen gelesen, der Kants Fragen auf für mich befriedigende Weise behandelt hätte, und ich wäre niemals auf die Idee gekommen, daß ich selber brauchbare Antworten liefern könnte. Seit Kant hatten verschiedene Philosophen sinnvolle Beiträge zur Philosophie geleistet, doch ihre Arbeiten blieben innerhalb der von ihm aufgezeigten Grenzen, ich kannte keinen, der diese Grenzen verschoben hätte. Die Grenze zwischen dem, was wir wissen, und dem, was wir nicht wissen können, schien mir mehr oder weniger noch immer so zu verlaufen, wie Kant sie gezogen hatte – und so würde es bleiben, bis der nächste Philosoph von einer mit Kant vergleichbaren Genialität sich ans Werk machte. Ich konnte das Feld dessen, was wir wissen können, beackern, und zweifellos wäre es eine interessante Arbeit, aber am Ende hätte ich dann doch keinen Beitrag zur Lösung der wichtigsten Frage von allen geleistet, ich hätte mich nicht einmal mit dieser Frage befaßt.

Ich kannte auch keinen lebenden Philosophen, der diese Aufgabe angehen könnte. Ich versuchte Popper dazu zu überreden, aber der hatte kein Interesse. Nicht daß er an der zentralen Stellung von Kants grundlegenden Fragen gezweifelt hätte, er wußte nur nicht, wie er sie beantworten sollte; und er hielt sich immer strikt an seine Regel, nur zu schreiben, wenn er etwas zu sagen hatte und wenn er wußte, was er zu sagen hatte. Ihm war bewußt, daß es andere Probleme gab, für die er mögliche Lösungen liefern konnte, und er wollte sich lieber in der Hoffnung, etwas zu erreichen, diesen Problemen widmen. Meiner Ansicht nach gab es weit und breit keinen zweiten Philosophen von seinen Fähigkeiten, und auf jeden Fall betrachtete keiner der mir bekannten fähigsten Philosophen diese Fragen mit derselben Offenheit.

Meine Neubewertung der Tradition, innerhalb derer ich ausgebildet worden war, und die jetzt unter dem Titel *Modern British Philosophy* auf dem Markt war, hatte mich in der Überzeugung gestärkt, daß diese Tradition am Ende war. Die amerikanische Philosophie war gehaltvoller als die britische, reicher und variierter, aber sogar die besten amerikanischen Philosophen schienen sich mit einer analytischen Herangehensweise zu begnügen, während ich wußte, daß die Probleme damit allein nicht zu lösen waren. Die mir damals bekannte kontinentale Philosophie erschien mir als schwammig und zur Nabelschau neigend – ich hatte den Eindruck, daß sie eigentlich ein wenig analytische Selbstdisziplin gebraucht hätte. Sie war vor allem geprägt von ihren Ergüssen über die Befindlichkeit des Menschen, die sie aber nur in eingeschränkten, um nicht zu sagen lächerlich modischen Begriffen darstellte: in denen von zeitgenössischer Politik, der damaligen Pariser Künstlerszene und analytischer Psychologie. Sehr oft wurden einfach Marx und Freud noch einmal neu aufgegossen. Die Schriften des damals bekanntesten zeitgenössischen kontinentalen Philosophen, Jean-Paul Sartre, kamen mir durchaus gescheit und attraktiv vor, doch er schrieb vor allem journalistisch, und vieles von dem von ihm Vorausgesetzten stieß mich ab: Zum Beispiel sein energisches Eintreten für totalitären Kommunismus und dessen Terrorherrschaft über seine Untertanen.

Was wir brauchten, so dachte ich gern, war vielleicht ein Philosoph, der sich auf eine Weise mit den von Kant gestellten Fragen befaßte, die sich den empirischen und analytischen Traditionen verpflichtet fühlte, ohne sich davon einschränken zu lassen. Ich hätte es gern gesehen, wenn ein solcher Philosoph die Kunst ins Zentrum seiner Überlegungen gerückt hätte; nach den Menschen ist Kunst für mich das wichtigste im Leben, und es erstaunte mich, daß Philosophen ihr so wenig Augenmerk gewidmet hatten. Auch Sex sollte berücksichtigt werden; schließlich verdanken alle Menschen ihm ihre Existenz, und deshalb konnte ich nicht begreifen, warum die Philosophen sich auch damit so wenig beschäftigt hatten – mit der metaphysischen Bedeutung, meine ich. Als Philosophen dachten sie nicht einmal darüber nach, und es hätte sie sehr überrascht, wenn jemand sie dazu aufgefordert hätte. Auch Kant hatte kein Wort über Sex verloren – und nur eine wichtige Bemerkung über Kunst gemacht, die mir als wirklich hilfreich erschien, nämlich: Wenn uns ein Gegenstand als schön erscheint, dann sagt das nichts über die Qualität des Gegenstandes aus, sondern über die Qualität unserer Wahrnehmung.

Jemand, der Kants Grenzen verschieben wollte, hatte also allerlei Aufgaben vor sich. Wenn ich sie kreativer hätte ausdrücken können, dann wäre ich vielleicht ein solcher Jemand geworden. Ich wußte, daß ich das nicht sein konnte, aber ich konnte große (und für die Philosophie neue) Probleme sehen, mit denen irgend jemand sich auseinandersetzen sollte, um Kants berühmten Widerspruch aufzuheben, der das Phänomenon als Folge des Noumenon erklärt. Ich kam mir eigentlich vor wie jemand, der zwischen Hume und Kant den Plan betreten hat und der sich von den durch Humes Philosophie gestellten Herausforderungen angesprochen fühlt, ohne sich mit Kants Lösungen zufriedengeben zu können. Ich wartete gewissermaßen auf den nächsten Kant, den nächsten Philosophen, der groß genug war, um die Fragen umzuformulieren und den gesamten Fragenkomplex auf eine andere Grundlage zu stellen. Ich glaubte nicht eine Sekunde lang, die Philosophie habe ihr Ende erreicht, wie manche behaupteten, und was andere über die große Musik sagten (das glaubte ich auch nicht). Solange so viele grundlegende Probleme ungeklärt waren, konnte die seriöse Philosophie nicht am Ende angekommen sein. Aber zwischen Aristoteles und Kant waren zweitausend Jahre vergangen, es konnte also durchaus zwei weitere Jahrtausende dauern, bis der nächste Philosoph von ähnlichem Format auftauchte. Inzwischen jedoch ging mein Leben seinen Gang, und ich mußte jetzt leben. Ich dachte mir, daß ich vielleicht so leben müßte, *als habe* die Philosophie ihr Ende erreicht, weil es *für mich* schließlich der Fall war. Vielleicht müßte ich feststellen, daß mein Gefühl von konsternierter Frustration anhielte, egal, wie sehr ich auch versuchte, philosophisch zu denken, und wieviel Philosophie ich auch las. Natürlich könnte ich weiterhin von den zweitrangigen Meistern lernen – schließlich fand ich Philosophie weiterhin ungeheuer interessant – aber ich hatte alle wirklich Großen im Fach gelesen, das glaubte ich zumindest, und ich konnte mir nicht vorstellen, daß einer der anderen mein Weltbild verändern könnte.

Unter diesen Umständen hielt ich natürlich außerhalb der Philosophie Ausschau nach neuen Erkenntniswegen. Musik und Theater hatten in meinem Leben immer schon eine wichtigere Rolle gespielt als Philosophie, deshalb lag es vielleicht nahe, daß ich es zuerst dort versuchte, vor allem weil viele meiner durch Musik und Theater erworbenen Erfahrungen auf etwas hinwiesen, das außerhalb der empirisch erfahrbaren Welt lag, auf etwas Zeitloses, in dem die Zeit ihren Ausdruck fand. Es war keine »als ob«-Erfahrung, sondern eine tatsächliche. Es war eine Erfahrung von etwas anderem, etwas Zeitlosem und Universellem, auf das diese Welt sich bezog. Obwohl Musik und Theater nur in der Zeit existieren können – und müssen –, entfaltet sich eine gute Aufführung eines großen Werkes *sub specie aeternitatis*. Und wenn ich mich erst in eine solche Aufführung vertiefte, dann war ich außerhalb meiner selbst, verloren. Das Werk und ich waren dann von Zeit und Raum unabhängig; doch seine Objektivation hier und jetzt in dieser einmaligen Aufführung schuf eine Beziehung zwischen dem, was sich jenseits von Raum und Zeit abspielt, und dem, was in Raum und Zeit existiert. Dazu kam die Wahrnehmung, daß Existenz an sich ähnlich sein muß; daß das hier das Wesen aller Dinge ist. Es war eine unmittelbare, unverwechselbare Erkenntnis, wie das Kosten eines Geschmacks. Solche Erkenntnisse und Erlebnisse verdankte ich fast, aber nicht immer, der Kunst. Als Kind sah ich einmal auf einer Weide ein paar Pferde, die sich in einer anderen Zeit bewegten. Ab und zu habe ich in der Natur ähnliche Erlebnisse gehabt. Aber große, erhabene Kunst, wie die von Shakespeare, Wagner oder Mozart läßt diese Erfahrung zu einer permanenten Dimension meines Lebens werden.

Ich fragte mich also, ob ich vielleicht durch die Kunst das, was wir wissen können, weiter erforschen und erweitern, ob ich mein Verständnis der Welt ausdehnen und zugleich eine Ahnung dessen erhalten könnte, was jenseits davon liegt. Das Problem war nur, daß ich das ja schon machte. Ich hatte mich seit meiner Kindheit in Musik und Theater gesuhlt. An den meisten Tagen arbeitete ich morgens und nachmittags, um dann am Abend ein Theaterstück, ein Konzert oder eine Oper zu besuchen. In einer normalen Woche erlebte ich auf diese Weise fünf Aufführungen, manchmal auch mehr, selten jedoch weniger als vier. Es war für mich wie mein tägliches Brot, Nahrung, ohne die ich kaum überleben zu können glaubte. Wenn ich mit Freunden oder Freundinnen zusammen war, ging ich am liebsten mit ihnen ins Theater oder in ein Konzert, danach in ein Restaurant, um schließlich bis zum Morgengrauen mit ihnen zu reden, zu trinken, Sex zu haben. Ich konnte mir kein vergleichbar attraktives Leben vorstellen, und ich hätte es niemals gegen ein anderes eingetauscht – nicht im Traum wäre ich zum Beispiel auf die Idee gekommen, einen Job anzunehmen, für den ich außerhalb des Londoner Zentrums hätte wohnen müssen oder der mich gezwungen hätte, morgens früh aufzustehen und damit auf solche Abende zu verzichten. Ein solcher Tausch, egal wie karrierefördernd er auch sein mochte, hätte bedeutet, Großes durch Minderes zu ersetzen; und wer meine Weigerung für leichtfertig hielt, erschien mir selbst als leichtfertig. Doch gerade weil meine Leidenschaft schon immer Theater und Musik gegolten hatte, konnte ich mich nun nicht noch tiefer hinein versenken. Ich glaube nicht, daß irgend jemand Musik und Theater mehr hätte lieben können als ich, und sie gaben mir soviel, wie ich überhaupt nur in mich aufnehmen konnte. Ich konnte mir also nicht vorstellen, daß sie noch viel mehr für mich tun könnten als ohnehin schon.

Natürlich konnte ich mich ins *Studium* von Musik und Drama vertiefen, gleichzeitig wieder Aufführungen besuchen, und diesem Studium den Platz in meinem Leben einräumen, den bisher die Philosophie besetzt hatte. Doch das wäre dann keine künstlerische oder ästhetische Aktivität, sondern eine theoriebildende und intellektuelle. Zweifellos würde sich dabei mein Wissen um die Kunstwerke, die ich erlebte, erweitern, doch ich konnte mir nicht vorstellen, wie das Erlebnis selber dadurch bereichert werden könnte, da das ganze Wesen der Kunst notwendigerweise nichttheoretisch sein muß – es sei denn, ein darstellendes Symbol könne als Theorie betrachtet werden. Sehr viel große Literatur handelt von der Erfahrung, verliebt zu sein, aber es ist kaum vorstellbar, daß ein verliebter Mensch diese Erfahrung vertiefen kann, indem er Bücher darüber liest, so wunderbar manche auch sein mögen. Das Lesen großer Literatur ist an sich eine äußerst lohnende Erfahrung, die uns sehr viel bringen kann; unsere Liebe zu dem Menschen, in den wir verliebt sind, gehört indes nicht dazu. Eine durch Literatur gespeiste Liebe hat etwas auffällig Unauthentisches. Natürlich ist es verständlich, daß jemand, der gerade die Erfahrung des Verliebtseins durchlebt, über andere in derselben Situation lesen möchte und besonders aufnahmefähig ist für das, was er liebt, aber sein Gewinn wäre literarisch und vielleicht kognitiv, auf keinen Fall jedoch amourös. Die Vergleiche mit der Kunst überzeugen: Die Produktion von authentischer Kunst, unsere Reaktion auf authentische Kunst sind keine Aktivitäten des theoriebildenden Intellekts, und eine Erweiterung unseres intellektuellen Verständnisses kann sie nicht sonderlich fördern.

Vielleicht sehe ich das ja zu absolut – vielleicht sollte ich lieber sagen, daß es durchaus zu solchen Erweiterungen kommen kann, doch sie müssen notwendigerweise nebensächlich bleiben. Da bin ich mir immerhin sicher. Auf jeden Fall hatte ich aufgrund meiner Musikleidenschaft immer auch viel über Musik gelesen. Ich hatte ein Buch über Wagner geschrieben, und dafür hatte ich mich in die grundlegende Literatur vertiefen müssen. Ich hatte mir also schon vieles von dem zugelegt, was sich auf diese Weise erwerben läßt; und da ich mich mit dieser Art von Studien also schon auskannte und wußte, was sie mir bringen konnten, kam ich zu dem Schluß, daß sie als Erweiterung des Philosophiestudiums oder gar als Ersatz dafür unbrauchbar waren, so wertvoll und interessant sie in anderer Hinsicht auch sein mochten.

Mir blieb also nur noch eine Richtung, in der ich Ausschau halten konnte, nämlich die Philosophie. Bisher hatte meine Einstellung zu religiösen Weltsichten irgendwo zwischen Gleichgültigkeit und Ablehnung gelegen. Meine Gleichgültigkeit war vor allem dem Umstand zuzuschreiben, daß ich niemals einen Grund dafür gesehen hatte, religiöse Äußerungen ernst zu nehmen; sie hatten meine Aufmerksamkeit nicht erregt, und ich hatte noch nie ein Problem gehabt, zu dem sie vielleicht eine Lösung hätten beisteuern können. Aber vielleicht, dachte ich, sollte ich noch einmal genauer hinschauen. Meine Ablehnung rührte daher, daß ich religiöse Überzeugungen immer für eine Form von Flucht gehalten habe. Statt sich dem Unbekannten zu stellen und zu versuchen, die dabei aufkommende Furcht zu bezwingen, uns mit den erschreckenden Konsequenzen unseres Nichtwissens abzufinden und unserer Lage zum Trotz unser Leben mit einem gewissen Grad an Integrität zu leben, wollten die Religionen uns einreden, daß wir uns durchaus nicht in dieser Lage befänden – daß wir durchaus nicht so unwissend seien, sondern eine Art Pseudo-Wissen um die Wahrheit besäßen und außerdem in diesem Pseudo-Wissen Trost finden könnten. Das alles verstieß gegen die grundlegendsten Werte, nach denen ich zu leben versuchte; die Entschlossenheit, mir auf metaphysischer Ebene alle Mühe zu geben, um die Wahrheit über das Existierende zu erkennen, mir gegenüber ehrlich zu sein, was die Suche und ihre Ergebnisse betraf, und mich auf keinen Fall von den angebotenen Beruhigungsmitteln, mit denen Entsetzen und Frustration des Nichtwissens gelindert werden sollen, von dieser Suche ablenken zu lassen. Religion erschien mir als feige Lösung, wobei ich mich durchaus nicht für mutig hielt (im Gegenteil; metaphysisches Entsetzen hatte mich immerhin bis an die Grenze von Geisteskrankheit und vielleicht sogar Selbstmord getrieben), Religion kam mir als billiger Ausweg vor. Wer sich der Religion ergab, dachte ich, gab die Suche nach der Wahrheit auf. Zweifellos war den Betreffenden damit leichter zumute, aber meiner Ansicht nach wurde dadurch alles, was sie zur Frage der Wahrheit zu sagen hatte, belanglos und uninteressant.

So sah ich das damals. Aber ich wußte, daß auch hoch intelligente Menschen tiefreligiös gewesen waren, unter ihnen einige der größten Künstler, Philosophen und Wissenschaftler der Welt. Und ich wußte, daß manche unter ihnen vom Unglauben zum religiösen Glauben gelangt waren – zum Beispiel Augustinus, dem ich Achtung und Verständnis entgegenbrachte. Tolstoi hatte sich ausgiebig mit Philosophie befaßt, um dann, als er erkannte, daß er dort keine Antworten auf die letzten Fragen finden konnte, sich desillusioniert einer Art Religion zuzuwenden. Und mir schien, daß Wittgenstein eine ähnliche Entwicklung durchlaufen hatte, wenn bei ihm dieser Prozeß auch unklarer, mehrdeutig, unverbindlich war. In diesen letzten Fällen war die Hinwendung zur Religion nur möglich gewesen, weil Philosophie als unzulänglich erlebt worden war; deshalb hatte ich jetzt vielleicht einen Punkt in meinem Leben erreicht, wo ich in der Religion etwas finden konnte, was ich bisher übersehen hatte. Ich glaubte jedenfalls, genaueres Hinsehen würde sich lohnen.

Ich wußte natürlich, daß ein intellektuell seriöses Studium der Religion mich jahrelang beschäftigen würde, und so weit wollte ich mich darauf nun auch nicht einlassen. Aber ich glaubte, zumindest einen Zeh ins Wasser tunken zu können. Es war alles eine Frage der Einstellung; zum ersten Mal war ich bereit, mich unvoreingenommen und auf seriöse Weise mit religiösen Lehrsätzen zu beschäftigen. Ich beschloß, mir ohne Hetze die grundlegenden religiösen Texte vorzunehmen und mich vielleicht in einige der allgemein anerkannten klassischen Kommentare zu vertiefen, um sie danach mit Gläubigen zu diskutieren. Wie schon häufiger, wenn ich etwas Ähnliches vorhatte, hoffte ich, daß meine Rundfunkarbeit mich dabei ernähren würde. Im Sendeplan von *ITV* waren für den späten Sonntagnachmittag religiöse Sendungen vorgesehen – in der Branche war dieser Sendeplatz als »Gottesnische« bekannt. Die Gottesnische galt als großes Problem, denn woher sollte man Sendungen nehmen, die seriös genug waren, um den vorgeschriebenen Forderungen zu entsprechen, ohne jedoch Tausende von Zuschauern der BBC in die Arme zu treiben, wo sie dann für den Rest des Abends auch bleiben würden?

Ich dachte an die Gottesnische, als ich eine Fernsehserie namens *Argument* plante, bei der jede Sendung aus einer Diskussion zwischen mir und einem Gast bestehen sollte. Mit dem Oberhaupt der römisch-katholischen Kirche in Großbritannien, Kardinal Heenan, diskutierte ich die Frage, ob sich die Existenz Gottes beweisen läßt oder nicht – bis heute besagt die offizielle katholische Doktrin, dieser Beweis sei möglich. Mit dem Erzbischof von Canterbury setzte ich mich über die Beziehung zwischen Kirche und Staat auseinander. Enoch Powell gegenüber vertrat ich die Ansicht, seine christliche Überzeugung müsse ihn eine Umverteilung des Reichtums in Großbritannien und überhaupt auf der ganzen Welt und damit eine Wohlfahrtspolitik befürworten lassen, eine Meinung, die er durchaus nicht teilte. Ungewöhnlich an diesen Diskussionssendungen war, daß es keinen Moderator gab, der zwischen den beiden Widersachern vermittelte; den Zuschauern wurde die Diskussion gewissermaßen im Rohzustand vorgesetzt. Das war gegenüber *Something to Say* ein Fortschritt. Ich führte ins Thema ein, indem ich etwa eine Minute lang in die Kamera sprach, dann meinen Gast vorstellte und schließlich die Diskussion mit einer provozierenden Bemerkung eröffnete. Zu Kardinal Heenan beispielsweise sagte ich: »Ich weiß nicht, ob es Gott gibt oder nicht, und ich glaube, Sie wissen das auch nicht.«

Ich gab mir alle Mühe, die Diskussion hier und da unmerklich zu moderieren, zum Beispiel, indem ich dafür sorgte, daß sie ohne Hektik weiterging und sich niemals auf einen einzigen Punkt versteifte; daß während der Sendung alle wichtigen Punkte zur Sprache kamen, daß alles, was nur für wenige Experten verständlich war, erklärt wurde, und indem ich meinem Gegner immer mehr Zeit zubilligte als mir selber, damit niemand mir vorwerfen konnte, meine Position auszunutzen. Jahre später, als ich meine Fernsehserie zum Thema Philosophie machte und dort die Techniken anwandte, die ich während der Arbeiten an *Argument* entwickelt hatte, erwies sich die so erworbene Fähigkeit, eine Diskussion auch als Teilnehmer fair und effektiv zu leiten, als unschätzbar.

Eine Sendung der Serie widmete sich dem Judentum, eine dem Buddhismus, der Rest jedoch dem Christentum. Dieses Ungleichgewicht, vor allem in bezug auf das Fehlen des Islam, wirkt im nachhinein befremdlich, aber damals fiel es nicht weiter auf. Eine andere Gewichtung hätte sogar Aufsehen erregt, denn in der Gottesnische Sendungen über andere Religionen als das Christentum zu bringen, galt als Beispiel von schier abenteuerlicher Toleranz. Die beste Sendung war die mit Kardinal Heenan. Mit ungewöhnlicher Entschlossenheit, Präzision und Klarheit stellte er die wichtigsten klassischen Argumente für die Existenz Gottes dar, während ich die wichtigsten klassischen Gegenargumente anführte (ich hatte schließlich meine Hausaufgaben gemacht). Heraus kam eine vorbildliche Diskussion, aus der Universitätsstudenten beide Seiten einer Debatte hätten lernen können, die seit Tausenden von Jahren geführt wird. Als ich einige Jahre später versuchte, einen Mitschnitt oder eine Abschrift zu bekommen, hörte ich zu meinem Entsetzen, daß die Bänder der gesamten Serie gelöscht worden waren und daß von keiner Sendung eine Abschrift existierte. Ein fähiger Lektor hätte ein brauchbares kleines Buch daraus machen können. Enoch Powell war gescheit genug gewesen, um seine eigene Abschrift anzufertigen, er nahm sie in sein Buch *Wrestling with the Angel* auf, das 1977 erschien. Abgesehen davon ist die Serie spurlos verschwunden.

Doch wie so häufig bei meiner Rundfunkarbeit waren die Sendungen kein Ziel an sich, sondern ein Mittel zum Zweck. Sie sollten es mir ermöglichen, mich in eine gewünschte Arbeit zu vertiefen, in diesem Fall in religiöse Studien. Ich brauchte immer länger für die Vorbereitungen, als die Zuschauer vermutlich annahmen. Normalerweise finden die ersten Vorbereitungsgespräche für eine neue Serie Monate vor Ausstrahlung der ersten Folge statt. Die Rundfunkanstalt muß ihren Sendeplan sehr weit im voraus aufstellen, und dazu müssen viele praktische Fragen besprochen werden – man braucht Mitarbeiter, Geldmittel, Verträge, und noch ehe das alles geklärt werden kann, müssen die Verantwortlichen bereits entschieden haben, welche Art von Sendung sie produzieren wollen. Auch eine technisch so klare Produktion wie eine Fernsehdiskussion benötigt ein Studio, dessen Design, Farbgebung, Beleuchtung und Einrichtung zum Thema dieser Sendung paßt; die Ausstattung des Studios muß besprochen, beschlossen, eingerichtet, ausprobiert und verändert werden, bis alle damit zufrieden sind. Die meisten Zuschauer denken über solche Fragen nicht nach, das ist auch gar nicht die Absicht der Programmacher, aber gelöst werden müssen sie trotzdem, und es ist nur richtig, wenn die Fernsehmitarbeiter sie wichtig nehmen. Das alles kostet Geld, bei jedem Aspekt der Sendung spielt Geld eine Rolle und wird sorgfältig diskutiert. Auf diese Weise wird wochen- oder monatelang an einer Serie, an jeder Serie gearbeitet, ehe sie ausgestrahlt werden kann. Zu den unsichtbaren Vorbereitungen zu meinen Sendungen gehört sehr viel Lesen, auch das braucht seine Zeit, Zeit, die bezahlt werden muß. Jemand wie ich kann also nicht nur für den Zeitraum, in dem eine Serie ausgestrahlt wird, unter Vertrag genommen werden, der Vertrag muß für einen sehr viel längeren Zeitraum gelten, von dem die Sendezeit nur einen Teil ausmacht.

Diese Tatsache hat es mir ermöglicht, weitestgehend ein Leben als selbständiger Gelehrter zu führen. Bei einer Serie wie *Argument* arbeitete ich mehrere Monate Vollzeit, zumeist machte ich in dieser Zeit in Bibliotheken meine Recherchen. An jeder meiner dann folgenden fünfzehnteiligen Serien über Philosophie arbeitete ich zweieinhalb Jahre – danach brauchte ich dann noch einmal jeweils sechs Monate, um das Buch zur Serie fertigzustellen. Von insgesamt sechs Jahren verbrachte ich auf diese Weise an die viereinhalb mit ungestörten Recherchen. Einem Universitätsdozenten im Fach Philosophie wäre das unmöglich – es sei denn, er hat eine reine Forschungsstelle ohne Lehrverpflichtungen, aber das haben nicht viele. Weil ich also kein Fachphilosoph im üblichen Wortsinn war, konnte ich dem Studium mehr Zeit widmen als die überwiegende Mehrheit der Profis. Zu diesem Vorteil kam noch die Tatsache, daß ich weitgehend selbst entscheiden konnte, in welche Themen ich mich vertiefte. Ich habe ja schon gesagt, daß ein Philosophiedozent sich in der Entwicklung innerhalb des Faches auf dem laufenden halten muß und an Lehrpläne und Prüfungsthemen gebunden ist. Das bedeutet, daß er sehr viel Zeit mit dem Lesen belangloser Sekundärliteratur von zeitgenössischen Autoren verbringen muß, von denen er viele persönlich kennt; er kann weder entscheiden, was er liest, noch wann er es liest. Dies alles konnte mir jedoch egal sein. Ich habe mich bei meiner Lektüre an meinen wirklichen Bedürfnissen orientiert – habe gelesen, *was* ich wollte, *wann* ich das Bedürfnis oder zumindest Lust hatte, mich damit zu befassen.

Der Unterschied zwischen beiden Arten des Lesens besteht darin, was uns die Lektüre bringt, und wie weit wir sie verinnerlichen können. Wie bei vielen anderen Themen können wir auch in der Philosophie zum falschen Zeitpunkt einsteigen. Vielen passiert es, daß sie Bücher eines bestimmten Romanciers lesen wollen und einfach damit nicht weiterkommen – und daß sie Jahre später noch einmal danach greifen und begeistert sind. Bei der Philosophie kommt es sehr stark darauf an, welche Probleme wir haben, und wie weit wir in unserer Auseinandersetzung mit diesen Problemen gediehen sind. Ein Philosoph, der die Probleme auf der Ebene aufgreift, die wir auch inzwischen erreicht haben, bringt Licht in unser Leben. Wenn wir noch nicht so weit sind, werden wir nicht gänzlich erfassen, was wir da lesen, wenn wir schon weiter sind, wird es uns wenig nutzen. Wenn ein Philosoph über Probleme schreibt, die wir nicht haben, und die er uns nicht nahelegen kann, verstehen wir ihn vielleicht, finden ihn aber vermutlich nicht weiter interessant.

In meinem Selbstinteresse hat es immer gelegen, neue Erkenntnisse über die Probleme zu suchen, die mir zu schaffen machen. Da nur wenige Philosophen jemals entsprechende Gedanken produziert haben, ist es kein Wunder, daß wir zu jedem gegebenen Zeitpunkt immer nur einen oder zwei von dieser Sorte finden, und daß deshalb auch im Moment nur ein oder zwei am Leben sind. Es wäre unvernünftig, etwas anderes zu erwarten. Fast alle Philosophen, mit denen ich mich intensiv beschäftigt habe, gehörten deshalb in die Vergangenheit. Natürlich lese ich auch eine bestimmte Menge neuer Philosophie, aber »mich auf dem laufenden zu halten« erscheint mir als Zeitverschwendung (und ich habe wirklich viele Jahre versucht, auf dem laufenden zu bleiben). Die Vorstellung, die Anfängern aus naheliegenden Gründen so lieb zu sein scheint, daß das, was *jetzt* passiert (wann immer jetzt sein mag), weitergekommen ist als das, was in der Vergangenheit liegt, und daß es vielleicht sogar dem, was sich vor zwanzig oder dreißig Jahren abgespielt hat, überlegen sein muß, ist einfach Unsinn. Die Entwicklung der Philosophie ist nicht in der Form progressiv wie die der Technologie. Kein Philosoph war während der zweitausend Jahre nach Platon und Aristoteles besser als diese beiden, während der zweihundert Jahre seit Kant hat keiner ihn übertroffen. Diese Wahrheit liegt eigentlich auf der Hand, daß niemand, der sich auf ernsthafte Weise mit Philosophie befaßt, auf die unsinnige Idee kommen dürfte, daß die heutige Philosophie der gestrigen gegenüber einen Fortschritt bedeutet; doch viele begehen diesen Fehler, auch eine große Anzahl von Fachphilosophen. Tatsache ist, wer immer man ist, wie alt man ist, wann immer man lebt und was immer man vielleicht gelesen hat: Wir gewinnen größere Erkenntnisse, wenn wir beispielsweise Spinoza oder Schopenhauer zum ersten Mal lesen, als aus irgendeiner Neuveröffentlichung aus den letzten dreißig Jahren. Wer das nicht begreift, begreift nichts vom Wesen der Philosophie.

Ich vertiefte mich also jahrzehntelang in die größten philosophischen Werke aller Zeiten und achtete nicht weiter auf die jeweilige Mode. Und meine Arbeit für *Argument* lieferte dazu einen unerwarteten Beitrag. Meine Studien des christlichen Glaubens führten mich bald zur mittelalterlichen Philosophie, von der ich außer Augustinus kaum etwas gelesen hatte (und hier rede ich von den Originaltexten – natürlich kannte ich die üblichen Zusammenfassungen in Werken über die Geschichte der Philosophie), und ihr Reichtum, ihre Weite und ihre »Modernität« waren für mich eine Offenbarung. Sehr viel davon griff Entwicklungen vor, von denen ich bisher gedacht hatte, daß sie erst später einsetzten. Mir ging sogar auf, daß ich mittelalterliche Philosophen bisher kaum als Philosophen, sondern eher als Apologeten und Propagandisten des christlichen Glaubens betrachtet hatte. Ein Großteil der mittelalterlichen Philosophie befaßt sich jedoch durchaus nicht mit Religion, sondern mit Logik, Sprachanalyse, Psychologie, Mechanik und vielen anderen Themen. Daß sie derzeit so vernachlässigt wird, liegt daran, daß viele der naturwissenschaftlichen Überlegungen und der technischen Logik von späteren Entwicklungen überholt worden sind; in vielen Bereichen haben wir es aber mit hervorragenden Denkarbeiten zu tun, aus denen diese Entwicklungen dann erwachsen konnten. Johannes Scotus Eriugena zum Beispiel, der im 9. Jahrhundert lebte und als eine in Zeit und Ort (Irland) seltsam isolierte Gestalt erscheint, der einzige »große« Philosoph Europas zwischen Augustinus im 5. und Anselm im 11. Jahrhundert, lieferte ein so tiefgründiges

Denken, daß es noch ein Jahrtausend später einem Nichtgläubigen wie mir einiges an Erleuchtung bringen konnte.

Johannes Scotus verdanken wir unter anderem zwei wichtige Lehrsätze. Zum einen, daß es für jedes vernunftbegabte Wesen unmöglich ist, sein eigenes Wesen zu kennen, im Sinne von: zu verstehen. Ich halte das für die Wahrheit und für ungeheuer wichtig für die gesamte Menschheit, auch wenn sich diese Überzeugung noch längst nicht allgemein durchgesetzt hat. Erst achthundert Jahre später sollte Kant diese Erkenntnis in einer befriedigenden Form darstellen. Der andere, auf dem ersten unmittelbar aufbauende Lehrsatz besagt, daß auch Gott sein eigenes Wesen nicht kennt. Johannes Scotus ist wegen dieser Behauptung häufig angegriffen und von vielen Kritikern deshalb verworfen worden, aber das bedeutet eigentlich nur, daß die Spötter seine Argumentation nicht verstanden haben. Ich halte sie für zutreffend, was bedeutet: Wenn es einen Gott gibt, dann trifft diese Argumentation auch auf Gott zu. Vielleicht hat Gott noch andere Eigenschaften, die für uns unverständlich sind, so daß die Erkenntnis des Johannes Scotus für ihn nicht die Bedeutung oder die Folgen hat, die für uns auf der Hand zu liegen scheinen. Möglicherweise sind diese anderen Eigenschaften so viel wichtiger, daß alles andere darin untergeht, aber auf jeden Fall muß Johannes Scotus recht haben. Er war ein ungewöhnlich begabter Mann, ganz zu schweigen von seinen offenkundigen charakterlichen Vorzügen, und das hat mich neugierig auf ihn gemacht. Was seine Religiosität angeht, so bin ich jedoch ein Ungläubiger geblieben. Ich fand eine aufregende, mir bisher unbekannte Philosophie, aber der religiöse Ballast, an den der Autor glaubte, konnte in mir einfach kein größeres Interesse erwecken.

Manche Leser werden jetzt vielleicht einwenden, die bloße Tatsache, daß Millionen von Menschen, darunter hochintelligente und reflektierende, tiefreligiös und gläubig waren, bereits Grund genug ist, ihrem Glauben seriöse intellektuelle Aufmerksamkeit zukommen zu lassen, sich dafür zu interessieren und ihn zu respektieren – nicht unbedingt natürlich, um selber zum Glauben zu finden. Ich würde diesem Einwand zustimmen, wenn ich die Begründungen dieser Gläubigen respektieren könnte. Aber bisher ist mir das bei keiner Begründung möglich gewesen. Was als Beweis ausgegeben wird, ist kein Beweis, und alle »Beweise« sind längst widerlegt worden, die wichtigsten sogar von Christen selbst, von Kant zum Beispiel. Und doch wird weiter darauf herumgeritten: Behauptungen werden aufgestellt, aber nicht belegt; es wimmelt nur so von widersprüchlichen Aussagen, geschichtliche Tatsachen werden nicht berücksichtigt, Fehlübersetzungen sind weit verbreitet, Sprache wird auf eine Weise benutzt, die die Grenzen zwischen wörtlicher Bedeutung und Metapher verschwimmen läßt, das gesamte Vokabular baut auf unbewiesenen Voraussetzungen auf. Aberglaube und Glaube an Magie sind genauso immerwährend wie Religion und für die Menschheit fast allgegenwärtig; die Frage, *warum* das so ist, mag interessant sein, doch in den meisten Fällen fehlt es den Glaubensvorstellungen an interessanten Inhalten, jedenfalls für mich.

Ein Glaube verdient nicht etwa Achtung oder Interesse, weil er weitverbreitet ist, wenn auch diese weite Verbreitung uns nachdenklich machen kann. Unter den Religionen, mit denen ich mich beschäftigte, erschien mir das Judentum am wenigsten intellektuellen Respekt verdient zu haben. Ich möchte niemanden verletzen, aber als ich die grundlegenden jüdischen Schriften las, ertappte ich mich immer wieder bei dem Gedanken: Wie ist es möglich, daß irgend jemand das wirklich glaubt? Wenn ich diese Frage dann jüdischen Freunden stellte, dann lautete ihre Antwort, daß kein intelligenter Jude das tue. Um einen von ihnen wortwörtlich zu zitieren: »In diesem Land gibt es keinen einzigen intelligenten Juden, der an diese Religion glaubt.« Was sie glauben, so meine jüdischen Freunde, ist, daß zumindest einige Juden die überlieferten Glaubensbräuche pflegen sollten, denn mehr als alles andere verdankt das jüdische Volk diesen Glaubensbräuchen seine Identität und damit seinen Zusammenhalt; die Dogmen selber oder die tiefere Bedeutung der Bräuche werden jedoch von intelligenten Menschen nicht wirklich ernst genommen.

Die attraktivste Religion war für mich der Buddhismus. Es gibt viele Varianten, und ich weiß nicht genug darüber, um mich wirklich dazu zu äußern, aber einige erschienen mir als wirklich erkenntnisreich und tiefschürfend. Sie behaupteten nicht die Existenz eines Gottes, einer Seele, der Unsterblichkeit, und doch befanden sie den vom gesunden Menschenverstand geprägten

Realismus voller Überzeugung für falsch und belanglos. Vielleicht kann ich das so ausdrücken: Der Buddhismus erschien mir als agnostische Religion, als Religion, die den Problemen und der Komplexität der grundlegenden Fragen, mit denen die Menschen sich auseinandersetzen müssen (und angesichts derer der gesunde Menschenverstand zum kläglichen Scheitern verurteilt ist), Gerechtigkeit widerfahren läßt, die jedoch nicht versucht, den Gläubigen dogmatische Antworten aufzuzwingen. In der Philosophie ist es häufig so, daß in der Formulierung eines Problems mehr Erkenntnisse stecken als in irgendeiner der vorgeschlagenen Lösungen; und es erschien mir als typischer Charakterzug des Buddhismus, daß diese Tatsache anerkannt wurde. In dieser Hinsicht bildet er den Gegensatz zu dem Christentum, das mir in meinem Leben bisher begegnet ist. Mein grundlegendster Einwand gegen das Christentum ist, daß seine Erklärungen den tiefen Mysterien, die sie zu erhellen vorgeben, so hoffnungslos wenig gerecht werden können; sie bieten einfältige Interpretationen, während wir mit fast unergründlichen Fragen und tiefer Verwunderung ringen. Doch dieses Problem habe ich, wenn auch in geringerem Maße, mit allen Religionen, auch den attraktivsten. Uns wird allerlei erzählt, und ich denke: »Woher wollen sie das wissen? Vielleicht ist es ja die Wahrheit. Das würde mir gefallen. Es wäre wirklich nett. Aber welchen Grund können sie haben zu sagen, daß es so ist?« Und auf diese Frage ist mir niemals eine überzeugende Antwort gegeben worden. Menschen können aus zahllosen verschiedenen Gründen zu ihren religiösen Überzeugungen gelangen: Weil sie zutiefst von deren Wahrheit überzeugt sind, weil sie ihnen ihre eigenen Erfahrungen auf zufriedenstellende Weise erklären, weil sie sich einfach wohler in ihrer Haut fühlen, weil sie dadurch zu Mitgliedern einer ihnen angenehmen gesellschaftlichen Gruppierung werden oder weil sie in einem unkritischen Alter damit gefüttert worden sind – oder aus irgendeinem der unzähligen anderen möglichen Gründe. Das alles beweist jedoch noch lange nicht, daß ihr Glaube die Wahrheit ist. Und obwohl ich meine Frage immer wieder gestellt habe, ist mir niemals eine wirkliche *Antwort* zuteil geworden. Im Grunde ist es immer wieder dieselbe: Die Menschen wollen glauben. Aber das hat nichts mit Wahrheit zu tun. Ich habe oft die Gelegenheit zu der Bemerkung gehabt, daß Ignoranz keine Lizenz erteilt, zu glauben, was immer wir wollen; Ignoranz bedeutet, daß es nicht gerechtfertigt ist, wenn wir glauben, was uns gerade paßt.

Die beiden positiven Folgen meiner religiösen Studien waren, daß ich durch sie in die mittelalterliche Philosophie eingeführt wurde und daß ich genug über den Buddhismus erfuhr, um ihn für die beeindruckendste der großen Religionen halten zu können, während das Christentum vergleichsweise grobschlächtig wirkt. Negativ dagegen war, daß der (vielleicht unbewußt erhoffte) lebensverändernde Schritt von der Erkenntnis der zwangsläufigen Unzulänglichkeit der Philosophie zur Übernahme einer religiösen Denkweise mir nicht möglich war. Angeblich mußten auf den Universitäten des Mittelalters die Studenten sich zuerst mit Philosophie befassen, erst wenn sie sich als klug genug erwiesen hatten, durften sie zur Theologie aufrücken. Ich konnte diesen Weg nicht gehen. Ich verspürte weder das Verlangen danach noch hielt ich ihn für gerechtfertigt, und selbst, wenn ich das Verlangen verspürt hätte, dann hätte ich noch immer keine Rechtfertigung erkennen können.

In meiner zentralen Frage war ich also nicht weitergekommen. Und, schlimmer noch, bisher als möglich erschienene Auswege waren nun versperrt. Ich wußte von keiner bisher mir unbekannten Philosophie, die mich vielleicht in ein neues geistiges Land hätte tragen können. Ich war nicht genial genug, um eine solche Reise auf eigene Faust anzutreten – und selbst zum nächsten großen Philosophen zu werden. Die Kunst, auch wenn ich sie weiterhin höher schätzte als die Philosophie, konnte mir auch nicht weiterhelfen. Die Religion erschien mir, trotz ihrer verlockenden, aber zufälligen Qualitäten, weiterhin als feiger Fluchtweg. Ich steckte also fest, lag ohne Ruder oder Kompaß in einer Flaute mitten auf dem Ozean; mir blieb offenbar nichts anderes übrig, als dort zu verharren, vielleicht jahrzehntelang, mitten im Nirgendwo, und das bis zu meinem Tod.

Ich kann die entsetzten und entsetzlichen Gefühle, die mich damals überwältigten, nicht in Worte fassen. Vor allem verspürte ich eine Art geistige Klaustrophobie; ich fühlte mich blockiert, erstickt, in eine Zwangsjacke gezwängt, gefesselt, geknebelt, unfähig, auch nur eine Augenbraue zu bewegen. Es war grauenhaft.

Es war unerträglich, und das im wahrsten Sinne des Wortes: Ich gelangte zu der Überzeugung, mit dieser Last nicht weiterleben zu können. Das soll nicht heißen, ich hätte mit dem Gedanken an Selbstmord gespielt, das nicht. Ich hatte das Gefühl, daß mein Leben die Grenzen des Möglichen erreicht hatte und von selber aufhören würde, so, wie ein Feuer verlöscht, wenn der Brennstoff zu Ende ist – daß ich einen Herzinfarkt oder etwas ähnliches erleiden und sterben würde. Im Frühsommer 1972, mit zweiundvierzig Jahren, steckte mir das Gefühl in den Knochen, daß ich den kommenden Winter nicht überleben würde.

Danach habe ich einmal gelesen, daß psychosomatische Ursachen einen Herzinfarkt auslösen können, daß das bei Menschen passiert, die im tiefsten Herzen davon überzeugt sind, daß sie nicht mehr lange zu leben haben. Die angeführten Beispiele bezogen sich auf Gefangene in arktischen Sklavenarbeitslagern im härtesten Winter. Meine Leser lächeln vielleicht bei diesem Vergleich, aber ich bin davon überzeugt: Hätte ich nicht sehr bald einen Ausweg gefunden, dann hätte ich nicht mehr lange überlebt. Irgendwo in den Tiefen meines Wesens konnte ich ein Leben, dessen Horizont von dieser Welt begrenzt wird, nicht mehr ertragen. Das Gefühl von Klaustrophobie war unerträglich, mein Geist schien langsam zu ersticken. Doch alles änderte sich, als ich gewissermaßen im allerletzten Moment den letzten der sogenannten großen Philosophen las, der noch übrig war. Noch verblüffender als die Tatsache, daß er allein noch ausstand, ist die Tatsache, daß es nicht mein erster Versuch war, ihn zu lesen: Ich hatte es sechs Jahre zuvor versucht und mir auch alle Mühe gegeben, war aber nicht weitergekommen und hatte dann den Mut verloren.

Zwanzigstes Kapitel

Die Entdeckung Schopenhauers

Als ich eines Tages im Mai 1966 in einem Buchladen herumstöberte, fiel mein Blick auf das Buch *Schopenhauer* von Patrick Gardiner. Es gehörte zu einer philosophischen Einführungsreihe, die von Alfred Ayer herausgegeben wurde. Ich kannte schon andere Titel aus dieser Serie, deshalb konnte ich mir ungefähr vorstellen, wie dieses Buch aussah. Zu meiner Verblüffung ging mir auf, daß ich einfach keine Ahnung von Schopenhauer hatte; wie jeder gebildete Mensch kannte ich seinen Namen, hatte aber nichts von ihm gelesen. Und das konnte ich von keinem anderen Philosophen behaupten. Ich fand also, es sei an der Zeit, diese Bildungslücke zu füllen. Ich blätterte in dem Buch, fand den Stil klar und den Ton angenehm und kaufte es.

Der bloße Anblick des Buches erweckte in mir Schuldgefühle, ich schämte mich, weil ich nichts von Schopenhauer wußte, und zwar aus einem Grund, den ich mir noch nie überlegt hatte. Seit meiner Kindheit hatte ich mich für Wagner interessiert, und fast jedes Buch über Wagner weist darauf hin, daß der größte nichtmusikalische Einfluß auf sein Werk eben die Philosophie Schopenhauers war. Doch keines dieser Bücher über Wagner erzählt den Lesern, worin dieser Einfluß eigentlich bestand – und deshalb hatte ich auch keine Vorstellung davon. Nicht einmal der Doyen der Wagner-Forschung, Ernest Newman, macht auch nur den Versuch, Schopenhauers Philosophie genauer darzustellen. Den Schriften Newmans verdankte ich sogar den unzutreffenden Eindruck, Schopenhauer sei ein unbegreiflicher und langweiliger deutscher Metaphysiker im Stil von beispielsweise Schelling gewesen. Und so wie ich seit Jahren wußte, daß Schelling sehr viele romantische Künstler beeinflußt hatte, deren Werke ich liebte, von Weber bis zu Coleridge, ohne je den Wunsch verspürt zu haben, ihn zu lesen (und als ich ihn dann doch las, dann nicht aus diesem Grund), so ließ ich auch Schopenhauer links liegen. Ich hatte seinen Einfluß auf Wagner akzeptiert, ohne deshalb irgendeine bewußte Neugier auf sein Werk zu verspüren. Plötzlich fand ich das beschämend und verwirrend. Jetzt, wo ich beschlossen hatte, mich mit ihm vertraut zu machen, konnte ich nicht begreifen, warum das nicht schon längst geschehen war, und meine fehlende Neugier beschämte mich nicht nur – sie schien einfach nicht zu mir zu passen. Im Grunde hatte das alles wohl mit meiner allgemeinen Einstellung zur Kunst zu tun.

Ich halte Kunst nicht für eine intellektuelle Aktivität, und ich glaube nicht, daß konzeptionelle Überlegungen bei einem Kunstwerk eine wichtige Rolle spielen; mit anderen Worten: Ich glaube, sie geben nicht den Ausschlag, ob es sich um gute oder mißlungene Kunst handelt. Natürlich denken Künstler während der Arbeit an ihrem Werk konzeptionell. Aber die Qualität dieses Denkens hat nichts mit der Qualität ihrer Kunst zu tun. Die bekannten Begriffe »akademischer Maler« oder »akademische Kunst« bezeichnen einen Künstler, der sich mit Theorie, Geschichte, Ästhetik seiner Kunst auskennt und ein hervorragender Lehrer sein kann, der jedoch nicht das Zeug zum großen Künstler hat. Und ein solcher Fall ist keine Seltenheit. Kunst, die eine religiöse oder politische Botschaft übermitteln soll, kann von einem hochintelligenten Menschen, der vom betroffenen Denksystem überzeugt ist und es auf intellektuelle Weise meistert, geschaffen werden und dennoch ein künstlerischer Fehlschlag sein. Das gilt meiner Ansicht nach für die meisten Kunstwerke dieser Art, und es gibt sehr viele. Künstler halten sich häufig an Theorien, an ästhetische Theorien, aber ich glaube nicht, daß Qualität aus Theorien entspringen kann. Ich glaube, die Beziehung zwischen der Theoriebindung eines Künstlers und seiner künstlerischen Qualität steht sehr oft in umgekehrtem Zusammenhang; je theoriegebundener der Künstler, um so schwächer sein Werk. Ich glaube außerdem, daß es sich bei den Theorien fast immer um Rationalisierungen handelt, daß die Kunst, so weit es sich überhaupt um authentische Kunst handelt, künstlerisch und nicht konzeptionell begründet ist, und daß der Versuch des Künstlers, sein Schaffen in Worten und Begriffen auszudrücken, überflüssig und oft einfach falsch ist. Ein Künstler fühlt sich von Konzepten angezogen, die seinen Bedürfnissen als *Künstler* entsprechen. Wenn er also solche Konzepte formuliert oder übernimmt, ehe er sich an sein Werk macht, so prägt doch die Kunst seine Ideen und nicht umgekehrt. Deswegen brauchen wir nicht Schelling zu lesen, um Coleridge zu verstehen, auch wenn Coleridge große Teile von Schellings Werk übernommen, um nicht zu sagen abgeschrieben hat. Der Schelling, den Coleridge benutzte, ist der Schelling, den Coleridge für sein Vorhaben brauchte, und dieses Vorhaben schlägt sich in seinem Werk nieder.

So sah ich auch die Situation von Schopenhauer und Wagner. Ich konnte mir nicht vorstellen, daß ich bei Wagner irgendein Detail von künstlerischer Bedeutung verpaßte, weil ich Schopenhauer nicht kannte. Das gilt übrigens auch für andere wichtige Einflüsse auf Wagner, sogar für künstlerische. Aus irgendeinem Zufall wußte ich vom Einfluß der *Oresteia* des Aeschylos auf Wagners Konzept des *Ring*, aber niemals hätte ich angenommen, daß man Aeschylos kennen müsse, um Wagner zu verstehen und zu genießen. Die gesamte deutsche Tradition der romantischen Oper vor Wagner, die Tradition, die in Weber ihren Höhepunkt fand, schlägt sich immer wieder in Wagners Werken nieder, aber wir brauchen doch Webers Opern nicht zu kennen, um die von Wagner zu lieben. Es geht hier einerseits um eine Anschauung von Kunst, andererseits um eine Vorstellung vom Wesen der Beeinflussung. Das gilt übrigens nicht nur für die Kunst, sondern auch für das intellektuelle Leben. Die Philosophie des Karl Marx ist beispielsweise eine explizite Variation des Hegelianismus, aber viele kenntnisreiche Marx-Leser haben kein Wort von Hegel gelesen.

Und doch allem, was ich zu meiner Verteidigung anführen kann, zum Trotz, jetzt, wo ich mich meiner jahrzehntelangen Interesselosigkeit stellen mußte, konnte ich sie nicht so leicht verstehen. Schließlich sind alle, die über Wagner geschrieben haben, Musikforscher, keine Philosophen, wir können also eigentlich nicht erwarten, daß sie Schopenhauer studiert haben. Meine Liebe zur Philosophie jedoch wurde nur noch von meiner Liebe zu Musik und Theater übertroffen. Und seit Jahren hatte ich nach neuen Philosophen Ausschau gehalten, von denen ich noch etwas lernen könnte. Die Tatsache, daß ich trotz allem noch nicht bei Schopenhauer gelandet war, brachte mich zu der Überlegung, ob ich vielleicht unbewußt einfach nicht willens war, mich mit philosophischen – und zwar im eigentlichen Wortsinn philosophischen – Interpretationen von Wagners Werk zu befassen. Es war so, als wäre ich gleichzeitig in zwei Frauen verliebt und wollte nicht – auch wenn ich das mir selber gegenüber nicht ganz zugeben wollte – daß sie sich begegneten.

Patrick Gardiner ist unter den Oxford-Philosophen nach 1950 eine einzigartige Erscheinung. Die Heimat seines intellektuellen Lebens ist das, was oft (allerdings nicht von mir, und ich glaube, auch nicht von ihm) deutsche romantische Philosophie genannt wird – Fichte, Schelling, Hegel, Schopenhauer. Sein Wissensschatz ist jedoch nicht auf diesen Bereich beschränkt, mit Kant, auf dem sie aufbaut, kennt er sich ebenso aus wie mit einigen der Philosophen, die gegen die deutschen Romantiker aufbegehrten, vor allem mit Kierkegaard. Doch mit Ausnahme von Kant haben die meisten von Gardiners Kollegen diese Autoren nicht gelesen, und über lange Zeit hinweg zollten sie ihnen nicht einmal die einfachste Achtung – Kierkegaard galt damals gar nicht erst als Philosoph. Gardiner ging also seiner Arbeit in einem ungewöhnlich hohen Grad von Isolation nach. Gleichzeitig jedoch ist er versiert in der philosophischen Logik seiner Zeit und seines Wirkungsortes, deshalb beschäftigt er sich vor allem damit, das Waffenarsenal der Analytischen Philosophie an den Werken der erwähnten Philosophen auszuprobieren. Er analysiert, hinterfragt und kritisiert sie, als schriebe er über Ryle oder Wittgenstein. Ich habe den Verdacht, seine Bücher über Schopenhauer und Wittgenstein haben deshalb bei seinen Fachkollegen so freundliche Aufnahme gefunden. Gardiner ist es in hohem Maße zu verdanken, daß diese Philosophen die Aufmerksamkeit von Lesern erweckt hat, die sie sonst ignoriert hätten. Aber so begabt er auch sein mag, sein Werk leidet unter den Schwächen der analytischen Herangehensweise: Es kann sich nur selten über die Ebene von Sprache und Logik erheben.

Isaiah Berlin hat einmal in diesem Zusammenhang eine ungeheuer wichtige Bemerkung gemacht, daß nämlich die grundlegenden Visionen der großen Philosophen zutiefst einfach seien. Ihre Ausarbeitung geschehe nicht mit Hilfe dessen, was er vielleicht vorschnell als ihre Weltmodelle bezeichnete, nicht in den Mustern der Begriffe, in denen sie Natur, Menschenleben und Welt sähen, sondern durch die Verteidigung dieser Vorstellungen gegen wirkliche oder imaginierte Einwände. An dieser Stelle machten sich natürlich allerlei Spitzfindigkeiten und ein reicher technischer Wortschatz geltend; aber das sei nur eine Art zusätzlicher Rüstung, die Kriegsmaschine auf der Burgmauer, die einen eventuellen Angreifer in die Flucht schlagen soll; die Zitadelle selber sei nicht komplex: Argumentation und logische Stärke seien in der Regel eine Frage von Angriff und Verteidigung, aber kein Teil der grundlegenden Vision.* Ich würde nicht eine Sekunde lang der Behauptung zustimmen, die grundlegende Vision eines Kant oder Spinoza sei schlicht – im Gegenteil, sie ist meiner Ansicht nach nur mit großer Mühe erfaßbar – aber Berlin macht ansonsten doch eine sehr wichtige Aussage, nämlich, daß fast alle konzeptionelle und logische Analyse sowie detaillierte Argumentationsführungen im allgemeinen, wie die nicht ganz so großartigen Philosophen sie so lieben, nicht wesentlich für das Thema sind. Philosophen und Argumente befinden sich außerhalb der Zitadelle, auf den Befestigungswerken, und sie machen sich ein ausgefeiltes Waffenarsenal mehr oder weniger geschickt zunutze. Ich fürchte, das läßt sich auch über Gardiners Schopenhauer-Buch sagen. Ganz klar werden dort Argumente und Gegenargumente, Einwände und Gegeneinwände aufgeführt, einige der nicht ganz zutreffenden Kritiken werden vorgestellt, die ein Gegner vielleicht vortragen könnte – aber die zentrale Vision wird nicht deutlich. Ich kann mir nicht vorstellen, wie man, ausgehend von Gardiners Buch, verstehen könnte, daß Schopenhauer das Leben von einem dermaßen kreativen Künstler wie Wagner oder einem so tiefschürfenden Denker wie Nietzsche wirklich ändern konnte, daß er Tolstoi stark beeindruckte und daß er geniale Autoren wie Turgenjew, Proust, Conrad und Hardy maßgeblich beeinflußte. Iris Murdoch klagte

---

* Bryan Magee: *Men of Ideas*, S. 41

einmal darüber, daß die Welt, so, wie Gilbert Ryle sie sieht, keine Welt ist, in der Menschen sich verlieben oder der kommunistischen Partei beitreten. Die Welt Schopenhauers ist eine solche lebendige Welt, Gardiners Schopenhauer-Welt jedoch nicht, sie ist eine Ryle-Welt.

Das ist vielleicht der Grund, warum mir die Zitate aus dem Buch geradezu ins Gesicht sprangen, auf eine Weise, wie ich das vorher oder nachher nie erlebt habe, sie schienen einfach von den Buchseiten abzuheben. Als ich las, daß wir das Rätsel der Welt nur durch die sorgfältige Verbindung von äußeren und inneren Erfahrungen lösen können, schien jemand in meinem Kopf einen Lichtschalter betätigt zu haben. Ich fand es sehr aufregend, und obwohl ich dann das Buch weiterhin voller Sorgfalt las, wartete ich doch schon gespannt auf das nächste Zitat. Einige von Schopenhauers Kommentaren zu bestimmten Philosophen fand ich ganz wunderbar, zu Spinoza zum Beispiel: »Denn die Welt Gott nennen, heißt nicht sie erklären: Sie bleibt ein Räthsel unter diesem Namen, wie unter jenem.« Sein psychologischer Scharfsinn läßt ihn erkennen, daß wir scheinbar überstürzte Handlungen in die Wege leiten, um uns zu täuschen, in Wirklichkeit insgeheim aber alles genau geplant haben. Seine Vergleiche greifen so tief wie die Shakespeares, er vergleicht den Menschen mit einem hohlen Glasgefäß, aus dessen Leere eine Stimme spricht. Und einen begabten Mann vergleicht er mit einem Schützen, der die Stelle trifft, die die anderen verfehlen, ein genialer Mann aber ist wie der Schütze, der eine Stelle trifft, die die anderen nicht einmal gesehen haben. Seine Schmähungen ergießen sich unter anderem über imitierende Künstler, die seiner Ansicht nach ihre Nahrung wie Schmarotzer aus den Werken anderer in sich aufsaugen, und die wie Polypen die Farbe ihrer Nahrung annehmen. Solche Sätze ließen für mich die Sonne aufgehen. Ich stürzte davon, um mir Schopenhauers Werke zuzulegen und sowie ich den letzten Satz in Gardiners Buch gelesen hatte, machte ich mich darüber her.

Aber ich kam nicht weiter. Kaum hatte ich Schopenhauers allgemein für sein Meisterwerk gehaltenes Buch *Die Welt als Wille und Vorstellung* angefangen, sah alles ganz anders aus: Schwerfällige Sätze, überladene Argumente, kein Lesefluß. Die von Gardiner angeführten Zitate waren mir wie ein frischer Wind vorgekommen, der aus einer anderen Welt wehte als der Welt Kants, doch jetzt, als ich Schopenhauer direkt las, fühlte ich mich wieder in Kants Welt zurückversetzt und kam nicht weiter, als Kant mich geführt hatte. Auch das kann ich nicht erklären. Ich verstehe jetzt besser als damals, daß Schopenhauers Philosophie bei Kant beginnt, das verwirft, was sie für Irrtümer hält, das behält, was ihr als wichtig erscheint, und sich dann an die Aufgabe macht, Kants Programm so zu vollenden, wie es nun formuliert worden ist; zu Anfang ist diese Philosophie also unvermeidlich vor allem Kant. Ich kann jedoch noch immer nicht begreifen, warum mich das so behindert hat, denn mit Kants Werk kannte ich mich schließlich aus, oder warum ich Schopenhauers Stil so schwierig fand. Doch so war es damals. Ich versuchte, mir den Start zu erleichtern, indem ich mir Schopenhauers Ideen aus anderen Quellen aneignete, aus Philosophiegeschichten, Wörterbüchern, Nachschlagewerken und Essays, und durch diese Second-hand-Versionen wurden sie mir vertraut. Mein Motor aber wollte noch immer nicht anspringen. Schließlich gab ich dann auf. Ich kann nur vermuten, daß ich sechs Jahre später endlich Zugang zu Schopenhauer fand, weil ich damals auf seine Schriften eher reagierte wie auf ein Kunstwerk statt wie auf ein philosophisches System. Ich war noch nicht reif für ihn. Diese Art von Unreife kennen wir eher in bezug auf künstlerische Werke. Auch in bezug auf kreative Arbeit ist sie uns vertrauter als in bezug auf irgendein Studium, und vielleicht hatte ich ganz insgeheim ein Bedürfnis entwickelt, selber über diese Fragen zu schreiben. Aus irgendeinem Grund legte ich also Schopenhauer für einige Jahre beiseite. Er erschien mir als jemand, über dessen Gedanken ich einiges wußte, und dessen Werke für mich also keine Überraschungen mehr enthalten konnten, obwohl ich sie nicht gelesen hatte.

Im Frühjahr 1972 hatte ich das Stadium erreicht, das ich am Ende des letzten Kapitels beschrieben habe – ich war verzweifelt. Meine Frustration führte zu einer physischen Reaktion, dem Bedürfnis zu entfliehen und mich nicht festnageln zu lassen, ich wollte ohne Zwang oder Plan oder Reiseroute aufbrechen, wollte einfach frei sein. Ich packte meinen Koffer und begab mich auf eine griechische Insel, wo Bekannte von mir ein Haus hatten. Danach besuchte ich Alfred Ayer in seiner umgebauten Windmühle in

Südfrankreich. Von dort fuhr ich weiter zu einer ehemaligen Freundin, die nicht weit entfernt mit ihren Kindern Ferien auf einem ehemaligen Bauernhof machte. Nach dem Besuch bei meiner Freundin trieb ich mich dann auf eigene Faust in Südfrankreich herum.

Ich habe schon erwähnt, daß ich auf längere Reisen immer ein einziges umfangreiches, oft auch schwieriges Buch mitnahm, um es dann in langen, ungestörten Sitzungen zu lesen. Ich wollte nun noch einen Versuch mit der *Welt als Wille und Vorstellung* machen; ich hatte seit sechs Jahren nicht mehr hineingeschaut, und deshalb legte ich die beiden Bände in meinen Koffer. Und fing an zu lesen. Diesmal machte ich eine ganz andere Erfahrung als beim ersten Versuch. Nicht nur, daß das Buch zu mir sprach – ich hatte das Gefühl, daß es ausschließlich zu mir sprach.

Ich kann diese Erfahrung nur mit einer einzigen anderen vergleichen, doch diese war so ähnlich, daß ich sie einfach erzählen muß. Als Kind hörte ich zum ersten Mal den Namen Mahler, als mein Vater sagte, es gebe für Mahler nur einen einzigen Dirigenten, nämlich Bruno Walter. Ich stellte später fest, daß diese Ansicht allgemein vertreten wurde, so, wie auch allgemein Beecham als der einzige Dirigent für Delius galt. Also hörte ich mir im Radio von Walter dirigierte Mahler-Konzerte an. Und die Musik bedeutete einfach nichts für mich. Sie bestand aus einer sinnlosen Phrase nach der anderen, die Sätze selber wirkten inhaltsleer, einfach nur wie sinnlose Notenfolgen; und ich konnte zwischen ihnen auch keine Verbindung erkennen. Die Musik kam mir im wahrsten Sinne des Wortes unzusammenhängend vor. Ab und zu machte ich einen neuen Versuch, aber die Musik hörte sich für mich immer gleich an. Dann, mit fast dreißig, besuchte ich ein Mahler-Konzert, das von Otto Klemperer dirigiert wurde. Und plötzlich schien mein Gehirn mit einem Dekoder ausgerüstet worden zu sein; die Sätze hatten Form und Sinn, sie waren ausdrucksstark, jeder verhielt sich geradezu perfekt zu dem, was vorher oder nachher kam. Alles paßte zusammen, die Musik war *zusammenhängend*, und sie war verblüffend schön. Zum ersten Mal sprach sie zu mir mit einer Stimme, die anders war als alle anderen. Ich war wie verzaubert. Meine Erfahrung ließ sich mit der Offenbarung vergleichen, wenn eine Augenbinde entfernt wird und wir vor einem wundervollen Anblick stehen. Dieser Abend ist noch immer eine meiner wichtigsten Erinnerungen. Danach legte ich mir die größtmögliche Mahler-Sammlung zu. Mahlers Musik wurde zu einem meiner kostbarsten Besitztümer. Ich konnte nicht mehr begreifen, wie es möglich gewesen war, daß sie mir so viele Jahre hindurch rein gar nichts bedeutet hatte. Selbst Bruno Walters Arbeit bedeutete mir nun etwas, obwohl ich niemals wirklich davon überzeugt war. Und als ich die großen Mahler-Symphonien unter der Leitung von Jascha Horenstein hörte, empfand ich sie als eine der schönsten Musik, die es überhaupt gibt.

Etwas Vergleichbares passierte mir mit der *Welt als Wille und Vorstellung*. Es war so, als sei mein Gehör wiederhergestellt worden. Ich hatte noch nie das Gefühl gehabt, so unmittelbar und lebhaft in persönlichem Kontakt zu einem Autor zu stehen: Arthur Schopenhauer war mit mir im Zimmer, er saß vor mir, er sprach zu mir, er legte mir die Hand auf den Arm oder aufs Knie und prägte einen überzeugenden Ausdruck nach dem anderen. Diese Wirkung stellte sich langsam ein, erfaßte mich nach und nach: In Griechenland hatte ich sporadisch in diesem Buch gelesen, in Avignon dann etwas konzentrierter – und dann folgte eine unvergeßliche Zeit von etwas über einer Woche in Aix-en-Provence, wo ich den ganzen Tag auf meinem Hotelzimmer saß und las und mich nur kurzfristig blicken ließ, mittags, um einen kurzen Spaziergang zu machen und vielleicht etwas zu essen, abends dann, um stundenlang in der sommerlichen Dunkelheit in einem Café zu sitzen und das tagsüber Gelesene zu verarbeiten. Kein anderes Buch hat meine Weltsicht so nachhaltig beeinflußt, abgesehen vielleicht von Kants *Kritik der reinen Vernunft* – und hier handelte es sich um einen Kant, dem Schopenhauer für mich neues Leben einhauchte. Schopenhauer wollte diese beiden Bücher zu *einer* Philosophie verschmelzen lassen, und meiner Ansicht nach ist ihm das gelungen. Wenn ich mir nicht bewußt große Mühe gebe, zum Beispiel im Gespräch beide voneinander zu unterscheiden, dann gibt es in meinem Denken keine unterschiedlichen zwei Philosophien mehr, Kant und Schopenhauer, sondern nur eine einzige Kantianische-Schopenhauerianische Philosophie, die das weiträumigste, erhellendste, durchdringendste und unser Denken am meisten erweiternde philosophische System ist, das das menschliche Gehirn bisher überhaupt entworfen hat. Mit anderen Worten, ich sehe es so, wie Schopenhauer es sah, und wie er es auch von anderen hoffte; und deshalb kann es vorkommen, daß ich versehentlich über Kants Philosophie in Schopenhauers Begriffen diskutiere, auch in Punkten, in denen Schopenhauer nicht mit Kant übereinstimmte – ich muß mir wirklich große Mühe geben, damit mir das nicht passiert.

Schopenhauer hielt, wie viele andere damals und heute, die Aussage, daß alles, was wir Menschen denken, wahrnehmen, wissen, erfahren oder auf irgendeine Weise registrieren können, nicht nur von der Realität abhängt, der wir uns stellen müssen, sondern auch von dem Apparat, der uns zu diesem Zweck gegeben ist (unsere menschlichen Körper mit ihren Sinnen, Nervensystemen und Gehirnen), für Kants wichtigste Erkenntnis. Wenn dieser Apparat etwas erfassen kann, dann wird es durch diese Tatsache für uns zum Objekt möglicher physischer Erfahrung. Der Gegenstand der Erfahrung braucht durchaus kein physischer zu sein, es kann sich um alles mögliche handeln – den Inhalt eines Gesprächs, ein Musikstück, eine mathematische Gleichung, den Geschmack eines Fisches, einen Gedanken, eine Erinnerung, eine Absicht, einen Glauben oder was auch immer. Doch die Gesamtsumme dieser eigentlich unendlichen Mengen von wahrnehmbaren Dingen bildet die äußere Grenze dessen, was wir in irgendeiner Weise denken oder wahrnehmen können. Das bedeutet jedoch nicht, daß es sich bei dieser Grenze auch um die äußere Grenze jeglicher möglicher Existenz handelt. Das, was existiert, existiert vermutlich unabhängig von uns und dem Apparat, mit dem wir ausgerüstet sind; und wir haben keinen Grund zu der Annahme, die Wirklichkeit, die Gesamtsumme von allem, was existiert, entspreche dem, was wir wahrnehmen können – einen solchen Grund könnte es niemals geben, denn das würde bedeuten, daß wir beide Seiten einer Linie sehen könnten, während diese Linie doch, wie bereits gesagt, eine äußere Grenze darstellt.

Tatsache ist, daß alles, was möglicherweise existieren kann, vielleicht außerhalb der Grenzen der uns möglichen Wahrnehmung existiert, weshalb wir von dieser Existenz nichts wissen können. Unser Wissen beschränkt sich auf das, was unsere Körper uns vermitteln können. Es wäre ein unglaublicher Zufall, wenn das, was für uns wahrnehmbar ist, zugleich mit der Gesamtheit des Existierenden übereinstimmen sollte. Eine solche Vorstellung widerspricht jeglichem gesunden Menschenverstand, jeder Vernunft und aller Wahrscheinlichkeit. Die Evolutionsbiologie könnte keine überzeugende Erklärung dafür liefern, denn wir sind nur eine von zahllosen Tausenden von unterschiedlichen Spezies, die höchst unterschiedliche Ausrüstung entwickelt haben für das Überleben in derselben arg begrenzten physischen Umgebung auf oder nicht weit unter der Oberfläche des von uns bewohnten Erdballs. Viele andere Arten verfügen über sinnliche Werkzeuge, die uns fehlen, bei anderen sehen wir unsere eigenen Sinne in weitaus mächtigerer und leistungsfähigerer Form ausgeprägt. Darüber hinaus fehlt es uns an jeglicher Möglichkeit zu wissen, was sich hinter den Grenzen des uns bekannten Universums verbirgt, und unsere menschliche Ausrüstung hat sich dieser Aufgabe auch noch nicht angepaßt, obwohl das eines Tages durchaus notwendig sein kann. Die einzige plausible Möglichkeit einer Realität, die ganz und gar unserer Wahrnehmung entspricht, fußt auf der Möglichkeit, daß die Wirklichkeit selber dem Denken ähnelt oder durch Denken erschaffen worden ist. Paradoxerweise sind die Philosophen, die mit der größten Überzeugung verkünden, daß das nicht so sein kann, also die, die in der empirischen Tradition verwurzelt sind, zugleich am tiefsten einer erkenntnistheoretischen Definition der Wirklichkeit verhaftet. Das gehört zu den Widersprüchen ihrer philosophischen Position.

Die Grenzen des menschlichen Wissens bestehen nicht nur aus einer Demarkationslinie, jenseits der wir nichts mehr wahrnehmen können. Auch das, was wir innerhalb dieser Linie wahrnehmen, ist von begrenztem Wesen, wenn auch auf andere Art. Wenn ich direkt vor dem Empire State Building stehe und daran hochschaue, dann kann ich durchaus das Gefühl haben, ich befände mich im größtmöglichen unmittelbaren und direkten Kontakt mit diesem Gebäude – da steht es, genau hier vor mir, das Empire State Building, und ich schaue es an – aber die Tatsache bleibt, daß es nicht in meinen Kopf übergeht. Was ich im Kopf habe, ist nicht das Empire State Building, sondern ein Satz visueller Daten, den ich als Empire State Building interpretiere. Dasselbe gilt für greifbare Daten. Der Prozeß, durch den wir einen physischen Gegenstand fühlen – oder, stärker noch, durch den wir damit zusammenstoßen – hat etwas ganz besonders Dinghaftes und kann uns leicht zu dem Glauben verführen, es hier mit der brutalen Realität einer unabhängig existierenden Welt zu tun zu haben, wirklich mit dem Ding an sich; aber natürlich befindet sich das Gefühl, mit einem Gegenstand zusammenzustoßen, ebenso in unserem Kopf wie visuelle Daten und ist ebenso gehirnabhängig in der Art seiner Existenz wie diese.

Alle sinnliche Wahrnehmung der äußerlichen Welt ist von dieser Art. Die direkte und sofortige Wahrnehmung findet in unserem Gehirn statt und muß eine gehirnabhängige Gestalt annehmen, um überhaupt zu Bewußtseinsmaterial werden zu können. Erfahrung ist folgendes: etwas, das sich in unserem Gehirn und unserem zentralen Nervensystem befindet. Doch wenn es eine Wirklichkeit gibt, die gehirnunabhängig existiert (und fast alle Menschen glauben an die Existenz einer solchen Wirklichkeit), dann kann sie nicht in gehirnabhängiger Form existieren – auch wenn wir sie nur in dieser Form wahrnehmen oder auch nur eine Ahnung davon gewinnen können. Die Welt unserer Erfahrung muß auf irgendeine grundlegende, kategorische Weise ganz anders sein als die unabhängige Wirklichkeit. Unsere Kenntnis der Gegenstände zeigt, daß es zumindest zwei Bereiche geben muß, einen Bereich der Dinge so, wie unser Apparat sie uns vermittelt, und einen Bereich dessen, was immer unabhängig von solchen Gehirn- und Körpertätigkeiten existiert. Wir können nur von den *Dingen, so, wie sie uns erscheinen*, Wissen oder Wahrnehmung haben, was sie an sich sind, bleibt uns Menschenwesen auf ewig verschlossen.

Diese wundervollen Erkenntnisse Kants bilden den Kern des sogenannten Transzendentalen Idealismus. Natürlich sind sie seither immer wieder überarbeitet, konstruktiver Kritik unterzogen und weiterentwickelt worden. Die berühmtesten Kant-Nachfolger – Fichte, Schelling und Hegel – vertraten alle die Ansicht, daß wir niemals einen überzeugenden Grund zu der Behauptung finden können, daß es eine sogenannte Wirklichkeit gibt, wenn diese Wirklichkeit unserer Wahrnehmung gänzlich entzogen ist. In diesem Sinne drängte Fichte Kants kopernikanische Wende an ihre Grenzen, als er eine Philosophie entwickelte, die die gesamte

Welt des Phänomenon nicht als Manifestation einer unabhängigen Realität erklärt, sondern als Schöpfung des Ich, das als wahrnehmendes Subjekt und als moralisches Agens zugleich seine eigene Welt erschafft. Das ist wirklich Idealismus, der sich gewaschen hat, und vielleicht die konsequenteste idealistische Position überhaupt, die wir von einem bedeutenden Philosophen kennen. Fichtes Schriften sind oft fast bis zur Unlesbarkeit kompliziert, aber immerhin hat er einen Versuch unternommen, in einem Buch, das sich an das allgemeine gebildete Lesepublikum richtete, seine grundlegenden Vorstellungen zu erklären. Das im Jahre 1800 veröffentlichte Werk *Die Bestimmung des Menschen* ist ein kurzes, knapp zweihundert Seiten dünnes und meiner Ansicht nach ein gutes Buch, aus dessen Erkenntnissen alle etwas lernen können, auch die, die Fichtes Philosophie in ihren Grundzügen nicht zustimmen mögen.

Schellings Schriften zeichnen sich ähnlich wie die von Fichte durch unnötige sprachliche Windungen aus. Damals wie heute fürchteten akademische Philosophen in Deutschland, sie könnten die Achtung ihrer Fachkollegen einbüßen, wenn sie so schrieben, daß Nicht-Fachleute ihre Bücher verstehen könnten und lesen wollten. Nur weil Fichte seine Dozentur verloren hatte und glaubte, sich in Zukunft durch Schreiben ernähren zu müssen, schrieb er die *Bestimmung des Menschen*. Von Schelling gibt es kein vergleichbares Buch. Und, schlimmer noch, er änderte immer wieder seine Ansichten, weshalb es keine Schellingianische Philosophie gibt, sondern nur eine Reihe von unterschiedlichen Philosophien, die derselben Feder entstammen. Die berühmteste und einflußreichste darunter ist seine *Naturphilosophie*. Diese Philosophie baut auf der Vorstellung auf, daß es sich bei der empirisch erfahrbaren Welt um eine einzige, sich immer weiter entwickelnde Einheit handelt, in der zuerst organisches Leben aus anorganischer Natur entsprungen ist, um sich dann nach und nach zu pflanzlichem, tierischem und menschlichem Leben fortzubilden. Wichtig ist hier, daß die Wirklichkeit kein Zustand ist, sondern ein endloser dynamischer Änderungsprozeß und daß die Menschen sich *innerhalb* dieses Prozesses entwickelt haben und untrennbar damit verbunden sind. Sie sind zu Materie gewordener Geist. Aber obwohl wir uns die Menschen durchaus als zu Geist gewordene

Materie vorstellen können, können wir ebensogut die Natur als zu Materie gewordenen oder latenten Geist denken. Das Ziel dieses nach oben gerichteten Entwicklungsprozesses ist, die Natur zu Selbsterkenntnis zu bringen, was durch die höchsten menschlichen Aktivitäten möglich wird. Der Bereich des menschlichen Lebens, in der die höchsten Ebenen von Selbsterkenntnis erreicht werden, darunter auch die Erkenntnis des grundlegenden Eins-Seins der Menschen mit allem übrigen, das existiert, ist kreative Kunst. Deshalb schlägt sich das letzte Ziel jeglicher Existenz in der Herstellung von großen Kunstwerken nieder, und große Künstler sind die Inkarnation des Teils der totalen Wirklichkeit, der für sich selber die Gründe seiner Existenz enthüllt.

Diese Philosophie erschien der zeitgenössischen romantischen Bewegung als ungeheuer attraktiv. Das 17. und 18. Jahrhundert hatten die natürliche Welt zumeist als Objekt gesehen, das dem Menschen als wissendem Subjekt und Möchtegernherren unterworfen ist, der Intellekt als Mittel, um Wissen und Herrschaft zu erringen, war glorifiziert worden. Gegen dieses Denken wurde nun energisch aufbegehrt. Der Mensch galt nun als eins mit der Natur, mit der er die Spiritualität seines innersten Wesens teilte, die noch dazu von der Natur herstammte; der Intellekt wurde vom Thron gestoßen, Mathematik, Naturwissenschaften und Technologie wurden entwertet, die Kunst auf den Thron gehoben und zum Gegenstand von geradezu religiöser Verehrung gemacht, der kreative Künstler galt nicht nur als heroisch, sondern sogar als gottgleich. Im Zeitalter von Beethoven und Byron und der Rebellion des menschlichen Geistes gegen die apokalyptischen Exzesse der ersten Industriellen Revolution wurde hier die Philosophie vorgelegt, auf die manche Rebellen schon gewartet hatten. Nicht nur führende deutsche Romantiker – Goethe, Weber, Hölderlin, Novalis – machten sich darüber her, sondern auch ihre englischen Zeitgenossen wie Coleridge, der sich aus Schellings Werken großzügig bediente. Schelling wurde auf diese Weise zum sinnbildlichen Philosophen der gesamten romantischen Bewegung. Viele romantische Künstler vertraten die Ansicht, er habe grundlegende Wahrheiten, die sie in ihren Kunstwerken zum Ausdruck brachten, in einem philosophischen System zusammengefaßt.

Schellings *Naturphilosophie* hielt Materie und Geist für untrennbar miteinander verbundene Manifestationen derselben Sache, für zwei Aspekte eines einzigen Weltprozesses. Hegels Philosophie hatte in vieler Hinsicht Ähnlichkeit mit der Schellings, sie war jedoch auf unverwechselbare Weise monistischer. Auch Hegel hielt die Wirklichkeit im Grunde für einen Prozeß, für einen Prozeß jedoch, der von einer Einheit durchlebt wurde und eher geistig denn materiell geprägt war. Sein Wort für den Stoff, aus dem die Wirklichkeit ist, war *Geist*, und leider gibt es für dieses Wort keine befriedigende englische Entsprechung. Wir benutzen das deutsche Wort *Zeitgeist*, und zumindest in dieser Form ist das Wort »Geist« im englischen Sprachraum recht verbreitet. Ich vermute, daß die meisten religiösen Menschen, die ihre Religion ernst nehmen, jegliche Realität im Grunde für spirituell halten, und auch, wer nicht religiös ist, ist aus religiösen Zusammenhängen mit dieser Vorstellung vertraut – was uns helfen kann, Hegels Darstellung in den Griff zu bekommen. Für ihn besteht die totale Wirklichkeit nur aus einem, aus *Geist*, der einen Prozeß der Veränderung und Entwicklung durchmacht, um endlich sein Ziel zu erreichen, Selbsterkenntnis. Doch zwischen Hegel und Schelling gibt es auch bedeutende Unterschiede. Zum einen stellte Hegel einen klaren Lehrsatz über den Verlauf dieser Entwicklung auf: Für ihn mußte diese Entwicklung dialektisch sein. Jede Bewegung ruft eine Opposition hervor, jede Tat eine Reaktion, jedes Aufeinanderprallen von gegnerischen Kräften findet seine Lösung in einem neuen, dritten Zustand, der den Prozeß weitertreibt – und damit unvermeidlich eine neue Reaktion hervorruft. Sein Lehrsatz besagt also, daß jede *These* zwangsläufig ihre eigene *Antithese* produziert, und daß die Unvereinbarkeit von beiden zu einem Konflikt führt, der durch eine *Synthese* gelöst wird – die dann abermals ihre eigene Antithese produziert und damit die These einer neuen Dreizahl wird. Wichtig bei dieser Dialektik sind zum ersten die Aussage, daß Veränderung zwar ewig während, aber nicht willkürlich ist, sondern daß sie eine der Vernunft zugängliche Form annimmt; und zum zweiten die Aussage, daß Änderung zu Konflikt führen muß. Das Ziel der Selbsterkenntnis, auf die der Weltprozeß sich hinbewegt, ist für Hegel philosophisch kognitiver als für Schelling; der Geist wird sich dereinst als letzte Realität erkennen. Bis dieser Höhepunkt wahrer Selbsterkenntnis erreicht ist, wird es immer einen gewissen Grad von Entfremdung geben, durch den der Geist Aspekte seiner selbst irrtümlicherweise für gegnerische Elemente hält.

Diese Überlegungen haben das abendländische Denken unermeßlich weit beeinflußt: Die Vorstellung von Realität als historischem Prozeß, die Vorstellung des dialektischen Wechsels und das Konzept der Entfremdung gehören zu den einflußreichsten Ideen der letzten beiden Jahrhunderte. Der junge Karl Marx war Hegelianer, und als er mit Mitte Zwanzig zum Sozialisten wurde, behielt er das Zaumzeug des Hegelianismus bei, um damit sein neues Pferd anzuschirren. Auch Marx erklärte die Wirklichkeit zu einem Prozeß immerwährender Veränderung, weshalb wir alles historisch verstehen müssen, wenn wir es überhaupt verstehen wollen. Diese endlose Veränderung schreitet dialektisch voran, so Marx, sie hat ein Ziel, und dieses Ziel ist maximale Selbsterkenntnis, die zu maximaler Freiheit führt. Bis das erreicht ist, müssen wir in einem Zustand der Entfremdung verharren. Marx jedoch bezog diesen Prozeß nicht auf den Geist, sondern auf die Materie. Ich habe einmal den Vergleich aufgestellt, daß Marx eine ganze Seite voller Gleichungen von Hegel übernommen, dabei jedes x durch einen anderen Wert ersetzt, die Gleichungen ansonsten aber beibehalten hat. Wir könnten das aber auch dramatischer ausdrücken und sagen, daß Marx, der oberste Materialist unter allen Denkern der Moderne, das Denksystem des berühmtesten Idealisten übernommen und auf den Kopf gestellt hat. Marx selbst behauptete, Hegel auf den Kopf gestellt zu haben. Er hat niemals versucht, den alles durchströmenden Hegelianischen Charakter seines Denkens zu verhehlen, und sein Leben lang drückte er sich, wie schon als junger Mann, in Hegelschen Begriffen aus. Er nannte seine Philosophie »dialektischen Materialismus«, und das ist für alle, die ihren Hegel gelesen haben, eine sehr vertraute Beschreibung.

Als Schopenhauer an der Universität die Philosophie entdeckte, galten Fichte, Schelling und Hegel als die bedeutendsten lebenden Philosophen. Schopenhauer besuchte im Jahre 1809 mit einundzwanzig Jahren die Universität Göttingen – zunächst studierte er zwar Medizin, ein Jahr später jedoch wechselte er zur Philosophie über. Ein weiteres Jahr später ging er nach Berlin, weil dort Fichte lehrte. Zwei Jahre lang hörte er bei Fichte Vorlesungen (im zweiten Jahr dann auch bei Schleiermacher, der noch heute als Theologe einen guten Ruf genießt). Er kam zu dem Schluß, Fichte sei kein wirklicher Philosoph, sondern ein Scharlatan, der sich mit Hilfe der Philosophie einen Namen machen wollte. Fichte, so Schopenhauer, hatte die Tatsache erkannt, daß Kants Philosophie für die meisten Leser zu kompliziert ist und doch allgemein als tiefgreifendes Denkgebäude gilt. Also müßte doch auch ein anderer eine unbegreifliche Philosophie vorstellen können und als tiefgründiger Denker gerühmt werden; die bloße Tatsache, daß diese Philosophie so obskur und unverständlich sei, würde die Tatsache verschleiern, daß es ihr an Inhalt fehle. Das Publikum würde denken: Hier ist ein neuer Kant, oder: Hier ist Kants Nachfolger. Fichte strebe genau diesen Effekt an, meinte Schopenhauer; Fichte sei ein Betrüger, ein Rhetoriker, ein Schauspieler. Natürlich mußte er sich in der Philosophie gut auskennen, wenn dieser Trick funktionieren sollte, einen Kern hatten seine Schriften deshalb doch, aber nur einen sehr kleinen, und den beutete er in schändlicher Absicht aus.

Später gelangte Schopenhauer in bezug auf Schelling und Hegel zu derselben Ansicht. In seinem zweibändigen Essaywerk *Parerga und Paralipomena*, schreibt er, daß »FICHTE, SCHELLING und HEGEL keine Philosophen sind, indem ihnen das erste Erforderniß hiezu, Ernst und Redlichkeit des Forschens, abgeht. Sie sind bloße Sophisten: sie wollten scheinen, nicht seyn, und haben nicht die Wahrheit, sondern ihr eigenes Wohl und Fortkommen in der Welt gesucht. Anstellung von den Regierungen, Honorar von Studenten und Buchhändlern und, als Mittel zu diesem Zweck, möglichst viel Aufsehn und Spektakel mit ihrer Scheinphilosophie, – Das waren die Leitsterne und begeisternden Genien dieser Schüler der Weisheit.« Weiter schreibt er, daß sie aus diesem Grund nicht unter den großen Denkern der Menschheit aufgenommen werden könnten, obwohl sie inzwischen »in einer Sache excellirt [hätten], nämlich in der Kunst, das Publikum zu berücken und sich für Das, was sie nicht waren, geltend zu machen; wozu unstreitig Talent gehört, nur nichts philosophisches.«[*]

---

[*] Arthur Schopenhauer: *Parerga und Paralipomena*, Zürich 1988, S. 27

Meine kurzen Bemerkungen über die Vorstellungen von Fichte, Schelling und Hegel haben sicher bereits angedeutet, daß ich in ihrer Beurteilung mit Schopenhauer nicht übereinstimme. Und doch hatte seine Einschätzung auch sehr viel Wahres. Alle drei waren Karriereakademiker, die Universitäten, an denen sie ihr Brot verdienten, unterstanden den Regierungsbeamten. Der Staat Preußen war damals nicht gerade liberal. Wenn ich heute eine grobe Parallele zu ihrer damaligen Position ziehen müßte, dann würde ich sie wohl eher mit Akademikern in einer totalitären Gesellschaft vergleichen. Zweifellos hatten sie ihr eigenes Fortkommen im Sinn und paßten sich den Wünschen der Mächtigen an, aber sie befanden sich in einer sehr schwierigen Lage, und wir sollten ihre Skrupellosigkeit, mit der sie ihre Ideen verbreiteten, nicht so einfach verdammen. Alle drei trugen meiner Ansicht nach wirklich wertvolle Einsichten bei – vor allem vielleicht Fichte – und alle waren von großem historischem Einfluß und unleugbaren Verdiensten. Es lohnt sich, sich über diese drei zu informieren. Aber ich muß auch zugeben, daß die drei wichtigsten intellektuellen Argumente, die Schopenhauer gegen sie ins Feld führte, durchaus stichhaltig waren.

Erstens warf er ihnen vor, die Sprache zu verderben. Statt sich so klar auszudrücken, wie ihnen das überhaupt nur möglich war, entschieden sie sich für einen komplizierten Stil, mit dem sie Eindruck zu schinden hofften. Sie formulierten lange, verschachtelte Sätze voller abstrakter Begriffe und technischer Fachausdrücke, die auch die intelligentesten Leser nur mit Mühe durchschauen können – doch wenn uns das gelingt, dann ist es überraschend, wie wenig oft gesagt wird, und wie durchschnittlich dieses Wenige noch dazu ist. Weder die deutsche Sprache noch das Thema Philosophie rechtfertigen einen verschrobenen Ausdrucksstil, sagt Schopenhauer. Kant war ein schlechter Stilist, der kein musikalisches Gehör besaß und in aller Eile seine Ideen zu Papier brachte, um vor seinem Tod tiefgründige Ideen zum Ausdruck zu bringen, wie sie noch niemals irgendwer vorgetragen hatte, und das noch dazu in einer Sprache, die noch nie zu diesem Zweck verwendet worden war. Der einzige große deutsche Philosoph vor seiner Zeit, Leibniz, hatte entweder auf Latein oder auf Französisch geschrieben. Kant mußte für seine neue Philosophie also auch eine neue

Terminologie schaffen. Dabei kamen grauenhaft formulierte Texte heraus, die aber niemals auf dieselbe Weise undurchschaubar sind, wie die priesterlichen, beschwörerischen Formulierungen von Hegel, Fichte und Schelling. Kants Schriften sind trocken und ganz einfach schwer verständlich. In der Philosophie ist Schwierigkeit durchaus nicht mit Unverständlichkeit gleichzusetzen. Hume zum Beispiel schreibt einen so klaren Stil, daß sich mehr als ein Philosoph daran orientiert hat, um sich verständlich auszudrücken, aber einige von Humes auf diese vorbildliche Weise dargestellten Ideen sind so schwer begreiflich, daß sie noch heute, über zweieinhalb Jahrhunderte später, von der Allgemeinheit nicht erfaßt worden sind. Kants grundlegende Ideen, die auf denen von Hume aufbauen, sind noch schwerer verständlich, und er verfügte nicht über Humes Formulierungsfähigkeiten. Kant hat nichts Unauthentisches, nichts Orakelhaftes, nichts von einem Schauspieler oder einem Poseur. Er ist einfach ehrlich. Aber er ist nicht besonders kommunikationsbegabt, und er denkt auf einer Abstraktionsebene, von der viele Leser nur mit großer Mühe nicht wieder abstürzen. Deshalb kann er stilistisch gesehen kein Vorbild sein, und, was noch wichtiger ist, er kann auch nicht zur Entschuldigung dienen. Schopenhauer selbst hat allen, die ein Vorbild suchen, Hume als Beispiel dafür genannt, wie man mit optimaler Klarheit und Eleganz über tiefgründige und schwierige Probleme schreiben kann, und er hat sich ganz bewußt zum Ziel gesetzt, Deutsch so zu schreiben wie Hume Englisch. Das führte zu Texten von unvergleichlicher Klarheit und großem Scharfsinn, die im deutschen Sprachraum allgemein zum besten Deutsch gerechnet werden, das jemals geschrieben worden ist.

Schopenhauers zweite intellektuelle Anklage gegen Fichte, Schelling und Hegel war, die Logik ebenso verdorben zu haben wie die Sprache. Wissentlich und willentlich nutzen sie ihren obskuren Stil, um dem Leser Pseudo-Beweise aufzutischen und ihm einzureden, daß sich eins aus dem anderen ergibt, während sich bei genauerem Hinsehen herausstellt, daß dem nicht so ist. Sie *versichern*, daß sich dieses aus jenem ergibt, aber oft stimmt diese Behauptung ganz einfach nicht, und häufig ist sie einfach lächerlich. Auf der Ebene logischer Argumentation führen sie nicht an: a deshalb b deshalb c deshalb d, sondern: a deshalb k deshalb d deshalb z; doch das alles wird in dermaßen undurchdringliche Sätze eingehüllt, daß wir, wenn wir, vielleicht zu unserer Überraschung, bei z ankommen, das lieber ergeben hinnehmen, als uns noch einmal durch diese schrecklich verworrenen Sätze hindurchzuarbeiten, um festzustellen, ob die Logik hier wirklich stichhält. Diese doppelte Ausbeutung der Verwirrung, auf den Ebenen von Sprache und Logik zugleich, erboste Schopenhauer; er hielt dieses Vorgehen für die schamloseste aller intellektuellen Sünden. Er grämte sich vor allem über die Wirkung, die solche Sünden auf die jungen Studenten haben mußten, deren Denkweise für immer dadurch verdorben wurde. Vor allem haßte er deshalb Hegel, er nannte ihn einen klobigen und ekelerregenden Scharlatan, eine gefährliche Person, die das Denken einer ganzen Generation zu verderben sucht. Die jungen Leute, die scharfsinnig genug waren, um zu sehen, was hier mit ihnen geschah, schwebten in der Gefahr, zu intellektueller Unredlichkeit erzogen und schließlich zu den kriminellen Vordenkern der nächsten Generation zu werden. Schopenhauer war davon überzeugt, daß schlechtes Denken das gute vertreibt, was Schäden mit sich bringt, und deshalb darf es nicht ignoriert, sondern muß bis aufs Messer bekämpft werden. Noch auf der kleinsten Fläche in seinen Schriften kann plötzlich ein Springquell des Zorns in die Höhe schießen und diese drei Männer mit Verwünschungen überschütten. Immer wieder weist er daraufhin, daß sie Sinnlosigkeiten in obskure Begriffe und komplizierte Sätze kleiden. Fichte hat seiner Ansicht nach als erster zu diesem Trick gegriffen, Schelling konnte es ihm jedoch zumeist nachtun, und eine ganze Bande von unbegabten oder gewissenlosen Schreiberlingen übertraf schließlich alle beide. Aber schlimmer noch, was puren Unsinn angeht, das Anhäufen von sinnlosen und empörenden »Wortgespinsten«, wie sie bisher nur im Tollhaus zu hören gewesen seien, stehe Hegel ganz oben. Hegel galt Schopenhauer als hassenswerter, abstoßender, seichter und ignoranter Phrasendrescher, der mit bisher nie dagewesener Frechheit ein System aus verrücktem Unfug aufgebaut hat, das seine Söldner dann in aller Welt als unsterbliche Weisheit ausgaben.

Ich kenne in der gesamten Geschichte der Philosophie keine vergleichbare Anklage eines heute weltbekannten Philosophen gegen einen anderen, vor allem wenn wir bedenken, daß sie mehr oder weniger Zeitgenossen und Kollegen waren. (Wenn wir uns ein Beispiel aus unserer Zeit ausdenken sollten, daß zum Beispiel Karl Popper in diesem Tonfall über Heidegger schreibt, dann müßte Poppers guter Ruf arg darunter leiden, egal, was wir nun von Heidegger halten mögen.) Schopenhauer jedoch kündigte kurz nach 1820 an der Berliner Universität eine Reihe von Vorlesungen an, die gleichzeitig mit denen Hegels stattfanden, um die Jugend vor Hegels Einfluß zu retten. Die Studenten jedoch gingen lieber zu Hegel. Niemand wollte Schopenhauers Vorlesungen hören, und sein Kurs wurde eingestellt. Und damit war seine Karriere als Universitätsdozent auch schon beendet. Er glaubte indessen weiterhin, daß eine Zeit kommen würde, in der die Welt Hegel durchschaute und seine eigenen Werke schätzen lernte. Wenn ihm jemand erzählt hätte, daß die Welt noch im Jahre 2000 Hegels Werk interessanter finden würde als sein eigenes, hätte ihn das doch sehr verblüfft, falls er es überhaupt geglaubt hätte.

Tatsache ist jedoch, zumindest in meinen Augen, daß die bewußte Verdunklungstaktik, die Schopenhauer Fichte, Schelling und Hegel vorwarf, wirklich in ihren Schriften vorhanden und von großem Übel ist. Außerdem wurde dadurch eine Tradition begründet, die bis heute überlebt hat. Es kann kein Zweifel daran bestehen, daß die Professionalisierung der Philosophie diese Tradition zumindest mit in die Wege geleitet hat. Wenn Lebensunterhalt und Karriere eines Philosophen von bezahlten Universitätsposten abhängig waren, konnte er sich nicht mehr selbstvergessen in seinem Werk versenken. Er mußte auch andere von der Bedeutung seiner Arbeit überzeugen, was hieß, daß das Werk selber wichtig *aussehen mußte*, sich wichtig machte. Es hieß auch, daß der Autor sich durch dieses Werk einen Namen machen mußte. Übrigens gibt es in jeder Disziplin sehr viele akademische Arbeiten, bei denen dieses Motiv durchaus zu erkennen ist, bisweilen scheint es sogar das wichtigste gewesen zu sein. Aber Philosophie bietet sich aus einem ganz bestimmten Grund für solchen Mißbrauch geradezu an: Es fehlt nämlich an allgemein akzeptierten Kriterien, nach denen ein philosophisches Werk beurteilt werden könnte. Ein Historiker, der vielleicht auch nicht viel mehr ist als ein akademischer Scharlatan, kann immer noch nützliche Arbeit leisten: Er kann zum Beispiel ein mittelalterliches Manuskript edieren und herausgeben. Wenn seine Edition dem akzeptierten Standard entspricht, dann hat er einen brauchbaren Beitrag zum Thema geliefert, den sich andere Forscher dann zunutze machen können. Die Produkte eines philosophischen Scharlatans jedoch nutzen niemandem etwas, höchstens vielleicht vorübergehend Philosophiedozenten als Textbücher oder als Beispiel für die neuesten Überlegungen zu irgendeinem Thema. Ein Vergleich mit kreativer Kunst kann das deutlicher machen: Ein Dichter oder Komponist, dessen Werk nicht den göttlichen Funken in sich trägt, der die wahre Kunst ausmacht, sollte lieber die Finger davon lassen. Und wenn dieser Funke vorhanden ist, dann hat das Werk, wie groß seine Schwächen auch sein mögen, unsere Aufmerksamkeit verdient. Im englischen Sprachraum gleichen die meisten im 20. Jahrhundert veröffentlichten Bücher zum Thema Philosophie akademischen Gemälden: Sie zeigen unleugbares Talent und sind kompetent ausgeführt, als Ergebnis eines langen Prozesses von Lernen, Üben und Arbeiten; aber es spielt nicht die geringste Rolle, ob sie existieren oder nicht. In der sogenannten kontinentalen Philosophie dominiert jedoch weiterhin die von Fichte, Schelling und Hegel eingeführte Tradition. Obskurität ist Trumpf, selbst bei denen, die durchaus etwas zu sagen haben, und wer nichts zu sagen hat, hat auf diese Weise einen Wandschirm, hinter dem er an seinem Fortkommen in der Welt arbeiten kann. Für Autoren, denen es an eigenständigen Gedanken fehlt, kann es attraktiver sein, in diesem Stil zu schreiben; außerdem ist die Belanglosigkeit ihrer Aussagen dann weniger deutlich; er trägt gewissermaßen zur Vertuschung ihrer Mittelmäßigkeit bei. Das hat zur Folge, daß die kontinentale Tradition nun auch auf die angelsächsische Welt übergreift. Es gibt ganze Universitätsinstitute, an denen inspirationslose Langweiligkeiten durch pseudo-profunde Belanglosigkeiten ersetzt werden. Das ist durchaus kein Fortschritt.

Schopenhauer war der erste später zu Ruhm gelangte Philosoph, der gegen philosophische Pseudotiefe argumentierte. Stärker noch als Hume kann er in dieser Hinsicht als Vorbild dienen. Er schreibt einen noch eleganteren Stil als Hume, er ist ebenso klar, aber viel reicher an ästhetischen Qualitäten, voller bildlicher Vergleiche, die so überraschend und unvergeßlich sind wie gelungene poetische Metaphern, und schließlich, was mit der Qualität der Bilder untrennbar verbunden ist, auf brillante Weise aphoristisch.

Schopenhauers dritte intellektuelle Anklage gegen Fichte, Schelling und Hegel lautet, neben Sprache und Logik auch noch Kants Erbe verdorben zu haben. Wir haben ja schon gesehen, daß für Schopenhauer Kants größte Leistung darin lag, daß er eine Grenze zwischen Phänomenon und Noumenon gezogen hat. Diese Grenzziehung ermöglichte, so Schopenhauer, ihm selbst dann ungeheuer wertvolle Entdeckungen: Die Grundlage der Ethik, das Wesen von Kunst und vor allem Musik, das wahre Wesen der Religion, überhaupt, die wahre Philosophie. Doch Fichte, Hegel und Schelling verwarfen diese Grenzziehung, jeder auf seine Weise. Statt die Philosophie die von Kant aufgezeigten Wege folgen zu lassen, führten sie sie in die Irre und ließen Kants Leistungen damit ungenutzt. Da Fichte die natürliche Welt für eine Schöpfung eines Ichs hielt, das jenseits von Zeit und Raum lokalisiert ist, glaubte er nicht an irgendeine »hinter« oder »innerhalb« der natürlichen Welt verborgene Realität; er schrieb über die Natur, daß sie nur für ihn und um seinetwillen existiere und nicht existiere, wenn er nicht existiere. In seinen Augen bin ich ein immaterielles Ich, das bereits »jenseits« von Raum und Zeit existiert und für sich selbst eine Welt in Raum und Zeit erschafft. Wenn ich damit aufhöre, zum Zeitpunkt meines Todes nämlich, wird meine räumlich-zeitliche Welt aufhören zu existieren, ich dagegen werde sein, was ich immer war. Für andere werde ich sterben, nicht jedoch für mich selber. Ich werde für andere sterben, weil ich nicht mehr in ihrer zeitlich-räumlichen Welt existiere, doch *meine* zeitlich-räumliche Welt wird weiter in mir existieren. Was zeitlos existiert, ist eine Gemeinschaft des Ichs. Doch jedes Ich existiert »bereits«, und jeder von uns ist eins davon. Es gibt keine »Dinge an sich«, das Phänomenon ist die Schöpfung des Ich, wie ich eines bin; es gibt keinen Raum für das Postulat eines Noumenon, dessen Manifestation das Phänomenon sein könnte.

Schelling bezog in seiner *Naturphilosophie* die genau gegenteilige Position. Die Natur ist nicht unsere Schöpfung, wir sind die Schöpfung der Natur. Wichtig ist nach seiner Ansicht, daß es sich dabei um einen einzigen Prozeß handelt, es gibt keine verborgene Realität. Es gibt nur die natürliche Welt, den natürlichen Prozeß als Ganzes, der alles ist. Doch es wäre ein kurzsichtiger Fehler, wenn wir uns vorstellten, daß diese Welt aus lebloser Materie in Zeit und Raum besteht; vielmehr ist sie wie ein riesiger Organismus, bis zum Bersten gefüllt mit Leben und Möglichkeiten, in immerwährender Veränderung begriffen, wir gehören dazu, und außerhalb gibt es nichts.

Wir können behaupten, daß Hegel diese beiden Vorstellungen zumindest teilweise miteinander versöhnt hat. Ihm geht es um das Selbstsein dessen, das existiert. Er sieht wie Schelling, aber anders als Fichte, diese Existenz als grundlegende Entwicklung, die sich in der Zeit abspielt, während es außerhalb dieses Prozesses nichts anderes gibt. Totale Realität wird damit zum Anwachsen einer selbst-existierenden geistigen Einheit, die Selbst-Erkenntnis und Selbst-Kenntnis anstrebt. Damit sind Naturgeschichte und die gesamte Welt der Natur gekennzeichnet (was Bertrand Russell veranlaßte, Hegels Bild der Materie als »schwammig« zu bezeichnen). Doch Hegel vertritt wie Fichte (und anders als Schelling) die Meinung, daß das, was immer existiert hat, Geist sei, und daß der Geist nicht im Laufe der natürlichen Entwicklung entstanden sei – einer Entwicklung, die sonst zumindest teilweise noch aus etwas anderem hätte bestehen müssen.

Ein Argument, das alle drei Angeklagten zur Erklärung anführen, warum sie nicht an Kants Realität glauben, lautet, daß Kant glaubte, wir müßten diese Realität als Grund unserer Erfahrungen postulieren, während er zugleich die Kausalzusammenhänge auf eine Weise betrachtet, die nur in der Welt des Phänomenon stichhält. Und das ist ein eklatanter Widerspruch in sich. Wenn Kants allgemeine Kausalitätsdoktrin zutrifft, dann kann nichts, was außerhalb des Phänomenon liegt, irgend etwas verursachen. Schopenhauer schloß sich diesem Kritikpunkt an; schließlich ist Kants Fehler hier so offenkundig, daß ich einfach nicht verstehen kann, wie er Kant überhaupt unterlaufen konnte, oder warum Kant ihn nicht zumindest selbst entdeckt hat. Aber wie Schopenhauer zeigt, daß sich aus Kants Kausalitätsdoktrin nicht zwangsläufig ergibt, daß es kein Noumenon geben kann, es folgt nur daraus, daß die Beziehung zwischen dem Noumenon, wenn es denn existiert, und dem Phänomenon keine kausale Beziehung sein kann und deshalb auch keine ist.

Schopenhauer führte dagegen die, wie wir heute sagen, Theorie des doppelten Aspekts ein. Er argumentierte, das Noumenon sei nicht die Ursache des Phänomenon, sondern Noumenon und Phänomenon seien dasselbe, wenn auch auf unterschiedliche Weise begriffen. Diese Vorstellung eines doppelten Aspekts läßt sich durch das folgende Beispiel besser begreifen: Ein Atomphysiker betrachtet vielleicht den Tisch, an dem ich diese Sätze schreibe, als Verkettung von Atomen, in der sich die subatomaren Partikeln ständig in der höchstmöglichen Geschwindigkeit bewegen. Dieser Mikrokosmos von Partikeln, der sich fast mit Lichtgeschwindigkeit bewegt, ist jedoch nicht die Ursache des Tisches, den ich betrachte, er *ist* der Tisch, genau derselbe Tisch, aber auf eine ganz andere Weise wahrgenommen als der, in der ich ihn normalerweise wahrnehme oder betrachte. Dasselbe Objekt wird auf zwei höchst unterschiedliche Weisen wahrgenommen, die beide ihre Richtigkeit haben – beide sind, wenn wir so wollen, »wahr«. Je mehr wir über die Welt lernen, um so mehr Phänomene entdecken wir, die sich im Rahmen solcher alternativen und doch gleichermaßen zutreffenden Beschreibungen erklären lassen. Die Frage: »Gut und schön, aber was ist der Tisch denn wirklich? Ist er wirklich ein Aggregat von farblosen Partikeln, die sich fast mit Lichtgeschwindigkeit bewegen, oder ist er das solide braune Objekt, auf den Sie Ihren Ellbogen stützen?«, wäre völlig fehl am Platze und verwechselte vielleicht Beschreibungen mit der Realität. »Der Tisch«, was immer das sein mag, ist »wirklich« weder das eine noch das andere, oder er ist beides gleichermaßen und zweifellos noch viel mehr dazu.

Schopenhauer war nicht der erste große Philosoph, der eine Theorie des doppelten Aspekts auf unser Verständnis der totalen Wirklichkeit anwandte. Vor ihm hatte das bereits Spinoza getan, den Schopenhauer vor allem aus diesem Grund sehr schätzte. Spinoza hatte angeführt, die Ganzheit von allem, was existiert, was immer das sein mag, sei das einzige, das sich nicht durch den Hinweis auf irgend etwas anderes erklären lasse. Es ist – und muß sein – sich selbst genug, es ist die einzige nichtverursachte Ursache. Wenn wir also Substanz (so, wie Descartes es getan hat), als das definieren wollen, was nur sich selber braucht, um zu existieren, dann ist die Gesamtheit von allem, was existiert, die einzige wahre Substanz. Die Existenz von allem hängt davon ab, aber es selber hängt von nichts anderem ab, um existieren zu können. Es ist also nicht erschaffen worden, das wäre gar nicht möglich, denn es gibt nichts, was es hätte erschaffen können; doch in sich selber bietet es reichlich und endlos Raum für alle bekannten Schöpfungsprozesse. So gesehen liegt auf der Hand, daß diese Beschreibung der Totalität mit dem übereinstimmt, was gemeinhin unter »Gott« verstanden wird. Gott ist die einzige und einzig wahre Substanz, er ist sich selbst genug, und alles, was weniger als Gott ist, ist nur ein Attribut oder ein Aspekt Gottes und könnte ohne Gott niemals existieren. Auf diese rational argumentierende und absolut nicht mystische Weise identifizierte Spinoza Gott mit der Gesamtheit alles Existierenden, und das hat ihm den Ruf des großen Pantheisten unter den Philosophen eingetragen. Er konnte einfach keinen Grund sehen, warum totale Realität nicht über eine endlose oder zumindest unbegrenzte Anzahl von Eigenschaften verfügen sollte, auch wenn nur zwei davon der menschlichen Wahrnehmung zugänglich sind. Diese beiden sind (und hier greife ich wieder zur Kartesianischen Terminologie) Gedanke und Ausdehnung, worunter Bewußtsein und Raumausfüllung zu verstehen sind – mit anderen Worten, Geist und Materie. Spinoza greift hier zu einer Theorie des doppelten Aspekts, um die Beziehung zwischen Geist und Materie zu erklären. Descartes hatte diese als unversöhnlich unterschiedliche Bestandteile der Realität betrachtet – das ist der berühmte »Kartesianische Dualismus« – für Spinoza jedoch sind sie nicht so strikt getrennt, sind keine grundsätzlich unterschiedlichen und vielleicht sogar gegensätzlichen Elemente innerhalb der totalen Realität; sie sind dasselbe, das auf unterschiedliche Weise wahrgenommen wird, zwei Aspekte derselben Substanz, der einzig wahren Substanz. Die natürliche Welt – Materie, die sich im Raum verteilt und sich auf bestimmte Weise bewegt – *ist* die Welt der miteinander verbundenen Wahrnehmungen und Ideen, die das geistige Leben darstellen, nur wird sie auf andere Weise beschrieben.

Schopenhauer bejubelte diese Theorie als epochemachenden Fortschritt im philosophischen Verständnis, hielt sie aber trotzdem für unzulänglich. Ihre größte Schwäche sah er in der Tatsache, daß sie uns zwar eine im Grunde zutreffende Darstellung vom

Wesen unserer Wahrnehmung materieller Objekte liefert (eine Darstellung, die er aufgriff und ausbaute), doch daß sich alles auf die natürliche Welt beschränkt. Der wichtigste in der Spinozaschen Philosophie aufgezeigte Unterschied liegt nicht zwischen Noumenon und Phänomenon, sondern innerhalb des Phänomenon, und das läßt seine Theorie schließlich zur Hilfstheorie werden. Als Philosophie des Noumenon erscheint sie Schopenhauer als wunderbar informativ und erkenntnisreich, und er entwickelte sie, ausgehend von Kant, der zwischen seiner und der Zeit Spinozas gelebt hatte, um einiges weiter. Aber am Ende blieb immer noch die unvergleichlich wichtigere Trennlinie zwischen dem Phänomenon und dem Noumenon, die Kant gezogen hatte. Schopenhauer hielt es für die wichtigste Aufgabe der Philosophie, diese Trennlinie auszuleuchten und ihre Konsequenzen zu verfolgen, denn auf diese Weise ließen sich die Grenzen der Verständlichkeit entdecken und deutlich machen. Schopenhauer glaubte schließlich, diese Aufgabe gelöst zu haben, wobei er sich immer wieder überschwenglich bei Kant bedankte, der ihm den Weg zu dieser Lösung gewiesen habe.

Schopenhauer vertrat wie Kant die Ansicht, daß die Form aller und jeder Erfahrung, die wir jemals machen können, auf dem Apparat beruht, den wir zum Machen von Erfahrungen haben, daß die Welt aller möglichen und tatsächlichen Erfahrungen damit eine subjekt-abhängige Welt ist, die wir durch die Formen unserer Erfahrungen erleben, und die unabhängig von unseren Erfahrungen nicht in diesen Formen existieren kann. Gleichzeitig müssen wir die Realität jedoch mit unseren Erfahrungen assoziieren, obwohl sie selber ohne unsere Erfahrungen nicht in unsere Erfahrungskategorien oder, anders ausgedrückt, unsere erkenntnistheoretischen Kategorien fallen kann. Dem Intellekt wohnt also ein Hang zur Illusion inne, der Illusion von Realismus. Die wirkliche Wahrheit ist, daß es zwischen der Welt, so, wie sie uns erscheint, und so, wie sie an sich ist, einen unvorstellbaren Unterschied geben muß. Nachdem Schopenhauer Kant in dieser grundlegenden Frage zugestimmt hatte, brachte er jedoch, wenn es um Details ging, einiges an Kritikpunkten an.

Kant neigte, so Schopenhauer, zu sehr dazu, konkrete Überlegungen aufzugeben, um eine Systematisierung zu ermöglichen.

Immer wieder feilt Kant an irgendeiner Einzelheit herum, um sie in seine Architektur einzupassen, die nur vorhanden ist, weil seine geistige Musterzeichnung das erfordert. Wenn die Symmetrie seines gewaltigen und beeindruckenden Systems zwölf *A-priori*-Kategorien der Erfahrung erfordert, dann postuliert er eben diese zwölf Kategorien. Schopenhauer unterzieht diesen Aspekt von Kants Philosophie einer ausführlichen und vernichtenden Kritik. Am Ende verwirft er Kants Lehre der Kategorien ganz und gar – und damit auch Kants Unterscheidung zwischen Kategorien und Formen der Aufnahme. Schopenhauer behauptet, es gebe bisher nur drei Begriffe, mit denen wir unsere Erfahrung für uns selbst verständlich und dafür überhaupt erst möglich machen, nämlich: Zeit, Raum und Kausalzusammenhang. Alles andere läßt sich auf diese drei reduzieren. Wir neigen zum Beispiel dazu, räumliche Ausdehnung in Begriffen materieller Objekte zu verstehen, aber Objekte lassen sich auch durch Begriffe der Energie verstehen, Energie durch Begriffe der Kraft, Kraft durch Begriffe der Kausalität. Es spricht übrigens Bände für Kants und Schopenhauers Klarsicht, daß sie, ein Jahrhundert, ehe die Physik sich auf den Weg zu dieser Entdeckung machte, durch rein erkenntnistheoretische Analyse zu dem Schluß kommen, ein materielles Objekt sei ein von Kraft erfüllter Raum und alle Materie lasse sich auf Energie zurückführen. Als die Physik im 20. Jahrhundert schließlich auch so weit war, hielt sie ihre eigene Entdeckung für fast unbegreiflich revolutionär und übersah, daß zwei der größten Philosophen ihr so weit vorgegriffen hatten. Das erinnert an die britische Expedition unter Scott, die sich alle Mühe gab, als erste den Südpol zu erreichen, während die norwegische unter Amundsen diesen schon wieder verlassen hatte.

Zu Beginn der Einführung in Kants *Kritik der reinen Vernunft* heißt es, daß kein Zweifel daran bestehen könne, daß jegliches Wissen auf Erfahrung fußt. Und es kann auch kein Zweifel daran bestehen, daß Kants Philosophie auf dieser Überzeugung fußte. Dennoch hatte er zum Thema Erfahrung überraschend wenig zu sagen. Statt dessen wirkt in seinen Schriften die unmittelbare Erfahrung immer wieder wie eine Art Hilfsarbeiter, der einem überlegenen Intellekt das Rohmaterial reicht, das dieser dann bei der Herstellung von Begriffen und Urteilen verwendet. Für Kant scheint der Prozeß erst zu diesem Zeitpunkt sinnvoll und interessant zu werden. Die grundlegenden Fragen seines großartigen Werkes sind: »Was können wir überhaupt wissen?«, und darauf aufbauend, »Was können wir nicht wissen?« Fast die gesamte Analyse dieser Fragen spielt sich auf der Ebene von universalen Begriffen und Allgemeinwissen ab, der Art von Wissen, die in Schulen und Universitäten unterrichtet werden könnte und unterrichtet werden würde, wenn es dort um Wissensvermittlung ginge. Das bedeutet jedoch, daß Kants Untersuchungen abstrakt bleiben – es geht um unser Wissen und den Prozeß des Verstehens und Begreifens, durch den wir dieses Wissen erlangen. Er sah es als Hauptaufgabe der Philosophie an, konzeptionelles Denken wissenschaftlicher Untersuchung zu unterziehen, und er neigte sogar dazu, Philosophie als Schatz wissenschaftlichen Wissens zu sehen, das sich aus den Begriffen ergeben hat.

Das alles machte Schopenhauer ihm zum Vorwurf. Wir wollen wissen, sagt Schopenhauer, was wirklich existiert, wollen Wirklichkeit und Welt kennenlernen. Und das alles ist etwas ganz Spezifisches. Es ist konkret, nicht abstrakt. Noch während unserer Untersuchungen erscheint es uns als sinnvoller, uns in den Begriffen unserer Erfahrung auszudrücken, die uns direkt bewußt sind, statt in den Begriffen der Objekte unserer Erfahrungen – die gewissermaßen mit unserer Erfahrung nur zweiten Grades verwandt sind, und deren Wesen problematischer ist. Und das, obwohl jede Erfahrung spezifisch und einzigartig ist und sich von jeder anderen Erfahrung unterscheiden läßt, und sei es nur rein zeitlich (aber zumeist noch in vielfacher, anderer Hinsicht). Doch wenn wir das einzigartig Spezifische verstehen wollen, dann sollte dieses einzigartig Spezifische doch im Mittelpunkt unserer Aufmerksamkeit stehen? Ist es nicht, gelinde gesagt, höchst eigentümlich, daß wir bei unserem Versuch, das Konkrete, Spezifische und Einzigartige zu verstehen, uns vom Konkreten, Spezifischen und Einzigartigen abwenden und lieber das Abstrakte, Allgemeine und Universale analysieren? Denn genau das macht Kant. Er scheint Vernunft, Denken, Bewertungen, Konzepte für informativer zu halten als die direkten Erfahrungen, aus denen sie doch, wie er selbst sagt, jegliche Bedeutung entnehmen, weshalb wir durch die Analyse dieser Dinge mehr über das Wesen der Wirklichkeit lernen können als durch Hinwendung zur unmittelbaren Erfahrung. Doch hier irrt Kant, sagt Schopenhauer. Kant selbst glaubt, sinnvolle empirische Begriffe ließen sich nur aus der Erfahrung ableiten. Aber bei der Begriffsbildung müsse dann das Einzigartige der Erfahrungen, die dieser Begriffsbildung zugrunde liegen, geopfert werden. Genau das also, wonach wir zunächst suchen, wird ausgelassen, denn nur wenn Begriffe von einzigartigen Erfahrungen losgelöst werden, können sie ihre Aufgabe erfüllen, nämlich, Wissen zu lagern und Kommunikation zu erleichtern. In empirischen Begriffen finden wir weniger Informationen über die Realität als in den Erfahrungen, auf denen sie aufbauen, und das muß auch so sein. Sprachanalyse kann uns deshalb, selbst wenn sie bis zur Perfektion betrieben wird, niemals ausreichendes Wissen über die Wirklichkeit vermitteln.

In all seinen Schriften betont Schopenhauer den größeren Wert der unmittelbaren Erfahrungen für unser Verständnis der Welt (und zu diesen Erfahrungen rechnet er auch unsere authentischen eigenen Gedanken und Gefühle und unsere sinnliche Wahrnehmung), während das, was wir aus den Erfahrungen anderer lernen können, durch Verwendung von Begriffen, durch Diskurs, Studium, Lernen oder Lesen, ihm weniger wichtig erscheint: »Hingegen anschauen, die Dinge selbst zu uns reden lassen, neue Verhältnisse derselben auffassen, dann aber dies Alles in Begriffe absetzen und niederlegen, um es sicher zu besitzen: das giebt neue Erkenntnisse.« Und weiter heißt es: »Allein, während Begriffe mit Begriffen zu vergleichen so ziemlich Jeder die Fähigkeit hat, ist Begriff mit Anschauungen zu vergleichen eine Gabe der Auserwählten, sie bedingt, je nach dem Grade ihrer Vollkommenheit, Witz, Urtheilskraft, Scharfsinn, Genie. Bei jeder erstern Fähigkeit hingegen kommt nie viel mehr heraus, als etwas vernünftige Betrachtungen. – Der innerste Kern«, so Schopenhauer, » jeder ächten und wirklichen Erkenntniß ist eine Anschauung, auch ist jede neue Wahrheit die Ausbeute einer solchen. ... Eben darum ist Betrachtung und Beobachtung jedes WIRKLICHEN, sobald es irgend etwas dem Beobachter Neues darbietet, belehrender als alles Lesen und Hören. Denn sogar ist, wenn wir auf den Grund gehen, in jedem Wirklichen alle Wahrheit und Weisheit, ja, das letzte Geheimniß der Dinge enthaltend, freilich eben nur *in concre-*

to, und wie das Gold im Erze steckt: es kommt darauf an, es herauszuziehen. Aus einem Buche hingegen erhält man, im besten Fall, die Wahrheit doch nur aus zweiter Hand, öfter aber gar nicht.«*

Schopenhauer distanziert sich hier von Kants Herangehensweise. Ihm gilt, so schreibt er an anderer Stelle, Wahrnehmung als Quell allen Wissens.

Allgemein anerkannte Begriffe sollten das Material sein, *in* dem die Philosophie ihr Wissen hortet und aufbewahrt, nicht aber die Quelle, *aus* der sie ihr Wissen bezieht; der *terminus ad quem*, jedoch kein *quo*. Philosophie ist für Schopenhauer nicht, wie Kant sie definiert, eine Wissenschaft *aus*, sondern eine Wissenschaft *in* Begriffen. Schopenhauer kritisiert also, daß Kant, der den wichtigsten Unterschied innerhalb der gesamten Welt der Philosophie aufgezeigt hat, den Unterschied zwischen Noumenon und Phänomenon, danach vorgeht, als könnten wir das Phänomenon durch Sprachanalyse verstehen, was nun einmal nicht der Fall sein kann.

Doch wenn ein tieferes Verständnis durch Begriffe nicht vermittelbar ist, heißt das, es ist überhaupt nicht vermittelbar, und damit Schluß, und wir müssen es jeder für sich erwerben, und zwar nur durch unsere eigenen Bemühungen, bei denen uns niemand und nichts helfen kann? Nein, zum Glück ist es nicht so. Aus Schopenhauers Schlußfolgerungen ergibt sich, daß grundlegende Erkenntnisse, die wir unseren persönlichen Wahrnehmungen, Empfindungen und Gedanken entnehmen, für uns in den meisten Fällen wertvoller sein werden als alle auf andere Weise erworbenen Erkenntnisse. Doch das ist im Grunde eine allgemein kaum bestrittene, verbreitete Ansicht. In bezug auf Schopenhauer ist die Tatsache wichtiger, daß seiner Ansicht nach Erkenntnisse über einzigartige Erfahrungen zwar nicht in Begriffen, aber doch auf andere Weise vermittelbar sind. Schließlich gibt es eine breite Skala von nicht-begrifflichen Formen von Kommunikation, und diese Skala reicht von stummer Kommunikation in tierischer Gemeinschaft bis zu der strukturellen Komplexität symphonischer Musik. Schopenhauer hält die Vermittlung von tiefgreifenden und einzigartigen Erkenntnissen, die für die begriffliche Kommunika-

---

* Arthur Schopenhauer: *Die Welt als Wille und Vorstellung*, Bd. II, S. 85

tion unzugänglich sind, für die ganz spezifische Aufgabe der Kunst. Auch wenn ein großes Kunstwerk aus Wörtern besteht, so wie ein Gedicht, ein Theaterstück oder ein Roman, so läßt sich doch nicht mit Wörtern sagen, was es »bedeutet«. Um eine spätere Terminologie zu verwenden, die allerdings im Grunde auch dem Schopenhauerschen Denken entspricht, so ist die Bedeutung eines Kunstwerks etwas, das das Werk vermittelt, das es jedoch nicht definieren kann; es vermittelt diese Bedeutung, eben weil es ein darstellendes Symbol ist, doch was es vermittelt, wird gezeigt und nicht gesagt. Das einzige, was die Bedeutung des Werkes artikulieren kann oder artikuliert, ist das Werk selber, und das gilt für die verbalen wie für die non-verbalen Künste, immer aus demselben Grund. Kunst ist ein Medium, ein Vehikel: »Hinter« einem Kunstwerk liegt etwas, das dieses Werk vermittelt, und dieses »etwas« wird nicht im Werk gesagt, auch wenn das Werk aus Sprache besteht.

Schopenhauers Sicht dieser Dinge hat ihn veranlaßt, sich in seinem Werk ausführlicher mit Kunst auseinanderzusetzen als irgendein anderer bedeutender Philosoph. Er widmet sich aber auch noch einem anderen Thema, das von den großen Philosophen ebenso vernachlässigt worden ist, nämlich Sex. Da Sex das Mittel ist, durch das Menschen überhaupt zu ihrer Existenz gelangen, ist es erstaunlich, daß Philosophen dieses Thema nicht viel häufiger in den Mittelpunkt ihrer Überlegungen gestellt haben. Empfängnis und Tod sind die Parameter jeglicher menschlichen Existenz. Philosophen haben endlos über den Tod geschrieben, haben die Empfängnis dagegen kaum je erwähnt – doch die ist für uns ebenso wichtig und ebenso geheimnisvoll.

Schopenhauer zeichnet ein Bild des menschlichen Lebens, in dem unmittelbare Erfahrung das Individuum weitaus stärker beeinflußt als abstraktes Denken, in dem Sex eine zentrale Rolle spielt, und in dem die Künste eine einzigartig wertvolle und wichtige Rolle spielen. Diese Darstellung ist Lichtjahre entfernt vom Bild des Lebens, das wir in den Schriften der meisten anderen großen Philosophen finden. Wir sind noch nicht bis zum Herzen der Schopenhauerschen Philosophie vorgestoßen, aber ich kann schon jetzt sagen, daß er weitaus mehr als irgendein anderer Philosoph über die Welt schreibt, so, wie sie mir begegnet, und über das Leben so, wie ich es erlebe. Dazu kommt noch, daß alles, was er dazu sagt, von seinen eigenen Wahrnehmungen, Empfindungen und Gedanken neu geprägt ist. Er spricht zu mir wie kein anderer Philosoph, direkt und mit seiner eigenen menschlichen Stimme, ist ein verwandter Geist, ein scharfsichtiger und aufnahmefähiger Freund, der mir die Hand auf den Arm legt und mir zuzwinkert. Ich bin zwar oft nicht seiner Meinung, aber ich höre ihm immer aufmerksam zu.

Einundzwanzigstes Kapitel

Die Philosophie Schopenhauers

Schopenhauers Überzeugung, es sei die Aufgabe seiner Philosophie, die Ansichten Kants zu korrigieren und zu vervollkommnen, beruhte auf der Ansicht, daß es richtig von Kant gewesen war, die totale Wirklichkeit in Phänomena und Noumena einzuteilen, daß er das Wesen beider Teile jedoch falsch aufgefaßt habe. Obwohl Kant *sagte*, daß unser Wissen um das Phänomenon notwendigerweise unserer Erfahrung entstammen muß, beschäftigte er sich dann doch viel mehr mit dem Wesen des begrifflichen Denkens und nicht mit dem der Erfahrung. Seine Überlegungen sind von unvergleichlicher Tiefe und unermeßlichem Wert, aber sie übergehen das, was wirklich einzigartig ist, aus dem unser Leben vor allem besteht, und unsere Erfahrung dieses Einzigartigen. Schopenhauer versuchte in einem Teil seines Werkes, Kants Werk zu vervollständigen, indem er sich die Frage stellte, wie wir das Einzigartige erleben, erkennen und weiterreichen; sowie, und das ergibt sich aus der ersten Frage, worin dieses Einzigartige eigentlich besteht.

In bezug auf das Noumenon sah Schopenhauer bei Kant einen zweifachen Fehler: Erstens, daß Kant geglaubt hatte, das Noumenon bestehe aus *Dingen an sich* (im Plural); zweitens, daß er diese Noumena für die Grundlagen unserer Wahrnehmung hielt. Auf diesen zweiten Fehler bin ich bereits eingegangen. Was den ersten angeht, so argumentierte Schopenhauer ungefähr so:

Wenn irgend etwas anders sein soll als irgend etwas anderes, dann müssen wir dafür entweder Zeit oder Raum voraussetzen.

Bei materiellen Gegenständen liegt das auf der Hand. Wenn ein Objekt sich von einem anderen unterscheiden soll, muß es zu anderer Zeit denselben Raum oder einen anderen Raum zur selben Zeit besetzen; wenn es zur selben Zeit denselben Raum innehat, dann ist es dasselbe Objekt (das wäre der Fall beim Morgenstern und beim Abendstern, oder beim Autor der *Waverley*-Romane und Sir Walter Scott). Dasselbe gilt jedoch auch für abstrakte Einheiten. Wir können einwenden, daß natürliche Zahlen sich voneinander unterscheiden und doch nicht in Zeit oder Raum existieren. Doch allein der Begriff »Zahl« wäre ohne die Vorstellung der Reihenfolge unmöglich; und die Vorstellung der Reihenfolge setzt entweder räumliche oder zeitliche Begriffe oder auch beides voraus; deshalb kann es nur innerhalb eines Diskursrahmens, in dem Raum oder Zeit vorstellbar sind, natürliche Zahlen geben. Wir können auch einwenden, daß Theaterstücke oder Symphonien ebenfalls nicht im Raum, und genauer besehen, auch nicht in der Zeit existieren; doch auch sie sind ohne eine Vorstellung von Reihenfolge undenkbar, einer Reihenfolge zum Beispiel von Wörtern oder Noten; diese Reihenfolge ist für die Identität des Werkes von ausschlaggebender Bedeutung, ohne diese Reihenfolge könnte das darstellende Symbol, das ein Kunstwerk schließlich ist, gar nicht erst dargestellt werden; doch die bloße Vorstellung irgendeiner Reihenfolge setzt zeitliche oder räumliche Begriffe oder beides voraus. Die Analyse ergibt also, so Schopenhauer, daß die Vorstellung von Unterschieden an sich nur Sinn hat, wenn wir die Bedeutung und die Auswirkungen eines Begriffs von Zeit und Raum akzeptieren. Doch, wie Kant gezeigt hat, sind Zeit und Raum auch Fragen der Empfindung. In einem subjektlosen Bereich, also im Bereich dessen, das unabhängig von unserer Erfahrung existiert, haben sie keinerlei Sinn. Das Aufzeigen von Unterschieden ist also nur in der Welt der Erfahrung möglich und hat im Noumenon keinen Sinn. Deshalb können Dinge (im Plural) an sich, so, wie sie unabhängig existieren, nicht erfahren werden.

Das bedeutet, sagt Schopenhauer, daß das, was immer außerhalb jeglicher möglichen Erfahrung existiert, undifferenziert sein muß. Wenn wir wollen, können wir es als eins (oder als »Eins«) bezeichnen, aber das könnte irreführend sein, denn der Begriff »eins« hat nur Sinn in bezug auf Begriffe wie »mehr als eins« oder

»viele« (und natürlich auch »weniger als eins«), die allein auch keinen Sinn ergeben. Das Noumenon kann nur in der Hinsicht »eins« sein, daß die Vorstellung von Unterschieden *an sich* dort nicht greift.

Dieses Argument liefert Schopenhauer einen weiteren Grund, zusätzlich zu den von Kant bereitgestellten, für die Annahme, daß wir niemals unmittelbares Wissen über das Noumenon erwerben können. Wissen ist von seinem Wesen her dualistisch; es muß etwas geben, das erfaßt wird, und etwas, das erfaßt. Ein undifferenziertes existierendes Etwas könnte sich selber nicht kennen. Da Wissen Differenzierung voraussetzt, ist Wissen nur im Phänomenon möglich, das, was unabhängig von unseren Erfahrungsmöglichkeiten existiert, ist wissenslos. Obwohl wir einiges über das Noumenon wissen können, zum Beispiel, daß es undifferenziert ist, können wir es selber niemals kennenlernen.

Der Unterschied zwischen *Wissen* und *Wissen um*, oder *Wissen* und *Wissen, daß* ist uns im normalen Diskurs vertraut und schafft dort auch keine Verwirrung. Ich kann allerlei über einen Menschen wissen, und deshalb wissen, daß dieses, jenes oder solches entweder stimmt oder nicht, selbst wenn ich diesen Menschen gar nicht kenne: Er kann durchaus vor meiner Geburt schon verstorben sein. Wir alle verfügen über großes Wissen über abstrakte oder konkrete Einheiten, über die wir keine unmittelbaren Kenntnisse besitzen. Ich nehme an, daß unser Wissen zumeist von dieser Art ist: Das meiste von dem, was wir »wissen«, ist uns erzählt worden, wir haben es gefolgert oder uns angelesen. Es besteht kein Widerspruch zwischen Aussagen wie: »Wir wissen, daß das Noumenon so und so ist«, und: »Wir können kein unmittelbares Wissen über das Noumenon haben«, es sei denn, dieses so und so wäre eine bestimmte Eigenschaft, die dem Noumenon von jemandem zugeschrieben wird, der über unmittelbares Wissen verfügt. Ich möchte das so deutlich sagen, weil Schopenhauer häufig, heftig und unberechtigt vorgeworfen worden ist, sich an diesem Punkt zu widersprechen. Und er sagt uns auch wirklich einiges über das Noumenon, während er zugleich betont, daß wir kein unmittelbares Wissen über das Noumenon erwerben können, aber das ist nun wirklich kein Widerspruch.

Schopenhauers Vorstellung der totalen Wirklichkeit zeigt uns also ein immaterielles, undifferenziertes, zeitloses, raumloses Etwas, das wir niemals unmittelbar erfahren können, das sich uns aber in Form der differenzierten Welt der materiellen Gegenstände (zu denen auch wir selbst gehören) in Raum und Zeit zeigt. Diese Schlußfolgerung weist verblüffende Ähnlichkeit mit den von den wichtigsten Richtungen von Hinduismus und Buddhismus vertretenen Ansichten auf, doch das wußte Schopenhauer damals nicht. Er war kein religiöser Mensch: Er glaubte nicht an ein Leben nach dem Tode, er glaubte auch nicht an die Existenz von Gott oder der Seele. Er erlangte seine Ansichten durch rationale Argumente im Rahmen der zentralen abendländischen Philosophie, und er führte Diskussionen weiter, die die Vorsokratiker und Platon angefangen hatten, und die dann viel später von Descartes, Spinoza, Leibniz, Locke, Berkeley, Hume und Kant ausgebaut worden waren. Als er feststellte, daß hinduistische und buddhistische Denker ähnliche Schlüsse gezogen hatten wie er und Kant, vertiefte er sich in ihre Werke und erwähnte sie auch in seinen Schriften, weshalb bisweilen behauptet wird, er sei von ihnen beeinflußt worden, doch das trifft nicht im normalen Wortsinn zu: Er hat keine wichtigen Erkenntnisse von ihnen übernommen. Aber er vertrat die Ansicht, die Tatsache, die gleichen Schlußfolgerungen auf völlig verschiedenen Wegen in verschiedenen Erdteilen und Kulturen, ohne jegliche Berührungspunkte und zudem in völlig unterschiedlichen historischen Epochen gezogen worden waren, sei Grund genug, um diese Schlußfolgerungen einer ernsthaften Untersuchung zu unterziehen. Als von christlicher Seite eingewandt wurde, seine Philosophie sei mit der christlichen Religion nicht vereinbar, wies er mit großem Vergnügen darauf hin, daß die Religionen, die ihm zustimmten, doch weitaus mehr Anhänger aufweisen könnten als das Christentum.

Wie viele Buddhisten, doch wiederum von ihnen unabhängig, gelangte er zu der Erkenntnis, daß die Nicht-Differenzierung des Noumenon uns den Schlüssel zu einer Erklärung für die Grundlagen der Moral bietet. Wir Menschen sind (vielleicht nicht nur, aber das spielt bei dieser Argumentationskette keine Rolle) materielle Objekte in Raum und Zeit, was bedeutet, daß wir wie andere phänomenale Objekte Manifestationen eines undifferenzierten Etwas sind, das zeitlos und raumlos und deshalb zwangsläufig nicht-materiell ist. Im Phänomenon existieren wir als Individuen, wir treten unsere Existenz als materielle raumeinnehmende Objekte an; doch diese Differenzierung greift nur im Phänomenon. Was das Noumenon betrifft, so ist es im tiefsten Kern unseres Wesens, jenseits von Zeit und Raum oder Verkörperung, unmöglich, daß wir differenziert sein könnten. Deshalb müssen wir alle im oben bereits dargestellten Wortsinn »eins« sein. In einem endgültigen Sinn verletze ich deshalb mich selbst, wenn ich einen anderen verletze; wenn ich einem anderen Unrecht tue, dann begehe ich zugleich auch ein Verbrechen gegen mich selbst. So, sagt Schopenhauer, läßt sich die Moral erklären, denn damit sind auch Mitgefühl, Gemeinschaftsgeist, distanzierte Verantwortung für andere erklärt, die der Moral zugrunde liegen, und die unbegreiflich wären, wenn dieser andere Mensch und ich im tiefsten Grunde getrennte Wesen wären. Moral ergibt sich aus den Konsequenzen der endgültigen Wahrheit des Menschenlebens für unser Verhalten und ist in dieser Hinsicht angewandte Metaphysik. Ihre Wurzeln liegen außerhalb des Phänomenon, in der Tatsache unseres Eins-Seins. In dieser Hinsicht sagt Schopenhauer sich von Kants Lehrsatz los, der die Vernunft zur Grundlage der Ethik erklärt; zu seinen tiefstschürfenden Passagen gehören die, in denen er Kants kategorischen Imperativ kritisiert und seine eigene, ganz andere Ansicht darstellt.

Kant arbeitet seine wundervolle Theorie über unser Wissen um materielle Objekte aus, ohne sich scheinbar der Tatsache bewußt zu sein, daß wir selbst materielle Objekte sind. Ein Mensch ist ein materielles Objekt, das sich selbst von innen heraus erfährt. Und das ist ziemlich beeindruckend. Schopenhauer glaubte, daß diese Tatsache uns möglicherweise zu einem gewissen Maß an Verständnis des inneren Wesens materieller Objekte an sich verhelfen kann, auch dann, wenn sie nicht wir selbst sind.

Alles, was wir wahrnehmen, was wir aber nicht selber sind, nehmen wir von außen her wahr. Wir sehen und fühlen physische Objekte im Raum und sehen und hören ihre Bewegungen; und wenn wir uns selber nicht von innen heraus kennen würden, dann würden wir unsere Vorstellung der Außenwelt nur auf solchen Wahrnehmungen aufbauen. Unser Verständnis anderer Menschen würde auf ihrer Erscheinung, ihrem Verhalten und ihren

Worten fußen; wir würden sie als materielle Objekte wie alle anderen materiellen Objekte betrachten und sie genau so verstehen oder sie zu verstehen zu versuchen. Und natürlich machen wir uns solche Informationsquellen auch ausgiebig zunutze. Doch außerdem verfügen wir noch über eine weitere und ganz andere Quelle. Es gibt ein einzigartiges materielles Objekt, das wir in jeder Hinsicht kennen, und das wir noch dazu direkt, unmittelbar und nicht-sinnlich von innen her kennen. Und in diesem materiellen Objekt spielen sich alle möglichen Prozesse ab, die nicht gesehen oder gehört oder berührt werden können – Prozesse wie Gedanken, Gefühle, Stimmungen und Erinnerungen – und die wir, und das als einzige, doch unmittelbar wahrnehmen. Unser direktes Wissen von innen heraus um ein bestimmtes physisches Objekt unterscheidet sich dermaßen tiefgreifend von unserem indirekten Wissen von außen her um andere Objekte, daß ich den Unterschied einfach nicht in Worte kleiden kann. Doch uns allen ist dieser Unterschied zutiefst vertraut. Und wir wissen durch unsere eigenen privilegierten und unmittelbaren Erfahrungen, daß inneres Erleben so vielfältig und variiert, so komplex und schwer zu verstehen, so tiefgreifend in Bedeutung und Hinweisen sein kann wie eine äußerliche Erfahrung.

Doch wenn das so ist, sagt Schopenhauer, – wenn wir das innere Wesen und die Bedeutung der Welt verstehen wollen –, dann müssen wir innere und äußere Erfahrung zugleich untersuchen und in beiden Richtungen unsere Fragen stellen, statt zu versuchen, allein auf Grundlage der äußeren Erfahrung ein Weltbild zu konstruieren. Bereits im bezug auf andere Menschen stellen wir fest, daß ihre Bewegungen in Zeit und Raum und die Geräusche, die manche dieser Bewegungen verursachen, für uns einen Sinn ergeben, einfach weil wir davon ausgehen, daß diese Menschen – obwohl wir das nicht direkt beobachten können – ein im Grunde mit unserem vergleichbares Innenleben haben, auch wenn es Unterschiede in Inhalt und Einzelheiten gibt. Wenn wir diese anderen mit uns vergleichen, dann wissen wir (oder wenn »wissen« zu stark klingt, dann nehmen wir an), daß das meiste von ihrem beobachtbaren Verhalten das ist, was wir normalerweise als bewußtes Verhalten bezeichnen. Und wir wissen, »von innen her« gewissermaßen (auch wenn wir das wieder nur durch einen Analogieschluß wissen können), wie dieses Verhalten empfunden wird. Wenn der menschliche Körper, der mir gegenüber sitzt, sich vom Stuhl erhebt und dann über den Teppichboden zum Tisch geht, dort mit einer Hand eine silberne Dose öffnet, eine Zigarette herausnimmt und sich diese Zigarette zwischen die Lippen steckt, dann weiß ich, daß das alles passiert, weil die hier verkörperte Person gerne eine Zigarette rauchen möchte. Ich weiß, was eine Zigarette ist, und ich habe eine gewisse Vorstellung von dem Wunsch, eine zu rauchen, selbst dann, wenn ich niemals selbst geraucht habe. Wenn ich keine Vorstellung von diesen Dingen, von diesen Bewegungen in Zeit und Raum, die ich hier beobachte, hätte, dann könnte ich meine Beobachtungen nicht deuten. Es macht Spaß, darüber zu spekulieren, welche Bedeutung ich ihnen in diesem Fall vielleicht beimessen würde.

Während der letzten Jahrhunderte haben recht viele Menschen im Abendland, oft aus Prinzip, die Ansicht vertreten, wir sollten uns alle Mühe geben, um unser gesamtes Bild vom Wesen der Dinge auf solchen intersubjektiven Beobachtungen aufzubauen. Ein solches Programm bedeutet eine Verankerung in einer naturwissenschaftlichen Sicht der totalen Wirklichkeit. Schopenhauer hält das für einen fast schon absurden Irrtum, nicht, weil er die Naturwissenschaften ablehnt, sondern aufgrund der offenkundigen und unnötigen Begrenztheit eines solchen Programms. Wie fast jeder große Philosoph seit den Vorsokratikern interessierte er sich leidenschaftlich für die Naturwissenschaften und kannte sich durchaus damit aus, schließlich sind sie eine unserer wichtigsten Informationsquellen bei unserem Versuch, den Sinn des Lebens zu ergründen. (Es gibt nur wenige Ausnahmen unter den Philosophen, die bekannteste ist zweifellos Sokrates.) Wie Kant ging Schopenhauer davon aus, daß naturwissenschaftliche Methoden und Kriterien in ihrem eigenen Bereich absoluten Vorrang genießen müssen, und daß alles andere ignorant, obskurantistisch oder unvernünftig wäre. Das Wachsen der naturwissenschaftlichen Erkenntnisse gehörte für ihn zu den wenigen Glanzleistungen der Menschen, zu einer der wenigen Errungenschaften, auf die die Menschheit stolz sein kann. Immer wieder überraschen die Naturwissenschaften uns mit der Feststellung, daß die Welt ganz anders ist als bisher angenommen. Ihre führenden Vertreter sind

Genies von tiefer Eigenständigkeit und umfassendem Wissen. Und doch können die naturwissenschaftlichen Erklärungen, ihrem Reichtum, ihrem Wert und ihrem Interesse zum Trotz, niemals ausreichen, denn die Naturwissenschaft erklärt die Dinge nun einmal in Begriffen, die selber unerklärt bleiben. In der Physik zum Beispiel werden Erklärungen zumeist in den Begriffen von physikalischen Gesetzen gegeben, die Maßeinheiten und Begriffe wie Masse, Energie, Licht, Schwerkraft, Entfernung, Zeit verwenden. Wenn wir eine Definition eines solchen Begriffes verlangen, dann wird diese zumeist in Form eines weiteren Begriffes geliefert. Auf dieser untersten Erklärungsebene drehen die Erklärungen sich also im Kreis. Und die Physik greift nicht tiefer, sie endet dort. Wenn wir eine Erklärung suchen, ein Verständnis dieser ganzen Dinge zusammen, nämlich der Welt *an sich*, dann kann die Naturwissenschaft sie uns nicht liefern. Sie ist wunderbar erhellend und nützlich, wenn sie uns erzählt, was sich im Phänomenon abspielt, aber was das Phänomenon ist, das Mysterium seiner Existenz, ist nach einer solchen Erklärung ebenso ungelöst wie vorher – und das Mysterium wird immer größer, denn je mehr wir durch naturwissenschaftliche Untersuchungen über die Welt erfahren, um so beunruhigender und verblüffender kommt sie uns vor.

Nach endgültigen Erklärungen sollten wir in den Naturwissenschaften also nicht suchen. Es doch zu tun, zeugt nicht von einem naturwissenschaftlichen Glauben, sondern von einem Glauben an die Naturwissenschaft, einem metaphysischen Glauben, einem Glaubensakt, dessen Unzulänglichkeit inzwischen wohl relativ leicht zu beweisen ist. Im schlimmsten Fall nimmt dieser Naturwissenschaftsglaube die Gestalt des Materialismus an, den Schopenhauer einst als »Philosophie des Subjekts« beschrieben hat, das vergäße, sich selber in Betracht zu ziehen. Unglücklicherweise scheinen viele Menschen, die sich einem Akt des Glaubens an die endgültige Fähigkeit der Naturwissenschaft, alles zu erklären, verpflichtet haben, jedes Gegenargument als wissenschaftsfeindliche Bemerkung abzutun. Kant war ein sehr kompetenter Physiker, der einen höchst eigenständigen Beitrag zur Kosmologie leistete; andere große Philosophen waren eigenständige und kreative Mathematiker, unter ihnen einige der berühmtesten Namen in der Geschichte des Faches: Es stimmt durchaus nicht, daß die hier erwähnten Kritiker das Wesen und die Bedeutung der Naturwissenschaften unterschätzen oder ihre Verdienste schmälern wollen (obwohl es durchaus auf manche Geisteswissenschaftler und auch auf sogenannte literarische Intellektuelle zutreffen kann). Die meisten großen Philosophen hatten großes Interesse an den Naturwissenschaften und hielten ausreichende naturwissenschaftliche Kenntnisse für unerläßlich für das Verständnis der Welt. Die abendländische Philosophie ist während ihrer gesamten Geschichte untrennbar mit den Naturwissenschaften verbunden gewesen, vor allem von Platon bis Popper mit der mathematischen Physik. Doch alle großen Philosophen haben auch klar erkannt, daß sich nicht alles in naturwissenschaftlichen Begriffen erklären läßt. Schopenhauer hat das ganz klar gesagt. Für ihn lag es auf der Hand, daß wir bei unseren Versuchen, die Welt zu verstehen, alle Möglichkeiten der Naturwissenschaften nutzen sollten, daß wir uns jedoch nicht darauf beschränken dürfen.

Um allgemein als Quellenmaterial für ein wissenschaftliches Verständnis irgendeines Objekts anerkannt zu werden, müssen Erfahrungen intersubjektiv zugänglich sein. Niemand kann seine eigenen Beobachtungen, die nur er gemacht hat, als Basis für wissenschaftliche Aussagen ausgeben. Doch es liegt in der Natur unserer subjektiven inneren Erfahrung, daß jeder von uns nur Zugang zu seinen eigenen Erfahrungen hat. Und wir haben bereits gesehen, welch grundlegender Widerspruch darin liegt, bei unserer Suche nach einem tieferen Verständnis des inneren Wesens der Welt, das einzige uns zur Verfügung stehende unmittelbare, von innen her bestehende Wissen um physische Objekte auszuschließen, das wir überhaupt besitzen. Kants Fehler würde sich noch vergrößern, wenn wir versuchten, das Wesen der Dinge zu verstehen, indem wir den Prozeß der Entstehung unserer abstrakten und universalen Begriffe dieser Dinge analysierten, statt uns mit den einzelnen konkreten Objekten selber zu befassen. Wie immer wir das Wesen der Menschen sehen, sind wir doch alle entweder ein einzigartiges materielles Objekt oder sind in einem solchen verkörpert, und in jedem Fall haben wir einen einzigartigen und nur für uns reservierten Zugang zu einem unmittelbaren und direkten Wissen um eine große Anzahl von Dingen, die sich in diesem besonderen materiellen Objekt abspielen. Der Königsweg zu einem tieferen Verständnis der inneren Natur der Dinge müßte deshalb über die Erforschung der inneren und der äußeren Erfahrung führen, und dabei die innere eher berücksichtigen als die äußere. Das jedoch wäre keine wissenschaftliche Untersuchung im herkömmlichen Wortsinn. Wie Schopenhauer in einem seiner Notizbücher schreibt: »Philosophie hat so lange vergeblich gesucht, weil sie durch die Naturwissenschaften suchte und nicht durch die Künste.«

Wir haben bereits gesehen, daß unsere tiefstgreifenden inneren Erfahrungen nicht in der universalen Sprache der Begriffe artikuliert werden können, doch daß es durch Kunstwerke, von denen jedes einzigartig ist, durchaus möglich sein kann. Hier wird etwas artikuliert, das die Philosophie verstehen muß. Nachdem Schopenhauer zu dieser Erkenntnis gekommen ist, befaßt er sich ausführlicher und erkenntnisreicher als irgendein anderer großer Philosoph mit der Frage, was Kunst wo und warum zum Ausdruck bringt und was das für den Künstler und sein Publikum bedeutet; und warum es für beide überhaupt so wichtig ist. Er behandelt diese Fragen auf eine weitaus interessantere Weise als irgendein anderer Philosoph. Doch seine Ausführungen lassen sich immer wieder mit naturwissenschaftlichen Erkenntnissen vereinbaren und bilden niemals dazu einen Widerspruch. Obwohl zu Schopenhauers Zeiten noch niemand von den »beiden Kulturen« sprach, verbindet er sie harmonischer und fruchtbarer als irgendein anderer Philosoph. Doch ehe ich auf diese Fragen weiter eingehe, möchte ich zuerst seine Erkenntnisse über das Wesen unserer inneren Erfahrung darstellen.

Schopenhauer kam zu der Erkenntnis, daß wir, wenn wir in uns selbst so tief schürfen, wie das überhaupt nur möglich ist, eine Art Lebenswillen finden werden, den Willen zu überleben, einfach zu *sein*. Seine Beobachtungen über das menschliche Verhalten, vor allem unter Streß oder in Extremsituationen, wenn die letzten Motivationsreserven zutage treten, schienen das zu bestätigen. Doch je mehr er Emotionen und Gefühle jeglicher Art untersuchte, um so mehr erschienen sie ihm als Manifestationen dieses Willens. Er hielt das nicht für eine neue Entdeckung, sondern konnte sie bei hervorragenden Denkern bis zurück zu Augustinus verfolgen. Augustinus sagt im *Gottesstaat*, daß dieser Wille in all unseren Empfindungen steckt; daß unsere Empfindungen nichts anderes sind als Willensäußerungen. Dann stellt er die Frage, ob Verlangen und Freude denn überhaupt etwas anderes sein können als die Harmonie des Willens mit den Dingen, die wir begehren. Und weiter fragt er, ob Furcht und Traurigkeit denn etwas anderes sind als der Widerspruch des Willens gegen Dinge, die wir verabscheuen. Schopenhauer betrachtete den Intellekt als Herrn des Willens, nicht als dessen Diener (anders zum Beispiel als Hume), weshalb unser gesamtes Innenleben entweder aus Willen in irgendeiner seiner Manifestationen besteht oder davon dominiert wird.

Faßt man diese Überlegungen wirklich ganz kurz zusammen, nicht nur grob, sondern auch metaphorisch, bedeutet das, daß Menschen, die sich einer Beobachtung von außen als materielle Objekte in Raum und Zeit präsentieren, in ihrem tiefsten Wesen Wille sind, ein Wille, der von außen nicht zu sehen ist. Bei ihrer gegenseitigen Beobachtung sehen und hören sie nur materielle Objekte und die Bewegungen in Raum und Zeit dieser materiellen Objekte; nur weil ihre eigene innere Erfahrung ihnen sagt, daß ihre eigenen Bewegungen in Raum und Zeit Willensakte sind, können sie die Bewegungen der anderen als gewollte Aktivität auffassen und sie damit als Verhalten verstehen. Wichtig an dieser Tatsache ist unter anderem der Beweis, daß die intersubjektive Beobachtung unserer materiellen Körper in Zeit und Raum nicht die einzige uns zugängliche relevante Information darstellt und uns auch nicht alle Information gibt, die wir brauchten, um unsere Beobachtungen zu verstehen.

Wer unseren Untersuchungen bis zu diesem Punkt gefolgt ist, mag jetzt schlußfolgern: »Ach, Schopenhauer wird jetzt sagen, daß unser von innen heraus entstehendes Wissen um uns selbst das Wissen um ein materielles Objekt ist, um ein Ding an sich, und deshalb haben wir es mit Wissen um das Noumenon zu tun; weiter wird er sagen, daß wir auf diese Weise entdecken werden, daß das innere Wesen der Dinge, das Noumenon, aus ihrem Willen entsteht – und daß es sich bei der letzten Analyse bei diesem Willen um den Willen handelt, zu existieren, zu sein.« Generationen von übereiligen Lesern oder Leuten, die Schopenhauer nur vom

Hörensagen kannten, haben diesen Schluß gezogen, was zu unendlich großer Verwirrung und Mißverständnissen geführt hat. Denn Schopenhauer sagt oder glaubt durchaus nicht, unser von innen her entstehendes Wissen um uns selbst sei Wissen um das Noumenon. Er sagt dagegen ganz deutlich, daß dem nicht so sei, wofür er drei so schlagkräftige Gründe anführt, daß einer vermutlich auch ausreichen würde.

Erstens besteht unser inneres Gefühl von uns selbst in einer Dimension von Zeit und wäre ohne diese Zeit unvorstellbar. Kant lehrte, und Schopenhauer stimmt ihm zu, daß Zeit die eigentliche Form unserer inneren Wahrnehmung darstellt. Zeit jedoch existiert allein im Phänomenon. Deshalb muß unserer inneres Wissen um uns selbst im Phänomenon verwurzelt sein und kann kein Wissen um das Noumenon liefern.

Zweitens kann jegliches Wissen ausschließlich im Phänomenon bestehen. Das liegt daran, daß das Wissen *an sich* von dualistischer Struktur ist: Es muß etwas geben, das gewußt wird, und etwas, das es weiß – etwas, das erfaßt wird, und etwas, das erfaßt. Deshalb, und weil das Noumenon undifferenziert und undifferenzierbar ist, kann es kein Wissen um das Noumenon geben. Diese Erkenntnis liegt allem hier Gesagten zugrunde, denn sie bedeutet, daß Wissen um das Noumenon wesensbedingt und für immer unmöglich ist. Schopenhauer drückt sich in diesem Punkt immer wieder klar und eindeutig aus; und doch wird er in dieser Hinsicht immer wieder mißverstanden. Eine Interpretation seiner Philosophie, die ihm die Ansicht zuschreibt, wir verfügten über Wissen um das Noumenon oder könnten solches Wissen jemals erlangen, irrt sich in bezug auf eine der grundlegenden Aussagen seiner gesamten Philosophie.

Sein dritter Grund entstammt empirischer Beobachtung. Seine Untersuchungen über unsere innere Erfahrung und unser von innen her entstehendes Wissen um uns selbst hat ihn zu dem Schluß geführt, daß die meisten unserer Wahrnehmungen, Wünsche, Hoffnungen und Ängste sich nicht als bewußte Erfahrung einstellen. Lange vor Freuds Geburt führte Schopenhauer das an, was normalerweise als Freuds *Verdrängungstheorie* bekannt ist, eine Theorie, die Freud selbst zum Eckstein der Psychoanalyse ausrief. Und mehr noch, Schopenhauer lieferte alle Verbindungsglieder für diese Argumentationskette: Ausgiebig, detailliert und mit denkwürdigen Beispielen zeigte er auf, daß der Großteil unseres Innenlebens uns unbekannt ist, weil er verdrängt wird; daß er verdrängt wird, weil eine offene Konfrontation für uns eine Erschütterung bedeuten würde, mit der wir nicht umgehen könnten, weil es mit dem Selbstbild, das wir nicht aufgeben wollen, unvereinbar wäre, weil diese Unvereinbarkeit durch Empfindungen wie sexuelle Wünsche, Selbstsucht, Aggression, Neid, Angst und Grausamkeit verursacht wird, zu denen wir uns nicht bekennen mögen, weswegen wir uns in bezug auf unseren Charakter und unsere Motivationen täuschen und nur solche Interpretationen bewußt zulassen, mit denen wir umgehen können. Das bedeutet, daß unser inneres Selbst uns ebenso unbekannt ist, wie dieses Selbst unbewußt ist, und daß sich das auch nicht ändern würde, wenn solches Wissen theoretisch für uns erreichbar wäre; und wenn es doch erreichbar wäre, dann könnten wir damit nicht umgehen – viele von uns würden sogar unter diesem Wissen zerbrechen. Deshalb werden wir das wahre Wesen unseres inneren Selbst nie kennenlernen, nicht einmal das der Bereiche, die dem Bewußtsein so nahe sind, daß sie unsere Gedanken, unsere Worte, unsere Entscheidungen und unser Verhalten beeinflussen. Unser von innen her entstehendes Wissen um uns selbst entspricht also nicht einmal einem umfassenden Wissen um das Phänomenon, ganz zu schweigen davon, daß es uns etwas über das Noumenon sagen könnte.

Das bedeutet, daß es innerhalb und außerhalb unseres Selbst eine Realität gibt, die für uns verborgen bleibt und niemals in unsere Erfahrungen einfließen kann. Wie diese Realität aussieht, werden wir nie erfahren. Wissen irgendeiner Art, Wissen als solches, ist uns nur durch den Apparat, in dem wir uns als phänomenale Dinge verkörpert finden, und in Formen möglich, deren Wesen von diesem Apparat bestimmt wird. Falls wir nicht auf irgendeine Weise die Schöpfer der auf diese Weise wahrgenommenen Phänomene sind – eine Idee, die die meisten von uns unvorstellbar finden, wenn auch Fichte davon überzeugt war – dann können diese Phänomena nicht alles sein, was es außer uns noch gibt; auf irgendeine Weise müssen sie Manifestationen von etwas anderem als ihnen selber und als uns selbst sein, von etwas, dessen

Existenz sie erklärt, zu dem wir aber niemals direkten Kontakt aufnehmen können.

So sah Kant das, und Schopenhauer teilte seine Ansicht. Kant scheint sich nicht gegen die Annahme gewehrt zu haben, er glaubte (obwohl er wußte, daß er das nicht wissen konnte), daß die unerfaßbare und unerfahrbare Ordnung der Dinge auch den christlichen Gott als Schöpfer und Gesetzgeber und die unsterblichen Seelen der Menschen umfasse; doch die Lektüre seiner Werke und, das ist wichtig, auch von Biographien über ihn hat in mir den Eindruck erweckt, er sei ein größerer Agnostiker gewesen als er zugeben mochte. Vor allem scheint er unser Weiterleben nach dem Tode in Frage gestellt zu haben. Ich will ihn nicht der intellektuellen Unehrlichkeit bezichtigen: Ich nehme an, daß er selbst nicht so genau wußte, was er glaubte, oder – und das ist in unserem Zusammenhang von grundlegender Bedeutung – was er in bezug auf die Existenz Gottes und der Seele nicht glaubte. Er fühlte sich der christlichen Ethik auf leidenschaftliche Weise verpflichtet. Er sah die Wurzeln dieser Ethik in der Vernunft und nicht in Glaube oder Offenbarung, die deshalb in einer wichtigen Hinsicht überflüssig wurden, was er jedoch nie sagte. Er vertrat die Ansicht, die Menschen hätten an die zweitausend Jahre früher in Form einer religiösen Doktrin eine mehr oder weniger korrekte Auffassung von Moral entwickelt, die sie dann später als rationale Argumentationskette noch einmal vortrugen – und der erste Schritt habe den zweiten erleichtert und beschleunigt. In dieser und in anderer Hinsicht scheint er das Christentum als wichtig, aber auch als unzulänglich betrachtet zu haben, und diese Unzulänglichkeit nennt er niemals beim Namen. Wenn wir uns überlegen, daß er in einer Zeit und einem Erdteil lebte, wo vor noch nicht allzulanger Zeit eine öffentliche Infragestellung des Christentums Gerichtsverhandlungen und Strafen nach sich ziehen konnte; und daß auch damals seine Schriften aus religiösen Gründen der staatlichen Zensur anheimfielen; daß er, um sich vom Zugriff des Zensors zu befreien, immer wieder seinem König versprechen mußte, nichts mehr über religiöse Themen zu schreiben und daß es ihm vor allem darum ging, seine wichtigsten kritischen Schriften ungehindert in Umlauf zu bringen, dann ist er wohl so offen vorgegangen, wie es billigerweise von ihm erwartet werden konnte.

Schopenhauer war als erster großer abendländischer Philosoph ganz offen Atheist. Andere, Hobbes und Hume zum Beispiel, mögen ebenfalls Atheisten gewesen sein, sie konnten jedoch nicht offen darüber schreiben, ohne den Zorn der Gesetzeshüter auf sich zu lenken. Schopenhauer gab seine Ansicht, daß es weder einen persönlichen Gott noch eine unsterbliche Seele geben könne, da beide Vorstellungen widersprüchlich in sich seien, öffentlich bekannt. Unser Begriff von Persönlichkeit, so Schopenhauer, ist von verkörperten menschlichen Wesen abgeleitet, die in Raum und Zeit existieren, und das bedeutet, daß es keinen Sinn ergibt, wenn wir einer nicht-materiellen Wesenseinheit außerhalb von Raum und Zeit Persönlichkeit zuschreiben. Vor allem können wir uns keine Persönlichkeit vorstellen, der es an Eigenschaften wie Gefühle, Gedanken und Einstellungen fehlt; doch diese sind in jeglichem Wortsinn von Gehirn und zentralem Nervensystem abhängig. Die Vorstellung eines persönlichen Gottes erfordert außerdem dessen Individuation. Ähnlich verhält es sich mit dem Begriff Seele: Wir können diesem Begriff nur einen Sinn geben, wenn wir uns auf Eigenschaften wie bewußte Wahrnehmung beziehen, die jedoch von der Existenz eines materiellen Objektes abhängig sind, nämlich des Gehirns. Und auch der Begriff Seele ist ohne Individuation undenkbar. Von einem persönlichen Gott oder einer unsterblichen Seele zu sprechen ist also in sich widersprüchlich und damit sinnlos. Schopenhauer sagt jedoch auch: Eben, weil das Noumenon nicht-materiell ist und außerhalb aller Möglichkeiten von Raum und Zeit oder Kausalverbindungen liegt und deshalb unerfahrbar und nicht in Begriffen erfaßbar ist, muß es Wahrheiten über das Noumenon geben, von denen wir auch nicht die vagste Vorstellung haben können, und diese Tatsache sollten wir keinen Moment aus den Augen verlieren, auch wenn es in der Natur der Dinge liegt, daß wir kaum etwas darüber sagen können.

Was wir über das Noumenon wissen, ist zu einem wichtigen Grad negativ. Da Zeit und Raum Formen der Sensibilität sind, wissen wir, daß die Wirklichkeit an sich, die von unserer Erfahrung unabhängig ist, keine zeitlichen oder räumlichen Eigenschaften haben kann. Da Differenzierung Zeit oder Raum oder beides voraussetzt, kann das Noumenon nicht differenzierbar sein. Da materielle Objekte nur in Zeit und Raum existieren können, kann das

Noumenon nicht materiell sein. Da kausale Zusammenhänge Reihenfolge voraussetzen, die wiederum Zeit oder Raum voraussetzt, kann das Noumenon in keinerlei kausalem Zusammenhang stehen. Da Wissen Differenzierung erfordert, können wir nichts über das Noumenon wissen. Da alle Kategorien von Wahrnehmung und Verstehen subjektabhängig sind, kann das Noumenon nicht in Begriffen existieren, die unseren Kategorien entsprechen.

Unter den positiven Dingen, die wir über das Noumenon wissen, ist es das grundlegendste und zugleich unmittelbarste, daß das Phänomenon, die Welt der Erfahrung, dessen Manifestation ist. Der Begriff »Manifestation« weist nicht auf irgendeine Kausalbeziehung hin. Anders als Kant irrtümlicherweise angenommen hat, kann es keine noumenalen Objekte geben, die uns Phänomena erfahren lassen. Wir haben es hier mit einem dualen Aspekt zu tun: Das Viele ist eine Manifestation des Einen. Die Verbindung bleibt ein Mysterium, nicht nur, weil es unmöglich ist, sie im Rahmen einer theoretischen Darstellung wie dieser hier auf angemessene Weise zu beschreiben, sondern auch, und das ist wichtiger, sie bleibt im Leben selber mysteriös. Wir können diese Aspekte selbst unserer unmittelbarsten Erfahrung nicht beschreiben, wenn sie direkte Manifestationen des Noumenon sind. Nehmen wir das Phänomenon selber – wir können einfach nicht beweisen, daß es eine äußerliche Welt, einen moralischen Imperativ oder die Schönheit der Musik gibt. Die Tatsache, daß das alles mysteriös bleibt, ist nicht weiter überraschend, das ist uns allen längst bekannt. Schopenhauer jedoch erklärt uns, warum es sich nicht erklären läßt.

Schopenhauer behandelt die Schwierigkeit, das Noumenon in Begrifflichkeiten zu fassen. Die Tatsache, daß das Noumenon uns unbekannt bleiben muß und nicht vorstellbar ist, müßte deshalb bedeuten, daß jeglicher benutzte Begriff nur ein Ersatz für ein X ist. Doch Schopenhauer hält dagegen, die Tatsache, daß wir doch etwas über das Noumenon wissen, könnte uns dazu verhelfen, etwas Besseres zu finden als ein X. Wir brauchen einen Namen für einen grundlegenden Trieb, der sich selber in der Existenz manifestiert. Als erstes versucht er sein Glück mit dem Begriff »Kraft«. Doch bei genauerer Untersuchung kommt er zu dem Schluß, daß dieser Begriff zu sehr mit den Naturwissenschaften verknüpft wird, und da diese nur auf das Phänomenon anwendbar sind, wäre Kraft ein unzulänglicher Terminus, er wäre mit zu vielen widersprüchlichen Assoziationen belastet. Er versucht es also mit einem zweiten Begriff, mit »Wille«. Und für diesen entscheidet er sich nach einigem Zögern und ohne große Begeisterung. Seine Entscheidung wird dadurch beeinflußt, daß wir, wenn wir versuchen, uns selbst von innen her zu ergründen, am Ende eine Art Lebenswille finden, bei dem es sich vielleicht um die grundlegendste erfahrungsmäßige Manifestation des metaphysischen Existenzverlangens handelt, für das wir das Noumenon halten. Dazu kommt die Tatsache, daß wir im Falle der materiellen Objekte, zu denen wir einen einzigartig privilegierten Zugang von innen her genießen, die äußerlichen beobachtbaren Bewegungen im Raum als gewollte Aktivitäten erkennen – und daß die Analyse ergibt, daß nicht der Willensakt die *Ursache* der körperlichen Bewegung ist, sondern daß beide unterschiedliche Aspekte desselben Phänomenon sind. Schopenhauer sieht zwischen dem Willensakt und der körperlichen Bewegung keinerlei Kausalverbindung, im Gegenteil, er hält beides für im Grunde ein und dasselbe, das wir in doppelter Weise wahrnehmen, nämlich durch Selbsterkenntnis oder inneres Empfinden als Willensakt und gleichzeitig durch äußerliche Gehirn-Wahrnehmung als körperliches Handeln. Natürlich dürfen wir nicht vergessen, daß unser von innen her erworbenes Wissen um uns selbst niemals Wissen um das Noumenon sein kann. Trotzdem liegt jedoch die Annahme nahe, daß die Bewegungen aller materiellen Objekte, die nicht selbstbewußt sind, und aus denen das physikalische Universum größtenteils besteht, eine Art von Manifestation eines Willens darstellen, der sich seiner selbst nicht bewußt ist.

Das gesamte Universum besteht aus Materie, die sich bewegt und sich in Maßeinheiten einpassen läßt – die Himmelskörper gehören in eine Skala von Anzahl und Größe, ihre Beschleunigung in eine Skala der Geschwindigkeit, der kosmische Raum in eine Skala der Ausdehnung – die jegliche menschliche Vorstellungskraft weit überschreiten, weshalb die Annahme nahe liegt, daß diese unvorstellbaren Mengen von Energie »anderswo« entstanden sein müssen. Aber es gibt kein wie auch immer geartetes »anderswo«. Bei genauerem Hinsehen scheint die Energie, aus der jegliche Materie besteht, einfach nur zu sein. Die Physik selber hält heute Energie für den grundlegenden Bestandteil des Universums, während Materie und Bewegung nur verschiedene Formen dieses Bestandteils bedeuten. Was immer das Noumenon auch sein mag, so ist Energie, aus der die unendlich differenzierte Vielfalt der materiellen Objekte und ihrer Bewegungen besteht, seine unmittelbare Manifestation in der Welt der Phänomena. Wenn wir eine Bezeichnung für das Noumenon finden wollen, dann brauchen wir eine Bezeichnung für etwas, dessen Manifestation im Phänomenon ein bodenloser, unbewußter, unpersönlicher, lebloser, nicht-erfaßter und absolut sinnloser Trieb ist.

Schopenhauer definiert das Noumenon schließlich als eine Art selbst-unbewußten und in sich nicht differenzierten Trieb, der sich in allen Phänomena manifestiert, die die Welt der Erfahrung bevölkern. Einige dieser Phänomena haben sich auf eine Weise entwickelt, daß schließlich in ihnen Leben entsteht. Und einige dieser lebendigen Formen von Materie sind in stetigem Wandel begriffen und entwickeln schließlich Geist und Persönlichkeit. Bei diesem Prozeß sind Geist und alles, was mit Geist und bewußten Wesen zu tun hat, von drittrangiger Bedeutung. Grundlegend ist das Noumenon, was immer das nun sein mag, dann gibt es die materiellen Phänomena, in denen das Noumenon sich manifestiert, und einige dieser Phänomena verfügen über Geist. Mit anderen Worten, Geist ist etwas, das eine bestimmte kleine Untergruppe der physischen Objekte kennzeichnet. Er ist mit der materiellen Welt viel enger verbunden als mit dem Noumenon, es scheint sich dabei sogar entweder um eine Aktivität oder eine Begleiterscheinung von Materie zu handeln: Jeglicher Geist, den wir kennen, manifestiert sich in materiellen Objekten. Das alles führt uns dazu, den ursprünglichen metaphysischen Trieb, der sich in der Existenz manifestiert, »Wille« zu nennen. Wir bringen ihn dabei in keiner Weise mit Bewußtsein oder Geist oder Selbst-Wahrnehmung irgendeiner Art in Verbindung; er hat nichts mit Zielen, Wünschen oder Absichten zu tun, er ist auch nicht notwendigerweise mit Leben in Verbindung zu bringen, das höchst zufällig ist und genausogut niemals zu einer Existenz gelangt sein könnte. Der Begriff »Wille« bezeichnet etwas, das nicht nur Leben, sondern auch Materie vorausgeht, eine blinde, nicht-materielle, nicht-persönliche, nicht-lebende Kraft. In einer Wasserlache, einem Stein oder einem erloschenen Stern findet sich ebensoviel Wille wie in einem menschlichen Wesen oder einer menschlichen Handlung. Natürlich sind Menschen Manifestationen von Wille in diesem Sinn – Verkörperungen des metaphysischen Willens, des Willens des Noumenon – aber in genau demselben Sinn handelt es sich auch bei allen anderen physischen Objekten als Verkörperungen von Willen. Ehe irgendeine Form von Leben entstand, war das Universum eine Verkörperung von Willen. Der Existenzwille, den wir in uns selbst wahrnehmen, ist selber nicht dieser noumenale Wille, sondern dessen Manifestation im Phänomenon, und das gilt für alles, das ein mögliches Objekt des Wissens sein kann.

Nachdem er sich entschieden hat, den Begriff »Wille« so zu verwenden wie hier beschrieben, gibt Schopenhauer seinen Lesern noch eine Warnung mit auf den Weg. Seiner Ansicht nach sind alle, die die nötige Erweiterung des Konzepts von Willen nicht durchführen können, zum Verharren in einem permanenten Mißverständnis verurteilt. Diese Warnung verhallte jedoch ungehört, obwohl Schopenhauer damit nur allzu recht hatte. Obwohl er sie immer wieder und ausgesprochen deutlich wiederholt hat, ist seine Philosophie doch zumeist eher mißverstanden als verstanden worden, und das alles aus einem einzigen Grund: Generationen von Nichtlesern und Lesern haben ihm gleichermaßen die Behauptung unterstellt, das Noumenon sei Wille ungefähr in der üblichen Bedeutung dieses Wortes, weshalb unser unmittelbares, von innen her erworbenes Wissen um uns selbst, als Agens, uns auch Wissen um das Noumenon vermittelt. Obwohl sich auf vielfache Weise beweisen läßt, daß es sich bei diesen beiden grundlegenden Mißverständnissen wirklich nur um solche handelt, sind doch ganze Bücher verfaßt worden, in denen diese Mißverständnisse eine große Rolle spielen, und solche Bücher erscheinen auch heute noch – ganz zu schweigen von Eintragungen über Schopenhauer in Wörterbüchern, Lexika und Philosophiegeschichten. Wie es die bekannteren Beispiele von Hume und Kant schon gezeigt haben, so widerspricht die Aussage des Philosophen dermaßen unserem althergebrachten Denken, daß selbst intelligente Leser diese Aussage, wenn sie nicht sehr vorsichtig sind, in Begriffen von Ideen verstehen, die ihnen vertrauter sind, die sie aber in die Irre leiten.

Schopenhauer war nicht der erste große abendländische Philosoph, der die endgültige Wirklichkeit für eins und für undifferenzierbar hielt. Diese Vorstellung bildet sogar das Tor zur uns bekannten Geschichte des abendländischen Denkens. Parmenides, der als eigenständigster und wichtigster Philosoph vor Sokrates bezeichnet worden ist, vertrat diese Ansicht. Schopenhauer erwähnt Parmenides wiederholt und interpretiert ihn auf eine überzeugende Weise, die mit seinen eigenen Überlegungen übereinstimmt – er zitiert zum Beispiel die Behauptung des Parmenides, *Eros* sei das endgültige Prinzip, aus dem alles andere entsteht, und setzt diese Aussage in Beziehung zu seinem eigenen Lehrsatz über den metaphysischen Willen. (In diesem Punkt greift Parmenides dem Freudschen Konzept der Libido vor, Freud jedoch fußt in dieser Hinsicht direkt auf Schopenhauer.) Platon schildert uns eine (möglicherweise fiktive) philosophische Diskussion, die um das Jahr 450 v. Chr. zwischen Parmenides, damals bereits ein Greis, Zeno, damals in mittleren Jahren, und dem »sehr jungen« Sokrates stattgefunden hat. Zweifellos hat Sokrates einiges von Parmenides gelernt. Und das gilt auch für Platon. Platon übernahm die Ansicht des Parmenides, daß die endgültige Wirklichkeit mit menschlichen Sinnen nicht erkennbar sein kann und für die Menschen doch durch ihre Fähigkeit zum abstrakten Denken wahrnehmbar ist.

Platon baute diese Vorstellung zu seiner berühmten *Ideenlehre* aus, einer Lehre, die in seiner Philosophie dermaßen zentral steht, daß der Begriff »Platonismus« schon bald gerade diese Doktrin bezeichnete. Platon war davon überzeugt, daß die endgültige Wirklichkeit aus ewigen, unveränderlichen abstrakten Formen besteht, die außerhalb jeglicher Vorstellung von Raum und Zeit existieren, und die sich in allen materiellen Dingen manifestieren, die in dieser Welt unserer sinnlichen Erfahrung und Erkenntnis entstehen und wieder vergehen.

Alles ist immerwährender Wandel und schließlich Verfall. Doch die flüchtigen Dinge, die diese Welt bilden, sind immer unschärfere Kopien von etwas Dauerhaftem; nur die Kopien sind flüchtig, und immer wieder ersetzt eine die andere; das, was sie kopieren dagegen ändert sich niemals und ist ewig und immateriell. (Diese Lehre sollte in der Entwicklung des Christentums eine entscheidende Rolle spielen; nachweisbar haben die frühen Kirchenlehrer sich bewußt auf Platon bezogen.) Platon sieht das höchste erreichbare Niveau menschlichen Bewußtseins in der direkten Erkenntnis der Ideen; auf diesem Stadium hat das Bewußtsein das Materielle überwunden und ist mit dem zeitlos Abstrakten eins geworden. Platon hielt die Mathematik für den Königsweg zum Verständnis der raumlosen, zeitlosen Einheiten, die die endgültige Wirklichkeit ausmachen. Deshalb schrieb er über den Eingang zu seiner Akademie das Motto: »Laßt niemanden ein, der sich nicht mit Mathematik auskennt.« Der Schlüssel zum Verständnis der Welt unserer Erfahrung lag für ihn in der mathematischen Physik. Diese Überzeugung liegt seither der abendländischen Philosophie zugrunde, unterscheidet sie von anderen philosophischen Traditionen und hat dazu geführt, daß jede Revolution in der mathematischen Physik auch eine entsprechende Revolution in der Philosophie nach sich gezogen hat.

Die wichtigsten Protagonisten bei zwei dieser Revolutionen sind die beiden Philosophen, die Schopenhauer höher schätzt als alle anderen: Platon und Kant. In seinem ersten Buch nennt er sie gleich zu Anfang auf ein wenig verwirrende Weise den »göttlichen Platon« und den »verblüffenden Kant«. Er war aus vielen Gründen zu dieser Einschätzung gelangt, vor allem aber, weil beide auf so souveräne Weise aufzeigten, daß die empirisch erfahrbare Welt, inklusive der Objekte unserer unmittelbarsten Erfahrung und Wahrnehmung, keine endgültige oder auch nur unabhängige Wirklichkeit darstellt. Daß diese Erkenntnis weiterführende Erkenntnisse scheinbar unmöglich macht, war ihnen durchaus bewußt, und auch das war ein Grund, warum Schopenhauer sie so verehrte. Er hielt die von ihnen gemachte Erkenntnis für den wichtigsten Einzelschritt in der Philosophie, für das *sine qua non* jeglichen philosophischen Verständnisses, das diesen Namen überhaupt verdient. Er glaubte jedoch auch, daß Platon wie Kant sich irrte, wenn er seine Vorstellung von endgültiger Wirklichkeit im Plural formulierte, was für Schopenhauer nicht möglich war. Kant postulierte Dinge an sich, Platon postulierte Ideen. Schopenhauer wollte die Existenz der Platonischen Ideen durchaus nicht leugnen, er leugnete nicht einmal den Plural. Er stritt jedoch ihre Endgültigkeit ab. Seiner Ansicht nach konnten sie nicht endgültig sein, sowohl weil sie eine Mehrzahl waren – obwohl dieser Grund an sich schon ausgereicht hätte – als auch, weil sie untrennbar mit Erkenntnis verbunden waren. Nichts, das Wissen ist, oder das wir wissen können, ist endgültig.

Die Art, in der Schopenhauer die Platonischen Ideen in seine Metaphysik einbezieht, hat etwas Beunruhigendes. Er bringt sie erst recht spät zur Sprache, und inzwischen erwarten seine Leser im Grunde eine dualistische Sicht der totalen Wirklichkeit, die das Noumenon, das Schopenhauer in seiner spezifischen Verwendung dieses Begriffes als »Wille« definiert, und das Phänomenon, das aus der Vorstellung eines Willens und eines Intellekts besteht – daher der Titel seines Meisterwerkes *Die Welt als Wille und Vorstellung* – gleichermaßen berücksichtigt. Plötzlich jedoch stellt er in Form der Platonischen Ideen einen dritten Bestandteil vor. Diese Ideen, Plural und erfahrbar, können nicht zum Noumenon gehören. Aber sie gehören auch nicht ins Phänomenon. Sie stehen dazwischen. Nur durch ihre Manifestationen im Phänomenon erfahren wir überhaupt von ihrer Existenz, doch trotzdem sind ihre phänomenalen Manifestationen nicht *sie selber*. Nehmen wir zum Beispiel ein wissenschaftliches Gesetz: *Bei konstanter Temperatur ist das Volumen einer Gasmenge umgekehrt proportional zu ihrem Druck*. Nur durch die Beobachtung von konkreten Gasvolumen an konkreten Orten und zu konkreten Zeitpunkten können Menschen zur Kenntnis eines solchen Gesetzes gelangen. Das Gesetz an sich ist keine Form von freischwebender abstrakter Einheit, die wir auf irgendeine Weise unmittelbar »wissen« können. Doch jegliche individuelle Manifestation des Gesetzes ist nicht das Gesetz. Das Gesetz ist abstrakt und universal. Doch es wäre trotzdem Unsinn, diesem Gesetz außerhalb des Phänomenon irgendwelche Gültigkeit zuzuschreiben, außerhalb einer Welt also, in der es Raum und Gas und Erwärmung und Druck gibt. Das Gesetz existiert nur durch seine konkreten Manifestationen. Wir haben es also mit etwas zu tun, das abstrakt, unabhängig von Zeit und Raum und universal ist und sich doch nur im materiellen Phänomenon aus Raum und Zeit manifestiert – und in jeder Hinsicht mit dem Noumenon wesensmäßig übereinstimmt – während es gleichzeitig doch nur eins von vielen wissenschaftlichen Gesetzen ist, außerhalb des Phänomenons keinerlei Gültigkeit hat und in dieser Hinsicht aus dem Stoff und der Substanz des Phänomenons gemacht ist.

Schopenhauer scheint eine metaphysisch vermittelnde Kategorie dieser Art zu benötigen, um zu erklären, wie (und nicht warum, das hätte keinen Sinn) das Eine zum Vielen werden kann. Wissenschaftliche Gesetze sind die Platonischen Ideen, die sich hinter Struktur und Bewegungen von Materie in Zeit und Raum verbergen, also auch hinter der Entwicklung mancher Materie zu einem lebenden Organismus. Gattungen und Spezies sind die Platonischen Ideen, durch die jedes individuelle Lebewesen identifiziert werden kann: Hier haben wir eine Katze, dort einen Grashalm. Schopenhauer benötigt außerdem eine solche metaphysische Kategorie, um zu erklären, warum ein noumenales Eins, eine blinde, unpersönliche, richtungslose Kraft sich nicht in einem Chaos von form- und strukturlosen Objekten manifestiert, einem Chaos, in dem alles anders ist als alles andere. Das Phänomenon zeigt auf jeder Ebene eine ausgefeilte, tiefgreifende Struktur sowohl der Objekte als auch ihren Verhaltens, von der einzelnen Zelle bis zu den unvorstellbar riesigen Galaxien. Platonische Ideen sind gleichsam die grundlegende Grammatik, durch die das Noumenon in der Sprache des Phänomenons zum Ausdruck kommt.

Noch in einem anderen Zusammenhang scheint Schopenhauer die Platonischen Ideen zu Hilfe zu nehmen, nämlich in seiner Theorie der Kunst. Für alle Kunstformen, außer der Musik, gilt, daß sie individuelle Bestandteile des Phänomenon darstellen, darunter auch Menschen, und daß sie das auf eine Weise tun, die uns bewußt werden läßt, daß wir durch das Besondere ans Universale rühren. Es kann sich bei diesem Kunstwerk um ein Gemälde handeln, das etwas Undekoratives wie ein Paar alte Stiefel auf dem Boden eines ärmlichen Schlafzimmers zeigt, und doch scheint dieses Bild für uns etwas von universaler Bedeutung zum Ausdruck zu bringen. Was hier passiert, sagt Schopenhauer, ist, daß wir die Platonische Idee durch eine einzigartige Darstellung ihrer selbst erfahren, weshalb wir das Universale im besonderen wahrnehmen. Platon hielt die unmittelbare Erkenntnis der Dinge für die höchste Form von Bewußtsein, zu der Menschen überhaupt nur fähig sind; Schopenhauer stimmte ihm weitgehend zu und erklärte, daß Kunstwerke uns zu diesem Bewußtsein befähigen können. Ironischerweise lehnte Platon die Kunst ab, was Schopenhauer durchaus wußte. Platon betrachtete Kunstwerke als täuschende Kopien von Objekten, die selber immer schlechter werdende und flüchtige Kopien von Ideen waren und deshalb als täuschende Kopien von täuschenden Kopien; je attraktiver diese Kopien sind, um so mehr lenken sie unsere Aufmerksamkeit und unser Streben von den Ideen an sich ab, während unser höchstes Ziel doch in der Erkenntnis der Ideen liegen sollte. In dieser Hinsicht erschien die Kunst Platon als tödlich verführerische Bedrohung für die Unsterblichkeit unserer Seelen. In seinem Idealstaat sollte Kunst deshalb verboten werden.

Schopenhauer betrachtete wie Platon die Platonischen Ideen als die Münzstempel, mit denen das Noumenon die Währung dieser Welt herstellt und zahllose Objekte herstellt, die individuell existieren und doch gleich sind: Sie sind der Grund, aus dem jeder Buchfink wie jeder andere Buchfink ist, jeder Stern wie jeder andere Stern, jeder Grashalm wie jeder andere Grashalm. Wie Platon war auch er davon überzeugt, daß Menschen unmittelbares Wissen um diese Ideen erwerben können, war aber in bezug auf die Art und Weise dieses Wissenserwerbs anderer Ansicht: Platon hielt ihn für eine Art intellektuellen Mystizismus, der, weil intellektuell, nur außergewöhnlich begabten Geistern zugänglich ist. Schopenhauer glaubte, daß der Weg zum Wissenserwerb über Kunstwerke führe. Darüber hinaus gehen ihre Ansichten auseinander. Platon hält Ideen für endgültig und göttlich, Schopenhauer sieht in ihnen ein Zwischenglied zwischen dieser Welt und dem wirklich Endgültigen, dem Noumenon nämlich, das unerfahrbar, unbegreiflich, nicht-intellektuell (und zum Teil gerade aus diesem Grund als »Wille« definiert), eins und undifferenzierbar ist.

Es liegt für uns nahe, sagt Schopenhauer, das Phänomenon als Zusammenstellung von vier Ebenen von Objekten oder Einheiten zu sehen – ganz unten anorganische Materie, darüber, der Reihe nach, Pflanzen, Tiere und Menschen – und uns gegenüber jeder Entwicklungsstufe auf unterschiedliche Weise zu verhalten. Das haben die Menschen immer schon so gemacht, sagt er, und wenn wir in uns gehen, dann müssen wir feststellen, daß etwas anderes auch gar nicht möglich wäre. Er glaubt wie Schelling, daß die zweite, dritte und vierte Stufe durch einen kontinuierlichen Prozeß aus der ersten entstanden ist. Den größten Unterschied zwischen den Stufen sieht er nicht zwischen der vierten (Menschen) und dem Rest, sondern zwischen der ersten (anorganische Materie) und den übrigen – mit anderen Worten, zwischen Leben und Nicht-Leben; darin liegt eine einzigartige Abweichung von der aristotelischen Maxime, daß die Natur niemals eine Stufe überspringt. Die zweite, dritte und vierte Stufe der Objektivation des Willens bestehen lediglich aus Gattungen und Spezies (von denen es sich bei jeder um eine Platonische Idee handelt). Ein Entwicklungsprozeß führt zu immer höheren Ebenen von Verfeinerung und Komplexität der Strukturen und damit zu immer größerer Individualisierung, bis bei den Menschen ein Stadium erreicht ist, in dem jedes Individuum für sich selbst (genauer gesagt, er oder sie selbst) die Verkörperung einer einzigartigen Platonischen Idee ist und deshalb als »universales Individuum« bezeichnet werden könnte.

Bringen wir zwei dieser Vorstellungen zusammen – erstens, daß es die Aufgabe der Kunst ist, uns durch die Darstellung von individuellen Phänomena die Platonischen Ideen erkennen zu lassen, die sie verkörpern, und zweitens, daß das Phänomenon, das die Platonischen Ideen verkörpert, aus vier unterscheidbaren Stufen besteht. Die verschiedenen Kunstarten, sagt er, entsprechen bezüglich ihrer Eigenschaften (wenn auch nicht ausschließlich) den unterschiedlichen Stufen der Objektivation des Willens. Auf diese Weise erhalten wir eine Hierarchie der Künste. Ganz unten steht die Kunst, deren Materie die erste und niedrigste Stufe der Objektivation des Willens ausmacht, die anorganischen Elemente der Natur: gewaltige Massen von Steinen, Erde, Wasser. Also die Architektur. Kein anderes Medium kommt ihm gleich, was die künstlerische Verwendung der natürlichen Elemente angeht – Freiluft, wirklicher Raum, wirkliches Licht, wirkliche Materialien statt ihrer symbolischen Darstellungen, die wir auf Gemälden oder in der Sprache finden. Doch wenn wir Objekte aus der zweiten Stufe der Objektivation des Willens darstellen wollen – Blumen, Bäume, ganz allgemein pflanzliches Leben – dann ist die Architektur ein ungeeignetes Medium. Das »natürliche« Medium in diesem Fall ist die Malerei. Wenn wir die dritte Stufe erreichen, die des tierischen Lebens also, dann wird die Zweidimensionalität der Malerei zu einer Begrenzung. Der Körper eines Tieres, seine Masse, sein Gewicht, seine Ausdehnung, sein Gleichgewicht, seine Haltung, das alles läßt sich durch eine Skulptur sehr viel besser darstellen, kein Gemälde eines Pferdes kommt in seiner ästhetischen Wirkung einer gelungenen Statue gleich. Doch wenn wir auf der vierten und höchsten Stufe ankommen, dann reichen nicht einmal drei Dimensionen. Bildhauerei und Porträtmalerei sind schöne Künste, aber ihre Eignung für die Darstellung menschlicher Wesen wird durch das Fehlen einer zeitlichen Dimension eingeschränkt. Sie stellen fixierte Momente dar, doch wir brauchen auch ein Medium, das Ebbe und Flut des menschlichen Lebens und Empfindens darstellen kann, die Entwicklung von Empfindungen, Charakter, Beziehungen, das wechselnde Gleichgewicht innerhalb von Konflikten, die Entwicklung und Lösung von Krisen, den gesamten Lauf und die Vollendung persönlicher Schicksale; und für das alles ist die Sprache unerläßlich. Ein einziger Stimmungswechsel kann in einem lyrischen Gedicht zum Ausdruck kommen. Aber das gesamte Spektrum und das sich immer wieder verändernde Panorama des menschlichen Lebens läßt sich vor allem im Drama zeigen, das schließlich auf alle Ressourcen der Poesie zurückgreifen kann. Im poetischen Drama, wie in den großen Tragödien der Antike und vor allem den Stücken Shakespeares wird der Höhepunkt literarischer Möglichkeiten erreicht.

Wer im 20. oder 21. Jahrhundert Schopenhauer liest, wird sofort über die Frage stolpern, warum er die literarische Form des Romans nicht erwähnt. Die Antwort ist, daß zu der Zeit, als Schopenhauer seine Vorstellungen entwickelte, viele von den Büchern, die wir heute als »große Romane« betrachten, noch nicht geschrieben waren. Und diejenigen, die es bereits gab, hatte Schopenhauer zumeist nicht gelesen. Die Romankunst steckte damals noch in ihren Kinderschuhen, ihre Blütezeit stand noch bevor. Schopenhauer war begeistert von Sternes *Tristram Shandy* und Goethes *Wilhelm Meister*, er betrachtete sie einwandfrei als geniale Werke, aber selbst, wenn wir noch die Romane von Voltaire, Rousseau und Cervantes hinzunehmen, dann kann sich das doch kaum mit dem gewaltigen Schatz an poetischem Drama messen, der sich innerhalb der zweitausend Jahre zwischen Aeschylos und Schiller herangebildet hat und zu dem die größten lateinischen, englischen, französischen, italienischen und spanischen Bühnenautoren ebenso beigetragen haben wie die griechischen und deutschen. Hier ist einfach kein Vergleich möglich. Es lag also auf der Hand, daß Schopenhauer das poetische Drama für den Höhepunkt der literarischen Kunst hielt. Es wäre jedoch auch kein Problem, sollte der entsprechende Bedarf bestehen, den Roman in Schopenhauers Hierarchie der Künste unterzubringen.

Moderne Leser könnten weiterhin einwenden, daß die bisher erwähnten Künste allesamt vor allem darstellend sind. Was ist zum Beispiel mit abstrakter Malerei? Doch die gab es zu Schopenhauers Lebzeiten noch nicht. Noch heute dominiert sie in der visuellen Kunst nicht in dem Maße, wie es in der ersten Hälfte des 20. Jahrhunderts erwartet wurde: Heute erscheint sie wesentlich mehr als früher als ein in Zeit und Raum begrenztes Phänomen. Ich halte sie aber dennoch für eine Ausnahme von Schopenhauers Regeln. Ich glaube, er würde sie unter seine Theorie des ausschließlich Dekorativen aufnehmen – und auch das fiele heute wohl leichter, als man es vor siebzig Jahren zugegeben hätte.

Was in Schopenhauers Kunsttheorie bisher aber am auffälligsten fehlt, ist die Musik. Schopenhauer war der Meinung, daß seine Theorie auf Musik nicht zutreffe. Er hielt Musik für die einzige nicht-darstellende Kunst. Natürlich wußte er, daß manche Musik die Geräusche der Natur nachzuahmen versucht, Beethovens Symphonie *Pastorale* oder Haydns Oratorium *Die Jahreszeiten* zum Beispiel, aber das erschien ihm eher als »Klangeffekt« denn als richtige Musik, und er hielt es für einen bedauernswerten geschmacklichen Fehlgriff dieser ansonsten doch großen Komponisten. Wirkliche Musik ist ganz und gar abstrakt und stellt nichts aus der Welt des Phänomenon dar – weshalb sie uns nicht durch Beschreibung konkreter Einzelheiten zu einer Erkenntnis der Platonischen Ideen verhelfen kann. Sie geht an den Platonischen Ideen und den Darstellungen des Phänomenon vorbei. Musik ist, so Schopenhauer, eine direkte Manifestation des Noumenon. So wie das Phänomenon ist auch die Musik die Selbst-Manifestation des Noumenon in der Erfahrung. Sie ist die Stimme des metaphysischen Willens. (Diese Doktrin sprach Wagner außerordentlich an, nicht zuletzt, weil sie in Worte kleidete, was er selbst glaubte.) Musik zeigt uns das Innere von allem. Wenn wir die zu irgendeiner Szene, Handlung, Begebenheit oder Umgebung passende Musik hören, so Schopenhauer, dann scheint sie uns deren geheimste Bedeutung zu offenbaren. Dadurch fällt Musik in eine andere Kategorie als die anderen Künste und wird zu einer Art Über-Kunst. Sie beschreibt nicht das, was es auf der Welt gibt, sondern sie ist eine alternative Welt, eine Welt, die uns die tiefsten metaphysischen Wahrheiten offenbart, die Menschen überhaupt wahrnehmen oder artikulieren können, auch wenn wir sie natürlich begrifflich nicht erfassen. Nach Schopenhauer enthüllt der Komponist das innerste Wesen der Welt und äußert die tiefste Weisheit, und zwar in einer Sprache, die sein Verstand nicht erfassen kann.

Schopenhauer wußte natürlich, daß er in diesem Zusammenhang Sprache auf non-verbale Weise benutzen muß und daß er damit Dinge sagt, die auf den ersten Blick widersprüchlich wirken, doch dieser bildhafte, zeitweise fast schon poetische Sprachgebrauch ist die einzige Möglichkeit, das zu vermitteln, was Schopenhauer vermitteln möchte. Er unterscheidet sich deutlich von Fichte, Schelling und Hegel und deren Hang zu verdeckten Pseudo-Beweisführungen, wenn er sich alle Mühe gibt, seine Leser auf das Fehlen von überzeugenden Argumenten und die Widersprüche in seinen Aussagen hinzuweisen. Er schreibt selbst, es sei unmöglich, seine These zu belegen, denn diese beschreibe die Beziehung der Musik als Vorstellung zu dem Teil ihres Wesens, der niemals zur Vorstellung werden kann, und betrachtet Musik als Kopie eines Originals, das sich nicht darstellen läßt. Aus diesen Gründen überläßt Schopenhauer es den Lesern, ob sie seine Ansichten über die Auswirkungen von Musik und Denken teilen oder ablehnen.

Ich habe bereits erwähnt, daß ich auf Schopenhauers Philosophie in mancher Hinsicht so reagiere wie auf Kunst, daß ich aber darüber hinaus darauf eben reagiere wie auf Philosophie. Schopenhauers Philosophie ist selber ein Kunstwerk, und das gilt nur noch für das Werk eines anderen Philosophen, nämlich für Platon. Damit will ich sagen, daß sie neben allen Ideen und Erkenntnissen, Argumenten, Doktrinen und Analysen, aus denen sich jede systematische Philosophie zusammensetzt, auch selber ein darstellendes Symbol ist, ein Symbol der totalen Wirklichkeit nämlich. Ich glaube, daß Schopenhauer sich dieser Tatsache bewußt war und daß sie einer Aussage zugrunde liegt, die viele überrascht. Er sagt im Vorwort der ersten Ausgabe der *Welt als Wille und Vorstellung*: »Was durch dasselbe mitgetheilt werden soll, ist ein einziger Gedanke. Dennoch konnte ich, aller Bemühungen ungeachtet, keinen kürzeren Weg ihn mitzutheilen finden, als dieses ganze Buch.«* Die meisten Leser scheinen deshalb anzunehmen, daß dieser Gedanke in irgendeinem Zusammenhang mit der Behauptung stehen muß, daß die endgültige Wirklichkeit aus metaphysischem Willen bestehe. Es hat durchaus Versuche gegeben, diesen Gedanken in einen einzigen Satz zu fassen. Doch ich glaube, das ganze Buch ist der Gedanke und bringt eine einzige Idee auf dieselbe Weise zum Ausdruck, wie ein gelungenes Kunstwerk eine einzige Idee verkörpert. In diesem Fall handelt es sich um ein darstellendes Symbol der Dinge, so, wie sie sind (ähnlich zum Beispiel der Weise, in der Wagners *Ring* ein darstellendes Symbol der Dinge ist, so, wie sie sind). Selbst auf rein intellektueller Ebene muß Schopenhauers Werk mehr als das jedes anderen Philosophen, sogar mehr als das Spinozas, als Ganzes gelesen und verstanden werden –, da sonst der einzelne Lehrsatz unverständlich bleiben muß. Und ich fürchte, diese Tatsache hat zerstörerische Auswirkungen auf das, was ich im Moment zu leisten versuche.

In der Regel versuchen phantasievolle Autoren, ihren Lesern eine soeben gemachte Aussage mit den Worten »es war so, als ob ...« verständlich zu machen, worauf dann eine Metapher folgt, die es dem Leser vielleicht erstmals verdeutlicht, worauf der Autor eigentlich hinauswill. Einige der berühmtesten Passagen innerhalb der Literatur sind im Grunde ausgeweitete Metaphern, die nicht als wahre Beschreibungen verstanden werden sollen, sondern als Gleichnisse, die einen Zusammenhang verdeutlichen sollen, der in einer wortwörtlichen Beschreibung um einiges anders aussehen würde. Auch im normalen Gespräch gehen wir häufig

---

* Arthur Schopenhauer: *Die Welt als Wille und Vorstellung*, Bd. I, S. 7

so vor, und einige der vertrautesten Beispiele sind inzwischen zu Klischees geworden: »Der Boden schien sich unter mir aufzutun.« Häufig hören wir die Aussage: Je gewaltiger ein Erlebnis ist, je tiefer eine Empfindung, um so größer ist zumeist unser Bedürfnis, zu einer Metapher zu greifen, wenn wir es angemessen wiedergeben wollen. Metaphern scheinen also tiefer zu reichen als eine direkte Beschreibung. Und es muß einen Grund geben, aus dem Poesie in Bereiche vordringen kann, die für Prosa unzugänglich sind. Vielleicht haben wir deshalb auch in der großen Philosophie so häufig mit dem Vergleich »als ob« zu tun.

Die berühmteste Passage im Werk Platons, wenn nicht in der Philosophie überhaupt, ist das sogenannte *Höhlengleichnis* in der *Republik*. Dieses Gleichnis ist eine erweiterte Metapher für die grundlegende Wahrheit, daß wir die Objekte unserer unmittelbaren Wahrnehmung zwangsläufig für wirkliche und unabhängig existierende Gegenstände halten müssen, obwohl das gar nicht der Fall ist. Sie sind gewissermaßen vorüberhuschende Schatten, doch mit dem Menschenleben verhält es sich nun einmal so, daß wir im normalen Alltag nicht wissen können, was erkenntnistheoretische Objekte wirklich sind oder wie sie entstehen. Im *Timaios*, der jahrhundertelang als wichtigster Platonischer Dialog galt, finden wir einen Schöpfungsmythos, in dem ein göttlicher Handwerker dem Chaos Ordnung aufzwingt. Myles Bunyeat, ein führender Platon-Forscher, sagt dazu: »Er wollte das gesamte Universum als Produkt einer der Unordnung aufgezwungenen Ordnung sehen, und unter Ordnung verstand er mathematische Ordnung. Darin unterscheidet er sich natürlich recht weitgehend von der Genesis. Platons göttlicher Handwerker ist mathematische Intelligenz, die sich in der Welt an die Arbeit macht... Natürlich ist das eine sehr allgemeine Annahme, wie sich auch die Annahme, das gesamte Universum sei ein Produkt der der Unordnung aufgezwungenen Ordnung, weder ganz allgemein noch in ihren komplizierten Verästelungen beweisen läßt. Platon ist sich dieser Tatsache durchaus bewußt; sie ist für ihn ein weiterer Grund, seinen Lehrsatz in einen Mythos einzuhüllen. Trotz allem diente dieser Mythos als ausschlaggebende Inspiration für etwas, das Platon wirklich sehr ernst nahm: für ein Forschungsprogramm, für das er die damals führenden

Mathematiker der Akademie einsetzte.«* Ein weiterer unvergeßlicher Mythos des Platon, vorgebracht im *Symposion*, erzählt, daß die Menschen einstmals ganzheitliche Geschöpfe waren, die dann in männliche und weibliche Hälften aufgespalten wurden, und daß seither jedes dieser unvollständigen Wesen voller Verzweiflung seine andere Hälfte sucht, um endlich wieder heil und ganz zu sein.

Viele andere Philosophen haben mythische oder poetische Metaphern von bleibender Bedeutung geprägt: Heraklit mit seinem Fluß, in den wir niemals zum zweiten Mal steigen können, Pythagoras mit seiner Sphärenmusik, Descartes mit seinem boshaften Dämon, Hobbes mit seinem Naturzustand, Rousseau mit seinem »Edlen Wilden«, Hegel mit seiner Parabel von Herr und Knecht, Wittgenstein mit seiner in einer Flasche gefangenen Fliege. Und diese Liste ließe sich noch verlängern. Doch es gibt einen tieferen Sinn, in dem jegliche beschreibende und systematische Philosophie als Versuch, Realität in Sprache zu fassen, metaphorisch wird. Der Philosoph sagt: »So sind die Dinge«, und das wird ausgelegt, zumindest gelegentlich, als »sie sind, als ob...« Diese Ausdrucksweise, die durchaus nicht ausweichend ist, ermöglicht es der Philosophie, tiefer zu gehen als das sonst möglich wäre. Es gibt bekannte philosophische Lehrsätze, aus denen einfach nicht deutlich wird, ob der Philosoph sie als wörtlich zu verstehende Wahrheit meint oder als aufklärende Metapher. Bekannt ist in dieser Hinsicht Lockes »Staatsvertrag«, niemand weiß so recht, ob er ihn als historische Tatsache oder als juristische Fiktion verstanden hat. Und ich meine, daß das auch keinen großen Unterschied macht: Er sagt, daß eine Regierung nur dann legitim ist, wenn sie die Zustimmung der Regierten findet, so als beruhe sie auf einem Vertrag, den beide Seiten freiwillig unterzeichnet haben. So müssen wir Regierungen auffassen und beurteilen, sagt Locke, so können wir sie am besten verstehen. Und ob nun irgendwann in prähistorischen Zeiten ein Vertrag abgeschlossen worden ist oder nicht, spielt (meiner Ansicht nach) für Lockes Anliegen keine weitere Rolle. Und meine Ansicht wird von vielen anderen geteilt.

Dasselbe kann auch für die Metaphysik gelten. Wenn Scho-

---

* Bryan Magee: *The Great Philosophers*, S. 27

penhauer sagt, daß Menschen so miteinander umgehen, wie sie es tun, weil sie hinter einer trügerischen Fassade aus Trennung und Differenzierung allesamt in ihrem tiefsten Wesen eins sind, dann weiß ich nicht, ob das wortwörtlich zu verstehen ist oder nicht. Aber ich kann sehen, daß die Menschen sich so verhalten, *als ob* diese Beschreibung zuträfe – und diese Wahrnehmung kann unser Verständnis der menschlichen Natur vertiefen. Schopenhauers Lehrsatz, so metaphorisch er auch sein mag, verfügt sogar über weissagende Kraft: Wenn wir Menschen so betrachten, als sage dieser Lehrsatz die Wahrheit, dann können wir uns besser vorstellen, wie sie sich verhalten werden. Diese Tatsache weist meiner Ansicht nach darauf hin, daß der Lehrsatz in irgendeiner Form oder Gestalt eine wichtige Wahrheit enthält, auch wenn die Gestalt nicht wortwörtlich zu sehen ist und die Wahrheit vielleicht unvollständig ist. Wir wollen schließlich nicht nur die Philosophie verstehen, sondern die Wirklichkeit. Und alles, was unser Verständnis vertieft, bringt uns weiter. Wenn wir also eine philosophische Idee verwerfen, die die Wirklichkeit erhellt, weil wir an ihrer Formulierung oder Logik etwas auszusetzen haben, bedeutet das, daß wir das Ziel der Philosophie vergessen haben und in die Irre gelaufen sind. Inakzeptable, aber erhellende Lehrsätze sind wie Kreuze auf einer Landkarte, die zeigen sollen, wo der Schatz vergraben ist; wir wissen dann, wo wir suchen müssen. In unserem Fall zeigen die Kreuze uns, wo wir in irgendeiner wichtigen Hinsicht falsch abgebogen sind. Aber inakzeptable Lehrsätze können nur dann erhellend sein, wenn wir die Wirklichkeit in ihrem Licht betrachten; wer sich ausschließlich mit den Lehrsätzen und ihrer Analyse befaßt, sieht nur, daß sie inakzeptabel sind und wird keine weitere Erkenntnis gewinnen.

Schopenhauers Philosophie ist ein überzeugenderes Beispiel für diesen Sachverhalt als die irgendeines anderen Philosophen. Ich habe durchaus meine Zweifel an der wortwörtlichen Wahrheit vieler seiner Lehrsätze, bin mir jedoch sicher, daß sie wirklich erhellend wirken können. Manchmal ertappe ich mich dabei, daß ich seinen ersten und zweiten Schritt für absolut wahr halte, um dann beim dritten meine Meinung zu revidieren. Ein Beispiel dafür wäre Schopenhauers Behauptung, daß Kant sich irrt, wenn er Vernunft als Grundlage von Ethik sieht. Die Grundlage von Ethik, sagt Schopenhauer, ist Mitgefühl, und wir empfinden untereinander Mitgefühl, wir identifizieren uns miteinander, weil wir im Noumenon auch wirklich eins sind. Ich glaube auch, daß Kant sich irrt, wenn er Vernunft und nicht Mitgefühl für die Grundlage der Ethik hält, beide Behauptungen erscheinen mir als ganz und gar wahr. Aber ich weiß nicht, ob Schopenhauers Erklärung für die scheinbar paradoxe Tatsache zutrifft, daß wir Mitgefühl empfinden. Wie gesagt, sie erscheint mir als überraschend erhellend, Menschen, so wie ich selbst, verhalten sich zumeist – und, was mich betrifft, empfinden anderen gegenüber – wirklich so, *als sei* diese Erklärung die Wahrheit. Und wenn ich mir im Licht dieses Lehrsatzes zwischenmenschliche Beziehungen ansehe, dann kann ich sie besser verstehen. Aber daraus folgt natürlich nicht, daß wir es hier mit der Wahrheit zu tun haben. Und vielleicht ist es ja keine Wahrheit, zumindest keine *wörtlich* zu verstehende. Ich verharre also auf der Ebene des »als ob«. Das ist positiver als Ablehnung oder Unglaube, denn ich gewinne auf diese Weise ein größeres Verständnis, doch es ist nicht dasselbe wie Glaube.

Ähnlich geht es mir auch mit Schopenhauers Lehrsatz über den metaphysischen Willen und sogar bei gewissen Aspekten seiner Unterscheidung zwischen Noumenon und Phänomenon – und das nicht in erkenntnistheoretischer Hinsicht, sondern bezogen auf Werte. Ich bin davon überzeugt, daß unser Empfinden für Moral, Schönheit und den Sinn des Lebens jenseits unserer Welt der Beobachtung und Erfahrung wurzelt, und Erklärungen, die in der diesseitigen Welt liegen und in biologische, historische, soziale oder psychologische Begriffe gekleidet werden, erscheinen mir als unzulänglich und tiefgreifend falsch. Sinn und Wert des Lebens scheinen in einer Ordnung zu wurzeln, die sich von der diesseitigen sehr stark unterscheidet, in einem Bereich, zu dem wir niemals Zugang gewinnen können, der uns für immer ein Geheimnis bleiben muß. Wenn Wittgenstein im *Tractatus* behauptet, daß unser Empfinden der Welt außerhalb der Welt liegen muß, daß innerhalb dieser Welt keine Werte existieren, und wenn es sie gäbe, dann wären sie wertlos, daß Ethik sich nicht in Worte fassen läßt, da sie transzendental ist, und daß die Lösung des Rätsels von Zeit und Raum *außerhalb* von Zeit und Raum liegt, dann gibt er damit auch meine Sicht der Dinge wieder. Doch bisher habe ich keine Möglichkeit entdeckt, um festzustellen, ob die Dinge wirklich so sind, wie ich sie sehe. Ich lebe deshalb so, *als gäbe* es außerhalb des Phänomenons noch ein Noumenon mit Werten und Bedeutung, ohne zu wissen – und wissend, daß ich nicht weiß – ob das nun stimmt oder nicht. Das ist eine höchst unbefriedigende Situation, aber es ist meine Situation, und ich weiß nicht, wie ich mich daraus befreien könnte. Ich lehne den meiner Ansicht nach religiösen Schritt ab, meine »Als-ob«-Wahrnehmungen als Offenbarungen zu betrachten und an sie zu glauben wie an Wahrheiten. Das würde mir als ungerechtfertigt erscheinen. Vielleicht sieht ihre wahre Erklärung so aus, wie ich es mir niemals vorgestellt hätte, und wie ich es mir vielleicht gar nicht vorstellen könnte. Anzunehmen, ich wüßte, wie diese Erklärung aussieht, würde bedeuten, etwas anzunehmen, von dem ich weiß, daß ich es nicht weiß.

Es gibt eine uns zugängliche Ebene metaphysischen Verstehens, die wir in der gesamten Philosophie finden, sie ist nicht wortwörtlich zu verstehen und doch von großem Wert, und wir dürfen sie weder mit religiösem Glauben noch mit gesichertem Wissen verwechseln. In dieser Hinsicht läßt Philosophie sich mit Kunst vergleichen. Aber Menschen mit einer vor allem auf Logik oder auf Sprache basierenden Herangehensweise scheinen diese Dimension gemeinhin nicht wahrzunehmen.

Es gibt viele seriöse Methoden, um sich der Philosophie zu nähern, zwei davon sind offenbar vor allem verbreitet. Manche suchen in der Philosophie Erkenntnisse, ein neues Verstehen der Realität; sie suchen Aufklärung, neue Einsichten, neue Wahrheit. Andere erwarten nicht, das alles in der Philosophie zu finden; sie beziehen ihre Vorstellung vom Wesen der Dinge aus anderen Quellen, wie dem gesunden Menschenverstand, den Naturwissenschaften, einer Religion oder aus einer Mischung aus allen dreien (es gibt jedoch auch noch andere Quellen). Diese Menschen erhoffen sich von der Philosophie Klarheit und vielleicht auch Rechtfertigung für ihre bereits vorhandenen wichtigsten Überzeugungen. Solchen Menschen wird vermutlich die Analytische Philosophie, bei der es vor allem um die Klärung von Begriffen geht, besonders attraktiv erscheinen. Ich dagegen gehöre zur ersten Sorte: Ich erhoffe mir von der Philosophie Aussagen über das Wesen der Dinge. Analytische Philosophie ist auf untergeordneter Ebene durchaus interessant, und ich habe mich sehr ausgiebig damit befaßt, aber als philosophisches Konzept ist sie hoffnungslos unzulänglich, vor allem weil sich damit keine grundlegenden Probleme lösen lassen. Die Lösung wichtiger und interessanter Probleme erfordert immer wieder neue Ideen, neue erklärende Theorien, und danach, und nicht nach einer Analyse, halten wir bei genialen Philosophen Ausschau. Es gibt viele fähige Fachleute, die jegliche Kombination von Argumenten oder Konzepten professionell analysieren können, dazu sind nur ein gewisses Minimum an fachlicher Kompetenz, Zeit, Konzentration, Gründlichkeit und Fleiß vonnöten. Sicher ist es harte Arbeit, und wer dabei über das normale Niveau hinauskommt, kann es im Fach durchaus weit bringen. Aber der Unterschied zwischen diesem Vorgehen und dem Entwickeln neuer Ideen ist wie der Unterschied zwischen einem Musikwissenschaftler und einem Komponisten.

Ich gehe davon aus, daß ein Philosoph mit analytischer Herangehensweise den Widerspruch beispielsweise in Schopenhauers Überlegungen zur Musik erkennt, diese Überlegungen deshalb verwirft und sich nicht weiter den Kopf darüber zerbricht. Doch Schopenhauer sagt ja selbst, daß ihm diese Widersprüche durchaus bewußt sind. Er versucht an diesem Punkt eine Wahrnehmung einigermaßen in Worte zu fassen, bei der das eigentlich gar nicht nötig ist, und er braucht nicht nur die Nachsicht seiner Leser, sondern ihre aktive Mitarbeit, um sich verständlich machen zu können. Und was er sagen will, greift sehr tief. Mindestens zwei der größten Komponisten, die nach ihm gelebt haben, Wagner und Mahler, halten seine Auffassung von Musik für die tiefstgreifende, die je in Worte gefaßt worden ist.

Damit haben wir ein hervorragendes Beispiel für zwei Wahrheiten, die für das Werk der großen Philosophen ganz allgemein gelten. Eine dieser Wahrheiten besagt, daß alles, was schwer zu verstehen ist, Anstrengung erfordert – und das erfordert guten Willen, ohne den keine Anstrengung möglich ist. Deshalb reicht Intelligenz allein zum Verstehen nicht aus; wir müssen verstehen *wollen* und bereit sein, uns der nötigen Anstrengung zu unterziehen. Wenn wir von Anfang an mißtrauisch, argwöhnisch, kritisch ans Werk gehen, hindern wir uns oft am Verstehen. Ich will hier nicht einer unkritischen Herangehensweise das Wort reden, ich ziehe nur eine notwendige Trennlinie zwischen zwei Stadien: Wir müssen einen Sachverhalt zuerst verstehen, ehe wir ihn auf intelligente und effektive Weise kritisieren können; Verständnis muß der Kritik vorausgehen. Daß jemand versucht, etwas zu verstehen, muß nicht bedeuten, daß er es auch gutheißt, wenn er zu diesem Verständnis gelangt ist. Der gute Wille, ohne den kein Verständnis möglich ist, schiebt das kritische Urteil also nur auf, statt es zu verhindern.

Die zweite wichtige Wahrheit ist, daß die wertvollsten Lehren, die wir bei den großen Philosophen finden können, nicht durch die Analyse ihrer Logik oder ihrer Begriffe zu erkennen sind, sondern nur, indem wir die Realität im Licht ihrer philosophischen Aussagen betrachten. Schopenhauer sagt zum Beispiel, daß seine Leser seine Aussagen über Musik nicht nur akzeptieren oder verwerfen werden, weil seine Aussagen eine bestimmte Wirkung auf die Leser ausübt, sondern auch, weil Musik eine bestimmte Wirkung hat. Er geht davon aus, daß seine Leser Musik nun im Licht seiner philosophischen Vorschläge betrachten werden. Für mich als Leser ergibt sich also die Frage: Wie weit, wenn überhaupt, vertieft sich mein Verständnis vom Wesen der Musik, wenn ich sie im Lichte von Schopenhauers Aussagen betrachte? (Die Antwort ist übrigens: ganz beträchtlich.) Dasselbe gilt für alle oder auf jeden Fall für die meisten philosophischen Lehrsätze und für die Philosophie als Ganzes: Bringt es mich wirklich weiter, wenn ich diese Frage im Licht von X's Erklärung betrachte? In der Philosophie werden nur wenige Wahrheiten postuliert. Einige Philosophen glauben sogar, daß es keine Wahrheit gibt. Philosophie handelt zumeist von unterschiedlichen Möglichkeiten, um Dinge zu betrachten. Ein eigenständiger Philosoph sagt uns zum Beispiel: »Du wirst das besser verstehen, wenn du es *so* betrachtest.« Wenn wir ganz am Ende aus einer bestimmten Philosophie die letzten Tropfen Saft herausquetschen, dann lohnt es sich bisweilen, auf eine genaue Analyse zurückzugreifen, vorher empfiehlt es sich jedoch nur selten. Davor sollten die Prozesse intellektueller Einfühlung, geteilter Vision, phantasievoller Erkenntnis und eine »Als-ob«-Sichtweise ausgehend von unserem jeweiligen Standpunkt stehen.

Schopenhauer wußte sehr wohl, daß Philosophie in dieser Hinsicht große Ähnlichkeit mit Kunst haben kann. Wenn wir ein Theaterstück besuchen oder einen Roman lesen, dann kann dieses Werk uns oft in seine eigene Welt versetzen. Wir schauen nicht nur in Gedanken, Herzen und Leben von Menschen, die anders sind als wir, und gewinnen eine Vorstellung davon, was es für ein Gefühl ist, diese Menschen zu sein; wir sehen auch den Rest der Welt durch ihre Augen. Und wir beginnen zu verstehen, wieviel anders alles schließlich aussehen kann, als es uns in der Regel als normal und wirklich erscheint. Tolstois Romane führen uns in eine ganz eigene, die von Dostojewski in eine davon sehr unterschiedliche, die von Turgenjew schließlich in eine abermals ganz andere Welt. Wenn ich einen solchen Roman lese, dann werde ich in diese besondere Welt hineingezogen, die ich mit den Augen des Autors sehe und auf die ich mit seiner Sensibilität reagiere. Das bedeutet nicht, daß ich, Bryan Magee, die Welt so sehe wie Dostojewski, oder daß ich ihn in jeder Hinsicht oder in überhaupt irgendeinem Punkt zustimme. Ich kann die Welt seiner Romane durchaus für absolut unwirklich halten, seine Personen für unwirkliche Personen, kann glauben, daß er sich in vieler Hinsicht doch sehr irrt. Aber während ich sein Buch lese, stecke ich in seiner Haut und seinem Kopf. Und das Ergebnis sind dann eine erweiterte Wahrnehmung und ein größeres Verständnis meiner eigenen Welt, meiner eigenen Erfahrung und eine Bereicherung meiner Sichtweise. Genau dasselbe gilt auch für geniale Philosophen. Wie erscheint uns die Wirklichkeit, wenn wir sie mit den Augen Descartes' sehen? Oder mit Lockes, Spinozas oder Kants? Jede Sichtweise zeigt uns eine andere Welt, und vielleicht halten wir keine davon für die wirkliche, doch wir können trotzdem aus jeder etwas lernen. Wir können selbst aus einer Philosophie, die wir für einen katastrophalen Irrtum halten, etwas lernen – wie ich zum Beispiel vom Marxismus. Was wir aus der Philosophie lernen, besteht normalerweise nicht aus zutreffenden Lehrsätzen, sondern, und das ist wichtiger, aus neuen Sichtweisen, aus neuen Möglichkeiten, die Dinge zu *sehen*. Eine Herangehensweise, die sich darauf beschränkt, die Logik von Argumenten oder die Verwendung von Begriffen zu analysieren, fristet ein beschränktes, mit Scheuklappen versehenes Dasein auf dem untersten möglichen Niveau von Existenz, das dieses Thema überhaupt zu bieten hat.

Die metaphysischen Visionen der Philosophen lassen sich empirisch nicht verifizieren, und das gilt für die Empiriker wie für alle anderen. Wenn Locke oder Descartes uns das Universum als gewaltige, aus kleineren Maschinen zusammengesetzte kosmische Maschine zeigen, in dem alle Maschinen denselben wissenschaftlichen Gesetzen unterliegen, dann ist das keine wissenschaftliche Theorie, die Beobachter untersuchen und auf die Probe stellen können, sondern es ist eine Sicht der Dinge, die doch auf alle, die diese Sicht akzeptieren, eine Vielzahl von Auswirkungen haben wird. Wenn dagegen Schelling die Wirklichkeit nicht als Maschine beschreibt, sondern als einen einzigen, großen lebendigen Organismus, weshalb sie eher als quasi-organischer Entwicklungsprozeß denn als mechanischer Ablauf verstanden werden sollte und daß dieser Prozeß in den höchsten Produkten des menschlichen Geistes zu einem gewissen Selbstverständnis gelangt, dann gibt es keine Experimente, durch die naturwissenschaftlich orientierte Beobachter diese Ansicht gegen die von Locke abwägen könnten, um zu entscheiden, welche, wenn überhaupt eine von beiden, nun »wahr« ist. Daraus zu schließen, daß es sich bei einer solchen Weltsicht nur um Worte handelt, deshalb also um einen erfundenen Haufen von Unsinn – um eine Ladung sinnloser Metaphysik – wäre ein grundlegender Irrtum. Diese metaphysischen Visionen liegen unseren Forschungsprogrammen zugrunde, damals bei Platon und zweitausend Jahre später bei den empirischen Naturwissenschaftlern. Immer wieder muß die Frage gestellt werden: »Ist es erhellend, und sei es nur vorübergehend, die Wirklichkeit so zu betrachten?« Wenn ja, dann ist die Vision von Wert. Wenn wir zwei Modelle erhellend finden, dann sind sie beide von Wert. Die Tatsache, daß sie einander widersprechen und daß eine deshalb falsch sein muß, wenn die andere wahr ist, kann daran nichts ändern. Und das gilt übrigens in den sogenannten »exakten« Wissenschaften wie in der Philosophie. Das in unserer Zeit berühmteste Beispiel ist die Unvereinbarkeit von Relativitätstheorie und Quantentheorie, die beide korrekte Ergebnisse erzielen und die beide von denselben Wissenschaftlern angewandt werden, obwohl sie nicht beide wahr sein können. Keine der Philosophien, auf die ich in diesem Buch eingegangen bin, ist als konkrete Wahrheit gänzlich akzeptabel oder wird von mir ganz und gar übernommen, aber alle werfen sie, jede aus ihrer eigenen Position, Licht auf unsere Sicht der Dinge.

Kaum jemand kann sich der Unzulänglichkeiten meiner Darstellung einzelner Philosophen deutlicher bewußt sein als ich selber. Und deshalb kann dieses Werk auch nur als Einführung betrachtet werden. Vor allem Schopenhauers Werk ist so reich, daß ich ein eigenes Buch darüber geschrieben habe*, und auch das ist nur eine Einführung. Der wichtigste Aspekt der Schopenhauerschen Philosophie, an den ich mich nicht herangewagt habe, ist seine Darstellung des ontologischen Status der erkenntnistheoretischen Phänomena. Wenn sie keine Objekte sind, die unabhängig von unserer Erfahrung sind, und wenn sie auch nicht unsere geistigen Produkte sind, was können sie sonst noch sein? Schopenhauer liefert zu diesem Punkt einige der tiefgreifendsten Überlegungen, die jemals angestellt worden sind. Aber es wäre unmöglich, ohne längere vorausgehende Erörterungen einen zusammenhängenden Überblick zu liefern, nicht zuletzt, weil Schopenhauer dabei auf einer sehr ausführlichen und komplizierten Analyse Kants aufbaut. Ich bitte meine Leser, sich darüber an anderer Stelle zu informieren, vielleicht in meinem anderen Buch, am besten aber direkt bei Schopenhauer.

Als ich mein Buch über Schopenhauer schrieb, diskutierte ich seine Philosophie mit einem genialen Philosophen, mit Karl Popper nämlich; doch das erwies sich nicht als so fruchtbar, wie ich gehofft hatte. Popper hatte seit vielen Jahren nicht mehr Schopenhauer gelesen, und bei jeder unserer Meinungsverschiedenheiten schloß er sich am Ende meiner Ansicht an. Doch immerhin machte er ein oder zwei wichtige Bemerkungen. Wie für Wittgenstein, so war auch für Popper Schopenhauer der erste Philosoph gewesen, den er gelesen hatte. Beide griffen schon als Teenager zu Schopenhauer, und das aus dem Grund, daß er im Wien ihrer jungen Jahre der meistdiskutierte Modephilosoph war. Poppers Vater, ein bekannter Rechtsanwalt, hatte in seinem Arbeitszimmer ein Porträt Schopenhauers hängen (wie übrigens auch Wagner und Tol-

---

* Bryan Magee: *The Philosophy of Schopenhauer*

stoi) und hielt in der lokalen Freimaurerloge Vorträge über Schopenhauer. Weil Schopenhauer seine Leser aufforderte, Kant zu lesen, befaßte auch Popper sich mit Kant, der dann zu seinem Leitstern wurde, bis er selbst stehen konnte und seinen eigenen Weg fand. Popper sagte einmal zu mir, er habe ganz bewußt von Schopenhauer die Methode übernommen, an die er sich dann sein ganzes Leben lang hielt, nämlich, sich jedem philosophischen Problem durch seine Geschichte zu nähern. Zuerst wird alles untersucht, was ernstzunehmende Denker der Vergangenheit dazu zu sagen hatten, um von ihnen soviel wie möglich zu lernen, um sie jedoch auch zu kritisieren, und vor allem, um die Gründe klarstellen zu können, aus denen sie gescheitert sind und das Problem nicht gelöst haben, dann sollten wir unsere eigene Lösung finden und nach besten Kräften dafür argumentieren. Er sagte auch, er habe erst durch Schopenhauer Kant wirklich verstehen können. Bei Schopenhauer gebe es, so Popper, mehr »gute Ideen« als bei jedem anderen Philosophen außer Platon. Und am Ende seines Lebens hatte er Angst, sein Werk könne von Fachphilosophen ebenso vernachlässigt werden wie Schopenhauers. Weil ich seine Ansichten also so genau kannte, war ich zutiefst gerührt, als er mir eine Erstausgabe der *Welt als Wille und Vorstellung* vermachte, in die er die Widmung geschrieben hatte: »Für Bryan, in Liebe, zur Erinnerung an Arthur und Karl«.

ZWEIUNDZWANZIGSTES KAPITEL

Philosophie im Fernsehen

Mein Buch über Schopenhauers Philosophie war wirklich eine Liebhaberarbeit, die mich zehn Jahre beschäftigte, wenn auch nicht ausschließlich. Ich fing 1973 damit an, als mich ein Lehrauftrag ans All Souls College in Oxford geführt hatte, das fertige Buch erschien dann 1983, einen Monat, nachdem ich nach neun Jahren und vier Monaten als Abgeordneter meinen Sitz im Unterhaus verloren hatte. Mein Hauptziel bei der Arbeit an diesem Buch war nicht, Schopenhauers Ideen an eine größere Öffentlichkeit zu bringen, ich wollte mich selbst ausgiebiger damit befassen. Egal, womit ich mich während dieser zehn Jahre sonst noch beschäftigte, immer hatte ich Schopenhauer im Hinterkopf. In mancher Hinsicht war dieses Jahrzehnt die glücklichste Phase meines intellektuellen Lebens, denn ich hatte endlich Grundlagen und Ursprünge meiner eigenen Fragen erkannt. Ich befaßte mich dabei durchaus nicht nur mit Schopenhauer, mich faszinierte auch sein Einfluß auf andere, was mich bestimmte andere Denker mit ganz neuen Augen sehen ließ – zum Beispiel Nietzsche, Freud und Wittgenstein – und mich zu Wagner und einer Reihe von Romanciers wie Turgenjew, Conrad und Hardy zurückführte. Ich las die Philosophen, die Schopenhauer mit soviel Haß und Gift angegriffen hatte – Fichte, Schelling und Hegel – und vor allem die Fichte-Lektüre brachte mir großen Gewinn. Ich las noch einmal die *Upanischaden*, die Schopenhauer jeden Abend vor dem Schlafengehen zur Hand nahm. Kein anderes meiner Bücher bedeutete für mich eine so umfassende Erfahrung, höchstens vielleicht *Facing Death*. Als mein Schopenhauer-Buch dann endlich veröffentlicht wurde, enthielt es die bis dahin ausführlichste Darstellung von Schopenhauers Einfluß auf Wittgenstein und Wagner in englischer Sprache. Das Kapitel über Wagner war übrigens länger als mein gesamtes Buch *Aspects of Wagner*.

Ich konnte diese Arbeit leisten, weil ich mir während meiner Zeit als Abgeordneter jeden Morgen dafür reservierte, zumeist arbeitete ich zu Hause. Ich ging selten vor der Mittagszeit ins Unterhaus, blieb dann aber sehr lange, oft bis zum frühen Morgen (aber das taten alle Abgeordneten). Alle Arbeiten, für die ich meine parlamentarische Sekretärin brauchte, wurden nachmittags erledigt. Morgens schrieb sie dann das von mir am Vortag diktierte ins reine. Nach dem Mittagessen ging ich in mein Büro, unterschrieb ihre Reinschriften. Am Wochenende konnte ich meiner literarischen Arbeit oft mehr als nur den Morgen widmen, und während der Parlamentspausen wurde sie zu meiner Hauptbeschäftigung – die erste lange Sommerpause füllte ich mit dem Schreiben von *Facing Death*, das dann im Jahre 1977 erschien.

Damals war es nichts Besonderes, daß ich den Morgen mit einer Tätigkeit verbrachte, die in keinem Zusammenhang zu meinen Pflichten als Abgeordneter stand. Dutzende von Anwälten im Parlament machten es so, ebenso wie die vielen Parlamentsmitglieder, die in der Londoner Innenstadt oder im Finanzwesen tätig waren. Nicht wenige waren kleine Geschäftsleute mit eigenen Firmen, die ihre Aufmerksamkeit verlangten, wenn sie überleben sollten. Der einzige ungewöhnliche Aspekt meiner außerparlamentarischen Arbeit war eben, daß ich schrieb – doch es gab auch andere Abgeordnete, die Bücher schrieben, und diese Bücher befaßten sich durchaus nicht alle mit Politik.

Während meiner Zeit als Abgeordneter entstand außerdem meine erste Fernsehserie über Philosophie, *Men of Ideas*. Der damalige Chef der BBC 2, Aubrey Singer, hatte mein Buch über Popper gelesen und hielt es für das, was sein Haus gern einem größeren Publikum vermitteln wollte. Zuerst wollte er, wie er mir später erzählte, mich mit einer einstündigen Dokumentation über Karl Popper und dessen Werk beauftragen. Doch eines Morgens im Badezimmer ertappte er sich dann bei folgendem Gedanken:

Warum nur Popper? Es gab ja schließlich noch andere bekannte Philosophen: Jean-Paul Sartre und Heidegger waren international berühmt, während der englische Sprachraum Namen wie A. J. Ayer, Isaiah Berlin, Chomsky aufweisen konnte... Warum also keine Fernsehserie über zeitgenössische Philosophie, die einige dieser Namen einem größeren Publikum bekanntmachen, ihre Werke umreißen und die wichtigsten und interessantesten Entwicklungen im Fach erläutern könnte? Als ich über dieses Projekt informiert wurde, war die Planung schon so weit fortgeschritten.

Seltsamerweise war zunächst Aubrey Singer von seinem Projekt überschwenglich begeistert, während ich zögerte. Ich konnte mir das fertige Produkt einfach nicht vorstellen. Wenn ich dem Thema Gerechtigkeit widerfahren lassen wollte, dachte ich, dann müßten die Sendungen für das normale Fernsehpublikum unverständlich bleiben – wenn ich jedoch Sendungen machte, die das normale Fernsehpublikum verstehen könnte, dann würde ich mein Thema fast bis zur Unkenntlichkeit vereinfachen müssen. Deshalb lehnte ich Aubreys Aufforderung ab. Aber er ließ nicht locker und schlug vor, seine Idee im Rahmen einer Pilotsendung auszutesten. Ich erwiderte, eine einzige erfolgreiche Pilotsendung sei weiterhin keine Garantie dafür, daß auch fünfzehn Sendungen machbar sein würden. Na gut, sagte Aubrey, dann eben zwei Piloten – nur mußten diese aus finanziellen Gründen auch innerhalb der Serie verwendbar sein, wenn daraus nun etwas wurde.

Ich konnte dieser Aufforderung nur schwer widerstehen – doch sie anzunehmen bedeutete, daß ich mir auch ein Konzept für die gesamte Serie machen müßte. Ich bat um vollständige redaktionelle Kontrolle über die Sendungen, was gewährt wurde. Und damit war das Projekt in Gang. Meine beiden Pilotsendungen unterschieden sich dann nicht sonderlich von den anderen der insgesamt fünfzehn Folgen der Serie, vielleicht waren sie gerade aus diesem Grund zuverlässige Indikatoren. Mir kam es darauf an, daß die Sendungen für Laien verständlich und interessant sein sollten, ohne das Thema zu verzerren. Anders als ich es erwartet hatte – und mir war auch nicht in jedem Fall klar, wie ich das geschafft hatte – gelang es mir offenbar, eine sehr feine Grenze zwischen Unzugänglichkeit und Trivialisierung zu ziehen und die Teilnehmer an den Sendungen auf dieser Grenzlinie balancieren zu lassen.

Die einzelnen Sendungen wurden während der Jahre 1975–77 eingespielt und dann von Januar bis April 1978 zweimal pro Woche ausgestrahlt. Schon ziemlich zu Anfang der Serie schrieb die *Times*: »Was Reichweite und Seriosität angeht, so hat es im öffentlichen Rundfunk bisher nichts Vergleichbares gegeben.« Nach der letzten Folge schrieb der *Daily Telegraph*: »Die Reihe hat weltweites Interesse geweckt.«

Die einzelnen Folgen fielen in unterschiedliche Kategorien. Manche führten in den historischen Hintergrund zeitgenössischer Entwicklungen ein, das war zum Beispiel der Fall bei Marxismus, Logischem Positivismus und dem Werk Wittgensteins – ohne dieses Hintergrundwissen wäre es einfach nicht möglich gewesen, die damaligen Entwicklungen zu verstehen. Andere Sendungen stellten einen bekannten Zweig der Philosophie dar – Ethik, Politologie, Wissenschaftstheorie, Sprachphilosophie. Andere zeigten berühmte Bewegungen auf – Frankfurter Schule, Existentialismus, Sprachanalyse. In weiteren Folgen führten prominente Philosophen in ihr Denken ein – Chomsky, Quine, A. J. Ayer, Isaiah Berlin, Marcuse. Insgesamt wurde die Reihe zu einer so umfassenden und interessanten Darstellung der damaligen philosophischen Szene, wie es von einer Fernsehserie überhaupt nur erwartet werden konnte. Natürlich war sie nicht perfekt. Manche Bereiche unserer Themen mußten ausgelassen werden, weil sie für ein Fernsehpublikum doch zu kompliziert waren – Logik zum Beispiel. Fehlende englische Sprachkenntnisse auf seiten Sartres und Heideggers (der dann zu Beginn der Aufzeichnungen im Frühjahr 1976 starb) waren der Grund, warum ich sie, zu meinem großen Kummer, nicht einladen konnte, sondern ihr Werk von anderen vorstellen lassen mußte. Mein größter Kummer war, daß Susanne K. Langer und Karl Popper aus persönlichen und gesundheitlichen Gründen nicht mitmachen konnten. In Poppers Fall war das fast schon eine Ironie des Schicksals, da die Serie doch aus dem Wunsch heraus geboren worden war, Poppers Denken zum Thema einer Fernsehsendung zu machen. Und da er meiner Ansicht nach der beste lebende Philosoph war, kam es mir ein bißchen vor, als führte ich den *Hamlet* auf, ohne darin den Prinzen von Dänemark auftreten zu lassen. Aber auch ohne Popper erschien das Projekt mir als lohnend, und ich war zwar enttäuscht, ließ mich aber nicht entmutigen.

Die vielen Jahre, in denen ich mich in Philosophie vertieft hatte und meine Jahre als Fernsehmitarbeiter, flossen beide gleichermaßen in diese Serie ein. Ich war mit beidem inzwischen so vertraut, daß ich gelassen dazwischen wechseln konnte. Jede inhaltliche Entscheidung wurde mit Blick auf das Interesse der Fernsehzuschauer getroffen, schon allein, was Thema und Mitwirkende anging. Da die einzelnen Folgen jeweils als Einführung in ihr Thema geplant waren, brauchte nicht jedesmal ein weltberühmter Philosoph im Mittelpunkt zu stehen. Wenn eine weniger prominente Persönlichkeit eine interessantere Darstellung liefern konnte, dann wurde eben sie eingeladen. Das Fernsehpublikum hatte vermutlich von beiden noch nie gehört. Es ist erstaunlich, wie viele Fachphilosophen dermaßen Status-orientiert waren (sie bestanden darauf, den bekanntesten Spezialisten einzuladen, die »Autorität«, kraft derer sie ihrer Ansicht nach einfach das Interesse des Publikums bannen würden) und das Problem der Vermittlung so wenig sahen, daß sie das nicht verstanden. Einer fragte mich damals: »Wieso ist denn der Mensch, der das beste Buch der letzten zwanzig Jahre über Spinoza veröffentlicht hat, nicht der richtige Gesprächspartner für deine Sendung über Spinoza?« Viele mögliche und hochbegabte Teilnehmer disqualifizierten sich in meinen Augen, da sie sich dermaßen der Aufgabe gewidmet hatten, Schwierigkeiten, Feinheiten und Komplexität in den Griff zu bekommen, daß sie sich kaum noch einfach, direkt und klar ausdrücken konnten – und daß sie das oft auch gar nicht wollten, weil sie befürchteten, ihr Ruf könne dadurch Schaden nehmen. Die wirklich großen Namen – Chomsky, Quine, Berlin, Ayer und sogar Marcuse – waren da ganz anders, im Gegensatz zu den weniger bedeutenden, unsichereren. Chomsky war mit seiner Sendung sehr zufrieden, denn er glaubte, nie vorher seine grundlegenden Vorstellungen auf eine so schlichte Weise ausgedrückt zu haben; Quine behauptete auch, sonst noch nie seine philosophische Herangehensweise so klar und direkt dargestellt zu haben.

Der Wunsch, so weit wie möglich zu kommunizieren und verstanden zu werden, gerät oft in Konflikt mit dem Wunsch, zu beeindrucken. Viele Menschen fühlen sich gezwungen, sich unklar auszudrücken, weil sie nicht besonders viel zu sagen haben, und je klarer sie reden, um so offensichtlicher wird dieses Manko. Sie können nur gewichtig und wichtig erscheinen, wenn sie ihre Vagheiten in imponierende Ausdrücke kleiden. Wenn ihr Erfolg im Leben davon abhängig ist, daß sie andere beeindrucken, und wenn sie nichts Besonderes zu sagen haben, dann fällt es ihnen zumeist sehr schwer, dieser Versuchung zu widerstehen, selbst dann, wenn sie wissen, was sie da tun (aber zumeist gehört zu diesem Verhalten auch ein ziemliches Maß an Selbstbetrug).

Ich hatte lange Besprechungen mit den Mitwirkenden, ehe wir dann ins Studio gingen – wir diskutierten, welche Themen in welcher Reihenfolge zur Sprache kommen sollten, und wie wir die schwierigsten Sachverhalte auf möglichst klare, strukturierte Weise in Worte fassen könnten. Selbst bei den Aufnahmen für die Sendung scheute ich nicht davor zurück, so oft wie nötig und so ausgiebig wie möglich einzugreifen, um die gemachten Aussagen für so viele Zuschauer wie möglich so verständlich wie möglich werden zu lassen. Ich strebte nicht nur Klarheit im Satzbau an, eigentlich war der klare Satzbau mir gar nicht so schrecklich wichtig. Es ging mir um klare Strukturen. Die Zuschauer sollten zu jedem Zeitpunkt genau verstehen, worum es hier ging, warum dieses Thema gerade jetzt behandelt wurde, und wie es zur jeweiligen Diskussion gekommen war. Auf diese Weise wurde den Zuschauern eher noch als durch klare Sätze verständlich gemacht, wovon die Rede war – aber natürlich war mir auch an klaren Sätzen gelegen.

Die Reaktion der Zuschauer war überwältigend. Während der vier Monate, in denen die Serie ausgestrahlt wurde, wurde ich jeden Tag mehrmals auf der Straße, in U-Bahnstationen, in Geschäften, Restaurants und Theaterfoyers und an anderen öffentlichen Plätzen angesprochen, was mir bei meinen früheren Sendungen in diesem Umfang nun doch nicht passiert war. Und es war ganz deutlich, daß meine Gesprächspartner von den Sendungen so begeistert waren, wie sie es noch nie oder nur selten erlebt hatten. Viele bezeichneten die Serie als die beste, die sie je gesehen hatten. Sie begeisterten sich weniger für die Persönlichkeiten oder deren Auftritt, sondern für die Ideen. Eine solche intensive Diskussion über Ideen war für sie etwas Neues, und die Ideen erschienen ihnen noch dazu als Offenbarung. Viele baten mich um Buchtips zu Themen, die ihr besonderes Interesse erregt hatten. Und das zeigte abermals, daß es für seriöse philosophische Ideen, die auf seriöse Weise vorgestellt wurden, ein sehr großes potentielles Publikum gab.

Noch viele Jahre danach erzählten mir Freunde von der Universität, daß viele Studienanfänger auf die Frage, warum sie Philosophie studieren wollten, meine Sendereihe anführten. Auch innerhalb der akademischen Gemeinschaft kam sie gut an. Natürlich wurde auch Kritik geübt. Mir wurde vorgeworfen, ich hätte Menschen gezeigt, die über Philosophie *redeten*, statt zu *philosophieren*. Die Kritiker meinten, meine Gäste hätten Ad-hoc-Analysen von Lehrsätzen und Argumenten liefern sollen, denn so sah ihre Vorstellung von der Aufgabe der Philosophie aus. Aber ich hatte mich dieser Vorstellung ja immer schon widersetzt: Wie der Titel *Men of Ideas* schon andeutete, sind philosophische Ideen und nicht deren Analyse das Hauptinteresse der Philosophie. Natürlich sind auch die Analysen wichtig, doch sie können den Ideen immer nur Hilfsdienste leisten. Auf jeden Fall schien es auf der Hand zu liegen, daß es unmöglich wäre, das Fernsehpublikum auf Dauer mit einer ausgedehnten philosophischen Analyse zu fesseln – von fünfzehn solcher Analysen ganz zu schweigen. Und wie wenig wäre erreicht worden, wenn wir uns darauf beschränkt hätten! Das Publikum hätte nur wenig über den derzeitigen Stand der Philosophie erfahren, es hätte höchstens einen Eindruck davon erhalten, wie sich eine philosophische Analyse anhört.

Manchen Philosophen machte natürlich auch ein gewisser Berufsneid zu schaffen. Sie konnten sich nicht mit der Tatsache abfinden, daß sie für das große Publikum unbekannt bleiben sollten, während ihre Arbeiten doch in Fachkreisen so geschätzt wurden und während ich in Verbindung mit Philosophie zu Prominenz gelangte. Sie fanden, sie hätten diesen Ruhm eher verdient als ich und wollten mir deshalb eins auswischen. Drei oder vier verhielten sich auf eine Weise, die sie seither sicher bereut haben. Die übrigen gestanden ihre Eifersucht mit trockenem Humor ein. Ein oder zwei sahen keine andere Rettung, als ihre eigenen Fernsehprogramme zu machen, und sie gaben sich wirklich große Mühe, scheiterten am Ende aber daran, daß sie zu wenig Ahnung vom

Medium Fernsehen hatten. Ihre Sendungen beeindruckten die Öffentlichkeit nicht. Einer von ihnen glaubte, ich hätte meinerseits das Medium Fernsehen nicht richtig genutzt, weil meine Sendungen fast nur aus Diskussionen bestanden hatten, und er setzte sich das Ziel, Sendungen zu machen, die größere Ähnlichkeit mit anderen Fernsehprogrammen hatten. Das gelang ihm auch, führte aber dazu, daß man das Thema der Sendung vergaß, während man sie sich ansah. Ein anderer stellte sich dermaßen in den Mittelpunkt, daß es nur noch peinlich war. Wenn diese Sendungen überhaupt irgendeine Wirkung hatten, dann zweifellos die, das öffentliche Interesse an Philosophie im Fernsehen zu schwächen.

Die BBC jedoch war mit *Men of Ideas* so zufrieden, daß sie mir die Redaktion einer weiteren Reihe antrug. Die Arbeiten an *Men of Ideas* waren allerdings für mich dermaßen zeitraubend gewesen, daß ich mich nicht sofort an das nächste Projekt dieser Größenordnung einlassen mochte. Wir führten Anfangsgespräche, die dazu führten, daß mir eine fünfzehnteilige Geschichte der abendländischen Philosophie angeboten wurde. Diese Einladung sollte ich zunächst für mehrere Jahre ruhen lassen. Als ich dann aber im Juni 1983 meinen Sitz im Unterhaus verlor und meinen Lebensunterhalt auf andere Weise verdienen mußte, leitete ich zunächst eine lange Serie von Diskussionsprogrammen im Fernsehen, die den Titel *Thinking Aloud* trug und machte mich dann, im Frühjahr 1985 –, genau zehn Jahre nach Beginn der Arbeiten für *Men of Ideas* – an die Vorbereitungen zu *The Great Philosophers*. Wie zuvor brauchte ich auch hier zweieinhalb Jahre, um die Serie fertigzustellen. Sie wurde im Winter 1987–88 ausgestrahlt.

Drei der Folgen von *Men of Ideas* hatten sich den Werken toter Philosophen gewidmet – Marx, Wittgenstein und Heidegger – und ich fühlte mich jetzt imstande, eine ganze Serie mit solchen Sendungen zu machen. Meine bisherigen Erfahrungen – vor allem das, was mir an meinen früheren Serien nicht so gut gefallen hatte – zeigten mir, wie solche Sendungen aufgebaut werden sollten, was dazu führte, daß die einzelnen Folgen von *The Great Philosophers* besser wurden, als sonst zu erwarten gewesen wäre. Die neue Serie war insgesamt besser als *Men of Ideas* und hatte vielleicht aus diesem Grunde auch noch größeren Erfolg. Die erste

Folge war Platon gewidmet, die letzte Wittgenstein, dazwischen wurden Aristoteles, mittelalterliche Philosophie, Descartes, Spinoza und Leibniz, Locke und Berkeley, Hume, Kant, Hegel, Marx, Schopenhauer, Nietzsche, Husserl, Heidegger, die amerikanischen Pragmatiker und Frege und Russell vorgestellt.

Ich wußte, daß die Zuschauer nicht fünfundvierzig Minuten lang erbarmungslos mit immer neuen und oft komplizierten Ideen bombardiert werden durften. Wenn ich in einem Seminarraum mit ihnen gesprochen hätte, dann hätte ich lange Pausen einlegen können, in denen sie das eben Gehörte durchdachten und mir dazu vielleicht Fragen stellten; im Fernsehen sind lange Pausen nicht erlaubt, und das Publikum kann keine Fragen stellen. Ich löste dieses Problem durch Wiederholungen an besonders ausgewählten Stellen. Ich versuchte die Momente in einer Diskussion zu erkennen, an denen die Zuschauer aller Wahrscheinlichkeit nach eine Pause zum Nachdenken oder Bilanzieren brauchten, und in solchen Momenten brachte ich das Gespräch dann durch eine Bemerkung zum Stillstand wie: »Das kommt mir ganz besonders wichtig vor. Ich möchte es noch einmal zusammenfassen, um sicherzugehen, daß ich Sie wirklich richtig verstanden habe, ehe wir weitermachen.« Statt das zu wiederholen, was mein Gegenüber gerade gesagt hatte, brachte ich meine eigene Darstellung des betreffenden philosophischen Lehrsatzes; ich machte also auf meine Weise das, was auch mein Gesprächspartner gerade gemacht hatte, der Zuschauer erhielt auf diese Weise eine Darstellung eines philosophischen Lehrsatzes, auf den sofort eine andere Darstellung dieses Lehrsatzes folgte. Da ich über größere Erfahrungen mit dieser Art von Kommunikation verfügte als mein Gast, war meine Darstellung zumeist die leichter verständliche; und auf jeden Fall war es für mich von Vorteil, daß ich sofort an eine andere Darstellung desselben Sachverhaltes anschließen konnte. Viele Zuschauer stellten fest, daß sie mich, aber nicht meinen Gesprächspartner verstehen konnten – was dann für viele Jahre Anlaß zu Witzen in der Presse und im Gespräch bot. Ich erhielt Hunderte von Briefen von Zuschauern, die fragten, warum ich überhaupt Gesprächspartner brauchte, statt alles selbst zu erklären. Das wiederum machte mir klar, daß mein besessener Wunsch nach klarer Ausdrucksweise mich dazu bringen konnte, zuviel zu reden, und deshalb setzte ich mir die Regel, nie mehr als ein Drittel einer Sendung für mich zu belegen (die einzige Ausnahme war die über Schopenhauer). Da ich in allen fünfzehn Folgen zu sehen war, während mein Gesprächspartner jeweils wechselte, hätte es den Eindruck erweckt, ich redete die ganze Zeit, wenn ich soviel Zeit für mich in Anspruch genommen hätte, wie für meinen Gast reserviert war. Wenn mein Gast aber doppelt so viel sprach wie ich, dann schien alles ausgeglichen und gerecht zu sein.

Beide Serien wurden in allen wichtigen englischsprachigen Ländern mit Ausnahme der USA ausgestrahlt, dort lehnte man sie als zu anspruchsvoll ab. Ich bin sicher, daß dieses Urteil nicht zutraf, denn überall sonst fanden sie beim Publikum großen Anklang, sogar in einigen nicht englischsprachigen Ländern wie Dänemark und den Niederlanden. Es gab zu beiden Serien Bücher, die ihr eigenes Leben führten, sie wurden zunächst von der BBC und dann als Taschenbücher von der *Oxford University Press* veröffentlicht. Sie wurden ins Japanische, Chinesische, Koreanische, Spanische, Italienische, Portugiesische, Hebräische und Türkische übersetzt. *The Great Philosophers* war einige Wochen lang in den Bestsellerlisten zu finden, es war das einzige meiner Bücher, dem das glückte.

Einige Monate nach Veröffentlichung meines Buches *Men of Ideas* wurde ich vom damaligen türkischen Premierminister, Bülent Ecevit, nach Ankara eingeladen, um darüber zu diskutieren. Aus meinem Buch spreche, so Ecevit, eine kritische Vernunft, die er in der Türkei propagieren wollte, deren grundlegende Traditionen dieser Vernunft zuwiderliefen. Der Islam hatte kritische Abweichler immer auf drakonische Weise gestraft. Die Familienstrukturen waren hierarchisch – selbst Eltern beugten sich ihren eigenen Eltern, wenn über Familienangelegenheiten Entschlüsse gefaßt werden mußten. Und überall im Erziehungsbereich wiederholten Studenten, die nichts anderes gewagt hätten, unkritisch das, was sie von ihren Lehrern hörten. Ecevit als Premierminister hätte mit katastrophalen Folgen rechnen müssen, wenn er sich in Familienangelegenheiten eingemischt oder sich mit den Vertretern der organisierten Religion angelegt hätte; was er jedoch auf systematische Weise beeinflussen konnte, war das Erziehungssystem. Die Frage war also im Grunde, wie die

Werte der kritischen Vernunft ins türkische Schulwesen einfließen könnten.

Ich bildete mir nicht ein, viel über die Zustände in der Türkei zu wissen, deshalb äußerte ich mich vor allem zu Fragen der Lehrerausbildung und besprach zwei Tage lang mit Kabinettsmitgliedern die damit verbundenen praktischen Probleme. Unter anderem wurde ich gebeten, eine Liste von Büchern aufzustellen, die ins Türkische übersetzt werden sollte, was ich auch tat. Unsere guten Absichten führten jedoch zu keinem oder nur zu einem geringen Resultat. Sechs Monate später wurde Ecevit gerade wegen dieser Politik durch einen Militärputsch gestürzt und konnte die verlorene Macht später nie mehr zurückgewinnen. (Während meines Besuches kam es jeden Tag zu politischen Morden, und ich wurde überall von Leibwächtern begleitet, die sogar vor der Toilettentür Wache standen.) Für mich war es nicht nur eine faszinierende und lehrreiche Erfahrung, sie erwies sich einige Jahre später, als mich Regierungen osteuropäischer Länder, die sich von Jahrzehnten der kommunistischen Diktatur freizumachen versuchten, um ähnliche Hilfe baten, als von geradezu unschätzbarem Wert.

DREIUNDZWANZIGSTES KAPITEL

Die Grenzen
der Analytischen Philosophie

Der unterschätzte Philosoph R. G. Collingwood hat immer wieder betont, daß in jeder beliebigen historischen Epoche tiefe Überzeugungen herrschen, die von den jeweiligen Zeitgenossen geteilt werden – nicht unbedingt bewußt, aber wie selbstverständlich; und daß diese Überzeugungen von späteren Generationen oft nicht angenommen werden. Daher sind die großen intellektuellen Debatten, die zwischen Zeitgenossen stattfinden, oft gar nicht das, wofür die Diskussionsteilnehmer sie halten. Sie glauben, gegensätzliche Positionen zu vertreten; doch wenn das zuträfe, dann müßte doch eine dieser Positionen die Wahrheit sein. In den Augen ihrer Nachkommen jedoch irren sich bisweilen beide Seiten, da beide auf der gleichen allgemein akzeptierten Überzeugung basieren.

Es liegt also nahe, über die Grundüberzeugungen unserer eigenen Zeit nachzudenken. Ich habe diese Frage einmal einem außergewöhnlich intelligenten Freund gestellt, und seine spontane Antwort lautete: »Daß wir denken können.« Daß seine Antwort so schnell kam, wies darauf hin, daß er offenbar nicht lange darüber nachgedacht hatte.

Auf weniger tiefem Niveau, dafür aber häufiger, finden wir innerhalb von breiten Bewegungen Überzeugungen, die nicht einmal für ihr eigenes Zeitalter allgemeingültig sind. Die meisten intellektuellen, künstlerischen oder religiösen Bewegungen haben Überzeugungen, die niemand, der wirklich zu dieser Bewegung gehören will, ernstlich in Frage stellen würde. Bis vor kurzem galt das in allen christlichen Kirchen für den Glauben an Gott und die Göttlichkeit Jesu. Obwohl die christlichen Kirchen sich untereinander heftig bekämpft und die Mitglieder konkurrierender Kirchen gefoltert und ermordet haben, so glaubten doch alle ihre Anhänger an Gott und die Göttlichkeit Jesu. Gleichzeitig war diese Überzeugung vielen Menschen, die weit entfernt von ihnen und ihren Kriegen lebten, vollständig fremd. Im 20. Jahrhundert galt man für die meisten Kommunisten nur als echter Sozialist, wenn man an die grundlegende Korrektheit des Marxismus glaubte; und es gab unterschiedliche Arten von Marxisten – Stalinisten und Trotzkisten zum Beispiel – die über Fragen der Parteidoktrin durchaus zum Mörder wurden. Und doch gab es immer große Mengen von anderen Sozialisten, die sich nicht zum Marxismus bekannten.

Ich glaube, daß auch in der Welt der Fachphilosophie solche Entwicklungen zu beobachten sind, wenn ihre Auswirkungen bisher auch harmloser waren. Um die Mitte des 20. Jahrhunderts mußte fast überall im englischen Sprachraum ein Philosoph sich zur Analytischen Philosophie bekennen, wenn er von seinen Kollegen ernst genommen werden wollte – während zugleich unter den Analytischen Philosophen wütende Auseinandersetzungen tobten. Bei diesen Auseinandersetzungen waren alle Seiten davon überzeugt, daß kontinentale Philosophen (so wurden sie in England zumeist genannt) eigentlich gar keine echten Philosophen waren, sondern zumeist Scharlatane, denen nicht einmal interessante Irrtümer unterliefen, und die man deshalb getrost ignorieren konnte. Innerhalb der Analytischen Tradition lösten die verschiedenen Moden einander ab – ich habe in diesem Buch ja schon die Herrschaft des Logischen Positivismus geschildert, die dann der der Sprachanalyse weichen mußte. Beide Bewegungen gehören inzwischen der Vergangenheit an, so sehr, daß seither andere Moden dominiert haben und ebenfalls schon wieder in Vergessenheit geraten sind. Da ich diese Wechsel selbst durchlebt und voller Interesse, wenn auch nur als Außenstehender, beobachtet habe, würde ich gern ihre Geschichte erzählen, aber diese Geschichte würde leider nur wenige Fachleute interessieren. Der Australier John Passmore, ein hervorragender moderner Historiker der englischsprachigen Philosophie, sagte einmal zu mir, als er die Werke der führenden Fachphilosophen seiner Zeit noch einmal las, um sie in seinen Büchern zusammenfassen zu können: »Wenn diese Autoren zu ihrer und zu meiner Zufriedenheit die Fragen gelöst hätten, mit denen sie sich befaßt haben, dann wüßte ich jetzt – was?« Und die durch diese rhetorische Frage nahegelegte Antwort hätte gelautet: »Nicht sehr viel.« Ich war da ganz seiner Ansicht, ich hielt die Werke der besagten Autoren für nahezu inhaltsleer. Nicht weil sie unfähige Autoren gewesen wären, sondern weil sie sich in ihren Überzeugungen irrten. Allem lag die Tradition zugrunde, in der sie sich bewegten, die Analytische Tradition, die nun einmal hohl war. Ich glaube nicht, daß innerhalb dieser Tradition große Philosophie möglich ist, ich glaube nämlich nicht, daß sich durch Analyse irgendein wirklich substantielles Problem lösen läßt. (Sie können nun einwenden, daß die Analytischen Philosophen das auch nicht glauben.)

Ich habe bereits erzählt, wie die Analytische Methode, die Russell und Moore vertraten, nachdem sie sich vom Neuhegelianischen Idealismus, in dem sie großgeworden waren, losgesagt hatten, innerhalb der Universitätsphilosophie dermaßen dominant wurde, daß sie schließlich für die Philosophie an sich gehalten wurde. Philosophie galt nun nur noch als Analyse, Abklärung und Rechtfertigung unserer interessanten oder wichtigen Überzeugungen und deshalb unserer Gründe und Argumente, unserer Verwendung von Begriffen und unserer Methoden. Diese Ansicht liegt allen wetteifernden Schulen und Moden zugrunde, die sich seither innerhalb der Analytischen Tradition entwickelt haben. Und diese gemeinsame Überzeugung macht all ihre Bemühungen zunichte. Wer dieser Überzeugung folgt, muß auch davon überzeugt sein, daß es keine erstrangigen philosophischen Probleme gibt, und wenn doch, daß sie von technischer Art sind und sich ausschließlich mit Philosophie befassen. Abgesehen davon: Wenn Philosophie nur aus der Analyse der Probleme und der Definition von Theorien besteht – und in der Rechtfertigung unserer Einschätzung von Theorien und Problemen – dann sind die Probleme und die Theorien an sich der Philosophie von außen oktroyiert.

Moore vertritt die Ansicht, daß die meisten Probleme, die gemeinhin als »philosophisch« betrachtet werden, sich aus der Unfähigkeit ergeben, den gesunden Menschenverstand walten zu lassen, und daß sie sich mit diesem durchaus lösen lassen würden – dahinter steckt die Vorstellung, die jedoch nicht immer ausgesprochen wird, daß der gesunde Menschenverstand die Welt im Grunde richtig sieht, und daß das, was uns als philosophische Probleme erscheint, auf künstliche Weise durch irgendeine Art von Über-Intellektualisierung entstanden ist. Moore hat einmal gesagt, daß die Welt ihm keine Probleme aufzeige, über die er philosophieren wollte – daß ihn nur der Unsinn, den so viele Philosophen von sich geben, zum Philosophen gemacht habe.

Russell sah das ganz anders. Er verachtete den gesunden Menschenverstand, hielt ihn für oberflächlich und blind und sah mit Recht, daß viele spannende Wahrheiten unauffällig sind und sich oft sogar einer direkten Wahrnehmung widersetzen. Er hielt die Naturwissenschaften für die seit Jahrhunderten interessantesten und nützlichsten Quellen für das Wissen über uns und unsere Welt, doch die endlose Flut naturwissenschaftlicher Entdeckungen nimmt für uns zumeist den Charakter von Offenbarungen an. Er erkannte jedoch auch, daß die Naturwissenschaften und die Mathematik, die die meisten ausgiebig nutzen, ihr eigenes Wesen niemals erklären können. Seine wichtigsten philosophischen Arbeiten bestanden deshalb in dem Versuch, unseren Glauben an Naturwissenschaft und Mathematik zu rechtfertigen, indem er ihre rationalen Grundlagen darstellte. (Er hielt Mathematik für einen Schatz an Wissen über die Wirklichkeit, bis der junge Wittgenstein ihn davon überzeugen konnte, daß es sich bei mathematischen Wahrheiten um Tautologien handelte.)

Russell stimmte mit Moore und den späteren Analytischen Philosophen in dem Glauben überein, sehr viele unserer Äußerungen fänden in einer grammatikalischen Form statt, die uns ihre logische Form verbirgt, weshalb letztere – und damit Bedeutung und Wahrheitswert unserer Äußerungen – sich nur durch Analyse ermitteln läßt, weshalb die Analyse so wichtig ist. Er wäre jedoch nie auf die Idee gekommen, Analyse, mit den Worten Ryles, für die »einzige und ganze Funktion der Philosophie« zu halten. Bis zu seinem Tod vertrat er die Überzeugung, daß Ryles Auffassung eine Abkehr von den grundlegenden Aufgaben der Philosophie bedeute, nämlich dem Versuch, die Welt zu verstehen. Woraus sich ergeben mußte, daß die Analytiker im Grunde aufgehört hatten, Philosophen zu sein.

Der junge Wittgenstein glaubte, daß alles wahre Wissen um die Welt aus Beobachtung und Erfahrung stamme und daß der größte Wissensschatz in den Naturwissenschaften zu finden sei. Doch auf sehr Kantianische Weise, die ihm vor allem von Schopenhauer vermittelt worden war, glaubte er auch, daß die Dinge, die für uns von größter Bedeutung sind, unerfahrbar seien – das Wesen von Ethik und Werten, die Bedeutung von Leben und Tod, der Sinn der Welt überhaupt. Seine Einstellung zu diesen Fragen war in gewisser Hinsicht die des Mystikers – zum Beispiel, wenn er auf die Frage, was die Welt ausmacht, antwortete, daß die Welt tatsächlich existiert. Doch er glaubte, teilweise unter dem Einfluß der Fregeschen Logik, daß keine zusammenhängende Frage gestellt werden kann, wenn eine zusammenhängende Antwort nicht möglich ist, daß sich alles das, was außerhalb unserer Wissensmöglichkeiten liegt, sich also auch unserer philosophischen Fragestellung entzieht. Doch wenn die einzig sinnvollen Fragen, die die Philosophie stellen darf, Fragen sind, die beantwortet werden können, dann muß Philosophie sich wirklich auf Definitionen innerhalb der Grenzen dessen beschränken, was wir wissen können. Der junge Wittgenstein vertrat diese Ansicht dann auch wirklich. Er hielt es im Prinzip für eine lösbare Aufgabe und glaubte, sie in allen »wichtigen Punkten« bereits ausgeführt zu haben – doch gleich darauf gab er zu, daß »sehr wenig erreicht ist, wenn diese Probleme gelöst sind«. Auf diese Weise vertrat er ganz bewußt einen minimalistischen Philosophie-Begriff.

Die Logischen Positivisten übernahmen die Philosophie des jungen Wittgenstein, hatten aber keinen Blick für deren mystische Dimension und konnten deshalb auch nicht erkennen, wie minimalistisch Wittgensteins Position war. Sie hielten die Welt der tatsächlichen und möglichen Erfahrung für die einzig existierende Wirklichkeit und glaubten, jeder Aspekt dieser Welt sei wissenschaftlicher Untersuchung zugänglich. Jegliche sinnvolle Äußerung mußte deshalb eine naturwissenschaftliche Äußerung sein, was die Philosophie zur Dienerin der Naturwissenschaften machte und ihr nur noch die Aufgabe zuschrieb, naturwissenschaftliche Äußerungen zu definieren, vor allem naturwissenschaftliche Begriffsbildung und Argumentationsweisen sowie ihre Methoden. Die Philosophie, so glaubten sie, konnte uns keine Kenntnisse über die Wirklichkeit liefern; sie brachte nur Definition und Rechtfertigung. Weil Naturwissenschaften ihnen als gesunder Menschenverstand in Großbuchstaben erschienen, waren sie fest davon überzeugt, ihre analytische Herangehensweise auch und gerade auf Lehrsätze im Alltagsleben anwenden zu können. Sie glaubten, solche Lehrsätze benötigten aufgrund ihres geringeren Niveaus an selbstkritischer Disziplin diese Analyse ganz besonders dringend. Ihrer Ansicht nach beruhten die zu analysierenden Lehrsätze auf Naturwissenschaft und Alltagserfahrung, die beide gleichermaßen wichtig waren; bei beidem jedoch sollten die naturwissenschaftlichen Maßstäbe von Klarheit und Wahrheit angewandt werden. Die Logischen Positivisten hielten deshalb Aussagen über Werte und Moral für Möchtegerntatsachen, denen es an überzeugenden Beweisen fehlte.

Die analytischen Sprachtheoretiker widersprachen der Behauptung, jegliche Äußerung sei naturwissenschaftlich meßbar und vertraten die Ansicht, daß wir Sprache zu vielen Zwecken verwenden, und naturwissenschaftliche Äußerungen sind nur einer davon. Sie untersuchten deshalb unterschiedlichen Sprachgebrauch und formulierten für jeden Fall unterschiedliche Kriterien für Bedeutung und Wert. Das wiederum führte dazu, daß sie sich die Sprache zum Thema setzten und wirklich zu der Überzeugung gelangten, philosophische Probleme entstünden durch unseren Sprachgebrauch. Bertrand Russell sagte dazu: »Wie alle Philosophen [vor dem späten Wittgenstein] hatte auch ich die Absicht, die Welt so gut wie möglich zu verstehen und das, was als Wissen gelten kann, von der Spreu unserer unfundierten Meinungen zu trennen. Wenn es [ihn] nicht gegeben hätte, hätte ich diese Zielsetzung für so selbstverständlich gehalten, daß ich sie vermutlich gar nicht ausdrücklich formuliert hätte. Aber nach [ihm] ist es ein Unding, die Welt verstehen zu wollen, und das, worauf es wirklich ankommt, sind die Sätze unserer Sprache...«*

Die Oxforder Schule der Sprachphilosophie unter Austin nahm sich bei ihrer Herangehensweise das, was sie »normalen Ge-

---

* Bertrand Russell: *Die Entwicklung meines Denkens*, S. 225

brauch« nannten, als Maßstab. »Unter welchen Umständen würde dies oder jenes wirklich gesagt werden? Und was würde es unter diesen Umständen normalerweise bedeuten? Wenn wir fragen, was es bedeutet, dann bedeutet es das. Und wenn es keine vorstellbaren Umstände gibt, unter denen es gesagt werden könnte, dann ist es unbrauchbar und hat deshalb keinen Sinn.« Die Sprachphilosophen sahen die Probleme, mit denen sich die Philosophie befaßt, darin, daß wir Sprache auf eine nicht-sinnvolle Weise benutzen, wodurch wir uns lauter Schwierigkeiten aufhalsen: Diese begrifflichen Verwirrungen soll die Philosophie klären, und zwar mit Hilfe von sprachphilosophischer Analyse. Wenn sie geklärt sind, gibt es auch kein Problem mehr.

Auf die Dauer wurde diese Ansicht für unhaltbar befunden, und zwar aus zwei Gründen. Kein wirklich reflektierender Mensch konnte dieser Überbewertung von Alltagssprache und Alltagsverwendung rechtfertigen. Und wieder war es schwierig, Russell nicht zuzustimmen, wenn er schrieb: »Ich für meinen Teil bin da völlig anderer Ansicht und meine, daß es in der Alltagssprache von Verschwommenheiten und Ungenauigkeiten nur so wimmelt und jeder Versuch, einen Sachverhalt hinreichend präzise auszudrücken, zu mehr oder weniger ausgedehnten Revisionen des Vokabulars und der Syntax führen muß.«*

Doch von allem abgesehen müßten wir philosophisch gesehen doch gehirntot sein, wenn wir, nachdem alle durch falschen Sprachgebrauch entstandenen Probleme geklärt sind, uns vor einer Welt sähen, die keinerlei philosophische Probleme mehr stellte. Eine Sicht der Philosophie wurde gefordert, die ihre Aufgabe nicht nur in der feinen Unterscheidung zwischen verschiedenen Ausdrucksweisen sah und die sich mit Problemen befaßte, die die Menschen wirklich beschäftigten. Die Logischen Positivisten hatten der Philosophie zumindest die produktive Aufgabe zugebilligt, naturwissenschaftliche Methoden und Vorgehensweisen zu kritisieren und zu definieren; die Begriffsanalytiker dagegen hatten häufig keine Ahnung von Naturwissenschaften oder waren direkt wissenschaftsfeindlich eingestellt. Sie neigten eher zum Definieren aus Liebe zur Definition und, was noch wichtiger ist, zur

---

* Bertrand Russell: *Die Entwicklung meines Denkens*, S. 251

Untersuchung der kleinsten Aspekte des normalen Sprachgebrauchs.

Und das führte zur heftigsten Kritik an der Analytischen Philosophie überhaupt. Sogar viele Fachphilosophen konnten diese Herangehensweise nicht mehr mit tragen. Gleichzeitig wurde sie in nie dagewesener Stärke von außen kritisiert. Mehr als zu irgendeiner anderen Zeit wurde damals intelligenten Menschen die Philosophie von den Philosophen selbst vergällt. Junge Leute wollten Philosophie studieren, doch wenn sie die Philosophen reden gehört hatten, kamen sie zu dem Schluß, ein solches Studium sei die pure Zeitverschwendung, und sie könnten mit ihrem Leben etwas Sinnvolleres anfangen. Intellektuell hervorragende Akademiker in anderen Sparten sahen sich zu dem Schluß gezwungen, daß das, was ihre Kollegen in der Philosophie da trieben, keinerlei intellektuellen Respekt verdiente. Die Abkehr von der Philosophie (und, wie ich betonen möchte, dem Fach, so wie es professionell ausgeübt wurde) erreichte ihren Höhepunkt.

Unglücklicherweise ging diese Reaktion dann aber doch nicht weit genug. Es wäre wünschenswert gewesen, die Analytische Methode aufzugeben. Wer glaubte, irgendein anderes Modell zu brauchen, konnte zu Karl Popper greifen, der damals auf dem Höhepunkt seines Schaffens angekommen war und selbst unter Sprachphilosophen als hervorragender Geist galt. Doch seine Arbeiten wurden ignoriert, auch wenn er weiterhin hoch gelobt wurde. So wie eine Generation früher die Logischen Positivisten seine Kritik nicht weiter ernst genommen hatten und dann feststellen mußten, daß sie ihre Positionen aus den von Popper angeführten Gründen räumen mußten, so wiederholten das nun die Sprachphilosophen. In beiden Phasen unterstellten sich nun diejenigen, die nicht widerrufen wollten, Wittgensteins intellektueller Führung, die frühere Generation schwor auf den Wittgenstein des *Tractatus*, die spätere auf den der *Philosophischen Untersuchungen*. Wir könnten die Tragödie der englischsprachigen Philosophie um die Mitte des 20. Jahrhunderts grob gesagt so zusammenfassen: Ganz allgemein orientierte das Fach sich an Wittgenstein, statt sich an Popper zu halten, was richtiger gewesen wäre. Und selbst dann, als es sich endlich aus seinem Stellungskrieg losmachte, nahm es seine analytischen Behinderungen weiter mit.

Während dieser neuen, freieren Periode widmeten sich viele, und einige der fähigsten Philosophen Untersuchungen über das Wesen von Bedeutung, Zusammenhang und Wahrheit. Auch der Willenskraft und Problemen der Identität wurde große Aufmerksamkeit geschenkt. Das alles sollte nun einen Bereich füllen, der »Philosophie des Geistes« genannt wurde, und der als Mittelpunkt der zeitgenössischen Analytischen Philosophie galt. Die Anwendung von Methoden der Analytischen Philosophie auf die grundlegenden Begriffe anderer nicht-naturwissenschaftlicher Disziplinen wurde immer populärer. In der Jurisprudenz war das bereits der Fall, nun gesellten sich auch Linguistik, Psychologie, Sozialwissenschaften und andere dazu. Manche wendeten analytische Methoden auf bestimmte gesellschaftliche Probleme an: Abtreibung, Experimente mit Embryonalgewebe, Gentechnik, Bevölkerungspolitik, Euthanasie, den Einsatz von Atomwaffen und sogar Verkehrskontrolle. Die Computerisierung der Gesellschaft lieferte der Philosophie ein ganz neues Thema, nämlich das Studium von künstlicher Intelligenz. Im Grunde handelt es sich dabei um den Versuch, unser Wissen vom menschlichen Geist zu erweitern, indem wir ihn mit den Methoden vergleichen, durch die Computer oftmals zum selben Ergebnis gelangen. Damit befreite die Philosophie sich aus ihren alten Begrenzungen und entdeckte eine neue Freiheit, was auch zu größerer Themenvielfalt führte. Philosophen schrieben über eine Reihe von Themen, von Musik bis zur Sexualität, die Logische Positivisten oder Begriffsanalytiker niemals als verheißungsvolle Studienobjekte betrachtet hätten. Mit wachsendem Selbstbewußtsein vermischten sie Philosophie mit anderen Fächern. Und sie entdeckten große Gestalten aus der Vergangenheit wieder, die die früheren Analytischen Philosophen ins Schattenreich der Vergessenheit verbannt hatten – vor allem Hegel und Nietzsche. Die philosophische Szene, so erschien es vielen, hätte kaum vielfältiger sein können – im Vergleich zu den schlechten alten Zeiten, als die Philosophie sich mit sich selber befaßt, ihre Geschichte größtenteils ignoriert und sich einer neuen Mode nach der anderen unterworfen hatte.

Was alle diese Aktivitäten jedoch weiterhin gemeinsam hatten, war die analytische Herangehensweise. Und das hätte schon ausgereicht, um sie unbefriedigend zu finden. Es gab jedoch noch weitere Schwächen. Durch Analyse läßt ein Problem sich abklären, und das kann die Lösung erleichtern, doch Klärung und Definition sind keine Lösung an sich – jedenfalls nicht bei einem wirklich tiefgreifenden Problem. Nur dann, wenn es gar kein echtes Problem gibt, sondern nur Mißverständnis oder Verwirrung, kann eine Definition das aus der Welt schaffen, was uns als tiefgreifendes Problem *erschienen* ist. Definitionen können ansonsten nur Hilfsmittel für eine Lösung sein. Doch das führt zu der drastischen Konsequenz, daß Sprachphilosophen nicht nur ihre Probleme, sondern auch deren Lösungen außerhalb der Philosophie suchen müssen. Philosophie wird auf diese Weise zur Belanglosigkeit reduziert, da sie weder eine Quelle wichtiger Problemstellungen noch ein Weg zu deren Lösung sein kann. Sprachphilosophen verkündeten ganz offen, daß es keine philosophischen Probleme gebe, sondern nur Pseudo-Probleme, deren sogenannte Lösungen einfach aus der Aufdeckung von Mißverständnissen bestanden. Doch Analytische Philosophen jeglicher Couleur sind zu der Ansicht verdammt, daß philosophische Probleme an sich nur analytische Probleme darstellen, und deshalb gibt es nur Definitionsprobleme, nicht aber Probleme beim Finden von Lösungen. Sehr viele Analytische Philosophen vertreten diese Ansicht denn auch: Daß es die Aufgabe der Philosophie sei, unsere Äußerungen für uns selbst durchschaubar zu machen, vor allem unsere Aussagen über unsere Überzeugungen und unsere Bedürfnisse.

Zu einer Lösung für ein Problem gehört immer irgendeine Erklärung, und zwar eine Erklärung, die wirklich klarstellt. Um eine solche Erklärung zu finden, brauchen wir eine Erklärungstheorie, die überprüfbar sein muß und der Überprüfung auch standhält. Mit anderen Worten, wir brauchen neue Ideen, Ideen, die erklären und einer kritischen Bewertung theoretisch und (wenn möglich) praktisch standhalten können. Allem zugrunde liegen Erklärung, Verständnis, Erkenntnis. Der tiefste Wert philosophischer Ideen liegt in ihrer Eignung, Erklärungen zu liefern. Solche Erklärungstheorien bilden den Hauptinhalt aller intellektuell seriösen Philosophie, sie sind es, was wir am Werk der sogenannten großen Philosophen vor allem schätzen. Ihr Fehlen dagegen macht den wichtigsten Unterschied zwischen dem Werk der Analytischen Philosophen und dem ihrer Vorgänger aus.

Selbst Definition und Abklärung brauchen in mehrfacher Hinsicht ein Ziel: Sie sollten ein Vorhaben aufweisen, zum Beispiel die Beschreibung eines Problems oder das Verständlichmachen einer Erklärungstheorie, und sie sollten sich bis auf weiteres auf diese Aufgabe beschränken. Im Prinzip gibt es immer noch Raum für weitere Erklärungen, jeder Unterschied kann noch deutlicher herausgearbeitet werden, jede Erklärung läßt sich noch verfeinern (indem wir sie detaillierter werden lassen oder sie weiter ausdehnen), und wenn wir dabei über die Bedürfnisse unseres aktuellen Problems hinausgehen, dann ist das sinnlos und kann uns in eine endlose Kreiswanderung hineinführen. Am Ende jonglieren wir mit Wörtern und zerlegen unsere logischen Überlegungen aus Liebe zur Sache, und nicht, weil wir eine Lösung für irgendein Problem brauchten. Wir sollten es zu unserer Methode werden lassen, keine sinnlosen Differenzierungen zu machen, das heißt, wir sollten bei der Festsetzung von Differenzierungen nicht weitergehen, als es nötig ist, um unser aktuelles Problem oder die für dessen Lösung vorgeschlagene Erklärungstheorie zu verstehen. Dieselbe Regel sollte für die Ausarbeitung von Erklärungen gelten. Wenn wir weitergehende Differenzierungen oder Erklärungen brauchen, können wir uns immer noch auf die Suche danach machen. Sie anzubringen, wenn wir sie gar nicht brauchen, ist sinnlos und kann uns am Verständnis hindern, da sie die Klarheit reduzieren. Aus diesen Gründen geht niemand, der wirklich nach Verständnis sucht, so vor. Wer es doch tut, möchte zumeist seine Fähigkeiten vorführen, wendet sie einfach gern an und interessiert sich für dieses Vorgehen als solches. Doch das hat nichts mit dem Wunsch zu tun, die Welt zu verstehen.

Was Bernard Williams, vielleicht der bedeutendste der jüngeren Vertreter seiner Richtung, im nachhinein über die Analytische Philosophie in ihrer linguistischen Periode zu sagen hatte, ist so wichtig, daß ich es noch einmal zitieren möchte: »Wenn sich irgend jemand über die Vielzahl von Differenzierungen beklagte, wies Austin daraufhin, daß es von gewissen Insektenarten Tausende von Spezies gebe und fragte: Warum können wir nicht in bezug auf Sprache ebenso viele Differenzierungen finden? Nun, die Antwort ist natürlich, daß unsere Gründe für die Unterscheidung von unterschiedlichen Käferarten in einem gewissen theoretischen Verständnis für die Unterschiede von Spezies wurzeln, einem Verständnis, das wir der Evolutionstheorie verdanken. Aber ohne ein solches theoretisches Verständnis im Hintergrund unterscheidet sich alles von allem anderen, so wie es uns gerade paßt.«* Auf derselben Seite macht Williams noch eine weitere bedeutsame Bemerkung, nämlich: »Ich halte es für die grundlegende Schwäche dieser Schule, daß sie die Bedeutung von Theorien ignorierte. Vor allem wurde die Bedeutung von Theorien in der Philosophie ignoriert (obwohl im Falle Wittgensteins kaum die Rede von Unterbewertung sein kann, sondern eher von totaler Ablehnung). Sie neigte zudem dazu, die Bedeutung von Theorien auch für andere Fächer zu unterschätzen. Ich glaube nicht einmal, daß sie sich eine klare Vorstellung von der Bedeutung von Theorien für die Naturwissenschaften machte.«**

Eine Philosophie zu formulieren, die Theorien ablehnt, bedeutet die Ablehnung der bedeutsamsten und wichtigsten Inhalte der Philosophie, ihrer eigentlichen *raison d'être*. Ebenso könnten wir unsere Vorstellung von den Geschichtswissenschaften auf der Behauptung aufbauen, daß sich keine sinnvollen Aussagen über die Vergangenheit machen lassen. Wittgenstein vertrat solche Ansichten und konnte sie in seine Ablehnung von Argumenten überhaupt einbauen. Sein späteres Werk, für das er jetzt vor allem bekannt ist, weist deshalb weder Erklärungstheorien noch Argumente auf. Es kann kaum überraschen, daß Bertrand Russell darüber schrieb: »Die positiven Thesen dieser Richtung erschienen mir trivial, und die negativen nicht hinreichend fundiert. Ich habe in den *Philosophischen Untersuchungen* schlechthin nichts gefunden, was mich interessierte; und ich kann einfach nicht verstehen, wieso eine ganze Philosophenschule in diesem Buch eine Quelle profunder Weisheiten erblickt. Psychologisch ist das ein interessantes Phänomen. Der frühe Wittgenstein – den ich gut kannte – war ein Denker von leidenschaftlicher Intensität, der mit mir über die Wichtigkeit und Schwierigkeit bestimmter philosophischer Probleme einer Meinung war und (wie ich wenigstens damals meinte) als ein echtes philosophisches Genie betrachtet

---

* Bryan Magee: *Men of Ideas*, S. 144
** Bryan Magee: *Men of Ideas*, S. 144

werden mußte. Dem späteren Wittgenstein dagegen ist das ernste philosophische Nachdenken offenbar zu mühsam geworden; und so hat er denn eine Doktrin erfunden, die jede derartige Betätigung überflüssig machen sollte. Ich habe noch nie auch nur einen Augenblick lang die mindeste Versuchung verspürt, diese Philosophie, die die geistige Faulheit in den Rang einer Tugend erhebt, für wahr zu halten; ich verspüre vielmehr – wie ich gestehen muß – eine überwältigende Abneigung gegen sie; denn wenn sie wahr wäre, wäre die ganze Philosophie im besten Falle eine bescheidene Hilfswissenschaft der Lexikographie, und im schlimmsten Falle nichts weiter als eine müßige Spielerei.«* Ebensowenig kann es überraschen, daß Karl Popper sich öffentlich zu Russells Einschätzung bekannt hat.

Anders als Russell und Popper sahen die meisten Analytischen Philosophen ihre Aufgabe nicht zuerst im Versuch, die Welt, die nicht-sprachliche Wirklichkeit zu verstehen – falls sie überhaupt der Ansicht waren, daß wir unsere nicht-sprachliche Wirklichkeit verstehen können, indem wir unseren Sprachgebrauch verstehen. Ihre normale Reaktion auf die Konfrontation mit einer Erklärungstheorie von philosophischer Natur bestand und besteht nicht darin, daß sie sie voller Interesse, Eifer oder Hoffnung betrachten oder daß sie ihre Erfahrungen daran messen, um vielleicht ihr Verständnis zu vertiefen. Ihre Reaktion besteht darin, die Konstruktion einer solchen Theorie zu untersuchen. Das bedeutet, daß sie nicht den Versuch machen, die Theorie im Hinblick auf ihre Aufgabe zu sehen, nämlich, uns über irgendeinen Aspekt der Welt oder unserer Erfahrung der Welt aufzuklären, diese Funktion nehmen sie nicht weiter wichtig. Sie stellen sich die Frage, ob die Theorie von den Begriffen her gut formuliert und logisch wasserdicht ist. Diese Fragestellung halten sie für Philosophie. Ein schwieriges philosophisches Problem ist für sie eine schwierige Herausforderung an die Logik. Ein begabter Philosoph muß in ihren Augen ein guter Analytiker sein. Die Ausarbeitung von neuen Ideen sehen sie nicht als ihre Aufgabe an, das überlassen sie anderen. Oft lehnen sie neue Erkenntnisse sogar dann ab, wenn sie ihnen angeboten werden, so, als wollten sie nicht glauben, daß es

---

* Bertrand Russell: *Die Entwicklung meines Denkens*, S. 224

neue Erkenntnisse geben kann, oder als kämen solche Erkenntnisse ihnen gefährlich vor, sie scheinen ihr Mißtrauen zu erregen, weshalb man sie sich tunlichst vom Leib halten sollte. Bei Fachphilosophen treffen wir nicht selten die Art von Persönlichkeitsstruktur an, die von Psychoanalytikern als »defensiv« bezeichnet wird; eine solche Persönlichkeit ist für neue Ideen und Erkenntnisse nicht offen, sondern wehrt sich dagegen und will nichts davon wissen.

Auf diese Weise hat die Analytische Philosophie in all ihren Ausformungen versucht, die wertvollsten und wichtigsten Inhalte der Philosophie aus ihrer Arbeit herauszuhalten, nämlich die Ausarbeitung von Erklärungstheorien, die unser Verständnis der philosophischen Probleme, mit denen wir konfrontiert sind, vertiefen oder zu deren Lösung beitragen könnten. Der bekannte Vorwurf, es handele sich dabei gar nicht um richtige Philosophie und bei ihren Vertretern nicht um richtige Philosophen, trifft im Grunde zu. Aus jahrzehntelanger Erfahrung weiß ich, daß wir bei vielen Analytischen Philosophen nicht einmal mit irgendeinem Interesse für die grundlegenden Probleme der Philosophie rechnen können (und hier rede ich unter anderem von denen von Kant formulierten Problemen). Wir können auch nicht von irgendeinem Interesse an der Arbeit hervorragender Philosophen rechnen, ob es sich nun um Namen aus der Vergangenheit handelt wie Schopenhauer oder um Zeitgenossen wie Popper. Die Tatsache, daß ihre Fachrichtung sie nicht dazu zwingt, ihr eigenes Thema ernst zu nehmen, erspart ihnen allerhand Mühe und Probleme. Was Analytische Philosophie für ihre Vertreter unter anderem so attraktiv macht, ist, daß jeder intelligente und interessierte Mensch sie ausüben kann – während ich doch zu der Ansicht neige, daß nur kreative Menschen mit Ideen zur richtigen Philosophie befähigt sind.

Aus diesem Grunde wäre es nicht möglich, eine ganze Zunft von wahren Philosophen zu gründen, denn Menschen mit Ideen sind doch spärlich gesät. Im gesamten Abendland finden wir in jedem Jahrhundert kaum mehr als ein halbes Dutzend von Philosophen, deren Arbeit von breitem und dauerhaftem Interesse sind. Das bedeutet, daß die Professionalisierung der Philosophie den Großteil ihrer Vertreter dazu zwang, sich mit anderen Dingen zu befassen als der Entwicklung guter Philosophie. Sie konnten einfach nicht allesamt gute Philosophen sein. Deshalb lag es für sie auf der Hand, die Philosophie ihrer begabteren Kollegen zu lehren, und dieser sinnvollen Aufgabe haben viele sich schließlich gewidmet. Aber bei dieser Arbeit sind die Möglichkeiten, sich im Fach einen Namen zu machen, doch beschränkt, während ein Name zugleich die Voraussetzung für eine erfolgreiche Karriere darstellt. Es mußte also so aussehen, als hätten sie durchaus einen eigenständigen Beitrag zum Fach geliefert. Die Analytische Philosophie bot sich in dieser Hinsicht an. Mit ihrer Hilfe gibt es zwei Möglichkeiten, Aufmerksamkeit zu erregen: Entweder man hält sich an die gerade herrschende Mode, was immer die Aufmerksamkeit anderer erregt, oder man findet einen Bereich, in dem noch wenig oder gar nicht gearbeitet worden ist und steckt darauf sein Terrain ab. In beiden Fällen wird man bemerken, wenn man eine überzeugende Leistung vorführt, rückt der Erfolg in greifbare Nähe. In diesem Fall hat die eigene Arbeit dann die gewünschte Wirkung gezeitigt und muß als erfolgreich gelten – nicht nur man selbst, sondern auch andere, die nach Erfolg streben, werden es so sehen.

Es gibt ein Problem, das überall dort auftaucht, wo ein Fach gelehrt wird, in dem Kreativität eine unersetzliche Rolle spielt – ob es sich nun um bildende Kunst, Musik, Literatur oder eben um Philosophie handelt. Haben wir es mit einem Fach zu tun oder mit einer Tätigkeit? Die Studenten sollen nicht zu passiven Bewunderern der großen Kollegen erzogen werden. Sie müssen die Tätigkeit selbst lernen, müssen lernen, sie auszuüben und zu produzieren. Doch es liegt in der Natur der Sache, daß neunundneunzig Prozent dazu nicht besonders begabt sein werden – wir können nicht guten Gewissens erwarten, daß Außenstehende sich für ihre Arbeiten interessieren werden. Von ihren Lehrern wird auch nur eine kleine Minderheit wirklich gute kreative Arbeit leisten. Die Gefahr besteht deshalb, daß Lehrende und Lernende gleichermaßen ihre Maßstäbe aufgrund ihrer alltäglichen Erfahrung setzen werden; dadurch werden sie das Ziel, dem ihre Tätigkeiten doch dienen sollten, nämlich die Produktion, den Gebrauch und die Wertschätzung der besten Arbeiten, die es überhaupt gibt, aus den Augen verlieren. Sie können sehr leicht an einen Punkt gelangen, an dem solche Arbeiten kaum noch eine Rolle spielen. Und von diesem Punkt an werden ihre Perspektiven sich verzerren, wie bei dem bekannten Beispiel des Lehrers, der seinen Freunden voller Überzeugung versichert, daß seine Schüler Shakespeares Stücke ebenso gekonnt aufführen wie die Schauspieler des Nationaltheaters. Solche tiefgreifende und doch weitverbreitete Zersetzung von Maßstäben läßt sich am besten verhindern, indem die Studenten durch das Beste, was es überhaupt gibt, unterrichtet werden, es wird zu ihrem täglichen Umgang und setzt schließlich ihre Maßstäbe.

Diese beiden Herangehensweisen bilden die Parameter für das Unterrichten kreativer Tätigkeiten; Institutionen oder Universitäten neigen häufig zu einem dieser beiden Extreme. Ich möchte dazu ein Beispiel anführen, das nicht aus der Philosophie stammt. Eine Musikhochschule hat im Grunde zwei Möglichkeiten. Sie kann ihren Unterricht auf den Werken der großen Komponisten aufbauen und die Studenten dazu ermutigen, durch Nachahmung zu lernen; sie können in den Kompositionskursen solche Werke studieren und sie als Musiker ausüben. Vorteile dieser Methode sind, daß sie von hochwertiger Musik umgeben sind, daß sie diese Musik sehr gut kennenlernen, daß sie ihre Maßstäbe und Muster darauf aufbauen und daß sie mit ihrer Hilfe ihre eigenen Fähigkeiten entwickeln. Doch Kritiker dieser Methode könnten einwenden: »Ihre Hochschule ist ein Museum, wenn nicht gar ein Mumiensalon. Sie spielen die Musik von Toten. Ihre jungen Leute sind Sklaven der Toten, und Sie ignorieren die Tatsache, daß Musik eine lebendige, atmende Kunst ist. Eine Akademie, an der begabte junge Leute studieren, sollte zu den Pionieren des Fortschritts gehören, sollte eine Speerspitze der musikalischen Entwicklung sein. Sie sollten lebende Komponisten ermutigen, und Ihre jungen Musiker sollten die Musik ihrer Zeitgenossen einstudieren. Es geht doch darum, Musik zu machen. Sie und Ihre Studenten sollten die Luft der praktischen Innovation einatmen, die der aufregenden Neuerungen.«

Das klingt plausibel und anziehend und paßt zu den Haltungen, die während des 20. Jahrhunderts zumeist von modernen Bewegungen im künstlerischen und intellektuellen Leben vertreten worden sind, die die Vergangenheit beiseite fegen und einen neuen Anfang machen wollten. Nahezu während meines ganzen Lebens ist deshalb die mehr traditionelle Methode als altmodisch, begrenzt und kreativitätsfeindlich abgetan worden. Doch überall dort, wo die »moderne« Herangehensweise gilt, müssen die Studenten fast ihre gesamte Zeit mit mittelmäßiger und uninteressanter Musik verbringen – einfach, weil nur ein winziger Bruchteil der innerhalb einer Generation produzierten Musik etwas anderes sein kann als mittelmäßig und uninteressant. Die Studenten werden diese Musik komponieren, aufführen und sie auf diese praktische Weise ganz besonders zu schätzen lernen. Sie werden natürlich feststellen, daß außerhalb der Hochschule kaum jemand diese Musik hören will oder sich für das, was sie da treiben, auf Dauer interessiert; aber das wird in ihnen aller Wahrscheinlichkeit nach nur eine Verachtung von Musikliebhabern ganz allgemein erzeugen, die ihnen dann als zaghafte, schlafmützige, vergangenheitsfixierte Dorftrottel und Landpomeranzen erscheinen werden, ohne irgendein Interesse an den Werken lebender Komponisten. Auf diese Weise wird sich zwischen Musikstudenten und Musikliebhabern eine sich stetig erweiternde Kluft auftun. Die Studenten werden von der jeweils herrschenden Mode eingeschränkt und behindert werden, sie werden die Musik, die gerade en vogue ist, immer häufiger füreinander und wenige Mitläufer spielen. Die normalen Musikliebhaber dagegen werden sich weiterhin die beste Musik anhören, die sie ausfindig machen können, egal, wann diese komponiert worden ist und was die »Avantgarde« dazu zu sagen hat.

Eine Generation später, wenn die ehemaligen Studenten den Höhepunkt ihrer Karrieren und ihres Erfolges erreicht haben, werden sie feststellen, daß sie sich nicht einmal selbst an den Großteil der Musik erinnern können, die sie in ihrer Jugend aufgeführt haben; und wenn sie sie voller Nostalgie wieder aufleben lassen wollen, interessiert sich kaum jemand dafür, während die Musik der Meister so oft aufgeführt und so heiß geliebt wird wie eh und je, vielleicht sogar noch mehr, und daß sie zumeist aufgefordert werden, diese Werke aufzuführen. Wenn sie sich überhaupt danach umsehen, dann werden sie feststellen, daß die modernen Akademien inzwischen auch nicht mehr oder bessere Komponisten hervorgebracht haben als die altmodischen oder daß die führenden Instrumentalisten besser sind als früher. Und das Schlimmste von allem wird sein, daß sie sich ihr Leben lang im Formaldehyd viertklassiger Musik gesuhlt haben, was niemand, der Musik liebt, sich doch wünschen kann. Die Liebhaber von großartiger Musik dagegen machen inzwischen einen Bogen um solche Akademien, wo diese Liebe sich kaum entwickeln kann, und widmen sich ihr auf andere Weise, oft im Rahmen individueller Studien und Arbeit zu Hause.

Jeder Punkt in diesem Vergleich findet seine Entsprechung in der Welt der akademischen Philosophie. Die Behauptung, Philosophie sei keine Sammlung bedeutender Bücher, sondern eine Tätigkeit, weshalb beim Studium der Philosophie die Studenten nicht die großen Philosophen der Vergangenheit lesen, sondern ermutigt werden sollten, selbst zu philosophieren, philosophisch zu denken und sich mit Zeitgenossen zu messen, die das ebenfalls tun, klingt wirklich gut und überzeugend. Das Problem ist nur, daß ein Großteil der auf diese Weise entstehenden Philosophie nicht besonders viel taugen wird. Die Studenten könnten viel besser das philosophische Denken erlernen, wenn sie sich in die Werke der großen Philosophen vertieften, die noch dazu für den Rest ihres Lebens zu einem wertvollen Besitz werden würden, der nach dreißig Jahren noch immer eine ebenso große Offenbarung ist wie bei der ersten Begegnung – wenn sie sich dagegen mit den Trends der aktuellen Literatur befassen, werden sie nach dreißig Jahren feststellen, daß nur wenig davon noch irgendein Interesse erregen kann. Und, schlimmer noch, sie werden diese dreißig Jahre in einer drittrangigen, flüchtigen Geisteswelt verbracht haben, statt in einer Welt von bleibendem Wert.

In beiden Fällen schmeichelt und umwirbt die sogenannte moderne Herangehensweise ihren Vertreter, weshalb dieser fast zwangsläufig von ihren Qualitäten überzeugt sein wird. Diese Herangehensweise läßt ihn glauben, daß das, was in seiner Gegenwart geschieht und womit er sich selbst beschäftigt, wirklich Sinn hat. Sie ermutigt ihn zum Produzieren, ohne auf Qualität zu achten und das, was er produziert, hoch zu achten. Er wird zu dem Glauben verleitet, daß er und seine Zeitgenossen auf den Schultern der Vergangenheit stehen und deshalb höher gelangt sind als irgend jemand vor ihnen – nicht in bezug auf ihre persönlichen Fähigkeiten, natürlich, sondern in bezug auf ihre Erkenntnisfähigkeit. Ihre Arbeiten, das wird er vermutlich annehmen, greifen weiter als alle früheren. Doch die bittere Wahrheit ist, daß er zu einem Journalisten mit späterem Verfallsdatum als andere Journalisten wird, zu einem Artikelschreiber über aktuelle Belange, die in einigen Jahren niemanden mehr interessieren werden. Das alles wird, zusammen mit seiner Verachtung der Vergangenheit, seine Perspektiven verzerren und seine Maßstäbe zersetzen. Aller Wahrscheinlichkeit nach wird er die wirklichen Maßstäbe und Leistungen der Philosophie, so, wie sie sich im Laufe der Jahrhunderte und bis in seine eigene Generation hinein gebildet haben, aus den Augen verlieren (ob ihm diese Tatsache nun bewußt sein mag oder nicht). Er wird vermutlich sein Leben in einer Luftblase des Zeitgenössischen verbringen.

Ich habe diese Entwicklung in der Philosophie durch mehrere akademische Generationen hindurch beobachtet, und ich nehme nicht an, daß sich daran etwas ändern wird. Die Moden werden sich immer wieder ändern, und bisweilen geschieht das auch mit den tieferliegenden Prämissen, auf denen bestimmte Traditionen basieren. Das scheint übrigens derzeit mit den Prämissen der Analytischen Philosophie zu geschehen. Sie nähern sich einwandfrei dem Ende ihrer Akzeptanzperiode. Die Analytische Philosophie ist also im Abklingen begriffen. Innerhalb des Faches wird sie in steigendem Maß abgelehnt. Doch wie schon häufiger in der Vergangenheit, so nehmen diese Reaktionen nicht die wünschenswerte Form an. Ich wünsche mir eine Wiederaufnahme der Philosophie durch professionelle Philosophen, die sich endlich wieder die Aufgabe stellen, die Welt in ihren grundlegenden und allgemeinen Zügen zu verstehen – das Wesen von Zeit und Raum, die materiellen Objekte, die Kausalzusammenhänge und die Beziehung dieser Dinge zum erlebenden Subjekt; das Wesen dieses Subjektes und seines Bewußtseins, inklusive seines Selbst-Bewußtseins; die Entstehung von Ethik und Werten. Solchen Aufgaben sollten wir uns mit einer kritischen Selbsterkenntnis widmen, die sich auch unserer Verwendung von Sprache und Begriffen, von Logik und Argumenten annimmt; doch das alles kann nur zu Hilfsmitteln der Methode werden. Die philosophische Aktivität als solche darf nicht analyse-orientiert oder logik-orientiert, sprach-orientiert, konzept-orientiert oder themen-orientiert sein. Sie kann nur problem-orientiert sein. Und sie ist an die Probleme gebunden, die sich uns allen durch diejenigen grundlegenden Aspekte der Wirklichkeit stellen, die sich der verstandesmäßigen Wahrnehmung widersetzen. Es ist nur schwer vorstellbar, daß die Lösungen, die wir suchen, falls wir nicht an Autoritäten oder Offenbarungen appellieren, zunächst eine andere Form annehmen können als die von Erklärungstheorien, die weiter oder tiefer reichen als frühere, und die dadurch neue Ideen von bisher nicht erreichter Weite und Erklärungskraft ermöglichen. Die besten solcher Ideen haben durchaus Ähnlichkeit mit Kunstwerken, denn in beiden Fällen handelt es sich um wahrheitssuchende Versuche, das Wesen unserer grundlegenden Erfahrung auf eine Weise zu verstehen, zu der kreative Phantasie und außergewöhnliche Eigenständigkeit vonnöten sind – und deshalb auch großes Talent oder gar Genie. Das gilt für die beste Philosophie, die im Grunde eine schöpferische und in dieser Hinsicht synthetische und nicht analytische Tätigkeit ist. Wir können solche Philosophie natürlich sowohl kritisch als auch verständnisvoll analysieren, wenn sie erst vorliegt, doch die Beziehung des Analytikers zur Philosophie ist die des Musikwissenschaftlers zur Musik oder des Kunstkritikers zur Kunst. So wenig der Kunstkritiker ein Künstler ist, ist der Analytiker ein Philosoph.

Der Zweig der Philosophie, der derzeit an britischen und amerikanischen Universitäten die Analytische Philosophie verdrängt, wird zumindest in Großbritannien allgemein als »Kontinentale Philosophie« bezeichnet. Unter diesem Oberbegriff wird eine Anzahl von unterschiedlichen Schulen und Strömungen zusammengefaßt. Ihre größte Gemeinsamkeit in den Augen derer, die diesen Oberbegriff verwenden, ist, daß es sich dabei nicht um Analytische Philosophie handelt. Eine weitere Gemeinsamkeit besteht darin, daß sie allesamt aus der deutschen nach-kantianischen Philosophie entstanden oder von dieser maßgeblich beeinflußt worden sind, ähnlich wie das grob gesehen für die Analytische Philosophie und den britischen Empirismus aufgezeigt werden kann. So, wie Analytische Philosophen sich immer wieder auf Locke, Hume und Hobbes beziehen, so greifen Kontinentale Philosophen auf Nietzsche, Hegel und Marx zurück. Und so wie die heutigen Analytischen Philosophen Wittgenstein und Russell zu ihren hervorragendsten Ahnen im 20. Jahrhundert ausgerufen haben, so halten Kontinentale Philosophen sich an Namen wie Heidegger und Husserl. Die Kontinentale Philosophie ist bei weitem nicht so naturwissenschaftlich orientiert wie viele Zweige der Analytischen Philosophie, sie interessiert sich viel weniger für Mathematik und Logik und ist (vielleicht gerade deshalb) weniger technisch. Sie interessiert sich mehr für freudianische und post-freudianische Philosophie, für Literatur und für die zeitgenössischen gesellschaftlichen und politischen Bewegungen.

Ihr Interesse an Psychoanalyse führt zu häufigen Rückgriffen auf Freud und andere leitende Namen der psychoanalytischen Tradition. Das Interesse an Literatur führt oftmals zu einem extensiven Überlappen verschiedener Zweige der Kontinentalen Philosophie und der Literaturtheorie; manche Autoren sind in beiden Bereichen gleichermaßen wichtig und werden von Literaturstudenten ebenso gelesen wie in philosophischen Seminaren. Das Interesse an aktuellen gesellschaftlichen und politischen Haltungen führt zu ausgiebiger Beschäftigung mit Feminismus und Problemen der Geschlechterrollen überhaupt, inklusive Fragen der Homosexualität sowie mit ethnischen Fragen und Fragen des Anti-Rassismus (was früher die Form von Anti-Kolonialismus annahm). Ehe das Scheitern des Kommunismus in aller Welt zu einer allgemeinen Enttäuschung über den Marxismus führte, baute ein Großteil der Kontinentalen Philosophie auf marxistischem oder zumindest auf marxistisierendem Denken auf, das auch weiterhin seinen Einfluß ausübt – und sei es nur als Reaktion darauf oder als Versuch, aus dem Schiffbruch alles zu retten, was vielleicht doch von irgendeinem Wert sein könnte.

Das alles gibt der Kontinentalen Philosophie ein Profil, das abgesehen von der Ablehnung analytischer Methoden, die Analytischen Philosophen abschreckt. Kontinentale Philosophie erscheint ihnen als Modephänomen, das durch seine Parteinahme, zumeist mit linksorientierten Neigungen, die zu politisch korrekten Zielsetzungen führen, vollends an Wert verliert. Aus dieser Annahme heraus und weil es ihnen allgemein an analytischer Selbstdisziplin fehlt, halten sie die Kontinentale Philosophie für eine Art von Nabelschau, deren typischste Äußerungen auf rein rhetorischem Niveau bleiben – Äußerungen also, die eine Haltung oder einen Standpunkt vorbringen, ohne diese durch rationale Argumente zu untermauern, sondern die geprägt sind von Verdunklung und der Verwendung von Jargons, und dazu angelegt sind, die Zuhörer entweder einzuschüchtern oder an ihre unbewußten Wünsche zu appellieren, um ihre Zustimmung zu gewinnen. Das alles widerspricht den professionellen Maßstäben der Analytiker von Unparteilichkeit und Distanz, ihrem Drang, jegliche Aussage durchsichtig zu machen und ihrer Verpflichtung zur rationalen Argumentation. Kontinentale Philosophen berufen sich häufig auf die Notwendigkeit von »Engagement«, und meinen damit das gesellschaftliche Engagement, während Analytische Philosophen zumindest fachlich nur ein Engagement für unparteiische Strenge bei der Anwendung von Logik und Sprache gelten lassen. Das führt dazu, daß sie die Kontinentale Philosophie zumeist als Gewäsch, Gefasel, Unsinn abtun. Ein repräsentatives Beispiel für diese Anschauungen lieferte R. M. Hare in einer Aussage, die ich in *Men of Ideas* aufgenommen habe.* Er sagte über Kontinentale Philosophen:

»Sie haben insofern mehr zu sagen, als sie es in mehr Wörtern sagen: Ihre Bücher sind meistens dicker. Obwohl diese Schulen auch einige sehr gute Philosophen hervorgebracht haben, beschäftigen sich die meisten ihrer Kollegen doch nur damit, Ballons von unterschiedlicher Größe und Farbe aufzublasen, die sie nur mit ihrem eigenen Atem füllen, und die dann über den Ärmelkanal oder den Atlantik zu uns herüberschwimmen; wenn wir sie mit einer scharfen Nadel anstechen, können wir kaum noch sagen, was sie enthalten haben, abgesehen davon, daß ihr Inhalt vermutlich brennbar und ganz bestimmt berauschend war. Ich glaube nicht, daß diese Philosophen irgendein praktisches Problem lösen. Sie machen vielleicht ein wenig mehr Dampf als die natürliche menschliche Gruppendynamik ohnehin produziert, und aufgrund von undichten Rohren beschlagen dann die Brillen ihrer Leser.«

Magee: »Mit anderen Worten, Sie halten diese konkurrieren-

---

* Bryan Magee: *Men of Ideas*, S. 156

den philosophischen Herangehensweisen für farbenfrohe Rhetorik ohne vermittelbaren Gehalt. Und der Grund dafür ist das Fehlen von logischer Strenge.«

Hare: »Strenge ist hier wirklich ein Schlüsselbegriff.«

Das Fehlen von Strenge läßt die Kontinentale Herangehensweise an Philosophie auf emotional engagierte Menschen, die sich einer bestimmten Sache widmen, attraktiv erscheinen. Sie gibt ihnen die Möglichkeit zu extrem gefühlsbeladenen und dramatischen Äußerungen, ohne ihnen die grundlegenden Anforderungen kritischer Rationalität aufzuerlegen. Möglich ist alles, so lange es in eine Sprache gekleidet wird, die Studenten und ein bestimmtes weiteres Publikum, das glaubt, hier wirkliche Weisheiten zu hören, anspricht. Das Ergebnis ist salbungsvolle Philosophie der schlimmsten Tradition Hegels, Schellings und Fichtes, jedoch ohne deren versöhnliche Qualitäten. Manches wirkt orakelhaft, wie eine Imitation von Nietzsche, Freud oder Marx, verfügt aber nicht über deren stilistische Meisterschaft oder gar über ihr Genie. Und doch erlaubt die Unsicherheit darüber, was hier eigentlich gesagt wird, die Illusion, es handele sich um schwerverständliche, tiefgreifende Philosophie, die die dringenden Probleme der Gegenwart auf den Seziertisch legt. Akademische Philosophen dieser Richtung können ihren Erfolg genießen, ohne sich um weiteres Engagement oder politische Verantwortung den Kopf zerbrechen zu müssen. Intelligente Menschen von intellektueller Integrität, die in der Analytischen Philosophie einigermaßen geschult worden sind, sind normalerweise dagegen immun, wer jedoch vom Literaturstudium herkommt und an Maßstäbe gewöhnt ist, die notwendigerweise wenig mit Strenge zu tun haben, ist schon leichter zu beeinflussen. Wenn ein Autor seine Sache mit großer emotionaler Intensität vertritt und noch dazu über rhetorische Qualitäten verfügt, können sie sich durchaus mitreißen lassen.

Ich persönlich teile viele der Einwände, die Analytische Philosophen gegen die Kontinentale Philosophie vorbringen. Außerdem lehne ich sie aber noch aus denselben Gründen ab, aus denen ich die Analytische Philosophie ablehne: Die Kontinentale Philosophie hat sich von dem abgewandt, was ich für die wichtigste Aufgabe der Philosophie überhaupt halte, dem Verständnis dessen, was es gibt. Die Interessen der Kontinentalen Philosophen scheinen sich oftmals engstirnig auf gesellschaftliche Probleme zu konzentrieren, noch dazu auf eine höchst oberflächliche Weise. In den meisten Fällen widerspricht ihr Vorgehen ihren eigenen weitergreifenden Überzeugungen, denn die meisten würden sicher der Aussage zustimmen, daß die Menschen nur ein winziges, lokales Phänomen darstellen, späte Neuankömmlinge auf der Oberfläche eines Planeten, der im Vergleich mit dem Universum unvorstellbar klein ist, und daß selbst dieser winzige Klecks von einem Planeten Äonen lang existiert hatte, ehe die Menschen sich darauf herausbildeten. Sie interessieren sich aber nicht besonders für das Verständnis dieser Tatsachen. Sie nehmen sich unsere lokalen, aktuellen und kurzlebigen gesellschaftlichen Fragen vor und behandeln sie, als gebe es nichts anderes. Und selbst dann möchten sie lieber kommentieren als verstehen. Das alles gibt ihren Werken sehr häufig eine unübersehbare journalistische Prägung. Denn selbst wenn die Annahme zutrifft, was ich durchaus für wahrscheinlich halte, daß die Lösungen von kosmischen Rätseln wie des Wesens von Zeit und Raum und der materiellen Objekte, die darin enthalten zu sein scheinen, grundlegend mit dem Wesen der erlebenden Subjekte zu tun haben, dann sind die strukturellen Eigenschaften der Menschen sehr viel tiefergreifend darin einbezogen als die Kontinentalen Philosophen reichen, die über Menschen auf der Ebene schreiben, auf der sie ihren Psychiater aufsuchen, ins Kino gehen, bei Wahlen ihre Stimme abgeben, Bücher oder Zeitungen lesen oder sich über kulturelle, gesellschaftliche und politische Themen verbreiten – mit anderen Worten, auf einer Ebene flüchtiger gesellschaftlicher Fragen. Als Konzeption der Philosophie ist diese Haltung wertlos, ist keiner seriösen Betrachtung würdig und kann nur Menschen ansprechen, die für wirkliche philosophische Probleme nur wenig oder gar kein Interesse aufbringen. Ich habe nichts dagegen, daß diese Leute über die Probleme schreiben, mit denen sie sich nach eigener Aussage befassen – ich habe (und ich hoffe, das nicht mehr besonders betonen zu müssen) überhaupt nichts dagegen, daß irgend jemand über irgendwelche Probleme schreibt. Schließlich habe ich das ja selbst auch ausgiebig gemacht. Aber das hat wenig mit irgendeiner seriösen Vorstellung von Philosophie zu tun.

Trotz oder vielleicht auch wegen ihrer Oberflächlichkeit gewinnt die Kontinentale Philosophie an vielen Universitäten im englischen Sprachraum zusehends an Terrain, an einigen dominiert sie bereits. Sie macht sich auch in den literaturwissenschaftlichen Seminaren breit und hat den Weg in die Seminare für Psychologie, Anthropologie, Soziologie und andere Fächer gefunden. In einigen Fällen können wir wirkliche Schlachten zwischen den Fraktionen der Kontinentalen und der Analytischen Denker beobachten. Die heutigen Vertreter der Kontinentalen Philosophie haben sich früher häufig vom Marxismus angesprochen gefühlt. Ihre Fraktionen sind oft von derselben Art von Korpsgeist geprägt und zeigen dasselbe unangenehme Verhalten – unter anderem schüchtern sie ihre Gegner ein und lassen keine abweichenden Meinungen gelten. Meiner Ansicht nach ist die Analytische Philosophie doch bei weitem vorzuziehen, allein schon weil Analyse in der Philosophie durchaus nützlich sein kann und analytische Schulung wirklich lehrreich sein kann. Als geistiges Training ist die Kontinentale Philosophie geradezu kontra-produktiv, die Studenten lernen, sich unauthentisch auszudrücken – in totem Jargon statt in lebendiger Sprache, bedeutungsschwanger statt schlicht, obskur statt klar – und rationale Argumentation durch rhetorische Tricks zu ersetzen. Sie lernen, nicht zu denken, sondern zu schwindeln, und das alles verdirbt ihren Geist.

Doch wir können der Kontinentalen Philosophie nicht dadurch Einhalt gebieten, daß wir uns auf die Seite der Analytischen schlagen. Die unheilbare Inhaltslosigkeit der Analytischen Philosophie – ihre Unfähigkeit zur Formulierung von grundlegenden Problemen irgendeiner Art oder von möglichen Lösungen für grundlegende Probleme – ist der Hauptgrund, aus dem die Kontinentale Philosophie soviel an Terrain gewonnen hat. Und dagegen hilft nur echte Philosophie – oder in Bereichen wie der Literaturwissenschaft – das unerschrockene Beharren auf Authentizität in Ausdruck und Reaktion. In diesen Fragen bin ich Kurzzeit-Pessimist und Langzeit-Optimist. Es ist durchaus möglich, daß demnächst die Kontinentale Philosophie in den philosophischen Seminaren aller Welt dominiert. Aber niemals wird deshalb die wirkliche Philosophie aus dem Bereich intelligenter menschlicher Beschäftigungen vertrieben werden können, ganz einfach, weil das unmittelbare Erleben reflektierender Menschen sie immer wieder mit philosophischen Problemen konfrontieren wird, die ihre aktive Aufmerksamkeit verlangen.

Auf keinen Fall glaube ich jedoch, daß wir jemals mit den Moden des intellektuellen Unfugs aufräumen werden können. Meines Wissens gibt es sie bereits, seit es überhaupt Menschen gibt. Sie erfüllen viele starke menschliche Bedürfnisse, unter anderem das Bedürfnis nach extravaganter emotionaler Nabelschau. Sie geben uns alle Antworten – und dann haben wir das Gefühl, unsere Probleme lösen zu können und den Nichteingeweihten überlegen zu sein. Wirkliches Denken ist hart – nicht nur anstrengend, sondern oft auch erfolglos, so daß wir ein frustrierendes Gefühl unserer eigenen Unzulänglichkeit und Ignoranz entwickeln, ganz zu schweigen davon, daß wir uns von anderen stirnrunzelnd betrachten lassen müssen. Es wird immer einfacher sein, mit dem Strom ins Sichere zu schwimmen, sicher, weil akzeptiert. Unser fehlendes Selbstvertrauen wird uns immer einzureden versuchen, daß intelligente Leute, die unseren Gedanken widersprechen, mit ihren Einwänden sicherlich recht haben. Dabei wird dann die Tatsache übersehen, daß eigenständiges Denken immer individuell sein muß und niemals gesellschaftlich sein kann, im Gegensatz zum Ausüben von Kritik. Wir können niemals zu eigenen Erkenntnissen oder eigenem Verständnis gelangen, wenn wir auf unabhängiges Denken verzichten. Aber dann können wir uns sicher und geborgen und möglicherweise auch noch überlegen fühlen. Es kommt sogar recht häufig vor, daß abstrakte Überzeugungen sich vor allem durch ihre Wahrheit empfehlen.

Vierundzwanzigstes Kapitel

Offene Fragen

Auch nach Kant und Schopenhauer hat es einige große und etliche gute Philosophen gegeben. Ihre auserlesene Gesellschaft umfaßt Kierkegaard mit seinem Beharren darauf, daß nur das einzigartig Spezifische existiert, weshalb jegliche wirkliche Existenz individuell ist und sich deshalb in allgemeinen Systemen abstrakten Denkens nicht fassen läßt; Marx, der, obwohl er sich auf so tragische Weise in so vieler Hinsicht irrt, zu Erkenntnissen gelangt ist, die das Verständnis aller intelligenten Menschen bereichert haben; Nietzsche, dessen Aufruf zur Neubewertung unserer Werte die größte aller Herausforderungen an alle ist, die nur das Phänomenon gelten lassen wollen; Mill, den wirkungsvollsten aller Propagandisten der individuellen Freiheit; Frege, der die Philosophie ent-psychologisieren wollte, indem er ihre erkenntnistheoretischen Grundlagen durch logische ersetzte; Russell, der mehr als jeder andere die Erkenntnisse von Naturwissenschaften, Mathematik und Logik in unsere allgemeine Weltsicht einbezogen und sie in unseren normalen Sprachgebrauch eingeführt hat; den jungen Wittgenstein, der Schopenhauer im Licht von Freges Arbeit nachgedacht hat; Heidegger, der in seinem Bestreben nach der Erkenntnis, was wir eigentlich über einen Gegenstand aussagen, wenn wir sagen: »er existiert«, eine fast kantianische Analyse der Frage durchführt, was wir erfahren, wenn wir uns unserer eigenen Existenz bewußt sind; Cassirer, der erkannte, daß wir unser Leben zumeist durch von uns geschaffene Symbole leben, bis hinunter zu grundlegenden Elementen wie Begriffen und Sinneseindrücken und daß Vernunft selber wie Logik, Sprache, gesellschaftliches und politisches Denken, Rituale, Religion, Kunst und Naturwissenschaften von Menschen erschaffene symbolische Systeme sind, durch die wir versuchen, unsere Erfahrungen zu akzeptieren, zu interpretieren, zu speichern und zu vermitteln, so daß der Mensch den Philosophen nicht als vernunft- oder sprachbegabtes Tier erscheinen sollte, sondern als Tier, das sich von anderen Tieren durch Erschaffung und Verwendung von Symbolen unterscheidet; Popper, der Kants Denken auf der Grundlage der Prämisse des transzendentalen Realismus rekonstruierte und durch die Kombination von kantianischer und empirischer Herangehensweise die bisher fruchtbarste und erhellendste Theorie des empirischen Wissens entwickelt hat, auch wenn er sicher als erster zugeben würde, daß seine Theorie aller Wahrscheinlichkeit nach und vielleicht schon bald durch eine bessere ersetzt werden wird.

Wenn wir die Werke dieser Philosophen sorgfältig lesen, wird unser Weltbild nie wieder dasselbe sein, denn das, was sie sagen, beeinflußt unsere Sichtweise und fließt in sie ein, erweitert sie, macht sie komplizierter. Ich habe von ihnen allen gelernt, und jedesmal hat das für mich einen intellektuellen Wendepunkt bedeutet. Und doch haben sie alle in gewisser Hinsicht ihre Entdeckungsreisen auf einem Erdteil stattfinden lassen, dessen Küste bereits von Kant und Schopenhauer beschrieben worden ist – die natürlich ihrerseits auf frühere Kartierungsarbeiten von Hume zurückgreifen konnten. Indem sie jeweils die Stafette an den nächsten weiterreichten, konnten diese drei zu grundlegenden Erkenntnissen über das Wesen und die Grenzen möglichen menschlichen Verstehens und damit zu den Grenzen des Verstehbaren gelangen; und ihre Erkenntnisse scheinen im großen und ganzen immer noch zuzutreffen. Auch wenn es Meinungsverschiedenheiten darüber geben kann, auf die ich hier allerdings nicht weiter einzugehen brauche, wer ein Stück Meer oder einen Punkt an der Küste zuerst entdeckt hat, scheint die Hauptmasse des Landes noch immer dort zu liegen, wo Kant und Schopenhauer sie angesiedelt haben (wenn wir deren Werk als Ganzes überschauen). Einiges der besten Philosophie der letzten hundertfünfzig Jahre hat die von ihnen aufgezeigten Grenzen in der Hoffnung untersucht, sie dann präziser beschreiben und ihre Bedeutung besser verstehen zu können. Und es besteht immer noch die Hoffnung, sie ein weiteres Mal so weitreichend zu verschieben, wie Kant das geschafft hat, vielleicht sogar, sie irgendwann ganz und gar überschreiten zu können. Außerdem gibt es einen fast endlosen Spielraum für Kritik an und Korrekturen von Kant und Schopenhauer und für die Weiterentwicklung ihrer Gedanken – Spielraum sogar für die Entwicklung ganz neuer Themen – innerhalb des Erdteils, dessen Küste sie beschrieben haben, eines Erdteils, der noch immer unerforschte Gebiete von hypnotischer Verheißungskraft und Faszination aufweist. Es fehlt also nicht an lohnenden Herausforderungen und Aufgaben für die Philosophie, vermutlich wird es ihr nie daran fehlen. Aber am Ende bleibt doch die Tatsache bestehen, daß unser grundlegendes Verständnis des menschlichen Lebens in großen Zügen noch so ist, wie Kant und Schopenhauer es geprägt haben.

Das bedeutet nicht, daß das immer so bleiben müßte. Einer der größten Fehler dieser beiden Philosophen war genau diese Annahme. Doch sie haben in der Philosophie für eine Revolution gesorgt, und es gibt keinen Grund, aus dem das nicht wieder passieren könnte, keinen Grund, warum es nicht mehr als einmal dazu kommen sollte. Kant und Schopenhauer glaubten, stichhaltige Gründe für ihre Überzeugung anführen zu können, daß das nicht möglich wäre, doch ihre Gründe waren in der Vorstellung der Unverbesserlichkeit unseres Wissen um das Universum verhaftet, das sich aus der Newtonschen Physik ergibt, und diese Vorstellungen haben sich als unzulänglich erwiesen. Ich kann nicht vorhersagen, was der nächste geniale Philosoph sagen wird, ich wünschte, ich wäre dieser Philosoph. Doch seit Jahrhunderten sieht die Philosophie allein in Europa in jedem Jahrhundert eine neue innovative Gestalt, und ich nehme an, das wird auch so bleiben – auf jeden Fall ist das wahrscheinlicher als die Vorstellung, daß der Nachschub an solchen Philosophen plötzlich und ohne irgendeinen Grund versiegt (obwohl das natürlich auch passieren kann). Zwischen Aristoteles und dem nächsten Philosophen vom selben Rang, Kant, liegen über zweitausend Jahre. Vielleicht wird es ebenso lange dauern, bis der nächste auftaucht. Vielleicht ist er ja auch schon geboren. Wir werden das erst erfahren, wenn er sein Werk veröffentlicht, und vielleicht entgeht es uns dann erst – schließlich wurde auch Schopenhauer zu seinen Lebzeiten vor allem ignoriert.

Doch bis der nächste Philosoph auftritt und wie einst Kant alles ändert, wenn das überhaupt je passiert, müssen wir anderen nach besten Kräften mit der Situation fertig werden, in der wir uns befinden. Und das ist fast unerträglich frustrierend. Aus dieser Frustration kann eine Versuchung erwachsen. Da die Philosophie bisher unsere endgültigen Fragen nicht beantworten kann – Fragen, die uns wirklich auf der Seele brennen, da es um unsere Vernichtung oder unser Überleben geht – halten wir gern anderswo Ausschau nach Antworten. Und da bieten sich doch die Bereiche an, die Antworten anbieten. Diesen Weg schlug Tolstoi ein. Er vertiefte sich voller Begeisterung in die Philosophie von Kant und Schopenhauer und erkannte, daß es die Aufgabe der wahren Philosophie ist, Kants Fragen zu beantworten. Dann stellte er jedoch fest, daß er auf diese Weise keine endgültigen Antworten finden konnte, worauf er an der Philosophie verzweifelte. Was ist sie schon wert, klagte er, wenn sie uns nicht den Sinn des Lebens erklären kann? Er kehrte ihr den Rücken zu und wandte sich der Religion zu (ich hätte fast »statt dessen« gesagt). Doch die ist kein legitimer Ersatz. Tolstoi war zwar ein wunderbarer kreativer Künstler, doch auch er durfte Glauben nicht auf Unwissenheit aufbauen. Freuds *Die Zukunft einer Illusion* beschreibt eine solche Entwicklung mit scharfem Spott. Wenn sogar scharfsichtige Skeptiker zugeben, so Freud, daß sich die Aussagen einer Religion nicht mit vernünftigen Argumenten widerlegen lassen, warum sollten wir nicht daran glauben, schließlich spricht ja vieles für sie – Tradition, allgemeine Zustimmung und der Trost, den sie uns bieten können. Ja, warum nicht? Niemand kann zum Glauben gezwungen werden, niemand zum Unglauben. Aber wir dürfen uns nicht einreden, so Freud weiter, daß solche Überlegungen wirklich vernünftige Argumente darstellen. Wenn es überhaupt unzutreffende Argumente gibt, dann diese. Unwissenheit bleibt Unwissenheit, wir haben kein Recht, daraus einen Glauben abzuleiten.

Darum geht es hier: Was wir nicht wissen, wissen wir nicht. Jedes Gerede darüber, daß sich darin der Weg zum Glauben öffnet, ist ein gefährliches Spiel mit Worten. Unwissenheit ist keine Rechtfertigung für irgendeinen Glauben. Sich dieser Tatsache zu stellen, mit ihr zu leben, mit ihr dem Tod ins Auge zu blicken, ist die beängstigendste aller grundlegenden Herausforderungen, mit denen dieses Leben uns konfrontiert. Und da wir dieser Angst und dieser Herausforderung ausgeliefert sind, stellt die Flucht in irgendeinen religiösen oder pseudo-religiösen Glauben die größte Versuchung für Menschen dar, die ihren Geist nicht aus der Sklaverei der Probleme befreien können. Für andere ist es eher verlockend, gar nicht über diese Probleme nachzudenken, und ich glaube, die meisten Menschen neigen zu dieser »Lösung«.

Seit Kant haben einige der besten Philosophen ganz bewußt und freiwillig die endgültigen Fragen auf Eis gelegt und sich mit zeitgebundeneren Fragen befaßt, in denen sie auch wirklich weiterkamen. Nietzsche ist so verfahren, Popper auch. Daß sich dieses Vorgehen gelohnt hat, zeigen die großartigen philosophischen Werke dieser beiden. Doch ihre Entscheidung bedeutete eben auch eine Abkehr von den größten und verblüffendsten aller Fragen. Sie bedeutete – ich weiß nicht, wie ich das ausdrücken soll –, sich mit Minderem zufriedenzugeben (sogar im Fall Nietzsche). Für sie als Menschen wäre es vielleicht besser gewesen, ihr Leben lang mit den wichtigsten Fragen zu ringen, selbst wenn es ihnen niemals gelungen wäre, darin zu neuen Erkenntnissen zu gelangen. Die Überlegung lohnt sich, wie viele hochintelligente Menschen vermutlich ebenso entschieden haben wie Nietzsche und Popper. Wenn wir jedoch bedenken, daß diese beiden wirklich Genies waren, so liegt doch die Wahrscheinlichkeit nahe, daß sie neue Erkenntnisse entwickelt hätten. Und selbst wenn nicht, so hätten sie ihr Leben doch auf eine wertvollere Weise verbracht, das meine ich zumindest, auch wenn wir anderen dadurch ärmer geworden wären.

Also – was tun? Die Herausforderung ist eher existentiell als intellektuell. Die Vorstellung, ein ganzes Leben lang mit dem Kopf gegen eine Wand zu rennen, ist keine attraktive Aussicht, ebensowenig wie die auf Jahre unartikulierter Verwunderung bei steigendem Frustrationsgrad. Was mich betrifft, so gehöre ich nicht zu denen, die das Problem dadurch zu lösen versuchen, daß sie die dazugehörigen Fragen ignorieren: Es ist vielleicht eine Frage des

Temperaments, aber die bloße Tatsache, daß die Fragen sich nicht beantworten lassen, sorgt dafür, daß sie mir um so ärger zusetzen. Seit meiner Kindheit ist kaum ein Tag vergangen, an dem ich nicht an diese Fragen gedacht habe. Tatsache ist, daß ich mein Leben lang in ihrer Gewalt gewesen bin. Mir erscheinen sie als die wichtigsten und interessantesten Fragen, die es überhaupt gibt, und im tiefsten Herzen kann ich nicht begreifen, warum diese Ansicht nicht von allen geteilt wird. Und doch kann ich keine Lösungen bieten. Ich bin noch immer angesichts der großen metaphysischen Fragen meiner Existenz ebenso verblüfft wie als Kind – oder mehr noch, denn mein Verständnis für die Tiefe und Komplexität dieser Fragen ist jetzt ja viel größer.

Kein Leser dieses Buches hat wohl annehmen können, ich würde am Ende, im letzten Kapitel, die Antworten auf die grundlegenden Fragen der Philosophie aus dem Ärmel schütteln. Ich kann höchstens hoffen, durch dieses Buch das Verständnis des Lesers für diese Fragen erweitert zu haben. Der Titel, den ich Karl Popper für seine Autobiographie vorgeschlagen hatte, *Unvollendete Suche* nämlich, hätte noch besser zu diesem Buch und auch zu mir selbst gepaßt, da es in einem weitergreifenden und metaphysischen Sinn auf beides zutrifft. Ich bin auf der Suche, bin noch immer auf der Wanderung, und das wird zweifellos auch so bleiben, wie lange ich auch noch leben mag. Ich habe nicht einmal eine einigermaßen klare Vorstellung davon, wie es wohl wäre, ein Ziel zu erreichen oder wie dieses Ziel aussehen könnte. Wenn ich mir vorzustellen versuche, was es für eine Erfahrung wäre, ein Verständnis der Welt und ihrer Existenz zu erreichen, dann erscheint mir diese Erfahrung fast als mystisches Erlebnis, als ein Gefühl, ganz und gar eins mit allem zu sein, in einem zeitlosen Zustand vollständiger Wahrnehmung – eine Erfahrung, die sich jedoch weder in der Sprache noch in irgendeinem anderen Medium und auch nicht in der Kunst artikulieren ließe. Ich habe keine solche Erfahrung gemacht, und vielleicht wäre sie ja doch ganz anders. Ich rechne auch nicht damit, diese Erfahrung eines Tages doch noch zu machen, ich glaube das eigentlich nicht, während ich gern glaube, daß es bei anderen der Fall war und daß sie deshalb, anders als ich, sicher von der Möglichkeit solcher Erfahrungen ausgehen können.

Im ersten Kapitel habe ich von meinen kindlichen Erfahrungen berichtet, die mich auf eine lebenslange Suche nach größerer philosophischer Erkenntnis geschickt haben. Da ich in diesem Buch keine festen und endgültigen Schlußfolgerungen ziehen konnte, kann ich es auch nicht mit einem Bericht des triumphalen Endes dieser Suche abrunden. Das Ende des Buches kann also nicht mehr sein als eben das, eben das Ende des Buches, es ist kein Ende in irgendeinem anderen Sinn und auch kein Ende von etwas anderem. Aber vielleicht sieht es ja ein bißchen mehr wie ein runder Abschluß aus, wenn ich erzähle, wie ich jetzt einige der Fragen sehe, von denen ich ausgegangen bin. Ich will die einzelnen Fragen jetzt nicht ausführlich durchdiskutieren – das müßte zu einem Buch führen, das ebenso dick ist wie das vorliegende – sondern einfach nur mitteilen, in welcher Richtung ich die Wahrheit vermute.

Vielleicht sollte ich mit dem Bekenntnis anfangen, daß ich jetzt mehr denn je davon überzeugt bin, daß keine Philosophie, die die Wirklichkeit mit tatsächlicher oder möglicher Erfahrung gleichsetzt, recht haben oder sich zumindest in die richtige Richtung bewegen kann. Die ganze Vorgehensweise einer solchen Philosophie erscheint mir als eine Art Glaube von der Sorte: »Die Erde ist eine Scheibe«, in dem ein Großteil der Menschheit weiterhin verharrt – ein Glaube, der für Augen ohne den richtigen Scharfblick oder für zu wenig hinterfragende Gemüter im ersten Moment überzeugend wirkt, der aber hoffnungslos falsch ist. Und das aus vielen Gründen. Da alle unsere Möglichkeiten, materielle Objekte wahrzunehmen, sei es nun auf mentale oder sinnliche Weise, direkt oder indirekt, erfahrungsgebunden und damit subjektgebunden sind, können sie *so, wie wir sie wahrnehmen*, nicht unabhängig von uns und unserer Erfahrung existieren. Wenn Gegenstände, die in Raum und Zeit existieren, trotz allem eine unabhängige Wirklichkeit aufweisen, dann müssen auch Raum und Zeit auf irgendeine Weise eine unabhängige Wirklichkeit besitzen; und das führt zu unauflöslichen Widersprüchen in unseren Definitionen von Raum und Zeit. Das gesamte Universum, inklusive Raum und Zeit, müßte dann entweder aus dem Nichts heraus entstanden sein oder immer schon in ewiger Zeit existiert haben; außerdem müßte es in endlosem Raum existieren und womöglich selber auch eine endlose Anzahl von Objekten enthalten. Diese ausgesprochen mystischen Vorstellungen gehören zu den unmittelbarsten Konsequenzen des vom gesunden Menschenverstand geprägten Realismus, und es ist kaum vorstellbar, daß reflektierende Realisten das nicht erkennen. Die tun sie in der Praxis eher mit einem gleichgültigen Schulterzucken ab, was mich verblüfft.

Ich vermute darin einen psychischen Mechanismus, der ungefähr so funktioniert: Aus früher schon erwähnten Gründen neigen die Menschen nun einmal dazu, sich an eine Illusion von Realismus zu halten. Vielleicht sind wir biologisch dazu programmiert; vielleicht betrachten wir unsere subjektiven Wirklichkeitserfahrungen als Wirklichkeit an sich, weil unser Überleben oft von einer sofortigen Reaktion auf diese Erfahrungen abhängt. Wenn das so ist, dann könnte es lebensbedrohliche Folgen haben, wenn wir unsere Erfahrungen nicht mehr für wirklich hielten, und das wiederum würde erklären, warum uns das fast unmöglich ist. Als lebendige Organismen haben wir uns allein aus Überlebensgründen so entwickelt, wie wir uns nun einmal entwickelt haben; uns anders zu verhalten, widerspräche zutiefst unserem Instinkt. Die Vorstellung, daß die Wirklichkeit möglicherweise anders beschaffen sein könnte, als es für uns aussieht, kommt uns deshalb unwirklich vor, wie ein Traum, wir können sie nicht ernst nehmen, so überzeugend die rationalen Argumente für diese Ansicht auch sein mögen. Es fällt uns leichter, den Einwand, daß unsere tiefverwurzelte Haltung zu zahllosen Rückschritten, Widersprüchen und Unstimmigkeiten führen muß, zu ignorieren, als auf unsere Sichtweise zu verzichten. Wenn unsere Weltsicht richtig sein muß, dann können wir uns getrost darauf verlassen, daß sich die scheinbar unlösbaren Probleme, die sich aus dieser Sicht ergeben, irgendwann in der Zukunft lösen lassen oder daß wir auf ihre Lösung problemlos verzichten können. Diese Haltung schlägt sich im Verhalten der Realisten nieder. Obwohl sie dem Skeptiker, der ihre Annahmen problemlos mit Einwänden ins Schwanken bringen kann, keine Antwort zu geben haben, macht ihnen das höchstens oberflächlich zu schaffen. Freundlich und gelassen akzeptieren sie fast jeden seriösen Einwand gegen ihre Position. Die Wirklichkeit muß so sein, wie sie sie sehen, das liegt auf der Hand, und aufgrund ihrer Unfähigkeit, diese Überzeugung durch Argumente zu untermauern, bleiben sie in dieser Ansicht ungestört. Da dieses Verhalten auf der menschlichen Natur beruht, liegt die Überlegung nahe, daß auch die Unfähigkeit, diese Probleme zu lösen, einen Teil der menschlichen Natur ausmacht. Wenn wir uns dieser weitverbreiteten Ansicht anschließen, brauchen wir uns nicht weiter den Kopf zu zerbrechen. Und auf diese Weise wird es möglich für uns, eine von unlösbaren Problemen durchsetzte Weltsicht als selbstverständlich zu nehmen und uns von der Überzeugungskraft mancher Argumente gegen diese Weltsicht nicht mehr aus der Ruhe bringen zu lassen.

Die Unfähigkeit vieler ansonsten intelligenter Menschen, sich aus der scheinbaren Selbstverständlichkeit des Realismus hinauszudenken, führt unter anderem zu einer Unfähigkeit, Aussagen zu verstehen wie diese: »Objekte können unmöglich so sein, wie sie uns erscheinen.« Nicht wenige Fachphilosophen behaupten, diese Aussage nicht zu verstehen; oft stellen sie sie falsch dar, um deutlich zu machen, daß sie sie wirklich nicht verstanden haben. Eine der am häufigsten anzutreffenden Fehlinterpretationen läßt sie diese Aussage mit Begriffen wie »dichterische Freiheit« oder »mystische Metapher« beschreiben. Sie scheinen dabei nicht zu erkennen, daß sie es mit durch außergewöhnlich rationale Argumente erreichten Schlußfolgerungen zu tun haben und daß der vom gesunden Menschenverstand geprägte Realismus zu sehr viel unglaubwürdigeren Konsequenzen führt.

Es lohnt sich, in diesem Zusammenhang Popper heranzuziehen, denn Popper war Kantianer und doch transzendentaler Realist. Er hielt die Neigung der Empiriker, die Probleme der Wahrnehmung als Eckpfeiler des Problems des Wissens zu betrachten, für einen Fehler. Diesen Fehler schrieb er der Tatsache zu, daß Empiriker zumeist Induktivisten sind und glauben, daß wir unser Wissen auf der Grundlage unserer unmittelbaren Erfahrung aufbauen; wir beobachten, und dann verallgemeinern wir unsere Beobachtungen durch Induktion zu allgemeinverständlichen Aussagen, ob diese nun auf gesundem Menschenverstand oder wissenschaftlichen Versuchen aufbauen. In diesem Schema hängt die Authentizität unseres Wissens von zwei Faktoren ab: Stimmt unser induktives Vorgehen wirklich, und sind unsere Beobachtungen zutreffend? Auf diesen beiden Faktoren beruhen danach alle weiteren Aussagen. Popper leugnete die Gültigkeit der Induktion und glaubte deshalb nicht, daß sich unser Wissen auf induktive Weise aus Beobachtungen ableiten läßt. Er stellte ein ganz anderes Wissensschema auf, in dem einzelne Beobachtungen nicht mehr die Grundlage empirischen Wissens bilden, sondern eine andere Rolle spielen. Laut Popper stammen die Erwartungen, mit denen wir der Wirklichkeit entgegentreten, aus einer Vielzahl von Quellen, zu denen auch etliches an Vermutungen und Ahnungen gehört. Immer wieder messen wir diese Erwartungen mit unserer Erfahrung. Obwohl eine gesetzmäßige Erwartung sich nicht durch irgendein logisches Vorgehen aus Beobachtungen ableiten läßt, so läßt sie sich doch durch eine einzige Beobachtung widerlegen; und weil das so ist, sind wir die ganze Zeit damit beschäftigt, unsere Erwartungen im Licht unserer Erfahrungen neu zu bewerten. In diesem Schema erscheint Wissen als »nach bestem Wissen und Gewissen«, als immer revidierbare Neigung, bestimmte Dinge zu erwarten; Beobachtung greift dieser Neigung nicht vor, als etwa, aus dem sie entsteht, sie kommt erst später, als etwas, an der die Neigung gemessen und dann entweder revidiert oder aufgegeben wird. Wenn Popper recht hat, dann verfügen wir über kein anderes Wissen als unsere Hypothesen und Theorien, und diese sind Produkte unseres Geistes, nicht unserer Sinne. Das ist eine recht kantische Ansicht. Und wer diese Meinung vertritt, ist in der Lage weiterhin anzunehmen, was Schopenhauer Kant ja schließlich vorwarf, daß sinnliche Erfahrung zwar unersetzlich ist, aber nicht das Wichtigste in unserem Schema. Genau so ging Popper vor. Ich glaube, er hat sich niemals direkt zur Frage des ontologischen Status erkenntnistheoretischer Phänomena geäußert, da seine Erkenntnistheorie das einfach nicht erforderte.

Aus Poppers Überzeugung, daß jegliches Wissen theoretisch und permanent revidierbar sei, folgt, daß wir niemals sicher sein können, aber er konnte auch Argumente dafür anführen, daß uns keine andere Erkenntnistheorie Gewißheit bieten kann. Gewißheit ist für uns schlichtweg unerreichbar. Descartes, der die Suche nach Gewißheit in den Mittelpunkt der abendländischen Erkenntnistheorie stellt, schickte sie damit für drei Jahrhunderte in die Wüste, wo dann selbst Kant und Schopenhauer irregeleitet wurden. Doch wenn wir erst akzeptiert haben, daß wir keine Gewißheit erreichen können, akzeptieren wir auch, daß wir niemals wissen werden, was Wirklichkeit ist und daß das Wesen der Wirklichkeit uns auf ewig verborgen bleiben wird. Das macht Popper zum Realisten, der glaubt, daß wir Wirklichkeit niemals direkt »wissen« können, doch daß sich unser Wissen auf asymptotische Weise im Laufe der Zeit immer dichter der Wirklichkeit annähern kann. Dieser Zug seiner Philosophie gibt ihr eine Tiefe, die für die meisten Formen des Empirismus unerreichbar ist: Sie wird durch einige der wertvollsten Erkenntnisse des transzendentalen Realismus bereichert, ohne dabei idealistisch zu sein. Das siedelt Poppers Philosophie gegenüber dem Logischen Positivismus am entgegengesetzten Ende des realistischen Spektrums an. Schließlich hat einer der berühmtesten Logischen Positivisten, Otto Neurath, das philosophische Schlagwort geprägt: »Alles ist Oberfläche.« Wenn ich Realist wäre, dann wäre ich wohl eine Art Popperianer: Diese Art von Realismus erscheint mir als diejenige, die der Wahrheit am nächsten kommt. Aber Popper kann sich nur deshalb als Realist sehen, weil er das Problem unseres Wissens um materielle Objekte in individueller Wahrnehmung umgeht. Nicht einmal in seiner Popperianischen Form – die, wie ich finde, immer noch die besten Argumente bringt – kann der Realismus wirklich recht haben.

Wie Kant und Schopenhauer bin ich ein empirischer Realist und zugleich ein transzendentaler Idealist. Innerhalb dieses Rahmens, den er akzeptierte, versuchte der junge Wittgenstein in seinem *Tractatus*, mit der Philosophie des empirischen Realismus aufzuräumen. Er führte an, wie wenig erreicht wäre, wenn das erreicht wäre, aber auf jeden Fall schaffte er es nicht. Popper hat da schon viel mehr Erfolg gehabt – sein Werk scheint mir das von Wittgenstein ohnehin bei weitem zu übertreffen, auch wenn er durchaus nicht zu der Ansicht neigte, daß nur wenig erreicht sei, wenn das erreicht sei. Das liegt daran, daß er die empirisch erfahrbare Welt behandelt, als handele es sich um die totale Wirklichkeit, auch wenn er es für eine unlösbare Aufgabe hält, sie in Gänze kennenzulernen. Poppers Ansicht nach haben wir keine Möglichkeit festzustellen, ob die empirisch erfahrbare Welt alles ist, was es gibt, weshalb wir uns auch keine Vorstellung (jedenfalls keine, die intellektuelle Achtung verdient) davon machen können, was vielleicht jenseits liegt. Und selbst innerhalb der empirisch erfahrbaren Welt, so Popper, wissen wir kaum etwas mit Gewißheit. Doch ist es dann nicht töricht, auch außerhalb dieser Welt nach Wissen zu suchen, das wir doch auf nichts aufbauen könnten? Ein Satz, den ich häufiger als jeden anderen bei ihm gehört habe, war: »Wir wissen nichts.« Diese Aussage, die er historisch gesehen Sokrates zuschrieb, erschien ihm als die wichtigste philosophische Erkenntnis von allen, weshalb sie jeglicher philosophischer Tätigkeit zugrunde liegen sollte. Bei Popper hat sie jegliche Spekulation (ich glaube sogar, in seinen allerprivatesten Überlegungen), ob es außerhalb der empirisch erfahrbaren Welt noch etwas geben kann, gleich im Keim erstickt. Deshalb philosophierte er sein Leben lang als transzendentaler Realist und hielt sich auch für einen solchen. Ich konnte ihn nicht dazu bewegen, auch nur die Möglichkeit in Betracht zu ziehen, daß die empirisch erfahrbare Wirklichkeit nicht alles ist. Er stimmte sofort und ohne Widerrede zu, fügte aber immer hinzu, daß wir nichts darüber sagen können, was es vielleicht sonst noch gibt, wir können es in unserem Denken nicht verwenden, und deshalb sollten wir weitermachen, ohne uns weiter um diese Möglichkeit zu kümmern.

Ich halte dies für historisch und tatsächlich ungültig. Etliche Philosophen, unter denen Kant und Schopenhauer vielleicht die größten, aber durchaus nicht die einzigen sind, haben sehr interessante und tiefgreifende Aussagen über das Wesen der menschlichen Begrenztheit und deren Auswirkungen auf unser Denken und auf das, was vielleicht außerhalb unseres Verständnisses liegt, gemacht. Sie zeigen an ihrem Beispiel, daß man durchaus über diese Themen schreiben kann, ohne vom Weg der offenen, rationalen Argumente abzuweichen, ohne den Versuch, das Unausdrückliche auszudrücken, ohne sich in Mystizismus zu fliehen, ohne zu poetischen Sprachbildern oder religiösen Glaubenssätzen zu greifen und ohne die eigenen Erkenntnisse als die alleingültigen zu begreifen – und trotzdem noch wichtige Überlegungen vorzutragen. Wenn sie das konnten, warum nicht auch andere? (Ich kann es nun einmal nicht, sagte Popper.)

Unsere Gründe, zu glauben, daß sich die Wirklichkeit endlos über unsere Wahrnehmungsfähigkeiten hinaus erstreckt, lassen sich in mehrere Bereiche einteilen. Zum einen spielt die zufällige und begrenzte Natur unseres physischen Wahrnehmungsapparates eine Rolle. Wichtig sind ferner weitreichende Ignoranz und Mißverständnisse, die sich aus unserer Lokalisierung in der Zeit ergeben: Wenn wir die gewaltigen Veränderungen betrachten, die sich allein in den letzten vier Jahrhunderten im Wissen der Menschen um sich selbst und um die Welt ergeben haben (also während der Zeit von nur vier aufeinanderfolgenden langen Menschenleben), und daß diese Veränderungen in steigendem Maß anhalten, dann müssen wir doch davon ausgehen, daß die nächsten vier Jahrhunderte zumindest ebenso weitreichende und überraschende Veränderungen erleben werden. Drittens spielt die Begrenztheit der Subjektivität eine Rolle: Jegliche Wahrnehmung, jegliche Erfahrung, jegliches Verständnis, jegliche Erkenntnis ist nur einem Subjekt möglich – wie Schrödinger das in seiner Abhandlung *Was ist Leben?* ausgedrückt hat: »Bewußtsein ist ein Singular, dessen Plural unbekannt ist.« Schließlich ist da noch das fragmentarische und eingeengte Wesen der kulturellen Werkzeuge, mit denen wir unsere Erfahrungen für uns selbst verständlich machen müssen. Wenn wir all diese Gründe in Betracht ziehen, dann ist es so gewiß, wie etwas Ungewisses überhaupt nur sein kann, daß die Wirklichkeit, so wie wir sie wahrnehmen, nicht nur anders, sondern extrem und unvorstellbar anders ist als die totale Wirklichkeit, die von uns unabhängig existiert.

Das spielt eine entscheidende Rolle für unsere Begriffe und Vorstellungen. Es bedeutet, daß unsere systematischen Wissenschaften und Philosophien nicht die adäquaten Erklärungen von Ganzheiten sein können, als die sie oft betrachtet werden. Entweder treffen sie nicht zu oder sie sind Teile eines viel größeren Bildes, von dem wir uns noch keine Vorstellung machen können, obwohl wir irgendwann in der Zukunft vielleicht klarer sehen werden. Zweifellos sind beide Kategorien anwendbar. Bisher ist das so geschehen, und der gesunde Menschenverstand läßt annehmen, daß es auch so bleiben wird. Es gibt keine einzige Wissenschaft, die nicht innerhalb der letzten Jahrzehnte radikal revidiert oder ausgiebig erweitert worden wäre; und jede bekannte Philosophie hat ihre bekannten Schwächen. Wenn wir wirklich die Tatsache in unser Denken einfließen lassen, daß uns nur fragmentarisches Wissen und teilweises Verständnis zugänglich sind, dann werden wir nicht mehr den Fehler machen, anzunehmen, daß wir alles in den Begriffen der Verständniskategorien erklären können, die uns derzeit zugänglich sind – und daß alles, was wir nicht erklären können, auf irgendeine Weise übernatürlich sein muß. Die Vorstellung, wir verfügten heute über alle Erklärungsmittel, um alle Fragen zu klären, ist bei ernsthafter Betrachtung so albern, daß ich einfach nicht erklären kann, wie jemand daran glauben kann, und doch ist es eine weitverbreitete Überzeugung, die niemand so zuversichtlich vertritt wie Philosophen und Naturwissenschaftler.

Die Vorstellung des Übernatürlichen ist ein unklares Wirrwarr, nicht nur, weil wir nur die empirisch erfahrbare Wirklichkeit kennen, sondern auch, weil die totale Wirklichkeit eben ist, was immer sie sein mag: Manches davon nehmen wir nicht wahr, was sich in Zukunft aber durchaus ändern kann, manches wird unserer Wahrnehmung auf Dauer verschlossen bleiben. Den Teil, der unserer Wahrnehmung dauerhaft verschlossen bleiben wird, können wir, wenn wir wollen, als »übernatürlich« bezeichnen, aber wenn wir damit diesem Teil irgendwelche mystischen, religiösen, magischen oder okkulten Eigenschaften zuschreiben wollen, dann entbehrt diese Zuschreibung jeglicher Grundlage. Auf der Hand liegt vielmehr der Vergleich, daß wir diesen Teil aus denselben Gründen nicht wahrnehmen können, die einen blindgeborenen Menschen daran hindern, die visuelle Welt wahrzunehmen, nämlich daß wir nicht über den notwendigen Wahrnehmungsapparat verfügen, doch daß der Teil ebenso »da« ist wie die visuelle Welt »da« ist, auch wenn die Blinden sie nicht wahrnehmen und daß er als alltäglicher Bestandteil der Wirklichkeit nicht mehr oder weniger mystisch und religiös ist als andere Teile. Daß wir ihn nicht wahrnehmen, sagt etwas über uns aus, nicht über ihn. Wenn wir ihn wahrnehmen könnten, dann würden wir alles, was wir vorher wahrgenommen haben, in anderem Licht sehen – vielleicht als von etwas, von dem wir uns bisher keinerlei Vorstellung machen können.

Die Alltäglichkeit der nicht-wahrgenommenen Wirklichkeit scheint aus dem lebhaftesten Traum zu sprechen, den ich jemals hatte, einem Traum, dessen hohe Spannung und unvergeßliche Wirkung ich nicht in Worte fassen kann. Ich unterhielt mich mit einer Art Otto Normalverbraucher mit Schnurrbart, einem Mann mittleren Alters in einem Anzug von einem Blau wie aus einer Kinderbuchillustration, der einen Spazierstock in der Hand hatte. Ich wußte, daß er erst vor wenigen Tagen gestorben war. Ich war überrascht über unsere Begegnung, sah aber sofort die Möglichkeit, endlich zu erfahren, was nach dem Tod mit uns geschieht. Ich fragte ihn also: »Was passiert?« – »Wir überleben«, sagte er (Pause). »Wir überleben als Individuen.« (Pause.) »Wir überleben als Seelen.« (Pause.) »Und ist das wunderbar?« fragte ich. Er zuckte mit den Schultern, als wollte er sagen: Okay, in Ordnung, nichts Besonderes. Und damit war mein Traum zu Ende ... Es gibt ganz einfach einen auf der Hand liegenden logischen Sinn, in dem das Dauerhafte nicht außergewöhnlich sein kann. Auch andere haben darauf hingewiesen, was das für Konsequenzen für das sogenannte Jenseits hat. Bernard Shaw sagte: »Im Himmel ist ein Engel nichts Besonderes.«

Ich selbst bin nicht religiös, glaube aber, daß der größte Teil der Wirklichkeit für die Menschen auf Dauer unerfahrbar bleiben wird. Deshalb sehe ich ein dringendes Bedürfnis zur Entmystifizierung des Unerfahrbaren. Ich habe den Eindruck, daß die meisten Menschen entweder jegliche Wirklichkeit für im Prinzip erfahrbar halten oder daß sie an eine religiöse Dimension der Dinge glauben. Eine dritte Alternative – wir wissen wenig, aber wir haben auch keinen Grund zu religiösem Glauben – wird wenig beachtet, und doch scheint sie für mich der Wahrheit am nächsten zu kommen. Die schlichte Wahrheit ist, daß viele damit Schwierigkeiten haben. Ich stelle immer wieder fest, daß rationalistische Humanisten mich für einen Menschen mit tiefverwurzelten kryptisch-religiösen Sehnsüchten halten, während religiöse Menschen glauben, ich leiste dem Transzendentalen meine Lippenbekenntnisse, während ich doch weiterhin viel zu rationalistisch sei. Das bedeutet, daß jede Seite mich für einen Reisegenossen der anderen hält – und dabei beziehe ich doch in Wirklichkeit eine dritte Position, die beide Seiten nicht für möglich halten, und die beide verwirft. Ich würde sehr gern zwei Massenaufbrüche erleben, einen aus seichtem rationalistischen Humanismus zu der Erkenntnis, daß vieles geheimnisvoll bleibt, und einen aus religiösem Glauben zu einer ehrlichen Erkenntnis unseres Nichtwissens.

Tief im Kern des Mysteriums der Welt muß etwas stecken, was mit dem Wesen der Zeit zu tun hat. Wie immer die Wahrheit über die Zeit auch aussehen mag, Zeit kann nicht so sein, wie sie wirkt. Weder die Zeit des vom gesunden Menschenverstand geprägten Realismus noch die Zeit der Newtonschen Physik wird uns durch Erfahrung vermittelt, was gar nicht möglich wäre, da sie sich vorwärts und rückwärts in die Unendlichkeit erstreckt, und nichts Unendliches läßt sich jemals durch Beobachtung oder Erfahrung erfassen. Jegliche solche Zeit muß eine *Idee* sein, etwas Gedachtes, aber niemals Beobachtetes oder Erfahrenes, eine geistige Konstruktion, ob es sich nun um eine mathematische Berechnung handelt oder um eine phantasievolle Annahme, die unsere Sinne uns nahelegen. Dieselben Überlegungen können für den Raum gelten: Der Raum des gesunden Menschenverstandes, der sich in allen Richtungen ins Unendliche erstreckt, ist kein mögliches Objekt für Beobachtung oder Erfahrung – auch er ist eine Projektion, eine Konstruktion, so, wie der euklidische Raum der Newtonschen Physik. Weder diese Zeit noch dieser Raum können tatsächlich sein, denn tatsächliche Existenz und Identität verlangt Grenzen. Der Einsteinsche Raum ist grenzenlos, wenn auch endlich, und deshalb ist auch er der Erfahrung unzugänglich.

Grenzenlose Zeit und grenzenloser Raum sind also keine gegebene erfahrene Wirklichkeit. Was sind sie dann? Mir scheint, daß die kantianisch-schopenhauerianische Erklärung sich in die richtige Richtung bewegt, auch wenn ihre Formulierung in dieser Form nicht akzeptabel ist. Zeit und Raum unserer erfahrenen Wirklichkeit sind, wie sie glauben, Formen unserer Wahrnehmung und erscheinen deshalb als Dimensionen der Erfahrung. Ohne Erfahrung haben sie keinen Sinn, keine Eigenschaften. Ich weiß, wie zutiefst kontra-intuitiv diese Aussage ist – aber das sind auch viele andere grundlegende Wahrheiten über unser Dasein, wie die bereits früher erwähnte Tatsache, daß wir an der Oberfläche eines riesigen Balls leben, der durch den kosmischen Raum geschleudert wird, während er sich zugleich in einer Geschwindigkeit von sechzehnhundert Kilometern pro Stunde um seine eigene Achse dreht. Die erste Generation von Menschen, die mit dieser Vorstellung konfrontiert wurde, fand sie verrückt und einfach unglaublich – doch als die Menschen dann dazu gezwungen wurden, sich mit dieser Aussage abzufinden, konnten sie sie nicht in ihre Alltagsvorstellungen von der Welt einbeziehen. Das ist ihnen bis heute nicht gelungen. Daraus ergibt sich natürlich nicht, daß Zeit und Raum irgend etwas subjekt-abhängiges an sich hätten, es zeigt jedoch, daß kontra-intuitive, unglaubliche Dinge zu unserer alltäglichen Wirklichkeit gehören können (und das ist ein weiterer und anderer Bereich, in dem die Alltagsrealität unerfaßbar sein kann).

Meine Neigung zu der Annahme, daß die Zeit doch irgendeine subjekt-abhängige Seite hat, beruht nicht vor allem auf den in diesem Buch angeführten Überlegungen. Objektive Vorstellungen von Zeit, die in keinem Teil ihrer Struktur von irgendeiner Erfahrung abhängig sind, sind problemlos möglich, und innerhalb der Naturwissenschaften wird sehr häufig mit solchen Vorstellungen gearbeitet. Doch in einer solchen Zeit gibt es keinen Ort für ein »Jetzt«. Kein Moment (wie immer das Zeitmaß auch aussehen mag) ist wichtiger als ein anderer. Es gibt kein Problem der objektiven Reihenfolge von Ereignissen, von jedem Ereignis läßt sich unparteiisch und unpersönlich sagen, welche Ereignisse davor liegen, hinter welchen es folgt; aber es gibt kein privilegiertes Ereignis, von dessen Position in der Reihenfolge der Ereignisse ausgehend den anderen ihre zeitliche Position zugeordnet wird – falls wir dafür nicht irgendein Kriterium festsetzen, aber dieses wäre dann eben von uns festgesetzt. In einer solchen Zeit kann es keine objektive Gegenwart und damit auch keine objektive Vergangenheit oder Zukunft geben. Wir könnten es so ausdrücken, daß dort alle Augenblicke gleichermaßen präsent sind, obwohl ich nicht sicher bin, was das bedeutet – wir könnten auch sagen, daß sie allesamt nicht-präsent sind – doch auf jeden Fall würden wir dann auf einen Begriff wie *Vergänglichkeit* verzichten. Wenn alle Zeit präsent ist, oder wenn alle Zeiten präsent sind, dann fehlt etwas, das normalerweise für unsere Vorstellung des Wesens der Zeit unerläßlich ist – ihre Bewegung innerhalb einer einzigen Dimension, ihr »Strom«. Natürlich hat eine Anzahl von Philosophen und religiösen Lehrmeistern genau diese Lehre vertreten, nämlich, das Vergehen der Zeit sei unwirklich, eine Illusion, und in der Wirklichkeit sei alle Zeit präsent. Ob sie damit recht haben oder nicht, weiß ich nicht, aber ich bin ziemlich sicher, daß es in einer

Welt ohne Subjekte kein »Jetzt« geben kann, und daß es nur von einem privilegierten Standpunkt aus, wie dem eines erfahrenden Subjektes, Gegenwart, Vergangenheit und Zukunft geben kann; und deshalb ist nur von einem solchen Standpunkt aus etwas wie Vergänglichkeit möglich. Ich möchte das ganz klar zum Ausdruck bringen: Die derzeitige Argumentation sagt, daß es Zeit ohne Subjekt geben kann, weil es Zeitenfolge ohne Subjekt geben kann, ein »Jetzt« ohne ein Subjekt ist jedoch nicht möglich, ebenso wenig wie Vergänglichkeit ohne Subjekt.

Von den Punkten, in denen Popper und Einstein unterschiedliche Meinungen vertreten, fasziniert mich vor allem die unabhängige Wirklichkeit der Vergänglichkeit. Popper, in Einverständnis mit dem extremen Objektivismus, der seine gesamte Philosophie kennzeichnet, hielt Vergänglichkeit für objektiv real, er glaubte an ein unabhängig von der Existenz erfahrender Subjekte existierendes »Jetzt«. Einstein hielt das für unmöglich und beschrieb Zeit als zeitenlos, unabhängig vom Standpunkt irgendeines erfahrenden Subjektes. In privaten Diskussionen gab Popper sich alle Mühe, Einsteins Ansichten in diesem Punkt zu ändern, was ihm jedoch nicht gelang. Ich muß sagen, daß ich immer schon eher zu Einsteins Vorstellung geneigt habe. In meinen Gesprächen mit Popper habe ich ihm niemals befriedigende Antworten auf meine Einwände entlocken können. Wie in anderen Zusammenhängen schien es für ihn einfach keine Rolle zu spielen, daß aus seiner philosophischen Sichtweise Überlegungen zur Subjektivität verbannt wurden. Ich rede hier nicht von persönlicher Subjektivität, sondern davon, was wir als objektive Subjektivität bezeichnen könnten, von der Tatsache, daß wir Menschen niemals aus uns heraussteigen und einen unpersönlicheren Standpunkt als den des Intersubjektiven einnehmen können. Die Vorstellung der Objektivität ist, wie so vieles andere, ein Konstrukt: Keine objektive Sicht der Dinge kann oder könnte jemals in unserer Erfahrung auftauchen. Die Vorstellung von Objektivität ist in den Naturwissenschaften von unschätzbarem Wert, doch sie bleibt ein metaphysisches Produkt unseres Geistes. Popper verwendete sie, wie ich immer fand, zu unkritisch. Wenn er darauf angesprochen wurde, gab er immer zu, daß es sich um ein durch Erfahrung nicht erreichbares regulatives Ideal handle, ging dann aber weiter so vor, als könne und solle das Selbst ignoriert werden.

Wenn weder Gegenwart noch Vergänglichkeit ohne ein Subjekt erreichbar sind und es doch (möglicherweise) von Subjekten unabhängige Zeit gibt, dann liegt die Vermutung nahe, daß Vergangenheit, Gegenwart und Zukunft und damit Vergänglichkeit nur in der Erfahrung möglich sind, während außerhalb der Erfahrung alle Zeit zusammenfällt. Überraschend an dieser Überlegung ist, daß wir dabei nicht von den Begrenztheiten ausgegangen sind, die dem Wesen der subjektiven Erfahrung innewohnen, sondern daß wir objektive Sachverhalte und ihre erfahrungsunabhängige Reihenfolge in der Zeit untersucht haben. Ich bin durch Erörterungen von rein philosophischem und, wie ich hoffe, rationalem Charakter dahin gelangt. Im Fall Einsteins lagen fast ausschließlich mathematische Überlegungen vor. Und das vertieft fast bis ins Unendliche meine Bewunderung für Kant, der durch theoretische Überlegungen im Lehnstuhl so tief in das Wesen der Erfahrung eindringen konnte, daß er darin einigen der revolutionärsten Erkenntnisse der Physik des 20. Jahrhunderts vorgriff und weiter ging als diese. Dieses Beispiel zeigt außerdem, wozu Philosophie in den Köpfen ihrer besten Vertreter fähig ist.

Besonders frustrierend an der Schlußfolgerung, daß das Sein in grenzenlosem Raum und vergehender Zeit nur Erfahrung und Erfahrungsobjekte charakterisiert, ist, daß wir unser empirisches Wissen nur an dieser Erfahrung messen können. Wie schon gesagt, wir können diese Welt unserer Erfahrung nicht verlassen und sie von außen sehen, und noch weniger können wir unsere Blicke aus dieser Welt hinaus richten, wie ein Astronom, der mit einem leistungsstarken Teleskop versucht, nicht das Universum an-, sondern aus ihm hinaus zu schauen. Doch nur jenseits der Grenzen dieses Lebens könnten menschliche Erfahrungen sich jemals an etwas messen lassen, das nicht zu diesen menschlichen Erfahrungen gehört. Es ist vorstellbar, daß der Tod diese Möglichkeit zur Tatsache werden läßt. Aber ich sehe keinen Grund, aus dem das so sein sollte. Auf jeden Fall bliebe weiterhin die Tatsache bestehen, daß die Beziehung zwischen Erfahrbarem und Nichterfahrbarem in diesem Leben nicht wahrnehmbar ist. Tatsache unserer Situation als solche ist, daß sie uns niemals irgendeinen positiven

Grund zu der Annahme geben kann, daß es noch eine andere Situation gibt, von der aus dieses Jenseits wahrnehmbar ist. Noch weniger jedoch besteht Grund zu dem Glauben, daß es, sollte es so sein, für Menschen möglich ist, von hier nach dort zu gelangen, und sei es durch den Tod. Mir kommt das vor wie Wunschdenken.

Wenn es außerhalb der Welt unserer Erfahrung Zeit gibt, und wenn diese Zeit zeitenlos ist, dann müssen wir annehmen, daß alles in der Welt unserer Erfahrung in Beziehung zu dieser zeitenlosen Welt existiert. Für manche scheint das mit der Unmöglichkeit irgendeiner Willensfreiheit einherzugehen. Wenn es eine Tatsache der Gegenwart ist, daß ich zu einem bestimmten Zeitpunkt in der Zukunft (in Beziehung zu meiner derzeitigen Erfahrung gesetzt) ganz impulsiv einen Freund zum Mittagessen einlade, dann ist es auch jetzt schon wahr, und dann entsteht das, was diese Einladung wahr macht, nicht plötzlich zu diesem bestimmten Zeitpunkt; das Gefühl, das ich dann haben werde, nämlich daß ich aus einem Impuls heraus handele, wird eine Illusion sein. Es gibt aber viele Gründe, warum diese Befürchtung unbegründet sein kann.

Erstens ist Voraussicht nicht dasselbe wie Vorherbestimmung (im Sinne von Determinismus). Wenn ein Wesen, sagen wir, ein Gott, wissen kann, was in der Zukunft geschieht, dann weiß dieses Wesen einfach nur, daß ich irgendwann zu einem bestimmten Zeitpunkt in der Zukunft aus freien Stücken entscheiden werde, etwas zu tun, und das ist nicht aufsehenerregender als daß dieses Wesen über ein anderes zukünftiges Ereignis informiert ist. Freie Entscheidungen in der Zukunft, meine freie Wahl, sind weder mehr noch weniger zukünftig als andere zukünftige Ereignisse. Wenn ein Wissen um zukünftige Ereignisse möglich ist, dann gehört dazu auch das Wissen um zukünftige Entscheidungen. Und wenn wir den Zeitrahmen, in dem solche Entscheidungen stattfinden, als zeitenlos betrachten, dann bedeutet die objektive zeitliche Reihenfolge von Ereignissen oder Entscheidungen kein besonderes Problem mehr. Ich halte diese beiden Überlegungen für ausreichend, um die erwähnten Zweifel an der Willensfreiheit zu beheben. Aber ich sehe auch eine dritte Möglichkeit.

Aus Gründen, die Hume, Schopenhauer und Wittgenstein auf

höchst bemerkenswerte Art diskutiert haben, erscheint das Selbst nicht als mögliches Objekt von Beobachtung und Erfahrung und deshalb nicht als mögliches Objekt empirischen Wissens. Diese Tatsache, wenn es sich um eine Tatsache handelt, hat sehr viele Menschen, darunter auch mich, zutiefst verblüfft. Viele haben daraus die Schlußfolgerung gezogen, daß es keine solche Einheit gibt wie ein Selbst. Aber wenn wir drei Überlegungen bedenken – erstens, daß empirische Beobachtung und empirisches Wissen nur im Rahmen möglicher Erfahrung möglich sind; zweitens, daß Zeit und Raum nur innerhalb der Grenzen möglicher Erfahrung Geltung haben, drittens, daß der Bereich möglicher Erfahrung mit sehr großer Sicherheit nicht der der ganzen Wirklichkeit ist – dann scheint die Möglichkeit offenzubleiben, daß totale Wirklichkeit ein oder viele Selbst enthält, die nicht in Zeit oder Raum lokalisiert sind, nicht im Bereich möglicher Beobachtung oder Erfahrung, weshalb sie auch keine möglichen Objekte des empirischen Wissens sein können.

Die nächstliegende Möglichkeit ist, daß wir nicht nur aus unserem Körper bestehen. Unser Körper ist, wie alle anderen materiellen Körper, ein Gegenstand für Erfahrung und Beobachtung und damit für das empirische Wissen, er bewohnt den Bereich von Raum und Zeit und ist allen Kausalprozessen unterworfen, die von Physik, Chemie, Biologie und anderen Naturwissenschaften untersucht werden, und denen er sich nicht entziehen kann. Doch möglicherweise haben oder sind wir nicht nur Körper, sondern auch ein Selbst, das keine materielle Einheit ist, das außerhalb von Zeit und Raum besteht, das nicht von der Kausalität beeinflußt wird, die die empirisch erfahrbare Welt beherrscht, und das aus allen diesen Gründen kein mögliches Objekt des empirischen Wissens sein kann. Die Tatsache, daß unsere materiellen Körper den Gesetzmäßigkeiten der Natur unterworfen sind, mit anderen Worten, naturwissenschaftlichen Gesetzen, wäre mit dem, was wir uns normalerweise unter Willensfreiheit vorstellen, unvereinbar, wenn sich herausstellen sollte, daß unsere Entscheidungen ausschließlich von unseren Körpern getroffen würden – wenn sie beispielsweise nichts anderes wären als die Neuverteilung mikrophysischer Eigenschaften auf Gehirn und zentrales Nervensystem. Sollte sich dagegen feststellen lassen, daß unsere Entscheidungen die Funktionen eines nicht-materiellen freien Willens sind, dann gäbe es keinen Widerspruch zwischen ihrer Freiheit (»frei« bedeutet, nicht den Gesetzmäßigkeiten der Natur, keinen naturwissenschaftlichen Gesetzen unterworfen) und den Bewegungen unserer Körper, die auf unseren Entscheidungen beruhen und bei deren Ausführung naturwissenschaftlichen Gesetzen unterworfen sind. Unter diesen Umständen wäre das größte Hindernis für unsere freie Willensausübung die Tatsache, daß unsere Körper keine Bewegungen machen können, die naturwissenschaftliche Gesetze brechen; wir könnten keine Entscheidung durchführen, zu der diese Fähigkeit vonnöten wäre. Doch wir könnten aller Wahrscheinlichkeit nach in Freiheit jede Entscheidung treffen, bei der das nicht der Fall ist. Da physische Bewegungen, die auf meine Entscheidungen folgen, naturwissenschaftlichen Gesetzen unterworfen wären, müßten diese Bewegungen gemeinhin vorhersagbar sein, und die Verantwortung für ihre vorhersagbaren Konsequenzen würde normalerweise die Grundlage für die Durchführung der Bewegung bilden. Damit haben wir eine logische mögliche Erklärung sowohl für Handlungsfreiheit als auch für die Zuschreibung moralischer Verantwortung: Ein immaterielles Selbst jenseits von Raum und Zeit ruft (einige) Bewegungen eines materiellen Körpers in Raum und Zeit hervor und ist moralisch für die vorhersagbaren Konsequenzen dieser Bewegungen verantwortlich.

Dieses Modell wirkt auf den ersten Blick wirklich überzeugend und scheint sich mit einem Großteil unserer Erfahrung vereinbaren zu lassen. Doch es führt wiederum zu grundlegenden Schwierigkeiten. Wie kann ein immaterielles Selbst ein materielles Objekt bewegen? Was ist der ontologische Status dieses immateriellen Selbst? Ist seine Existenz von der eines materiellen Objektes, unseres Körpers nämlich, abhängig? Und wenn ja, wie entsteht es überhaupt? Wenn nicht, was ist das Wesen dieser offenbar spezifischen Beziehung zu einem besonderen Körper? Kann es nur eine solche Beziehung haben, oder hat es mehrere? Und wenn der Körper stirbt, was passiert dann mit dem immateriellen Selbst, das auf so einzigartige Weise damit verbunden ist? Ist dieses Selbst auf irgendeine Weise eine oder sogar die Verbindung zwischen der empirisch erfahrbaren Welt und dem, was jenseits der Grenzen dieser Welt liegt? Solche Fragen wären die grundlegenden Fragen der Philosophie, wenn die logische Möglichkeit der Existenz eines Selbst jenseits von Raum und Zeit bejaht werden müßte.

Vielen Lesern ist sicher aufgefallen, daß ich auf den letzten Seiten Glaubensvorstellungen, die im Mittelpunkt vieler Religionen stehen, auf ihre logischen Möglichkeiten hin untersucht habe. Und vielleicht vermuten sie nun, ich hätte im Trojanischen Pferd meiner Philosophie religiöse Bekehrungsversuche versteckt. Doch das liegt mir und meinen Überlegungen wirklich fern; ich bin nicht religiös und halte die Akzeptanz eines religiösen Glaubens für unvereinbar mit der Wahrheit. Ich wollte lediglich aufzeigen, daß es bestimmte Möglichkeiten gibt, und daß wir nicht wissen können, ob sie mehr sind, als eben Möglichkeiten. Für mich ist das eine Tatsache. Ich möchte durchaus nicht zum Glauben an die Wahrheit dieser Möglichkeiten aufrufen, da wir zu einem solchen Glauben keinen ausreichenden Grund haben. Aber die Möglichkeit, daß sie die Wahrheit sind, läßt sich nicht ausschließen. Außerdem stammen diese Überlegungen nicht aus irgendeiner Religion, ich glaube vielmehr, daß es historisch gesehen umgekehrt gewesen ist, daß die religiösen Lehrsätze aufgrund der Möglichkeit solcher Überlegungen entwickelt wurden. Sie könnten wahr sein, und die Menschen haben Grund genug, um sich zu wünschen, daß sie wahr sind, *doch weil sie sich durch rationale Argumente nicht ausreichend untermauern lassen,* sind sie religiöse Glaubensartikel geworden. Hinter dem Bedürfnis nach solchen Glaubenssätzen steckt zweifellos die Angst vor dem Tod. Daß unsere Körper vergänglich sind und zweifellos auch früher oder später vergehen werden, wissen wir alle. Wenn wir nur unsere Körper sind, dann bedeutet das, daß uns die sichere Vernichtung bevorsteht. Und das ist eine entsetzliche Aussicht. Da der Überlebenswille vermutlich unsere mächtigste Antriebskraft ist, haben wir auch die mächtigste Motivation zu glauben, daß wir nicht nur unsere Körper sind, daß das wahre und grundlegende »wir« immateriell und unzerstörbar ist und die Zerstörung unseres Körpers überleben wird. Ich glaube, näher können wir einer Erklärung für das Phänomen, daß die meisten Menschen im Laufe der Zeiten etwas Ähnliches geglaubt, und daß sie auf den Hinweis, es könne vielleicht doch anders sein, oft sehr verstört oder gar gewalttätig reagiert haben, kaum kommen. Der Glaube, daß es wahr sein *könnte*, ist nicht ungerechtfertigt, sondern wirklich korrekt, der Glaube, es sei wahr, ist das nicht.

Ich bin ziemlich sicher, daß wir Menschen niemals erfahren werden, inwieweit die hier beschriebenen Möglichkeiten Tatsachen sind. Daraus könnte man folgern, daß wir nie erfahren werden, daß sie es nicht sind. Vielleicht fallen wir durch den Tod dem totalen Vergessen anheim und wissen danach nie mehr irgend etwas über irgend etwas. Es ist durchaus möglich, daß für die Menschheit bis zum Tod unlösbares Mysterium festgeschrieben ist, auf das dann gar nichts folgt. Wenn wir von unserem bisherigen Wissen ausgehen, dann besteht diese Möglichkeit durchaus. Es könnte so sein, und ich vermute, daß heute zumindest ebenso viele Menschen davon überzeugt sind wie von irgendeiner Alternative.

Doch obwohl wir alle Möglichkeiten zulassen und akzeptieren müssen, sind nicht alle Möglichkeiten gleichermaßen überzeugend. Einige erkennen wir durch rationale Überlegungen und einen vernunftbegründeten Argumentationsprozeß. Andere sind rein willkürliche Postulate. Ich könnte zum Beispiel verkünden, daß wir Seelen besitzen, die sich bei unserem Tod aus unserem Körper befreien und dann in unsichtbare, ungreifbare und unhörbare Nilpferde verwandelt werden, die sich in den Abflughallen der Flughäfen in aller Welt niederlassen, wo die Menschenmengen sie tagtäglich passieren, ohne sie zu bemerken. *Es könnte so sein.* Niemand kann das Gegenteil beweisen. Und es ist durchaus nicht nur als Scherz gemeint, wenn ich behaupte, daß meine Möglichkeit auch nicht unwahrscheinlicher ist als vieles, was offizielle Religionen oder Aberglaube lehren. Doch es gibt nicht den geringsten Grund, warum irgend jemand an meine Möglichkeit auch nur einen Gedanken verschwenden sollte. (Den gibt es meiner Ansicht nach bei sehr vielen religiösen Glaubenssätzen nicht.) Im Gegensatz zu solchen Aussagen jedoch gibt es Möglichkeiten, die durchaus unsere Aufmerksamkeit verdient haben, zumeist, weil sie durch seriöse rationale Argumente unterstützt werden können. Eine solche Möglichkeit ist, daß es kein auf Dauer exististierendes menschliches Selbst, eine Seele oder ein Gemüt gibt, und daß der Tod des Körpers für jeden von uns das Ende aller bewußten Existenz darstellt. So könnte es sein. Eine andere Möglichkeit ist, daß es ein Selbst gibt, dessen Existenz nicht ausschließlich in Raum und Zeit liegt und das nach dem Tod des Körpers auf irgendeine Weise weiterlebt. Auch so könnte es sein. Und es gibt noch weitere Möglichkeiten, für die sich intelligente Argumente anführen lassen. Ich hielte es für Selbsttäuschung, eine dieser Möglichkeiten außer acht zu lassen. Eine religiöse oder pseudo-religiöse Überzeugung, daß eine Möglichkeit zutrifft und die anderen allesamt falsch sind, scheint mir gegen jegliches ernsthafte Denken zu widersprechen, es ist geradezu absurd, wenn wir bedenken, wie wenig wir wissen.

An dieser Stelle ist natürlich der Einwand möglich: »Das ist ja alles schön und gut, aber Sie können doch in solchen Fragen sicher nicht kühle Neutralität bewahren? Sie können die Frage nach Ihrem eigenen Wesen doch nicht unpersönlich und distanziert angehen. Die Erfahrung Ihrer Existenz in der Welt muß in Ihnen doch eine Neigung erweckt haben, das eine eher als das andere zu glauben, was Ihr eigenes Wesen angeht. Das läßt sich doch sicher nicht vermeiden!« Nein, für mich zumindest ist es unvermeidlich. Ich habe solche Neigungen, und sie haben eine unangenehme Ähnlichkeit mit denen eines Mannes, der sein ganzes Geld auf ein bestimmtes Pferd setzt, obwohl er weiß, daß auch ein ganz anderes Pferd den Sieg davontragen könnte, und der wie auf glühenden Kohlen sitzt und es kaum ertragen kann, dem Rennen zuzusehen, in seiner Angst, daß er vielleicht bald händeringend vom Rennplatz taumeln und alles verloren haben wird.

Ich habe vermutlich eine Art von direkter Kontrolle über einige meiner körperlichen Bewegungen, die mir eine freie Entscheidung ermöglicht. Ich weiß noch immer nicht, wie das möglich ist, so wenig, wie ich es als Kind wußte, aber daß es so ist, glaube ich zu wissen. Ich weiß es so direkt und unmittelbar, wie ich überhaupt irgend etwas wissen kann – so direkt und unmittelbar, wie ich weiß, daß ich Rot sehe, wenn mir ein roter Gegenstand hingehalten wird. Anders gesagt, wenn ich das nicht weiß, dann weiß ich gar nichts, und dann weiß ich auch nicht, was »Wissen« bedeutet. Mir sind die Argumente der Deterministen bekannt, die so weit gehen können, daß alle meine Bewegungen vorherbestimmt sind und keine einem freien Entschluß entspringt, aber meine unmittelbare Erfahrung scheint diese Argumente zu widerlegen. Denn ich erlebe nicht nur meine Entscheidung, sondern auch die Wahrnehmung von Möglichkeiten, dessen, was ich tun kann, und oft wäge ich erst ab, ob irgendeine Möglichkeit für mich offen ist oder nicht. Danach gehe ich das Für und Wider verschiedener Handlungsweisen durch, um dann ganz bewußt meine Entscheidung zu fällen – und mir danach die Sache bisweilen noch einmal anders zu überlegen. Wieder sind mir die Argumente für die Annahme vertraut, auch diese Schritte seien vorausbestimmmt; aber dann könnte man mir auch sagen, daß es sich bei meinen visuellen Erfahrungen um optische Illusionen handelt, während ich in Wirklichkeit gar nichts sehe; natürlich kann das in bestimmter Hinsicht durchaus wahr sein, aber es leugnet die Möglichkeit meiner Erfahrung, in diesem Fall meiner Handlungserfahrung. Und mein Wissen um meine Handlung ist so unmittelbar, daß es noch die sorgfältigste Prüfung alle Argumente für das Gegenteil überlebt. Es ist ungefähr so, als wenn Sie einem Mann mit zehn Fingern einen hieb- und stichfesten Beweis dafür lieferten, daß er elf Finger hat. Dieser Mann würde sicherlich Ihren Beweis eher anzweifeln als daran zweifeln, daß er zehn Finger hat.

Es gibt noch einen und ganz anderen Grund, aus dem ich den Determinismus voller Überzeugung abweise. Wenn er recht hat, dann können wir niemals etwas *nicht tun*. In diesem Fall wäre jegliche Vorstellung von Gut oder Schlecht, Richtig oder Falsch, auf das menschliche Verhalten nicht anwendbar. Es wäre falsch, jemanden zu loben oder zu tadeln, ihm Vorwürfe zu machen oder ihn zur Verantwortung zu ziehen. »Man sollte« wäre keine Regel mehr, ebensowenig wie Begriffe »Pflicht«, »Gerechtigkeit«, »fair«. Gewissen wäre eine Illusion.

Ein Determinist muß, wenn er ehrlich ist, diese Begriffe aus seinem Menschenbild und seiner Vorstellung jeglicher menschlichen Aktivitäten, Arrangements und Institutionen streichen. Aber mir ist nie einer begegnet, dem das auch nur ansatzweise gelungen wäre. Bei denen, die sich mir gegenüber als Deterministen ausgegeben haben, war das einwandfrei nicht der Fall. Und die Wahrheit ist, zumindest glaube ich das, daß es gar nicht möglich wäre. Wir hätten dann ein Selbstbild, das nichts Menschliches mehr hätte, in dem kein Mensch sich wiedererkennen würde. Und wenn so die

Wahrheit aussähe, weil der Determinismus zuträfe, dann kann er meiner Ansicht nach einfach nicht wahr sein.

Ich bin der Ansicht, daß ich weiß und nicht nur glaube, daß ich gelegentlich freie Entscheidungen treffe. Aufgrund dieser Tatsache – und nicht, weil ich mich selbst als erkenntnistheoretisches Objekt begreife, was ich niemals tue (ich kann es einfach nicht, so große Mühe ich mir auch gebe) – weiß ich auch, daß ich entweder bin oder ein Selbst habe. Die Tatsache, daß dieses Selbst niemals als Objekt erkannt, sondern sofort als Agens erkannt wird, ist folgenschwer, denn daraus ergibt sich, daß ein Selbst durchaus existieren kann, daß es aber nicht die Art Einheit ist, die in dieser Welt als Objekt existiert. (Die Ansicht, daß das Selbst existiert, aber kein Objekt ist, liegt den von Heidegger in *Sein und Zeit* vorgetragenen Überlegungen zugrunde.) Ich muß zugeben, daß ich weitgehend davon überzeugt bin, daß die bekannten Argumente von Hume und anderen, von Locke bis zu Ryle, nach denen das Selbst kein erkenntnistheoretisches Objekt ist und das auch niemals sein könnte, zutreffen. Wenn wir die Existenz eines Selbst nur durch Erwerb von Wissen um dieses Selbst als erkenntnistheoretisches Objekt erfahren könnten, dann würden wir sie nie erfahren, und wir hätten auch keinen Grund, mit dieser Existenz zu rechnen, weshalb wir uns auch nicht mit der Möglichkeit auseinandersetzen müßten, daß es keine gibt. Nur weil wir als Agens dieses Selbst existieren, können wir sicher sein, daß wir ein Selbst haben. Es ist eine Tatsache, daß ich (was immer unter »ich« zu verstehen sein mag) einige der Bewegungen des materiellen Objektes, das mein Körper ist, unmittelbar erfahre, und daß ich aus Erfahrung weiß, daß diese Bewegungen, wenn sie erst einmal eingeleitet worden sind, in der empirisch erfahrbaren Welt Folgen zeitigen, für die ich verantwortlich bin, da ich die Bewegungen hervorgerufen habe. Normalerweise sind diese Folgen mir nur zu recht, ihretwegen habe ich meine Bewegungen schließlich unternommen: Immer wieder produziere oder ändere ich in der materiellen Welt Situationen, die meinen Wünschen entsprechen, das ist der ganz normale Stand der Dinge in den Stunden, in denen ich wach bin.

Aber das bedeutet einen gewissen Dualismus. Ich habe meinen physischen Körper, ein materielles Objekt unter anderen materiellen Objekten, das in Raum und Zeit existiert, das denselben Kausalgesetzen unterworfen ist wie andere Objekte, das in einem materiellen Kosmos, in dem nichts jemals dasselbe bleibt, entsteht und vergeht; und ich habe oder bin ein Selbst, das in dieser empirisch erfahrbaren Welt nicht als Objekt existiert, sondern als Agens, das die Bewegungen eines solchen Objektes lenkt. Dieses Selbst, das kein empirisch erfahrbares (und damit auch kein erkenntnistheoretisches) Objekt ist und sein kann, steht in einer problematischen Beziehung zu Raum und Zeit, vor allem zu Zeit. Nur vom Standpunkt eines solchen Selbst aus gesehen sind Vergangenheit, Gegenwart und Zukunft und damit Vergänglichkeit möglich. Und einem solchen Selbst wird moralische Verantwortung zugeschrieben.

Ich gehe davon aus, daß das alles nicht nur für mich gilt, sondern auch für andere Menschen. Es ist eine bemerkenswerte Tatsache, daß ich andere nicht nur als Körper sehen kann. So große Mühe ich mir auch gebe, nicht einmal als gedankliches Experiment kann ich die Vorstellung fassen, ein anderer Mensch sei auf dieselbe Weise ein materielles Objekt wie ein Sofa oder ein Felsen, ein Objekt, das zufällig über die Fähigkeit verfügt, sich zu bewegen und bewußte Überlegungen anzustellen. Diese Vorstellungen scheint den Tatsachen dermaßen zu widersprechen, daß ich sie einfach nicht ernst nehmen kann: Zwischen dieser Vorstellung und jeglicher Möglichkeit, daß sie der Wahrheit entsprechen könnte, klaffen Abgründe. In allem Umgang mit anderen Menschen fühle ich mich gezwungen, sie nicht wie schlichte Gegenstände zu behandeln, so, als habe ihr Wesen etwas Grundlegendes, das über ihren Körper hinausreicht. Und ich stelle fest, daß die anderen Menschen sich untereinander und auch mir gegenüber ebenso verhalten. Ein Mensch, der andere Menschen wie Dinge behandelt, wie materielle Objekte, Materie, ist ein Psychopath und wird allgemein als übelste und entsetzlichste Form der Existenz betrachtet, eine Haltung, die ich teile.

Es gibt noch weitere und durchaus unterschiedliche, bisweilen vielsagende Beispiele für die Tatsache, daß es unnormal und für die meisten von uns unnatürlich wäre, einen Menschen nur als materielles Objekt zu betrachten. Wenn wir einen großen, schwach erleuchteten Raum voller Möbel betreten, einen Raum, in dem wir allein zu sein glauben, haben wir ein bestimmtes Gefühl für unsere Beziehung zu unserer Umgebung; doch wenn uns dann plötzlich aufgeht, daß die dunkle Gestalt in einer Ecke ein in einem Sessel eingeschlafener Mensch ist, dann wird dieses Gefühl sofort sehr weitgehend umgeformt. Wir haben nicht das Gefühl, daß das Zimmer eben noch ein weiteres Möbelstück enthält. Die Metaphysik des ganzen Zimmers scheint sich verändert zu haben. Wir selbst haben jetzt einen Fuß in einen weiteren Raum gestellt; wir befinden uns nicht mehr nur in diesem Zimmer, nicht mehr nur in einem Kontext, in dem wir uns in bezug auf etwas verhalten müssen, das nicht wir selbst ist. Es hat nichts damit zu tun, daß wir beobachtet oder daß auf uns reagiert würde, der Mensch schläft tief und fest. Wir haben plötzlich erkannt, daß wir nicht allein sind, und diese Erkenntnis versetzt uns, wie bereits gesagt, in einen anderen metaphysischen Raum.

Manche Leser meinen nun vielleicht, es gehe mir hier um die moralischen Dimensionen der menschlichen Existenz, die ich nur nicht bei diesem Namen nenne, aber das trifft nicht zu. Ich spreche von Menschen allein als Objekten der Erkenntnis. Natürlich gibt es eine moralische Dimension, die wir nicht ignorieren können, selbst wenn wir das wollten, und sie liefert die tiefsten Gründe dafür, daß Menschen nicht einfach als Materie betrachtet werden können, aber darum geht es mir hier nicht. Ich möchte aufzeigen, daß wir Menschen anders erkennen und erfahren als andere Objekte. Wir können einen Menschen nicht nur als materielles Objekt wie jedes andere sehen, als materielles Ding, das ganz und gar naturwissenschaftlichen Gesetzen unterstellt ist. Sehen wir uns zum Beispiel an, wie wir auf die Augen anderer Menschen reagieren. Den physikalischen Gesetzen zufolge kommt gar nichts aus den Augen. Lichtstrahlen gehen in die Augen und führen dort zu allerlei Reaktionen, wie Sehen oder Kopfschmerzen, aber nichts tritt durch die Augen in den sie umgebenden Raum ein. Unsere naturwissenschaftlichen Kenntnisse besagen, daß ich folgendes sehe, wenn ich jemandem in die Augen schaue: Ich sehe das Licht der umgebenden Luft, das von der Oberfläche der Augäpfel des Betreffenden an mich zurückgegeben wird, dieses Licht befindet sich außerhalb des Betreffenden, es ist das Licht aus der Luft, das zu mir reflektiert wird. Wenn es dunkel ist, kann ich diesen Menschen überhaupt nicht sehen; nur das uns umgebende Licht macht es unter Umständen für mich möglich, die Oberfläche seiner Augäpfel zu sehen. Der Wissenschaft zufolge ist das alles, was passiert. Aber wer würde das wirklich glauben? Wer könnte das glauben? Tatsache ist, und das erfahren die meisten von uns jeden Tag, daß ich, wenn ich einem Menschen in die Augen schaue, in ziemlich zuverlässigen Kontakt zu den vielfältigen Dingen komme, die sich in diesem Menschen abspielen – und ihm geht es mit mir genauso: Wir kommen in Kontakt mit Gefühlen, Stimmungen, Gedanken, Absichten, Zweifeln, Ängsten, Hoffnungen und vielen anderen hochdifferenzierten inneren Zuständen, mit Versuchen, diese Zustände zu verstecken oder zu verstellen, fast immer nur für einen kurzen Moment, alles ausgedrückt und nuanciert auf vielfältige, subtile Weise. Glaubt aber im Ernst irgend jemand, dieser zuverlässige zweiseitige Informationsaustausch sei physisch in die Oberfläche unserer Augäpfel einprogrammiert, auf eine Weise, die sich pro Sekunde auf vielfache Art ändert, so, wie das Fließen von Orchestermusik (und wenn es so sein sollte, wie ist es einprogrammiert?) und daß es im Licht, das die beiden Menschen umgibt, vom Beobachter abgelesen und sofort dekodiert wird, ein Prozeß also wie bei einem Computer? Mir ist ein solcher Mensch noch nicht begegnet. Und das ist nur ein Beispiel für die Tatsache, daß in unserem Alltagsleben und vor allem in unseren zwischenmenschlichen Beziehungen immer wieder Erfahrungen ausgetauscht und Informationen auf eine Weise vermittelt werden, für die es bisher noch keine naturwissenschaftliche Erklärung gibt. Dieses Phänomen ist uns vertraut, fast keines kennen wir besser, und wir halten es normalerweise nicht für ein Mysterium. Dieses Beispiel zeigt nicht nur, daß wir immer wieder auf eine Weise denken, fühlen und uns verhalten, die mit der Vorstellung, daß andere Menschen als materielle, von naturwissenschaftlichen Gesetzen gelenkte Objekte betrachtet werden sollten, unvereinbar ist; es illustriert auch die Tatsache, daß wir immer wieder Erfahrungen machen, die sich nicht mit der naturwissenschaftlich belegbaren Vorstellung der empirisch erfahrbaren Welt decken. Es ist wirklich zutiefst überraschend, daß so viele von uns diese Dimension unseres Wissens ignorieren – die doch so reich, so unmittelbar, so alltäglich und so gar nicht das ist, was wir in der Regel als magisch oder mysteriös bezeichnen – wenn wir unser bewußtes Weltbild darstellen. Ganz allgemein sind wir in dieser Hinsicht zu einem höchst seltsamen Doppeldenken fähig; nur selten ziehen selbst tiefgreifende Denker in diesem Fall Arten von Wissen heran, wie ich sie gerade beschrieben habe, zu denen wir jeden Tag greifen, und ohne die wir gar nicht leben könnten. Unser Versuch, unsere Weltsicht auf Grundlagen aufzubauen, die sich bereits als unzulänglich erwiesen haben, hat etwas Perverses.

Und ich glaube zu wissen, daß unsere Situation zumindest in groben Zügen so aussieht, wie ich sie bisher beschrieben habe. Deshalb glaube ich zu wissen, daß Philosophien und Denksysteme, die sich mehr als nur im Detail von dem bisher Gesagten unterscheiden, sich irren. Im Rahmen des bisher Gesagten ist es die wichtigste Aussage von allem, was ich zu wissen glaube, daß wir Menschen nicht nur aus unseren Körpern bestehen, daß wir neben unserem Körper auch unser Selbst haben, und daß dieses Selbst kein empirisch erfahrbares Objekt in der natürlichen Welt ist. Außerdem, daß Moral und Werte nicht nur innerhalb der natürlichen Welt lokalisiert sind und daß sie deshalb (unter anderem) nicht nur Produkte von menschlicher Psychologie, Gesellschaft und Geschichte sind, obwohl das ja bis zu einem gewissen Grad zutreffen kann.

Doch an diesem Punkt überkommt mich dann die Verwirrung. Da mein Selbst kein mögliches Objekt empirischen Wissens ist, kann ich niemals unmittelbares Wissen darüber erlangen. Ich glaube auch nicht, daß ich je erfahren werde, was es eigentlich ist, und in diesem Fall werde ich mit meinem Unwissen sterben. Es ist schon möglich, daß ein wichtiger Hinweis auf sein Wesen unbemerkt vor mir liegt, vielleicht versteckt er sich sogar in dem, was ich bisher geschrieben habe, ich kann es nur hoffen, und dann besteht die Möglichkeit, daß mir vor meinem Tod noch ein Licht aufgeht. Vielleicht sollte ich auf der Prämisse aufbauen, daß das Selbst existiert, aber kein Objekt ist, und danach einen ganz anderen Weg einschlagen als Heidegger.

Des Rätsels Lösung, so meine ich, muß in der Beziehung zwischen dem Selbst und der empirisch erfahrbaren Welt liegen, in der es kein Objekt ist. Ich neige sogar zu dem Glauben, daß das endgültige Mysterium eben die Beziehung zwischen Selbst und empirisch erfahrbarer Welt *ist*. Mit seinem üblichen Scharfsinn stellte auch Schopenhauer diese Überlegung an. Er sah die Lösung des Welträtsels in der Erkenntnis der wahren Beziehung zwischen äußerer und innerer Erfahrung. Als ich das zum ersten Mal las, überkam mich am ganzen Leib eine Gänsehaut, meine Kopfhaut prickelte und brannte, und ich wußte, ich würde jedes Wort lesen, das Schopenhauer geschrieben hatte. In seinem Meisterwerk beschreibt er die für ihn denkbare Lösung. Und mir erscheint sie im ganzen – und mit der üblichen Vielzahl von Einwänden – durchaus als eine der plausibelsten Erklärungen, die ich je gefunden habe. Dennoch habe ich meine Zweifel. Natürlich könnte sie auf irgendeine Weise zutreffen. Aber auch das Gegenteil könnte der Fall sein. Das Problem ist nicht nur, daß ich es nicht weiß, sondern daß ich auch nicht weiß, wie ich das feststellen soll. Obwohl ich sicher bin, daß es ein immaterielles Selbst gibt, bin ich durchaus nicht sicher, daß es irgendeine Existenz über seine Beziehung zu meinem Körper hinaus haben kann. Mein eigenes Selbst kann durchaus zusammen mit meinem Körper oder auch nach ihm seine Existenz aufgenommen haben und hört vielleicht auf zu existieren, wenn mein Körper stirbt. Es kann sich aber auch im Laufe von Jahrmillionen in Beziehung zu Gehirnen entwickelt haben und ohne Beziehung zu meinem Gehirn nicht existieren können. Diese Ansicht vertrat übrigens Popper. Er war davon überzeugt, und diese Überzeugung machte ihm nicht weiter zu schaffen. Ich bin nicht davon überzeugt, und mir macht das alles sehr zu schaffen.

Wenn es wirklich der Fall ist, daß wir niemals die Antwort auf diese Fragen wissen können, dann stellen sie einige der Grenzen der Philosophie dar. In diesem Fall wäre es vernünftig, sich bis zu dieser Grenze mit Philosophie zu befassen und sich dann einer anderen Beschäftigung zu widmen. Das glaubte der junge Wittgenstein, und er versuchte, sich entsprechend zu verhalten. Es gelang ihm nicht so ganz, doch als er sich dann wieder der Philosophie zuwandte, wollte er sich nicht mehr mit grundlegenden Problemen befassen, sondern, wie er fand, Pseudo-Probleme lösen, Rätsel eben, die uns seiner Ansicht nach am ernsthaften Denken hinderten. Wir hätten keine Wahl, so glaubte er, sondern müßten unsere Fragen und damit unser Verständnis und damit bis zu einem gewissen Grad unser Leben auf den Bereich beschränken, in dem

es verständliche Antworten gibt, denn ohne verständliche Antworten kann es auch keine verständlichen Fragen geben.
Ich bin nicht dieser Ansicht. Zum einen hindert die Geschichte der Philosophie mich daran, mit Gewißheit davon auszugehen, daß es auf Dauer nicht zu beantwortende Fragen gibt. Vielleicht sind diese Fragen noch nicht beantwortet worden, und vielleicht können wir bisher auch keine Möglichkeit sehen, wie sie beantwortet werden könnten, aber daraus folgt nicht, daß sie auch in Zukunft nicht zu beantworten sein werden. Obwohl wir vielleicht glauben, hieb- und stichfeste Gründe für die Überzeugung zu haben, daß wir an undurchdringliche Grenzen gestoßen sind, sollten wir nicht vergessen, daß unübertroffene philosophische Genies wie Kant und Schopenhauer von ihrer Philosophie dasselbe glaubten, daß sich jedoch ein Jahrhundert später herausstellte, daß sie sich aus Gründen geirrt hatten, die sie damals ganz einfach nicht erfassen konnten. In unserem Falle kann das ebenso sein. Zum anderen folgt aus der Tatsache, daß bestimmte Fragen sich nicht beantworten lassen, nicht, daß diese Fragen nicht auf klare Weise formuliert werden können. Ich glaube, ich kann das an metaphysischen Fragen aufzeigen, die grundlegend und eindeutig sind, die bisher aber noch kein Mensch beantworten konnte. Ich möchte zumindest den Versuch unternehmen.
Totale Wirklichkeit, woraus immer sie bestehen mag, muß uns Menschen mit unserem individuellen Bewußtsein unseres Selbst in sich einbeziehen. Wir haben scheinbar gute Gründe zu der Annahme, daß dieses Bewußtsein nicht die gesamte Wirklichkeit erfassen kann; wenn doch, dann müßten die Formen jeglicher Existenz ausnahmslos aus Bewußtsein und geistigen Inhalten bestehen. Aber wenn unser bewußtes Selbst nicht die ganze Wirklichkeit erfaßt, wie sieht dann die Beziehung zwischen dem bewußten Selbst und der übrigen Wirklichkeit aus?
Das ist meine erste Frage.
Wenn jemand nun die Gegenfrage stellt: »Wieso finden Sie das eigentlich so problematisch? Warum wollen Sie sich nicht einfach mit der Tatsache abfinden, daß unser Selbst zusammen mit allen anderen Dingen ein Bestandteil der natürlichen Welt ist?«, dann lautet meine Anwort, daß ich viele und zum Teil sehr unterschiedliche Gründe habe. Einer ist, daß niemand ein Selbst als Ob-

jekt in der Welt lokalisieren kann – nicht einmal sein eigenes, nicht einmal in bezug auf Wissen, zu dem er einen besonderen Zugang haben müßte. Ein anderer Grund ist, daß mein Selbst, auch wenn es scheinbar kein Objekt in der Welt ist, die Bewegungen eines solchen Objektes kontrollieren kann, und das ist wirklich seltsam. Der überzeugendste Grund von allem ist jedoch, daß es nur in Beziehung zu einem erfahrenden Selbst, wie ich eines bin, eine Gegenwart in der Welt und damit Vergangenheit, Zukunft und Vergänglichkeit geben kann. Wenn wir die gesamte bekannte Wirklichkeit betrachten, dabei aber das Selbst auslassen, dann kann sie offenbar nicht durch irgendeine Art von Vergänglichkeit, wie ein Selbst sie erlebt, charakterisiert werden. Es sieht also so aus, als bewohnte das Selbst einen Zeitrahmen mit verschiedenen Zeiten, vielleicht als einziger Bewohner dieses Rahmens. Doch ist das wirklich so? Wenn ja, wie kann die vom Selbst erfahrene Zeit in Beziehung zur zeitenlosen Zeit stehen, die alles andere als charakterisierbar scheint?

Das alles sind doch naheliegende Fragen? Wir wissen vielleicht nicht, wie wir sie beantworten sollen, aber ihre Bedeutung – und, was noch wichtiger ist, ihre grundlegende Wichtigkeit kann wohl kaum angezweifelt werden. Natürlich ist es durchaus möglich, daß ich sie in meiner Unwissenheit auf der Basis von verfehlten Mutmaßungen formuliert habe, und daß sich das im Zuge der weiteren Untersuchungen herausstellen wird; aber das ist doch genau die Art von Entwicklung, die wir erhoffen; es ist ein Teil des ganz normalen intellektuellen Fortschritts, und Fortschritt ist nur möglich, wenn wir von dem Punkt ausgehen, an dem wir uns gerade befinden. Wenn die von mir formulierten Fragen glaubhafte und überzeugende Antworten *oder Widerlegungen* finden, wird unser Verständnis des menschlichen Lebens tiefer greifen als heute, selbst wenn diese Antworten und Einwände sich als verfehlt herausstellen sollten; denn es würde mit großer Sicherheit bedeuten, daß sich unser Verständnis für diese Fragen vertieft hat.

Der Philosoph im 20. Jahrhundert, der diese Fragen auf die interessanteste Weise angeht, ist Heidegger. Zu seinen Schlußfolgerungen gehört, daß Zeitlichkeit ein grundlegender Bestandteil des Menschen ist – sein Titel *Sein und Zeit* bezieht sich letztendlich auf die Behauptung, Selbst-Bewußtsein sei Zeit, worauf die

Erklärung fußt, warum ein Selbst kein Objekt sein kann. Es gibt keine »Grundlage des Seins« – Sein, als vergängliche Zeitlichkeit, fußt auf rein gar nichts. Diese entmutigende Schlußfolgerung kann die Tür zu einer wichtigen Wahrheit öffnen. Aber Heidegger ist nicht durch diese Tür geschritten. Er hat sich niemals über die Beziehung zwischen Zeitlichkeit, die (wie er sagt) ein grundlegender Bestandteil allen bewußten Seins ist, und der Unzeitlichkeit geäußert, die alles andere zu charakterisieren scheint. Und das nicht, weil er wie die Empiriker, Existenz mit der Eignung gleichsetzt, ein Objekt bewußter Wahrnehmung zu sein und deshalb jeglicher Existenz die Zeitlichkeit zuschreibt, die die Erfahrung ausmacht. Sondern, weil er bei seinen Überlegungen vom In-der-Welt-Sein ausgeht und von dort aus versucht, die Struktur des Seins zu erkennen. Er ist davon überzeugt, daß wir in einer Welt sein müssen, um überhaupt sein zu können; und unser tatsächliches Sein findet natürlich in einer tatsächlichen Welt statt. Er hält die übliche abendländische Vorstellung des Menschen als Subjekt in einer Welt der Objekte, die ihn von außerhalb seiner selbst her beeinflussen, so daß er sie wie durch ein unsichtbares Spiegelglasfenster betrachtet und versucht, sie als Beobachter zu verstehen, für einen katastrophalen Irrtum. Diesem Modell verdanken wir viele der philosophischen Probleme der abendländischen Philosophie, zum Beispiel die Frage, wie wir jemals wissen können, ob die Welt mit unseren Vorstellungen übereinstimmt; wie wir wissen können, wie ihr wahres Wesen, unabhängig von unseren Erfahrungskategorien aussieht – und wie wir überhaupt wissen können, daß es sie gibt. Heidegger distanziert sich von diesem Modell und schlägt eine andere Sichtweise der Dinge vor, bei der (wie er behauptet) solche Probleme nicht aufkommen oder nicht ernst genommen zu werden brauchen.

Ich kann Heidegger bis zu diesem Punkt folgen, aber ich finde, daß er hier dem Problem des Wesens, wozu auch der zeitliche Aspekt gehört, des Teils der Wirklichkeit ausweicht, die nicht aus dem Selbst besteht. Damit weicht er auch dem Problem der Beziehung und damit auch der zeitlichen Beziehung zwischen diesem Teil und dem Selbst aus, die aus der Zeitlichkeit entsteht. Mit anderen Worten, er vermeidet das Problem nicht, sondern umgeht es: Bei seinem Modell kommt das Problem in einer Form auf, der er sich nicht stellt. Seine Schlußfolgerung, die wichtigste Eigenschaft des bewußten Selbst bestehe in seiner Zeitlichkeit, deutet gewissermaßen an, daß die übrige Wirklichkeit anders beschaffen ist (so weit, so gut); darüber, wie wir mit den dadurch entstehenden Problemen umgehen sollten, sagt er nichts. Er schreibt nur über das Sein von bewußtem Selbst; obwohl er von der Überzeugung ausgeht und damit endet, daß es eine Welt gibt, die nicht aus bewußtem Selbst besteht, und die nicht notwendigerweise durch Zeitlichkeit gekennzeichnet wird, scheint bisweilen die Existenz des bewußten Selbst für ihn das ganze Problem auszumachen. Meiner Ansicht nach stellt jedoch gerade die Beziehung zwischen dem, was Selbst ist, und dem, was es nicht ist, das grundlegende Problem der Philosophie dar (und natürlich würde ich der Behauptung zustimmen, daß dieses Problem mit großer Gewißheit in der Beziehung zwischen zeitlicher und zeitenloser Zeit besteht). Und damit nicht genug: Wir können das Wesen des Selbst nicht verstehen, wenn wir nur das Selbst betrachten. Aus schon früher in diesem Buch angeführten Gründen kann nur etwas verstanden werden, das wir von außen und von seinem eigenen Standpunkt her betrachten können; nur wenn mein Selbst in seiner Beziehung zu dem, was nicht »Ich« ist, gesehen werden kann, kann es verstanden werden. Es ist durchaus möglich, daß Heidegger die Ansicht vertrat, daß wir einfach keine Möglichkeit haben, ins Wesen von etwas vorzudringen, das außerhalb der bewußten Erfahrung existiert. Für diese Sicht der Dinge lassen sich treffliche Argumente anführen; wenn wir sie akzeptieren, verharren wir jedoch auf der grundlegenden Position Kants, ungeachtet des »Machens« (wie Heidegger sagen würde) von bedeutenden Klärungen (oder »Schneisen im Wald«, wie er sagen würde).

Die Frage, ob der Tod das Ende des Selbst ist, scheint auf dem Wesen des Selbst zu beruhen, obwohl wir vielleicht irgendwann feststellen werden, daß es eher mit dem Wesen von Zeit zusammenhängt. Für die erste dieser Möglichkeiten gilt: Wenn das Selbst ein Objekt in der empirisch erfahrbaren Welt wäre, dann wäre es vermutlich vergänglich, wie alle anderen Objekte in dieser Welt, und deshalb wüßten wir nicht sicher, daß wir vor der Vernichtung stehen. Nur weil das Selbst kein empirisch erfahrbares Objekt ist, besteht die Möglichkeit, daß wir am Ende vielleicht doch nicht vernichtet werden. Natürlich hoffe ich auf diese Möglichkeit, denn ich finde die Vorstellung meiner Vernichtung entsetzlich; doch ich habe noch keinen guten Grund gefunden, an diese Möglichkeit zu glauben. Wenn aber der Tod das Selbst beendet, dann kann es keinen guten Grund geben, um an das Gegenteil zu glauben, was erklären würde, warum ein solcher Grund so schwer zu finden ist. Es ist also durchaus möglich, daß es so ist.

Wenn der Tod das Selbst beendet, werden wir ihn niemals erleben und damit ist er nichts, das wir erfahren werden. Wie Wittgenstein es ausgedrückt hat, wird der Tod kein Ereignis in unserem Leben sein. Uns ist nur die Art von Leben zugedacht, die wir jetzt haben. Mehr werden wir niemals kennen, und es wird weitergehen, bis es aufhört, aber dann wird nichts anderes passieren: Eben, weil wir das Ende nicht erfahren, werden wir es nicht als Ende erfahren. Die Grenzen unseres Lebens werden so unklar, so anders als eine gezogene Linie sein, wie die Grenzen unseres Sichtfeldes (auch diesen Vergleich verdanken wir Wittgenstein). Und wenn der Tod das Ende ist, dann hat das Menschenleben etwas Absurdes, in dem Sinn, in dem die französischen Existentialisten das Wort »absurd« benutzt haben – am Ende ohne Sinn oder Zweck, am Ende sinnlos. Auch dieser Gedanke ist entsetzlich, auf eine andere Weise als die Entsetzlichkeit des Todes – und auf eine seltsame Weise vielleicht noch mehr als diese – aber das macht ihn nicht weniger ungültig oder unwahr. Und wieder kann es einfach der Fall sein, ob uns das nun paßt oder nicht, daß es kein Gesetz des Universums gibt, nach dem die Wahrheit eine Form hat, die uns gefällt. Eine Möglichkeit leugnen, weil sie uns einfach als zu grauenhaft erscheint, ist intellektuell gesehen absolut unseriös.

Wenn der Tod das Ende ist, dann wissen wir im Grunde schon fast alles, was für uns wichtig ist, obwohl wir nicht wissen können, daß das der Fall ist. Doch wenn der Tod nicht das Ende ist, befinden wir uns in einer Situation, deren wichtigste Eigenschaften uns unbekannt sind. Das Selbst besteht vielleicht auf irgendeine verständliche Weise weiter, es kann sich aber auch auf eine für uns unvorstellbare Weise verändern. Wir können uns eine gewisse Vorstellung von einem Selbst machen, das nicht in einem materiellen Objekt in Raum und Zeit lokalisiert ist, aber wir können nicht wissen, woraus es besteht, wie es sich zu dem verhält, das nicht es selber ist, oder wie das, was *nicht es selber ist* anders aussehen könnte, wenn nicht so wie wir und unsere Welt. Alle unsere Vorstellungen von Persönlichkeit, überhaupt von irgendeinem individuellen Wesen, stammen aus unserer empirisch erfahrbaren Welt – selbst Menschen, die an einen allmächtigen, allwissenden und allgegenwärtigen Gott glauben, sind unfähig, ihm andere als menschliche Eigenschaften zuzuschreiben. Vielleicht glauben deshalb so viele Menschen an Reinkarnation – sie können sich die Weiterexistenz des Selbst eines Menschen nur innerhalb eines anderen Menschen vorstellen. Und vielleicht passiert ja gerade das. Vielleicht haben aber auch die Christen recht, und jede Seele wird jenseits von Zeit und Raum in immaterieller Form weiterleben. Oder vielleicht wird die Individualität insgesamt transzendiert, wie manche Hindus und Buddhisten glauben, und das Selbst fließt in das übrige, das existiert, ein, so wie ein Regentropfen, der in den Ozean fällt. Oder vielleicht passiert etwas ganz anderes, von dem wir uns nicht die geringste Vorstellung machen können.

Wie immer die Wahrheit auch aussehen mag, sie beeinflußt unsere jetzige Situation, ist ein Teil der endgültigen Erklärung für unser Leben, wie wir es in diesem Moment leben. Die Beziehung zwischen dieser Wahrheit und uns ist vielleicht nicht unähnlich der Beziehung der visuellen Welt zu einem Blindgeborenen: Etwas umgibt uns die ganze Zeit, aber wir haben keine Möglichkeit, es wahrzunehmen – und in diesem Fall müßte der Tod der Herstellung der Sehfähigkeit entsprechen und würde uns dann nicht mehr zeigen als das, was die ganze Zeit schon vorhanden gewesen ist. So lange wir leben, haben wir keine Möglichkeit, das alles in Erfahrung zu bringen. Und selbst dann ist es noch die Frage, ob wir die Wahrheit erkennen werden oder nicht. Vielleicht erkennen wir sie nicht. Das letzte, was ich vielleicht jemals wissen werde, könnte mein letzter bewußter Moment in dieser Welt sein, und dieser Moment könnte durchaus von einer absoluten Belanglosigkeit erfüllt sein, zum Beispiel, daß ich mich ärgere, weil mir meine Uhr zu Boden gefallen ist. In dem Fall wäre dann mein kurzer Ärger über meine Uhr das Ende. Auf dieses Ende würde gar nichts folgen.

Wenn wir die Wahrheit über unsere Situation genauer verstehen wollen als in Begriffen, die mit dem Wesen der Zeit zu tun haben, dann habe ich nicht sehr viel anzubieten. Seit meiner Kindheit habe ich das intuitive Gefühl, daß alles, was wirklich ist – alles, was geschieht, alles und alle, die existieren – für immer und ewig existieren wird; daß nichts Wirkliches jemals seine Existenz verläßt. Das ist keine Hypothese, sondern ein Gefühl: Das Gefühl, daß alles in einer ewigen Gegenwart koexistiert. Ich habe dieses Gefühl ganz einfach – ich kann es nicht abschütteln oder mir ausreden. Aber mir ist nur zu bewußt, daß es ein Gefühl ist und kein Wissen, und daß ich mich täuschen könnte – mein Gefühl könnte zum Beispiel eher auf Wunschdenken fußen als auf Realität. Und wie ich mein Gefühl in konkreten Fällen oder Fragen anwenden soll, weiß ich nun wirklich nicht. Wie kann mir dieses Gefühl bei der Beantwortung der Frage helfen: »Was wird aus mir, wenn ich sterbe?« Wenn alle Formen meiner Existenz aufhören, dann bleibt dennoch die Tatsache, daß ich jetzt existiere, eine zeitlose und ewige Wahrheit, und doch ist ein größerer Gegensatz kaum vorstellbar als die Aussagen, daß meine Existenz zeitlos (und ewig) ist, oder daß ich zeitlos und ewig bin. Die Tatsache, daß ich jetzt lebe, wird mit Sicherheit auch nach meinem Tode noch eine Tatsache sein, aber ich möchte wissen, was ich sein werde. Wir können schöne sentimentale Reden darüber schwingen, daß wir in der Erinnerung der anderen weiterleben, aber das ist nur eine feige Metapher: Wir leben nicht, andere erinnern sich an uns.

Die Gegenwart ist die Form aller Existenz. In zeitlicher Zeit besteht das nicht, was nicht jetzt besteht. Was jetzt besteht, ist wirklich, aber die Vergangenheit ist etwas, das wir uns nur vorstellen können, ebenso wie die Zukunft. In jeglicher Zeit mit einem »Jetzt« kann es keine andere Zeit geben als jetzt, denn es kann niemals ein »Jetzt« geben, das nicht jetzt ist, und deshalb gibt es in zeitlicher Zeit immer nur jetzt, eine kontinuierliche Gegenwart, aber eine Gegenwart, die Vergangenheit und Zukunft ausschließt. Nur in zeitenloser Zeit kann das, was sonst Vergangenheit, Gegenwart und Zukunft wären, gleichermaßen real sein und nebeneinander existieren. Das bedeutet, daß ich in zeitenloser Zeit bereits tot und noch nicht geboren bin, und daß alle diese Situationen zusammenfallen.

Wir können einen Eindruck von den Konsequenzen eines solchen Sachverhaltes gewinnen, wenn wir unsere Beziehung zum

Leben eines Menschen betrachten, das sich in der Phase abgespielt hat, die für uns jetzt als Vergangenheit gilt. Nehmen wir Napoleon I., der während sämtlicher Zeit bis zum Jahre 1769 ungeboren war; zwischen 1769 und 1821 lebte er; nach 1821 war er tot, und er wird für den Rest der Zeit tot bleiben. Aber die Zeitalter vor, während und nach seinem Leben liegen gleichermaßen und gleichzeitig für den Blick der heutigen Historiker bereit. Manche von ihnen, Mittelalterforscher zum Beispiel, befassen sich ihr Leben lang mit einer Welt, in der es keinen Napoleon gab, in der es niemals einen Napoleon gegeben hatte, und in der niemand mit einem Napoleon rechnete. Andere befassen sich mit Napoleon. Wieder andere untersuchen Gesellschaften, denen der tote Napoleon seinen Stempel aufgedrückt hat. Diese unterschiedlichen Forschungsfelder existieren nebeneinander, sie sind gleichermaßen sinnvoll und gültig, und in allen wird gleichzeitig Forschung betrieben. Die Unterschiede zwischen den Feldern stellen uns vor keinerlei Verständnisproblem. Wenn wir wollen, können wir vergleichende Forschungen anstellen, die mehrere Felder je nach Bedarf nebeneinander stellen. Die Periode zwischen Napoleons Tod und heute war für Napoleon unerfahrbar, ein Vakuum, ein Nichts, wir aber, die jetzt leben, wissen mehr über dieses Zeitalter als über irgendeine andere historische Epoche. Und natürlich wird unser eigenes Leben zu den Menschen in kommenden Jahrhunderten in derselben Beziehung stehen wie Napoleons zu uns. Diese Menschen werden die Zeit nach unserem Tod, die Zeit unseres Lebens und die Zeit vor unserer Geburt gleichermaßen und gleichzeitig betrachten können, für sie wird es eine kontinuierliche Zeit sein. Vermutlich werden sie über die Zeit nach unserem Tod mehr wissen, eine Zeit, die für uns noch Zukunft ist, als wir über unsere eigene Vergangenheit. Es wird heute noch ungeborene Historiker geben, die ihre Karriere dem Studium von Zeitaltern widmen werden, die heute noch nicht begonnen haben.

Das alles ist nicht das, was ich eigentlich sagen möchte, sondern eine Metapher, bei der es um Zeitlichkeit geht. Diese Metapher verhilft uns vielleicht zu besserem Verständnis einer zeitenlosen Zeit, einer Zeit, in der es zeitliche Reihenfolge gibt und in der doch alle Zeiten nebeneinander bestehen. Wenn es einen Gott gibt, dann nimmt er unsere Zeit vielleicht zeitlos wahr, das heißt, alle Zeiten gleichzeitig und aus einem nicht-zeitgebundenen Standpunkt heraus. Dieses Konzept von Zeit wird seit Einstein von vielen Physikern vertreten, den Menschen steht dieser Begriff also bereits in naturwissenschaftlicher Form zur Verfügung und wird benutzt. Die wirkliche Erfassung der Beziehung zwischen Zeitlichkeit und zeitenloser Zeit könnte die nächste revolutionäre Veränderung des philosophischen Verständnisses mit sich führen, die nächste Umwälzung, die sich mit der kantianischen Revolution vergleichen ließe, und die notwendigerweise die Beziehung zwischen subjektiv und objektiv, zwischen Erfahrung und Nicht-Erfahrung, zwischen Innen und Außen, zwischen bewußtem Selbst und nichtbewußtem Selbst aufzeigen würde.

Andererseits wäre es durchaus möglich, daß unterschiedliche Zeitrahmen sich einfach nicht miteinander vergleichen lassen, so wie auch unterschiedliche Werte im Grunde nicht vergleichbar sind. Diese letztliche Unvergleichbarkeit kann sich für viele unterschiedliche und nicht miteinander zusammenhängende Elemente in unserem Leben herausstellen. Damit will ich sagen, daß es durchaus unterschiedliche und nicht miteinander zusammenhängende Bereiche von Unvergleichbarkeit geben kann, auch über den Bereich der Werte hinaus. Ich glaube, daß uns diese Tatsache bereits im bezug auf das Phänomen des Bewußtseins und die Existenz von unterschiedlichem und voneinander abweichendem Selbst-Bewußtsein der Fall ist. Doch soviel auch darauf hinweisen mag, daß die bewußte Erfahrung eines Individuums sich von der eines anderen unterscheidet, auch wenn beide diese Erfahrungen unter scheinbar identischen Umständen machen, so haben wir doch keine Möglichkeit für einen Vergleich. Eine Pluralität des Bewußtseins ist kein mögliches Experiment. Und doch wissen wir, daß sie eine Wirklichkeit ist. Wenn wir die beiden Beispiele von Zeit und Bewußtsein nebeneinander stellen, dann sehen wir das Problem noch deutlicher: Wir können sehr leicht verstehen, daß der Zeitrahmen in einem von einem Individuum geträumten Traum mit dem Zeitrahmen im Traum eines anderen Individuums auf keine Weise in Zusammenhang gebracht werden kann, aber beide Zeitrahmen sind unleugbar vorhanden.

Im Zusammenhang mit der Unvergleichbarkeit von unterschiedlichem Bewußtsein weist mein eigenes metaphysisches

Denken eine Eigenschaft auf, die mich überrascht, und die ich nicht ganz verstehen kann, nämlich, daß ich fast immer in der ersten Person Plural denke. Ich denke scheinbar ganz automatisch: Was passiert, wenn wir sterben? und nicht, was passiert, wenn ich sterbe? Ich frage mich: Haben wir ein Selbst, das kein empirisches Objekt ist und trotzdem auf irgendeine Weise existiert? Und wenn, wie könnte diese Existenzform aussehen? Wenn ich aus Kommunikationsgründen einen Punkt stärker herausarbeiten will, versuche ich oft, ihn zu personalisieren und mache ihn deshalb zum Singular, der Gedanke an sich jedoch wird nur selten in den Singular gefaßt. Und ich kann einfach nicht begreifen, warum das passiert. Die Angst vor der Vernichtung ist eine der Treibkräfte hinter meiner Philosophie, und den Tod anderer Menschen fürchte ich längst nicht so sehr wie meinen eigenen. Dazu kommt, daß meine eigene Erfahrung mich verblüfft, und diese Erfahrung ist nur mir zugänglich: Ich konzentriere mich auf mein bewußtes Selbst-Erlebnis und versuche dessen Wesen zu verstehen; ich betrachte einen physischen Gegenstand voller Interesse und versuche das genaue Wesen dieser Erfahrung zu erfassen. Doch wenn ich mich dermaßen intensiv auf Erfahrungen konzentriere, die ganz allein meine Erfahrungen sind, warum – und noch dazu in meinen eigenen Gedanken, die nur mir zugänglich sind – kleide ich meine Fragen in Begriffe wie »wir« und nicht wie »ich«? Ich finde das höchst seltsam, und durch meine unmittelbare Situation einfach nicht zu erklären.

Die Erfahrungen, die mich zum Philosophieren bringen, sind rein persönlicher Natur, oft bis zu einem beunruhigenden Grad, und deshalb wäre es doch natürlich und logisch, wenn die Fragen nach diesen Erfahrungen auf ebenso persönliche Weise ausgedrückt würden. Ich verfüge über unmittelbares und direktes Wissen um alles, was ich selbst denke, fühle und sehe, ich kann jedoch solches Wissen um das, was andere denken, fühlen oder sehen niemals unmittelbar haben oder erwerben; deshalb wäre es methodisch viel sauberer, meine Fragen, zumindest zu Anfang, auf das zu konzentrieren, was ich unmittelbar erfahre und weiß. Ich habe deshalb versucht, mich auf meine eigene, rein persönliche Erfahrung zu konzentrieren und meine Fragen in Begriffe wie »ich« zu kleiden, doch sowie ich nicht mehr bewußt darauf achte, ertappe ich mich wieder beim »wir«. Es scheint sich um eine weitere Wahrnehmung von der Sorte zu handeln, die ich nicht erklären, und gegen die ich doch nichts unternehmen kann – daß es etwas gibt, das wir alle sind, und daß es zum Wesen dieses Etwas gehört, daß wir es teilen, und daß meine metaphysischen Fragen sich auf dieses Etwas beziehen. Ich habe versucht, eine Rechtfertigung für diese Überzeugung zu finden, es ist mir nicht gelungen, aber die Überzeugung bleibt. Schopenhauers Erklärung geht dahin, daß wir, wie alles andere in der empirisch erfahrbaren Welt, sowohl Noumenon als auch Phänomenon sind, und da das Noumenon unteilbar ist, müssen wir alle letztlich im Herzen unseres inneren Wesens ebenfalls eins sein; aber ich sehe keine Möglichkeit, die Gültigkeit dieser Erklärung auf die Probe zu stellen. Sie scheint den Tatsachen zu entsprechen; aber es ist auch eine unendlich große Anzahl von anderen Erklärungen denkbar, und wie sollen wir uns dazwischen entscheiden? In intellektuellen Zusammenhängen halte ich es so gut wie nie für gerechtfertigt, eine Erklärung anzunehmen, weil mir keine bessere einfällt, denn das sagt nur etwas über mich aus – es kann durchaus etliche bessere Erklärungen geben, die darauf warten, daß irgend jemand sie sich ausdenkt. Der einzig vertretbare Umgang mit einer Überzeugung, wie ich sie hier beschrieben habe, besteht darin, sie je nach Anlaß unterschiedlich zu behandeln: sie manchmal gewähren zu lassen, in der Hoffnung, daß das zu einer wertvollen Erkenntnis führt, ihr manchmal aber auch tiefe Skepsis entgegenzubringen, da sie sich durchaus als Illusion erweisen kann.

Es gibt so viele unterschiedliche Gründe, warum wir das Wesen der totalen Wirklichkeit nicht kennen können, daß es mir keine Schwierigkeiten macht, diese Unmöglichkeit als Tatsache anzuerkennen. Das Problem ist, damit zu leben. Wenn Sie mich fragen, warum es mir solches Kopfzerbrechen macht, daß es etwas gibt, das ich nicht wissen kann, dann lautet die Antwort, daß meine Vernichtung oder mein Überleben von dieser Frage abhängen. Wenn Sie mich dann fragen, wie Karl Popper mich oft gefragt hat, warum mir mein Überleben so wichtig ist, dann kann ich nur antworten, daß es eben so ist. Mein Leben lang hat mich ein fast unbezwinglich mächtiges Verlangen zu leben angetrieben. Ich empfinde dieses Verlangen als immer aktiven Trieb, als Durst, als Lust, die mir seit meiner Kindheit immer lebhaft bewußt waren. Und dieser Trieb müßte auf irgendeine Weise gebrochen werden, damit ich meinen Tod gelassen akzeptieren könnte. Bis dahin würde es bedeuten, daß ich das Inakzeptable akzeptierte, mich mit dem Unabfindbaren abfände. Bisher bin ich dazu nicht fähig, und deshalb versuche ich verzweifelt, mein Verständnis meiner unerträglichen Situation zu vertiefen – vermutlich in der Hoffnung, daß ein tieferes Verständnis es mir erleichtern wird, mich damit abzufinden. Ich will mich hier aber nicht in falsches Licht rücken – es geht mir nicht nur um mein persönliches Überleben: Ich empfinde auch eine gierige, bohrende Neugier darauf, wie die Dinge wirklich sind, mein Drang, das zu verstehen, läßt mir keine Ruhe; und dieser Drang hat etwas Unpersönliches und Objektives. Ich glaube, ich würde ihn auch dann verspüren, wenn ich unzerstörbar wäre.

Vielleicht sollte dieses Buch mitten im Satz aufhören. Es gibt keinen Schlußpunkt. Jetzt, wo ich an dieser Stelle angekommen bin, werde ich einfach weiter Fragen stellen und nachdenken, und ich glaube nicht, daß ich jemals ein natürliches Ende erreichen werde – bis zu meinem natürlichen Ende, meine ich. Die philosophischen Probleme, über die ich eines Tages vielleicht irgend etwas sagen kann, haben vor allem mit den Grenzen menschlichen Verständnisses zu tun, vor allem mit der Gebundenheit der Subjektivität, doch das wäre bestenfalls ein Thema für ein anderes Buch. Bei diesem Buch wollte ich vor allem aufzeigen, wie Philosophie zu einem unersetzlichen Teil des vielschichtigen Gewebes, das ein menschliches Leben ausmacht, werden kann. Das Gewebe dieses Lebens weist noch viele weitere Bestandteile auf, und das Leben ist rein beruflich nicht der Philosophie gewidmet worden. Auf die grundlegenden philosophischen Probleme stoßen wir durch das Leben, nicht durch Bücher oder das Erziehungssystem. Die Vorstellung, daß nur ein Universitätsstudium im Fach Philosophie uns zum Philosophieren befähigt, ist so unsinnig wie die Behauptung, nur, wer an der Universität Literaturwissenschaften studiert hätte, könnte einen klassischen Roman lesen – doch in der Praxis scheint diese Vorstellung an den Universitäten durchaus verbreitet zu sein (auch, wenn sie es niemals zugeben würden). In diesem Buch wollte ich zeigen, wie das Leben an sich mir die grundlegenden Probleme der Philosophie vor die Nase gehalten hat, wie ich damit umgegangen bin, wie ich entdeckt habe, was die Genies der Philosophie zu meinen Problemen zu sagen hatten, und was mir das genützt hat. Obwohl das alles für mich unvermeidlich zu einer Menge von Diskussionen von Büchern und Schriftstellern geführt hat, handelt dieses Buch nicht von Lesen, Schreiben, Unterrichten oder Studieren, sondern von einer gelebten und gequälten Vertiefung in die wichtigsten und kompliziertesten aller nicht-moralischen Probleme, die in einem Menschenleben auftauchen.

Den moralischen Problemen bin ich aus gutem Grund aus dem Weg gegangen. Mein Leben lang habe ich geglaubt, es selbst zu wissen, wenn ich mich falsch verhalten habe. Das Problem in diesen Fällen war niemals, zu wissen, was richtig wäre, sondern das Richtige zu tun. Die Frage, was richtig sei, hat mich niemals vor grundlegende theoretische Probleme gestellt, und deshalb habe ich mich nie besonders für die theoretische Rechtfertigung von Ethik interessiert. Natürlich könnte ich ebensowenig eine theoretische Rechtfertigung von Ethik liefern wie eine theoretische Rechtfertigung meiner Überzeugung, daß Beethovens Musik tiefer reicht als die Mendelssohns; doch ich habe nach beidem keinerlei Bedürfnis. Ich bin mir bewußt, geradezu peinlich bewußt, daß ich das Glück hatte, in meinem Leben bisher höchstens zwei oder dreimal vor einem traumatischen Dilemma zu stehen. In unserem Jahrhundert haben sehr viele Menschen die entsetzlichsten Entscheidungen treffen müssen. Wenn mir ein Gestapo-Offizier die Pistole ins Gesicht hielte und sagte: »Du weißt, wo diese Juden sich verstecken. Und wenn du es mir nicht sagst, dann erschieße ich zuerst deine Tochter, dann deine Frau und dann dich«, ich glaube, ich würde ihm alles sagen – und danach nie mehr im Frieden mit mir selbst leben können. Daß ich nie in eine solche Situation geraten bin, ist reines Glück und kein persönliches Verdienst. Tausende haben weniger Glück gehabt. Und selbst in einer solchen Situation wüßte ich wohl, welches Verhalten das richtige wäre. Es wäre richtig, die Juden nicht zu verraten. Und gerade deshalb wäre dadurch meine Seelenruhe für immer zerstört worden: Ich würde wissen, daß ich eine entsetzliche Untat begangen hätte. Das Problem ist also abermals kein theoretisches, kein Wissensproblem, sondern das Problem, das zu tun, von dem wir wissen, daß es das richtige ist. Ich halte moralische Probleme, so entsetzlich sie auch sein mögen, nicht für philosophische, sondern für praktische. Das wichtigste philosophische Problem in bezug auf Moral und Ethik liegt darin, für beides eine rationale Erklärung zu finden, doch das ist kein moralisches Problem, sondern ein intellektuelles.

Nur wenige unter uns gelangen durch einen rationalen Prozeß zu unseren moralischen Überzeugungen, unserem Glauben an Logik oder an die Wirklichkeit der äußerlichen Welt. Es ist nicht so, daß wir lernen, korrekte Schlußfolgerungen zu ziehen und uns entsprechend verhalten. Im Gegenteil, im Bereich von Logik und Moral baut unsere Vorstellung von richtigen Schlußfolgerungen auf unseren jeweiligen Überzeugungen auf. Das bedeutet, daß wir die Gültigkeit unserer moralischen Überzeugungen ebensowenig überprüfen können wie die der Logik, oder ebenso wenig, wie wir beweisen können, daß es außerhalb unserer selbst eine Wirklichkeit gibt. Alles, was wir in solchen Fällen hoffen können, ist, auf den Grund der Dinge vorzustoßen, was etwas ganz anderes ist als irgendein Beweis. Ich glaube zu wissen, wie schon gesagt, daß Beethovens Musik tiefer geht als die Mendelssohns, aber beweisen könnte das niemand. Unser Ziel ist nicht oder sollte es nicht sein, irgend etwas zu beweisen, sondern die Wahrheit über das, was existiert, festzustellen und zu verstehen. Ich habe mich mein Leben lang im Hinblick auf die Metaphysik der Erfahrung damit beschäftigt. Davon erzählt dieses Buch, und wenn es deutlich machen kann, welche Hilfe wir von den größten Philosophen der Vergangenheit zu erwarten haben, dann habe ich einen winzigen Teil von dem zurückgezahlt, was ich ihnen schulde.

REGISTER

Aberglaube 26, 58, 225, 483
Acton, Lord 52
Aeschylos 489, 546
　Oresteia 489
Agnostiker 223
Alfano 384, 385
Altes Testament 325, 345, 363, 368
Analyse 63, 110, 189, 242, 243, 246, 277, 286, 327, 349, 353, 354, 422, 515, 530, 555, 566, 571–596
　des empirischen Wissens 272
　erkenntnistheoretische 149, 514
　kritische 434–436
　linguistische 95
　logische 60, 95, 415, 491
　philosophische 107, 125, 206, 566
　utilitaristische 278
　von Aussagen in der Alltagssprache 108
analytische
　Aussagen 56, 571–596
　Betrachtung 68, 571–596
　Methode 578
　Philosophie 108, 226, 242, 251, 365, 490, 553, 554, 571–596
　Psychologie 470
　Tradition 571–596
analytisches
　Denken 197
　Objekt 58
Anaximander 330, 331

Anaximenes 330
Anderson, Alan 182, 183
Antisemitismus 372, 373, 380
Aquin, Thomas von 346
Aristoteles 45, 103, 240, 286, 334–340, 344–347, 368, 472, 480, 599
　Aristotelian Society 414
　Dichtkunst 32
　Ethik 32
　Politik 32, 45, 237
Aristoteliker 336
Aron, Robert 445
Atheismus 222
Atkinson, R. F. 305
Auden, Wystan Hugh, 33, 437
Augustinus 325, 346, 347, 476, 481, 529, 530
　Bekenntnisse 235, 347
　Vom Gottesstaat 347, 530
Atomtheorie 331, 511
Austin, John Langshaw 53, 63, 66, 87, 89, 90, 93, 97, 98, 111, 152, 154, 194, 412, 415–418, 422, 576, 581
Ayer, A. J. 60, 62, 69, 105, 109–111, 124, 151, 252, 291, 412, 415, 416, 418, 423, 425, 427, 445, 487, 493, 562–564
　Language, Truth and Logic 32, 54, 80, 151, 291
Ästhetik 102, 412

Bach, Johann Sebastian 380
Bacon, Francis 435
Behaviorismus 445
Baldwyn, James 446
Balliol College (Oxford) 419, 425, 429, 440
Bauer, Peter 450
Beethoven, Ludwig van 46, 380, 500, 641, 642
  Pastorale 546
Berkeley, George 31, 61, 86, 100, 104, 134, 142–145, 150, 153, 209, 210, 235, 251, 491, 568
Berkeleysche Philosophie 144
Bernstein, Leonard 384
Berlin, Isaiah 154, 155, 444, 445, 448, 562–564
Bethell, Nicholas 399
Bevan, Aneurin 295, 301, 307
Bewußtsein 19–20, 532, 540, 636, 637
Blanshard, Brand 179, 180
Bloomsbury-Gruppe 61
Bohr, Niels 464
Born, Max 464
Boothroyd, Betty 302
Broglie, Léon Victor de 464
Bradley, Francis Herbert 55
Brahms, Johannes 46,
Buddhismus 391, 477, 483, 484, 523
Buddhisten 363, 634
Bunyeat, Myles 549
Burke, Edmund
  Betrachtungen über die Französische Revolution 237
Burckhardt, Jacob
  Die Kultur der Renaissance in Italien 43
Burgess, Tyrell 306

Carnap, Rudolf 63, 180, 184, 252
Cassirer, Ernst 176, 226, 597
Chomsky, Noam 108, 116, 220, 221, 226, 374, 375, 456, 562–564
Crick, Bernard 445
Christentum 262, 334, 345, 370, 371, 477, 478, 484, 485, 523, 533, 571
Cicero 337
Coleridge, S. T. 488, 489, 500
Collingwood, R. G. 571
Commoner, Barry 446
Conrad, Joseph 293, 491, 560
Cooke, Deryck 282, 381–387
  I Saw the World End 387
Cox, Brian 450
Crosland, Anthony 305, 445

Dante Alighieri 337, 360
  Inferno 360
Darwin, Charles 371
Darwinistische Evolutionstheorie 462
Demokrit 331
Descartes, René 78, 90, 91, 103, 104, 134–139, 145, 201, 235, 267, 275, 346, 347, 367, 427, 429, 434–436, 511, 512, 523, 550, 556, 557, 568, 606
  Abhandlung über die Methode und die Meditationen über die Grundlagen der Philosophie 138
  Cogito, ergo sum 434
Delius 494
Determinismus 622, 623
Deterministen 621–623
Devlin, Lord 446
Dewey, John 179
dialektischer Materialismus 502
Dickens, Charles 430
Dogma 265, 483
Dogmatismus 146
Dostojewski, Fjodor M. 556
Dualismus 91, 623
Dummett, Michael 131

Eccles, John 445, 463

Ecevit, Bülent 569, 570
Eichler, Udi 446, 447
Einstein, Albert 36, 46, 71, 79, 103, 104, 144, 153, 198, 243–245, 265, 266, 285, 294, 295, 464, 614, 615, 637
  Allgemeine Relativitätstheorie 42, 65, 70, 76, 79, 103, 462
  Gravitationstheorie 265
  Spezielle Relativitätstheorie 65, 76, 103
Einsteinscher Raum 612
Eliot, T. S. 33, 49, 294
Empfindung 62, 366, 377
empirische und analytische Traditionen 471
Empiriker 150, 180, 210, 212–214, 257, 274, 605, 507
Empirismus 209, 212, 249, 251, 272, 336, 364, 618, 623
  britischer 590
  neo-humeanischer 228
  Prinzip des 139, 202
empiristische
  Ontologie 274
  Philosophen 215
  Tradition 61, 153, 178, 180, 497
Erfahrung(en) 134, 239, 264, 275, 286, 349, 352, 354, 366, 377, 379, 496, 513, 514, 516, 532, 604, 609, 612–617, 622
  imaginierte 117
  innere 147, 530
  menschliche 222
  Objekt der 213, 515
  sinnliche 113, 539
  unmittelbare 516
  von Erfahrung 213
  visuelle 112
Erfahrungswissenschaft 267
Eriugena, Johannes Scotus 481
Erkenntnis(se) 20, 50, 344, 497, 517, 523, 539, 541, 547, 553, 580, 583, 584, 597, 608, 609

  der Ideen 540
  kantianische 227
  naturwissenschaftliche 526
Erkenntnistheorie 148, 178, 215, 256, 263, 272, 273, 286, 457, 606, 623, 624, 625
  empiristische 179
erkenntnistheoretische
  Kategorien 513
  Phänomena 558
Erkenntniswege, neue 472
Ethik 102, 276, 277, 278, 509, 533, 551, 563, 574, 589, 641, 642
Evolution 371
Evolutionsbiologie 497
Evolutionstheorie 194, 371
Ewigkeit 12, 24
  des Nichts 355
Existentialist(en) 179, 181, 196
Existentialismus 196, 226, 365
  humanistischer 364, 367
existentialistische Tradition 180
Existenz 18, 22, 26, 279, 350, 353, 364, 367, 496, 512, 597, 602, 612, 619, 621, 638
  der Außenwelt 145
  (eines) Gottes 17, 135, 143, 145, 146, 222, 223, 229, 445, 478, 483, 533
  von Gott oder der Seele 523
  des Universums 51, 497
  (einer) Welt 149
  menschliche 221, 518

Fachphilosoph(en) 124, 127, 131, 142, 255, 262, 272, 285, 286, 334, 335, 420, 430, 434, 457, 479, 481, 572, 578, 605
Falsifizierbarkeit 80, 262, 456, 460
  empirische 76
Falsifizierung 75, 80
Farrer, David 318
Feminismus 591
Feuerbach, Ludwig 332

Fichte, Johann Gottlieb 55, 112, 149, 214, 490, 498, 499, 503–509, 532, 547, 560, 593
Die Bestimmung des Menschen 149, 499
Fitch, Frederick 184
Flew, Anthony 450
Frege, Gottlob 184, 239–241, 249, 251, 568, 597
Freud, Sigmund 195, 285, 454, 470, 531, 539, 560, 593, 600
Die Zukunft einer Illusion 600
Freudianismus 196, 431

Gaitskell, Hugh 301, 307, 308
Galbraith, John Kenneth 445
Die solidarische Gesellschaft 448
Galilei, Galileo 435
Gardiner, Patrick 487, 490–492
Schopenhauer 487
Gellner, Ernest 285
Geschichtswissenschaften 582
Gesellschaft 49
  kommunistische 49
  willkürliche 49
  totalitäre 504
Gesellschaftswissenschaft(en) 442
Geschichte der Philosophie 28
Geist/Seele 92, 368, 501, 634
Geist 214, 519, 537
  unendlicher 144,
  und Materie 435, 499–502, 512
Gershwin, George 391
gesunder Menschenverstand 26, 58, 59, 64–66, 141–143, 145, 146, 152, 153, 154, 193, 204, 207, 208, 574, 576, 605, 609, 612
Glaube(n) 17, 25, 219, 223, 224, 229, 368, 482, 483, 600, 601, 608, 611, 616, 619, 620, 634
  christlicher 351, 353, 634
  metaphysischer 527
  naturwissenschaftlicher 527
  religiöser 476, 553

Glaubensvorstellung(en) 225
  nicht-materialistische 245
Goethe, Johann Wolfgang von 46, 500
Golding, William 437
Gombrich, Ernst 259, 279, 282
Gott, Gottheit, Götter 229, 368, 369, 389–391, 445, 477, 512, 534, 571, 616, 634
  vollkommener und allmächtiger 135, 139
Graves, Robert 373
Greene, Graham 437
Griff, John 399

Haitink, Bernard 384
Hampshire, Stuart 418, 445
Hare, R. M. 592, 593
Haydn, Joseph 46
Hayek, Friedrich August von 445, 450
Die Verfassung der Freiheit 448
Healey, Denis 446
Heidegger, Martin 104, 149, 180, 285, 341, 344, 364, 366, 367, 417, 507, 562, 567, 568, 597, 623, 630, 631, 632
Sein und Zeit 235, 366, 367, 623, 630
Heilige Schrift 210, 345
Heisenberg, Werner K. 464
Hegel, Georg Wilhelm Friedrich 46, 55, 66, 104, 149, 214, 272, 341, 343, 344, 367, 459, 490, 498, 501–510, 547, 550, 560, 568, 579, 591, 593, 627
Hegelianer 502
Hegelianismus 489, 502
Heraklit 331, 550
Hicks, John 437
Hinduismus 391, 523, 634
Historismus 456
Hitler, Adolf 48, 371
Mein Kampf 371

Hobbes, Thomas 534, 550, 590
  Leviathan 32, 237
Hölderlin, Friedrich 500
Hogg, Quintin 427
Homosexualität 591
Horenstein, Jascha 495
Hull, John 120
  Touching the Rock 119
Humanismus 611
  rationalistischer 611
Hume, David 28, 31, 61, 71, 73, 75, 77, 103, 104, 134, 135, 142, 145–147, 150–152, 203–205, 207, 214, 215, 235, 249–251, 261, 277, 327, 340, 471, 505, 508, 523, 530, 534, 538, 568, 590, 598, 616, 623
  Enquiries 235
  Geschichte Großbritanniens 31
  Traktat über die menschliche Natur 41, 148
Hume, John 445
Husserl, Edmund 104, 417, 568
Huxley, Julian 288

Ibsen, Henrik 358, 378
Idealismus 180, 250, 270, 336, 498
Idealist(en) 179, 271, 272
Idee(n) 52, 115, 287, 547
  philosohische 52
Ideengeschichte 52, 263, 316
Ideenlehre 539
Ideologie 49, 74, 452
immaterielle Form 634
Induktivisten 605
Islam 477, 569

James, William 179
Jenkins, Roy 445
Jesus Christus 389–391, 571
Joseph, Keith 446, 450, 451
Juden 373, 380, 483, 641
  europäische 373
Kahn, Herman 446
Kant, Immanuel 38, 46, 71, 101–104, 112, 130, 138, 141, 142, 147, 178, 180, 190, 197, 199–230, 247, 249, 250, 261, 264–266, 271–273, 275, 276, 327, 334–336, 338, 339, 347, 349–351, 354, 469–472, 481–483, 490, 493, 495, 496, 498, 503, 504, 509, 510, 513–517, 520, 521, 523, 524, 526, 528, 531, 533, 538, 540, 556, 558, 559, 568, 597–601, 606–608, 615, 632
  Kritik der reinen Vernunft 41, 104, 205, 209, 235, 240, 347, 350, 351, 353, 357, 367, 514
  Kritik der praktischen Vernunft 180
  Kritik der Urteilskraft 180
  Prolegomena zu einer jeden künftigen Metaphysik 205
  Theorie des Himmels 202
Kantianisch-Schopenhauerianische Philosophie 331, 495
Kantianer 605
kantianische Weise 574, 597, 598
Kantianismus 227, 274
Karajan, Herbert von 384
Kardinal Heenan 477, 478
Kartesianische(s) Denken 436
  Terminologie 512
Kartesischer Zweifel 136
katholische Doktrin 477
Kausalitätsdoktrin 510
Kermode, Frank 454, 455
Kern, Jerome 392
Keynes, John Maynard 154, 295
Keynesianische Wirtschaftslehre 442
Kierkegaard, Søren 180, 325, 344, 490, 597
Klemperer, Otto 494
Kommunismus 69, 445, 452, 471, 572, 591
kopernikanische Wende 498
Kopernikus 210
Kopernikanische Revolution der

Philosophie 210
Köstler, Arthur 105
Kosmologie 334, 442
Kulturwissenschaft 433

Lakatos, Imre 279
Langer, Susanne K. 176, 226, 563
Larkin, Philip 323
Aubade 323
Lawrence, D. H. 372, 373
Women in Love 372
Leben nach dem Tode 523, 533
Lehrsätze 371, 374, 422, 482
Leib-Seele-Problem 263, 462, 463
Leibniz, Gottfried Wilhelm 28, 57, 103, 201, 235, 427, 504, 523, 568
Lenin, Wladimir Iljitsch 50, 293, 296
Levine, James 385
Liberalismus 259, 452
Locke, John 31, 61, 100, 102, 103, 104, 134, 135, 139–142, 144, 145, 150, 153, 202, 214, 235, 251, 277, 306, 427, 429, 436, 523, 550, 556, 557, 568, 590, 623
Brief über Toleranz 32
Untersuchung über den menschlichen Verstand 138
Zweite Abhandlung über die Regierung 32
Logik 43, 48, 56, 58–60, 68, 72, 73, 93, 95, 102, 110, 136, 140, 145, 178, 182–184, 190, 214, 237, 240, 241, 245, 249, 255, 259, 262, 263, 267, 279, 429, 432, 440, 490, 506, 509, 551, 555, 556, 583, 589, 591, 592, 642
Logiker 103, 183
Logische Positivisten 53–83, 89, 90, 125, 131, 180–182, 275, 278, 574, 576, 578, 579
Logischer Positivismus 53–83, 111, 151, 181, 267, 285, 422, 460, 563, 572, 577, 607

Lucan, Kate 302
Lucan, Lord 302
Lucan, Pat 302
Lyons, John 456

Machiavelli, Niccolò
Der Fürst 43, 44, 237
Mach, Ernst 144, 181
Macht
willkürliche 49
MacBeth, George 413
MacIntyre, Alasdair 412, 418
Magee, Bryan 63, 491, 556, 592
Aspects of Wagner 380, 561
Facing Death/ Love Story 183, 393, 394, 400, 408–411, 418, 468, 469, 561
Crucifixion and other poems 304
Die demokratische Revolution 311, 312, 315, 316
Einer von Zwanzig: Eine Untersuchung der Homosexualität bei Mann und Frau 318, 319
Go West Young Man 305
Men of Ideas 38, 54, 96, 109, 111, 116, 194, 220, 467, 561, 566, 567, 569, 592
Modern British Philosophy/ Conversations with Philosophers 63, 64, 66, 67, 84, 91, 96, 123, 151, 152, 235, 279, 454, 470
One in Twenty 458
Revolution des Umdenkens: Der neue Radikalismus 304–306, 309–311, 315, 316
Something to Say (Fernsehserie) 444, 446–448, 450, 454, 456, 468, 477
The Great Philosophers 550, 567
The Philosophy of Schopenhauer 558
The Television Interviewer 319, 320, 458

To Live in Danger 305, 408
Towards 2000 315, 316, 319, 320
Unvollendete Suche 602
Magie 483
Mahler, Gustav 46, 282, 358, 377, 381–386, 494, 495, 554
McTaggert, J. M. E. 55, 250
Marcuse, Herbert 445, 448, 563, 564
Marx, Karl 67, 74, 75, 195, 235, 258, 262, 344, 367, 431–433, 454, 459, 460, 470, 489, 502, 567, 568, 591, 593, 597
Kapital 237
marxistische Kategorien 186
Marxismus 67, 74, 75, 108, 196, 236, 285, 303, 306, 359, 433, 572, 595
Materialismus 329, 336, 527
materielle Objekte 329, 331, 351–353, 364, 365, 537
materielle Realität 435
materielle Welt 537
Mathematik 102, 136, 146, 239–241, 243, 245, 279, 540, 574, 591, 597
Maude, Aylmer 409
Meade, Margaret 446
Medawar, Peter 271
Mendelssohn, Bartholdy 641, 642
Metanoia 360
Metaphysik 51, 58, 65, 80, 153, 229, 328, 360, 440, 541, 550
metaphysische(s)
  Bedeutung 471
  Entsetzen 475
  Existensverlangen 536
  Objekte 202
  Philosophie 58
  Probleme 30
  Theorie 244
metaphysische Visionen
metaphysischer Wille 539
Methode der Induktion 460

Methodologie 259
Mill, John Stuart 61, 226, 251, 306, 428, 597
Über die Freiheit 43–45, 237
Utilitarismus 429, 432
Milner, Anthony 391
Modern Masters 443, 455
Monod, Jacques 445
Zufall und Notwendigkeit 117
Montefiore, Alan 418
Montgomerie, Drusilla 413
Montesquieu 141
Moral 65, 149, 262, 277, 278, 367, 369, 371, 389–391, 523, 524, 533, 576, 642
moralisches Agens 499
Moralisten 362, 371, 391
Moralismus 452
Morallehre 391
Moralphilosophie 229
Moore, George Edward 17, 26, 54, 60–64, 66, 67, 104, 107, 150, 154, 250, 279, 290, 412, 415
Principia Ethica 62
Monk, Ray 260
Mozart, Wolfgang Amadeus 46, 122, 358, 359, 384, 385, 473
Murdoch, Iris 38, 176, 427, 491
Mystiker 363
Mystizismus 608

Napoleon Buonaparte 48, 636
Nationalismus 371, 445, 448
natürliche Welt 500
natürliche Auslese 371
Naturgesetze 76, 78
Naturwissenschaft(en) 131, 139, 189, 194, 230, 245, 264, 334, 527, 574, 576, 577, 597, 598, 617
  moderne 64
  zeitgenössische 57
Neo-Hegelianer 61, 250
Neo-Hegelianismus 250
Neo-Humeaner 227

Neo-Kantianer 226
Neo-Platoniker 344
Neues Testament 41, 325, 345, 363, 368
Neurath, Otto 63
Newby, P. Howard 411
Newman, Ernest 487
Newton, Isaac 70, 77, 78, 103, 215
Newtonsche(s)
 Gesetze 266
 Gravitationsgesetz 70
 Physik 204, 599, 612
 Theorie 264–266
Newtons Gesetze 76, 77
Newtons Theorien 77
Newtons Wissenschaft 77
Nietzsche, Friedrich 46, 66, 103, 180, 226, 250, 325, 367–372, 374, 427, 491, 560, 568, 579, 591, 593, 597, 601
 Also sprach Zarathustra 32
 Der Wille zur Macht – Versuch einer Umbewertung aller Werte 369
 Ecce Homo 246
Northrop, Filmer S. C. 187–190, 196–198, 282
Nott, Kathleen 424
Noumenon 208, 230, 271, 272, 275, 471, 510, 511, 517, 520–524, 530, 531, 532, 534, 535, 537, 538, 541, 543, 546, 552, 553, 639

Objekt(e)
 konkrete(s) 528
 materielle(s) 523–525, 528, 529, 530, 534, 622–624, 633
 phänomenale(s) 523
 physische(s) 525, 524, 528
Objektivation des Willens 544
Objektivismus 614
O'Brien, Conor Cruise 445
Orwell, George 445
Oxford-Philosoph(en) 94–98, 104, 123, 125–127, 154, 179, 193, 424, 490
Oxford-Philosophie 53, 54, 83, 92, 94, 100, 103, 104, 176, 193, 411, 413, 416, 421

Pap, Arthur 181, 182, 282
Parmenides 331, 539
Pascal, Blaise 325
Passmore, John 572
Pears, David 418
Peirce, C. S. 179
Persönlichkeit 534
Phänomenon 271, 471, 499, 510, 511, 517, 524, 531, 532, 536–538, 541–544, 546, 552, 553, 597, 639
Phänomenon und Noumenon 509–511, 517, 520, 639
Philosophen
 analytische 151, 193
 empiristische 133, 207, 215, 239, 249
 neuhegelianische 55
 realistische 207
 sprachorientierte 123
Platon 41, 49, 103, 190, 235, 258, 261, 262, 327, 333, 334, 337, 339, 340, 344–347, 350, 368, 372, 391, 459, 460, 480, 523, 539, 540–543, 549, 550, 557, 559, 568
 Apologie 335
 Der Staat 32
 Krition 335
 Phaidon 335
 Symposion 32
 Timaios 549
Platoniker 336
Platonismus 539
Platonische Ideen 541–544
Plotin 344
Pluralismus 259
Poincaré, Henri 264
Popper, Karl 73–82, 105, 106, 110, 127, 144, 176, 187, 252, 254–287,

289, 291, 292, 304, 306–309, 343, 344, 412, 415, 418, 422, 423, 428, 444, 454–468, 470, 507, 558, 559–563, 578, 583, 584, 598, 601, 605–608, 614, 629, 639
  Das Elend des Historismus 105, 236, 254, 282, 458
  Das Ich und sein Gehirn 463
  Das offene Universum 463, 464
  Der Realismus und das Ziel der Wissenschaft 463
  Die beiden Grundprobleme der Erkenntnistheorie 270
  Die offene Gesellschaft und ihre Feinde 42, 81, 106, 236, 237, 254, 258, 260, 278, 282, 285, 291, 304, 428, 458, 459, 464
  Die Welt der Propensitäten 466
  Logik der Forschung 70, 71, 257, 270, 291, 458, 459, 463
  Objektive Erkenntnis: Ein evolutionärer Entwurf 458
  Quantum Theory and the Schism in Physics (Die Quantentheorie und das Schisma der Physik) 270, 463–466
  Realism and the Aim of Science (Realismus und das Ziel der Wissenschaft) 270, 463
  The Open Universe: An Argument for Indeterminism 270
  The Logic of Scientific Discovery 71
  The Philosophy of Karl Popper 463
  Unended Quest (Ausgangspunkte) 463
  Vermutungen und Widerlegungen 255, 256, 267, 458
  Zurück zu den Vorsokratikern (Vortrag) 255
Politologie 412, 440
Popularisierung 442–467
Positivismus

wissenschaftlicher 68
Positivisten 81, 574, 576–579
Powell, Anthony 437
Powell, Enoch 446, 450, 452, 478
  Wrestling with the Angel 478
Propensitäten 466
Propheten 362, 363, 364, 417
Proust, Marcel 491
Pseudowissenschaft(en) 74
Psychoanalyse 74, 531
Puccini, Giacomo 384, 385
Putnam, Hilary 465
Pythagoras 331, 550

Quantenmechanik 465
Quantenphysik 65, 196, 245
Quantentheorie 190, 442, 462, 464–466, 557
Quine, Willard V. 111, 180, 184, 252, 563, 564
Quinton, Anthony 418, 446

Ramsay, F. M. 114
Rationalist(en) 179
Rationalismus 226, 274
Raum 12, 13, 27, 204, 514, 524, 612
Raum und Zeit 20, 139, 182, 200, 201, 204, 205, 209, 211, 215, 218, 227, 350–352, 509, 523, 530, 534, 539, 541, 603, 612, 613, 615–619, 621, 624, 633, 634
Realismus 270, 272, 273, 350, 484, 604, 605, 607, 608, 612
Realität 22, 56, 64, 141, 208, 211, 213, 220, 221, 230, 239, 243, 273, 274, 276, 351, 428, 435, 499, 501, 509, 513, 516, 532, 553, 635
  totale 510, 511
Reinkarnation 634
Relativitätstheorie 190, 442, 466, 557
Religion(en) 15, 18, 26, 80, 102, 224, 225, 344, 353, 370, 475, 476, 478, 483–485, 51, 509, 598, 600,

608, 611, 619, 620
agnostische 484
Religionsphilosophie 412
religiöse Doktrin 533
religiöses oder theologisches Wissen 222
Revolution 48,
kopernikanische 225
Roberts, David 30, 187
Römisches Reich 344
Ross, Alan 380
Rousseau, Jean-Jacques 545, 550
Gesellschaftsvertrag 237
Royal Institute of Philosophy 414
Russell, Bertrand 54, 60, 61, 67, 99, 101, 105, 107, 127, 128, 150, 151, 184, 187, 226, 239, 240–243, 245, 249–254, 259, 260, 279, 282, 288–300, 306, 343, 344, 412, 415, 416, 421–423, 428, 432, 510, 568, 574, 576, 577, 582, 583, 591, 597
A Political Life 299
Die Entwicklung meines Denkens 101
Human Knowledge: Its Scope and Limits 237, 246, 248, 275
Mein Leben 238
Meine philososphische Entwicklung 246, 248
On denoting 242
Our Knowledge of the External World as a Field for Scientific Method in Philosophy 246
Philosophie des Abendlandes 32, 150, 151, 247, 248
Probleme der Philosophie 65, 144, 247, 429, 432
The Analysis of Mind 246
The Principles of Mathematics 240
Russell und Moore
Das analytische Erbe 60
Ryle, Gilbert 87, 88, 90–92, 94, 98, 105, 121, 123, 152, 193, 412, 417,

490, 492, 574, 623
Der Begriff des Geistes (Concepts of Mind) 69, 86, 87, 90, 417, 418
Systematicaly Misleading Expressions 94

Sartre, Jean-Paul 191, 344, 364, 367, 377, 471, 562
Schelling, Friedrich Wilhelm Joseph von 55, 214, 488–490, 498–501, 503–508, 510, 544, 547, 557, 560, 593
Naturphilosophie 499, 501, 509
Schellingianische Philosophie 499
Schiller, Friedrich von 46, 546
Schleiermacher, Friedrich Daniel Ernst 503
Schönberg, Arnold 284
Schoenman, Ralph 254, 298–300
Schöpfung 369, 499, 509
des Ichs 509
Scholastiker 99
Schopenhauer, Arthur 28, 38, 46, 71, 103, 130, 142, 214, 215, 218, 225–227, 229, 247, 250, 262, 271–273, 275, 340, 343, 344, 357, 373, 376, 417, 481, 487–560, 568, 574, 597–600, 606–608, 616, 628, 629, 639
Die Welt als Wille und Vorstellung 41, 239, 376, 492, 494, 495, 517, 541, 548, 559
Parerga und Paralipomena 503
Schostakowitsch, Dmitri 358, 377, 378
Schrödinger, Erwin 464, 609
Was ist Leben? 609
Schubert, Franz 46
Scott, Walter Sir 521
Scotus, Johannes (siehe auch unter Eriugena) 482
Searle, John 111, 117
Seele 223, 534, 634

Sein 12, 17, 22, 367, 376, 615, 631, 632
  Wesen des Seins 390, 631
Selbst 148, 149, 618, 620–624, 627–629, 632–634, 637, 638
  Doktrin des 147
  immaterielles 618, 628, 629, 634
  inneres 532
Selbst-Bewußtsein 630, 637
Selbsterkenntnis 500, 501, 510, 589
Selbsttäuschung 621
Shakespeare, William 41, 42, 91, 358, 359, 378–380, 385, 430, 473, 492
Shaw, George Bernard 373, 405, 611
Shokley, William 446
Singer, Aubrey 562
Sinn 55, 58, 73, 107, 322–354
  des Lebens 276, 324, 375, 376
  des Todes 276
Skinner, B. F. 445
Sklavenmoral 370
Smart, Ninian 305, 412, 418
Sokrates 100, 279, 306, 332, 333, 335, 340, 368, 371, 391, 526, 539
sokratischer Dialog 332
Solti, Georg 384
Sozialdarwinismus 373
Sozialismus 49, 445, 452, 572
  demokratischer Sozialismus 454
Sozialphilosophie 412
Sparrow, John 450
Spinoza, Baruch 104, 201, 347, 427, 481, 491, 492, 511, 512, 523, 548, 556, 564, 568
Spiritualität 500
Sprachanalyse 69, 81, 83–108, 182, 194, 285, 364, 417, 432, 460, 516, 572
Sprachanalytiker 84, 88, 152
Sprache 374, 375, 598
Sprachphilosoph(en) 127, 129, 131

Sprachphilosophie 109–132, 133, 285, 286, 417, 563, 576–578
Sprachwissenschaft 111
Sprachtheorie 576
symbolische Systeme 598
Synthese 501
  materieller Objekte 62
synthetische Aussagen 56, 58
Strauß, Richard 359, 392
Strawinsky, Igor 358
Strawson, Peter 84, 86, 96, 152, 176, 412, 415, 418, 422, 427, 437
Strawsonsches Projekt 85

Tawney, Richard Henry
  Religion and the Rise of Capitalism 41
Thales 101, 256, 330, 331
Thatcher, Margaret 451
Theologie 485
Theorie-Kritik 255
Theorie(n)
  der Wahrnehmung 347
  des empirischen Wissens 271
  metaphysische 244
  probabilistische 466
  wissenschaftliche 244
These und Antithese 501
Thomas, Dylan 33
Tocquevilles, Alexis de 46, 47
  L'Ancien Régime et la Révolution 45–47
  Über die Demokratie in Amerika 47
Tod 278, 350, 355, 356, 359, 362, 365, 518, 619–621, 627, 632–636, 638, 640
Tolstoi, Leo 226, 325, 409, 469, 476, 491, 556, 558, 600
  Krieg und Frieden 409
transzendentaler
  Idealismus 498
  Realismus 598, 605, 608
Tschechow, Anton 358, 378

Turgenjew, Iwan 491, 556, 560

Unendlichkeit 612
Unglaube 224, 476, 600
University College London 414
unsterbliche Seele 534
Unterbewußtsein 379
Upanischaden 22, 28, 42, 325, 560

Verantwortung 618, 624
  moralische 618, 624
Verdi, Giuseppe 359
Verdrängungstheorie (Freud) 531
Verifizierung
  Prinzip der 57, 68, 70, 73, 75, 278
Vernunft 200, 201, 277, 278, 552, 569, 570, 598
  Kritik der 147
  Macht der 25
Voltaire, François Marie A. de 141, 225, 252, 545
Vorsokratiker 102, 256, 257, 332, 344, 523, 526

Wagner, Richard 46, 378–380, 385–387, 473, 474, 487, 488, 490, 491, 554, 560, 561
Wagnerianer 381
Wahrheit 13, 14, 52, 56, 331, 352, 380, 619, 633–635, 642
  endgültige 524
  objektive 78
  zeitlose 78, 634, 635
Wahrnehmung(en) 20, 133–155, 181, 205, 347, 366, 496, 498, 517, 519, 520, 524, 534, 535, 549, 554, 609, 610, 612
  bewußte 329, 366
  materieller Objekte 27, 29, 31, 329
Wahrscheinlichkeitstheorie 263, 461
Walter, Bruno 494, 495

Walters, Alan 446, 450
Warburg, Fred 412
Warnock, Geoffrey 63, 66, 97, 98, 234, 418, 422
Warnock, Mary 427
Waugh, Evelyn 437
Weber, Carl Maria von 282, 488–500
Wedgwood, C. V. 446
Weltbild
  empiristisches 248
  metaphysisches 279
  nicht-religiöses 141
Werte 26, 276, 277, 367, 369, 373, 574, 589, 597, 637
  wahre 363
  weltliche 360, 362
Whitehead, Alfred North 41, 54, 127, 184, 245, 290, 334
  Principia Mathematica 238, 240, 245
Wiener Kreis 75, 180, 181, 252, 422
Wille 214, 530, 536–538, 541, 543, 555
  metaphysischer 547, 548
Willensfreiheit 15, 219, 445, 617, 618
Williams, Bernard 96, 121, 194, 305, 412, 418, 423, 446, 581
Williams, Raymond 446
Wilson, Harold 121, 308, 427
Wirklichkeit 18, 498, 548, 604, 612, 616, 629–632, 639, 642
  empirisch erfahrbare 276
  endgültige 539, 540, 548
  und Welt 515
  totale 511, 522, 548
Wissenschaftsphilosophie 131, 269, 270, 291
Wittgenstein, Ludwig 28, 54, 86–88, 104, 111, 176, 184, 226, 252, 260, 263, 285, 290, 342, 372, 462, 476, 490, 550, 552, 560, 561, 563,

567, 568, 574, 576, 578, 583, 591, 607, 616, 628, 633
Tractatus Logico-Philosophicus 87, 110, 151, 272, 274–276, 336, 342, 343, 357, 412, 415, 417, 423, 428, 552, 578, 607
Philosophische Untersuchungen 87, 578, 582, 597
Wolfers, Arnold 184, 185, 187
Wollheim, Richard 418
Wootton, Barbara 446
Worsthorne, Peregrine 450
Wunschdenken 50, 52, 58, 635

Xenophanes 279, 331, 332
Die Fragmente 332

Young, Wayland 399

Zeit 11–14, 27, 153, 204, 208, 209, 366, 514, 531, 614, 615, 632, 634, 636, 637
Dimension von Zeit 366
Wesen der Zeit 347, 366
Zeit und Betroffenheit 366
zeitlose Zeit 636, 637
Zeit und Raum 13, 28, 62, 153, 509, 524–526, 530, 534, 535, 541, 542, 552, 603, 612, 613, 615–619, 621, 624, 633, 634
zeitloses Nichts 355
Zeno 539

Auszug aus *Aubade* von Philip Larkin, © Copyright Verlag Volk und Welt, Berlin 1988.
Auszug aus *Die Fragmente* von Xenophanes, © Copyright Artemis & Winkler Verlag, Düsseldorf/Zürich
Wir danken für die freundliche Genehmigung des Abdrucks.